书山有路勤为径，优质资源伴你行
注册世纪波学院会员，享精品图书增值服务

·项目管理核心资源库·

创新项目管理

[美] 哈罗德·科兹纳 著
（Harold Kerzner）

郭庆军 张静晓 邓勇亮 等译

INNOVATION
PROJECT
MANAGEMENT
Methods, Case Studies, and Tools for
Managing Innovation Projects

電子工業出版社
Publishing House of Electronics Industry
北京·BEIJING

Innovation Project Management: Methods, Case Studies, and Tools for Managing Innovation Projects
Copyright © 2019 by John Wiley & Sons, Inc.
Simplified Chinese translation edition copyright © 2022 by Publishing House of Electronics Industry.
All rights reserved. This translation published under license.
Copies of this book sold without a Wiley sticker on the cover are unauthorized and illegal.

本书中文简体字版经由 John Wiley & Sons, Inc.授权电子工业出版社独家出版发行。未经书面许可，不得以任何方式抄袭、复制或节录本书中的任何内容。

本书封底贴有 Wiley 防伪标签，无标签者不得销售。

版权贸易合同登记号 图字：01-2020-4636

图书在版编目（CIP）数据

创新项目管理/（美）哈罗德·科兹纳（Harold Kerzner）著；郭庆军等译. —北京：电子工业出版社，2022.3
书名原文: Innovation Project Management: Methods, Case Studies, and Tools for Managing Innovation Projects
ISBN 978-7-121-42655-1

Ⅰ. ①创⋯　Ⅱ. ①哈⋯　②郭⋯　Ⅲ. ①项目管理　Ⅳ. ①F224.5

中国版本图书馆 CIP 数据核字（2022）第 028844 号

责任编辑：刘淑敏
印　　刷：中国电影出版社印刷厂
装　　订：中国电影出版社印刷厂
出版发行：电子工业出版社
　　　　　北京市海淀区万寿路 173 信箱　邮编：100036
开　　本：787×1092　1/16　印张：26.25　字数：622 千字
版　　次：2022 年 3 月第 1 版
印　　次：2022 年 3 月第 1 次印刷
定　　价：148.00 元

凡所购买电子工业出版社图书有缺损问题，请向购买书店调换。若书店售缺，请与本社发行部联系，联系及邮购电话：(010) 88254888，88258888。
质量投诉请发邮件至 zlts@phei.com.cn，盗版侵权举报请发邮件至 dbqq@phei.com.cn。
本书咨询联系方式：(010) 88254199，sjb@phei.com.cn。

推荐序一

哈罗德·科兹纳博士在本书中指出："创新项目成功的衡量标准是为利益相关者创造长期、可持续的商业价值，这创建了衡量创新项目收益实现和商业价值的指标；应同时使用有形和无形指标度量创新项目的成功；项目经理应具备创新项目管理能力和领导力，营造创新文化。"本书阐述了创新项目管理与传统项目管理的区别，还包括许多国际著名企业有关创新方面的案例研究，适合参与创新项目的项目负责人阅读。

哈罗德·科兹纳博士早在2015年在其面向未来项目管理的重要著作《项目管理2.0》中，就把项目和项目成功的未来定义做了全新的阐述，认为项目是计划实现的一组可持续的商业价值，而项目成功是在竞争型制约因素下实现预期的商业价值，这从根本上颠覆了传统意义上的项目定义和三重约束下的项目成功定义。本书强调的商业价值与此一脉相承。受哈罗德·科兹纳博士的启发，美国项目管理协会的《PMBOK指南》（第7版）对传统的五大过程组和十大知识领域所涉及的众多知识点加以解构与重构，从而构建出全新的以交付价值为导向的管理理念。

由衷地感谢国内多所高校教师合作完成了本书的翻译工作，本书的出版将有助于国内广大项目管理工作者了解国际项目管理前沿研究，也将有助于推进我国工程项目管理应用的创新。

同济大学

推荐序二

科技创新是实现经济高质量发展的关键。未来我国需要进一步加大科技创新的力度，特别是要不断提升企业的科技创新能力，打造更多世界一流的创新企业和科技领军企业，努力实现高水平科技自立自强。

其中，提升企业创新管理水平是加强科技创新工作的关键。创新管理是新兴的交叉管理领域，近年来逐步成为企业管理的研究重点。创新管理的国际标准也基本确认。

然而，企业在开展科技工作的过程中，多半运用的是项目管理的知识体系，这对于极具风险的创新活动展开十分不利。在管理理论体系中，项目管理和创新管理一直未能有效地统合，传统的管理也无法真正支撑企业科技创新工作。

哈罗德·科兹纳博士的《创新项目管理》一书填补了这一空白，该书从现代项目管理的角度出发，重点强调了创新要素在项目管理中的地位与作用，这在本质上加强了创新管理与传统项目管理的区别和统合，对于显著提升我国企业对研发与创新项目的管理水平具有重要作用。

由郭庆军教授等主持的翻译工作，很好地体现了作者的学术思想。

清华大学经济管理学院教授
清华大学技术创新研究中心主任

译者序

当前,创新已成为引领企业发展的第一动力,是企业提质增效的关键路径。项目管理是让创新想法成为现实的载体。无论是自然科学还是社会科学,没有创新就没有进步,创新是一个国家和民族的灵魂。企业通过创新项目管理,增强自身核心竞争力和发展驱动力,走上持续发展之路。而创新项目类型多样,每种类型都需要开展不同形式的项目管理。对于渐进性创新,通常是对现有产品的微小改变,可以遵循传统的项目管理实践;而对于颠覆性创新,其未知因素和风险增加,就需要新形式的项目管理。

创新项目更需要有效的管理。项目管理本身就是一门"平衡"的艺术。参与创新项目但不熟悉创新环境的项目经理,更需要了解如何进行高效的创新项目管理。面对创新背景下更激烈的竞争和更强大的对手,如果不能适应不断更新的生存环境,企业的最终结局必然是被兼并甚至淘汰。

哈罗德·科兹纳(Harold Kerzner)博士现任国际学习集团(International Institute for Learning,IIL)高级执行总监。作为项目管理发展的见证者和实践者,他与时俱进,在项目管理领域深耕50余载。2019年年底,他的第60本著作《创新项目管理》出版。该书从现代项目管理的角度出发,重点强调创新项目管理与传统项目管理的区别,以及创新项目管理者必须学习的新能力。其引进和出版对提升我国创新项目的管理水平具有重要的参考价值和借鉴意义。

本书翻译分工如下:西安工业大学郭庆军负责前言和第6章;长安大学张静晓和兰州理工大学秦爽负责第13章;中国矿业大学邓勇亮负责第11章和第12章;西安科技大学曹萍负责第1章和第8章;西安科技大学文艳芳负责第2章;西安建筑科技大学孙笑明负责第3章;西安理工大学朱记伟负责第4章;西北工业大学郭云涛负责第5章;东南大学邓小鹏负责第7章;西安建筑科技大学张勇负责第9章;西安工业大学袁芳负责第10章。郭庆军负责全书统稿。同济大学丁士昭教授和清华大学陈劲教授为本书写推荐序,在此表示深深的谢意。

在翻译过程中,研究生杨妍、王静、张馨元、王瑞璇、王欣、张美蓉、刘洋、张莹、刘泽东、吴秋婷、孟苗苗、罗丽、裴双双、郭浩论、陈敬配、李琦、王雅兰、向锐、马少华、任若冰、赵欣、卢楠、Wajhat Ali、李畅、屈柯馨、Lkhamsuren、Safi、陈丽红做了大量基础工作，为本书的翻译付出了辛勤的劳动。

本书获"西安工业大学专著出版基金"和"西安工业大学规划教材"资助，还得到陕西省高等教育教学改革研究重点项目（19BZ016）和教育部新工科研究与实践项目（E-GKRWJC20202914）的支持。

本书是国家级线上一流课程"创新创业学""项目管理"参考书，是专业项目经理、企业管理者、创新团队成员，以及项目经理、创新和创业项目专业学生的必备教材。

由于译者水平有限，翻译纰漏和不准之处在所难免，敬请读者批评指正。

前　　言

所有公司都渴望发展，但如果没有一些创新，发展的机会可能有限。即使该公司确实有一些成功的创新，但如果该公司专注于过去的成功，而没有建立持续不断的创新文化，那么失败仍然可能发生。如果不去不断地挑战结果，今天的行业领袖就可能成为明天的失败者。

如果要实现持续的创新，那么必须将创新领导力和项目管理结合在一起，并且清楚地了解两者的作用。创新决定了我们想做什么，而项目管理决定了是否可以做到。两者的结合也可能要求学习新的技能，并创造一种支持创新管理实践的企业文化。正如本书所讨论的，一些公司正在形成专门用于创新活动和理念管理的组织部门。

了解彼此的角色是使公司更具创新性的第一步。这就要求项目经理和其他创新人员明白他们现在没有做的，但为了长期成功地进行创新而必须做的事情。还包括与营销人员和客户的互动。

本书分为以下13章：

第1章：为什么创新和项目管理经常不放在一起谈论，以及在创新、项目管理和商业战略之间建立桥梁所需的一些环节。

第2章：不同类型的创新。不同类型的创新可能需要不同方式的项目管理。

第3章：商业战略如何确定所需的创新类型，并将项目管理与不同类型的创新联系起来。

第4章：传统项目经理为管理创新项目而需要学习的工具。传统的项目管理课程中大多没有涉及这些工具。

第5章：传统项目管理活动中使用的某些过程，如果不进行一定程度的完善，就无法在创新项目中运用。

第6章：创新管理软件的发展。当前项目经理在项目前期使用这些软件进行创意管理、备选方案分析和决策。

第7章：项目经理和创新人员用于监控创新项目的新指标。

第8章：与商业模式有关的创新，而不是产品和服务创新。

第 9 章：颠覆性创新需要一种全新的项目管理方式，以及如何与消费者市场紧密联系。

第 10 章：影响项目管理与创新工作之间的障碍。

第 11 章：一些项目（包括创新活动）成功和失败的程度，而不是由三重约束决定的成败。

第 12 章：数家公司已建立的创新文化，以及为支持创新而组成的职能部门。

第 13 章：创新项目的案例研究。

本书提到的公司有（但不限于）：

- 超微半导体（Advanced Micro Devices）公司
- 空客（Airbus）公司
- 亚马逊（Amazon）公司
- 苹果（Apple）公司
- 波音（Boeing）公司
- 柯马（Comau）公司
- 戴姆勒-克莱斯勒（Daimler-Chrysler）公司
- 戴尔（Dell Computer）
- 德勤（Deloitte）会计师事务所
- 迪拜海关（Dubai Customs）
- 礼来（Eli Lilly）公司
- 脸书（Facebook，现改名 Meta）
- 联邦快递（FedEx）
- 通用电气（General Electric）
- 谷歌（Google）
- 惠普（Hewlett-Packard）
- 日立（Hitachi）
- 家得宝（Home Depot）
- 创新实验室（InnovationLabs）
- 铱星（Iridium）
- 柯达（Kodak）
- 联想（Lenovo）
- 罗技（Logitech）
- 麦当劳（McDonalds）
- 美敦力（Medtronic）
- 微软（Microsoft）
- 摩托罗拉（Motorola）
- 奈飞（Netflix）
- 耐克（Nike）
- 飞利浦（Philips）
- 三星（Samsung）公司
- 星巴克（Starbucks）
- 德州仪器（Texas Instruments）公司
- 蒂森克虏伯（ThyssenKrupp）公司
- 东京海上日动有限公司（Tokio Marine & Nichido Co, Ltd.）
- 丰田（Toyota）
- 全美达（Transmeta）公司
- 联合国儿童基金会美国分会（UNICEF USA）
- 维珍（Virgin）
- 沃尔玛（Walmart）

作者对愿意共享创新信息，以更好地培养下一代创新项目经理的所有公司表示感谢。特别感谢 Luigi Morsa 博士在本书编写过程中的投入和建议。

如果读者需要使用书中涉及的创新项目管理研讨会、网络研讨会、在线课程和工作坊，可联系：

国际学习集团执行副总裁 Lori Milhaven
电话：800-325-1533 或 212-515-5121
传真：212-755-0777
电子邮件：lori.milhaven@iil.com

哈罗德·科兹纳
国际学习集团

目　　录

第1章　创新项目管理概论 …………… 1
　1.1　引言 ………………………………… 1
　1.2　创新的定义 ………………………… 2
　1.3　商业需求 …………………………… 3
　1.4　创新文献 …………………………… 5
　1.5　项目管理文献 ……………………… 5
　1.6　创新标杆管理 ……………………… 6
　1.7　价值：缺失的环节 ………………… 7
　1.8　创新目标 …………………………… 7
　1.9　创新目标的时间表 ………………… 8
　1.10　小企业的创新 ……………………… 9
　1.11　衡量项目管理创新的七个关键
　　　　维度 ………………………………… 9
　1.12　对项目经理和创新人员的启示和
　　　　借鉴 ……………………………… 10
　参考文献 ………………………………… 11

第2章　创新类型 ……………………… 13
　2.1　引言 ………………………………… 13
　2.2　渐进性创新与突破性创新 ………… 14
　2.3　理解创新差异 ……………………… 14
　2.4　产品开发创新的类型 ……………… 15
　2.5　封闭式创新和开放式创新 ………… 16
　2.6　众包模式 …………………………… 17
　2.7　共创 ………………………………… 18

　2.8　开放式创新实践：空中客车与
　　　　共创伙伴的关系 ………………… 22
　2.9　价值（或价值驱动）创新 ………… 23
　2.10　敏捷创新 …………………………… 24
　2.11　敏捷创新实践：德勤会计师
　　　　事务所 …………………………… 25
　2.12　敏捷创新实践：星空联盟 ……… 32
　2.13　政府创新 ………………………… 34
　2.14　人道主义（社会创新） ………… 35
　2.15　社会创新实践：日立 …………… 36
　2.16　非技术创新实践 ………………… 38
　2.17　其他类型的创新 ………………… 40
　2.18　董事会的作用 …………………… 42
　2.19　寻找创新项目投资方 …………… 42
　2.20　对项目经理和创新人员的启示
　　　　和借鉴 …………………………… 43
　参考文献 ………………………………… 43

第3章　创新与战略规划 ……………… 45
　3.1　引言 ………………………………… 45
　3.2　创新项目经理在战略规划中
　　　　的作用 …………………………… 45
　3.3　投资组合项目管理办公室的
　　　　作用 ……………………………… 46
　3.4　战略类型 …………………………… 46

3.5	创新在战略规划中的作用	47		4.4	视线	84
3.6	市场营销在战略创新计划中的作用	48		4.5	风险管理	85
3.7	产品组合分析	48		4.6	创新文化	88
3.8	使用SWOT分析确定核心能力	55		4.7	创新文化与企业领导力	90
3.9	创新项目管理能力模型案例：礼来公司	56		4.8	创意产生	91
3.10	市场营销部门参与创新项目经理工作	62		4.9	衍生创新	91
3.11	产品生命周期	64		4.10	了解奖励制度	92
3.12	研发项目分类	64		4.11	创新领导力实践：美敦力	93
3.13	研究与开发	65		4.12	IPM技能需求	96
3.14	研究开发比率	66		4.13	设计思维	97
3.15	进攻性与防御性创新	67		4.14	头脑风暴	99
3.16	研发计划功能建模	68		4.15	原型	101
3.17	优先级设定	72		4.16	创造力与创新恐惧	103
3.18	研发合同	73		4.17	创新治理	103
3.19	保密协议、隐私协议和机密性协议	74		4.18	转型治理	104
3.20	政府的影响	74		4.19	平衡计分卡	104
3.21	创新技术来源	75		4.20	战略地图	105
3.22	创意的来源	75		4.21	创新组合管理	106
3.23	项目选择问题	77		4.22	创新支持	108
3.24	项目经济评价	77		4.23	创新团队	108
3.25	项目调整	79		4.24	虚拟创新团队与协同创新团队	108
3.26	项目终止	80		4.25	对PM 2.0和PM 3.0的需求	109
3.27	对项目经理和创新人员的启示和借鉴	80		4.26	对项目经理和创新人员的启示和借鉴	112
参考文献		81		参考文献		112

第4章 创新工具和流程 82

第5章 从传统到创新的项目管理思维 115

4.1	引言	82
4.2	新产品开发	83
4.3	模糊前端	83

5.1	引言	115
5.2	信息库	116
5.3	创新计划概述	118
5.4	创新假设	120
5.5	验证目标	122

5.6	生命周期阶段	123
5.7	工作分解结构	126
5.8	预算	126
5.9	日程安排	127
5.10	范围变更控制	127
5.11	沟通	128
5.12	沟通创新实践：ARCADIS 公司	129
5.13	创新实践：NTT DATA	135
5.14	解决方案创新实践：飞利浦集团监控和分析以及治疗护理服务	137
5.15	创新实践：迪拜海关和加速探索实验室	146
5.16	创新实践：默克公司	149
5.17	创新实践：雷普索尔公司	152
5.18	人员分配创新项目	154
5.19	对项目经理和创新人员的启示和借鉴	157
参考文献		157

第6章 创新管理软件 159

6.1	引言	159
6.2	创新软件的起源和优点	160
6.3	创新软件实践：IdeaScale	161
6.4	创新软件实践：Qmarkets	163
6.5	创新软件实践：HYPE Innovation	167
6.6	软件和开放式创新	175
6.7	对项目经理和创新人员的启示和借鉴	175
参考文献		176

第7章 基于价值的创新项目管理指标 177

7.1	引言	177
7.2	传统价值度量	178
7.3	价值和领导力	179
7.4	利益与价值相结合	181
7.5	认识价值指标的需求	181
7.6	有效测量技术的需求	183
7.7	客户和利益相关者对价值指标的影响	186
7.8	客户价值管理计划	187
7.9	项目管理与价值之间的关系	190
7.10	选择正确的指标	192
7.11	传统指标和KPI的失败	193
7.12	价值指标的需求	193
7.13	创造价值指标	194
7.14	创新价值指标的行业实例	198
7.15	对战略目标的调整	200
7.16	创新治理指标	201
7.17	创新指标实践：创新实验室	202
7.18	创新指标的黑暗面	211
7.19	制订指标管理计划	212
7.20	对项目经理和创新人员的启示和借鉴	213
参考文献		213

第8章 商业模式 215

8.1	引言	215
8.2	从项目经理到设计师	216
8.3	商业模式和价值	217
8.4	商业模式的特点	217
8.5	战略伙伴	218
8.6	商业情报	218
8.7	商业模式创新者的技能	219
8.8	商业模式改进	220
8.9	商业模式的类型	221

- 8.10 商业模式和战略联盟 222
- 8.11 识别商业模式的威胁 223
- 8.12 商业模式失败 224
- 8.13 商业模式和诉讼 225
- 8.14 对项目经理和创新人员的启示和借鉴 226
- 参考文献 227

第9章 颠覆性创新 228

- 9.1 引言 228
- 9.2 对颠覆的早期理解 229
- 9.3 创新和商业模式的颠覆 229
- 9.4 颠覆性创新的类别 231
- 9.5 颠覆性创新的不利之处 232
- 9.6 使用集成产品和项目团队 233
- 9.7 颠覆性创新实践 235
- 9.8 对项目经理和创新人员的启示和借鉴 236
- 参考文献 236

第10章 创新的障碍 238

- 10.1 引言 238
- 10.2 成功的失败 238
- 10.3 一刀切的万能法 238
- 10.4 视野不宽 239
- 10.5 想法匮乏 239
- 10.6 紧迫感 239
- 10.7 和爱当"主角"的人一起工作 240
- 10.8 缺乏协作 240
- 10.9 政治干预 240
- 10.10 项目工作量 240
- 10.11 知识产权 241
- 10.12 不理解创造和创新之间的关系 241
- 10.13 假设过多 242
- 10.14 创新资金 242
- 10.15 现金流和财务不确定性 242
- 10.16 再三控制 243
- 10.17 分析瘫痪 243
- 10.18 创新实践：Naviair 公司 243
- 10.19 创新实践：克服障碍 252
- 10.20 对项目经理和创新人员的启示和借鉴 254
- 参考文献 254

第11章 定义创新的成败 255

- 11.1 引言 255
- 11.2 传统项目商业方面的成功 255
- 11.3 早期项目成功的定义 257
- 11.4 重新定义项目成功：接近 21 世纪 258
- 11.5 成功与失败的比较 259
- 11.6 在项目一开始就取得成功 260
- 11.7 营销在定义创新成功中的作用 261
- 11.8 商业方面的创新成功 262
- 11.9 成功因素的优先级 264
- 11.10 创新项目的成功与核心竞争力 264
- 11.11 创新项目的成功与商业模式 265
- 11.12 创新项目失败的原因 266
- 11.13 确定成功和失败的标准 267
- 11.14 对项目经理和创新人员的启示和借鉴 268
- 参考文献 268

第12章 创新实践 270

- 12.1 引言 270

12.2	创新实践：苹果公司	270
12.3	创新实践：脸书	272
12.4	创新实践：IBM	273
12.5	创新实践：德州仪器公司	275
12.6	创新实践：3M 公司	277
12.7	创新实践：摩托罗拉	279
12.8	创新实践：Zurich North America	280
12.9	创新实践：UNICEF USA	281
12.10	创新实践：三星公司	284
12.11	敏捷创新实践：ICS 公司	285
12.12	创新实践：柯马公司	291
12.13	创新实践：Tokio Marine and Nichido 系统	298
12.14	创新实践：GEA	299
12.15	创新实践：空客防务与航天公司	305
12.16	创新实践：蒂森克虏伯公司	307
12.17	创新实践：WÄRTSILÄ 能源解决方案	310
12.18	合作：ABC 培训软件开发项目复兴	313
12.19	关键问题	315
参考文献		315

第 13 章 案例研究 … 316

13.1	迪士尼的创新项目管理技能	316
13.2	迪士尼鬼屋的创新管理	324
13.3	迪士尼文化对全球创新机会的影响	336
13.4	迪士尼全球商业模式创新的合作方	352
13.5	波音 787 梦想客机：用新的商业模式管理创新风险	364
13.6	澳大利亚悉尼歌剧院	369
13.7	Ampore 水龙头公司：管理创新的不同观点	374
13.8	创新赞助商	377
13.9	铱星的兴衰与复苏：当创新商业模式失败时	378
参考文献		399

第 1 章
创新项目管理概论

项目经理和创新人员的学习目标:
理解传统项目管理和创新项目管理的差异;
理解管理创新活动的新技能、职责和期望;
理解创新战略、创新业务的重要性;
理解评估创新商业价值的重要性。

1.1 引言

未来是方向,而非目的地。

—— Edwin Catmull

在过去的 30 年间,关于创新和创新管理的文献层出不穷。然而,创新想法的实现需要合适的项目及项目管理模式。但是,利用我们以往传授的传统项目管理理论,往往很难有效地管理创新项目。创新因行业而异,甚至同一行业内不同企业就如何开展创新管理也很难达成共识。造成这种现象的原因与创新类型有关,事实上,不同类型的创新具有不同的特点,需要不同的工具。

在近些年的实践中,类似美国项目管理协会(Project Management Institute,PMI)这样的专业组织已经意识到需要着手制定创新项目管理标准,并尽可能地与其他组织合作,如产品开发与管理协会(Product Development Management Association,PDMA)提供的创新认证计划,来共同打造类似于敏捷宣言的创新项目管理宣言。这样,未来十年最大的变革可能源于对创新项目管理职业岗位的认可和推进。

由于传统项目管理与创新项目管理的差异,人们一般很少将"创新"与"项目管理"连用,而为创新实践提供认证的机构也并未使用"项目管理"一词。因而,对创新与项目管理关系的研究非常有限。

创新是非结构化的，需要利用大脑中自由思考、创造力、头脑风暴和替代分析的部位。而项目管理是非常结构化的，具有明确的范围，通常不太容许超出范围的创造力或头脑风暴。

创新有很多种，范围从微小、渐进的变化到一个产品、全新的产品，甚至是对市场影响极大的、具有颠覆性技术的产品或流程。渐进性创新可以采用标准项目管理方法，但激进或颠覆型创新则可能需要不同的规则。所有假设应该被质疑，即使在案例应用中也需要验证。创新需要正视面对的问题，以便思考更好的解决方案，还可能涉及组织文化的变革。

1.2 创新的定义

如果你想要新的东西，就必须停止做旧的。

——彼得·德鲁克

创新=理念+执行+采纳

—— Jag Randhawa，*The Bright Idea Box: A Proven System to Drive Employee Engagement and Innovation*

关于什么是创新，存在着相互矛盾的观点。一种观点认为创新是站在未来（而不是现在）帮助别人发现它的存在；另一种观点（借用 Martha Graham 的话）则认为创新团队和创新者并不超前，就在当下，而别人做不到的原因是一直专注于过去而没有向前看。

创新尚无统一的定义，但有以下两点已达成共识。①创新是知识或知识产权向商业的转化。②创新不一定是发明，它可以是新事物的创造，如新的应用程序。创新是以创造长期价值的方式寻求新的或更好地满足市场需求的解决方案，直接表现为顾客所得产品的质量、耐用性、服务和（或）售价的提高，而在本质上，表现为效率、生产率、质量、竞争力和市场份额的积极变化。

要正确理解定义创新的难度，可以首先分析创新的起因：生产具有长期盈利增长潜力的新产品或服务；对现有产品和服务进行持续改进；创造能带来新的机遇、好的商业方式（如过程和商业模式改进），或者能更好地解决问题的科学知识。

过程创新的形式很多。获取和实施最佳实践的项目管理或相关业务是过程创新，如改变制造、降低成本、加速产品上市等关键环节也是过程创新，这一概念克服了创新仅发生于研发新产品阶段的局限性。

战略创新的成果包括以下可持续的商业价值：新产品、提升品牌价值、附加服务、提高效率和（或）生产率、提高质量、缩短产品上市时间、提高竞争力、增加市场份额、过程创新、技术创新、减少劳动力或材料消耗、节能、符合规范、创新平台、新的战略伙伴关系或并购。

创新的长效获益包括增加市场份额、竞争力、股东满意度等，且多表现为关联业务和无形方式，而非多数管理者通常所见的传统、有形方式，因此也更有意义。

产品、服务和过程的创新形式很多，每种都有其独一无二的需求及不同的生命周期阶段。因此，创新无定式，不可能为所有类型的创新项目建立统一的范式。

今天，学术界正在讨论研发与创新的区别。研发部门通常需要突破性的创新，多为新技术，若开发了与以往有显著区别的新技术或新方法，便会交给创新团队去寻求应用。

1.3 商业需求

弱点是创新、创造力和变革的发源地。

—— Brene Brown

常规是创新的坟墓。

—— Richie Norton，*The Power of Starting Something Stupid: How to Crush Fear, Make Dreams Happen, and Live without Regret*

  企业无一例外会随技术、人口、政治环境、产业发展、意外事件和其他影响竞争力因素的变化而调整策略，如何顺势而为极具挑战。成长才能生存，但成长不能仅依靠降低成本、再造活动等短期方案。与此同时，企业也发现，虽然品牌忠诚度与高质量密切相关，但若无创新，仍很难留住顾客。

  管理大师彼得·德鲁克认为，企业成长只有两条途径：市场营销和创新（Drucker，2008）。创新常被视为商业的必杀技和成长的原动力，可使企业适应不断变化的环境，并利用随时出现的机会。由于竞争对手也会带着改变竞争环境的新产品、新服务进入市场。因此，在任何情况下，企业都需要不断创新，以寻求有别于竞争对手的持续竞争优势。

  竞争越激烈，创新投入就越大。资源有限型企业可通过战略合作聚焦共同创造。而共创创新会缩短产品上市时间、降低创新风险、提高客户满意度，并能更好地关注价值创造和技术方案（DeFillippi 和 Roser，2014），但在共创创新中，项目经理必须学会管理不同种族、宗教、民族、性别且具有不同愿景与期望、对项目关注程度也各不相同的团队成员。

  投资者和股东们在企业运营中发现可使其投资成功的创新苗头。而有影响力的股东和利益相关者更会通过以下要求推动创新：更短的开发周期、更高的竞争力、更快上市、更少的资源消耗、更高的绩效、更好的质量。

  但是，股东要求的缩短开发周期不能以牺牲产品质量为代价。

  多年以来，项目管理和创新管理被视为两个独立的学科。创新需要面对重大风险、培养创造思维、进行跨组织合作，因而创新管理一直被视为创新过程管理和变革管理的结合，是指产品、服务、业务流程及相伴而生的企业转型需求，包括能使职能经理、项目经理、员工、利益相关者和顾客就创新过程和目标达成共识的一系列工具。创新管理有利于组织响应内部、外部机遇，并利用其创造力产生新的想法、过程或产品（Kelly 和 Kranzburg，1978）。它需要一种与传统项目管理实践中常用的线性思维不同的方式。创新管理工具需要企业依靠员工的创造力来丰富（Clark，1980）。但是，这并不意味着线性思维落伍了，因为仍有一些产业和项目需要线性思维。

  项目管理实践通常遵循美国项目管理协会《项目管理知识体系指南》（PMBOK*指南）

---

*PMBOK 是美国项目管理协会的注册商标。

中确定的流程和领域，战略创新则遵循诸如战略制定、企业家精神、变革、投资等其他方法（De Wit 和 Meyer，2014）。然而，越来越多的企业发现，创新战略的实施依赖于项目，若能摒弃传统项目管理中的某些刚性过程，融入一定的柔性、创造力和头脑风暴，那么，项目管理就会成为创新的交付系统。

今天的项目经理更多地被认为是管理商业活动而非单纯地执行项目，需要应对包括商业决策和项目决策在内的市场问题，因为端对端项目管理的时代已经到来。过去，项目经理的主要职责是能动地执行项目，完成所需交付的产品或成果。而现在，其业务范围从策划思路到产品商业化的全生命周期。因此，项目可能在成果交付后的十年或更长的时间段后才能真正结束。

过去的几十年间，多数项目经理都接受过传统项目管理培训，而鲜少涉及创新项目，具有战略目标的重要项目往往由职能经理完成，项目经理则主要处理更具操作性或战术性的项目，因而对创新活动所需的战略计划、战略目标知之甚少。随着项目管理与创新管理的融合，产生了一个新的专业称谓，叫作创新项目管理（Innovation Project Management，IPM）。如前所述，在此类项目中，需要向项目经理提供战略信息，以使其成为战略领导者。可以说，创新项目经理更加关注长期商业或战略，管理心态已不再局限于运营层面的"完成工作"了。

几年前，某《财富》500 强公司聘请闻名遐迩的咨询团队为其分析商业战略和主要产品线，并就五年和十年后的公司定位及战略设想提出建议。在事后讨论此次咨询的收获时，高管们一致认为，咨询团队告诉了他们应该"做什么"，而不是"怎样做"。高管们很快意识到，"怎样做"需要卓越的项目管理能力，尤其是创新能力。至此，商业战略、创新和项目管理之间的密切关系就在其脑海中清晰可见了。

图 1-1 显示了传统战略计划在高层决策中的重要性。图中所有框中的内容都被认为很重要，但除了最后一个"战略执行"。正因如此，高管层看不到项目管理与战略计划之间的内在联系，究其原因，战略执行不是高管们的职责。而现在，项目管理已经被视为实现组织战略目标的交付系统，若组织需要创新，那么，项目经理就必须学习创新项目管理。

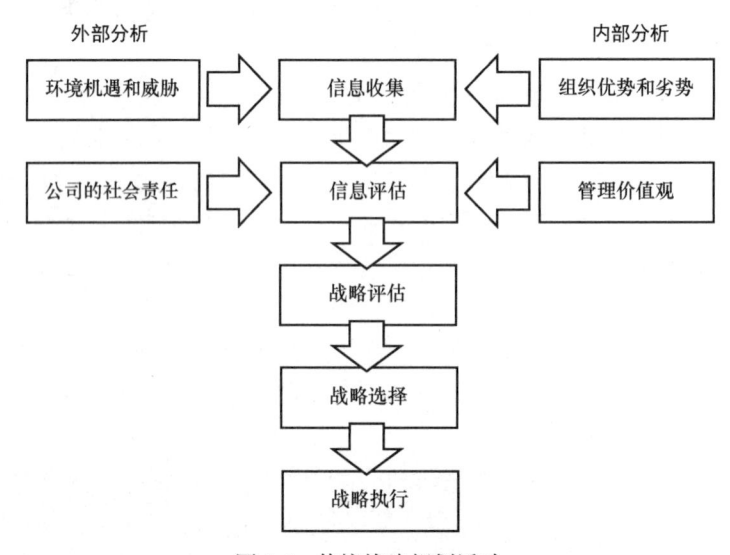

图 1-1　传统战略规划活动

如今，创新项目管理已经成为一种比传统项目管理更为复杂、更具挑战性的职业。创新项目因其市场不可预测性、经济条件不稳定性和人为因素影响而改变组织业务方式可能性大等特点，而更具风险（Filippov 和 Mooi，2010），因此，创新项目经理需要不同于传统项目经理的技能组合。

组织的成功需要具备同时管理大量创新项目的能力，因而创新项目管理得到了企业级项目组合管理实践的支持。IPM 不能保证所有项目都能成功，但会提高项目成功的概率，并可以提供何时终止、资源重分配及减少损失等雪中送炭式的指导。

1.4 创新文献

关于创新的文献很多，原因之一是竞争加剧了商业目标的增加，从而导致创新需求激增（Crawford、Hobbs 和 Turner，2006）。有些文献侧重于实证研究，其他则主要涉及传统的产品创新。然而，随着一些极其复杂、涵盖多类创新、独一无二项目的出现，如波音787梦想客机的设计（Shenhar 等，2016）、澳大利亚悉尼歌剧院（Kerzner，2014）、铱星、丹佛国际机场建设和迪士尼主题公园（Kerzner，2017）等，创新研究也层出不穷。由于不同行业的创新具有不同的性质，文献也聚焦到特定的行业，如汽车（Lenfle 和 Midler，2009）、制药（Aagaard 和 Gersten，2011）、制造业（Calik 和 Bardudeen，2016）和建筑业（Ozohorn 和 Oral，2017；Brockmann 等，2016）等，这些文献均是寻求创新问题解决方案的学术研究成果。

一些研究人员尝试根据复杂性、生命周期阶段、风险水平、战略业务重要性和可用信息等要素划分创新类别，确定创新结构（Garcia 和 Calantone，2002；O'Connor 和 Rice，2013）。也有文章对此提出质疑，原因是迄今为止尚未形成普遍认可的创新定义（Frankelius，2009）。

还有从人类行为方面研究创新的文献，包括激发创新项目管理者能力（Pihlajamma，2017）、减少创新不确定性引发的紧张和压力（Stetler 和 Magnusson，2014）等。

1.5 项目管理文献

研究项目管理的文献很多，但遗憾的是，绝大多数都在研究"一刀切"的线性项目管理模型，该模型虽然适用于某些行业的某些项目，却不适用于创新项目。

时至今日，企业比以往更深刻地意识到，创新战略的实施离不开项目与项目管理（Lenfle，2008）。虽然项目管理已经成为一些企业的战略能力，但并非所有项目经理都具备创新管理技能。对于项目经理需要哪些创新能力，以及怎样通过简便的模型架设创新、项目管理与企业战略之间的桥梁，相关研究尚属空白。目前仅就持续业绩提升需要管理创新达成了共识。

传统项目管理往往被视为策划、计划、控制，必要时再加上风险管理的标准化过程，而可以标准化的前提是每个人都必须严格遵守固化的规则和程序，无须考虑项目的独特性，因此，也有人认为传统项目管理是对规则、制度和权威的服从（Geraldi 等，2008）。

但对创新项目而言，项目经理要根据项目需求灵活选用管理工具，甚至为其定制恰当的流程。这种方法同样也适用于某些无须创新的项目，而未来某些行业中的创新项目，如敏捷及 Scrum 项目，无疑将必须采用这种灵活柔性的管理模式。

传统项目管理市场依然存在，但变化已经出现，"项目经理应首先识别项目类型，顶住弃用常规模式的压力，采取适用的，即为该项目量身定制的方法"（Lenfle 和 Loch，2010）。由于传统项目管理未对项目进行分类，已有文献提出了创新项目的分类方法，以指导项目管理模型的设计（Geraldi 等，2011）。因为即便采用柔性项目管理方法，也可能存在 Coombs 等人发现的问题（1998）：虽然已有研究表明，有必要根据技术的不确定程度、对企业的影响程度、对市场的影响程度及项目规模与复杂程度等主要因素对创新进行分类，以防止采用通用模型引发项目管理过分简化的弊端，但若真将这些因素排列组合，无疑会导致项目管理的繁杂和冗余，因此，必须在"单一最佳模式"的不灵活风险与定制项目管理模式的高成本之间取得平衡。

1.6 创新标杆管理

创新和项目管理文献并不能为企业提供创新改进中所需的全部信息，而标杆管理是很多企业公认的最佳方法。标杆管理是持续改进的重要组成部分，是通过学习那些做得好的人，如学霸们的做事方法，追上或超越他们，以缩小与标杆企业之间差距的过程。

标杆管理不仅关注产品、服务或目标企业的表单、指南、模板和检查表，更有助于理解目标企业的商业流程、商业模式、企业战略和战略目标，这些都是实现持续改进必不可少的创新活动。

标杆管理有多种，最常见的是过程标杆和战略标杆。过程标杆管理聚焦关键步骤，如项目管理系统的环节；战略标杆管理解析战略及创造产品和服务的核心能力。

在传统组织中，项目经理和项目管理办公室多关注过程标杆的履行情况，而在高创新组织中，战略标杆更受重视。

几年前，某《财富》100强公司的一个部门决定与同行竞争对手做项目过程标杆管理，比对结束后，经理却发现："好家伙，我们竟然比他们做得更好？"

沾沾自喜了一段时间后，项目管理办公室决定再找非同行业的全球顶尖的项目管理组织做标杆管理，结果却显示他们的项目管理能力极弱！认识到存在的问题后，公司专门设立了主管创新的副总裁职位，其职责就是对标全球其他企业的战略标杆，助力自身持续改进，包括收集创新管理的最佳实践。

1.7 价值：缺失的环节

创新就是创造和提供新的客户价值

—— Michael J. Gelb，*Innovate Like Edison: The Success System of America's Greatest Inventor*

文献中最常见的创新动机有三种：提供新产品或服务以提高利润、改进现有产品或服务、创造能带来新机会或解决现有问题的科学知识。然而，创造商业价值呢？尽管创新和项目管理文献现在都在强调将创造商业价值作为创新成功标准的重要性。

创新活动的最终目的应是创造长期、可持续的股东价值。价值，无论是企业还是股东，都是创新管理中最重要的驱动力，并会对如何定义成功和失败有重要影响。因此，适宜创新和终止创新的标准必须包含与商业价值创造相关的内容。

适宜创新的标准，如相似的技术、相似的营销和分销渠道，可由现有销售队伍销售，由现有客户群购买，适合公司理念、利润目标和战略计划，可由现有设备生产。

终止创新的标准，如意外事件和不确定性，流程更新或改进，行业和市场变化，人口变化。

然而，必须认识到，财务价值只是价值的一种形式。其他形式的价值如图1-2所示。

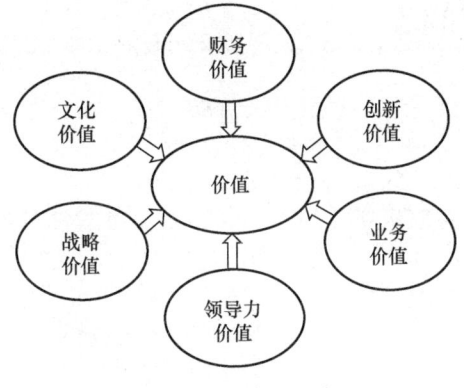

图 1-2　价值的组成

1.8 创新目标

人类与生俱来的悲哀在于那些走老路的人总是向探路者扔石头。

—— Voltaire，*Philosophical Dictionary*

纵观历史，那些有新想法的人以不同的方式思考并寻求改变，却总是被称为麻烦制造者。

—— Richelle Mead，*Shadow Kiss*

成功的创新必须目标明确，这也是最薄弱的环节，因为它需要有价值的信息系统和企

图 1-3 三个关键创新要素的关系

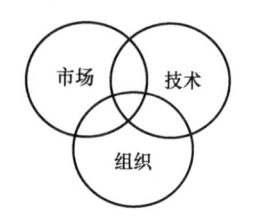

业长期商业战略知识的支撑。创建商业战略需要考虑图 1-3 中要素间的交互。

组织识别创新需要，提供资金和能胜任的人员；市场营销洞察消费者需求、支付意愿和目标市场的细分；技术支撑创新的实现。

在过去，企业经营中需要关注任务的可复制性，以提高效率和生产力，因此，非常重视下列因素：盈利能力、消除差异、通过指挥和控制维护权威、过度依赖于业务指标、通过 6σ 提高质量。

今天，我们面临着竞争、经济不稳定、颠覆性技术和可持续发展带来的挑战，"一切照旧"将不再是一种选择，"造什么就用什么"的年代也一去不复返。我们必须摆脱传统思维，风险越大，机会就越大。我们必须与使用原型样机的客户密切合作，否则，我们的想法可能无法实现。

企业必须关注长期消耗，这与下列关键问题相关：应该往什么方向发展？是否应该改变现状，如果是，应该改变成什么？如何理解客户的需要和期望？

为此，我们必须倾听技术的和客户的声音，必须回答以下三个问题：顾客需要什么？他们会为什么买单？顾客会接受什么价值？

1.9 创新目标的时间表

实施最佳实践是复制昨天；创新却是创造明天。

—— Paul Sloane

虽然不能确定创新发生的确切时间，但我们必须考虑收回创新成本的方式，如图 1-4 所示。

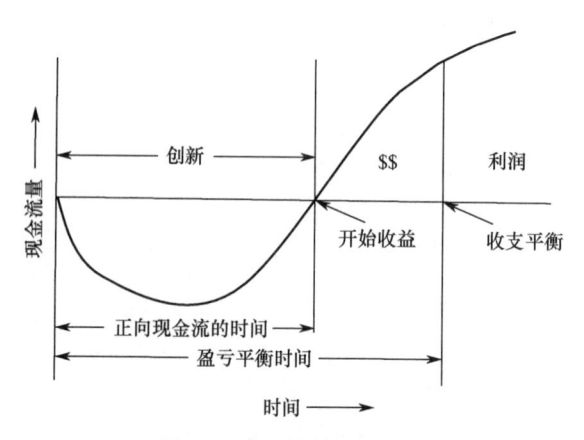

图 1-4 典型的创新现金流

创新的时间目标必须合理，应包括可能的产出、盈亏平衡和形成现金流的时间。当然，若市场条件改变，创新可能被迫终止。

1.10 小企业的创新

有一种普遍的误解,即创新只发生在大企业。然而,Tidd 和 Bessant(2013,69)相信小企业的创新往往比大企业多,他们分析了小企业的优缺点。其优点包括:更快的决策、更多的非正式文化、更高质量的交流、共同清晰的愿景、灵活敏捷的结构、创业环境、能接受更多风险、创新欲强、擅用网络。缺点包括:缺少成熟的挣值测控系统、成本与进度控制较差、可能缺乏合格或可用的资源、注重短期战略而非长期战略、风险管理不善。

大企业融资能力强,可为大量创新项目准备超额资金,因此能承受更大的风险,即使失败,损失也可一笔勾销。小企业却不能如此奢侈,一般可选择的项目数量较少,尤其偏好有高成功率的项目。所以,其创新表现更好,因为任何一个项目的失败,都会对其造成重大影响。

1.11 衡量项目管理创新的七个关键维度[①]

若将项目管理与创新"结合",以创建一个协同有机的组织,那么显然需要进行组织变革,且应由组织文化设计师,即首席执行官完成。Zeitoun 博士给出了衡量项目管理创新的七个关键维度。

(1)高层领导的角色。多年来,项目成功最关键的一个维度是高层的支持。由哪个层级领导项目、提出使命,并为项目经理和项目团队提供必要的支持,往往决定着项目的成败。在创新评估中,越来越多的组织发现从顶层着手至关重要。未来的董事会和高层领导不会只是坐在豪华的办公桌旁掌舵,他们将扮演异乎寻常的角色。他们将会成立一个工作组,首要工作是在创新项目管理中的改善业务,即改进、创新和强化卓越执行。董事会的会议室会成为到处都是白板的工作室,成为每天都会承担一定风险的地方,以确保组织在未来更有创造性地使用和执行项目。

(2)规则和自治的平衡。创新项目管理需要高度自治,在工作环境不断变化的今天,团队有幸变得更加自治。这是有利的,也是必要的,可以提高创造力,促进思想交流,并保证团队的创新活力。但关键是要找到恰当的平衡。具体来说,跨团队协作确有必要,但要采用轻松的方式,只要能确保对项目目标和预期收益的恰当关注即可。自治丰富了通往目标的可选道路,而团队被授予的自主权越多,产生的创新机会就会越多。

(3)创新文化的发展。没有创新所需的安全发展环境,组织就会错失相当数量的创新支持。创新项目的文化必须适应创新项目管理的要求,传统项目中迟缓的进程已经不适合

---

① 本节由 Al Zeitoun 博士(PMP)提供。Zeitoun 博士是一位全球商业战略家,是在战略执行、组合管理、项目集管理和项目管理方面具有全球经验的组织转型和卓越运营专家。他曾担任 PMI 全球董事会成员、PM 解决方案总裁、阿联酋核能公司执行董事、Booz Allen Hamilton 投资组合管理负责人和国际学习集团首席项目官。联系方式:zeitounstrategy@gmail.com。2018 年由 Zeitoun 博士授权转载。

创造和测试最佳想法，必须加速迭代，必须鼓励项目团队承担风险，同时，组织也需要较以往对更高频出现的错误具有更高的容忍度，快速失败和不断学习将成为大多数组织新基因的一部分，由此产生的学习文化是无价的。这种冒险欲和从失败中学习的勇气是一种新常态，执行领导也将在其中发挥重要作用，因为他们不得不频繁对话，以高情商管理风险者的压力。他们必须以不同于以往的方式与项目经理们沟通，逐渐建立新的信任感。

（4）把项目作为创新实验室。项目从未像现在一样拥有最好的创新机会。从本质上讲，项目旨在改变商业，它们不再仅仅是商业活动，而是从当前状态到未来状态的一种变化。正确的做法是将项目作为实验室，从各种维度测试创新。创新将包括选择合适的团队组合，尝试虚拟与实际团队的平衡配置，测试新的工作方式，快速验证结果，创新性地应用分析数据做出更快更有效的决策，在与客户快速、频繁的沟通中获得不同以往的更具有创造性的产出。

（5）创新能力的发展。展望2030年及以后，协作正成为未来项目经理的首要能力，直接影响创新项目的成功。未来的项目经理将不再仅仅专注于项目控制工作，而需要提高报告、监管和冲突管理等工作的优先级，在这些方面花费更多的时间，并在这些优先工作中担任教练的角色。这些都将是自主型团队快速验证、尝试新想法和动态执行的基础，而项目经理通过指导、整合、联结，为提升创新理念和不断交流创新思想创造机会。

（6）必要的停顿再思考。这是最能支持项目创新的一个维度。过去20年中，干扰一直是项目面临的主要挑战，甚至会变成完成项目的障碍。由于新问题层出不穷，使人们在项目执行中疲于应付，虽能勉强完成工作，却顾不上思考。要改变这种状况，就需要探索一种方法，去重新思考怎样才能更有效地管理变革的机会。为此，每天必须挤出一定的时间，思考我们在项目中有哪些收获，并从反思中获取创新能量，以使我们能够采用不同的方式规划和执行项目。如果没有这种通过不断反思、从恰当的角度整体看待事物的能力，我们将很难在项目工作中培养新的创新习惯和其他相关的创新能力。

（7）新的工作方式。未来的职场是什么样的？很显然，虽然我们都不希望已经习惯的东西有所变化，但各自为政的空间分割、线性的组织、僵化的观点等都必须被尽快打破。这些已经反映在不断变化的办公空间设计上，如小型团队、每日 Scrums 或不同方式合作等。创新需要顺畅的流程，就像河流一样，所有想法必须能被无障碍地表达，且鼓励快速执行，因为只有这种无缝对接才是创新成功的关键。要做到这一点，我们就要适应并乐于接受这种创新工作所需要的不断变化，就像我们欣然接受智能机器和利用物联网这种前所未有的新事物一样。

由于项目管理的创新会持续提高企业高层的关注度，上述七个衡量创新的关键维度表现出了内在的级联效应。从高层领导的明智信息和指导，到激发自主团队的热情和动力，最后到以独创的方式更快执行，从中找到改进和卓越履行的新机会。

1.12 对项目经理和创新人员的启示和借鉴

创新项目的项目经理必须明白，现在的工作环境与以往大相径庭，会面临一些新的关键问题及挑战，包括：成功的效益可能不同于传统的项目管理；可能需要注重长期而非短期的思维；可能需要重点关注项目决策与商业战略和战略目标的一致性；团队成员可能由客户和合作伙伴组成，尤其是共同创新时；项目经理可能被期望做大量的商业决策；传统项目管理与创新项目管理是有区别的；创新项目管理是一项战略能力；IPM 和战略规划相关。

这些问题多数需要新的工具和新的思维方式，也有一些可以采用基于投资及产品生命周期的传统方法。

参考文献

[1] Aagaard, A. and Gertsen, F. （2011）. Supporting radical front end innovation: perceived key factors of pharmaceutical innovation. *Creative Innovation Management* 20, 330–346, http//dx.doi. org/10.1111/j. 1467-8691.2011.00609.x.

[2] Brockmann, C., Brezinski, H. and Erbe, A. （2016）. Innovation in construction megaprojects. *Journal of Construction Engineering Management* 142 （11）: 040160591. DOI: 10.1061（ASCE）CO 1943 - 7862.00011168.

[3] Calik, E. and Bardudeen, F. （2016）. A measurement scale to evaluate sustainable innovation performance in manufacturing organizations. 13th Global Conference on Sustainable Manufacturing, 449–454.

[4] Clark, C. H. （1980）. *Idea Management: How to Motivate Creativity and Innovation*. New York: AMACOM.

[5] Coombs, R., McMeekin, A. and Pybus, R. （1998）. Toward the development of benchmarking tools for R&D project management, *R&D Management* 28, （3），175−183.

[6] Crawford, L., Hobbs, B. and Turner, J. R. （2006）. Aligning capability with strategy: Categorizing projects to do the right projects and to do them right. *Project Management Journal* 37 （2），38–50.

[7] De Wit, B., and Meyer, R. （2014）. *Strategy: An International Perspective* （5th ed.）Andover, MA: Cengage Learning.

[8] DeFillippi, R. and Roser, T. （2014）. Aligning the co-creation project portfolio with company strategy, *Strategy and Leadership* 42 （1），30–36. DOI 10.1108/SL-10-2013-0075.

[9] Drucker, P. F. （2008）. *The Essential Drucker*. New York: HarperCollins.

[10] Filippov, S. and Mooi, H. （2010）. Innovation project management: A research agenda. *Journal on Innovation and Sustainability*.

[11] Frankelius, P. （2009）. Questioning two myths in innovation literature. *Journal of High Technology Management Research*, 20 （1），40–51.

[12] Garcia, R. and Calantone, R. （2002）. A critical look at technological innovation typology and innovativeness terminology: A literature review. *Journal of Product Innovation Management* 19 （2），110–132.

[13] Geraldi, J. G., Maylor, H. and Williams, T. （2011）. Now, let's make it really complex （complicated）: A systematic review of the complexities of projects. *International Journal of Operations and Production*

Management 31（9）, 966–990.

[14] Geraldi, J. G., Turner, J. R., Maylor, H., Söderholm, A., Hobday, M., and Brady, T.（2008）. Innovation in project management: Voice of researchers. *International Journal of Project Management*, 26（5）, 586–589. DOI: 10.1016/j.ijproman.2008.05.011.

[15] Kelly, P. and Kranzburg, M.（1978）. *Technological Innovation: A Critical Review of Current Knowledge*. San Francisco: San Francisco Press.

[16] Kerzner, H.（2017）. *Project management case studies*, 5E. Hoboken, NJ: John Wiley and Sons; 255–286, 467–506 and 583–654.

[17] Kerzner, H.（2018）. *Project management best practices*; Achieving global excellence, 4E. Hoboken, NJ: John Wiley and Sons; Chapter 19.

[18] Lenfle, S.（2008）. Exploration and project management. *International Journal of Project Management* 26（5）, 469–478.

[19] Lenfle, M. and Loch, C.（2010）. Lost roots: How project management came to emphasize control over flexibility novelty, *California Management Review* 53（1）, 32–55.

[20] Lenfle, M. and Midler, C.（2009）. The launch of innovative product related services: Lessons from automotive telematics. *Research Policy* 38（1）, 156–169.

[21] O'Connor, G. C. and Rice, M. P.（2013）. A comprehensive model of uncertainty associated with radical innovation. *Journal of Product Innovation Management*. 30, 2–18.

[22] Ozohorn, B. and Oral, K.,（2017）. Drivers of innovation in construction projects, *Journal of Construction Engineering and Management*, 143（4）, 1-9, DOI: 10.1061/（ASCE）CO. 1943-7862.0001234.

[23] Pihlajamma, M.（2017）. Going the extra mile: Managing individual motivation in radical innovation development. *Journal of Engineering and Technology Management* 43, 48–66. DOI: 10.1016/j.jengtecman. 2017.01.003.

[24] Shenhar, A. J., Holzman, V., Melamed, B. and Zhao, Y.（2016, April-May）. The challenge of innovation in highly complex projects: What can we learn from Boeing's dreamliner experience? *Project Management Journal*, DOI: 10.1002/pmj.21579, 62–78.

[25] Stetler, K., L. and Magnusson, M.（2014）. Exploring the tension between clarity and ambiguity in goal setting for innovation, *Creativity and Innovation Management* 24（2）, 231–246.

[26] Tidd, J. and Bessant, J.（2013）. *Managing Innovation: Integrating Technological, Market and Organizational Change*（5th ed.）. Hoboken, NJ: John Wiley and Sons.

第 2 章
创新类型

项目经理和创新人员的学习目标：
了解不同类型的创新及其特点；
了解在某些形式的创新中，团队成员也可以是公司的外部人员；
了解衡量"使用价值"的重要性。

2.1 引言

创新是一个渐进演变的过程，所以不必总是追求突破。

—— Marc Jacobs

在十大创新来源中，"员工"是你唯一可以控制与号召的资源，这是你的竞争对手无论如何也获取不到的资源，他们是你拥有的一项真正可以成为可持续竞争优势的资产。

—— Kaihan Krippendorff

根据 Webster's（韦氏）词典，"创新"一词可以简单地被定义为"新思想、新设备或新方法"。然而，"创新"也被定义为：用以满足"新需求""未阐明的需求""现有市场需求"解决方案的一种应用（Maryville，1992；Frankelius，2009）。"创新"是通过更有效的产品、流程、服务、技术或满足市场需求的业务模式来实现的。

从组织的视角出发，创新可能与效率、生产率、质量、竞争力和市场份额的积极变化有关（Salge 和 Vera，2012）。研究强调了"公司组织文化"在创新活动转化为改善绩效方面的重要性。除支持员工的核心工作任务外，组织还可以通过为员工提供足够的创新资源和工具来提高利润和绩效。

2.2 渐进性创新与突破性创新

部分企业致力于对不同形式的创新进行分类。在一项有关创新的早期研究中，Marquis（1969）将创新分为两种：渐进性创新和突破性创新。时至今日，许多学者仍将它们视为创新的两种主要形式。

渐进性创新指对现有产品和服务的小范围持续改进，从而维持对现有市场客户的服务，并希望吸引一些新客户。其目的可能是延长产品或服务的寿命，该改进既可以是技术改进，也可以不是技术改进。企业采取渐进技术改进措施，是为了降低生产成本，而非技术上的渐进改进。措施可能是为了增加产品的新功能、新特性或者提升产品质量，甚至是色彩和设计的更改，从而使产品更具美学吸引力。但是渐进性创新为创新团队提供的灵活性可能受到一定的限制，因为组织对产品的发展方向有着整体统筹。

突破性创新是指使用新技术为新市场创造新产品、提供新服务。突破性创新的产物可能是企业、国内市场或国际市场的新产品。突破性创新的特征在于探索、发现、实验和冒险。突破性创新项目团队较渐进性创新团队更具灵活性，但需在更严谨的构思框架范围内。突破性创新可能以梦想或可实现的愿景作为驱动力。

成功的突破性创新存在一定程度的风险。结果可能导致一些尚未准备使用新技术的客户流失。新产品和新服务可能导致创造性破坏，导致现有的某些产品和服务过时，并且无法在现有生产设施中生产新产品。企业和供应商、分销商和其他合作伙伴之间的关系也可能发生根本变化。在消费者和合作伙伴寻求技术突破的同时，进行过多的渐进性创新，也可以得出类似的结论。

学者们喜欢比较渐进性创新和突破性创新。渐进性创新是对现有产品的微小更改，而突破性创新是基于全新理念的变革。渐进性创新立足于现有市场、现有产品和服务的提升及对生产和交付服务的改进（Danneels，2002；Jansen 等，2006）。突破性创新专注于新市场的新技术开发，会增加很多不确定性和风险（O'Connor 和 Rice，2013；Garcia 和 Calantone，2002）。

2.3 理解创新差异

从项目经理的角度来看，这两类创新项目有所不同，且经常存在相互竞争的战略目标，必须给予不同的管理。突破性创新为公司创造长期利润。但是，进行突破性创新所需的现金流可能取决于公司通过渐进性创新获得的利益。因此，项目经理认为"隐藏"的战略目标需尽快更改，以便产生现金流从而进行突破性创新。试图为产品开发出完美的渐进改变并不比上市时间重要。与尝试每三年进行一次完美变革，并且冒着竞争产品进入市场的风险相比，每年进行一次渐进改变可能是一个更好的决定，这不易导致企业失去拥有现金流的机会。而且如果改进是在团队的核心能力范围内进行的，则可以快速进行渐进改进。

渐进性创新与突破性创新的竞争目标之间的另一个区别是创造性破坏的机会产生与否。通过渐进性创新，项目经理致力于使用现有技术和现有制造流程将产品商业化。通过突破性创新，项目经理必须考虑到新产品将取代旧产品，并且制造业中使用的生产技术也需要更新。因此，由于新产品的出现，商业化过程可能发生颠覆性变化。

仅从这两种创新活动中就可以明显看出，项目经理必须对所进行的创新类型有很好了解。每种创新方式都有与其他创新方式竞争的商业战略目标。此外，项目经理必须了解所分配团队成员的核心能力，而不仅仅是这些人员是否合适。使用传统项目管理模式，我们可能不必太担心核心竞争力。但通过创新，核心竞争力会对商业战略目标、上市时间和其他商业化活动产生重大的影响。

2.4 产品开发创新的类型

图 2-1 显示了产品开发创新的主要类型。产品创新一般分为四种类型，每种类型都有优缺点。

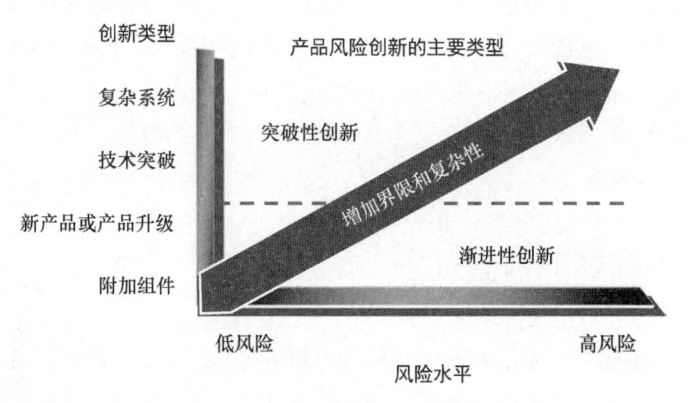

图 2-1 产品开发创新的主要类型

（1）现有产品的附加组件的开发、功能的增强、质量的提升和成本的降低。利用公司现有资源，可以快速完成这种创新，其目的是解决问题并为结果添加增量值。缺点是，这种创新必须经常执行。

（2）新产品或产品升级。这可能意味着创造全新产品或者是创造一条完整的产品线，也许需要技术上的突破，其风险在于市场对新产品或者升级后的产品能否接受。

（3）技术突破。这种创新存在风险，企业可能无法确定何时会取得突破，以及随之而来的成本是多少。即使可以取得突破，也无法保证客户将从该技术创新中获得收益；如果无法取得突破，则客户可能对部分技术创新感到满意，这种形式的创新可能只需要一到两个技术型人才。

（4）复杂系统或平台的根本性创新。这是风险最大的创新类型，如果无法研发出复杂系统，则该创新项目可能被视为彻底失败，这种形式的创新需要聚集大量高水平人才资源。

渐进性创新包括附加组件开发和产品升级，也可能仅仅是基于附加组件开发的创新，而突破性创新则是一种基于新技术的全新复杂系统的研发。

伴随着产品由附加组件向复杂系统的升级过程，产品的模糊性和复杂性也会增加。项目经理可能难以定义市场需求、了解市场变化、估算时间和成本、执行风险管理及应对大量利益相关者影响。因此，项目经理无法胜任所有形式的产品创新项目，包括公司其他的创新项目，例如与服务相关的项目、拥有新流程的项目或转型项目。

部分项目可以从渐进性创新开始，然后逐渐扩展至突破性创新，这一过程可能会导致项目领导发生变化，因为并非所有的项目经理都具备管理每种创新项目的技能。负责渐进性创新的项目团队会响应市场条件的变化，而突破性创新团队会以更积极的方式应对市场变化。突破性创新团队往往掌握多学科知识，并且具备较强的自我管理能力，他们必须拥有开放的沟通渠道来分享想法，并迅速解决问题，这就需要项目经理拥有多种管理技能。

为了使创新重复进行，使企业保持竞争优势，组织必须创造和培育有利于创新的环境。高层管理者和项目经理需要摆脱传统的思维方式，并利用变革来发挥自身的优势。高层管理者必须采纳创新思维，这虽然会存在较大风险，但它会给企业带来更大的机会。创新可能迫使企业缩减规模并重新规划其运营方式，以保持企业竞争力。这可能影响就业，因为企业可能被迫裁员（Anthony 等，2008）。创新对公司经营方式的影响通常被称为变革性创新。我们必须明确：绝大部分的流程创新都会使企业产生颠覆性变化，而不仅对销售版块产生影响。

2.5 封闭式创新和开放式创新

真正的创新和颠覆发生在公认的赛场、竞技场、战场之外。颠覆了领域，改变了游戏规则。

——Tony Curl

为了衡量市场需求，我会仔细观察客户的行为，而不是简单地听他们所说的话。观察客户实际使用产品的方式可以获得更加可靠的信息，这些信息可以通过口头访谈或专门小组收集。

—— Clayton M. Christensen, *The Innovator's Dilemma*

Wheelwright 和 Clark（1992）最早发现了不同类型的创新项目是如何影响公司管理方式的，并研究出频繁的组织变动可以保持创新环境。学者认为，公司在创新项目缺乏公司战略的联系，尽管每个项目可能都有自己的商业战略，但仍然必须与公司整体商业战略联系。在早期的工作中（Abernathy 和 Clark，1985），项目是根据公司的技术和市场能力进行分类的，这成为识别在创新方面能力增强或减弱的基础。

企业的创新环境可以被定义为封闭式或开放式的思想产生和信息来源。

封闭式创新是成功的创新需要控制的前提。企业重点控制创新思维的产生及产品的生产、营销、分销、服务、融资和支持，企业可以全面掌控新产品的开发周期。在这种条件下，企业会假定其他企业没有足够的时间生产新产品中所需的某些组件，会变得相对自给自足，几乎很少与其他企业或大学直接沟通。

若企业立足于封闭式创新，就必须基于企业内部员工和事件来收集创新想法。创新想法的典型来源可能包括：不论成功与否的意外事件、不一致的想法、工艺需求、行业和市场变化、人口变化、观念改变、新知识。

开放式创新强调企业不应完全依靠自己的研究，而应该征求包括消费者、竞争对手、学术机构、特许和合资企业等来自公司外部的想法，企业及外部环境之间的界限可以相互渗透。

多年来，已经出现了一些为开放式创新范例奠定基础的因素，如技术工人的可用性和流动性不断提高、风险投资市场的增长、可供选择的外部选项和外部供应商能力的提高。

开放式创新为采用全球合作计划的公司带来了许多好处，包括：降低产生好想法的成本；降低研发成本；在开发过程中可以尽早地整合客户，从而买入部分知识产权；更准确地了解目标，以便细分市场和客户；具有提高生产力和生产效率的潜力。

实施开放式创新模型必然会带来风险和挑战，包括：泄露非共享信息的可能性；知识产权泄露，使得承包商失去竞争优势；限制创新的复杂性增加，并限制贡献者对项目的影响；需要设计一种合理的方法，来正确识别和整合外部创新资源。

具有开放式创新思想的典型来源多样，包括客户、竞争者和供应商，技术采购或技术许可，个人发明家，学术机构与学术研究报告，政府机构和政府资助的研究，期刊和其他出版物（如职称论文），技术展览会和贸易展览会，开放式创新博览会等。

无论是从他人那里购买或授权发明和专利，还是成立合资企业，都会带来额外的风险。首先，企业可能透露太多出版物中没有的技术细节；其次，往往会存在蓄意侵犯专利的风险；最后，企业有财务义务告诉人们成本和谈判的合理性，让人们从中发现机会。

将思想转变为现实需要一定的技术。创新技术分为四个层次：I级，该技术存在于公司内部；II级，可以从国内的其他来源获得该技术；III级，可以从国外的其他来源获得该技术；IV级，该技术必须在国外进行研究并带回母公司。

我们无论是采取开放式还是封闭式创新，都必须建立用于寻找和存储信息的技术。典型的创新思维处理技术包括创意清单、创意交流中心、创意库、筛选小组或审核小组。

产生的创意越多，选择创新项目类型的机会就越多，从而能够使产品的商业价值最大化。如果组织不愿承担风险，那么具有高价值潜力的高风险项目可能永远不会浮出水面。

2.6 众包模式

这不是众人的智慧，而是众人中某人的智慧。这并不是说网络本身很聪明，而是因为个人与网络连接，所以人们让网络变得更加聪明。

—— Steven Johnson, *Where Good Ideas Come From: The Natural History of Innovation*

客户往往比你更了解你的产品。要利用这一特性来获取产品开发的灵感和想法的来源。

—— David J. Greer, *Wind in Your Sails*

众包模式通常与开放式创新相关联，是公司或机构将项目外包给不确定的（通常是大型的）人员的行为。通常，公司外部的创造力和创新力要强于公司内部。开放式创新专注于创意的产生，而众包模式的目的是解决潜在问题，然后与所有贡献者自由共享信息。其面临的挑战在于：确定人群的规模、生产能力及其成员是否理解他们的角色。

众包模式可以通过正式的沟通渠道和（或）非正式的社交媒体网络收集信息。但是，在这两种情况下，接收到信息的价值都有风险。

Abrahamson等（2013，15）人从众包模式中识别出五种可能的结果：①获得想法。获得许多其他想法，而这些想法可能超出内部团队或传统合作伙伴的能力范围。②评估想法。有效地接收来自大量利益相关者的反馈和解释，以确定在何处进行未来投资。③寻求合作伙伴。通过这些建议，确定可以与之合作的新个体、团队和组织。④引起对话。生成的往往是具有争议性的一些想法，进而引发对话和媒体报道。⑤转变关系。使利益相关者能够参与产生和选择想法，可以积极地改变组织与利益相关者之间的关系。

关于众包模式有一些限制和争议。由于可能涉及大量参与者，其中许多人可能不够资格，因此众包模式可能对产品质量产生负面影响；评估低效的产出会花费大量的时间和费用，因为目前关于所需产品的信息很少；人们之间可能无法相互交流，结果可能不理想；受资助想法的数量增加，可能使评估过程变得复杂，导致良好的想法不被考虑；信息的可信度和决策过程可以公开讨论；版权信息、专利权等问题会造成法律上的争议。

2.7 共创

外在引起内在改变，创新就是外在因素。

—— Richie Norton

要想从痛苦走向美好，就意味着你需要通过将"小我"转换为"大我"。

—— Tony Dovale

大多数公司的资源有限，无法进行所有所期望进行的创新活动。资源限制的其他原因可能包括：内部技术资源缺乏知识或技能；内部资源致力于更高优先级的项目；非本企业人员比本企业人员花费更少的钱和时间。

企业可能希望与战略商业伙伴合作，专注于共同创造。共同创造是一项管理计划或战略，它将不同的各方（如公司和一组客户）聚集在一起，共同生产对所有方都有使用价值的产品或服务。共同创造带来了来自直接客户或关注者（他们可能不是产品的直接用户）的混合想法，从而为组织带来创新想法。然而，项目经理必须决定让共创团队参与进来的阶段（项目早期或晚期）。

在确定消费者行为方面，共同创造是一个比市场研究更好的工具，因为它为参与者提供了一定程度的权力和决策权来参与品牌识别和未来发展方向。共同创造是发现商机的好方法，因为"我们没有一个人比我们所有人都聪明"。有一线用户参与的共创团队，通常能提供比公司内部更多的创意。一个共创团队的规模可以从几个参与者到数百人。

对于新奇的产品，共创团队也许比内部人员更易跳出固有的思维模式。共创团队也可以提供关于价值链效率的想法，特别是如果他们是价值链的一部分的话。

共同创造的价值以个性化、独特的客户体验（使用价值）和企业持续的收入及学习的形式出现，并增强了企业的市场表现驱动力（归属感、关系、客户口碑）。当客户利用公司的产品服务进行个性化体验，从而创造更大的价值时，公司就会与客户共同创造产品价值。这会使得产品的上市时间更快、风险更小和不确定性更小、客户满意度更高、成本更低、产品质量更好、盈利能力更强、品牌价值与忠诚度更高及更好的技术解决方案。公司赞助共同创造的一个主要价值是更好地满足客户的需求，增加新产品与服务成功的可能性。

共创是开放式创新的一种形式，如图 2-2 所示。图 2-2 顶部的六个特征箭头是一个封闭式创新过程，该过程在企业自行完成所有工作。共创时，将添加图 2-2 底部的特征条件，以形成开放式创新环境。

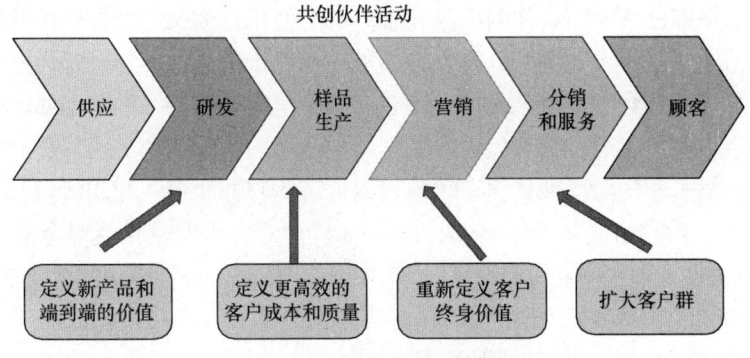

图 2-2 共创伙伴的角色

创新的目的是创造价值，如图 2-3 所示。企业对客户价值管理计划进行大量投资。根据美国生产力和质量中心的一项研究显示（APQC，1998，8）：

尽管仍然对客户满意度进行衡量并用于决策，然而大多数（本研究的）合作伙伴组织已将其重点从客户满意度转移到了客户价值上。

客户价值管理计划正在取代客户关系管理（Customer Relationship Management，CRM）计划。传统上，CRM 活动集中于处理客户投诉和产品退货。这仅提供了与现有产品有关的信息，而很少或没有提供与未来产品和服务有关的信息，仅仅提供了一种非正式的方法来聆听客户的声音。

共创是客户价值管理计划的关键组成部分，因为它使你可以更接近客户，并了解他们对价值和需求的看法。企业需要知道客户如何解释价值并创造自己的价值，顾客和最终消费者为企业提供了竞争优势的源泉。因此，企业需要以客户为导向的创新来释放竞争优势。这将需要与客户建立新形式的关系，以便开展创新以外的活动。

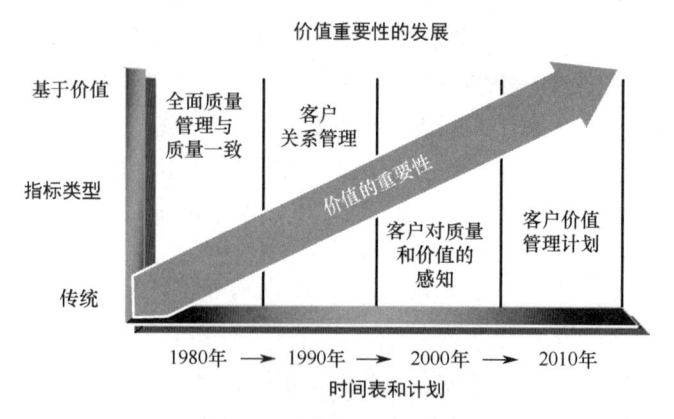

图 2-3　价值重要性的发展

　　价值的重要性创造了一个创新焦点。不仅仅是成本和质量，它还包括美感、安全性、舒适性、自豪感和审美价值等。对于大多数企业而言，当创新的最终目标是产品价值时，融资并不是关键问题。

　　项目经理及其集成项目管理（Integrated Project Management，IPM）团队必须清楚地了解价值及其对创新过程的重要性。这与大多数项目经理仅与内部人员一起工作时的习惯不同。这包括：如果客户认为购买你的商品和服务具有使用价值，那么他们将共同参与到产品创造当中；价值通常是个人的判断，重点必须放在使用价值上；客户必须先感知到价值，然后才能将自己的资源整合到共创工作中；确定使用价值需要营销，因此 IPM 团队必须与客户更加密切联系；由客户决定有什么价值；在创新生命周期中，感知价值与实际价值之间存在差异；使用价值侧重于生命周期价值；价值可以表现为财务价值、组织价值和战略价值。

　　可以从企业对消费者（Business-to-Consumer，B2C）角度或企业对企业（Business-to-Business，B2B）角度看待客户共同创造。在 B2B 环境中，客户共同创新的能力相对成熟，而 B2C 模式现在处于研究的起步阶段。在这两种情况下，客户共创都被描述为涉及各方参与者的网络或"生态系统"。每种情况都有不同的参与者，边界条件和要求也不尽相同，还可以使用不同形式的共创逻辑，如商品优势（Goods-Dominant，G-D）逻辑、服务主导（Service-Dominant，S-D）逻辑。

　　客户共创中的关键要素是根据特定结果确定"适合的"客户为共同创造者。一些出版物将一般（主要）客户与高级客户（拥有卓越知识、更高市场需求的主要用户）区分开来。后两种类型的客户（拥有卓越知识和具有更高市场需求）都必须具备能够跳出固有思维模式、提供原创性想法的能力。

　　共创为企业及其"参与者"提供了重要的创新机会，因为每个参与者都可以通过资源整合过程来了解未开发的资源。参与者可以来自各行各业，包括供应商、客户、战略和非战略伙伴、提供类似产品的竞争对手和影响者（间接协作者，例如，媒体、政府和监管机构）。客户通常是最重要的参与者，因为他们可以在价值创造中提供新的竞争优势，从而提高消费者的忠诚度、满意度和购买量。

　　共创工作的输出结果可以是产品或平台。平台是一种核心设计，客户可以使用符合自身的功能或便利设施,来定制产品。此方法涉及开发和引入部分完成的产品,目的是为贡献者提供访问、定制和可利用的平台、框架或工具包,目标是让贡献者扩展平台产品的功能,同时为涉及的每个人增加产品的整体价值。

作为平台共创的一个典范,波音公司允许八家航空公司在波音777飞机的开发中发挥作用,这八家航空公司分别是全日空航空公司、美国航空公司、英国航空公司、国泰航空公司、达美航空公司、日本航空公司、澳洲航空公司和联合航空公司。在行业惯例中,制造商在设计时通常以最少的客户投入为基础,波音公司的这一行为与行业惯例背道而驰。

在设计过程中做出贡献的八家航空公司在波音内部被称为"合作"团体。在第一次小组会议上,这个"合作"团体向各航空公司代表分发了一份长达23页的问卷,询问每个人在设计中的需求。两个月后,波音公司和各航空公司决定了基本设计配置,其中包括灵活的内饰以满足每个航空公司的需求。共创工作的一部分关键工作还着眼于飞机设计的方式,以降低维护成本。在某一高峰时刻,波音公司曾拥有240个设计团队,每个团队成员多达40个,这些团队解决了飞机部件的近1500个设计问题。波音777设计时,增大了机身直径以迎合国泰航空公司的需求,基线型号的增长迎合了日本航空公司的需求,而英国航空公司的投入使得B777内置系统灵活性增加,还增加了更高要求的操作选项。

大多数客户对参与到共创活动表示赞同,因为他们认为这对他们的组织乃至个体都是有益的。这些潜在的益处包括:共创成果的部分所有权、激励了改良的积极性、创造和取得知识产权、企业获得竞争优势和竞争领导力的可能性、丰富其产品组合并提高其推出新产品和服务的可能性。

客户和母公司必须是两个平等的问题解决者,而不仅仅只是公司聆听客户的声音。需要进行对话以确定:双方的愿景和紧迫感、双方均认可的竞争优势、新客户。

即使为了特定的结果而选择共创伙伴,选择的过程依旧很困难,必须考虑的关键问题包括:谁是参与者、最终用户、供应商及分销商?我们应该考虑大量的用户群(人群分类)吗?我们是选择一般客户还是在产品开发方面有一定经验的参与者?我们是选择一般(主要)客户还是具有丰富知识和高层次需求的高级客户?我们应该在创意产生阶段选择高级客户,还是在测试阶段选择一般客户?我们进行渐进性创新或突破性创新,是否会对共创伙伴选择产生影响?预期的创新成果是否会影响选择共创伙伴?一般客户可以跳出固有思维模式吗?选择不同类型的共创伙伴有何利弊?客户参与度根据生命周期阶段是否有所不同?我们应该给牵头公司多少自由度来设计参与架构,并确定谁最终决策?如果某些合作伙伴已经参与共创,但是他们不愿共享信息,我们应该如何应对?

选择合作伙伴会给母公司带来挑战,尤其是可能影响未来关系的行为问题。企业在寻求合作伙伴之前必须考虑的一些问题,包括:建立伙伴关系的原因是什么?我们该如何招募和寻找成员(顾客)?参与者是扮演支持角色还是共创?我们是否了解共创活动的成本和风险?谁将拥有知识产权?参与者是否会共享收益和(或)专有知识?是否会有客户不满意并且不同意未来继续合作?我们应该如何应对一些合作伙伴的非理性行为?合作伙伴将如何应对彼此的行为?合作伙伴之间潜在的冲突是什么并如何解决?

与传统的项目管理实践不同,传统的项目管理实践中此类问题多由项目发起人处理,但如果是企业共创，那么 IPM 团队必须参与涉及这些问题答案的讨论，且创新项目经理甚至团队成员需要直接参与。

企业共创会有很多益处，主要包括：替代创新、更好地满足客户的需求和商业模式、保持技术的领先地位和专业技能、更多的新商机、时刻保持防御姿态以更好地应对竞争、平衡工作负荷并保持更合理的资产分配、维护客户信誉、对现有产品的改进、缩短产品商业化时间、加快上市时间、降低失败风险、尽早得到市场反馈、更好地关注价值共创、降低创新成本、使公司在未来更具竞争力并降低市场进入门槛、其他地方的复验。

一些企业更倾向于通过以下方式确定共创的益处，如协同设计、联合生产、共同推广、共同定价、共同发行、共同维护、共同消费、协作支配、联合外包。

在共创方面非常成功的公司会将共创活动融入它们的商业模式中。其结果可以是更好的客户关系管理，更快地遵守法规和社会需求，确定更好的方式来重组组织，以及财务预测的准确性，并通过确定未来的需求来选择更好的战略规划。

但有时，我们往往一开始怀揣着最好的愿景，到了最后却发现事情出了差错。可能破坏共创计划的一些因素包括：共创参与各方目标各异、合作伙伴问题、双方之间的雇佣关系、不切实际的期望、缺乏高级管理人员的支持和承诺、对创意的过于重视、文化差异、性格冲突、未能让具有创造性和挑战性的人才参与进来、错误的合作伙伴、创新团队过大、不采纳各方的意见、时间压力迫使参与者根据部分信息仓促做出决策、没有正当的理由来发表批评意见、未能关注产品的终身价值。

共创的最大风险可能发生在突破性创新的结果上。当团队开发出一种新产品，并彻底改变市场时，其他产品已经过时，突破性创新就这样发生了。这可能导致老客户的收入损失，企业不得不裁员，以应对全新的商业模式需求。

2.8 开放式创新实践：空中客车与共创伙伴的关系[①]

空中客车公司成立于 1970 年，由来自欧洲四个国家的航空航天制造商组成。空中客车公司在全球范围内的经营范围包括：设计、制造和销售民用或军用航空航天产品，公司分为商用飞行器、国防和太空、直升机三个部门。在较老的商用飞机部门中，制造过程为：在英国制造机翼，机身和机尾的垂直部分在德国制造，而机尾的水平部分在西班牙制造，飞机最终在法国图卢兹组装而成。考虑到所涉及的公司存在差异，空中客车公司本质上就是一个"开放式创新"的实验室。根据 Chesbrough（2003）的说法，开放式创新是指在一个创意目标中共享资源、知识和技能的若干家公司合作。这正是空中客车公司所做的，即欧洲的四家航空航天公司共同努力，共同积累知识和经验，以便与美国航空公司竞争。但是，必须注意的是，尤其在产品创新和高科技领域，"单一"企业（甚至像空中客车这样的财团）的努力可能仍不足以促进新产品的开发，或者如 Schumpeter（1942）所说的话——"不

[①] 本节由 Luigi Mors 博士编写。版权所有，经许可转载。

足以诱导突破性创新的发生"[1]。正如 Chesbrough 观察到的,为了更好地创造条件,简化新技术的开发,可与同一性质的企业部门、供应商、大学、研究中心等机构合作。形象地将企业边界理想化定义为连续线,那么这条线必须变成虚线,即允许知识在合伙人之间自由分享。正如 Park Srivastava 和 Gnyawali(2014)指出的那样,资源共享促进创新,产生集体竞争优势,从而拉开与不参与合作关系竞争对手的距离。此外,参与者的合作网络创造了协同效应,增加了创新能力,所有参与的伙伴都从彼此的专业知识中获益(Chesbrough,2003)。

在空中客车公司,开放式创新不仅是一种用于创造和竞争的概念,同时也是一种提供包括新技术在内的非常先进的产品方式。根据 Chesbrough 的理论,空中客车公司与供应商、大学和研究中心之间不断合作,可以实现想法的产生和新产品的创造。例如,先进的复合材料研究中心 Technocampus EMC^2(位于法国南特附近,名字中包含了爱因斯坦最著名的方程式 $E=MC^2$),它是一家致力于复合材料制造的技术研究中心,还包括致力于开发高性能复合材料创新制造技术的学术机构。其于 2009 年 9 月开放,提供整合的设备和资源,鼓励采用跨学科方法、协作研发和技术转让。借助 Technocampus EMC^2,空中客车公司已在浸渍复合材料和热塑性树脂灌注技术方面建立了有效的研发手段,这些技术已被广泛用于同类飞机中的最新远程设计:A350 XWB[2]。空中客车公司除与 Technocampus EMC^2 合作外,还与南特中央理工学院、德南矿业学院、法国电力机械工程学院和法国综合理工学院等联盟学术机构合作;工业合作伙伴有 CETIM、Aerolia、CIMPA、Composite Tool、Daher-Socata 和 Euro Engineering 等,联合开发了未来飞机的材料。当革命性创新产品或棘手的技术需要优先发展时,所有参与者贡献了所需的技能和技术知识(Oihab,2015)。

2.9 价值(或价值驱动)创新

专注于价值创新,而不是竞争对手。

—— W. Chan Kim, *Blue Ocean Strategy: How to Create Uncontested Market Space and Make the Competition Irrelevant*

当组织未能指出价值创新与创新本身的区别时,它们往往以一种创新而告终,这种创新会开拓新的领域,但并不会拥有大量的目标客户。

—— W. Chan Kim, *Blue Ocean Strategy: How to Create Uncontested Market Space and Make the Competition Irrelevant*

---

[1] "突破性创新"是指不断的产品和过程创新机制,新的生产单元将用这种机制来替代过时的生产单元。该定义是 1942 年由原籍奥地利的美国著名经济学家约瑟夫·熊彼特(Joseph Schumpeter)提出的。

[2] 空中客车 A350 XWB(超宽体)是由欧洲航空航天制造商空中客车公司开发的远程双引擎宽体喷气客机系列。A350 是第一架机身和机翼一体结构的空中客车飞机,主要由碳纤维增强聚合物制成。A350 的衍生机型可在经典的三层座位布局中容纳 280~366 名乘客,2015 年 1 月 15 日投放市场,并交付给卡塔尔航空公司。

当企业开始寻求创新时，它们通常会使用传统逻辑。在这种逻辑中，产品和服务被引入市场，企业希望客户和终端用户在产品或服务的使用方面看到一些价值。仅仅靠预判最终用户会接受该产品，公司就投资数十亿美元，而不是采用更现实的方法先与最终用户交谈，它们可能做出决定来扩展产品线，为产品添加更多功能或通过彻底的创新直至颠覆市场。但是，无论做出什么样的决定，真正的成功都取决于价值。

顾客感受到产品使用价值将转化为公司价值，该价值可以用经济或财务术语来衡量。因此，重点应该放在客户对价值的感知上，而不仅仅是创造另一种产品。这种思维使得一种新的创新形式诞生，即价值或价值驱动型创新，有些人甚至将"客户驱动型创新"一词称为价值驱动型创新的另一种形式。

这种方法将重点放在收集客户的真实反馈上。客户的感知价值可能出现在渐进时期而非激进的变化时期，同样，在质量改进、市场速度和客户支持方面也有可能产生。感知价值也可能对价格并不敏感。

价值创新具有许多不属于传统逻辑的特征：企业不仅要听取客户的意见，还要问他们当前和未来的需求是什么；企业必须观察客户使用产品和服务的感受，设身处地地为顾客着想；仔细观察客户如何使用你的产品或服务，来发现进一步改进或创新的机会；让客户参与到产品原型的测试中来；把价值驱动的创新活动作为公司文化的一部分。

价值驱动的创新有以下好处：产品的目标是客户价值，而不是销售目标；轻松定位于细分市场；开发创新产品组合，专注于为客户提供价值，而不仅仅是交付成果；更好地专注于制定有意义的商业战略，并使思维与商业战略目标保持一致①。

创新研究人员和学术界已经认识到以价值为导向的创新的重要性，但由于缺乏建立基于价值的度量标准（管理创新项目的一部分）的知识，私营企业对此反应较迟钝。基于价值的指标为使用价值驱动型创新打开了大门，相关内容将在第 7 章进行讨论。

2.10　敏捷创新

在当今的市场中，客户需求变化普遍存在。企业必须具有适应性，并对变化做出相应响应，同时提供卓越的客户体验以提高竞争力，瀑布型的传统开发和交付框架通常无效。相比之下，敏捷开发是一种价值驱动的敏捷方法，它结合了基于定期并多次与客户和利益相关者反馈的调整。敏捷开发自身对变化的快速响应可以带来实质好处，如缩短产品上市时间，提高满意度并持续改进，从而支持创新并推动竞争优势。

——Scott M. Graffius, *Agile Scrum: Your Quick Start Guide with Step-by-Step Instructions*

市场上的产品正以前所未有的速度被淘汰。再加上进入市场的新竞争对手增加，公司正面临着缩短产品开发生命周期的压力，以加快产品上市时间。这促生了新的创新形

---

① 价值创新活动的其他好处将在第 12 章三星公司部分中讨论。

式——"敏捷创新",它允许团队以比其他更传统的创新实践、更低的风险快速推出新产品。

敏捷创新是企业在创新活动中实现最佳效率和效果的一种方法。目标是通过合作,努力获得解决问题的最佳方案。该解决方案必须解决时间、成本、范围、质量和创新等相互冲突的需求。基本原则是快速获取所需的知识,从而使组织和管理敏捷创新团队的过程更加容易。速度是敏捷创新的关键属性。

在软件开发项目的信息技术组织中,敏捷技术已经使用了一段时间。今天,敏捷的原则已经扩展到其他公司职能,如创新。Rigby 等(2018)指出:

敏捷团队最适合创新,即创造性地改进产品和服务、流程或商业模式。他们的团队很小,而且是多学科的。面对一个大而复杂的问题,他们将其分解为模块,通过快速原型制作和紧密的反馈循环,为每个组件开发解决方案,并将解决方案集成为一个连贯的整体。敏捷团队更重视适应变化而不是坚持计划,并且他们对结果(例如财务增长、盈利能力和客户忠诚度)负责,而不是对产出(例如,代码行或新产品数量)负责。

本文作者将继续说明敏捷团队如何影响治理:

敏捷团队的工作方式与指挥机构不同。他们在很大程度上是自治的,高层领导会告诉团队成员在哪些点进行创新,而不是如何创新,团队与外部和内部客户密切合作。在理想情况下,这将创新的责任交给那些最接近客户的人。它减少了控制和审批的层次,从而加快了工作速度,增加了团队的动力。高层领导还可以腾出时间去做他们唯一能做的事情,如形成和表达长期愿景、设定和安排战略重点,以及建立实现这些目标的组织能力。

虽然使用敏捷团队有很大的好处,但并不是所有类型的项目都适合该方法。

2.11 敏捷创新实践:德勤会计师事务所[①]

2.11.1 说明

对于像德勤会计师事务所(Deloitte,简称德勤)这样的公司,声明员工是最有价值的资产不只是陈词滥调。德勤通过员工的技能和知识,在审计、咨询、财务、法律和税务领域提供专业服务,为客户创造价值。最近,德勤扩大了服务范围,这意味着对人才的需求比以前更大,这就不难看出,德勤的招聘其实是其价值链中的一个战略过程。

然而,德勤多年来一直使用的传统招聘系统已经严重过时,因为它跟不上我们在新的数字世界中习惯的标准。为了申请,应聘者须在 11 个界面和 18 个数据框上点击鼠标 30 次才有望进入系统。更糟糕的是,应聘者的几个操作失误就会使申请过程失败。

与数字领导者设定的目标相差甚远,德勤正在面临近一半求职应聘者的流失。定性研究表明,许多退出这一过程的人,实际上正是德勤新的数字服务套件所需要的人才类型。面对如此艰难的申请过程,许多应聘者放弃了他们的申请,选择其他公司。因此,由于求职者在申请过程中缺乏经验,公司的大部分品牌推广工作的机会都被浪费了。这严重阻碍

---

① 本节由 Daniel Martyniuk、Ppaulina Garstka、Bartlomiej Leszczynski 和 Artur Kozuch 提供。德勤版权所有,经许可转载。

了公司吸引和留住顶尖人才的战略实施。另外，从招聘人员的角度来看，旧系统并不能满足基本的招聘要求，即轻松搜索到应聘者，并快速找出他们的个人资料。

德勤的领导者意识到无法利用传统的招聘方式来实施自己的战略，他们决定建立一个新的定制方案去解决问题。一方面，这是一个冒险的决定，因为有很多现成的解决方案可以改善这种情况；另一方面，在公司内部有一群人热衷于开发一个与创新相关的应用程序，以满足求职者和招聘人员的需求。幸运的是，领导层信任这些团队，并决定在云环境中使用敏捷实践，通过与求职者和招聘人员密切合作，从头构建系统来进行实验。因此这个项目诞生了，它的英文首字母缩略词是"CEX"，即"应聘者体验平台"（Candidate Experience Platform）。

2.11.2 体系

为什么项目发起人应该投资担任"CEX"项目经理？一方面，有一种看法认为，基于敏捷的价值观和原则，而不是基于瀑布式的传统命令和控制元素，项目发起人以敏捷的方式构建新的数字产品，将为创造性思维和无障碍工作创造相应的环境。

另一方面，由于"CEX"是组织中交付的第一批敏捷项目之一，因此人们对它充满了期望、恐惧和担忧的心情。最值得注意的是，发起人总是希望该项目可以有一个负责管理进度和预算、提供指导并营造一个开放的环境，从而共享思维的联系人。不管这个人被称为"敏捷教练"还是"项目经理"，人们总是期望有人负责计划、分配、监控和控制项目。那么，"项目经理"传统角色该如何在"CEX"领域进行创新计划呢？

2.11.3 计划

该项目的设想和交付分为发现、定义、开发和部署四个阶段。遵循"双钻石模型"，这是一种由设计委员会开发的创意进程（该设计委员会是一个支持包容性设计概念的非营利组织），如图2-4所示。

在"发现"与"定义"阶段，并没有敏捷教练或项目经理这样的角色存在。这些阶段不是按照传统项目交付方式进行的，而是在所谓的"神奇时间"中进行的，意味着这些阶段穿插在其他任务之间。在前两个阶段，只有一个"管理"角色——产品负责人，他负责收集意见，以及了解应聘者和招聘人员的问题和需求。负责人对于解决潜在问题的理解为开发交互式原型提供了基础，同时他定义了未来招聘时的待办事项。

第三阶段"开发"，需要大量的资本投资，因此，投资方需要项目经理（或敏捷教练）这样的角色。项目经理（或敏捷教练）和开发团队协同工作的首要任务是准备管理层的工作计划和实施报告，其中包括"项目方法""时间表""工作范围""项目预算""团队结构"，并且这些工作需要适当的传统计划。采用迭代法来应对新的招聘平台是项目管理的首选，这是投资方根据直觉来决定的，而不是经验。项目经理（或敏捷教练、开发团队）和投资方一起向其他利益相关者解释，迭代法可以将风险与浪费最小化。

第 2 章 创新类型

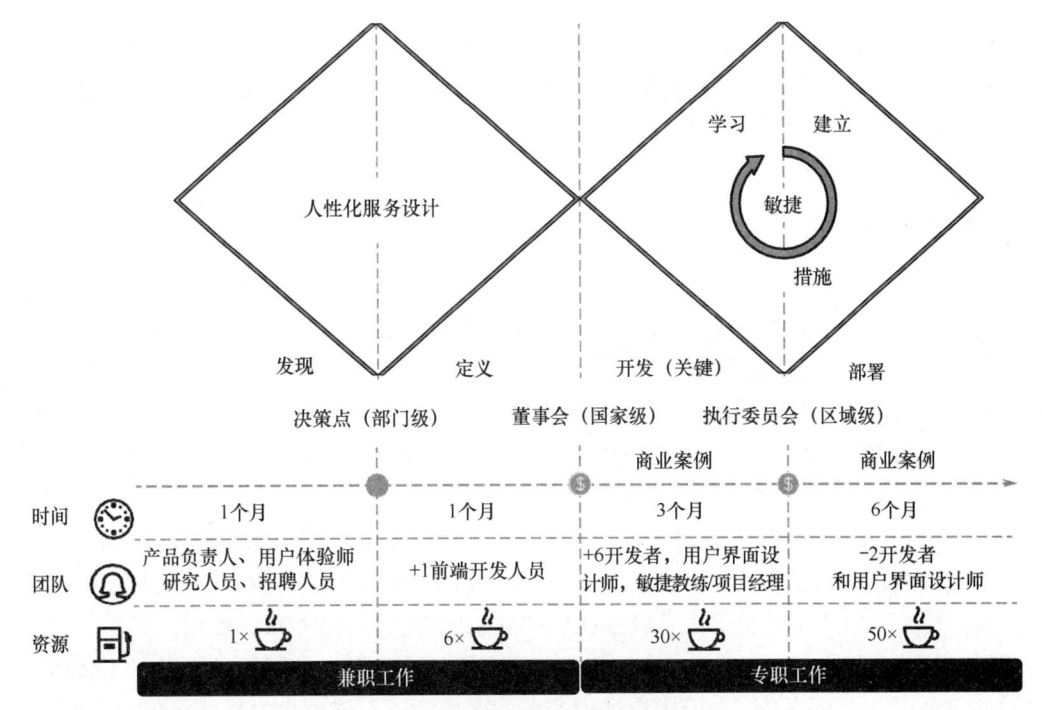

图 2-4 创新问题的解决之路

关于时间节点问题，从项目开始，并没有设定启动新的招聘平台的硬性期限（商业、技术或合理性原因而产生的日期）。尽管如此，还是设定了最后的截止日期，即团队将用完资金（预算）的日期。从 RITE 测试、朋友和家庭测试及安全测试到潜在的发布日期，这些时间点更具明确性，并被呈现出来，这为团队后续项目交付提供了便利。这些时间点不被视为里程碑，是因为他们没有定义关键路径（这种表达在项目中从未被使用过），并且最初定义的更改日期不需要投资方批准。这些活动不被视为"项目可交付成果"，唯一商定的交付成果是商业价值，这意味着改善了应聘者体验，增强了招聘人员的经验，并缩短了在整个招聘周期中处理应聘者所需的时间。

在项目"定义"阶段，通过创建交互式原型的迭代步骤，定义了项目范围。在为期一天的研讨会上，几乎所有业务用户（大约 20 个人）对该原型进行了讨论。该原型涵盖整个招聘过程中的关键用户的交互和流程。这是一个非常有用的工具，使得产品负责人、用户体验设计师的工作人员及未来的潜在用户均参与共创过程。对于应聘者、招聘者和企业来说，可以更容易地识别关键的招聘活动。同时，这些活动应该基于原型来进行实现和简化。在下一步中，根据研讨会的结果，产品负责人在项目经理（或敏捷教练）支持下，用深度技术来编写产品积压订单、技术等问题（按照必须、应该、可能、不会等方式来划分）。接下来，在为期两天的研讨会中，开发团队根据人工估算所需的工作量，与投资方达成一致的预算。到目前为止，项目经理（或敏捷教练）的作用更多地集中在促进会议进程和消除项目障碍上，所以他们表现得更像敏捷教练。在团队结构方面，投资方期望看到谁将负责特定的项目领域，如业务需求、体系结构和质量保证，因此动态系统开发方法（Dynamic

Systems Development Method，DSDM）将团队结构分为商业愿景者、商业主管、技术协调员、解决方案开发人员等多种角色。在项目的后续阶段，团队工作更接近传统的敏捷开发框架，角色分为产品负责人、开发团队和敏捷教练。

2.11.4 监控

1. 费用

项目最关键的限制是预算，而不是时间表。项目经理（或敏捷教练）没有把太多的精力放在监控工作进展上。监控最重要的环节是投资和产出的比率（通常在生产发布后验证）。为了管理投资与管控项目成本，下面将介绍两项关键的成本管理措施。首先，所有项目采购，例如 HAROKU（开发平台）的 SaaS（通过网络提供软件服务）许可证、Lucidchart（图表插件）或 Atlassian（用于企业协作的数据库管理），都是直接由项目经理（或敏捷教练）完成的。这些辅助工具确保运营成本在可控范围内，并且可以很容易地进行识别。由于项目经理或敏捷教练与团队密切合作（几乎每天都在同一地点），因此在这种情况下，识别会更容易。其次，团队中的每个人都在 JIRA（Atlassian 公司出品的项目辅助工具）上报告工作时间，甚至包括花费在 Scrum（迭代式增量软件开发过程）过程的时间。与团队达成一致的是，除其他标准外，报告了用户事项花费的所有时间，该用户事项才可以被视为"完成"。这样一来，项目经理（或敏捷教练）就可以控制预算，并每两周向团队和投资方更新一次预算。事实证明，这种透明行为在讨论有关产品积压和优先级变更方面非常有价值。

2. 截止日期

正如前文所说，开发团队唯一要面临的最后期限是预算用完的日期。项目经理的职责是密切监控预算，以便知道何时开始进行用户验收测试（User Acceptance Tests，UATs），但由于招聘人员的时间限制，该测试并不会在每次冲刺中都进行。每隔两周，项目经理就要向团队、投资方和其他利益相关者提交预期的用户验收测试开始日期，以及基于前期花费和团队预期的项目目标结束日期，由于假期、公共节假日和项目团队成员承担的职责不同，这些项目的日期也不同。这样的方法允许团队适当地进行冲刺规划，并使得产品所有者（可以）有效地拥有管理优先级。

另一个对项目团队非常重要的截止日期是每次冲刺结束的那一天。每两周，团队必须向产品所有者（有时也向其他利益相关者）展示产品增量。这使得团队成员能够专注于每一个冲刺的目标。这也是一个有效的机制，使团队和项目经理能够有效监控所取得的进展，检查项目是否朝着正确的方向发展，并同时考虑投资方和利益相关者商定的项目范围。

3. 范围

在项目正式启动之前和初始阶段刚结束时，有必要创建一个产品特征的初始列表。这需要同业务用户（大约 20 个人）进行一整天的研讨，以创建包含产品特征的列表。因此，研究小组决定以样板的形式打印项目原型并挂在会议室的墙上。而邀请业务用户的目的是用彩色卡片标记产品的各种功能，其中颜色反映了感知的重要性。根据 DSDM 方法，按四种优先级顺序（必须、应该、可能、不会），对积压项目进行初步优先级排序。联合研讨会提供了一个很好的机会来收集来自未来系统实际用户的反馈，并有机会让他们参与产品后期功能的共同创造。

值得强调的是，部分业务用户最初认为所有建议的功能对于应用程序的功能同等重要，并且所有的功能都应该必须包含在产品的最终版本中，这种观点有待商榷。这种思维是典型的传统瀑布模型，该模型在项目开始时就收集需求，因此很难对初始范围进行后续更改。同样是由于这些习惯和经验，导致项目在最初阶段关键功能的选择非常困难。这个难题的解决方案是限制"必须"和"应该"的数量，从而促成业务用户和项目团队成员之间对话。业务用户理解基本的预算限制是至关重要的。产品负责人面临的主要挑战是指导业务决策并增强意识，他们的目的是为最终用户创建产品（在本案例中，应聘者被招聘到德勤），因此应该以最终用户的期望为指导，而不是以那些似乎是重要的业务用户和团队成员的期望为决策依据。

这也是为什么团队决定在软件开发过程中向同意参加快速迭代测试和评估（Rapid Iterative Testing and Evaluation，RITE）的最终用户（如华沙大学的学生）展示最小可行产品（Minimal Viable Product，MVP）的原因，并且最终用户同意参加 RITE 测试。项目周初，用户体验设计师在威尼斯镜后面的一个房间里与用户进行了测试，只要在一周内将反馈纳入应用程序中，并提供满意度反馈，下一轮 RITE 测试就将于星期五举行。第二轮最终用户满意度的提高确实非常出色。

产品负责人对"范围"管理的关注在项目的后续迭代中起到了关键作用，但总是受到来自企业和团队双方的压力，我们可以把这种现象描述为"产品导向的双重人格"。产品负责人总是要求团队提供有价值的增量工作软件，同时他负责识别业务方面提出的不可行的要求。出于这个原因，产品负责人必须知道团队的局限性和能力，以便能够有效地与投资方协商冲刺的范围，以确保冲刺的可行性与价值性。

在项目结束时，开发团队尚未将应用程序与领英集成，只将后台与组织的初步测试结果集成在一起，从而为招聘人员创建报告面板，对正在进行的工作申请进行统计，并通过全面响应的 Web 设计，将应用程序适配于移动设备。预算只允许交付最初被归类为"应该有"的四项功能中的两项。产品负责人会组织一次业务会议，并在会议期间决定最终产品所需的关键功能（报告模块和来自移动设备的访问）。剩下的"应该有"必须被排除在外。

最终部署前，对产品功能范围的最后验证是启动朋友和家庭测试。在此期间，从超过 80 名的一组应聘者和 10 名招聘人员里收集关于解决方案的最终反馈。利用多用户运行测试的益处是在最终发布之前可以及时发现新的问题。

4. 质量

在产品开发的每个阶段，产品负责人都要对所生产的软件和交付给未来用户的价值承担全部责任。组织内适当的授权、对委托产品预算的管理责任、具有企业家精神和创新个性及关注细节的能力，都可以使产品负责人对产品产生强烈的认同感。她尽最大努力在组织面前展示了预期的产品，所以她从来没有在质量上妥协过。在冲刺审阅期间，产品负责人总是确保完成的产品需求符合用户需求和标准。此外，产品负责人每天向开发团队提出挑战，以保证给定的功能更容易、更快、更好。在项目启动几周后，开发团队的成员开始以产品的品牌来彰显自己，并雄心勃勃地希望在最高质量水平上创造出一种创新产品。

5. 风险

敏捷交付理念（最流行的方法——敏捷开发法被用于这个项目）有助于项目经理快速识别并帮助团队降低风险。在每天的敏捷开发活动中，所有开发人员要对是否有障碍来阻止他们完成冲刺进行讨论。项目经理的任务是帮助团队成员消除障碍。另外，在冲刺评审期间，通过呈现产品增量，团队可以向产品负责人证明他们更接近约定的交付范围。每次评审都以 BurnDead 图的更新结束，使得项目进度对团队和利益相关者是透明的。如果团队的速度低于预期，项目经理有责任向投资方和利益相关者解释情况，并帮助产品负责人与其合作以重新安排规划。此外，使用另一个敏捷开发方法——冲刺回顾，专注于检查和调整交付过程，是项目经理与团队讨论如何避免和管理某些风险的一些常用手段。

迭代交付本身是一个很好的缓解风险的解决方案。例如，以迭代方式工作的开发人员可以更频繁地整合代码，会更早地发现不一致性。每个冲刺都包括严格的测试，这可以在发布时降低实施的风险。在这种情况下，项目经理的职责是确保每个开发人员每天至少要提交一次代码，并按照规定的完成标准（包括自动测试代码覆盖率）开发相应的功能。

所有与系统开发相关的风险，如法律或遵从性问题，需每两周在状态会议上向投资方报告一次。在投资方和其他利益相关者需要立竿见影的情况下，为项目经理设计一个快速升级的路径，不需等到每两周一次的会议，快速组织另一次会议，以便尽快做出正确的决定。

6. 收益

产品拥有者的职责是创造具有特定商业价值的产品。然而，在招聘平台存在的情况下，很难计算和描述出可衡量的商业利益。从组织的角度来看，整个项目可以被视为一项必须偿还的投资。

为了找一个参考点，团队测量了先前招聘应用程序的申请成功率。事实证明，在那些访问招聘网站并启动申请流程的用户中，实际完成并提交的人数明显偏低。这意味着雇主品牌的大量努力和投入的金钱被浪费了。大量的审查和无关的问题打击了申请者，使得他们放弃了申请程序。甚至那些完成了申请流程的人也会因为提交申请所需的时间而恼火，这反过来又影响了他们对整个公司的看法。因此，该项目的案例基于以下简单假设：我们应该大大提高申请成功率，使求职者的申请过程尽可能轻松便捷。

产品负责人必须对产品给组织带来的价值有充分的理解；他必须证明这一点，设定明确的且可衡量的目标，并定期向利益相关者展示随着时间的推移而增加的价值。

2.11.5 敏捷教练职责（敏捷方法论）

1. 期待高绩效

在 PRINCE2[①]（但对 CEX 项目非常重要）中没有明确表明需要关注团队的绩效。但项目预算不仅在与投资方的讨论中，而且在评审、计划和改进过程中都处于核心位置。由于

---

① PRINCE2（受控环境中的项目）是一种结构化的项目管理方法，是一种基于过程的有效项目管理方法。

项目团队的日常成本相当可观，所以要确保团队有适宜的工作条件，并且不受外部因素的干扰，要认识到提高生产率的重要性。从价值流图的角度来看，几乎没有任何浪费的空间，所以根据精益管理的原则，团队消除了以下潜在的浪费时间因素：①完成部分工作。日常代码承诺，团队评审文档。②额外的过程。团队是自发组织的，项目流程是由团队建立的，而不是由外方强加的，因此避免了额外的过程。③额外功能。因为没有额外功能的预算，因此避免了这种情况。④任务切换。致力于一个项目、跨职能团队的个人。⑤等待。多学科团队成员限制队列人数。⑥动作。不需要切换，所有的工具和技能存在于团队中。⑦缺陷。由于定义和验收标准的限制，缺陷是有限的。

另一种提高效率的方法是采用基于 DevOps（Development-Operations）概念的开发方法和体系结构。该团队不仅负责开发，而且还负责维护新的招聘平台。

2. 对团队的启示

对开发团队的启发是，意识到能够实实在在地改变他们的工作。产品负责人第一次了解到学生们有机会尝试一个新的招聘平台，他非常高兴，因为第一次有人期待这样的积极反馈。

整个团队与招聘人员紧密联系，招聘人员每天都在使用这个平台。事实证明，新的解决方案大大提高了他们工作的舒适度和效率。浏览潜在应聘者的申请已经成为一项愉快、容易和直观的任务。此外，该产品还提高了每年申请德勤（大约 20000 名应聘者）的便利性。

观察产品对用户生活和行为的实际影响是一种非常有益的体验。每过一段时间，团队不仅从反馈中汲取灵感，而且也给自己带来了更好、更好的洞察力。

3. 团队保护

最重要的决定之一是将整个团队安置在与总部大厦分开的地方，这限制了在不同项目中的随机参与。然而，保证团队成员完全致力于项目工作是不够的。通常，部门经理经常尝试让开发人员作为中小企业或活动兼职开发人员参与不同的项目。项目经理（或敏捷教练）的职责是告诉部门经理打扰团队的后果，有时将这些问题升级到投资方层面。项目经理（或敏捷教练）在一线经理中不受欢迎，因为项目经理（或敏捷教练）的主要关键绩效指标（Key Performance Indicator，KPI）是长期的团队效率，而部门经理的 KPI 是新的销售绩效指标。

4. 总结与应用

应聘者的初始申请成功率从 60%（2016 年 6 月至 2016 年 10 月的平均值）增加到应用程序发布后的 100%。在前四个月中，该平台收集了 14574 个招聘广告申请和 11787 个应聘者简历。平均而言，30% 的应聘者通过移动设备查看了工作机会，因此在最后时刻做出的决定，对于产品与移动设备兼容的实现至关重要。

在项目开始时，所建立的敏捷开发团队对终端用户的期望没有足够了解。在短时间内反复工作并收集来自投资方和市场的反馈，就有可能开发出符合所有利益相关者期望的定制解决方案。经验表明，对于范围变化可能性很大的创新项目，敏捷方法是行之有效的。

虽然敏捷开发在一个大的公司中似乎没有意义，但没有它一定不会成功，而且因为大量的程序、规则和过多的文档，整个项目注定要失败，我们设法证明没有什么是不可能的。充足的管理支持和对团队必要的信任，使我们能够在五个月内交付一个非常成熟的产品，目前正在欧洲中部 16 个国家的招聘人员中使用。开发费用已全部收回，该平台将继续为该组织服务多年。

2.12 敏捷创新实践：星空联盟[①]

2.12.1 背景

星空联盟是由 28 家国际航空公司组成的联盟，总部设在德国法兰克福，联盟成员齐心协力，在庞大的全球网络之间建立顺畅的联系，包括机场、客户接驳服务、IT 枢纽、数字服务和其他服务，以改善联盟成员的客户旅行体验。

2.12.2 星空联盟 PMO

企业的项目管理办公室（Project Management Office，PMO）成立于 15 年前，为各业务单位提供项目管理服务。所有项目经理均通过 PMP（项目管理专业人士）和敏捷开发认证。PMO 对组织的价值进行定期评估。在每一次评审中，重申了 PMO 的价值和拥有专职项目经理的价值。关键的驱动因素包括：改善的项目绩效和沟通，项目状态信息的单一来源及业务部门的中立性。

2.12.3 敏捷飞行员：重新定义的战略和敏捷的机会

2017 年 1 月，星空联盟任命了一个新的 CEO，其项目战略转向以客户为中心，提供数字化支持，并创建了世界级的忠诚度计划。为了启动数字战略，建立了试点项目。其目标是从一种较传统的项目交付方法转变以应用程序接口（Application Program Interfaces，API）的形式，提供数字服务的敏捷方法。建立了一个新的数字部门，由于所有 IT 开发外包，因此选择了一家供应商来开发 API，以供星空联盟成员使用。星空联盟的价值是改善多个航空公司的乘客体验。因此，API 开发的重点是服务，以改善多家航空公司的客户体验。这些 API 可以由会员航空公司根据它们对移动服务的需求来使用，既能授权给乘客，又可以在旅途中提供更多信息。

新的数字部门主导实施了这一建议，而 PMO 并未参与试点设置阶段。只有在试点阶段开始后，PMO 才参与进来，速度是试点设置的关键因素。因此需要在产品负责人、项目经理、数字和 IT 的核心产品团队中阐明各自扮演的角色、承担的职责及负责的流程。PMO

[①] 本节由 John Donohoe（PMP、PgMP、PfMp）提供，其担任德国星空联盟服务公司项目管理办公室和变革管理总监。星空联盟版权所有，经许可转载。

在敏捷原则、敏捷测试方法和工具上向产品团队提供辅导。参与 API 试点的产品团队每周进行一次回顾会议，以改善流程、解决问题并营造持续学习和不断发展的环境。在试点期间，成员航空公司成功开发并使用了多种 API。试行被认为是成功的，在这一过程中，需要将试点过程中定义的一般流程应用到更具可持续性的实践中，这样可以应用于不同业务领域的多个产品团队。

2.12.4　过渡到开发运营

一方面是建立试点项目，另一方面是根据这些发现，改变业务部门开发新产品的工作方式。目的是开始数字化转型以加快创新部署速度，并行解决多个领域的问题。其中一些领域是敏捷和 Scrum 培训、明确角色和职责、敏捷产品团队治理和敏捷领导力。

1. 培训

在试行阶段，PMO 作为产品团队的敏捷教练，引导他们在角色、职责和敏捷原则（如自组织团队）中发挥作用。然而，正规的培训是必要的。整个公司都在敏捷和敏捷开发上进行了为期一天的培训。此外，产品负责人获得了敏捷开发认证。项目经理被认证为敏捷开发管理员，并为开发人员提供敏捷开发的额外培训。敏捷开发团队使用的主要工具是 JIRA（Confluence 软件）。PMO 是 JIRA 的管理员，与供应商敏捷开发主管合作使用，尤其是对"完成"的定义进行开发。此外，产品团队的 JIRA 培训由 PMO 负责，包括标准化用户案例、验收标准和文档。

2. 角色与责任

DevOps 的目标是缩短系统的开发生命周期，提供业务功能、修复和更新，并与业务目标紧密结合。为了实现这一目标，建立了既支持开发又支持运营的产品团队。产品团队是自发组织的，并遵循一套共同的绩效目标。对许多人来说，这是一种全新的工作方式，因此需要明确相关职责。

3. PMO 的角色

不断变化的业务和需求使得每个 PMO 都需要即时适应和发展，以保持相关性。星空联盟的数字化转型为 PMO 提供了以多种方式提供价值的机会。首先，PMO 提供培训并充当敏捷开发大师和初级变革代理，以过渡到敏捷环节。其次，PMO 拥有 DevOps 开发阶段的所有权。这包括所有 API 开发中使用的项目管理方法、工具和流程。

4. 是否需要项目经理

API 开发是外包的，并且有一个现场 Scrum 负责人。那么，星空联盟项目经理的角色和需求是什么？这是 PMO 项目经理们心中的疑问。试点项目证明，项目经理的作用有以下几个。首先，在众多航空公司开发 API 的过程中，项目经理不仅需要与航空公司的成员进行大量的沟通，而且需要在产品团队和开发团队中进行沟通；其次，项目经理负责创建冲刺计划，以便与产品负责人紧密协作，开发 API；最后，星空联盟在 Scrum 应用时，仍然需要进行风险管理和状态报告。项目经理甚至给了自己一个新的头衔——"项目负责人"，因为他们为 Scrum 负责人和项目经理之间提供服务，服务重点是在创造价值的过程中实际应用 Scrum 方法。因此，星空联盟拥有更多的混合 Scrum 方法。

5. 领导力

命令控制型（传统模式）和自我管理型（敏捷模式）的领导力存在巨大差异。为了将对敏捷领导力的认识带给高级领导，PMO 组织了敏捷、Scrum 和领导能力的培训。此外，在联合产品团队的回顾期间，提出的有关提高绩效的建议已提交给管理团队，例如，限制每个产品负责人的产品数量、明确发起人的角色和参与度，以及实施更短的产品目标周期以提高产品敏捷性。最后，对 API 审批的管理方式进行了改善，以便加快决策速度，缩短上市周期。

6. 作为创新代表的项目经理

PMO 和项目经理一直处于变革的前沿。对于项目经理来说，为推动创新，变革管理技能从未像现在这样被强烈要求过。建立产品团队并以敏捷的方式工作是提高创新交付速度和敏捷性的关键部分，但仅仅只有一部分。为了创建敏捷的生态系统，许多不同的业务领域也需要改变：产品（项目）预算、员工绩效管理、产品阶段、支持开发运营的团队资源管理、灵活的合同管理及支持产品团队的代管办公室布局等，其中一部分领域星空联盟已经实现。星空联盟项目主管既可以充当 Scrum 负责人，也可以识别并帮助推动其他业务领域变更，从而改善敏捷交付。这些建议是在联合产品团队回顾期间收集的，并定期报告给管理层。

2.13 政府创新

> 我发现公共部门更有趣，因为长期以来，政府和其他非市场机构的创新一直受到根深蒂固的官僚机构的影响。如今，这些机构有机会从根本上改变他们形成和推广好思想的方式。政府越是将自己视为一个开放的平台，而不是集权的官僚机构，对我们所有人（公民、活动家和企业家）就越好。
>
> —— Steven Johnson，*Where Good Ideas Come From: The Natural History of Innovation*

在许多情况下，公共部门比私营部门的创新需求增长得更快。公共部门没有盈利动机，但仍需创新。公共服务创新是渐进的和动态的，而不是激进的。如果存在明显的人员多样性，则难以通过创新来满足所有人员的需要。社会责任创新（减少贫困、提供廉租房、提供启动资金、减少失业、减少资源枯竭）、营销创新（承包和外包）、组织创新（分权与延期）、服务创新（给现有用户的新服务、给新用户的新服务、对新用户的现有服务）等，就是公共部门创新的例子。

随着越来越多的政府机构采用项目管理方法，我们发现，包括创新在内的公共部门项目可能比私营部门的项目更复杂，更难以管理。David Wirick（2009，8-10）认为：

私营部门的项目经理喜欢假设他们的工作比公共部门的项目要求更高。他们认为他们的项目更复杂，受到更严格的管理监督，并被要求以更快的速度运行。尽管私营部门的项目可能很艰难，但在许多情况下，私营部门比公共部门更容易取得成果。

公共部门项目可能比许多私营部门项目更困难，因为：在一个目标和结果经常冲突的环境中工作；涉及不同层次的利益相关者；必须照顾政治利益并在媒体监督下运行；不允许失败；经常在难以确定结果的措施和任务的组织中运作；需要在行政规则的约束下执行，常常需要烦琐的政策和流程，这些政策和流程可能延迟项目并消耗项目资源；要求项目团队以外的机构进行采购、雇用和其他职能的合作和履行；由于公务员的保护和雇佣制度，必须比私营部门更多地利用现有的人力资源；在有碍于指导行动和项目成功的组织中进行；在可能有政治对手的环境中进行。

因为他们有能力将项目付款的负担推给下一届，如果这些挑战没有足够的约束，公共部门项目将延伸至未来。这就带来了服务于未来利益相关者的挑战，这些利益相关者现在还不"在现场"，他们的利益可能难以确定。

一些人还指出，公共组织相对缺乏项目管理成熟度是对公共项目的挑战。除这些复杂性之外，公共项目往往比私营部门的项目更复杂。对于一些项目，结果可以在项目开始时定义，如建设项目。对于其他项目，只能在项目进行时定义期望的结果，如"组织变革项目"和"复杂的信息技术项目"。虽然第一类项目可能很困难并且需要详细的规划和实施，但第二类项目被认为更具挑战性。他们需要与更多利益相关者互动，并对项目团队控制之外的因素进行联系。由于涉及公共部门众多利益相关者，公共部门参与的项目类型也较多，也难以确定可衡量的成果。因此，更多的公共部门项目很可能是后者，而且难度更大。

通常，与私营部门相比，公共部门在确定失败原因方面做得更好。以下是包括创新（Wirick，2009，18-19）在内的公共部门项目失败的原因：无法识别利益相关者、乐观的时间表（未做延迟交付的计划）、资源不足或不合格、资源使用限制、共享资源时会出现土地问题、没有足够的时间进行项目计划、无法确定项目的优先级、不良的风险管理规范（害怕暴露风险）、没有重新验证假设、缺乏可重复的项目管理流程、项目经理经验不足、未能从中吸取教训或汲取经验和最佳实践、选举带来的政治变化、改变（政治）优先权、抗变化性、政策冲突、立法问题、不明确的目标。

2.14 人道主义（社会创新）

人道主义（社会创新）是公共部门创新的一个最常见子集，但也可以发生在私营部门，以及基于公司对其社会责任计划的承诺。也有致力于人道主义关注的组织，如全球人道主义创新联盟。

这些组织的创新是由人道主义需求驱动的，通常涉及健康和安全方面，旨在拯救生命和减少易受伤害的人的痛苦。创新项目可以涉及灾后卫生、儿童和难民、疾病控制和减少，也可能来自气候原因而需要提供的紧急救援项目，如消毒水、药物、发电和制冷。

人道主义创新很大程度上依赖于私人捐赠者，代言人通常包括著名演员和/或职业运动员。代言人取决于人道主义创新的目标受众，也可能取决于代言人的知名度及具有促进捐赠能力的地理区域。

作为人道主义需求的一个例子，许多发展中国家遭受着严重的急性营养不良，这是威胁生命的事情，需要紧急治疗。直到现在，严重营养不良的儿童必须接受医疗保健和饮食治疗。随着即食治疗食品出现，大量营养不良的儿童现在可以在他们的社区成功地接受治疗，这有可能改变数百万营养不良儿童的健康状况。

UNICEF Kid Power[①]是一项慈善计划，始于 2014 年，作为联合国儿童基金会的一个分支，提出使用即时治疗食物的创新解决了人道主义的需求。在推行期间，UNICEF Kid Power 由联合国儿童基金会乔治·哈里森（George Harrison）基金赞助，并由纽约、波士顿和达拉斯的市长支持，由当地的运动队和运动员作为代言人，包括波士顿凯尔特人队、波士顿布鲁恩斯队、布鲁克林区网队和达拉斯小牛队。运动员到教室里为孩子们加油，鼓励他们多参加体育运动；在家庭比赛中表彰年轻的慈善家等。作为发言人的一些运动员包括：Alex Morgan（足球）、Tyson Chandler（男子职业篮球）、Maya Moore（女子职业篮球）、Aly Raisman（体操）、Dartanyon Crockett（柔道）、Meryl Davis（冰上舞蹈）、David ortiz（棒球）。

2.15 社会创新实践：日立[②]

2.15.1 背景

日立有限公司总部设在日本东京，为应对社会的挑战，其结合运营技术、信息技术和产品（系统）进行了创新。该公司 2017 财年的综合收入（截至 2018 年 3 月 31 日）共计 93686 亿日元（884 亿美元）。日立公司是物联网时代的创新合作伙伴，全球约有 307000 名员工。通过与客户的合作创造，日立正在利用数字技术在电力（能源）、工业（电力、水）、城市发展和金融（社会基础设施、卫生保健）领域进行社会创新业务。

2.15.2 Lumada

Lumada 是日立高级数字解决方案、服务和技术平台，将数据转化为愿景来驱动数字创新。

1. 共创

日立为客户提供从发现潜在问题到制定新策略和方法的一切服务。日立有一个完整的服务选项，以促进与客户的高效共创。

2. 专业知识

日立拥有丰富的客户案例组合，证明了该公司能迅速地为客户管理问题提供可靠的数字解决方案。

---

① UNICEF 案例研究将在第 12 章中详细讨论。

② 本节由日立有限公司提供。版权所有，经许可转载。

3. 平台产品与技术

Lumada 由平台服务、体系架构和技术的核心组成，它们可以快速开发和实现先进的数字解决方案。Lumada 是由边缘、核心、数据管理、分析、工作室和铸造六个主要层组成的 IoT 平台，它们组合成为一个智能、可组合、安全、灵活的软件服务平台。

Lumada 集成了日立所有产品组合中成熟的商业技术，是一个全面的企业级物联网核心平台，是开放且适应性强的体系结构，可简化物联网解决方案的创建和定制。它结合了运营技术和信息技术的扩展专业知识，融合了强大且成熟的数据编排、流分析、内容智能、仿真模型和其他日立软件技术。Lumada 加速了可操作流程，提供了更快的时间价值，并支持影响现实世界的投资决策，如提高生产力和安全性、简化流程、降低运营成本和碳足迹、提高生活质量。该平台将成为所有日立的物联网解决方案的核心，并将建立物联网商业生态系统。

2.15.3 案例研究：Daikin's Shiga 工厂的培训

1. 存在的问题

Daikin 株式会社在 1951 开发了日本第一台空调。该公司目前在 150 多个国家开展业务。工厂工人有着高水平技能。为了传承技能，公司于 2001 年开办了 Daikin 继任委员会及 Meister（一种项目管理工具）项目。其他举措包括创建技能地图和确保更多的专家。

尽管如此，随着海外生产工厂数量的激增，培训速度的需求也水涨船高。其中包括在钎焊中训练工人，这占空调生产过程的 30% 左右，使之成为空调制造商的战略技能要求。因此训练也成为空调制造商的战略技能要求。

技术创新中心副总经理 Tooru Inazuka 说："大约有 2000 名员工参与了钎焊。但我们只有少数工人可以成为高技能人才，钎焊的诀窍是要手把手传授的。"

Inazuka 先生说："我们以前出版过钎焊培训手册。但工人很难从这些文件中获取钎焊技能。因此，高技能专家不得不访世界各地的工作场所，一次次地给工人上课。"

钎焊需要将气体焊炬应用于比铜管（工件）更低熔点的合金（送丝）。送丝与基体结合，不会熔化。工人用一只手向工件施加合金，用另一只手加热铜管。在这个步骤中，关键在于保持一致的动作和送丝温度。因此，工人必须同时移动双手，然后小心翼翼地定位焊炬与送丝。虽然这些操作对于高技能专家来说是熟能生巧的，但很难说明这是经验技能。

近年来，空调变得更加紧凑和复杂。设备内部的管道因此变得更加复杂，需要更精确的钎焊。Inazuka 先生说："我们必须将钎焊专业知识标准化，并制定一个框架，以便工人可以很快掌握这个过程。"

2. 解决方案

Daikin 决定通过与日立合作来克服这些挑战。多年来，日立通过其物联网平台"Lumada"积累了操作技术和信息技术，并已经开发出一种基于"3M"（人工-机械-材料）的数据生产流程，该技术与图像分析和传感器技术相结合。Daikin 对此印象深刻，他决定整合并借鉴这两家公司的诀窍。机械行业仍将继续发展，有些任务依旧需要一个高技能专家亲力亲为。这也是 Daikin 决定传承制造技能，以保持其专业性的原因。

需要将解决方案"可视化"。高技能专家与工作者的行为能使学员快速掌握技能，因此，当学员看到高技能专家解决方案后，可以将自己的操作与高技能专家的操作进行比较。

日立的项目成员进行了钎焊，以应对数字化问题，并评估测量运动、距离和温度变化所需的传感器。在这一努力的过程中，日立与 Daikin 员工进行了广泛交流，并进行了十多次讨论。日立结合高技能专家和受训人员的数字视角与模拟视角，分析了钎焊过程。

日立利用这些过程积累的知识确定了 18 种钎焊技能。它收集了大约 50 人的数据，其中包括高技能专家、受训人员和海外工人。经过一年多的反复验证，日立于 2017 年 10 月完成了钎焊培训系统。该系统部署于 Daikin's Shiga 工厂的培训设施，以建立先进的生产模式。

该系统收集时间序列数据，利用数字化捕捉高技能专家手的运动、速度、角度、送丝距离与工件温差。大量的数据送到物联网平台 Lumada 进行评估和分析。可视化的高技能专家操作，使学员可以比较自己的操作与高技能专家操作相比的不足，从而快速掌握技能。

3. 结果

高技能专家演示的可视化使传授技能变得更容易。Inazuka 先生说："今非昔比，有一次甚至高技能专家们也不用亲自指点学员的操作了。"这代表着多向可视化可以使基本操作标准化。他补充道："学员的学习变得容易，因为他们能清楚地看到他们的动作与高技能专家的不同。通过在海外推广这一制度，我们不再需要派遣高技能专家专门出国培训学员了。"

新的设置也克服了语言障碍，因为它仅仅使用图像和数据。以前，当高技能专家到访海外工厂时，他们要花费很多时间，因为他们要用当地语言教学。

有了这个系统，Daikin 期待为新人员准备工作任务时减少一半时间。Daikin 追求全球一致的质量水平，当新工厂开放时，这个系统将缩短培训工人所需的时间。

Daikin 计划逐步在日本和海外的生产基地推广该系统。他还计划使用这一系统进行其他技能的培训，使公司能够在全球范围内持续提升人力资源。

2.16 非技术创新实践[①]

在讨论创新时，我们的第一个想法通常涉及诸如手机、电脑和其他移动设备的技术革新。但也有其他形式的创新，虽然非常简单，不使用技术，但结果令人惊喜。

作为一名年轻的工程师，我接受了一个芬兰援助项目的工作，这个项目涵盖了整个肯尼亚西部省份。该项目的目标是为肯尼亚西部的农村人提供水源清洁的井。所有这些井都配备了手动泵。当我参与这个项目时，全省已经安装了超过 1500 台井泵。我的工作是手动泵工程师，目的是维护和保障这些泵的耐用性和使用性。不出所料，泵经常遭受损坏，因

[①] 本节由国际学习集团副总裁 Seppo Halminen 提供。版权所有，经许可转载。

为泵是日夜使用的。

  第一个创新是将机械杠杆操纵的泵改为一个直接作用的杆，它包含两个不同尺寸的聚乙烯管，一个套在另一个里面，二者都直达井底。外管末端有一个单向阀，将底端封闭的内管拉起时，顶部有手柄，它通过底部阀将水吸入外管。然后，推动内管向下，水从喷口流出。设计和操作足够简单，唯一发生断裂和失灵的部分是底部阀。这些泵在市场上比其他手动泵都要耐用得多。但是新的设计，不可避免地泵会偶尔断裂。

  该项目有两个机械泵团队，在肯尼亚人口最多的省份进行工作。从自行车出现时，我的前辈们就开始从事修理自行车工作，让他们有责任找到并修理破损的泵。每个人似乎都相信：当芬兰人离开，该项目移交给当地维修人员时，他们会使用这些设备来进行个人项目。但是没过多久，我们开始接到报告说泵没有被修理。"修理工在哪里？自行车哪里学？搬到城市，那里有更多的顾客！"

  我需要找到解决这个难题的办法。很明显，如果水泵不工作的话，人们会遭受最大的损失。那些负责把水带回家的妇女们必须到很远的地方，才能从冲积的小溪和河流中取水。这样造成的后果往往是患病，这使她们的丈夫和她们的家人都非常难过。

  从西方人的角度来看，我的下一份创新也许并不那么高明。但从当地的观点来看，几乎是不可想象的事情。我告诉了我的肯尼亚团队，他们中大多数都反对我的想法，怀疑它是否可行，我向民众宣布我们需要 10 名妇女参加第一个水泵修理培训项目。但最终只有两个女人来了，原因是她们的丈夫不让她们参加。

  早在 20 世纪 80 年代，性别平等就不再是现在的样子了。尤其是在农村地区，比如当时我所在的农村，妇女被认为是她们丈夫的财产。因此，现在很容易理解男人的不安全感，他们害怕会发生什么变化。

  一些相当残酷的谣言也开始蔓延到我们身上。今天，人们可能把谣言称为"假新闻"。

  于是我想出了一个小创意：让我们召集一个地理区域的所有人开会吧！我们知道，一个典型的非洲乡村男人最重要的消遣是讨论相关的事情，和同事一起喝家酿的啤酒。当啤酒的水不干净时，通常会发生什么？——腹泻，严重扰乱了人们的消遣！既然酿造这种啤酒是女性的责任，那么如果啤酒使丈夫生病，她们常常承担责任。我们通常认为，如果水是干净的，那么你就不会生病，你就不需要责怪你的女人。会议过后，果然来了很多女性学徒。

  在我们进行了第一次培训之后，我们想对我们培训过的妇女进行正式的表彰。因此，我们印制了"泵修理女工认证书"，由一名政府部门主管交给她们。在一个杧果树下，等待政府雇员两小时后，终于出现了一名身穿制服的年轻男子，他的自行车是政府中最崭新的一个。他把证书交到这些女人手上，当他完成最后一个动作时，甚至没有瞥她们一眼就走了。

  时间快进到大约六个月……

  到目前为止，已有 300 名农村妇女接受过培训，并获得了对她们高度赞扬的专业证书。后来我接到了一个电话。"我是省长（来自六个省中的一个省，每个省都直接向国家总统进行报告），我知道你在训练妇女修理水泵。""是的，先生。"我回答道。"下次颁发证书的时间和地点在哪里？"我告诉他后，他说："可以由我在那里把这些证书交给那些妇女吗？"

"当然，先生，这将是莫大的荣幸。"我回答道。在这项证书交接仪式上，有3000多名观众，包括所有政府和省级政要。省长与200位客人共进午餐，他让我坐在他对面。我感到十分荣幸，并不是因为我的座位，而是因为我创造了一些可持续的东西，这可能帮助到了男人、女人和孩子。援助项目取得了一些显著的成果。

我所学到的是：从传统的或当地的角度来思考可能产生很多人无法料想的结果。也许在全球范围内思考，从不同文化，有意地糅合人们激发的新想法，其解决方案很有意义。正如这个故事所显示的，一张白纸的价值取决于我们如何使用它，创新同样可以在没有技术的情况下发生。

2.17 其他类型的创新

创新项目还有其他几个通用的类别，但是由于细微差异和应用，而被学者略微不同地看待。

增值创新包括提炼和修改现有的产品或服务。它常常与渐进性创新相比较。增值创新通常需要以最小的风险获取其他形式的创新，如探索性创新，这往往承担相当大的风险。汽车领域的增值创新包括对现有汽车进行改进，使其更快、更舒适，并具有更高的汽油里程。

有时，增值创新可能需要全新的思维方式，也可能需要承担新的风险。在这个例子中，现有产品的使用被重新加工并引入一个新的市场。当现有产品正在改变时或改进后，以及当它要被引入一个新的市场时，作为一个增值创新的特点，局外思维、研究和风险承担仍需加强。

金融创新指创造新的金融工具及新的金融技术、机构和市场的行为。创新分为制度创新、产品创新和过程创新三类。制度创新涉及创建新型金融公司，如专业信用卡公司、折扣经纪公司和互联网银行；产品创新涉及新的投资理财产品；过程创新涉及金融业务，如消费者贷款的新方式。金融创新还包括金融技术的增长，如在线银行业务和电话银行业务。

隐藏创新、隐形创新或隐身创新是指在雷达屏幕下进行的、不被传统显示器（或指标、报告）表现出来的创新。该术语通常指由于缺乏研发资金，而发生在传统研发组织之外的创新。如果创新一旦成立，该项目可能成为一个完全资助的项目，使创新研究可以继续进行。

服务创新包括设计与生产服务的新方法（或改进方法）。这可能包括客户端交互通道和服务交付系统中的创新。创新可以基于技术、专业知识或两者的结合。

生态创新指的是有助于可持续发展的产品和过程的开发，知识应用于商业来直接或间接地促进生态改善。这包括一系列相关的想法：从对环境友好的技术进步到社会可接受的可持续发展的创新途径。

开放式可持续创新是指将开放式创新应用于可持续的产品、服务和倡议的开发。这种营销方法可能是有利的，它并不以销售点为基础，而是向消费者提供他们以前从未接触过的信息。

　　社会创新是一种新的策略、概念、理念和组织，旨在满足工作条件、教育、社区发展和健康所带来的社会需求。这些理念与上述公共部门创新有关，以扩大和加强公民社会为目标。社会创新包括创新的社会过程，如开源方法和技术，以及具有社会目的的创新，如行动主义、在线志愿服务、小额信贷或远程学习。

　　攻击性创新项目旨在占领新市场或扩大现有市场份额。攻击性项目要求使用创新，持续开发新产品和服务。

　　防御性创新项目旨在延长现有产品或服务的寿命。这包括面向现有客户或为现有产品服务，寻找新客户的附加组件与增强功能。防御性项目通常比进攻性项目更容易管理，成功概率较高。

　　由于不断变化的条件，不连续的创新项目必须在中途改变方向，游戏规则也需迅速调整。

　　破坏性的创新导致一些产品被市场淘汰，并被新产品取代。

　　由于市场危机，危机创新必须迅速进行，例如设计新包装以防止产品被篡改。

　　不像领导型创新，追随者创新需要对竞争对手的技能有很好的理解，并试图以更高的质量生产它，避免招致竞争对手的创新成本。

　　拉动（或加入）创新包括寻找未满足的客户区域并找到解决方案。

　　推动（或外传）创新涉及寻找对新发明技术的有利可图的应用。

　　创新分类可以通过收集和分析创新数据的方式进行。创新表现按照相关的项目活动可以分为产品（服务）创新、工艺创新、组织创新和营销创新。

　　创新也可以通过应用来分类。Keely（2013）通过应用定义了10类创新，即盈利模式（我们如何赚钱？）、网络（我们与其他人有合作关系或伙伴关系吗？）、结构（我们的组织结构能帮助我们吸引人才吗？）、过程（我们有知识、技能和专利来维持我们的过程吗？）、产品性能（我们有优越的产品吗？）、关联性能（我们的产品是相互关联的还是相互独立的？）、服务（顾客对我们的服务满意吗？）、渠道（我们有正确的分销渠道吗？）、品牌（我们有不同的品牌标识吗？）、客户参与（我们的产品是我们客户生活的一部分吗？）。

　　还有许多其他分类系统用于创新。Saren（1984）建议根据部门阶段模型、活动阶段模型、决策阶段模型、对话过程模型和响应模型对创新项目分类。Pich等（2002）根据项目团队可获得的信息，分为指令表项目（创新所需的信息是可用的）、选择项目（没有足够的信息可用且存在不确定性）、学习项目（这个项目容易发生意外事件）。

　　Shenhar和Dvir（2004，2007）利用"创新宝藏"来识别创新项目类别的新颖性、技术性、复杂性和同步性，这些内容架起创新与项目管理的桥梁。其中一种方法确定了复杂性的五个不同维度：结构性、不确定性、动态性、同步性和社会政治性（Geraldi等，2011）。

　　如果要为创新项目经理建立任何形式的标准化，其出发点必须是我们对创新项目进行分类的方式。不同类型的数量和类型重叠的方式清楚地表明：基于创新项目的类型，创新项目管理实践可能是不同的。每种类型的创新都有其独特的成功标准和绩效跟踪指标。

2.18　董事会的作用

创新太重要了，不能把创新完全交给管理团队，而没有任何董事会的监督和指导。

—— Pearl Zhu, *Digitizing Boardroom: The Multifaceted Aspects of Digital Ready Boards*

许多公司面临的一个关键问题是董事会在创新方面的作用。Cheng 和 GrysBurg（2018）在《哈佛商业评论》发表的一篇文章中，对 5000 家公司进行了调查，发现创新并不是董事会的首要任务。尽管创新也在榜单之列，但它被认为并不如聘用合适的人才、竞争和监管分析、股东关系、战略和财务规划等作用重要。

如前所述，创新的作用是创造长期的股东价值。然而，许多公司的董事会成员和高级管理层似乎更专注于短期考虑，而不是长期考虑及随之而来的结果。董事会成员和高管们更感兴趣的似乎是如何利用创新去创造，而不是积极的创新管理实践。

虽然董事会成员的行为可能与实际的创新做法相去甚远，但对于那些正在寻找长期可持续创新的高级管理人员来说，并非如此。高级管理人员是创新型企业文化的建筑师。他们可以是积极的参与者，并充当创新项目投资方，或者通过创建创新中心[1]来提供他们的支持，该中心一定程度上控制创新理念，跟踪创新的项目表现，并向高级管理层和董事会汇报情况。

2.19　寻找创新项目投资方

创新项目很少成为没有投资方的项目。如果没有投资方，一个有远见的想法可能被废除。在创新者无法认识到需要寻找一个投资方时，即使在创新的早期阶段，其想法也很容易面临被盗版风险[2]。

创新者必须扮演他不熟悉的角色——推销员。这涉及游说一个人成为投资方，向他们灌输创新者的想法，然后定期跟进，以保持投资方参与，保证项目的资助不会减少。

正确的投资方不仅是能够为项目开出支票或资金的人，而且是能够影响他人并看到项目价值的人。如果投资方可以选择，首选的通常是可以付出更多的资源给项目的人。投资方应当对未来知识产权的既得利益具有充分理解。

人们自然倾向于在管理层的最高级别上寻找投资方。虽然这似乎是最好的办法，但也有风险。如果你绕过中层管理人员，你就有可能把他们变成敌人。在项目人员配置方面，中层管理人员是你每天可能需要与之共事的人，他们的支持可能对成功至关重要。

推销创新概念需要密切关注即将到来的利益与价值，即收入、利润或降低成本的机会。利益和价值必须同公司和投资机构的长期利益相挂钩。

---

[1] 创新中心是致力于创新活动的功能单元，创新中心将在第 12 章中讨论。
[2] 第 13 章中讨论的铱星案例研究说明了在一个盗版的创新项目中尽早识别投资方的好处。

2.20 对项目经理和创新人员的启示和借鉴

被要求管理创新项目的项目经理必须了解不同类型的创新，以及每种类型可能必须使用不同的项目管理领导风格这一事实。对于一些项目经理来说，一些新的关键问题和挑战包括对以下内容的理解：每一种创新都是不同的；不同形式的创新可能具有相互竞争的战略目标；每个人都有自己的长处和弱点，在某些类型的创新中，他们可能无法达到预期的效果；在与共创团队合作时，他们可能需要使用不同风格的项目管理领导；外部团队成员与内部人员相比可能提供更好的想法与更多的创新思维；创新的目标不仅是"交付物"的创造，而且是由顾客定义的使用产品或服务的价值；创新成功可以被客户定义为使用价值的成功。

参考文献

[1] Abernathy, W. and Clark, K. (1985). Innovation: mapping the winds of creative destruction. *Res. Policy* 14 (1), 3–22.

[2] Abrahamson, S., Ryder, P. and Unterberg, B. (2013). *Crowdstorm: The Future of Innovation Ideas, and Problem Solving*. Hoboken, NJ: John Wiley and Sons.

[3] Allal-Chérif, Oihab. (2015). The way towards open innovation: Airbus multi-functional teams. *European Scientific Journal* (December), 129–139.

[4] American Productivity and Quality Center (APQC). (1998). *Customer Value Management: Gaining Strategic Advantage*. Houston, TX: American productivity and Quality Center.

[5] Anthony, S. D., Johnson, M. W., Sinfield, J. V. and Altman, E. J. (2008). *Innovator's Guide to Growth: Putting Disruptive Innovation to Work*. Boston: Harvard Business School Press.

[6] Cheng, J. Y. and Groysberg, B. (2018). Innovation should be a top priority for boards. so why isn't it? *Harvard Business Review*, September 21. Available at https://hbr.org/2018/09/innovation--should-be-a-top-priority-for-boards-so-why-isnt-it.

[7] Chesbrough, H. W. (2003). *Open Innovation: The New Imperative for Creating and Profiting from Technology*. Boston: Harvard Business school press.

[8] Danneels, E. (2002). The dynamics of product innovation and firm competences. *Strategic Management Journal*, 23 (12), 1095–1121.

[9] Frankelius, P. (2009). Questioning two myths in innovation literature. *Journal of High Technology Management Research* 20 (1), 40–51.

[10] Garcia, R. and Calantone, R. (2002). A critical look at technological innovation typology and innovativeness terminology: A literature review. *Journal of Product Innovation Management* 19 (2), 110–132.

[11] Geraldi, J. G., Maylor, H. and Williams, T. (2011). Now, let's make it really complex (complicated): A systematic review of the complexities of projects. *International Journal of Operations and Production Management* 31 (9), 966–990.

[12] Jansen, J. P., Van Den Bosch, F. A. and Volberda, H. W. (2006). exploratory innovation, exploitative

innovation, and performance: effects of organizational antecedents and environmental moderators. *Management Science* 52（11）, 1661–1674.

[13] Keeley, L.（2013）. *Ten Types of Innovation*. Hoboken, NJ: John Wiley and sons.

[14] Maryville, s.（1992）. entrepreneurship in the business curriculum. *Journal of Education for Business* 68（1）, 27–31.

[15] Marquis, D.（1969）. The anatomy of successful innovations. *Innovation Newsletter* 1（7）, 29–37. O'Connor, G. C.（2008）. Major innovation as a dynamic capability: A systems approach. *Journal of Product Innovation Management* 25, 313–330.

[16] Organisation for economic Cooperation and Development（OECD）.（2005）. *Oslo Manual: Guidelines for Collecting and Interpreting Innovation Data*.Paris: OECD and Eurostat.

[17] Park, B.-J., Srivastava, M. K., and Gnyawali D. R.（2014）. Walking the tight rope of coopetition: Impact of competition and cooperation intensities and balance on firm innovation performance. *Industrial Marketing Management* 43（2）, 210–221.

[18] Pich, M. T., Loch, C. H. and De Meyer, A.（2002）. On uncertainty, ambiguity and complexity in project management. *Management Science* 48（8）, 1008–1023.

[19] Rigby, D. K., sutherland, J. and noble, A.（2018）. Agile at scale. *Harvard Business Review*.96（3）, 88–96.

[20] Salge, T. o. and vera, A.（2012）. Benefiting from public sector innovation: The moderating role of customer and learning orientation. *Public Administration Review* 72（4）, 50–60.

[21] Saren, M. A.（1984）. A classification and review of models of the intra-firm innovation process.*R&D Management* 4（1）, 11–24.

[22] Shenhar, A. J. and Dvir, D.（2004）. *Project management evolution: Past history and future research directions*. PMI research conference proceedings, PMP,（2）, July, London, England.

[23] Shenhar, A. J. and Dvir, D.（2007）. *Reinventing Project Management: The Diamond Approach to Successful Growth and Innovation*. Boston: Harvard Business school press.

[24] Schumpeter, J.（1942）. *Capitalism, Socialism, and Democracy*. New York: Harper and Bros.

[25] Wheelwright, S. C. and Clark, K. B.（1992）. *Creating Project Plans to Focus Product Development*. Cambridge, MA: Harvard Business school publishing.

[26] Wirick, David W.（2009）. *Public-Sector Project Management: Meeting the Challenges and Achieving Results*. Hoboken, NJ: John Wiley & sons.

第 3 章
创新与战略规划

项目经理和创新人员的学习目标：
了解不同类型商业战略及其如何影响创新决策；
了解项目和产品在各生命周期阶段之间的差异；
了解创新和研发之间的差异；
了解项目管理人员、营销人员与消费者之间建立紧密合作关系的重要性。

3.1 引言

创新的主要工作就是让你之前做的东西过时。
　　　　—— Jay Abraham, *The Sticking Point Solution：9 Ways to Move Your Business from Stagnation to Stunning Growth in Tough Economic Times*

多年以来，创新项目管理一直给人一种神秘感。公司甚至竭力开发不包括创新或研发的项目管理方法。原因之一是公司认为，如果可以为创新项目制定时间和预算表，那么就等于没有创新。

3.2 创新项目经理在战略规划中的作用

作为创新者，你需要意识到传统、习惯和偏见将如何成为接受新想法的障碍。
　　　　—— Max McKeown, *The Innovation Book: How to Manage Ideas and Execution for Outstanding Results*

在传统项目管理中，我们将重点放在运营项目上，从一开始就为每个项目制定明确的目标。项目经理希望团队具有较强的核心竞争力，并且可以利用公司现有的人力和非人力资源来完成项目。项目经理很可能没有参与制定这些项目的战略会议，也没有参与项目选择过程。最后，预计项目经理会使用公司的"一刀切"方法来执行这些项目。

高管拒绝让项目经理参加战略规划活动，认为这不是他们的工作，也不需要知道。因此，在没有仔细考虑应该委派谁的情况下，有些高管就会随意选择项目经理。就像项目有多种类型一样，项目经理也有多种类型，每种类型的项目经理都有其自身的优点和缺点。如果一个项目陷入困境甚至失败，事后分析永远不会责怪高管，因为他们无法使单个项目经理的技能与项目的需求完全相匹配。

尽管项目经理的贡献和能力对于回答资源、时间、风险和价格的问题是有帮助的，但尽早让项目经理入职并不意味着他们已经开始执行战略规划。项目经理还可以展示他们对项目战略背后意图的理解，并在项目执行期间提出问题来帮助高管们做出决策。然后，高管们可以更好地评估他们是否委派了合适的创新项目经理。

3.3 投资组合项目管理办公室的作用

公司中似乎很少有人了解如何选择创新项目并确定优先级。有些人认为，这只是管理层的预测或一时冲动。如今，由于建立了投资组合或战略项目管理办公室（Project Management Office，PMO），所有这些想法正在慢慢消失。PMO 参与项目的投资组合，并对其负责，其中包括创新型项目及非创新型项目。PMO 为项目组合的选择提供了一个更加结构化的流程。但是，并非所有创新项目都需要 PMO 的参与。公司可以经营数百个创新项目，但是 PMO 通常为那些对获得长期成功且至关重要的项目提供治理方案。通常，PMO 一次仅负责 10~20 个战略项目的治理。

PMO 也许能够给高管在如何选择合适的项目经理方面提供一些合适的建议。项目经理可能仍被分配到职能部门，但以虚线关系向 PMO 报告。

3.4 战略类型

创新对你所在组织的主要好处不是获得竞争优势，而是生存。

——Paul Sloane, *The Leader's Guide to Lateral Thinking Skills: Unlocking the Creativity and Innovation in You and Your Team*

战略是公司基于对未来的假设，为获得持续竞争优势而制订的计划。公司未来的发展很大程度上取决于选择的创新战略，创新战略决定创新类型。典型的创新战略包括：共同创建战略，与一个或多个客户、利益相关者或合作伙伴一起设计，满足其所有需求的产品；品牌价值战略，可能使用渐进性创新来添加功能部件，以满足客户当前和未来的期望；联盟战略，形成战略合作伙伴或创立合资企业，以应对竞争压力；平台战略，创建一组共享通用技术的产品，并允许用户定制平台；上市时间战略，缩短周期时间，以便在竞争对手之前进入市场；技术使用战略，使用比竞争对手更好的技术，并且借助新技术，产生一个颠覆性创新战略；精益生产战略，这可能是一种渐进性创新，旨在降低生产成本或减少浪费。

项目经理早期参与生产管理系统的原因之一是，他们对真正的商业战略有着清晰的了解。某些相互矛盾的战略目标最好早日显现出来。在不完全了解战略意图的情况下，项目经理可能做出错误的决定，从而导致无效的风险管理。

3.5 创新在战略规划中的作用

在很大程度上，现在最好的时机是竞争对手尚未明确自己的位置所在，还没有建立起根深蒂固的位置。微软正在努力适应这一新现实。

—— Paul g. Allen, *Idea Man: A Memoir by the Cofounder of Microsoft*

战略规划和创新有一个共同的纽带，因为它们都涉及组织未来利润和增长。如果没有连续不断的新产品，该公司战略计划的选择可能受到限制。如今，技术进步、日益增长的竞争压力，以及缩小时间、成本和绩效差距的必要性，迫使各公司开发新颖的创新产品，而现有产品的生命周期正在以惊人的速度减少。但与此同时，高管可能使研究小组处于真空状态，而无法有效利用创新项目管理可能带来的潜在利润。PMO似乎可以将创新整合到正在进行的业务中，使这一过程变得更加容易，同时在项目组合管理期间提供了有价值的信息。

我们认为，公司开展创新活动的主要原因有三个：生产新产品（或服务）以实现可持续的盈利增长；对现有产品和服务进行有益的改进，以实现长期发展；产生可以改进流程的科学知识，并协助识别新机会或"救火"。

如果公司使用灵活的项目管理方法，则每种方法都可能需要不同形式的项目管理，但是都需要一定程度的创新项目管理。

成功的创新项目专注于实现特定的战略目标，但是实现目标需要一个共享信息的知识管理系统。遗憾的是，这正是大多数公司最薄弱的环节。创新信息系统必须包括对客户和市场需求的评估、产品和服务的价格信息，以及支持选择其他项目的数据。PMO可能提供一些宝贵的帮助，但还必须包括其他小组的协助，如市场部门等。

评估客户和市场的需求涉及寻求机会和商业智能功能。大多数公司将这些职责委托给营销小组，这可能导致无效的努力，因为营销小组可能无法肩负对目前产品短期获利的重任。他们可能根本没有时间或资源来充分分析具有长期影响的其他创新活动。同样，营销团队中可能没有经过技术培训的人员，他们无法与客户和供应商的创新团队进行有效沟通。另一个问题是，营销团队可能有他们希望完成的项目"愿望清单"，但资源却受到限制。PMO通常负责执行能力计划活动，从而提供有价值的信息，并且表明在不增加现有劳动力负担的情况下可以开展多少额外工作。

公司战略计划的成功和可能成功的方向或许仅取决于市场营销测试市场上新产品或新功能的时间点。高级管理层经常会试图缩短创新时间,以更快的速度增加收益。迫于股东压力,管理者匆忙生产产品,这可能增加产品责任风险,并且这些风险可能被忽略。在遇到麻烦时,高管们错误地认为削减创新和研发资金会降低成本,这对组织长期发展会产生不利影响。在项目实施期间,创新项目经理通常没有得到所有市场研究数据,这就导致创新项目经理有时会做出次优决策。

各类项目(包括创新和研发)的预算都必须以有效的战略规划为基础,但公司无法对它们所有想要的项目都负责。制订详细的创新和研发计划非常困难,只有在明确概念并达成一致的创新目的和目标(这是创新计划的起点)时,项目经理才能提高他们成功的概率。这些项目一旦获得批准,就需要一种有效预算、反馈和控制的方法,以验证工作是否按照战略方向进行。这与运营中的传统项目不同,每个创新项目都可以被视为高管战略计划的一部分。

不论在公司组织结构中的什么位置,创新活动都可以被视为具有资金投入和产品产出的战略计划系统。此外,与大多数系统一样,必须存在一种反馈机制,以使资金流可以从前景不太乐观的项目转移到潜力更大的项目。这意味着创新系统必须受到持续监控,也许比其他系统更需要持续监控。同样,这也证明需要某种类型的PMO参与。

3.6 市场营销在战略创新计划中的作用

市场营销在战略创新计划中起主导作用。营销人员了解客户的需求,善于倾听,并从产品和服务的主要用户那里收集数据。市场营销提供了项目选择过程中需要考虑的关键因素,即公司在行业中的长期地位、超越特定竞争对手、保持市场份额、在技术上的领先或落后、在某些细分市场上的增长。

市场营销还提供了客户类别,因为创新可能针对特定的客户群体,如满意的顾客、不满意的顾客(对产品不满意)、崇拜者(吸引人,但遥不可及)、拒绝者(意识到,但看不到相关性)、未开发的顾客(未考虑到的群体)。

3.7 产品组合分析

创新的综合性质是旧事物与新事物的结合,以及渐进性创新和突破性创新的组合。

—— Pearl Zhu, *Digital Hybridity*

当公司制订其创新战略计划时,该计划必须与公司的商业战略部门及产品(或服务)组合保持一致。创新项目选择是通过添加新产品或持续改进现有产品来增强产品或服务组合的。公司应具有均衡的产品组合,所选项目应支持每种产品或产品线。

产品组合最常用的三种方法为:波士顿咨询集团(Boston Consulting Group,BCG)模型、通用电气（General Electric，GE）模型、产品生命周期模型。每种模型都有其优点和缺点，但是这三种模型都可以用来辅助项目的选择[①]。公司可能在战略计划中使用多个模型。

第一个模型是 BCG 模型，产品组合包括明星类、金牛类、瘦狗类和问题类，如图 3-1 所示。为了简单起见，可以将每个产品进行分类。

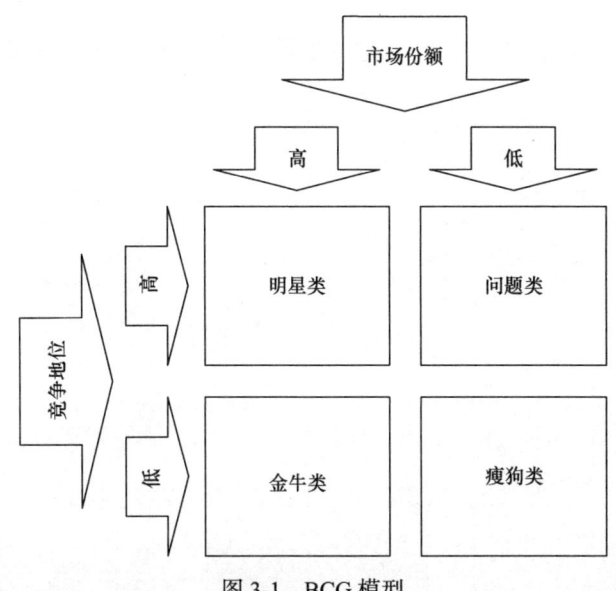

图 3-1　BCG 模型

（1）明星类产品代表了公司实现长期增长和盈利的最佳机会。这些产品得到了创新项目的支持，从而可以提高其质量，并为产品、衍生产品和持续改进工作寻找其他潜在用途。创新项目的重点包括增加市场份额和寻找产品的新用途（新客户）。由于对创新项目的巨额投资，明星类产品具有长期增长和盈利潜力，因此通常是现金使用者而不是现金产生者。然而，大多数明星类产品通常是渐进性创新中的低风险投资，且大部分投资资金最终被收回。

（2）问题类产品（通常称为有问题的孩子）最终变成明星类或瘦狗类产品。要将问题类产品转化为明星类产品，需要在创新方面投入大量资金，且重点是创建可增强新市场渗透率并增加市场份额的产品功能。创新可能需要技术上的突破。问题类产品的创新投资是有风险的，因为如果产品变成瘦狗类而不是明星类，投资创新的资金将永远无法收回。

（3）金牛类产品在市场中占有相对较高的份额，但增长机会有限或正在下降。创新的重点是使金牛类产品尽可能长期存在并从中获取收益。典型的创新项目包括质量改进、升级和增强。

（4）瘦狗类产品或是被清算，或是被剥离，因为它们花费了大量的精力并且回报非常有限。为了使瘦狗类产品成为问题类或明星类产品，需要重大的技术突破。这可能需要在相对未知的时间范围内，对基础研究或应用研究投入大量资金；也可能需要运气才能收回与瘦狗类产品有关的创新成本。

[①] 大多数关于战略规划和战略管理的教科书都详细地介绍了这些模型。这里只是展示一些有助于选择创新项目的模型。

一些产品创造资金，另一些产品则使用资金。显然，为了在短期内管理公司，必须有金牛类产品。另一方面，无论是从短期还是长期发展来看，公司都需要明星类产品进入市场以实现未来效益的增长。令人怀疑的是，一家公司是否愿意在不断衰退的成熟市场中对创新项目进行大量投资以开发新产品。在此示例中，公司可以选择强调与现有产品相关的、降低成本的项目。

与 BCG 模型相似的是 GE 模型，如图 3-2 所示。GE 模型是具有 9 个框的网格，而 BCG 模型只有 4 个框。

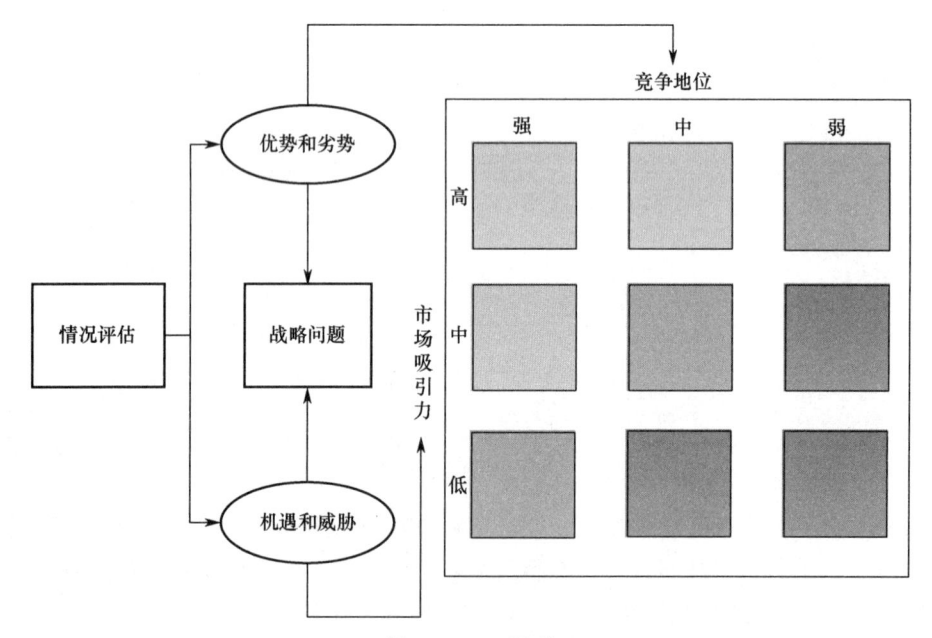

图 3-2　GE 模型

公司基于期望的竞争地位和市场吸引力来选择合适的研发项目。如图 3-3 和图 3-4 所示，分别是公司期望的竞争地位和市场吸引力包含的具体内容。

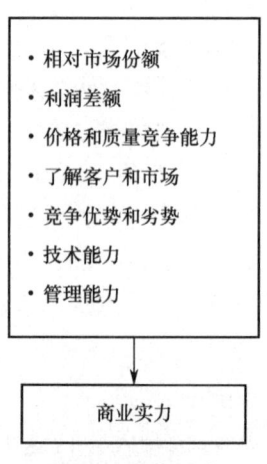

- 相对市场份额
- 利润差额
- 价格和质量竞争能力
- 了解客户和市场
- 竞争优势和劣势
- 技术能力
- 管理能力

↓

商业实力

图 3-3　竞争地位

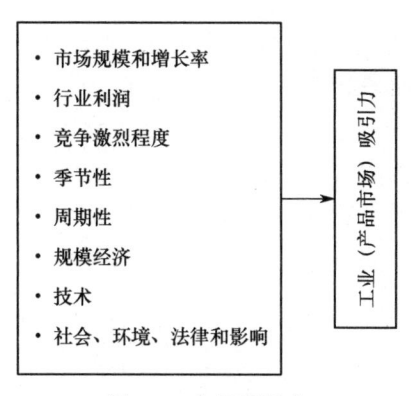

市场规模和增长率
- 行业利润
- 竞争激烈程度
- 季节性
- 周期性
- 规模经济
- 技术
- 社会、环境、法律和影响

→ 工业（产品市场）吸引力

图 3-4　市场吸引力

部分公司根据产品线生命周期来选择创新项目和确定投资规模，如图 3-5 所示。持续的产品改进计划对于公司保持竞争优势十分必要。

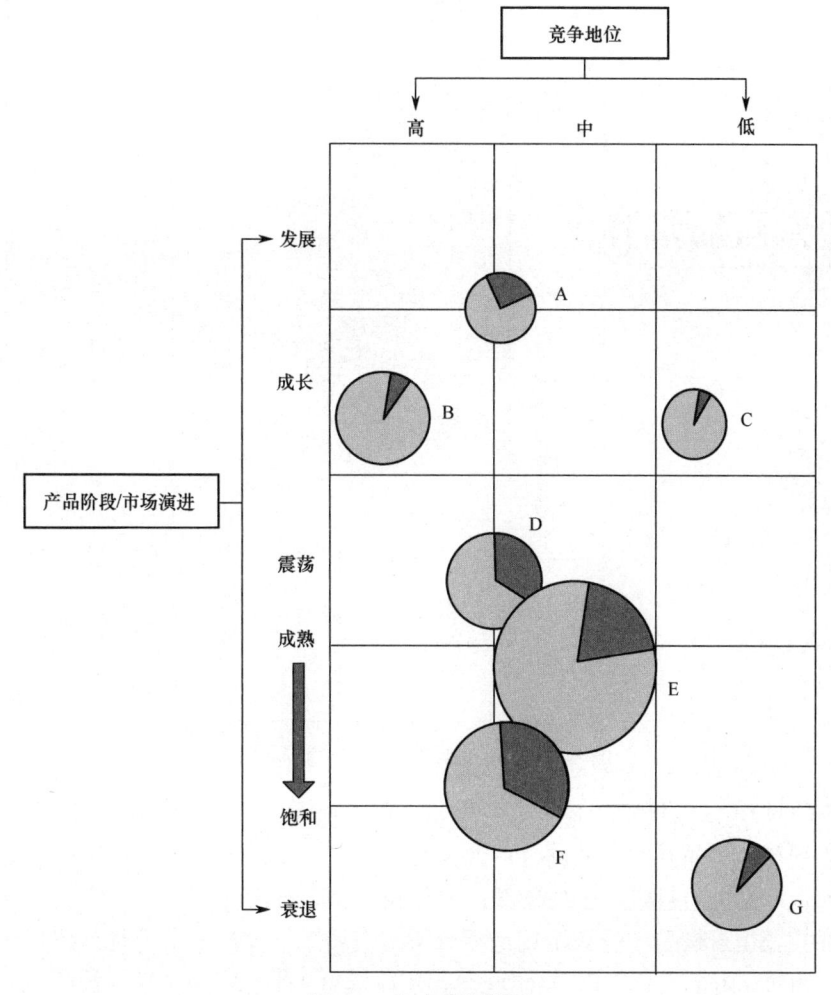

图 3-5　生命周期模型

在图 3-5 中，饼状图中圆形代表了行业的规模，楔形代表了产品的市场份额。基于此，可以选择与产品的生命周期阶段和竞争力相关的创新项目。

图 3-6、图 3-7、图 3-8 是一些不同类型的产品生命周期投资组合。图 3-6 是一个成长型生命周期投资组合模型。因为一些项目即将进入生命周期成熟阶段，所以该公司可能更愿意把资金投入新产品研发或突破性创新上，而不是渐进性创新。

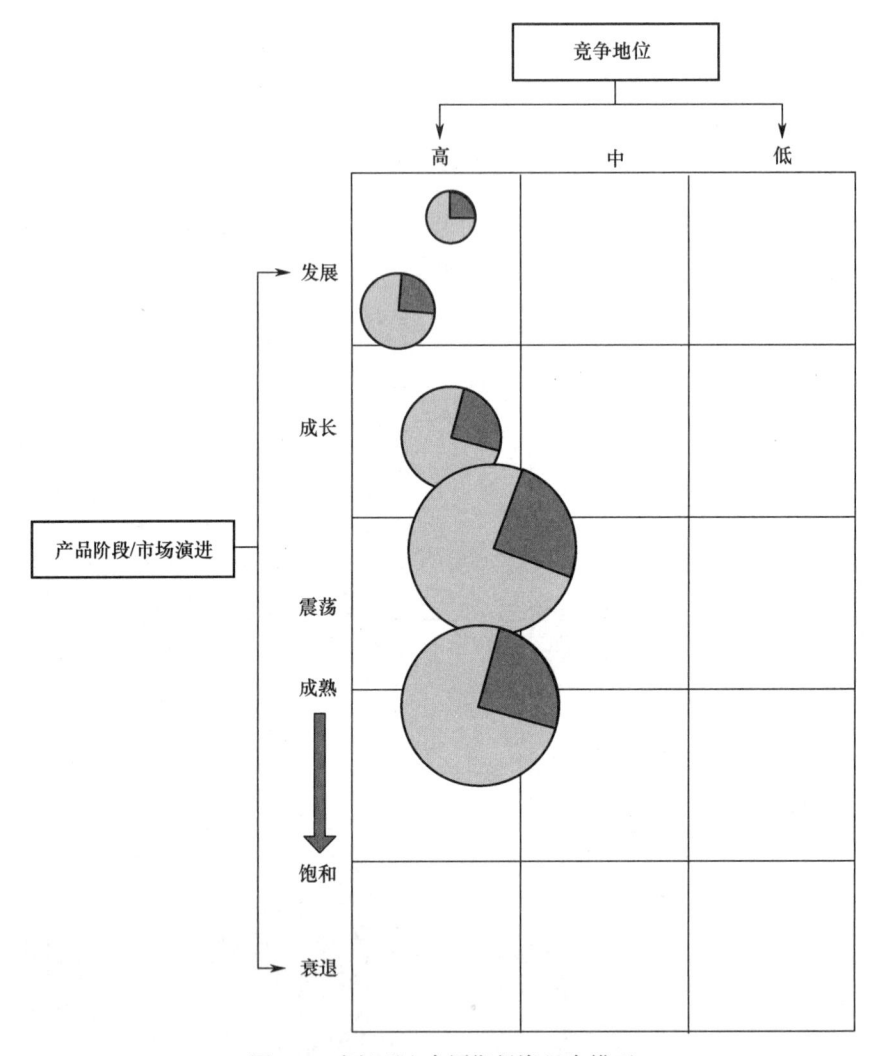

图 3-6　成长型生命周期投资组合模型

图 3-7 是与 BCG 模型中的金牛类产品相类似的利润投资组合生命周期模型，该组合再次强调了必须在新产品开发方面进行重大投资。图 3-8 所示的均衡型投资组合生命周期模型，则认为最好是大力投资渐进性创新，以延长产品的寿命。

每当在投资组合模型中看到市场份额分析与市场增长分析相结合时，高管都会利用专业的工具（例如，用于产品投资组合分析的 BCG 模型）来确定是否存在投资机会、现金来源或剔除某些不利的项目。在市场份额、市场增长矩阵或 BCG 模型中，这些元素的一般术语是金牛类、明星类、瘦狗类、问题类。正如前面所讨论的，在投资组合规划中，这些元素都与创新动力的方向有关，即保持、建立、获得市场份额，或者退出市场份额。

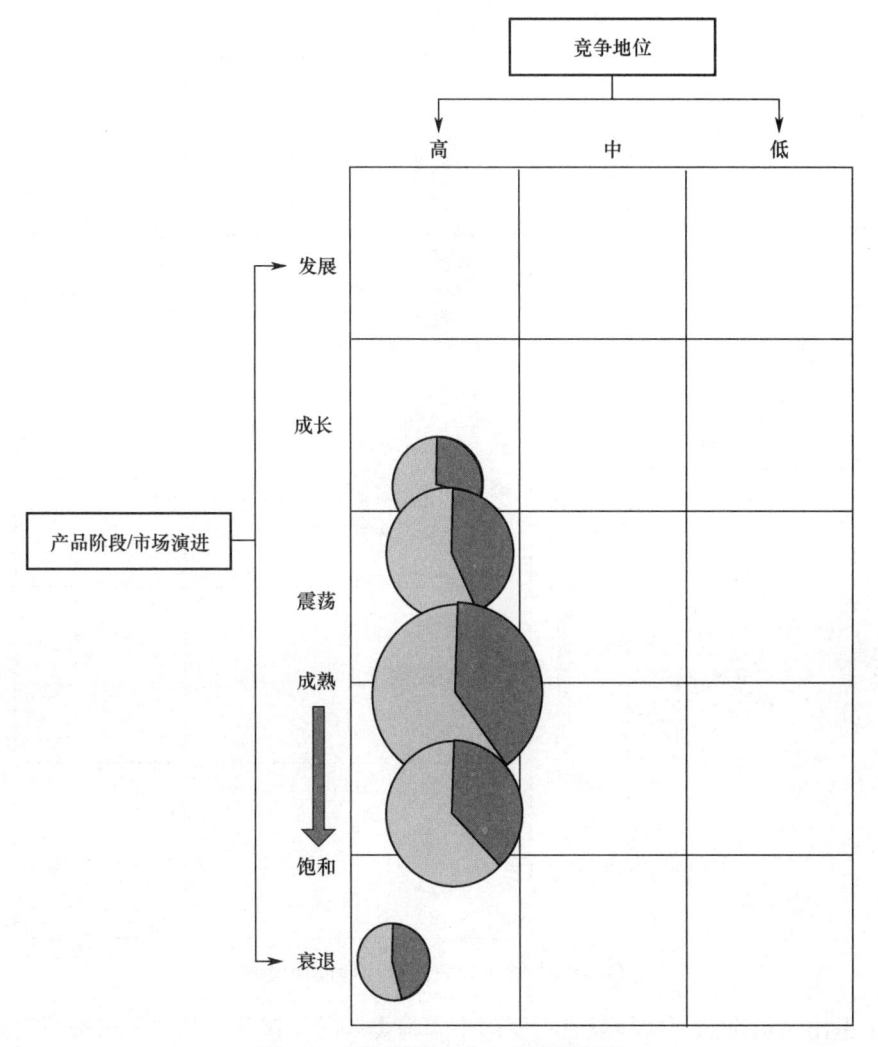

图 3-7 利润投资组合生命周期模型

（1）保持市场份额。这种策略代表了一个稳定的市场，同时也是明星类或金牛类产品的理想选择。在这种情况下，企业采取的策略应该强调防御态势和应用工程，而不是追求多样化。

（2）建立市场份额。这种策略对于明星类和问题类产品来说是非常理想的，包括降低生产成本、提高质量和应用工程等方法。这种策略也适用于瘦狗类产品，前提是该公司能够识别出一项将大幅度增加市场份额的技术突破，而且可能在一定程度上获得专利保护以保证其在生命周期内有利可图。

（3）获得市场份额。由于某些活动需要资金，因此这种策略可以用于选择金牛类产品。一种合理的策略将会提高产品质量或降低生产成本。

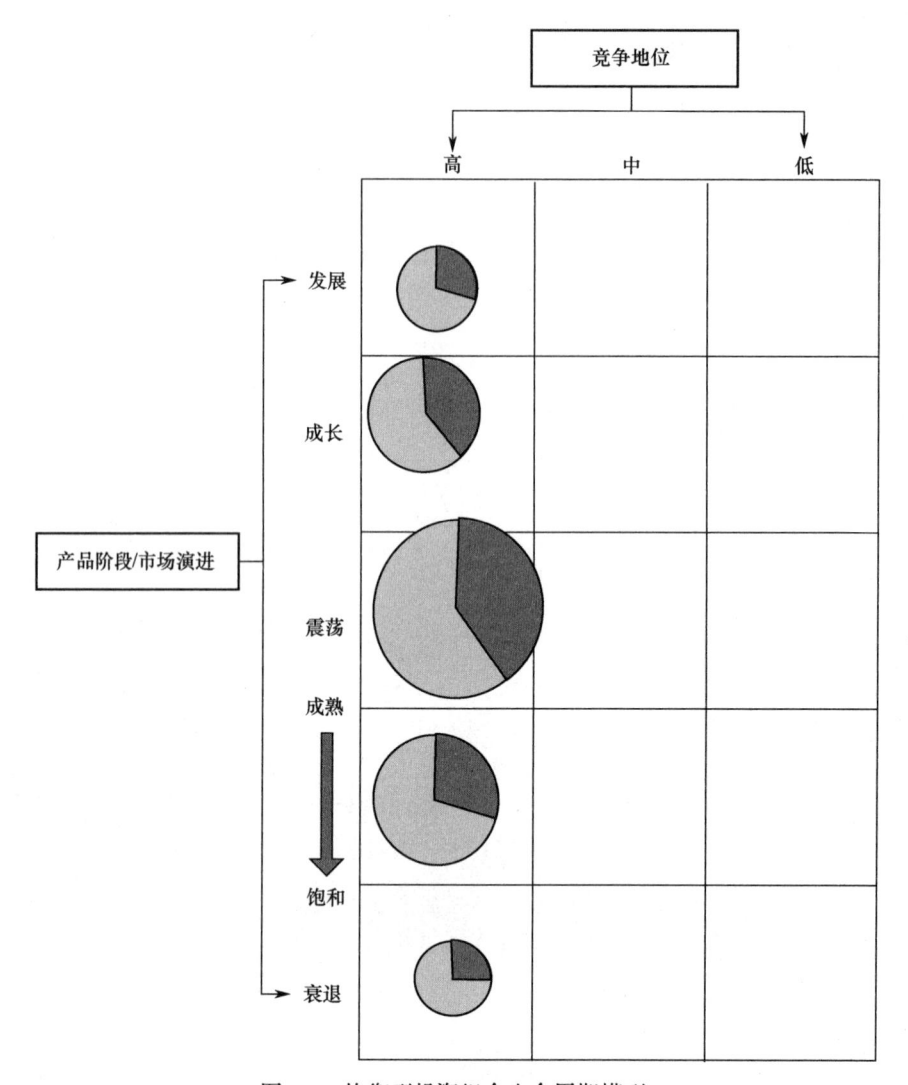

图 3-8　均衡型投资组合生命周期模型

（4）退出市场份额。这种策略主要用于瘦狗类产品，该类产品的市场份额很低，利润微薄，甚至出现亏损经营。如果有创新战略，则需要寻找一些衍生产品、有利可图的专业应用，或者最小限度的防御性创新，以支持未来可能需要此项技术作为基础的活动。

另一个问题是如何平衡跨业务部分的创新投资，如需要提高流程和商业模式等内部效率、生成现金流量以支持运营、为未来的现金流创造产品、满足客户特定创新的需求。

如图 3-9 所示，四个象限中的每个象限都可能需要创新投资，以确保创新投资组合平衡。这种方法还可以用于确定每个象限的金融投资。每个象限都可以有不同类型的创新和不同的战略目标，而且每个象限都可以使用产品组合分析模型。

如图 3-9 所示，承担许多项目的机构发现开发分类系统是有益的。分类的好处有：更容易确定项目的优先次序；能够重新平衡每个类别的项目；确定每个类别项目所需的核心竞争力，以简化资源分配。

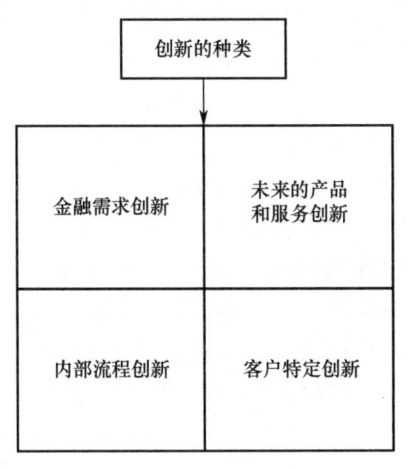

图 3-9　创新的种类

3.8　使用 SWOT 分析确定核心能力[①]

年龄增加了智慧，青春象征着创新。两者结合将势不可挡。

—— Ocian Hamel-Smith

创新的目的是提高企业的长期竞争力。为了鼓励创新，需要企业分析自身的优势、劣势、机遇和威胁，也称为 SWOT 分析。这是用来确定一个企业是否有能力匹配其核心竞争力与战略机遇的直接有效工具。优势和劣势是指市场营销、财务、人力资源、领导能力、设施、设备等能体现企业核心竞争力的内部因素。机会和威胁是指社会、技术、经济、政治、法律趋势、问题等外部因素。SWOT 分析的运用如图 3-2 所示。

SWOT 分析的基本目标是评估企业与其环境之间的契合度。它允许企业评估其目前所处的地位与需要达到的地位之间的差距。SWOT 分析阐述了一个企业通过引入新产品和服务，或者改变商业模式，来解决当前面临的问题。

环境审视是指评估企业的外部威胁和机会，其目标是让决策者了解影响企业履行使命能力的外部问题。该过程应该确定影响企业成功或生存的人口、经济、政治、技术力量和趋势。该过程的核心是评估企业的客户和竞争：当前和潜在客户的偏好是稳定的还是不断变化的？公司的竞争优势是什么？竞争对手有什么优势？换句话说，企业或其竞争对手是否处于为当前和潜在客户服务的最佳位置？

检查企业的内部优势和劣势可以揭示企业擅长之处或不足之处。用战略术语来说，该过程应该确定企业的专长。

[①] 本节内容摘自 Rea 和 Kerzner（1997）*Strategic Planning: A Practical Guide* 第一章和第三章的内容（纽约：Van Nostrand Reinhold）。

显然，最具吸引力的战略问题与最受欢迎的创新活动都是优势和机遇的结合。在这些情况下，企业能够很好地利用机遇，并专注于突破性创新。相比之下，劣势和威胁相结合的问题就显得令人不安，因为该企业可能正处于不利位置，无法抵御这些威胁。因此，这就需要防御性创新活动的投入。

各部门的内部优势和劣势包括：

（1）市场营销方面，如竞争地位、市场份额、销售预测能力、价格价值分析、销售队伍的素质和能力、销售（促销、广告和研究）预算、销售办公室和仓库的规模和位置、服务设施的规模和位置、服务设施周转时间、产品线的完整性、每个产品的生命周期阶段、正向整合度、品牌忠诚度、专利保护、关键人员的更换。

（2）产品生产方面，如操作的效率、接近分销渠道、接近其他战略公司办公室、原材料的可用性和成本、维护能力、故障时间、纵向整合能力、需要提升操作的灵活性（改用其他产品）、库存控制系统、质量保证系统、与市场营销和研发的关系、资金预算量、设备使用年限、人员流动、与工会的关系、精密机械的可用性、权衡和降低成本的能力、学习曲线应用、子系统集成、严格的日程安排。

（3）财务和会计方面，如股息政策、现金流量（目前和未来预测）、资产收益率、负债收益比率、公司股票活动、企业信用评级（股权和资本市场）、周转资金要求、信息系统质量、可行性研究（成本效益分析）技能、投资管理技能、消费者融资能力、客户群规模、顾客流失、周期性或非周期性业务。

（4）人力资源管理方面，如企业形象、核心员工离职率、晋升机会（多条职业道路）、招聘能力、与工会的关系、信息系统的有效性、工资结构、培训/教育机会、学费报销计划、健康和福利计划、与政府（监管机构）的关系、董事会实力、各级管理质量、公关策略、社会意识。

3.9　创新项目管理能力模型案例：礼来公司[①]

30年前，公司为项目经理准备了职位说明，来帮助他们明确自己的角色和职责。遗憾的是，该说明通常都很简短，很少提供关于晋升或加薪所需的知识技能的指导。20年前，我们仍然强调职位说明，但现在它得到了课程的支持，而且课程通常是强制性的。在世纪交替期间，公司开始重视核心能力模型，该模型清晰地描述了作为项目经理所需的技能水平，且公司制订了培训计划以支持核心能力模型。遗憾的是，建立一个核心能力模型和相应的培训计划并不容易，尤其是对那些参与创新和研发的人来说。

礼来公司拥有当今行业中最全面、最有效的管理能力模型之一。该模型是在15年前发展起来的，至今仍是创新和研发项目管理最佳能力模型之一。该模型包含许多核心能力，这些能力将在后面的章节中单独深入讨论。

Martin D. Hynes III 是制药项目管理（Pharmaceutical Projects Management，PPM）的前

---

① 本节由礼来公司提供。版权所有，经过许可转载。

任主管，也是开发能力模型这一倡议的主要发起人。Thomas J. Konechnik 是制药项目管理的前任运营经理，他主要负责能力模型与 PPM 组内其他流程的实施和整合。这里描述了能力模型的基础。

礼来公司研究实验室的项目管理能力主要分为以下三个方面：科学（技术）专业知识、过程技能和领导能力。

（1）科学（技术）专业知识方面。熟悉业务，对药品开发过程和组织实际情况的理解将对决策产生影响；发起行动，在情况发生之前采取积极主动的措施，来满足需求或解决问题；批判性思考，寻求客观事实、数据或专家意见，来指导决策或行动；管理风险，预测并允许更改优先级、进度和资源，以及由于科学（技术）问题所带来的变化。

（2）过程技能方面。沟通清楚，善于聆听，提供容易理解并且对他人有用的信息；注意细节，保存计划、会议、协议完整且详细的记录；构建流程，构建、调整或遵循逻辑过程，以确保目标和目的实现。

（3）领导能力方面。注重结果，持续将自己和他人的注意力集中在现实的阶段性目标和可交付成果上；组建团队，在各职能部门内部和各职能部门之间，建立合作和相互问责的环境，以实现共同目标；管理复杂性，组织、计划和监控多个活动、人员和资源；做出艰难的决定，对自己的才智、判断和能力有把握，对行动负责；建立战略支持，从高级管理层和其他人那里获得支持和需求，以保持项目处于正轨。

接下来，我们将更详细地研究这些能力。

1. 科学（技术）专业知识

（1）熟悉业务。对药品开发过程和组织实际情况的理解将对决策产生影响。

具备这一能力的项目经理（或助理）将：认识到礼来公司的其他职能部门如何影响研发工作的成功；利用项目中正在开展的有关活动的知识作为一个整体来建立信誉；了解自己的团队成员及其他职能部门的成员何时需要额外的支持以完成任务（活动）；基于对项目不同部分之间隐性交互作用的理解提出问题；将注意力集中在对特定项目（或任务）的成功有最大影响的问题和假设上；了解（认识）组织的政治问题（结构）；利用对竞争性功能和业务优先级的理解，对项目的计划、假设、时间估计和职能部门的承诺进行实际测试；明确企业中其他部门的决策和事件对项目的影响；识别并回应企业中不同部门的不同观点和经营实际情况；考虑决策的长期影响（正面和负面）；了解不同选择对财务的影响。

不具备此能力的项目经理（或助理）将：依赖于活动或任务的负责人的资源和时间估算；根据理想情况做出决定；通过汇总单个时间轴等方式来制订计划和时间表；将延迟视为企业其他部分有意为之；假设团队成员了解自身的活动将如何影响项目的其他部分；把注意力集中在准确描述所发生的事情上；除非迫不得已，否则拒绝改变计划；等待团队成员寻求帮助。

对一个项目（业务）而言，若项目经理未能表现出这种能力，将会产生以下后果：项目经理（或助理）可能依赖高级管理层解决问题和获取资源；拟议的项目时间表可能需要大幅度修改以满足当前的指导方针；将注意力集中在次要问题上，而不是核心业务或技术问题；无论可靠性和价值如何，都可能继续维持当前的承诺、供应商等；礼来公司其他部门的变更可能连累项目的可交付成果；项目计划可能对企业的其他部门产生不利影响。

（2）发起行动。在情况发生之前采取积极主动的措施，来满足需求或解决问题。

具备这一能力的项目经理（或助理）将：当意外事件发生时，立即跟进项目；敦促团队成员立即采取行动来解决问题，并做出决策；为项目团队制定决策和选择方案，而不仅仅是促进讨论；勇于承担其他人没有责任的事情；在确定需求或差距后，制订建议和行动计划；迅速向项目团队和其他人员提出问题；当问题对项目有重大影响时，尽早让其他人知道；采取行动，确保相关人员参与到关键流程或讨论中。

不具备此能力的项目经理（或助理）将：集中精力确保各方面问题都得到探讨；让其他人对问题（或新出现的事件）做出初步的反应或计划；让职能部门自己解决资源问题；在充分了解困难（或潜在问题）影响之后，再提出这些问题；不干涉（或干预）自己专业之外的领域；假设团队成员和其他人会尽快做出响应；在如何处理问题上，听从更有经验的团队成员的意见。

对一个项目（业务）而言，若项目经理未能表现出这种能力，将会产生以下后果：高级管理人员可能对项目相关的事件感到惊讶；项目活动可能由于"沟通错误"或等待职能部门响应而延迟；努力和资源可能被浪费或未被充分利用；可能同时采用多种方法；棘手的问题可能得不到解决。

（3）批判性思考。寻求客观事实、数据或专家意见，来指导决策或行动。

具备这一能力的项目经理（或助理）将：向专业人士或拥有问题第一手资料的人寻求建议；提出棘手、尖锐的问题，以明晰时间预计或质疑假设，并能够理解答案；深入了解项目信息，以快速全面地了解项目状态和关键问题；当困难或问题出现时，关注关键假设和根本原因；快速简洁地总结冗长的讨论；收集有关过去项目的数据等资料，以帮助确定项目未来的最佳选择；努力收集足够的事实和数据，以便做出合理的判断；从不同来源获取大量信息；在适当的时候使用正式的决策工具来评估替代方案，并识别风险和问题。

不具备此能力的项目经理（或助理）将：接受关于资源需求和时间估计的传统假设；依靠团队成员提供所需的信息；在不确定上一个阶段性目标失败原因的情况下，推动一个新的阶段性目标；总结讨论和争论的细节，但没有得出结论；限制查询标准信息的来源；使用现成的程序和工具；狭隘地定义角色，来促进和记录团队成员的讨论。

对一个项目（业务）而言，若项目经理未能表现出这种能力，将会产生以下后果：可能在不切实际或未经检验的日期做出承诺；可能在没有明确确认的情况下采用高风险方法；项目完成的时间可能比需要的时间长；新的发现和结果可能只会缓慢地纳入礼来公司的当前实践中；重大问题可能意外地出现；同样的问题可能被再次讨论；尽管资源、人员和优先事项发生重大变化，项目计划可能仍保持不变。

（4）管理风险。预测并允许更改优先级、进度和资源，以及由于科学/技术问题所带来的变化。

具备这一能力的项目经理（或助理）将：在做出有争议或有潜在风险的决策之前，对关键数据和假设的有效性进行双重检查；在寻求有明确风险的方案时，制订应急计划；持续保持与"风险"或关键路径活动的直接联系，以了解进度；促使团队成员明确评估和承诺中隐含的所有假设；与那些所做决策会对项目产生影响的人保持定期联系；让管理层和其他人尽早了解与特定行动计划相关的风险；争取更多资源和时间，以考虑可预测的"意外"事件；确定有科学依据的风险的主要来源。

不具备此能力的项目经理（或助理）将：无论进展如何都保持乐观；尽管存在严重的问题，但仍同意制定时间表；尽管伴随风险，但仍重视创新和新想法；在关键领域接受缺乏经验的团队成员；给予个人探索不同选择的自由；以最少的讨论接受预估和评估。

对一个项目（业务）而言，若项目经理未能表现出这种能力，将会产生以下后果：项目完成的时间可能比需要的时间更长；项目可能难以响应组织优先级的变化；如果提出的创新方法被证明是不恰当的，可能出现重大延误；已知的问题领域可能仍然是困难的来源；项目计划可能进行巨大的修改。

2. 过程技能

（1）沟通清楚。善于聆听，提供容易理解并且对他人有用的信息。

具备这一能力的项目经理（或助理）将：以简明、清晰和令人信服的方式提出技术和其他复杂的问题；通过对目标或职责的沟通，来满足需求或接受者的理解水平（如医疗、高级管理人员）；对数据进行过滤，以提供最相关的信息（如不涉及所有细节，但知道何时及如何提供总体观点）；将可能影响他人的决策或问题及时告知他人；促进和鼓励团队成员之间进行开放式交流；与偏远地区的团队成员建立定期沟通机制；准确找到复杂或长时间讨论的关键点；花费必要的时间准备管理报告；在自己的专业领域之外，有效地沟通和表达技术观点。

不具备此能力的项目经理（或助理）将：提供所有可用的详细信息；认为多次提醒或信息是无效的；期望团队成员可以理解彼此的专业术语；向不同的听众重复使用沟通和简报材料；需要定期更新材料，却限制相互交流的时间；只邀请那些（被认为）需要出席或有贡献的人参加会议；依靠技术专家提供专业领域的信息。

对一个项目（业务）而言，若项目经理未能表现出这种能力，将会产生以下后果：项目团队之外的成员可能对项目了解很少；其他项目可能因为"消防演习"或临时改变计划而中断；关键决策和讨论可能没有充分记录；管理层简报对团队和管理层来说可能是一种考验；资源（努力）可能被浪费或误用。

（2）注意细节。保存计划、会议、协议完整且详细的记录。

具备这一能力的项目经理（或助理）将：提醒员工截止日期和其他要求；确保所有利益相关者均获知会议和决定；及时准备准确、完整的会议记录；不断更新或调整项目文件，以反映决策和变化；在制订计划时检查关键假设的有效性；跟进以确保承诺得到理解。

不具备此能力的项目经理（或助理）将：假设其他人正在跟进细节；把正式评审看作是对时间的干扰和浪费；选择在跟进细节方面要求最低的程序；仅偶尔审查、更新或调整项目文件，以反映决策和其他变化；将项目文件限制在正式需要的范围内；依靠会议记录作为会议的充分资料。

对一个项目（业务）而言，若项目经理未能表现出这种能力，将产生以下后果：可能缺乏与其他组织部门的协调；文档可能不完整或难以用于审查项目问题；对于承诺的内容可能产生分歧；项目可能过度依赖经理或同事。

（3）构建流程。构建、调整或遵循逻辑过程，以确保目标和目的实现。

具备这一能力的项目经理（或助理）将：选用可以用来评估进展的阶段性目标；组织会议，并确保会议涵盖议程事项；确定执行项目管理过程所需的步骤序列；维护最新的文档，以反映每个团队成员的期望；使用可行的计划工具使程序和结构活动标准化；创建简单的工具来帮助团队成员跟踪、组织和交流信息；建立一个有效利用团队成员时间的流程，同时允许他们参与项目决策，且不是所有的团队成员都应该参加所有的会议；审查讨论或决策对项目计划的影响，作为总结和明晰讨论或决策的机制；记录分歧而不是立马解决，以保持讨论得以继续；创建并使用流程来确保建立优先级和定义项目策略。

不具备此能力的项目经理（或助理）将：相信有经验的团队成员，并知道他们在做什么；把复杂的活动序列看作一个整体；分担主持会议、制定议程等方面的责任；制订计划、撰写文件时尽可能完整详细；只在要求时提供书面文件；允许团队成员自由发表意见。

对一个项目（业务）而言，若项目经理未能表现出这种能力，将产生以下后果：项目可能受到不同程度的关注；项目可能缺乏专一的方向或焦点；规划文件可能不完整或过时；演示文稿和简报可能需要大量的额外工作；会议可能被认为是没有成效和价值的；关键问题可能尚未解决；项目的其他成员可能不清楚预期目标和项目期限。

3. 领导能力

（1）注重结果。持续将自己和他人的注意力集中在现实的阶段性目标和可交付成果上。

具备这一能力的项目经理（或助理）将：强调需要保持项目相关活动的进展；持续关注最终的可交付成果（如产品推向市场，确认或否认整合的优点，产品或项目对礼来公司的价值）；根据需要完成的事情来选择行动，而不是寻找最佳的解决方案或答案；提醒项目团队成员关键的项目阶段性目标和进度表；保持团队对关键阶段性目标可见；将项目的基本目标作为及时评估、驱动决策的手段；推动团队成员对可交付成果做出明确和公开的承诺；及时终止项目或低价值活动。

不具备此能力的项目经理（或助理）将：假设团队成员清楚地了解项目的可交付成果和阶段性目标；只有当任务和问题变得至关重要时才会去处理它们；低估或忽略消极的结果或效果；即使有新的数据或重大改变，仍要持续推进实现最初的目标；从事与项目初始需求无关的活动；主观相信一旦团队成员参与到项目中，就会同意执行明确的计划；允许不合格的员工继续工作；不积极参加项目计划会议。

对一个项目（业务）而言，若项目经理未能表现出这种能力，将产生以下后果：在没有充分解释的情况下，可能错过阶段性目标；职能部门可能对关键资源的需求感到惊讶；可能对不合理的或不切实际的目标（或计划表）做出承诺；项目完成的时间可能比需要的时间更长；团队成员之间的目标和优先级可能有显著差异。

（2）组建团队。在各职能部门内部和各职能部门之间，建立合作和相互问责的环境，以实现共同目标。

具备这一能力的项目经理（或助理）将：公开承认不同的观点和分歧；不论成员们在组织中的职责背景和职位级别高低，积极主动地鼓励所有团队成员参与；明确投入时间和资源，来建立团队形象，构建一系列团队共同的目标；保持客观性，避免个性化问题和分歧；与团队成员建立一对一的关系；鼓励团队成员在职能之外的领域做出贡献；让团队成员从始至终都参与计划过程；识别并挖掘每个团队成员所拥有的经验和专业知识；在主要职能部门参与进来之前，征求他们的意见和建议；一旦做出决定，坚持让团体成员接受该决定，直到获得更多的数据；推动团队成员在解决争议性问题时做出明确承诺。

不具备此能力的项目经理（或助理）将：设定能做什么和不能做什么；认为成熟的专业人士几乎不需要支持或团队认可；与团队成员的联系仅限于正式的会议和讨论；将影响团队成员绩效的问题视为职能部门管理的责任；只有在别人明确要求时才给予帮助；公开批评其他团队成员的贡献或态度；当团队成员重新讨论问题时，重新讨论决策。

对一个项目（业务）而言，若项目经理未能表现出这种能力，将会产生以下后果：团队成员可能不明确自己的职责；核心成员可能转到其他项目；障碍和挫折可能破坏之前的全部努力；项目团队内部的优先级冲突可能上升到高级管理层；可能分散项目责任；团队成员可能不愿意为彼此提供支持或满足特殊需求。

（3）管理复杂性。组织、计划和监控多个活动、人员和资源。

具备这一能力的项目经理（或助理）将：在人身攻击或极端压力下保持冷静；清楚且持续地掌握项目的最新进展；将个人精力集中在最重要的任务上，运用二八原则；认真记录承诺和责任；明确任务和活动，让大家可以互相监督和获得进步感；将活动和任务拆分成看起来可行的部分；平衡和优化不同组和个人的工作量；迅速组建特殊团队或聘请外部专家来处理紧急情况或异常情况；总结"最佳方案"和"经验教训"。

不具备此能力的项目经理（或助理）将：限制评论数量，以最大限度地延长团队成员的时间；关注所有的细节；依靠团队成员来跟踪项目的进度；让其他人知道他们对某个问题或个人的看法；依靠团队来解决问题；认为每个人都认识到自己的错误并从中吸取教训。

对一个项目（业务）而言，若项目经理未能表现出这种能力，将会产生以下后果：项目可能受到不同程度的关注；项目可能在其生命周期内没有明确的方向和可实现的结果；决策权可能分散在团队成员之中；项目的准确状态可能很难确定；重大问题可能变得难以处理；企业不同部门之间的活动可能无法协调；项目领导与礼来公司其他部门之间的冲突可能不断涌现。

（4）做出艰难的决定。对自己的才智、判断和能力有把握，对行动负责。

具备这一能力的项目经理（或助理）将：改变做事的方式，并决定如何去做事；助力他人去应对不利的现实境况；当有新的信息（数据）可用时，推动管理层重新评估有争议的决策；引起他人对具有重大影响的问题的关注；有意识地运用过去的经验和历史数据来说服他人；直面未履行承诺的人；推动各级管理层替换未能达到预期的员工；如果数据表明项目不会成功,则质疑对此项目的持续投资;即使在经验有限的情况下,追求或采用创新程序也能获得显著的潜在利益。

不具备此能力的项目经理(或助理)将:听从更有经验的团队成员的想法;让其他人从质疑、未兑现的承诺中获益;直到最后一刻才做出决定;寻求多种方法,而不是局限在现有的方法;在提出难题之前,等待别人明确的支持;服从高级经理的决定,认为他们的决定"没有商量的余地";依赖团队做出有争议的决定;为有问题的成员提供额外的资源和时间。

对一个项目(业务)而言,若项目经理未能表现出这种能力,将产生以下后果:项目完成的时间可能比需要的时间更长;失败项目可能被允许继续存留;委托上级来决策;某些团队成员的不作为可能影响团队的士气;"坏消息"可能要到最后一刻才能传达;核心成员可能在努力赶进度的过程中筋疲力尽。

(5)建立战略支持。从高级管理层和其他人那里获得支持和需求,以保持项目处于正轨。

具备这一能力的项目经理(或助理)将:承担支持项目的责任,同时表现出主观和客观之间的平衡态度;量身定制论点和演示文稿,解决有影响力的决策者的关键问题;熟悉礼来公司主要职能部门的运营和业务;利用关系网络确定解决问题或提出建议的最佳方式;推动有经验和影响力的个人积极参与,以开展项目;查明冲突局势中影响力的分布情况;预设有争议的观点或信息;选择演示者以确保发送恰当的信息;请求高级管理层帮助解决其他高管的职位问题。

不具备此能力的项目经理(或助理)将:仅在正式场合会见高级管理层和项目发起人;在小组会议上提出项目方向上的重大转变;遇到障碍和问题时,才与关键决策者沟通;限制与"全球"合作伙伴面对面接触的次数;把每个人视为同等重要;避免出现"政治活动";依靠其他团队成员与礼来公司陌生地区的高级经理进行沟通。

对一个项目(业务)而言,若项目经理未能表现出这种能力,将会产生以下后果:在没有明确阐述利益的情况下,可能扼杀可行的项目;"文化差异"可能阻碍全球项目的成功;在没有核心人物的参与下可能就做出决策;在了解提案的优点之前,可能抵制项目范围或方向的变更;关键的个人或组织可能永远不会认可项目的方向或范围;小的矛盾可能升级并持续下去。

3.10 市场营销部门参与创新项目经理工作

从上一节可以明显看出,市场营销部在确定创新项目选择的关键变量时,经常会提供最大的投入。市场营销部的参与,为项目经理提供了以下信息:每个产品(产品线)的市场吸引力、相对市场份额(及趋势)、销售增长率(及趋势)、当前商业实力、市场份额趋势的预测、投资策略的建议。

对于选择旨在创造新功能或全新产品的创新项目,其项目选择过程中要考虑其他因素,如市场营销政策:率先进入市场、跟随领导者、应用工程和"我也是"(模仿)。很明显,创新项目经理必须对整个商业有全面充分的了解,尤其是对未来商业的发展方向。

1. 率先进入市场

这种有风险但有潜在回报的策略，对企业有以下重要影响：在主要开发资源的支持下进行研究密集型工作；在产品规划时与下游紧密耦合，此后适度紧密耦合；高度接近前沿技术；可能需要重大技术突破；高创新投入；个别产品出现失败的风险很高。

总之，它们概述了清晰的经营理念。公司必须招聘和保留优秀的创新人才，这些人才可以利用他们的才能在行业中赢得主导地位；公司必须确保这些技术人员和项目经理与营销策划人员保持密切有效的沟通，以确定潜在的有利可图的市场；公司必须经常冒着在技术和市场开发上投入大量时间和资金，却没有任何立即回报的风险；公司必须能够吸取经验教训，及时撤回失误，弥补过错，以确保不会失去其在产品系列中的地位，并且随着市场的明朗，初始计划可能需要及时修改。

最重要的是，最高管理层必须对时机做出重要判断，在延迟推出而导致的改进产品开发与第二次进入市场的风险之间取得平衡。这样的公司必须有足够多的长期思考者，他们能够在早期阶段自信地评估市场和竞争趋势，并充满信心且能够灵活地制订计划。

2. 跟随领导者

这种营销策略意味着：开发密集型技术；在相关技术领域具有中等竞争力；基于已完成的研究，产品开发和市场营销的响应时间极快；创新与市场营销和制造在下游高度耦合；在不侵犯专利权的情况下，竞争情报优势可使公司复制竞争对手的产品；了解竞争对手产品的创新人员。

遵循该策略的公司可以说是（或者应该是）一个做事有条理的公司。公司使用了很多交互技术，可以对变化做出快速反应，并且看起来像在进行一场永久性的消防演习；公司的团队成员中没有多少科学家，但有很多优秀的开发工程师；公司的高级管理人员一直关注在技术、市场营销和制造职能之间维持适当的优势平衡，以便公司能够有效地响应领导者在这三个领域的任何指令。

3. 应用工程

这个策略需要：大量的产品设计和工程资源，但没有研究和创新，几乎没有实际发展；随时访问客户公司内的产品用户；与产品设计师密切合作的、技术上有洞察力的销售人员和销售工程师；良好的产品线控制，防止出现差错而付出高昂的代价；在决定开发哪些应用程序时有相当高的成本意识；以效率为导向的制造型企业；在不同的应用中使用相同的部件或元素，使开发和制造成本最小化。

应用工程策略倾向于避免为了获取经济利益而进行创新。该策略需要规划精确，任务明确，并且谨慎引入任何新技术，且远远落后于最新的经济状况；该策略的投资回报率和现金流量计算是标准做法，且整个管理团队都是以利润为导向的。

4. "我也是"（模仿）

"我也是"（模仿）这种策略在过去十年中空前盛行和繁荣，其特点是：没有创新、研究或开发；强大的制造功能和主导产品设计团队；强劲的价格和交付绩效；能够快速复制新设计，对其进行修改以降低生产成本。

价格竞争时虽然利润率低，但是避免了所有的开发费用。采用这种策略的公司可能对遵循率先进入市场或跟随领导者策略的竞争对手造成严重破坏。这是因为，有效实施、奉行"我也是"（模仿）策略缩短了技术投入使用后最可观的盈利期，而此时领导者的利润率是最可观的。这种策略要求在制造和管理方面采用低成本的方法，且直接强行推销并交付给客户。不需要任何技术热情，也不以产生任何技术热情为目标。

3.11 产品生命周期

产品生命周期的长短与公司应该承担多少风险及应该投入多少资金有关，将该风险转移给创新项目经理可以减轻公司承担的风险，这为公司提供了一个大致的时间和预算概念。较长的产品生命周期可能为新产品的引入带来足够的现金流量和交货时间，这种情况下，创新项目经理就可以在很短的时间内承受很小的压力来开发新产品。但是，在产品生命周期短的情况下，公司承受着缩短产品上市时间而又不牺牲质量或客户其他需求的压力。

遗憾的是，许多公司把重点放在错误的地方。随着产品生命周期的增长，重点从基于产品性能的竞争地位转移到产品型号改变（渐进性创新），最终由于学习曲线效应而降低了成本。与其说是创新项目经理专注于新产品的开发，不如说是通过增强产品功能来保持现有产品的延续。

许多公司倾向于以较低的风险（从成本上考虑）开发"产品线扩展"或"系列"产品，这些产品只是同一产品的不同型号。因为推出新产品是一项冒险的业务，有些公司更喜欢开发廉价的仿制品。

许多小公司都在产品生命周期较短的情况下茁壮成长，即使在分散的市场中也是如此。例如，如果一家小型工程公司的最高管理者同时也是创新天才和顶尖科学家，那么新产品就会迅速开发，并迅速从创新转向商业化再进入市场。该公司已经很好地学会了如何应对产品生命周期较短的问题。

3.12 研发项目分类

从前面的章节中可以明显看出，有很多方法可以根据创新与市场营销人员之间的关系对创新项目进行分类。一些公司倾向于根据所需的研发类型对项目进行分类。以下是有关研发管理的书籍中常见的类别。

（1）基层项目。这类项目可能只是一个简单的想法，此想法中仅含有一个或两个好的数据点。基层项目由"种子资金"提供费用，且"种子资金"一般是少量资金，通常由研发项目经理控制。"种子资金"的目的是看基层项目是否足够可行，是否足够发展成一个成熟的、资金充足的研发项目，以便在未来能进一步纳入战略计划中。

（2）盗版项目。这种类型的项目不存在任何资金，原因是甄选小组认为该项目不值得提供资金，或者因为资金已经终止（或用完了），并且认为不宜继续投入资金。在任何一种情况下，盗版项目都是秘密进行的，使用的是另一个项目的预算费用编号。盗版项目涉及整个范围，可以从概念构思到已终止的、定义明确的活动中运行。

（3）基础研究项目。基础研究项目可能包括基层项目和盗版项目。基础研究项目旨在扩大某一特定科学领域的知识或改善现有技术水平。这些类型的项目通常不会产生可以通过市场营销直接出售的产品，因此需要特殊处理。

（4）应用研究项目。应用研究项目是基础研究项目的扩展或后续研究，并探索给定知识体系的直接应用。这类项目有望带来可销售的产品、产品改进或现有产品的新应用。

（5）高级开发项目。该类项目遵循应用研究或探索性开发项目的意图，目的是在实验测试的支持下生产出全尺寸技术原型。

（6）全面的开发项目。该类项目包括产品的完整工作图纸设计及详细的物料清单，确切的供应商报价和规格制定。这种类型的研发活动需要强大的制造业参与，并可能产生新的商业模式。

（7）生产支持项目。该类项目可以包括为客户找到最佳产品用途的实用工程，或者包括内部运营支持来调查给定系统的局限性和可行性，并希望对其进行修改或重新设计。内部生产支持项目旨在寻找降低生产成本或提高产品质量的方法。

虽然我们只考虑了7种研发类别，但其具有指导意义，创新项目可以获得充分的资助，然后进行重新分类。

3.13 研究与开发

尽管大多数人将研发项目的管理视为一个整体，但研究与开发之间仍然存在重大差异。一些项目经理在管理研究项目方面表现出色，而另一些项目经理则在开发项目方面表现出色。包括以下基本区别：

（1）规格。由于研发的自由度，研究人员通常在规范较弱的情况下工作，然而，给开发人员的报酬不是为了创造新的替代方案，而是将可用的替代方案变为一个简单可行的解决方案。

（2）资源。一般来说，开发工作需要更多的资源，而不是纯粹的研究。这对结构化监管产生了更大需求，而研究通常是在类似校园的工作环境中进行的。

（3）计划。研究人员更喜欢比较宽松的日程安排，可以自由发挥，而开发时间表则比较严格。研究计划确定了并行的活动，而开发计划中的活动则是按顺序进行的。

（4）工程变更。在项目的研究阶段，与开发阶段发生的同样变更相比，工程变更、规格更改和工程重新定向（即使仅是由管理人员的个人想法引起的）可能对成本造成较小的影响。

无论项目是用于研究还是开发，都可以使用不同的创新形式，也可能存在不同类型和强度的风险，如图3-10所示。

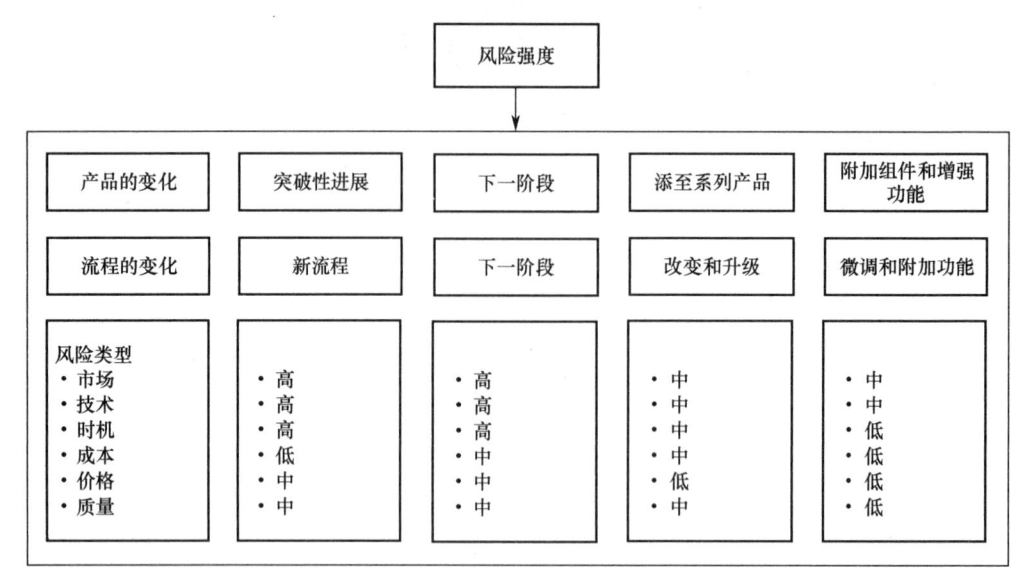

风险强度				
产品的变化	突破性进展	下一阶段	添至系列产品	附加组件和增强功能
流程的变化	新流程	下一阶段	改变和升级	微调和附加功能
风险类型 · 市场 · 技术 · 时机 · 成本 · 价格 · 质量	· 高 · 高 · 高 · 低 · 中 · 中	· 高 · 高 · 高 · 中 · 中 · 中	· 中 · 中 · 中 · 中 · 低 · 中	· 中 · 中 · 低 · 低 · 低 · 低

图 3-10　风险强度

3.14　研究开发比率

公司必须权衡基础研究、应用研究、产品开发和其他形式创新的比例，并在各个领域选择接受过专门培训的项目经理。基础研究可能会或不会直接解决特定问题或需求，但要选择并引导基础研究进入那些将会对公司未来核心业务产生重大影响的领域。

应用研究是使用一项技术来实现业务目标的下一步，该目标可能包括流程创新、成本降低等；产品开发是利用所有可用的技术来开发与公司发展方向一致的产品。

工业公司在确定其短期和长期决策时，需要确定上述创新的比例。基础研究通常是一项长期的承诺，必须由最高管理层促成并推动。市场、销售和制造部门没有动力为短期项目来赞助应用研究和更多产品的开发研究。因此，最高管理层有责任为公司内部的研发工作提供指导。

职能小组必须在项目的战略选择方面与 PMO 紧密合作，每个小组根据他们所支持的职能领域提出不同的想法。

1. 制造与销售

创新、研究与开发项目的投资组合选择中必须考虑制造和销售。对于新产品和新技术的开发尤为如此，了解制造业是否有能力使用现有的设施和设备来制造产品是很重要的。现有的制造工厂是否有足够的能力满足需求？它们是否能够制造产品并产生成本效益？如果需要新的设备和工厂，则需要将此信息纳入整体创新计划中，以便在推出新产品时做好准备。销售队伍同样重要，现有的销售人员是否足够？必须根据人数、培训、地点等方面进行充分评估。新产品是否需要与公司现有产品线不同的销售技巧？必须评估的另一个因素是，新产品可能导致销售人员减少。这是否会对销售团队的士气产生不利影响？此举的行为后果是什么？

2. 人类行为学

项目管理中的关键因素之一是有效沟通的能力，重点放在团队合作、小组之间的互动、管理小组的多样性及了解客户方面。显然，高层管理人员和项目管理人员越了解人类行为，就越能更好地控制生产力和管理有限的人力资源。

与创新管理相关的许多问题之一就是所有权问题，最高管理层可能觉得他们有必要并且有权不断控制一个创新项目。一方面，管理层必须放弃控制权，以使创新项目经理能够注入使项目成功所需的创造力；另一方面，负责项目创新或研发的个人或团队也需要在项目准备交付制造和营销时放弃控制权。与其他形式的项目管理不同，创新项目经理可能不会在项目的整个生命周期中都参与其中。但是，新的公司计划，例如效益实现和价值管理，即使在产品商业化之后，也要保持一部分项目团队参与。

3.15 进攻性与防御性创新

拥有一个山寨品牌就是死刑。

—— David Brier, *The Lucky Brand*

公司应该将其资源用于进攻性创新还是防御性创新？进攻性创新是产品创新（研发），而防御性创新是过程创新（研发）。在进攻性态势下，其意图是尽快打入一个新的市场，取代现有的产品，或者只是满足客户的需求。进攻性创新强调的是先入为主、抢占市场的方式，最终决策可能与前面讨论的一些模型有关，如通用电气的九宫格，如图 3-11 所示。

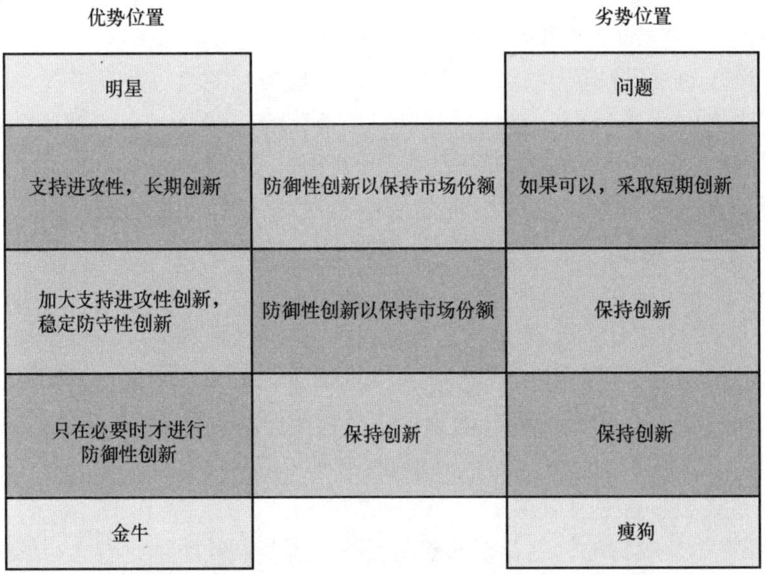

优势位置		劣势位置
明星		问题
支持进攻性，长期创新	防御性创新以保持市场份额	如果可以，采取短期创新
加大支持进攻性创新，稳定防守性创新	防御性创新以保持市场份额	保持创新
只在必要时才进行防御性创新	保持创新	保持创新
金牛		瘦狗

图 3-11 创新战略定位

另一方面，防御性创新可用于延长产品生命周期或保护现有产品系列免受严重的竞争压力；在公司拥有成功的产品线，并且担心此时引入新技术可能危及现有利润的情况下，也会采用防御性创新。防御性创新专注于较小的改进而不是重大的发现，因此需要的资金更少。如今，随着投入资金成本的增加，公司开始专注于对产品进行较小的改进，例如款式，并将其作为新的改进型产品推向市场，而实际上，它仅仅对原始产品进行了少许细微的改动。

有几家公司使用了这种方法复制他人的成功产品，提高质量和改变样式，然后将其推向市场。这些公司的一大优势在于，该产品可以以较低的成本出售，因为售价不包括要收回的高额创新或研发成本。

对于那些必须支持现有产品并希望延长产品使用寿命的企业而言，防御性创新是必要的。因此，公司在市场中的战略地位不仅限于推出新产品。公司必须在进攻性创新和防守性创新之间找到适当的技术平衡。

3.16　研发计划功能建模

构建创新项目管理的示意图模型需要了解创新如何融入总体战略计划。图 3-12 说明了将创新集成到总体战略计划功能中的过程。定义业务后，再结合对优势、劣势、机会和威胁的环境分析，就可以确定公司的战略目标。遗憾的是，战略目标的定义通常是从财务角度或通过产品（市场）要素来进行的。这种定义意味着一个关键的假设：创新（研发）能够并且将会在要求的规格范围内开发新产品（或产品改进），从而达到目标和目的。然而，许多公司尚未意识到将创新人员或研发人员的意见征集，并投入目标设定阶段的重要性，因此，把创新和研发简单地看作服务企业。一旦目标确定，市场营销将确定产品和方法（战术）来实现战略。在这里，创新和研发可以被视为服务企业。

投资组合 PMO 将与相应的高级管理者一起管理项目的组合选择过程。创新选择过程是由营销部门控制的，或者整个创新预算是营销预算的一部分，这种情况并不罕见。原因是营销部门要确保能够成功销售创新团队生产的产品。

然而，在成熟的企业中，创新（研发）人员可以就目标和目的的可行性及成功实现战略目标的可能性表达观点。在这种情况下，存在一个从项目选择到目标设置的反馈循环，如图 3-12 所示。

图 3-12 中标题为"对新产品的支持"的方框，要求项目选择过程中要考虑创新和创业管理，且可以按照图 3-13 所示进行建模。并非所有公司都像 3M 公司、德州仪器公司或苹果公司那样制定了创新和创业战略，因为企业文化的渗透过程是缓慢而烦琐的。成功的公司将创新和创业视为"商业"，并将其与公司的主流相结合。在这种情况下，创新项目经理应具备一定程度的创新和创业能力。

图 3-13 还显示，成功地将创新纳入战略计划，需要创新团队了解公司的生产流程、分销流程、市场调研和市场分销渠道。这要求团队了解营销部门引入新产品的决策，通过先

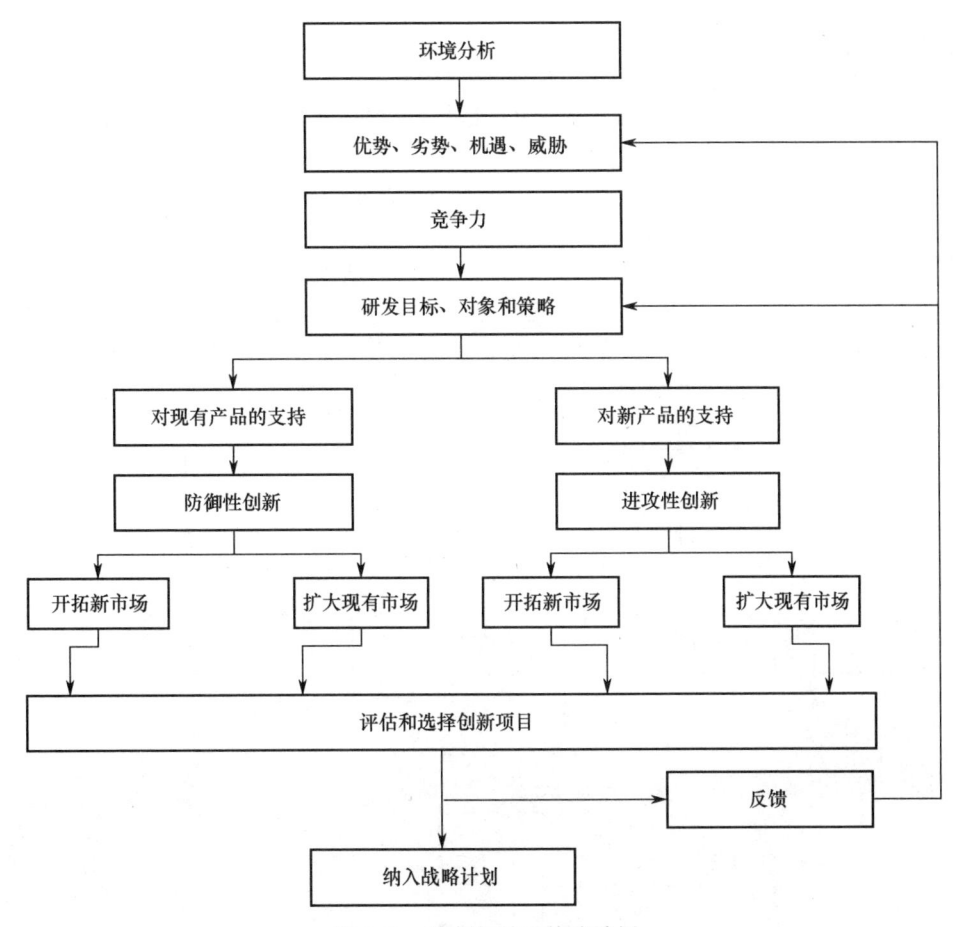

图 3-12 将创新纳入战略计划

入为主、应用工程或"我也是"(模仿)的方式推出新产品。

当公司察觉到有进入新市场、提升经济增长或改进现有产品的战略需求时,公司将会面临着如何获得整合战略计划所需的技术技能的问题。可供选择的方法有:利用现有资源的技术能力进行创新(研发)、通过内部技术培训来利用现有资源进行创新(研发)、通过对新雇用的员工培训进行创新(研发)、通过聘请顾问进行创新(研发)、收购具有所需技术的公司、进行企业合资、购买技术许可技术。

创新容易受到产品生命周期长度的影响。对于较短的产品生命周期,尤其是在环境不断变化的情况下,项目经理必须做出快速决策。对较短的产品生命周期的适应性是扁平化组织结构的特点,其具有广泛的控制范围。由于在较短的产品生命周期中,必须迅速做出决策,因此营销、研发和制造之间的组织耦合必须很高,而弱耦合会导致新产品迟迟不能进入市场。

图 3-14、图 3-15、图 3-16 分别说明了低风险、中风险、高风险耦合度。图 3-14 表示低风险耦合,代表了一个渐进性创新项目,在这个项目中,预期只有细微的变化,并且不会对可制造性产生影响。图 3-15 表示中风险耦合,在这种情况下可能需要对产品的制造做

图 3-13 创新流程建模

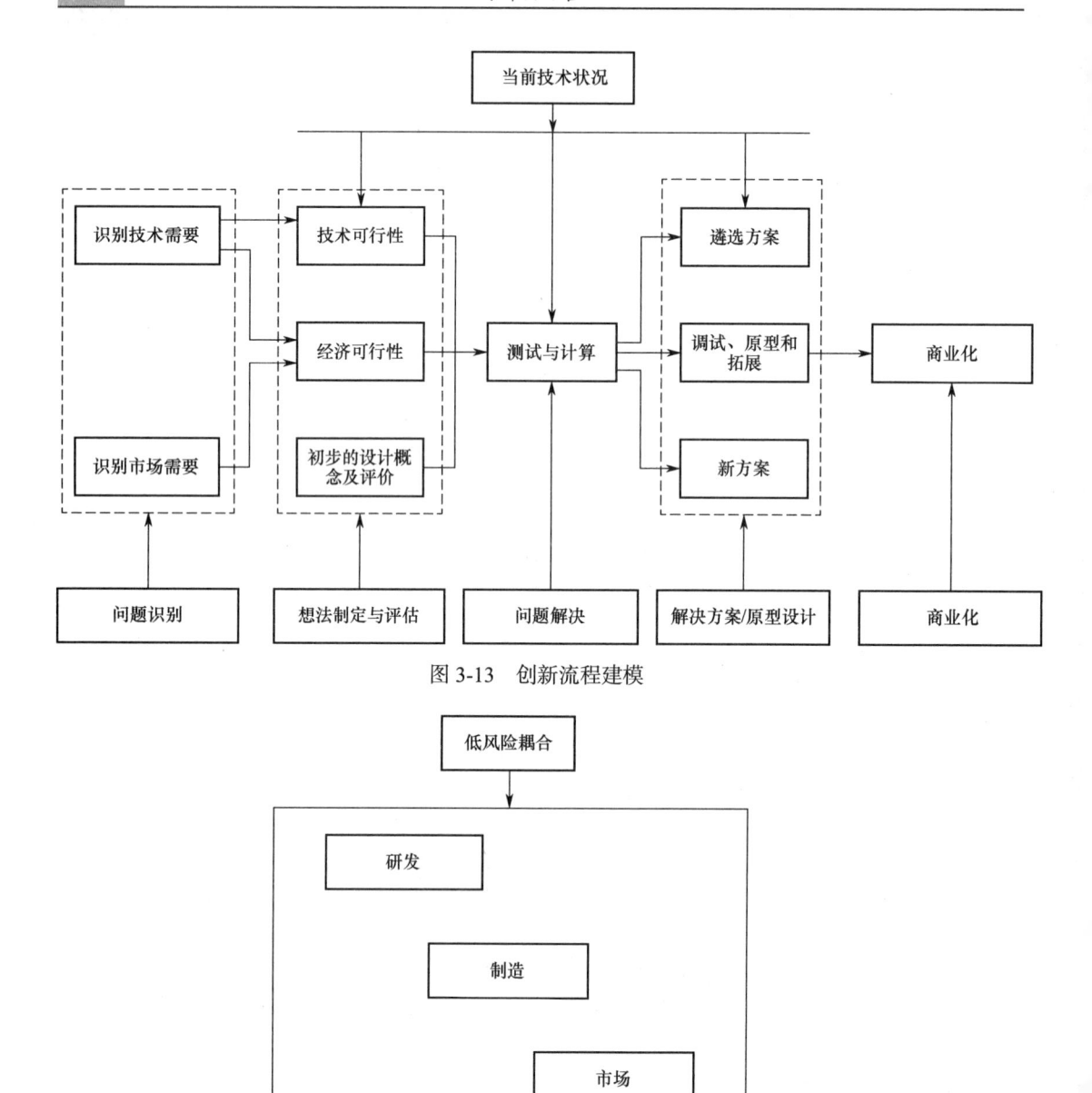

图 3-14 低风险耦合

一些小的改变,且营销部门可能需要更改他们对待客户的方式。图 3-16 表示高风险耦合,在突破性创新过程中,研发部门、制造部门和营销部门必须持续沟通。

几年前,一家石油钻井公司开发出一种创新的石油钻探方法,但钻井成本每小时超过 3 万美元,并且钻井设备中的部件在使用一段时间后就会破裂。昂贵的钻井过程必须定期停止钻探来进行维护,管理层对此感到愤怒。出现此问题的原因是工程师设计部件时未考虑制造,同时制造人员表示,如果他们参与创新设计工作,而不仅仅是把设计图纸交给他们让他们去制造,那么这个问题就会迅速浮出水面并得到解决。这是研发-制造环境未耦

图 3-15　中风险耦合

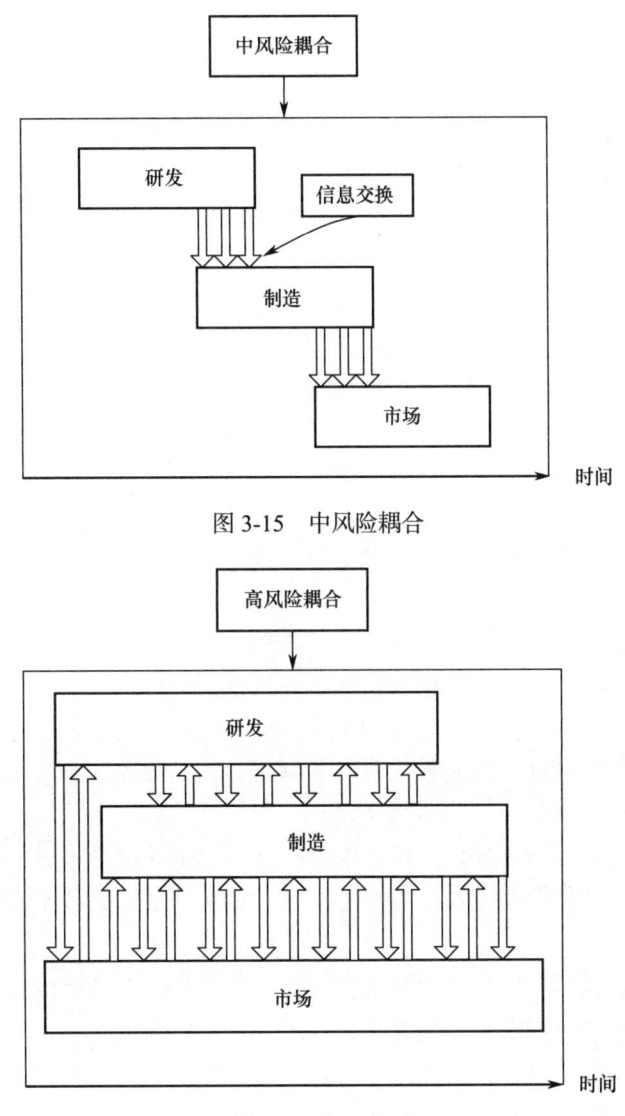

图 3-16　高风险耦合

合产生风险的一个典型例子。

产品生命周期越短，高级管理层的参与程度就越高。在产品生命周期较短的情况下，商业战略部门（Strategic Business Unit，SBU）级别的战略规划可能很麻烦。产品生命周期越短，维持合理增长所需的新产品数量就越多。因此，产品生命周期越短，就越需要优秀的创新人才。

产品生命周期的战略营销方法可能因公司规模而有所不同。在产品生命周期较短的市场中竞争的小公司，必须抢先进入市场才能获得利润。在较短的产品生命周期中，大公司可以投入大量的资源来充分利用经验曲线，从而为试图采用"跟随"方法的小公司设置了进入市场的壁垒。

3.17 优先级设定

优先级设定给研发项目经理带来了巨大的管理难题，因为研发项目的优先级通常不同于其他项目的优先级。职业研发项目经理必须为研发项目及正在进行的工作配备人员，并且必须根据两个优先级列表来提供资源。遗憾的是，研发优先级列表通常没有得到有效的关注。

例如，一家《财富》25 强公司的研发总监发表了以下观点：我们每个运营部门都有自己的研发项目和优先事项。去年，企业研发部有一个研发项目的优先级非常高，项目内容大致上是使制造领域的成本改善。我们的优先事项是基于短期需求的。但遗憾的是，为我们的项目提供资源的经营部门认为，我们的项目需要长期运营才能获得收益，因此，就把对我们项目的支持放在他们优先级列表的较低位置。

在创新（研发）领域，优先事项的沟通往往是一个问题。在下一级确定的优先事项可能不会传到上一级，反之亦然。我们必须尽早得到关于优先事项的反馈，以便职能经理能够制订自己的计划。项目组合 PMO 通常对必须完成、应该完成及可以搁置的项目进行分类来确定优先级。

在大多数企业中，要么是研发推动营销，要么是营销推动研发，后者更常见。管理良好的企业会在营销和研发之间保持适当的平衡。如果营销部门不断要求提供信息的速度超过研发部门提供信息的速度，以及杜绝盗版研发时，营销驱动的企业可能产生混乱。在这种情况下，所有研发资金都来自营销预算。

为了激发创造力，创新（研发）至少应该控制自己的一部分预算。这是必要的，因为并非所有的创新活动都使营销受益，有些创新活动只是为了改进技术或创造一种新的经营方式。

如果需要，所有创新（研发）项目都应获得营销支持，无论这些项目是源自市场营销还是研发。一家大型食品制造商的研发项目经理发表了以下观点：几年前，我们的一位研发人员提出了一个想法，当时我被任命为项目经理。当项目完成时，我们已经开发了一种新产品，准备推向市场并进行测试。然而，研发部门没有为新产品的市场测试保留资金，资金来自营销。营销人员不了解该产品，所以把它放在了优先级较低的位置。研发部门试图跟他们协商，但他们不愿意测试新产品，因为该项目是我们的想法，营销部门生活在自己的小世界里。简而言之，去年我们的一个竞争对手向市场推出了同样的产品。现在的局面是，我们不但没有成为领先者，反而一直在追赶。我知道研发项目经理没有经过市场测试方面的培训，但如果营销部门拒绝支持研发项目，该怎么办？我们能做些什么？

如今，多个企业都有创新项目经理直接向新商业组、商业发展团队或市场营销部门汇报工作。以工程为导向的研发项目经理不断对营销人员评估其晋升结果表示不满，这些人可能并不真正了解管理创新（研发）项目的技术难题。然而，高管们对这种安排有充分的论据，他们声称，高科技项目经理如此看好、热爱他们的项目，以至于他们不知道如何及何时取消项目。同时，营销主管认为，项目出现以下情况时应该终止：成本过高导致产品无竞争力；投资回报时间太长；竞争过于激烈，不值得冒险。

当然，问题出现了："营销应该对每个研发项目进行投票，还是只对营销驱动的项目进行表决？"一些企业应该根据项目团队的协商共识、在一致同意的情况下来决定是否取消研发项目。

公司要么是以研发为主导，要么是以营销为主导，要么是研发与营销二者平衡主导。在以研发为主导的公司中，研发人员研究根本问题，寻求重大突破，力求在产品开发中实现技术完善。虽然研发过程中有时会出现重大的新产品，但研发成本较高，新产品成功率较低。

在以营销为主导的公司中，研发人员根据特定的市场需求设计产品，其中很大一部分涉及产品改造和现有技术的应用。新产品最终成功的比例很高，但它们主要是产品改进，产品寿命相对较短。

一个平衡的研发与营销公司是指在研发和营销之间建立起有效的组织关系，是共同承担成功的市场导向型创新责任的公司。研发人员不仅要对发明承担责任，还要对成功的创新承担责任；营销人员不仅要负责新的销售特征，还要负责帮助研发人员确定满足需求的新方法。促进研发与营销合作的方式有以下几种：举办联合研讨会，增进对彼此目标、工作方式和问题的理解和尊重；每个新项目都分配给一个研发人员和营销人员，他们在项目的生命周期中共同工作；研发人员和营销人员互换角色，以便他们有机会体验彼此的工作情况（有的研发人员可能与销售人员一起出差，而有的营销人员可能在实验室待上一段时间）；高层管理人员按照明确的程序，以解决冲突。

3.18 研发合同

研发合同（或研发外包）是研发项目管理战略规划的另一种形式，可用于项目的任何不同分类。研发外包通常用于新技术的开发，而不是用于使用这种新技术的创新。还有其他原因，具体取决于公司是客户还是承包商。公司将研发工作分包出去，是因为它们可能不具备必要的内部技术技能；或者是具有内部技能，但资源被投入更高级别的活动中，又或者是可能拥有可用人才，但外部资源具有更卓越的人才，并且可能在更短的时间内以更少的资金产生预期的结果。

外包给公司带来的好处包括：保持技术的领先地位；针对有资质的公司进行专项研发和创新；创造新的商机；根据需要保持防御姿势以迎接行业竞争；帮助平衡内部工作负荷；维护客户的商誉；对现有产品进行改进。

从分包商的角度来看，研发外包项目管理是一种以他人为代价开发新技术的方法。分包商将研发外包视为这样的一种方法：最大限度地减少支持研发人员的内部成本；开发新技术以进入新市场（产品）；开发新技术以支持现有市场（产品）；保持技术领先优势；通过平衡工作负荷来提高资源利用率；维护客户的商誉；寻找现有产品上的衍生产品、附带利益。

研发外包也有弊端。从客户的角度来看：应该如何依赖分包商才能在时间和成本范围内取得预期结果？评估分包商的标准是什么？应建立哪种类型的沟通网络？如何知道分包商是否有诚信？如果需要权衡，如何做出决策？谁控制研发承包中产生的专利权？项目失败是否会影响战略规划流程？

从分包商的角度来看：客户试图对我们的员工施加什么影响？项目成功是否会带来后续工作？项目成功是否会提升我们的声誉？项目失败是否会损坏我们的形象？

3.19　保密协议、隐私协议和机密性协议

对安全的需求往往扼杀了对创新的追求。

——Haresh Sippy

在开展业务的过程中，很少有公司能够在没有外部帮助的情况下开发和销售一种新产品。与其他类型的项目经理相比，创新（研发）项目经理可能更需要了解一些关于保密协议、隐私协议和机密性协议的知识。当他们需要获得外部帮助时，必须保护好传输给外部信息的专有性质。为了做到这一点，双方需要拟定一份协议，并由双方公司的办公室签署。

最高管理层必须制定一项政策，说明如何处理与技术发展有关的机密信息和知识产权转让给参与项目的外部公司。协议有两种类型：单向协议和双向协议。单向协议，顾名思义就是拥有机密信息的公司将该信息转让给另一家公司，而不获得任何回报。双向协议则要求双方进行保密信息的转让。

3.20　政府的影响

国内外政府在研发战略规划过程中发挥着重要作用，因此可以影响创新和研发项目的管理方式。政府制定的法律和政策可以推进或阻碍研发。这种影响可以是直接的，也可以是间接的。政府可能采取税收激励措施，来营造一种培育创新和研发蓬勃发展的氛围。政府还可以制定法规或标准，鼓励开发符合这些标准的新产品。国外政府的行为和态度还可以影响许可协议、新产品的竞争优势、新产品的市场营销能力等。

图 1-3 中的三个关键创新要素的交互作用可能受到政府创新政策的影响。受约束的环境条件会要求更高的研发和创新成本，延长从研发和创新到产品推出的时间，迫使企业减少研发和创新项目的数量，并将更多工作转移到卫生和安全法规约束较少的国家。制药公司选择在限制较少的国家进行临床试验，或制造公司选择在安全标准要求较低的国家开设工厂，这些情况并不少见。

政府控制和影响工业研发的因素有：财政和货币政策、国际运营和控制、技术转让的限制、专利、政策对科技企业的影响、税收（货币流动的限制）、劳动（管理）关系、劳动者权益、安全生产过程、风险、危险材料处置条例、环境危害法规、企业技术进步的赞助商、合同类型（如成本和成本分担合同）。

3.21 创新技术来源

在美国，合同外包、许可、合资企业、收购及聘用额外员工都被认为是理所当然的事情。在其他国家可能没有这些事情，即需要用技术水平来进行分类，通常采用下列四个级别：第一级，技术存在于公司内部；第二级，技术可以从该国的公司购买；第三级，技术可以从国外购买；第四级，技术必须在其他国家进行研究，然后带回本国。

由于许多国家都属于第三级和第四级，因此一些国外公司都设立了员工休假基金。公司每个月扣留员工工资的 3%，并将其与公司资金的 7% 相匹配。每隔五年或六年，每位参与的员工都被允许出国学习，以便把专业技术带回本国。除员工休假基金之外，员工还可以在休假期间获得自己的全部工资。

对于战略创新计划来说，这种类型的休假也会在公司中造成负面影响。管理部门只能将员工的休假推迟一年。如果员工处于战略位置会发生什么？如果员工正在做一个重要的项目呢？如果该员工是某一特定领域中唯一拥有所需技能的人呢？谁来接替该员工？当员工返回公司时，我们应该把他们放在哪里？如果员工以前的管理职位不再空缺，会发生什么情况？显然，这些问题对战略规划过程有严重的影响。

3.22 创意的来源

获得好创意的最好方法就是拥有很多创意。

—— Linus Pauling

与其他类型的计划不同，战略性研发项目计划必须愿意从组织内部和组织外部征求想法。以不断推出新产品而闻名的成功公司，它们的新产品研发团队在一个相对非结构化的环境中运作，并以此获得最佳的创意。有些公司甚至创建了创意清单、创意银行和创意交换中心。

这些创意会议是头脑风暴会议，并不用于解决问题。如果组织得当，会议将会有一个自由表达和创造性思考的氛围，这是一种激发创意的理想途径。而反对头脑风暴会议的理由包括：不给予创意者任何奖励，仅解决表面问题，潜在的好想法可能由于过早地出现而被忽视，以及对那些更富有创造力的人缺少考虑。

在头脑风暴会议中，可以使用的原则包括：从不同层次挑选人员，避开那些负责执行的人；允许员工拒绝任务；避免评价和批评想法；为贡献者提供信用认可或奖励；会议时间限制在 60 分钟以内。

想法不仅仅来自内部。以下为新产品创意的外部来源，如客户、竞争对手、供应商、购买技术、技术许可、客户或他人主动提出的想法、私人发明家、收购、交易会、技术博览会、私人数据银行、技术期刊、行业期刊、政府资助的研究项目、政府创新（技术转移）计划、政府机构。

创新是昂贵的，而且拥有的想法越多，就有更多的机会推出一款成功的产品。博思艾伦咨询有限公司（Booz, Allen and Hamilton）(1984, 180)在对各行各业数百家公司新产品推出活动的研究中，将新产品演化过程定义为将产品商业化所需要的时间。这个过程从公司的目标开始，包括产品需求、目标和增长计划，并以成功的产品结束。这些目标定义得越具体，对新产品计划的指导就越大。这个过程被分解为6个可管理的、清晰的、连续的阶段：①探索。寻找符合公司目标的产品创意。②筛选。快速分析以确定哪些想法是相关的，值得更详细的研究。③分析。通过对创意的分析，将想法扩展为具体的建议，包括产品特性分析、财务分析、风险分析、市场评估和产品计划。④开发。将纸面上的想法转化为具体的、可演示的、可生产的产品。这一阶段主要关注企业的研发和创新能力。当出现无法预料的问题时，就会寻求新的解决方案和权衡办法。在许多情况下，当由于障碍大以至于无法找到解决方案时，工作将会被终止或推迟。⑤测试。验证早期技术和商业判断所必需的技术和商业实验。⑥商业化。产品正式投产销售，展示公司的声誉和资源。

在博思艾伦咨询有限公司的研究中，新产品过程的特征是创意的衰减曲线，如图3-17所示，显示了在新产品演进过程中对想法或项目的拒绝是分阶段进行的。在不同的行业和公司之间，衰减率不同，但衰减曲线的一般形状是典型的。这条曲线表明，一个成功的新产品通常需要近60个创意。

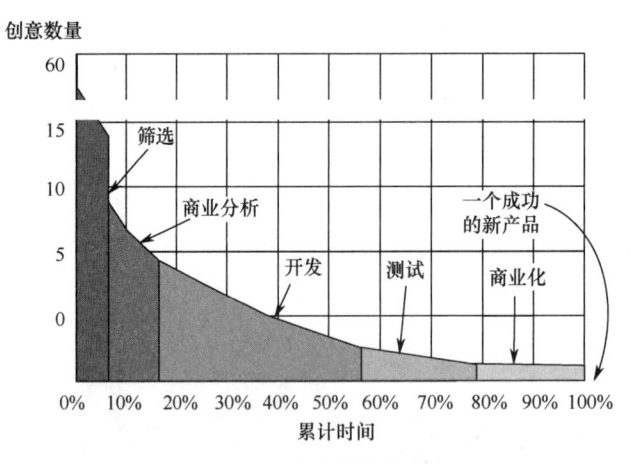

图3-17 新产品创意衰减率

新产品的演化过程涉及一系列的管理决策。从时间和资金支出来衡量，每一阶段的支出都在逐渐增加。图3-18显示了在领先公司样本中，项目累计支出与累计时间的比率。这些信息是基于所有行业的平均数据，因此有助于了解典型的工业新产品过程。值得注意的是，大多数资本支出都集中在最后三个发展阶段。因此，做好商业和财务分析的筛选工作非常重要。这将有助于消除潜力有限的创意，使其进入更有价值的发展阶段。

图 3-18　累计支出和时间

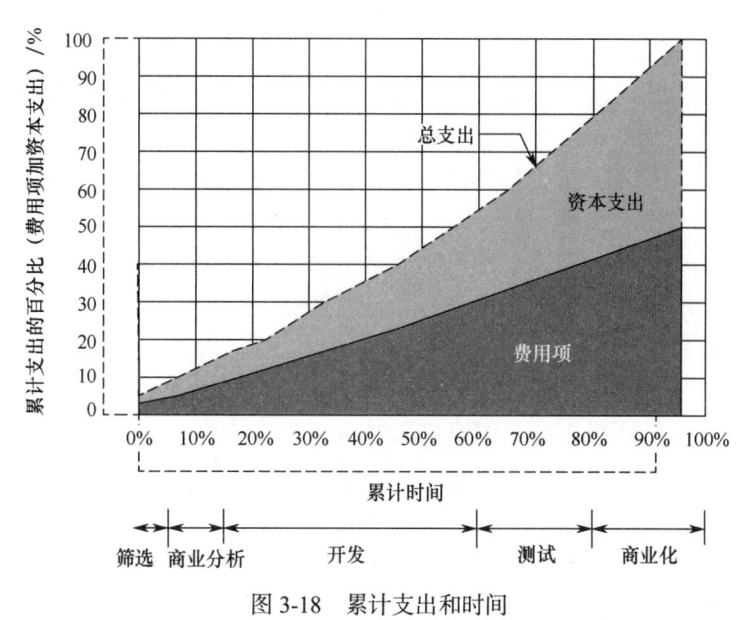

3.23　项目选择问题

在选择过程中，有许多因素必须考虑。首先，有一些信息是我们在评估项目时可能知道的，如与其他项目的关系、资金限制和现金流、战略重要性、项目组合中确定优先级、可用资源和相应的技能水平、是否有合格的创新项目经理。

需要考虑的限制因素有：信息比我们想要的少；成功的不确定性（尤其是在某项技术是否需要突破时）；未知的市场反应；完成的成本和时间未知（可能由于资源的可用性）；需要从正在进行的项目中获取关键资源。

必须考虑公司能吸收多少创新项目。企业中各个管理部门对于支持哪些创新项目可以有不同的意见，但最终的解决方案必须是整个企业都能接受的。在项目选择过程中会出现的行为限制，如部门忠诚度、观点的差异、认知的冲突、成功或失败对一个人职业生涯的影响、不愿分享信息和放弃知识产权（如信息就是力量）、不愿意相信别人的意见、使用主观而非客观的选择标准。

3.24　项目经济评价

对一个研发项目进行经济评价有几种方法。

根据 Martino（1995，192），这些方法包括：排序法（两两比较、评分模型、层次分析法）、经济法（净现值、内部收益率、现金流回收期、期望值）、投资组合优化法（数学规划、聚类分析、模拟检验、敏感性分析）、临时方法（概况、互动方法、认知模型）、多阶段决策（决策理论）。

Martino（1995，193）还确定了可以用来评估研发项目的因素，包括费用、报酬、技术成功率、市场成功率、市场规模、市场份额、所需工作人员的可用性、组织承诺程度、项目战略定位、竞争程度、监管环境有利性。

特殊输入要求是：需要精确的现金流量信息；需要精确的生命周期信息；需要技术成功率；需要市场成功率。

特殊属性是：考虑到资源依赖性；考虑到预算限制；考虑到技术互动；考虑到市场互动；整合项目注意事项；可用于大量项目；可与其他投资（项目）进行比较；适合研究阶段；适合开发阶段。

图 3-19、图 3-20、图 3-21 是根据 Souder（1984，66-69）的研究改编的典型评级模型。这些模型可用于创新（研发）项目的战略选择和优先级排序。

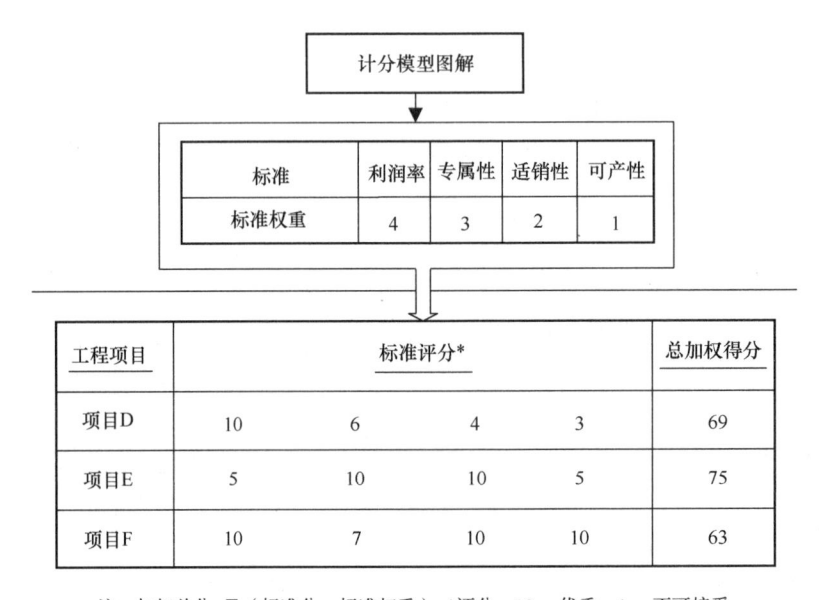

计分模型图解

标准	利润率	专属性	适销性	可产性
标准权重	4	3	2	1

工程项目	标准评分*				总加权得分
项目D	10	6	4	3	69
项目E	5	10	10	5	75
项目F	10	7	10	10	63

注：加权总分=Σ（标准分×标准权重）；*评分：10 = 优秀；1 = 不可接受

图 3-19　计分模型图解

评价标准	获利能力			适销性			成功率			总得分
项目类型	3	2	1	3	2	1	3	2	1	
项目A	✓				✓			✓		7
项目B					✓			✓		6
项目C					✓				✓	3

图 3-20　三个项目的清单说明

评判标准		-2	-1	0	+1	+2
高层管理者	资本需求				√	
	竞争反应			√		
	投资回报				√	
	赔付时间	×			√	×
	华尔街冲击				√	
工程设计	所需设备					√
	人员的可得性				√	
	技术知识					√
	设计难度	×	×	×	×	×
	设备供应情况				√	
	设施场地				√	
研制过程	专利权			√		
	成功概率					√
	技术知识					√
	项目费用		√			
	人员的可得性	√				
	实验室的可用性	√				
市场状况	产品寿命		√			
	产品优势	×	√	×		×
	销售队伍的适用性	√				
	市场规模	√				
	竞争者数量	√				
生产情况	可加工性				√	
	专业技术				√	
	设备可用性				√	
	得分数量	5	3	2	7	7

注：+2=优秀；+1=良好；0=中等；-1=较差；-2=难以接受；×=不可接受；√=项目 A 的得分。

图 3-21　项目 A 的比例模型说明

在项目选择过程中还必须考虑其他成本。典型的创新成本包括：人员费用、实验设备和用品购买费用、顾问费、图书和文献研究成本、设施和场地费、计算机服务费、统计服务费、营销活动费。

3.25　项目调整

回想一下阿波罗 13 号的故事。宇航员和工程师们已经为这次发射计划了好多年。他们组建了一个核心团队，受到了另一次登月计划的启发。尽管计划如此周密，他们还是在触目惊心的时刻，说出了那句名言，"休斯顿，我们有麻烦了"。

—— John Spencer 和 A. J. Juliani

很多创新（研发）项目都是由过度乐观主义者管理的，他们深信，只要去做，并提供足够的资金，就可以研发出任何类型的产品。遗憾的是，这样的项目永远不会结束，原因在于创新（研发）经理要么不知道项目何时结束（对目标和目的理解不充分），要么不希望项目结束（因为他们想要超越目标）。无论哪种情况，都必须对项目进行定期审查和重新调整行动。定期审查的主要原因是根据当前的战略思想和项目绩效来重新评估风险。Souder（1984，66-69）确定了项目风险的几种类型，如技术失效、市场失灵、项目未执行、项目不能按期完成、研究失利、开发失败、工程设计故障、生产失误、用户验收失败、事件不可预见性、难以克服的技术障碍、出现意外后果、技术知识欠缺、法律（规章）制度的不确定性。

项目风险一般会导致重新调整项目。典型的调整行动可能包括：重新规划项目；调整项目投资组合；重新分配资金；重新安排项目（时间）；搁置项目；重新调整项目优先次序；终止项目；替代搁置项目；替换为新项目。

3.26 项目终止

我们以前曾说过，应定期审查创新（研发）项目，以便重新调整行动。重新调整的一种方法是终止项目。以下是必须终止项目最常见的原因和现象：①最终目标实现。显然，这是所有可能的原因中最好的。②初步规划和市场预测不佳。这可能是由于营销人员对项目失去了兴趣，或者是初始策略过于乐观造成的。③找到更好的替代方案。这可能是因为找到了一种具有更高成功可能性的新方法。④公司利益和战略发生变化。这可能是由于市场流失、市场发生重大变化、新战略制定，或者仅仅是项目人员缺乏承诺和热情造成的。⑤分配的时间耗尽。⑥预算成本超支。⑦关键成员离职。这可能是由于项目的技术难度发生了重大变化，拥有该知识的关键科学家离职造成的。⑧管理层的个人想法。这可能是由于高级管理人员的利益损失所致。⑨对于可用资源而言，问题太复杂了。这可能是由最初的乐观看法造成的，而事实上，项目有不可逾越的技术障碍，直到项目进行很长一段时间才出现。

高管们通常会采用下列一种或多种方法来终止创新（研发）项目，如有序的终止计划、斧头计划（撤资和裁员）、将人员改派到较高优先级的项目上、将工作重心转向不同的目标或战略。

创新（研发）项目经理锐意进取，不愿看到项目中途终止。因此高管们必须仔细评估项目终止的风险和此举对士气的影响。

3.27 对项目经理和创新人员的启示和借鉴

如果说创新项目管理是实现商业战略目标和目的的交付系统，那么创新项目经理必须具备的不仅仅是粗浅的商业战略知识。对于一些项目经理来说，可能存在一些新的关键问题和挑战,包括:了解自己的能力,并愿意说"我不具备管理这类创新项目的能力";了解不同类型的战略及如何适应创新;理解产品组合分析和创新作用;通过使用SWOT分析法,在项目早期确定团队的核心竞争力;了解对消费者信息的需求情况,并能与市场营销部门紧密合作以获得这些信息。

参考文献

[1] Booz, Allen, and Hamilton (1984). *Management of New Products*. New York: Booz, Allen, and Hamilton, 180–181.

[2] Martino, J. (1995). *R&D Project Selection*. Hoboken, NJ: John Wiley & Sons.

[3] Souder, W. (1984). *Project Selection and Economic Appraisal*. New York: Van Nostrand Reinhold.

第 4 章
创新工具和流程

项目经理和创新人员的学习目标：
了解创新环境的特点及其与传统项目管理环境的区别；
了解项目经理和创新人员必须在创新环境中使用的新工具；
了解组织奖励制度可能对团队成员在创新项目工作方式上产生的影响。

4.1 引言

发现问题的洞察力永远在解决问题的洞察力之前。人们在解决一个问题之前首先需要发现这个问题。

—— Max Mckeown, *The Innovation Book： How to Manage Ideas and Execution for Outstanding Results*

要想在重复的基础上进行创新，就必须有一个培养创造力和自由思考的环境。在一个专注于严苛制度和程序的环境下，通常有且只有一种方法去管理项目，即倾向于奖励遵守方法要求的员工。但在这种环境下，创新往往非常有限，好的想法可能永远不会被提出并接受现实的检验。

如果高层管理人员沉湎于过去的成功而无法展望未来，这种局面可能很糟糕。尽管创新治理是必要的，但它不同于日常运营管理。管理者必须明白，创新领导和治理可以遵循与传统层级领导不同的方式。

在本章中，我们将探讨传统项目管理课程中讲授的一些主题，以及如何在创新环境中以不同的方式看待这些主题，重点将放在创新项目经理必须使用的新工具上。大多数传统的项目管理工具仍然适用于创新项目，但可能需要其他工具的支持，例如，头脑风暴、原型开发、产品或投资生命周期，而不仅仅是阶段-关卡流程方法、设计思维和创意管理。

4.2 新产品开发

梦想者被人嘲笑不切实际。但事实上，他们是最实际的人，因为他们的创新引发进步，并为所有人带来更好的生活方式。

—— Robin Sharma

商业上大多数创新都是对现有产品的渐进式改变，或者是由不连续的创新工作产生的全新产品。产品可以是有形的（可以触摸到的东西），也可以是无形的（比如服务、经验或信仰），尽管我们往往将服务和产品中的其他流程分开。

在商业和工程领域，新产品开发（New Product Development，NPD）涵盖了新产品进入市场所需的所有活动。NPD 的核心是产品设计及各种商业因素，NPD 需要了解客户的需求、竞争环境和市场性质。虽然成本、时间和质量是驱动客户需求的主要因素，但创新管理涵盖了更多因素。针对这三个因素，企业必须制定更完善的实践和策略，以更好地满足客户的需求，并通过定期开发新产品来增加自己的市场份额。企业在这些活动中必须面对许多不确定因素和挑战。

产品开发过程通常包括公司在将新产品推向市场的复杂过程中所开展的多项活动，过程管理方法被用于为其建立框架体系。产品开发经常与工程设计过程重叠，尤其是当开发的新产品涉及数学或科学的应用时，这种现象更为明显。每一款新产品都要经过多个阶段，包括设计的构思、制造和市场推广。在高度复杂的工程产品（如飞机、汽车、机械设备）中，NPD 流程中的人员管理、里程碑管理和成果管理等方面同样复杂。这类项目通常使用集成产品开发团队模式，但大规模复杂工程产品的开发（通常要 10 多年）过程管理仍然要比许多其他消费品开发花费更多的时间。

4.3 模糊前端

产品开发过程可分为多种方式，通常包括以下阶段：①模糊前端（Fuzzy Front End，FFE）是在产品形成更正规和更明确的需求规范之前所开展的一系列活动。需求是指产品为满足所感知的市场或业务的需要，在某种程度上应当具备的特定功能或条件。②产品设计是对产品的高级设计和精细设计的开发。它将需求转换为特定产品应具备的功能。这通常与工程设计过程最为相似，但产品设计还包括工业设计，甚至纯美学方面的设计。而在市场营销和计划方面，产品设计在商品化前的分析阶段就已完成。③产品实施通常是指详细工程设计的后期阶段（如精密机械、电气硬件或软件、商品、其他产品形式），以及用来验证原型是否真正符合已建立的所有设计规范的测试过程。④模糊后端或商业化阶段代表生产和产品上市的操作步骤。

创新的前端是 NPD 过程中最薄弱的环节，这主要是因为 FFE 通常是混乱、不可预测和无组织的。然而，该阶段对今后的产品开发和商业化过程具有决定性作用，它包括从寻找新的机遇到形成初步设想，最后发展为一个精确概念的所有活动。当组织认可产品的概念并进行正式开发时，FFE 阶段结束。

尽管产品开发的 FFE 可能并不会耗费过多的成本，但该阶段将会消耗 50% 的开发时间，并且通常以 FFE 阶段来确定产品开发的进度、成本和特性，从而确定整个项目和最终产品的开发进程。因此，这个阶段应该被视为开发的一个重要部分，而不是"在开发之前"发生的事情，并且该阶段应该包括在整个开发周期中。

对于渐进性创新中的 FFE 已有大量的研究，但对于突破性创新或排斥性创新的研究很有限。渐进性创新往往会增强企业现有的核心竞争力，随着这种创新的发展，有关技术和市场的信息已广为人知，并且许多想法都由内部产生，因此，商业论证可以依据商业战略目标驱动 FFE 决策过程进行开发。在突破性创新方面，情况恰好相反，技术和竞争可能是未知的，商业论证可以通过 FFE 的结果驱动战略规划流程进行开发。有关技术的认知和技术路径的选择可能仅来自一个人或一个小团队，而且个人意愿会影响他人的决策。决策必须得到高级管理层的批准，但决策过程与渐进性创新有很大不同。组织可能不了解 FFE 流程，在 FFE 进行突破性创新时可获得的信息较少，因此必须做出更多的假设。

De Brentani 和 Reid（2012）确定了在 FFE 活动中网络和信息共享的三个重要特征，即信息的质量、信息的速度、影响信息流有效性的因素。

Koen 等（2001）区分了必须考虑的五个不同的前端因素（编号不代表先后顺序）：①机会识别。在该因素中，可以通过结构化的方式识别大型或渐进业务及技术性机会，并基于一定的原则，将资源最终分配给新项目，然后形成一个结构化的新产品和流程开发战略。②机会分析。该因素将识别出的机会转化为公司商业和技术的具体背景。在此阶段，要求开展大量工作使初步的设想与目标客户群体的需求保持一致，并进行市场调研和技术试验。③创意起源。该阶段可以定义为一个机会从诞生到成熟，再到可行性创意的进化和迭代过程。创意产生的过程可以在内部进行，也可以从外部获取，比如供应商提供的新材料、新技术或客户提出的特殊要求。④创意选择。其目的是通过分析一个创意的潜在商业价值来确定该创意是否可行。⑤理念和技术开发。该因素属于前端流程的一部分，需要评估商业论证开发的总体有效市场、客户需求、投资需求、竞争分析及项目的不确定性。一些组织认为这是新产品和流程开发过程的初期（第 0 阶段）。

到目前为止，尚未开发出一个普遍接受的模糊前端定义或主导框架，原因在于渐进性创新的 FFE 似乎比突破性创新更容易理解，而且关于渐进性创新的文献明显多于突破性创新的文献。然而，FFE 在这两类创新中需包含如下成果：使命陈述、客户需求、所选创意的细节、产品定义和规格、产品的经济性分析、开发计划、拟配备项目人员和预算、符合公司战略的商业计划。

4.4 视线

战略计划通常由项目高级管理层制订。高管们制定公司的愿景和使命陈述，然后将其推广到组织的各个层面，以获得他们的支持。正如通用电气前董事长兼首席执行官杰克·韦尔奇（Jack Welch）所言，"优秀的商业领袖会创建愿景，明确表达愿景，热情地拥抱愿景，并不断推动其实现"（Tichy 和 Charan，1989）。

计划的执行是在低层级上完成一系列活动而实现的。并非所有的项目都需要对战略计划有详细的了解，对于那些信息对决策有重要影响的项目（如新产品开发的 FFE 创新活动），高管、战略规划者和创新团队之间必须在同一视线进行信息共享，以确保创新决策与商业战略目标相一致。一些高管认为信息就是权力，从而拒绝共享。即使共享，其内容也会根据是否需要了解、层次级别、使用期限和项目类型而变化。

在不了解战略的情况下，创新团队的成员可能不了解如何有效地做出贡献，他们也许制定相互冲突的目标，这些目标将影响预期创新的成功率，简单地遵循命令将会取代自由思考。

战略规划和项目组合管理必须与项目的计划和执行方案保持一致。若不一致，可能导致原本会成功的项目被取消，或者在几乎没有商业价值的项目上浪费宝贵的资源。同一视线对于实现这种一致性至关重要，并有助于降低风险。

4.5 风险管理

有效的风险管理实践在创新环境中至关重要，而人们往往忽视其重要性。例如，一家公司因为它们所能交付的产品和客户期望之间存在着绩效差距而逐渐失去市场份额，如图 4-1 所示。

该公司组建了一支创新团队来解决缩小差距的问题。虽然创新团队最终解决了绩效差距的问题，但比他们预期的要晚得多，导致利益受损，市场份额也比他们预期的要小。

项目结束后，该公司向创新团队询问了情况，以了解所吸取的经验教训，以及与之对应的最佳实践方案。最初，每个人都认为问题在于项目中分配了错误的技术人员。访谈表明，真实原因是虽然合理分配了团队，但团队并不了解创新风险管理及其复杂性，以及与传统项目风险管理之间的差异性。

结果如图 4-2 所示，无效的风险管理阻碍了某些关键决策的及时制定，因此错失了战略机遇。由此可见，有效的风险管理是创新的关键。

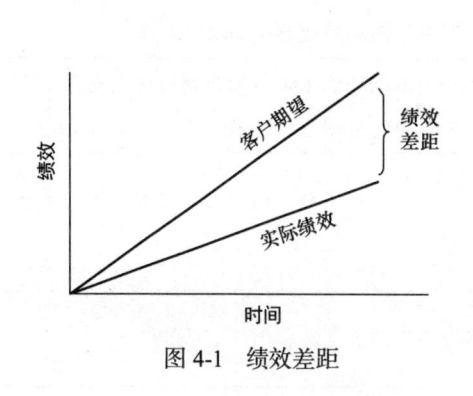

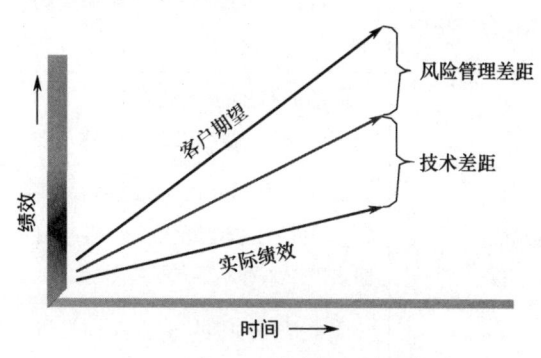

图 4-1　绩效差距

图 4-2　风险管理的需求

有时，创新风险管理会因团队渴望了解细节而阻碍有效的风险承担，从而遭受损失。正如谷歌前视觉设计师 Douglas Bowman（2009）解释的那样：当一家公司挤满了工程师时，就会转向以工程化方法解决问题，将每个决策简化为一个简单的逻辑问题，去除所有的主观性，只关注数据。例如，谷歌的一个团队无法在两种蓝色中做出选择，所以他们在每种蓝色中测试了 41 种色调以辨识哪种颜色效果更好。我最近有一场关于边框宽度应为 3、4 像素还是 5 像素的辩论，并被要求证明我的观点。数据最终成为每项决策的支撑，这使公司陷入瘫痪并且无法做出任何大胆的设计决策。

创新环境可以用模糊性、复杂性、不确定性、风险和危机五个词来描述。在图 2-1 中，我们发现某些类型的创新伴随着非常高的模糊性和复杂性，从而增加了对有效风险管理实践的需求。尽管这些词在某种程度上也适用于传统的项目管理，同样会在其风险管理活动中予以考虑，但它们可能不会像创新项目管理那样产生严重影响（Pich 等，2002）。

（1）模糊性是由未知事件引起的，未知越多，模糊性就越大。某些创新环境中的未知因素在传统项目管理中被视为已知因素，表 4-1 中列出了部分差异。在传统的项目管理中，项目经理通过使用设计的表格、指南、模板和检查表作为项目管理方法，掌握这种管理方式至关重要，它可以最大限度地降低项目的模糊性。但是这些工具可能并不适用于创新项目，在创新管理中引入其他工具非常必要。

表 4-1 传统项目管理与创新项目管理实践的区别

因　　素	传统项目管理	创新项目管理
成本	除可能的范围变化外，其他都是已知的	普遍未知
时间	已知，但可能无法改变	普遍未知；无法预测需要多久才能取得突破。创新者喜欢宽裕的时间表，这样他们就可以摆脱时间的束缚
范围	可能在工作陈述和商业论证中被很好地定义	通常通过高层次的目标而不是详细的范围说明来定义，创新者更喜欢弱化规则来自由创造
工作分解结构	也许能够创建一个非常详细的工作分解结构	可能只确定了高层次的活动，并且在项目继续进行时采用滚动波或逐步细化的方式
资源需求量	资源的技能水平通常是可预测的，资源可能在项目期间保持不变	所需资源的技能水平可能要到项目完成时才知道，并且可能根据企业环境因素的变化而变化
指标	通常使用相同的绩效指标，例如，时间、成本和范围，并在项目期间固定不变	必须包括项目生命周期中可能发生变化的商业和绩效指标
方法	通常是一种僵化的企业项目管理方法	需要很大的灵活性和创新工具的使用

传统的项目管理非常注重明确定义商业论证和工作陈述，而创新项目管理则依赖于目标的设定。设定创新项目管理目标时可能存在矛盾（Stetler 和 Magnusson，2014），因为没有明确的途径。有些人认为设定不合适的目标会改变创新项目的预期方向，而另一些人倾向于模糊性有存在的必要，他们认为这恰好为创新想法创造了空间，也有更多的备选方案，而且团队可能更轻松地将想法转化为现实。

（2）复杂性涉及项目经理必须监控的组件数量及组件之间的关系，在创新过程中，许多组件的性质并不为人所知。如果正在开发的产品采用了某种新技术，那么该产品可以被认定为新产品，开发公司可能因为缺乏经验，因此必须在创新活动中考虑成本和进度的不确定性。

当项目团队必须与庞大的利益相关者群体或共创团队发生联系时，复杂性也随之增加，因为这些人可能对项目有自己的想法。在如此庞大的利益相关者群体基础上，项目经理必须处理以下情况：多个利益相关者（每个人拥有不同文化背景及可能存在的隐藏动机）、政治决策比项目决策的重要性更高、决策过程缓慢、利益相关者之间的冲突、不明确自己角色的利益相关者、利益相关者群体频繁变化。

大多数创新项目本质上通常是由几个组件组成的复杂项目，组件的集成需要了解项目、公司的商业战略、管理实践、流程及组织过程资产之间的关系（Gann 和 Salter，2000；Hobday 和 Rush，1999）。虽然创新项目的复杂性可能与传统项目的复杂性没有什么区别，但它对风险管理实践会产生重大的影响。通常，使用线性思维的标准项目管理方法倾向于在单个风险的基础上评估风险，而不考虑与每种风险相关的人为影响（Williams，2017），如果不考虑人为影响，市场营销可能在与客户打交道时引发问题。

在创新项目中，可获得的信息量可用来表征和评估模糊性、复杂性和伴随而来的风险。如果掌握的信息太少，比如在创新活动的早期阶段，决策的收益表就会变得模糊；如果存在较多的交互参数，则会导致创新项目产生复杂性。在这两种情况下，风险管理变得不易实施。

（3）随着复杂性和模糊性的增加，不确定性也随之增加。在传统的项目管理实践中，项目经理可以测算不确定性事件发生的概率，以便建立风险收益表并执行风险管理活动。但随着项目的创新，很可能没有任何历史数据来辅助测算不确定性发生的概率，从而增加了风险，并阻碍了风险应对工作。

（4）如果在创新活动中考虑人为因素的影响，情况可能变得更糟。当考虑复杂性、模糊性和不确定性对人为因素的影响时，决策行为可能失去理性，从而导致风险发生的概率增加。"在项目中，不利的事件并不是独立存在的，通常会一起发生，而且对项目多方面产生影响的事件往往也会一起发生，即使独立发生的事件也会引发一连串的不利影响"（Merrow，2011）。不同风险的结合，伴随管理层的行为和团队的反应，可能造成破坏性的恶性循环（Williams，2017）。

（5）表征创新环境的第五个要素是对危机管理的需求。危机是意外发生并威胁组织或项目的突发因素，它源于经济增速放缓、衰退、错误的决策或突发事件。一般来说，由于危机的种类很多，所以没有应急计划可以做到完美的危机管理。然而，创新团队必须拥有危机思维，能在考虑最坏情况的同时具备提出备选方案和解决方案的能力。当有可能发生重大突发事件时，尤其是事件造成不利影响的情况下，组织必须坚持使用风险缓解和危机管理的方案。

创新环境的五个特征会对公司的经营方式和生存所需的变革带来巨大影响。随着项目变得越来越复杂，诸如公司战略、管理实践和组织流程等组成部分的集成化管理也将会发生变化，因此必须关注公司的内部动态（Gann 和 Salter，2000；Hobday 和 Rush，1999）。

4.6 创新文化

> 建立一种由实验者和专家组成的持续学习文化至关重要，在这种文化中，每个人都有责任创造和获取客户价值。
>
> —— Ash Maurya, *Running Lean: Iterate from Plan A to a Plan that Works*

文化是一群人及其行为的共同价值观、信仰和表现。价值包括人们认为重要的态度、信仰、需求和渴望。组织文化是一种无形资产，它可以引导企业走向成功或失败。当创新使人们感到焦虑时，会导致文化失败，许多人便会自认为失去了创造性。还有人认为创新是研发人员的专责，而不属于他们的工作职责，甚至有些人不认为创新的重要性足以证明一项重大举措的合理性。

有效的创新文化必须考虑到：承担风险、好奇心、容错能力、每个人对自身创造力水平的发挥、跟随个人直觉的自由、避免或推迟快速判断、协作（非正式）、积极倾听、成为团队成员、处理紧张局势而不仅仅是权衡。

组织及项目文化的重要性常常被低估，公司如果要实现持续创新，就必须创造一种允许人们自由表达想法的组织文化。但是，只有创造力不足以实现创新，组织的主动性才是创造力影响创新的必要条件。在项目环境中，项目经理必须鼓励人们怀有好奇心，可以自由提出想法和其他解决方案，并表现出他们对项目的承诺，也包括愿意承担使不可能成为可能的必要风险。高管是企业文化的"建筑师"，他们必须能够提供可见的支持。

虽然项目经理有能力创造项目文化，但必须得到鼓励思想自由、了解创新人员优劣势并对其创新能力充满信心这类企业文化的支持。并非所有文化都能营造创新的环境。Mclean（1960）描述了某些文化中可能摧毁创造力和压制创造力的九种做法：①仔细协调工作，避免重复，将任何新事物都可以看作之前或现在正在做的事情。②严格执行检查，明确定义任务；遵守规定，严格控制新事物介入。③专注于计划和日程安排，严格遵守时间规定。认为新奇有趣的想法既没有用，又浪费时间。④严格遵守工作计划，以确保足够的产出。拒绝拖延，从而使有创造力的人没有时间去记录他们的想法。⑤坚持所有的计划在工作开始前至少要经过三级审核，实现审查淘汰并筛选创新。更多级别的审核可以更快地完成筛选，但三级已经足够了，特别是在他们为防止接触到创新者热情而采取保护措施的情况下。坚持只使用书面建议。⑥优化组件，以确保每个组件都尽可能地接近完美。这导致了丰富的"神圣"规范，而早期的"信奉老师"培训将在创造者的心中形成定式，创造者将拒绝任何背离预期规范产生的压力。⑦尽可能集成多个功能。这将创造更多的审查级别，并减少人们之间的直接接触。⑧努力避免错误。这增加了审查筛选。⑨努力建立一个稳定、成功的生产组织。这就减少了变革的必要性，并为反对变革提供了正当理由。

公司可以通过为员工提供组织战略目标的"视线"，建立实现这一目标的流程，最大限度地提高创新人员的能力。当员工意识到组织的方向和战略目标时，他们会做出对公司最有利的决策（Boswell, 2006; Crawford等，2006）。

有效的决策是创新文化的重要特征。决策应该建立在证据和事实的基础上，而不是凭直觉猜测。员工不仅要做决策，还要有做出贡献的决策观。当人们知道这种期望时，就会产生积极的反应和良好的结果。

高层必须参与到决策过程中，因为创新是不可预测的。管理层必须在必要时表现出支持权衡和调整的意愿，还必须向创新团队明确表示他们愿意在不满足标准时取消项目。文化环境必须能够容忍失败，并且不能因人们愿意接受大量风险和不确定性而对其进行惩罚。

一些文化侧重于对各级的命令和控制，结果是只有高管才能发起创新活动并做出关键决策，一线员工几乎没有权利以创新的方式解决客户的问题。高管因为满足预算和及时完成任务而获得奖励，可能担心创新带来的干扰，他们可能也不知道如何克服创新带来的变革阻力。

高管必须决定哪种组织结构最适合创新类型。典型组织包括职能团队、强矩阵团队、弱矩阵团队、混合矩阵团队、全职合作团队、虚拟团队。

当合伙企业和合资企业正在共同参与创新时，决定采用哪种组织形式将变得更加复杂。根据所选择的组织结构，高管可以参与关键岗位的选拔。需要解决的一些问题包括：我们如何确定公司中哪些人具有创新项目经理的思维方式？我们如何确定哪些员工具有创新者的思维方式？我们如何判断员工是否处于舒适区，因为他们一直在做同样的工作，是否在技术上已经过时，是否与公司的大环境不一致？我们如何了解接近组织底层的员工是否知道会影响他们决策的战略目标？

Miles 和 Snow（1978）定义了分配给项目团队的人员类型，包括：技术爱好者，欣赏创新，能容忍故障；有远见者，专注于高回报机会；实用主义者，规避风险，希望看到行之有效的应用；保守派，规避风险，对价格敏感，希望有预防措施；怀疑论者，倾向于保持现状，抵制新技术。

"价值"的意义在文化的建立中起着至关重要的作用。良好的文化创造了一种将价值因素与项目决策相结合的思维方式。一些公司蕴含着以价值为导向的文化，它们注重商业价值的传达，而不仅仅是以创新项目的成果或可交付成果作为评判的标准。

然而，任何以价值为导向的文化都需要考虑风险因素，其中包括：如果价值定义不受控制，需求可能无休止地变化；在试图实现价值最大化时不必要的范围扩大；在项目生命周期中由不同的人去定义价值；利益相关者不相信预期价值。

创新文化是在信息自由流动的基础上发展起来的。有些文化充斥着过载信息且难以评估其可信度。项目团队越分散,就越需要有效的沟通和协调,有效的信息沟通和共享可以形成协同效应。在项目文化中,项目经理必须与高层管理人员及利益相关者在信任的气氛中进行沟通。

4.7 创新文化与企业领导力

随着我们业务的发展,越来越有必要下放权力,鼓励员工发挥主观能动性,这需要相当大的包容度。那些我们赋予权力和责任的员工,如果他们符合要求,他们希望以自己的方式完成他们的工作。虽然会犯错,但如果一个人从根本上是对的,那么从长远来看,他(或她)所犯的错误就不会像管理层告诉那些掌权者必须如何工作那样严重。当犯错误时,破坏性的管理会扼杀主动性,如果我们要继续发展,必须有许多具有主动性的人。

—— William L. McKnight

高管是企业文化的建筑师,推动着创新领导力。如 Roland Bel(2010)所述:在对大多数创新型公司的调查中,苹果、谷歌、微软或维珍等公司经常位居榜首,其企业领袖的故事经常出现在管理类书籍和杂志上。但史蒂夫·乔布斯(Steve Jobs)、拉里·佩奇(Larry Page)、谢尔盖·布林(Sergey Brin)、比尔·盖茨(Bill Gates)和理查德·布兰森(Richard Branson)有什么共同之处呢?他们如何引导公司创新?他们是创新领导力的唯一驱动力吗?一个企业的创新能力和领导者的魅力有直接联系吗?丰田、3M、三星和罗技等公司的创新能力也得到了认可,但要展现它们的创新领导力会更加困难。

创新领导力涉及不同的角色和能力,跨越了组织层次和战略方向,存在于整个组织和创新生命周期中。在大多数公司中,领导工作是通过一个执行团队来实现的,而不是由一个经常出现在媒体和公众视线中的个人来担任的。

创新领导力必须考虑两个关键活动:在不影响企业文化的情况下,何时开始和停止创新。首先,他们必须平衡短期和长期战略。创新的目的是创造一个长期可持续的竞争优势,但这必须在不牺牲短期经济效益并维系投资者的前提下达到平衡,必须具备一个基于短期和长期战略目标的项目优先级评估系统,因为并非所有的战略创新项目都能得到资助。

其次,高管们必须有取消或搁置计划的意愿。决定取消有潜力的项目会很困难,但如果有其他更有希望成功的项目需要某些关键资源时,就必须采取这样的措施,同时一定要向员工解释项目终止的原因,以免抑制创新的欲望。

项目经理必须明白项目终止是一种生存方式。在传统的项目管理中,项目经理倾向于关注现在而不是未来。在创新的项目管理中,项目经理必须了解执行领导需要平衡的是现在和未来。高管们必须确保企业文化能够解释决策背后的原因,并且项目终止不会影响员工的绩效评估和职业发展机会。

4.8 创意产生

史蒂夫·乔布斯给一些独立唱片公司的人做了一个关于 iTunes 音乐商店的小型私人演讲，其中我最喜欢的是这样一段对话：当人们不停地举手说："它能做到（X 功能）吗？你打算增加（Y 功能）吗？"最后乔布斯说："等等，等等，把手放下。听着，我知道你们对 iTunes 的所有非常酷的功能有着一千种想法，我们也是，但我们不想要一千个功能，那太丑了。创新并不是要对所有事情说'是'，而是对除最重要的功能之外的所有事情说'不'。"

—— Derek Sivers

如果创意缺乏数据支持，一些企业文化就将花费更多的时间收集和分析创意，而不是直接实施。因此，并不是所有的项目都能立即启动。大多数人都知道，支持自己想法的信息越多，这个想法就越有可能成为一个资金充足的创新项目。获取支持信息的一种方法（至少在内部）是从一个非常规或秘密的项目开始，这些项目不被视为"官方"项目，也没有既定的预算，有这种想法的人会在做其他工作的同时尝试生成支持数据，如果需要额外的资源，那么有想法的人必须找到他认识并信任的人来协助，同时项目也将公之于众。

大多数公司的创新项目都在竞争资金和资源，可能还会存在控制权之争，这就导致公司不能资助或支持所有被提出的创意，所以非常规的项目都是秘密进行的。时机决定一切，如果一个创意发布得太早或者泄露出去，并且没有支持数据，那么这个创意就有被反对者扼杀的风险。而当项目以秘密的方式开展时，将有助于推迟创意公开的时间（Miller 和 Wedell-Wedellsborg，2013）。

当一个创新项目在秘密进行时，需要资助以提供资源和资金支持。一般来说，在保密阶段，可以从中层管理职位以上吸引到资助。一旦项目公开，获取高级管理层的支持将变得至关重要，因为可以为你提供合法性、资金和人力资源。但是，这同样存在创新项目将被曝光，开发人员职业生涯面临风险的不利风险。

4.9 衍生创新

无论一个创新项目是成功还是失败，创新项目管理都必须寻找创新技术和知识产权可能的衍生产品，因为为了获得额外机会而启动另一个创新项目的情况并不少见。衍生产品是指与创新项目本意和初衷不同的产品的应用，这种衍生产品可能很快被发现，也可能在数年后才被发现。

项目经理必须明白，衍生产品是创新项目管理的一部分。与其他项目相比，寻找衍生产品的成本通常比重新启动其他项目和尝试另起炉灶的成本要低。即使在管理创新项目时，项目经理也必须对其衍生产品展开创意、创造力和头脑风暴的讨论，这需要贯穿创新项目的始终，而不仅仅在项目启动阶段。

在 3M 的一次创新论坛上，一位员工谈到他在为飞机工业发明一种超强黏合剂做出尝试的过程中，无意间发明了一种弱黏性的黏合剂，却不知道它如何应用。在场的还有 3M 的另一名员工 Arthur Fry，他在教堂唱诗班唱歌时，经常把诗册上的书签弄丢，他很快发现这种弱黏性的黏合剂可以代替书签，弱胶使用后可与纸张剥离，不会在纸张上留下任何黏性物质。Fry 申请了一个创新项目，并获得了开发该产品的资金，于是就有了后来的便利贴。

汽车喷漆公司使用的胶带要么会在汽车上留下某种黏性物质，要么与所用油漆发生化学反应，3M 公司的工程师 Richard Drew 相信他能解决这个问题，两年后，透明胶带上市了。

一家制药公司对它们在过去 10 年中参与的 292 个研发项目进行了研究，总结出一个典型的项目有三个生命周期阶段：发现或研发，创新项目管理；开发，项目管理；商业化，产品管理。

在 292 个项目中，该公司开发了 24 种产品，其中 8 种产品非常成功，每年的收入超过 5 亿美元。一个典型项目完成研发和开发阶段的成本在 7.5 亿～10 亿美元，需要 3000 天或 10 年才能完成。随着在药物研发上投入的时间和资金的增加，在一个项目被预测为失败之前，该公司将对其所有可能的其他应用进行衍生创新调查。

4.10 了解奖励制度

当员工被分配到一个项目中时，他们首先关心的是"我能从中得到什么好处"，他们希望自己所做的工作能得到回报。公平的奖励制度可以改变行为并影响风险的承担，而不公平的奖励制度会破坏创新文化。

从历史角度看，奖励制度与削减成本挂钩，而非创新。现在情况已经发生了改变，关于产品创新的奖励制度已经有了大量研究（Jansen 等，2006；Chen，2015）。奖励制度通常遵循两种方法，传统项目管理中经常使用基于过程的奖励制度，团队的奖励取决于他们如何遵循内部政策、程序和预期的行为，以及最终实现预期目标的结果。在一个基于结果的奖励制度中，团队基于项目的结果及其可能对财务损益表的影响获取奖励，这使员工的压力明显更大。

如果薪酬与项目成果挂钩，公司似乎仍倾向于使用现有的成熟方法，而不是通过反复试验寻找新的替代方法。更好的方法可能是将奖励制度与项目团队必须承担的风险挂钩，而不是完全依赖结果。

在突破性创新中，利用高度不确定的开发为新市场创造创新技术的过程伴随着诸多风险，员工们因此面临着很大的压力。在这种情况下，个人动机至关重要（O'Connor 和 McDermott，2004），必须在设定界限的前提下充分信任员工，并给予他们实验的自由，一般可以通过设定目标来实现（Pihlajamma，2017）。

无论选择哪种奖励制度，员工都会感到恐慌。在创新项目管理中，如果存在奖励制度不合适、员工的表现得不到认可、组织中其他人嫉妒或者公司对失败的容忍度很低等情况，员工就有可能辞职。奖励制度必须兼顾人才的保留和公司竞争力的提升。但奖励制度的不利风险是会限制一个人探索的欲望。

奖励不一定是金钱上的奖励，也可以是金钱的等价物，比如赠予团队成员礼物、剧院门票或是在一家不错的餐厅吃顿晚餐，抑或是给员工额外的假期或提供公司用车。还有一些公司制作了"名人墙"，当人们进入公司的自助餐厅时，上面会展示团队成员的照片，并描述他们的创新。目前，3M、苹果和迪士尼等公司已经建立了一些社团，以表彰公司那些有才华和创新精神的员工所取得的成就。[①]

在传统的项目管理中，项目经理一般不负责薪金管理。这在创新项目管理中可能发生改变。

4.11 创新领导力实践：美敦力[②]

4.11.1 背景

在当今瞬息万变的世界中，我们比以往任何时候都更需要领导力以促进创新，抓住可以产生影响的机遇，激发灵感，提出被忽视的意见，为生活创造美并继续学习。无论是在工作还是家庭中，领导力都无处不在，做一个能促进他人进步的领导者非常重要。领导力将创造新的产品和服务，这也是创新项目管理的重要组成部分。创新项目管理是一个新的思维领域，领导者在该领域内需要更好地被定义，以推动下一代项目领导者的发展并取得未来的成功。

4.11.2 组织领导力

美敦力公司正致力于创建一个在企业范围内，不仅针对技术社区，其他部门也可使用的创新项目管理工具箱。公司建立了适用于项目管理的职业发展轨道，这对同类型的职业依然适用。我们还了解到，不同医疗器械的不利因素正在对公司的业务产生影响。在这里只举几个例子，卓越企业、欧洲医疗器械及医疗规例为缓解降低成本和提高质量的压力，在全球更多地区使用我们的产品。我们相信，改进的创新项目管理将有助于提高整个企业的效率和生产力，并为患者提供更多改善健康状况的解决方案。

在一个创造了许多创新产品和服务的组织中，创新项目管理对人们非常重要。公司的所有项目都需要将创造效率和生产力作为标准，而不是只列在那些最好可以有的清单上。在项目生命周期内及在项目后期提供作为项目成果的产品或服务时，如何提高效率和生产力是值得考虑的问题。目前，公司有四代人在一起工作，未来几年将有更多创新项目经理

---

① 3M 公司、苹果公司和迪士尼公司的团队将在第 12 章和第 13 章进行探讨。
② 本节由美敦力公司战略与项目管理总监 Michael O'Connor 博士（MS、MBA、PMP、PgMP、IPMA-B、CPD）提供。版权所有，经许可转载。

加入新岗位，许多人在接受正式培训之前就担任了项目经理。这种变化也使得传统项目经理和创新项目经理需要成为更加优秀的领导者、变革的推动者，并接受更多创新经理技能的培训。

我们相信无论是现在还是将来都需要行之有效的创新项目管理。创新项目经理的角色应该像一个为人熟知的"建筑师"，他可以帮助组织更好地实现成功，也可以更持久地为创新提供战略机遇。随着医疗保健行业不断地朝着以价值为基础的方向变化和发展，我们必须能够变革并以创新和框架为先导，为组织提供可持续的、一致的项目节奏，从而与战略保持一致，为商业需求增加价值，创造一个强大而稳健的投资组合。在当今快速变化的商业环境下，成功的创新项目经理将有能力建立一个符合企业价值追求，并可以进行有效竞争的管理模式。

我们应该围绕创新项目管理和潜在的职业发展道路开展内外部培训，或者实施一个认证计划，以适应未来对创新项目经理的要求。传统的项目管理方法很可能不适合未来更前沿的创新项目，这种新型的创新项目管理需要项目经理更加灵活，更有效率，更值得信赖，更具有责任感。这可能对组织产生巨大影响，对于这些现任和未来的领导者来说，应将其视为一条有潜力的新型职业道路。

创新项目管理中的领导者不仅仅是经理或主管，因为这对很多人来说意味着需要做许多不同的事情。领导者会带头创造创新，并为他人提供一个可以执行的方向、愿景或战略，只有强大领导才能创造出成功的创新项目。项目、项目集和项目管理办公室管理需要符合此方向、愿景或战略的领导者，才能使领导力成为完成创新项目和改善创新成果的基石。

有效的领导需要具备能够应用于工作并促进组织发展的技能，这些技能对于创造创新及支持创新项目管理非常重要。我认为有四个方面对创新项目管理很重要。第一个方面，一个人必须了解他们的优劣势，才能成为一个更有效的领导者。通过 Myers-Briggs 性格测试（MBTI）可以很好地了解你的性格类型。[①]我已经做了三次，得到结果均是 ENTJ 类型。测试框架围绕注意力方向、认知方式、判断方式和生活方式四个关键要素（维度）。我已经掌握了这些信息，并牢记了这个框架来构建自己的职业生涯和领导风格。自从我们在组织中使用了这种方法，它更好地帮助我了解我正在从事的工作，以及其他人是如何完成工作的，并且为我和团队创造了一个更有效的领导态度。

第二个方面，我认为一个领导者应该知道并了解他们在测试评估中的得分情况。这是一个识别个人才能和技能的工具，我又评估了两次，得分几乎一样，其结果应用非常简单。你首先只需要不到一小时来完成一个简单的评估。然后，你将得到一份让你更好地了解自己才能的定制结果和报告。一旦你有了这份报告，你就可以捕捉发挥领导力的时机，并与你的团队合作，以创造有效的领导技能和改进创新项目管理。这将增强你作为领导者的能力，也将提高你的团队和组织的效率。

---

① Myers-Briggs 性格测试（Myers-Briggs Type Indicator，MBTI）是一种性格测试工具，根据对个性的判断和分析，把不同性格的人区别开来。ENTJ（外向、直觉、思考和判断）是 MBTI 中 16 种性格类型之一，大约只有 3%的人拥有，这类人通常担任领导职务。

第三个方面，领导者需要可以适当应用到团队和组织中的软技能。创新项目管理要想取得成功，有专家认为必须充分理解和运用软技能，但从以往的经验来看，这是很困难的。领导者和创新项目管理实践者必须掌握这些软技能，才能成为可靠的领导者。而作为领导者，创新项目管理的软技能很难从书本、网上或课堂中学到，许多技能需要在工作环境中积累经验而掌握。在我的职业生涯中，曾在许多不同的职能小组中获取了许多不同的软技能领导经验。通过这些经验，我可以从许多不同的角度看到软技能的应用，从而使我成为一个更好的领导者，并帮助我更好地理解创新周期及如何通过应用软技能来改进创新项目管理，也为一个组织领导者寻找一些不同类型的体验建立了联系。

沟通、网络和协作也是提高创新项目管理的重要领导活动，并可以成为所需软技能的一部分。作为一个领导者，你不仅需要执行你的战略、战术和交付的任务，你还需要与不同团队和职能部门的新人接触，以建立自己的品牌并与组织的其他领导者合作。我认为这是最具影响力的领域之一。在这一领域，领导者可以迅速提高其在组织中的领导能力，并能够跨多个不同的团队开展工作，以帮助在整个组织中成功实施创新项目管理。花费时间与企业领导者会面或一起工作以了解他们的需求，即使每周花费5%的时间，从短期和长期来看都将获得丰厚的回报。

第四个方面是沟通，沟通是一种积极主动的领导技能，它将把领导者需要的许多技能紧密结合起来，从而使工作朝着积极的方向发展。随着业务的发展速度越来越快，沟通也变成了另一个越来越重要的领域。随着沟通技巧的改进，你可以让一个项目保持活力，一年中每时每刻都在无休止地运转，这对项目来说非常有用，但对于一个需要放松和休息的创新项目经理来说并不总是如此，因为还有更多不同类型的通信媒介，如电子邮件、即时消息、短信、手机、平板电脑，以及几乎在世界任何地方都能连接的互联网。对于一个项目来说，什么是最好途径、最一致和最标准的信息是每个项目经理都需要回答的问题。如今沟通的方式有很多，要想成为一名成功的创新项目管理领导者，你需要了解你的利益相关者的沟通需求，并制订计划来创造最高的领导价值。沟通是有效领导者的核心和灵魂，创新项目管理也同样需要这些技能。当新一代人转向不同的沟通方式时，优秀的领导者会改变自己的风格或方法来适应他们，并为整个组织的成功创造最高价值。

我所在组织的创新项目管理相对较新且主要集中在研究和技术领域。过去，我们通过有限的创新项目管理培训、辅导和指导，建立了比以往更大且有希望成功的项目/项目集。我们现在正与外部组织合作以提供项目管理培训，培训方式包括线下、线上和按需培训。我们相信这是一个很好的开端，但依然需要更多的研究、调整和能力来使培训内容适应我们不断变化的环境。我们现在相信，要找到成功的技术或市场，需要将许多想法和项目落实到我们称之为最小可实施步骤上。换言之，我们希望将我们的资源和资金尽可能多地进行投入，看看哪些可以进入下一个可实施步骤。我们还需要有关技术和研究项目的信息能够以面板数据的形式显示出来，并且需要应用一种使我们能够快速添加和访问信息的技术工具。这对于创新项目管理生命周期的整体可持续性非常重要。

我们的组织创新项目管理社区正在进行一些研究，主题是如何在全公司范围内改进我们的工作区创新项目管理。我们需要创新项目管理学科的领导者来延续我们产品和服务的成功，还需要具有激情且重视创新项目管理价值的专业领导者，与其他领导者一道就创新项目管理给组织带来的价值进行交流。创新项目管理的复杂性将会使对现有和未来的创新项目管理者进行继续教育和培训变得非常重要。

4.12 IPM 技能需求

在传统的项目管理中，我们的行动很大程度上依赖于公司的政策和程序。我们可能还存在一种企业项目管理方式，使项目经理只需指示团队填写表单和检查表中的内容就能完成管理。在创新项目管理中，因为创新项目经理要参与到整个生命周期的各个阶段，所以他们需要掌握不同的技能。

创新项目经理需要掌握的一些关键技能包括：着眼于"大局"，必须了解并使团队知晓公司的发展目标，必须了解公司的有形和无形资产（能力和资源），与客户保持近距离以了解他们的需求，良好的沟通能力，愿意承担责任，愿意在高压、不确定性和高风险的情况下工作，能够高效地建立一个包括外部资源的团队，精通设计思维的概念，能够让团队成员为他们的行为承担责任，具有良好的解决冲突能力。

如图 4-3 所示，创新项目经理所需的许多技能并非《PMBOK 指南》中讨论的核心技能或工具，而是创新项目管理环境所特有的。

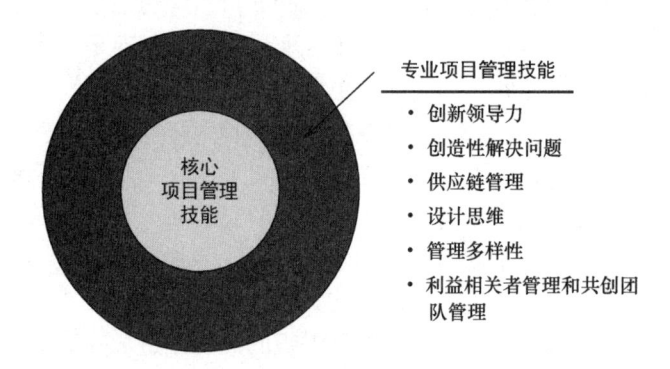

专业项目管理技能
- 创新领导力
- 创造性解决问题
- 供应链管理
- 设计思维
- 管理多样性
- 利益相关者管理和共创团队管理

核心项目管理技能

图 4-3 核心技能与专业技能

每个人都知道 IPM 中"领导力"的重要性，但关于不同类型的创新如何影响创新项目管理的著作并不多。例如，在突破性创新中，可能需要技术专家来确定项目的可行性，并识别可能出现的偏差，技术专家可能还需要来协调不同技术小组的工作。产品创新需要技术专长，而流程创新需要组织的专业知识。

创新领导力必须有为不同团队提供指导的能力。管理团队的多样性要求不仅为不同种族、宗教、性别或民族背景的团队成员协同合作而努力，为团队的共同创造而努力同样重要。

创造性地解决问题是另一项关键技能，它可以被用于指导团队的工作、鼓励创意、提供备选和可用的解决方案。作为创造性问题的解决者，虽然指明了努力的方向，但不一定是必不可少的关键角色。

在涉及创新的理想情况下，项目经理和团队成员还应具备三项额外技能：①情商（Emotional Intelligence，EI）。认清自己和他人的情绪，并利用这些信息来引导自己的思维和行为。②商业智慧（Business Intelligence，BI），包括企业使用的策略和技术，以提供过去、当前和未来的商业运营和决策见解。③数据发现。这是一个用户驱动的过程，对可视化的数据模式或集中的特定项数据进行挖掘和搜索。

目前企业倾向于聘用或委派技术上有能力的候选人来填补创新项目经理的职位，即使他们没有足够的情商。这会给创新项目带来严重的问题，因为技术专长不是项目成功的唯一因素。

有文章试图根据所需技能对创新项目经理的类型进行分类。例如，Pedersen 和 Ritter（2017）将创新项目经理定义为赌徒、先知、执行者和专家。每个类别都有其专门的技能，当知道这些技能时，就可以更容易地将人员与项目联系起来。

企业必须牢牢把握竞争生存所需的创新能力资源及保持未来竞争优势所需的资源。这可以通过人力资源部的人才招聘渠道来实现，该渠道能够识别所需的能力及他们作为后备人才是否能在短时间内准备就绪。

人力资源团队的重要性往往被忽视，但它确实会对企业推动创新的形象和声誉有影响。通过吸引有才能的技术人员，给他们创造机会，最终将提升公众对创新价值和质量的信心。

4.13 设计思维

设计思维或许是创新项目经理最重要的技能。设计思维是一个用于探索没有清晰表述的、定义不明确的问题结构化的过程，有助于帮助解决结构不清的情况，并改善创新成果。设计思维有助于解决创新挑战，"设计思维有助于构建团队互动关系，以培养更大的包容性、培养创造力、加深同理心，并使参与者围绕特定目标和结果保持行动一致"（Mootee，2013，63）。

设计思维是在瞬息万变的市场中创造性地解决问题的协作方法，在这种市场中可能需要突破性的想法。在创新的整个生命周期中，设计思维还要求与团队成员和利益相关者保持密切和信任的关系，重点是关注客户的需求和"跳出固有思维模式"。

作为设计思维的一部分，你必须知道你的客户是谁或将是谁。这些信息可能来自竞争性研究的分析，如SWOT（优势、劣势、机会和威胁）分析，可能包括：利润最高、要求最高的客户，要求最低的客户，愿意接受"足够好"的产品或服务的新客户。

采访客户可能是非常有利的。然后可以映射信息，如图4-4所示。

在一个创新项目中，一些被其他人偏向于认为是模棱两可的争论是有必要的，因为它创造了创新的空间和更多的备选方案，通过设计思维，团队可以更轻松地将创意转化为现实。当你因为一个想法没有价值而决定"扼杀"它时，你必须首先站在用户的角度，考虑用户，而不是你自己。创新项目经理必须了解公司的有形和无形资产（能力和资源）。为客户重新定义价值的设计思维方法始于人,而不是产品。

映射客户需求
客户

	客户#1	客户#2	客户#3	客户#4	客户#5
产品质量	A	C	B	B	B
产品安全	A	C	A	C	C
产品特点	A	C	C	C	B
产品成本	B	A	C	A	C
交货日期	A	B	C	A	A

A = 对客户重要性高
B = 对客户有些重要
C = 对客户重要性低

图 4-4 根据客户需求进行映射

拥有设计思维者不仅要试图理解他人的文化,也要理解自己的文化,因为只有认识到自己的情感、实践和理念框架,才会明白做什么、如何做及为什么做自己的工作。

将设计思维应用到业务中,代表着在公司战略、企业文化、实践流程、系统和结构中都要应用设计思维。Mootee(2013,60)强调:"在解决业务问题时应用的设计思维,包含了心理模型、工具、流程及所需的技能,它涵盖了设计、工程、经济学、人文科学,以及用来识别、定义和解决战略规划的社会科学,还包括产品开发、创新、企业社会责任等内容。"

遗憾的是,这些主题虽然在创新项目管理中是必需的,但是在传统项目管理培训项目中都没有涉及。

设计思维有如下好处:更加关注客户需求、发现新的客户见解(参与项目管理)、通过创意和原型制作获得更多创造力、尽快创建解决方案、创造学习文化、更好地处理不确定性、更好地理解复杂联系、随时间推移逐渐降低投入。

导致设计思维失败的原因还有:不理解问题或缺乏概念、信息匮乏、沟通渠道不畅(尤其是与利益相关者的沟通)、仓促开发原型、期望通过使用原型得到最终解决方案、寻找快速解决方案、团队成员拒绝接纳他人的想法、过分依赖以往的客户行为、过度思考现有的信息、未能考虑其他解决方案、企业引力(不愿离开舒适区)、愤世嫉俗。

项目经理从 FFE 开始将面临许多挑战,一个管理良好的 FFE 通常会带来更好的创新成果。然而由于前期的不确定性和快速决策的需要,尤其是不完全信息将导致 FFE 管理变成一种挑战。

原型设计是另一个挑战。传统项目管理中的线性原型设计是在项目接近结束时才开发的,创新项目中最常见的是非线性原型设计,它需要在设计思维过程中预先开发几个原型。

"快速失败、廉价失败和过早失败"必须被"快速学习、廉价学习和前期学习"所取代。一项创新需要多个原型,可能还需要全球测试进行充分验证。

在设计思维过程中会发生组织摩擦,这可能是有利的,它往往来源于围绕一些无形资产产生的内部竞争,如对某些决策的知识产权和基本原理的解释,人们也会提供更多的信息以支持他们的立场。

如果项目的结果是通过创新创造客户价值,那么就需要将设计原则、方法和这些新工具引入组织管理和商业战略开发中(Brown,2008)。"随着企业转型及经济格局的变化,设计思维活动和项目管理都在迅速发展,这两个领域都植根于以方法和工具为特征的实践中,但它们正从操作视角转向战略视角"(Ben Mahmoud Jouini 等,2016)。其主要原因是,设计思维的输出可能不是产品,而是一种新的商业模式,其中包括客户管理实践的重大变化、未来的创新活动、监管和社会因素及出于组织和财务的考虑。

有超过100种工具可以作为设计思维的一部分使用(Kumar,2013)。一些常见的设计思维工具包括:讲故事(提供叙述性信息,而不是枯燥的事实)、故事板(通过一个带有插图的故事来描述创新需求)、思维导图(连接所有信息)、背景图(揭示用户体验的视野)、客户历程图(客户购买和使用产品所经历的阶段)、利益相关者图(可视化利益相关者的参与过程)、人物角色(用户和非用户)、比喻(与其他事物的比较)、原型设计(测试不同的想法)、创造性会议(关注利益相关者的经验)。

有许多书籍详细介绍了每种工具的使用方法,见 Keeley(2013)、Kumar(2013)、Tidd 和 Bessant(2013)及 luchs 等(2016)的文献,本章后面将详细讨论其中的一些工具。

4.14 头脑风暴

头脑风暴能力是另一个重要的创新项目管理技能,但一些研究人员对此持反对意见。他们争论的焦点是,创造力通常先于创新,创新项目经理可能不会在早期参与其中。头脑风暴来源于人的创造力,创新则是将创造性的想法变为现实的过程。创新理念可以来自多个方面,如行业和市场变化、人口变化、新知识产生和突发事件。同时创新要求人们用尽一切办法来利用机会,无论其知识和才干如何,一定要表现出其勤奋、毅力和奉献精神的特质。

创造力是指通过想象创造新事物的能力,这种新事物可以是解决问题的新方法,也可以是一种新设备。创新是通过实现想法来解决问题的能力,实现的成果可以是产品、服务,也可以是一切可交付给客户的成果。创造力和创新不一定并存,任何解决问题的团队都可以提出创造性的解决方案,即使这些方案可能并不能付诸实施。任何工程团队也都可以设计出企业无法制造的产品(或对产品的修改)。

创新不仅仅是将想法变成现实,还是一个创造价值的过程。线下的客户可以为有价值的东西付费,无论采取何种解决方案,都必须被客户认为具有价值。最好的情况是真正的价值能够以某种方式在客户的需求和公司的战略之间共享,最终选择的替代方案可能增加或减少最终可交付成果的价值，但是在所选的解决方案中，必须让客户始终能看见价值的存在。

由于约束和限制，一些问题的解决方案可能存在消极创新，即需要降低项目原始战略目标的价值。在这种情况下，降低价值的创新解决方案可能对团队产生负面或破坏性的影响。这种消极的创新会对项目参与人的声誉和职业生涯造成损害。

如果创新风险太大，项目团队可能采用某种形式的开放式创新。开放式创新是与公司外部人员建立合作关系，共担风险，共享收益。由于许多公司有解决问题的创意但缺乏实施解决方案的创新人才，所以合作和建立合资企业可能是高风险创新的最终解决方案。

在评估了备选方案之后，最好的方法可能是备选方案的组合，这被称为混合方案。备选方案A可能风险很高，但实现成本较低。备选方案B可能风险较低，但实现成本较高。通过将备选方案A和B结合起来，我们可能提出一个成本和风险系数都可以接受的混合方案。

创造力有时可以用来开发替代方案。并非所有人都是有创造力的，即使有些人的薪资很高。有些专家因为长时间从事重复性工作，他们可以根据工作经验和服务年限获取较高的薪资，但这并不意味着他们有创造力。大多数人认为他们是有创造力的，而事实上他们并没有，公司也不会经常为员工提供创造性思维相关的培训。

在项目环境中，创造力是指运用自己的想象力提出新的、有创意的想法或事物来满足需求和解决问题的能力。对于项目经理甚至是职能经理，他们需要根据经验将人员分配到项目中，他们不可能知道这些人是否具备解决创新项目中可能出现的问题所需的创造力。除非他们以前和这些人共事过，否则很难知道这些人是否具有想象力、灵感、独创性、创造力、远见和足够的智慧，而这些都是创造力的共同特征。

在头脑风暴会议上讨论的所有想法都应视为知识产权，并将它们作为更高级别知识管理系统的一部分加以记录，创意管理更应该是知识管理的一个组成部分。即便一个公司有创意筛选标准，所有的创意也都应该被记录下来，因为今天看来是个坏主意的，明天可能变成一个好主意。长期以来，很多公司认为创新是一个独立的过程，不被视为任何知识管理系统的一部分，这是很严重的问题。

合理的论点认为，分配到创新团队的每个人都应该具备头脑风暴技能。迪士尼的梦幻工程部门负责设计世界各地的主题公园，这一案例说明了在创新项目的整个生命周期中，每个人都应该具备头脑风暴技能。在迪士尼，使用"幻想工程"这个术语定义意象化和工程化的结合。幻想工程部门的每个人，从主管到门卫，都称自己为幻想家，可以参加头脑风暴会议（Kerzner，2017）。幻想工程部门的文化完全支持头脑风暴和创新，在头脑风暴中不考虑头衔和部门。

对于需要传统项目管理实践的项目，头脑风暴可以在数小时或数天内完成。头脑风暴小组的成员数量不固定，可能包括营销人员，帮助确定新产品的具体需求或对现有产品的改进，也可能需要技术人员，以说明所需时间和大致成本。在传统的项目管理中，经常会出现这样一个错误，即在头脑风暴会议结束后，只有在项目被批准实施并确定了目标之后才会确定创新项目经理。在迪士尼的幻想工程部门，头脑风暴可能需要数年时间，许多幻想部门的人员都将参与其中，包括创新项目经理。

头脑风暴可以是结构化的，也可以是非结构化的。结构化的头脑风暴可能需要根据迪士尼新上映的动画或非动画电影来构思一个景点。非结构化的头脑风暴通常被称为"蓝天"头脑风暴，由于人们需要时间进行头脑风暴，因此可能需要召开多次会议才能提出最佳创意。有效的头脑风暴要求对所有想法都持开放态度，即使每个人都同意这个想法，但幻想家还是会问："我们能把它做得更好吗？"所以，与传统的头脑风暴不同，在幻想工程部门，一个想法可能需要数年时间才能落地。

迪士尼是一个例外，幻想工程部门的每个人都可以参与头脑风暴，并非所有公司都是如此，一些特定行业的技能可能很难在课堂上教授。幻想工程师需要的技能包括：构思故事的能力，头脑风暴的能力，能够在不同的细节阶段创建情节和构建模型的能力，愿意在团队环境中与多个学科合作，了解主题公园的设计要求，认识从幼儿到老年人这样年龄跨度的客户和利益相关者，通过客人的眼睛和足迹来构思吸引力的能力，了解安全、质量和美学价值作为其他竞争性约束的重要性，对美学细节的热爱，了解颜色的重要性及颜色和情感之间的关系，了解音乐、动画、建筑和景观如何支撑起故事（Kerzner，2017）。

在创新中讲故事的目的是帮助团队从其他人的角度看待创新的需求，并促使团队对所处形势达成共识。

Luchs 等（2016，89-90）认为：在设计思维产品开发过程中，通过故事使概念在设计和开发之前就能被看到和体验。开始时，开发团队通过构建故事在产品开发过程中与其他利益相关者共享概念，利益相关者包括最终用户和潜在合作伙伴等。

故事在产品开发过程中的作用是将要解决的问题类型、问题发生的背景及问题的解决方案类型进行概念共享，它可以使概念在整个产品开发团队、产品目标客户和利益相关者价值链之间进行快速沟通。

用户或客户的观点是故事叙述的基础，从产品最终用户的角度讲述的故事是 B2C 概念的基础，而 B2B 之间的故事需要创造许多变化，每个变化都要从价值链中不同客户的叙述角度出发。

一个好的产品开发故事会告诉观众关于人、产品和系统之间的功能性活动和交互作用，好的产品故事揭示了其中人的情感和理性需求，理解这些，可以让听众对故事中的人物产生共鸣，并对在其所描述的背景下如何进行交互产生一种"感觉"。

4.15 原型

原型是为测试概念或过程而在早期建立的不完整的产品模型，原型是可与所有人共享信息的有形沟通工具。原型最常用于产品开发创新，但也可以用于服务和流程创新。在创新项目的整个生命周期中，可能以不同的时间间隔构建多个原型。原型设计旨在为实际的工作系统而不是理论系统提供规范，在某些设计工作流程模型中，创建原型是评估想法和产品商业化之间的桥梁。

创建原型有几个目的，其中六个目的如下（Luchs 等，2016，131-133）：对想法的初步探索、确定合适的方向、吸引资金、收集反馈意见、定义专利、促进制造过程。

原型用于探索预期设计的不同方面[①]：原理证明原型用于验证预期设计的一些关键功能方面，但通常不具备最终产品的全部功能；工作原型代表最终产品的全部或几乎全部功能；视觉原型代表其设计尺寸和外观，而不是功能；形状研究原型是一种初步的视觉原型，强调设计的几何特征，较少关注最终外观的颜色、纹理或其他方面；用户体验原型充分体现了产品的外观和功能，可用于用户研究；功能原型包含了预期设计的功能和外观，尽管它可能是使用与最终设计不同的技术甚至不同的比例来创建的；纸质原型是通过打印或手绘软件产品用户界面的展示，这种原型通常用于软件设计的早期测试，并且可以作为软件演练的一部分，以在花费更高成本的设计工作之前确认设计决策。

一般来说，原型的创建与最终产品的创建在一些基本方面有所不同：①材料。最终产品中使用的材料可能很昂贵或难以制造，因此原型可能与最终产品使用的材料不同。在某些情况下，最终的生产材料可能仍在开发中，尚无法用于原型。②过程。大规模生产过程通常不适合制造少量零件，因此可以使用与最终产品不同的过程制造原型。例如，某些最终产品是通过塑料注塑成型，需要昂贵的定制工具才能制造，因此该产品的原型可以通过机械加工或立体光刻法制造。制造工艺的差异可能导致原型与最终产品存在外观差异。③验证。最终产品可能要经过数项保证质量的测试，以验证其是否符合图纸或规范。这些测试可能涉及定制的检查装置、统计抽样方法及其他适合持续生产大量最终产品生产的技术。在制作原型时，要对在制作过程中假定进行的一些调整或返工进行更仔细的检查。原型也可以取消适用于最终产品的某些要求。

工程师和原型专家试图将这些差异对原型的预期作用的影响降到最低。例如，如果一个视觉原型不能使用与最终产品相同的材料，他们会尝试用性能与预期最终材料相似的材料来替代。

根据上文的描述，重要的是了解原型代表着最初的想法和最终的产品设计之间的某种折中。原型的设计和制作过程中的差异是可以接受的。与认知相反的是，因为原型材料和工艺有时可能优于最终产品，所以原型的性能表现得可以接受，但是生产出来后可能有缺陷。

一般来说，可以预期的是，由于材料和工艺的低效率，单个原型的成本将大大高于最终生产成本。原型还将用于以通过优化和改进设计来降低成本。

原型测试可以降低设计的进度风险，但是通常不能消除所有风险。原型会因为现实的局限性导致其最终性能无法与预期相匹配，所以在进行生产设计之前，通常需要一些裕量和工程判断。

构建完整的设计通常很昂贵，而且可能很耗时，尤其是当重复几次构建完整设计后，找出问题所在并解决这些问题，然后构建另一个完整的设计。快速原型或快速应用程序开发技术作为一种替代技术被用于初始原型，这些原型实现了整个设计的一部分，但不是全

[①] 改编自维基百科"Prototype"，2019 年 5 月 15 日查阅。

部。这使得设计师和制造商能够快速且经济地测试设计中最有可能出现问题的部分，解决这些问题，然后构建完整的设计。

4.16 创造力与创新恐惧

所有员工在工作场所都会有某种形式的紧张和压力，在某些公司或行业中，这种情况比其他行业更为严重。压力会产生恐惧，比如做错事、不可预知的事件、不遵守指令，这些恐惧甚至会导致失业。在一个创新环境中，人们被要求具有创造性，但又害怕由于自己可能说的或做的事情而导致被嘲笑或奚落等不可预测的后果，这会使人们的恐惧会更加严重。

Sweeney 和 Imaretska（2016，52–53）确定了恐惧的四种症状：①当一个组织要求人们树立节俭和缩减开支的意识时，我经常看到人们会因为对花钱的恐惧而大幅度减少他们的创意。②有时我看到领导者无意中谴责过去，他们的本意是为了激励和庆祝未来，但这有时会影响到他们所带领的人，使他们认为之前的所有努力都没有创新。③有一种旧的观点认为，既然衡量我们的创新好坏的最终标准是投资回报率，那么我们不应该浪费时间去考虑那些不会让我们赚钱的想法或创新。这一观点常常导致我们忽视与投资回报率无关的那些想法，即使这些想法可能在另一些形式中会具有丰厚的利润。④许多团队害怕了解一套真正不同甚至可能相互冲突的想法会对他们的创新产生影响，他们因为简单地给自己带上了专家的头衔而杜绝一切可能彻底改变他们的发展道路或战略的想法。客户之声就是一个倾听外部观点从而促进创新的典型案例。

组织必须创造一种文化，让人们不惧怕分享自己的想法，不管这些想法是好是坏。

4.17 创新治理

适当的创新治理可以减轻上一节中描述的许多恐惧。遗憾的是，为创新治理职位分配合适的人选一直是高管们面临的挑战。最常见的解决方案是从高级管理层分配人员，而且大多是从研发或营销部门抽调人员。很多时候这些人无须管理过项目或参与创新就可以提高组织层级。随后，因为这些人错误地认为创新治理与组织治理是一样的，最终导致其为创新项目提供了错误的治理类型。

创新治理需要了解以下几点：治理人员必须明白，从模糊前端到快速商业化的后端，治理的应用方式各不相同；模糊前端侧重于探索机会、产生创意、选择创意和开发创造性解决方案，必须具备头脑风暴的知识；治理人员必须创造或支持一种文化，无论是好的还是坏的，所有想法都要受到重视，这需要消除人们因可能扼杀创新和创造力产生的文化抑制和恐惧；治理人员必须表明愿意停止不满足战略要求的项目；治理必须创造或支持一种鼓励冒险、接受失败而不受任何形式惩罚的文化；治理必须表现出对创新过程的热情，并鼓励团队成员感受到同样的激情；治理必须能够识别具有创新能力的人，并鼓励他们尽其所能，这可能需要去发现那些沧海遗珠；治理人员必须证明愿意试验和测试多个原型，这一过程可能涉及新技术；治理人员必须与公司外部的众多团队打交道，比如利益相关者、终端客户、合作伙伴和开源团队成员；治理人员必须了解快速后端对产品商业化的重要性，并尽快获得收益。

4.18 转型治理

目前已经有很多关于有效项目管理支持和治理的书籍，而大多数书籍更倾向于情境治理和领导力。领导风格的选择取决于创新项目的规模和性质、可交付成果的重要性、创新项目团队成员的技能水平、项目经理与这些团队成员合作的经验，以及与项目相关的风险。

过去，治理人员被希望提高团队绩效和技能，并允许员工以在项目团队工作中成长的方式领导团队。如今，治理人员还要充当组织变革的领导者，这些变革可能来自某些创新项目（例如创建新的商业模式）。组织变革需要人的变革，这就要求治理人员拥有一套可能与管理组织层级结构不同的技能，这种方法被称为"转型治理"，但并非所有的创新项目都需要转型治理。

在某些特定的情况下，必须使用转型治理，并且必须让员工走出自己的舒适区。例如，并非所有项目都会在完成可交付成果之后就结束。假设一家跨国公司建立了一个 IT 项目，项目要求创建一个新的、安全性高的、全公司通用的电子邮件系统。软件开发后，项目就可以"上线"了。按照惯例，作为该软件开发的项目经理，一般会在"上线"后转到另一个项目，而实施的责任则由职能经理或其他人承担。如今，公司要求项目经理和治理人员留在项目中，以推动公司面向新系统或商业模式转换的变革。

变革型的领导和治理应重点关注变革人员方面，这是管理变革阻力的一种方法。无论变革是在流程、技术、收购、目标还是组织重组中进行，人们都需要理解这种变化并接受它。强迫改变会招致长期的抵制，尤其是当人们看到自己的工作受到威胁时。

4.19 平衡计分卡[①]

由 Kaplan 和 Norton（1996）推广的平衡计分卡是一种绩效管理工具，可用于跟踪包括创新在内的经营战略的组成部分，它是创新组合治理的重要工具。平衡计分卡更注重跟踪绩效而不是制定战略，它是一种可根据所采取的行动对商业提供全面度量的工具。它还补充了其他衡量指标，如客户满意度、财务指标和推动未来业绩的创新活动。报告的目的是在业绩偏离预期时提醒管理者，而不是取代传统的财务或运营报告。

平衡计分卡设计的最初想法是将重点放在与战略实施相关的信息上，但是随着时间的推移，传统战略规划和控制活动似乎也需要使用平衡计分卡。Kaplan 和 Norton 在这方面的

[①] "平衡计分卡"和"战略地图"部分根据维基百科中的"Balanced Scorecard"和"Strategy Map"改编。

文章中提到了设计平衡计分卡所需的四个步骤：将愿景转化为商业目标；传达愿景并将其与个人绩效挂钩；商业规划，指标设置；反馈和学习，然后调整相应策略。

这些步骤跟识别少量财务和非财务指标的简单任务相比复杂得多，但也说明了对任何设计过程的需求，以达到更广泛思考的目的，即最终的平衡计分卡将如何与更广泛的商业管理流程或商业模式相集成。

第一代平衡计分卡设计采用了"四个视角"的方法来跟踪战略实施的措施，该方法最初由 Kaplan 和 Norton（1992）提出：①金融。这种观点鼓励确定一些与高层次金融相关的措施。他们尤其鼓励设计师选择有助于回答"我们如何看待股东"这一问题答案的措施，如现金流、销售增长、营业收入、投资回报率。②客户。这有助于确定能够回答这个问题的方法："什么对我们的客户和利益相关者是重要的？"如新产品销售额的百分比、准时交货率、重要客户购买的份额及按重要客户的排名。③内部业务流程。第三种观点鼓励确定能够回答这个问题的方法："我们必须擅长什么？"如周期时间、单位成本、产量和新产品引进。④学习和成长。这就鼓励我们找出能够回答这个问题的方法："我们如何才能持续改进、创造价值和创新？"如开发新一代产品的时间、成熟产品的生命周期、上市时间与竞争。

管理人员的想法是使用这些观点标题，促使选择一些关于组织战略绩效方面的措施，这就有了后来的平衡计分卡。

4.20　战略地图

战略地图是创新项目经理用来记录组织或管理团队所追求的主要战略目标的关系图，它通常与平衡计分卡联系紧密。战略地图在创新活动中非常重要，因为衡量公司资产负债表上显示的有形资产是判断创新战略成功与否的依据。如今，平衡计分卡和战略地图等工具已经存在，我们可以通过这些工具来衡量无形资产（例如，知识资产）及其对资产负债表的影响。这些工具使我们能够更好地将战略转化为企业目标，并根据商业战略目标调整绩效。战略地图是用于设计战略框架的体系结构，其展示了如何将无形资产转化为有形成果，它也是商业战略的流程图。

Kaplan 和 Norton 的战略地图方法有以下特点：横向视角的基础框架以因果关系排列，通常是财务、客户、流程、学习和成长；在这些视角之内的目标，每个目标都以文本的形式出现在一个形状中（通常是椭圆形或矩形），使用的目标相对较少（通常少于 20 个）；纵向相关的目标集跨越了各个视角，这些被称为战略主题；从各个角度来看，这些目标之间存在明确的因果关系，战略主题代表了有关战略如何带来组织结果变化的假设。

平衡计分卡有助于管理人员将注意力更加集中在干预措施上，以确保战略有效且高效地执行。在基于平衡计分卡的绩效管理系统的设计中，面临的一大挑战是确定要监视的活动和结果。通过以简单的可视化方式表示要关注的战略目标，并以透视图和因果箭头的形式提供其他视觉线索，战略地图有助于发现管理团队内讨论选择哪些目标，并随后对实际实现的绩效进行讨论。

战略地图是一种促进战略发展、实施和学习过程三个阶段交流的工具。从管理团队中掌握战略，促进团队中对战略的讨论，他们在离开工作时也会讲述相同的战略故事；交流战略，集中精力于组织工作，并选择适当的方法报告组织战略实施进展情况；当团队从战略实施中学习到经验时，可以为评估和潜在修订战略（不仅仅是措施或目标）提供依据，并支持战略对话和决策。

战略地图使流程、人员、系统和创新保持一致，以实现共同的战略目标，它明确了因果关系及战略对组织的影响结果。

4.21 创新组合管理

近年来，针对创新项目的创新组合项目管理办公室（Innovation Portfolio Project Management Office，IPPMO）的研究在不断增长。IPPMO存在的原因在于，创新可能需要与管理日常业务不同的组织治理形式进行。IPPMO对于持续创新至关重要，并且可能影响端到端的创新项目管理绩效。此外，还有专门从事其他职能的项目管理办公室，包括不需要突破性创新的战略项目。与投资组合管理的其他形式不同，创新投资组合管理是一个复杂的决策过程，因其具有高度不确定性的特点，主要用于处理公司内外部机会不断变化的信息（Meifort，2015）。

IPPMO为将项目与战略目标联系起来提供了必要的治理。创新使整个公司获得收益，因此在制定筒仓式决策时，应强调投资组合决策，避免出现分析瘫痪的情况。最后，通过有效的沟通缩小项目团队、各职能部门、治理人员和利益相关者之间的差距。

几乎所有的项目都需要权衡，并且在大多数情况下，权衡后的决定是由项目团队做出的。在创新项目中，IPPMO扮演了非常积极的角色，它被要求批准所有权衡并确定权衡的必要性，因为这可能对商业战略和变更管理的需求产生影响。IPPMO拥有与战略规划相关的专有数据，可以对市场的变化有更好了解。创新项目权衡的典型原因包括：产品的市场损失，产品市场的重大变化，高层管理人员或项目人员失去信心和热情，出现潜在的无法克服的技术障碍，组织变革（具有不同动机的新领导层），找到了更好的技术方法（使得风险更小），高技能劳动力的引进或流失，涉及健康、安全、环境因素和产品责任的风险。

IPPMO必须使创新团队免受内部和外部压力的影响，其中一些压力包括：以牺牲产品性能为代价缩短开发时间、利益相关者要求快速取得结果、降低成本、在没有明确了解需求的情况下仓促启动项目。

有创造力的人在认可下会进步飞快，并希望证明自己的想法有价值且可实现，即使其可交付成果的市场发生了变化。他们不喜欢被告知停止工作或改变方向，这样可能导致他们抵制变更，如果需要对项目进行调整，则需要由IPPMO对他们进行监督。

IPPMO基于项目类型和创新类型来确定对项目的参与程度。如图4-5所示，未知因素、风险和不确定性越大，IPPMO的参与程度就越高。

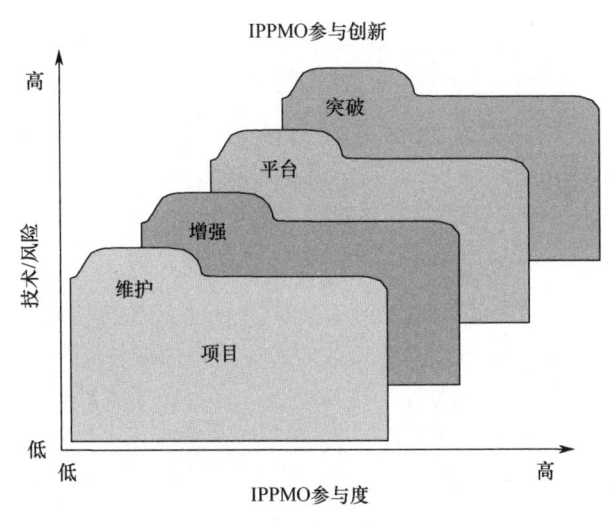

图 4-5　IPPMO 参与创新

现有的 PMO 文献关注的是合理明确定义的项目执行，因此，传统 PMO 中成员的角色和职责可以被合理定义。IPPMO 必须充当创新需求、商业战略、组织文化和资源能力之间的桥梁，因此 IPPMO 成员的角色和责任更加复杂。IPPMO 最重要的作用是在创新的前端，他们必须确定目标市场、客户需求、价值主张、预期成本和功能（Wheelwright 和 Clark，1992；Bonner 等，2002）。

如前所述，文化对公司创建包括创新在内的项目组合发挥着重要作用。一些文化试图将风险降到最低，并着重于对现有理念的改进或修改，而更高级的文化则从根本上追求创新理念，目标是成为市场领导者而不是追随者。当然，国家级文化项目组合开发也会产生影响（Unger 等，2014）。

Barreto（2010，271）确定了 IPPMO 的四项职责：感知机会和威胁、及时做出决策、面向市场做出决策、改变企业的资源基础。Sicotte 等（2014，60-61）还将内部企业家精神、主动适应性、战略更新、价值链和技术领导力等添加到主题列表中。

当前文献中很少讨论的一个重要内容是 IPPMO 对保密和保密协议的责任，与传统的项目管理相比，它对创新项目管理的影响更大。IPPMO 必须与最高管理层共同制定策略，以处理将有关创新和技术发展的机密传递给包括利益相关者在内的外部资源的问题。

IPPMO 与传统 PMO 在作用上存在一些显著差异，例如，设定与战略相关的界限，以便为项目制定合理的目标；应对不断变化的信息和机遇；监控企业环境因素；确保将创新专家分配给 IPPMO，以支持他们寻求机会；通过确定组织是否必须获取或分配资源，以匹配或创造市场变化来维持动态能力；寻找改进和激发企业竞争力的方法；平衡持续的商业需求和创新项目人员之间的资源紧张；监控公司的闲置资源，因为存在相关成本，过多的闲置可能使不良项目得以生存；了解资源分配决策具有挑战性，因为并非所有的突发事件都是已知的，并且预算和经济状况也不确定；监控项目绩效以避免设计偏差。

关键成功因素（Critical Success Factors，CSF）可用于有效的创新文化，包括 IPPMO 角色（Lester，1998）。典型的 CSF 包括：高级管理层的明显支持和承诺；制订有效的工资和薪金计划，奖励个人和商业部门的业绩；为创新人员和保障团队提供适当的人员配备和培训；鼓励产生新产品的想法。

4.22　创新支持

　　IPPMO 的存在是为了管理项目组合，但有时，IPPMO 的成员也会作为项目组合中单个项目的发起人。在这种情况下，项目发起人或项目负责人的作用如下：表明管理层的意愿和能力，以协助进行时间、成本、质量和范围的权衡；协调创新与营销等其他团队之间的工作关系；表明管理层在必要时取消项目的意愿；表明管理层对风险承担的态度；协助评估机会和威胁；了解团队的优势和劣势；表现出对团队能力的信心，信任所分配的人才并对其负责；协助团队；评估客户需求；评估市场需求；进行项目经济评价。

4.23　创新团队

　　创新团队的六个主要成员如图 4-6 所示。关于产品和服务的创新，企业所有者可以是公司内部的，例如市场营销或客户，一个共同创建的团队可以被视为团队和未来企业所有者的一部分。

　　有些项目需要一个成果组和一个保障组。成果组负责从创新项目中获得成果或可交付物，并从中获取预期收益和价值，收益和价值可以用货币来定义。成果组也可能是销售、市场营销及与成果有经济利益的合作伙伴，创新团队的成员也可以是成果组的成员。

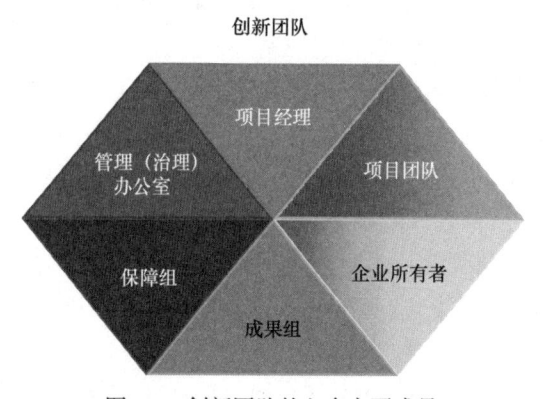

图 4-6　创新团队的六个主要成员

　　保障组通常负责进行流程创新。举个例子，假设一家公司开发了一种新的商业模式，成果组可能负责向人们介绍新的商业模式，但是，如果存在人们可能离开他们的舒适区这样的风险，并试图恢复"老旧"的做事方式，那么保障组就会努力阻止这种情况的发生。

4.24　虚拟创新团队与协同创新团队

　　关于采用虚拟团队和协同团队已有很多文章，这些团队大多使用传统的项目管理实践，其中在项目开始时就明确定义了工作声明和其他需求，项目经理在这两种环境下都可以舒适地工作。

　　在创新项目中，项目经理面临着新的挑战，这一挑战决定了协同团队和虚拟团队谁更受重视的问题。以下包括了一些可能影响决策的问题：创新有多复杂？团队成员共享信息是否会成为一个问题？是否需要面对面沟通来加强协作？团队成员之间的信任关系是否会成为一个问题？信息的保密性能否得到保障？连续进行原型设计和测试的需求是否会成为一个问题？每个地区都有不同的工会协议吗？如有必要，我们如何保证所有员工都接受相同的培训？每个地区能否有不同的工资和薪资管理计划和不同的激励机制？每个地区能否有不同的奖励制度？创新与供应链合作伙伴的关系需要多密切？

一些公司在全球范围内建立研发或创新中心，以创造新的产品和服务。这些中心可能有永久性的协同团队，但基于创新类型，也可能使用虚拟团队。

4.25 对 PM 2.0 和 PM 3.0 的需求

传统的项目管理方法已经被运用了几十年，并将继续用于某些行业和某些类型的项目。但对其他人来说，将会出现用框架这一更灵活的方法取代僵化方法的改变，这种变化可能不会影响形式上的创新，但可能对流程创新产生巨大的影响，比如商业模式创新。

PM2.0 的想法主要来自那些参与软件开发项目的项目经理，由于现在使用的工具和项目需求不同，因此有必要在项目管理中升级版本。近年来，有一些研究致力于探讨 IT 项目失败的原因，这些研究概括了 IT 项目常见的失败原因，包括早期缺乏用户参与、治理不完善和单独决策。这些常见原因表明了在 IT 项目中实施分布式协同的必要性，并最终促成敏捷方法的开发。从 IT 角度来看，我们可以使用以下公式定义 PM 2.0。

PM 2.0 = PM 1.0 + 分布式协同

分布式协同是由开放式通信驱动的，它依靠支持更好决策的集体智慧而蓬勃发展。分布式协同是共创团队和开源创新实践的驱动力，传统的项目管理倾向于分层决策和格式化报告，而 PM 2.0 则强调整个项目团队（包括利益相关者和项目治理委员会成员）获取信息的必要性，这是形成有效创新环境的前提。

对分布式协同的需求，需要明确以下要素：利益相关者和治理委员会成员应根据证据和事实做出合理的决策；合理的决策需要更具意义的指标；必须快速共享指标信息。

通过正式报告进行合作是一项非常有意义的提议，这就是为什么 PM 2.0 更注重新的项目管理指标、关键绩效指标（Key Performance Indication，KPI）和面板数据报告系统，合作的逐渐增强让一些人相信 PM 2.0 是"社会化的项目管理"。

当今 PM 2.0 的面向对象主要是敏捷项目管理。然而，也有人批评 PM 2.0 伴随着大量的分布式协同，从而不能有效地适用于大型项目。这种批评有一定的道理，因为传统 PM 1.0 仍然有存在的必要性，但同时也有人试图将 PM 1.0 和 PM 2.0 相融合。

有些人认为 PM 2.0 只是传统项目管理的一个变体，表 4-2 展示了 PM 2.0 和 PM 1.0 之间的差异性，在阅读表 4-2 时，我们必须知道并不是包括利用敏捷项目管理方法进行流程创新的项目都必须用到 PM 2.0 列中所有的特点。

表 4-2 PM 1.0 和 PM 2.0 之间的差异

因　素	PM 1.0	PM 2.0
项目审批流程	参与项目管理程度最小	强制参与项目管理
项目类型	可操作的	运营和战略
赞助商选择标准	来自资助机构	来自商业和项目管理
整体项目支持	单人	治理委员会
计划	集中的	分散的
项目要求	定义明确	动态且灵活
工作分解结构开发	自上而下	自下而上，不断发展
假设和约束	假定项目期间固定不变	在整个项目中重新验证和修改
效益实现计划	可选择的	强制性的
约束数量	时间、成本和范围	竞争性约束
成功的定义	时间、成本和范围	创造商业价值
项目管理的重要性	美好的职业道路	成功所需的战略能力
范围变更	最小化	可能是连续的
活动工作流程	串联	并联
项目管理方法	死板	灵活
总体项目灵活性	最小	广泛，根据需要
控制类型	集中	分散
领导类型	权威	参与性（协作性）
整体沟通	局部化	全覆盖
获取信息	局部化和受限	实时、无限制访问和全球化
文件数量	广泛	最小
沟通媒介	报告	面板数据
指标测量频率	定期	持续不断
软件的作用	根据需要	强制性
软件工具复杂性	高度复杂	便捷
合同类型	固定价格合同	成本补偿合同
成功的责任	项目经理	团队
决策	项目经理	团队
项目健康检查	可选择	强制性
项目团队类型	共同办公	分布式或虚拟
资源条件	理所当然	验证
团队成员创造性	有限	广泛
公司内部的项目管理文化	竞争	合作

(续表)

因　　素	PM 1.0	PM 2.0
接触利益相关者	按约定的时间	连续
利益相关者项目管理经验	可选择	强制性
客户参与	可选择	强制性
组织项目管理成熟度	可选择	强制性
生命周期	传统生命周期	投资生命周期
主管对项目经理的信任	信任度低	信任度高
持续改进的速度	缓慢	快速
项目管理教育	有了更好，但不是必需的	终身学习是必要的

　　今后，项目经理将有权选择对其项目最为有效的方法。某些项目僵化的方法论将被表格、指南、模板和检查表所取代。项目经理就如同走在"自助餐厅"里面，从"货架"上选择出最适合项目的活动。在"自助餐厅"的最后，项目经理和项目团队将共同完成一本集合所有活动的项目行动手册，该手册专为特定客户或创新项目设计。客户定制将成为PM 2.0的重要组成部分，僵化的方法论将转变为灵活的方法论或框架。

　　PM 2.0不只是适用于小型项目的独立项目管理方法，它更像基于PM 1.0的许多最新实践的精简汇编，支持快速开发过程。这种简化很大程度上是由于Web2.0软件的进展，当项目团队成员都使用这套项目管理方法时，PM 2.0就取得了成功。

　　尽管PM 2.0已在小型项目上取得了成功，但PM 1.0是否适用于大型项目的问题依然存在，目前尚未定论。但是一些讨论关于PM 1.0和PM 2.0如何结合的出版物给出了结论：能够实现积极主动的管理而不是被动的管理，能够更快地决策、更快地解决问题及拥有更好的工作环境。

　　PM 3.0聚焦项目管理，将其作为一个公认的商业流程，负责交付满足商业战略目标所需的成果。重点放在利益实现和价值管理实践上，预期效益不好的项目将不能参与投资组合，或者在前期就被取消。表4-3展示了PM 1.0、PM 2.0与PM 3.0的一些差异。

表4-3　PM 1.0、PM 2.0和PM 3.0之间的差异

因　　素	PM 1.0 和 PM 2.0	PM 3.0
项目管理重点领域	项目计划、估量和控制	利益实现和价值管理
项目投资驱动因素	成本和盈利能力	与商业战略目标保持一致
指标选取	只跟踪有形元素	跟踪有形和无形元素
假设和约束	在项目生命周期内固定	在项目生命周期内变化
商业论证开发	非结构化的，通常带有模糊的假设	结构化的，包括利益和价值识别
方法	项目方法论，挣值测量系统和企业项目管理	特定项目和创新类型的框架和价值衡量方法论
项目人员配置	滥用关键资源	能力规划和资源管理

4.26 对项目经理和创新人员的启示和借鉴

或许对于项目经理（尤其是经验丰富的项目经理）来说，他们所面临的最大挑战就是要理解创新项目可能需要一套完全不同于人们习惯使用的工具。项目经理可能需要接受以下方面的培训：使用设计思维工具、进行头脑风暴会议、构建整个项目不同类型的原型、创建平衡计分卡和战略地图。

项目经理必须明白，由于模糊性、复杂性、不确定性和危机发生的可能性增加，用于管理和降低传统项目风险的方式在创新活动中可能效果不佳，降低风险可能面临更为复杂的形势。

项目经理必须了解创新与传统项目管理环境之间的差异，其中包括对以下方面的理解：生命周期的阶段有不同类型；项目模糊前端的活动非常重要；需要在高层管理人员的视线内；组织奖励制度能够影响人们在项目中的表现；组织必须制定战略，以克服人们在分配到创新项目时的恐惧感；如果文化不支持创新，则可能对创新成功的机会不利；传统项目管理与创新项目治理之间存在差异。

参考文献

[1] Barreto, I.（2010）. Dynamic capabilities: A review of past research and an agenda for the future. *Journal of Management* 36（1）, 256–280.

[2] Bel, R.（2010）. leadership and Innovation: Learning from the Best. © 2010 Wiley Periodicals, Inc. Available at https://onlinelibrary.wiley.com/doi/abs/10.1002/joe.20308.

[3] Ben Mahmoud-Jouini, S., Midler, C., and Silberzahn, P.（2016）. Contributions of design thinking to project management in an innovation context. *Project Management Journal*, DOI: 10.1002/pmj.21577,（April–May）, 144–156.

[4] Bonner, J. M., Ruekert, R. W. and Walker Jr., O. C.（2002）. Upper management control of new product development projects and project performance. *The Journal of Product Innovation Management* 19, 233–245.

[5] Boswell, W.（2006）. Aligning employees with the organization's strategic objectives: out of line of sight, out of mind. *International Journal of Human Resource Management* 17（9）, 1489–1511.

[6] Bowman, D.（2009）. "Goodbye, Google." *stopdesign*（blog）March 20, 2009. http://stopdesign.com/archive/2009/03/20/goodbye-google.html

[7] Brown, T.（2008）. Design thinking. *Harvard Business Review* 86（6）, 84.

[8] Chen, Y. J.（2015）. The role of reward systems in product innovations: An examination of new product development projects. *Project Management Journal* 46（3）, 36–48.

[9] Crawford, L., Hobbs, B. and Turner, J. R.（2006）. Aligning capability with strategy: Categorizing projects to do the right projects and to do them right. *Project Management Journal* 37（2）, 38–50.

[10] De Brentani, U., and Reid, S.（2012）. The fuzzy front-end of discontinuous innovation: Insights for

research and management. *Journal of Product Innovation Management* 29（1）: 70–87.

[11] Gann, D. M. and Salter, A. J.（2000）. Innovation in project-based, service-enhanced firms: The construction of complex products and systems. *Research Policy* 29（7）, 955–972.

[12] Hobday, M. and Rush, H.（1999）. Technology management in complex product systems（CoPs）: Ten questions answered. *International Journal of Technology Management* 17（6）, 618–638.

[13] Jansen, J. P., Van Den Bosch, F. A. and Volberda, H. W.（2006）. Exploratory innovation, exploitative innovation, and performance: Effects of organizational antecedents and environmental moderators. *Management Science* 52 （11）, 1661–1674.

[14] Kaplan, R., S., and Norton, D. P.（1996）. *The Balanced Scorecard: Translating Strategy into Action.* Boston, MA： Harvard Business school Press.

[15] Kaplan, R., S., and Norton, D. P.（1992）. The balanced scorecard: Measures that drive performance. *Harvard Business Review*（January–February）: 71–79.

[16] Keeley, L.（2013）. *Ten Types of Innovation.* Hoboken, NJ: John Wiley and Sons.

[17] Kerzner, H.（2017）. *Project Management Case Studies*（5th ed.）. Hoboken, NJ: John Wiley and Sons; 255–286, 467–506 and 583–654.

[18] Koen, P., G. Ajamian, R. Burkart, A. et al.（2001）. Providing clarity and a common language to the "fuzzy front end." *Research Technology Management* 44, 46–55.

[19] Kumar, V.（2013）. *101 Design Methods: A Structured Approach for Driving Innovation in Your Organization.* Hoboken, NJ: John Wiley and Sons, 197.

[20] Lester, D. H.（1998）. Critical success factors for new product development. *Research Technology Management* 41（1）, 36–43.

[21] Luchs, M. G., Swan, K. S., and Griffin, A.（2016）. *Design Thinking.* Hoboken, NJ: John Wiley and Sons.

[22] McLean, W.（1960）. Management and the creative scientist. *California Management Review* 3（1）, 9–11.

[23] Meifort, A.（2015）. Innovation portfolio management: A synthesis and research agenda. *Creativity and Innovation Management.* DOI: 10.1111/caim.12109.

[24] Merrow, D.（2011）. *Industrial Megaprojects: Concepts, Strategies and Practices for Success.* Hoboken, NJ: John Wiley and Sons, 327.

[25] Miles, R. E., and Snow, C. C.（1978）. *Organizational Strategy, Structure and Process.* New York: McGraw-Hill

[26] Miller, P., and Wedell-Wedellsborg, T.（2013, March）. The case for stealth innovation. *Harvard Business Review*, 91–97.

[27] Mootee, I.（2013）. *Design Thinking for Strategic Innovation.* Hoboken, NJ: John Wiley and Sons.

[28] O'Connor, G. C., and McDermott, C. M.（2004）. The human side of radical innovation. *Journal of Engineering Technology Management* 21, 11–30.

[29] Pedersen, C. L. and Ritter, T.（2017）. The 4 types of project manager. *Harvard Business Review*（July 27）. Available at https://hbr.org/2017/07/the-4-types-of-project-manager.

[30] Pich, M. T., Loch, C. H., and De Meyer, A.（2002）. On uncertainty, ambiguity and complexity in project management. *Management Science* 48（8）, 1008–1023.

[31] Pihlajamma, M.（2017）. Going the extra mile: Managing individual motivation in radical innovation development. *Journal of Engineering and Technology Management* 43, 48–66. DOI: 10.1016/j.jengtecman.2017.01.003.

[32] Sicotte, H., Drouin, N., and Delerue, H.（2014）. Innovation portfolio management as a subset of dynamic capabilities: Measurement and impact on innovative performance. *Project Management Journal* 58–72, DOI: 10.1002/pmj.

[33] Stetler, K., L., and Magnusson, M.(2014). Exploring the tension between clarity and ambiguity in goal setting for innovation, *Creativity and Innovation Management* 24（2）, 231–246.

[34] Sweeney, J., and Imaretska, E.（2016）. *The Innovation Mindset: 5 Behaviors for Accelerating Breakthroughs.* Hoboken, NJ: John Wiley & Sons.

[35] Tichy, N. and Charan, R.（1989）. Speed, simplicity, self-confidence: An interview with Jack Welch. *Harvard Business Review*（September–October）. Available at https://hbr.org/1989/09/ speed-simplicity-self-confidence-an-interview-with-jack-welch.

[36] Tidd, J., and Bessant, J.（2013）. *Managing Innovation: Integrating Technological, Market and Organizational Change.* Hoboken, NJ: John Wiley & Sons.

[37] Unger, B. N., Rank, J., and Gemünden, H. G.（2014）. Corporate innovation culture and dimensions of project portfolio success: The moderating role of national culture. *Project Management Journal* 45（6）, 38–57.

[38] Wheelwright, S. C., and Clark, K. B.（1992）. *Creating Project Plans to Focus Product Development.* Cambridge, MA: Harvard Business school Publishing.

[39] Williams, T.（2017）. The nature of risk in complex projects. *Project Management Journal*（August–September）, 55–66.

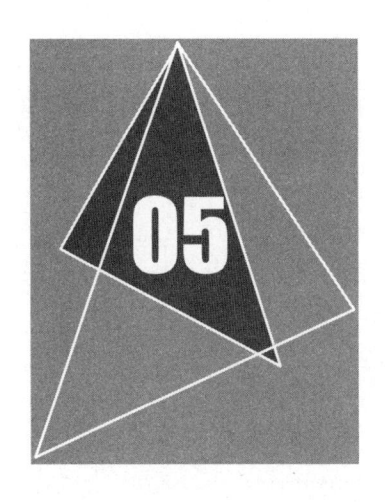

第 5 章
从传统到创新的项目管理思维

项目经理和创新人员的学习目标：
了解一些传统的工具和过程仍然适用，但是在创新过程中需要以不同的方式使用；
了解不断改变的假设和企业环境因素可能对创新决策产生的影响；
了解需要一个信息库来支撑创新决策。

5.1 引言

为员工提供持续创新所需要的工具、专业技能和思维方式，对于组织的生存至关重要。
—— Kaihan Krippendorff

50 多年来，我们在传统项目管理实践中取得了很大的成功。遗憾的是，这种成功并没有出现在所有类型的项目上。每个人都明白应该根据项目类型使用不同形式的项目管理，但是仍然存在着"一刀切"的心态。

现代项目管理的诞生归功于与国防部和太空计划签订的合同。每当项目管理方法升级更新时，都会强调"指挥和控制"的重要性，并且认为项目的成功完全取决于时间、成本和范围。只要项目管理者在这三个约束条件内完成工作任务，项目就被认为是成功的。

私营部门很快意识到一个项目（例如具有创新想法的项目）可以在时间、成本和范围内进行管理，但是没有客户对购买该产品感兴趣。项目管理、市场营销和客户之间的接口不被看作关键。市场营销或高级管理人员将担任项目的发起人并维护客户界面。在某些情况下，项目经理根本不与客户接触。

在两个世纪交替时，发生了四个重大的变化。第一，公司意识到传统的项目管理方法具有局限性，需要一种更为灵活的项目管理方式来创造成果。敏捷和 Scrum 这两种灵活的项目管理方法的引入，解决了这一问题，迫使传统项目管理的支持者对变革进行了深入的研究。

第二，我们对项目成功的定义正在改变。项目成功是指项目的结果产生可持续的商业价值。在时间、成本和范围内完成项目并不意味着创造了商业价值。因此，当前在以商业价值作为驱动力的情况下，我们可以根据如何定义商业价值对每个项目的成功有不同的定义，这也要求市场营销参与创新项目成功的定义。

第三，我们需要时间、成本和范围以外的指标来衡量商业价值的成功和效益的实现。如今项目可以有很多指标，这可能导致产生具有竞争约束的问题。项目可以有几十个指标，公司创建指标库的方式与我们创建使用最佳实践库的方式相同。

第四，在一定程度上改变了我们对"项目收尾"的定义。通常，当一个项目的可交付产品或者成果完成，项目经理将完成必要的行政文书工作，并转到另一项任务。这种方法的问题是，商业价值在交付完成后的一段时间内可能无法衡量。商业价值可以通过顾客购买产品和产品有益用途来衡量。因此，在创新项目中，一些项目团队成员可能仍然参与到项目中，以衡量可持续商业价值的可能性，并查看是否有必要进行调整或范围变更。

项目经理在管理创新项目时必须有不同的想法。因为前面讨论的问题模糊性、复杂性和不确定性，计划、预算、工作分解结构、工作说明的使用方式可能无法和我们在传统项目中的使用方式一样。

5.2 信息库

20多年来，项目经理与卓越项目管理相关的最新信息主要来源于PMO管理的最佳实践库。商业相关信息是由商业论证或项目发起人提供的。我们相信，我们正在通过项目来管理我们的商业业务，项目管理是实现可持续商业价值的交付系统。因此，项目经理不仅要做项目决策，还要做商业决策，并且需要直接访问大量的商务信息。

在整个项目生命周期内，特别是创新项目，必须收集大量数据，包括项目商业论证、项目效益实现计划、项目章程、项目总体计划、客户间关系和市场分析等有关的信息。我们不仅要掌握与项目相关的最佳实践，还要掌握商业业务的最佳实践。但是当我们掌握商业最佳实践时，我们开始用包含项目管理和与商业相关的最佳实践，以及其他必要信息的知识库来替换项目管理最佳实践库。所有这些信息都属于智力资本范畴，如图5-1所示。然而大多数公司有比图5-1所表示的更多的类别。

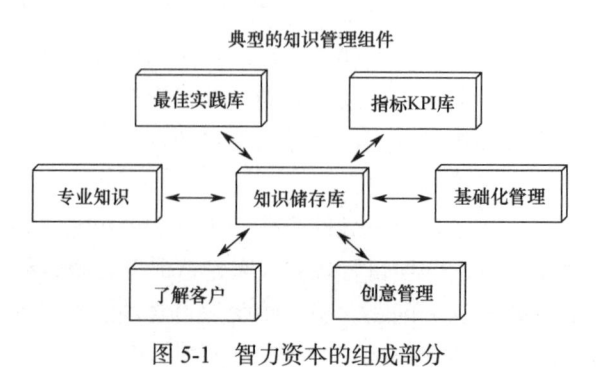

图 5-1 智力资本的组成部分

除非人们能够认识到知识管理系统的使用价值，否则很难让他们正确使用知识管理系统。对于知识管理系统中包含着的大量信息，我们必须关注提取多少信息。这在创新项目的模糊前端过程中是至关重要的。按照 Calabretta 和 Gemser 所说（2016，108），所有的 FFE 工作都需要重要的信息管理。鉴于创新成果的不可预测性，管理者倾向于通过收集尽可能多的多样化信息（如市场情报、科技知识和财务信息）来减少 FFE 感知到的不确定性。然而，考虑到人们在信息处理能力上的局限性，简单地积累信息并不一定能减少不确定性。为了增加成功创新的可能性，信息应该被有选择地检索、有意义地组织和有效地沟通。

但是人们通常会犯这样的错误，即提取的唯一信息与公司和目标客户群有关。虽然并非所有的客户和利益者都同样重要，但是要增加创新所创造的价值，我们还必须考虑最终可能购买我们产品和服务的新顾客。专注于更大客户群体的多样化需求被证明是有价值的，尤其是在一些客户不再重要的情况下，新客户进入市场的需求与当前客户不一样。

公司投资数百万美元开发信息库和知识管理体系，其中拥有大量丰富但通常很复杂的有关客户喜厌程度和购买习惯的数据。这种知识既被看作有形资产，也被看作无形资产。但是困难的部分是试图将信息转化为有用的知识。

创新人员应该首先规划出支持该战略所需要的关键任务知识资产。下一步是确定使用和利用哪些知识资产。通过绘制知识资产图，人们可以围绕创新项目的设计目标设置边界。

遗憾的是，知识管理系统的唯一真正价值是在创收、增加利润、顾客满意度和改进商业运作等领域对商业业务的影响（Hanley，2014）。简单地说，我们必须声明对知识管理的投资有助于未来的竞争优势。

知识管理中有知识创造、知识存储、知识转移和知识应用四项工作。组织文化可以通过影响员工行为来影响知识管理实践（Kayworth 和 Leidner，2003）。

知识资本、知识存储库和云计算的发展为公司提供了建立数据库的机会。根据 Melik 所说（2007，238），许多组织使用多样的应用程序和信息系统，每个组织都有自己的数据库。来自不同系统的数据可以在一个被称为数据库的过程中合并到单个数据库中（集中式数据）。例如公司可以使用供应商 A 的客户关系管理解决方案，供应商 B 的项目管理系统，供应商 C 提供的企业资源计划或会计系统；数据库将用于汇总来自这三个来源的数据。然后使用商业智能和报告工具对所有数据进行详细分析。数据库报告通常不是实时的，因为数据汇总需要时间来完成，通常安排在每周、每月甚至是每个季度进行一次。

知识管理可以提高竞争力，允许对颠覆性变化做出更快的决策和变革，并迅速适应环境的变化。在设计思维中，知识管理的使用至关重要。信息的增长已经对云计算产生了需求，如图 5-2 所示。在知识资本分类方面也进行了大量的研究，例如，知识创造，收集信息，信息处理（识别、分类和汇编），验证和评估，分配、转移和检索协议（如观看受限等），知识应用。

智力资本也有无形的组成部分，如图 5-3 所示。无形资产包含人力、产品和结构资本，在创新项目上可能比有形资产更重要。

图 5-2　信息的增长

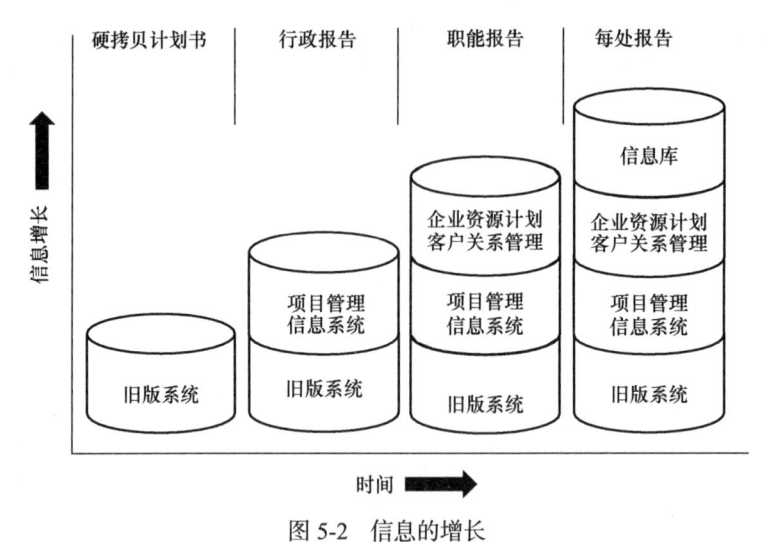

图 5-3　智力资本的三个关键无形组成部分

5.3　创新计划概述

在传统项目环境中，计划可以被叙述为在预测的环境中建立一个预定的行动过程。项目按要求设定了主要里程碑，这假设我们了解预测的环境，有明确的商业目标，一个容易被理解的商业论证和一个详细的项目计划，并且假设商业论证在项目的整个生命周期中都将保持不变。在创新环境中，由于这些项目可能都不存在，我们必须换个角度思考。

决策者必须明白，在创新项目的生命周期内，环境可能发生变化，比如需要修改要求，调整优先事项，重新定义预期的结果。这些可能发生在任何项目上，但是由于消费者行为的变化和竞争引入的新产品，它更有可能发生在创新工作中。

项目经理需要密切监测企业环境因素，这些是对外部环境条件的假设，可能影响项目的成功，例如，利率、市场条件、不断变化的客户需求和要求、顾客参与度、技术变化、政治环境，甚至是政府政策。在创新项目上，企业环境因素也包括以下几点：地域市场、市场规模、市场份额、公司规模、对供应商的依赖、对有限的客户群体的依赖、盈利能力和投资回报、债券市场评级。

项目通常从为项目开发商业论证开始。这通常在定义项目的实际范围之前发生。商业论证是提供启动项目理由的文档。举个例子，如果项目经理预期开发一种新产品，其意图可能是：渗透全球新市场、渗透新的国家市场、充实产品线、将市场上现有的产品替换为具有改进特性的新产品、用制造成本较低的类似产品取代市场上现有的产品。

每种目的都可能需要不同类型的创新，有不同的预算和时间表，并有不同的治理形式。更为复杂的是，战略目标和目的可能随着项目的进程而改变。

从历史上看，商业论证都是小型文档或演示文稿，而启动项目的决定是基于提出请求的人员的等级。如今，商业论证都是结构良好的书面文档，可满足特定的商业需求。每个商业论证应充分详细地描述项目的边界，以便决策者能够确定预期的商业价值和利益会超过执行项目的成本。

商业论证必须包含可量化和不可量化的信息来证明对项目的投资是合理的。可以作为商业论证一部分的典型信息包括：商业需求，这说明了目前存在的差距和投资的需求性；机会选择，这确定了项目如何与战略商业目标相联系；效益实现方案，这确定了无论是成本节约、附加利润还是机会，都可以获得的价值或效益（而不是产品或交付品）；做出的假设，这确定了为证明项目的合理性而做出的所有假设；高级别目标，这确定了项目的高层或战略目标；评估建议，这确定了评估应使用的技术，如费效比、现金流考虑、战略选择、机会成本、投资回报、净现值和风险；项目指标，这确定了用于跟踪项目绩效的财务和非财务指标；退出战略，这确定了必要时用于取消项目的评估标准；项目风险，有助于决策者通过列出项目的主要商业、法律、技术和其他风险来评估项目；项目复杂性，可以从风险角度来看，组织是否能够管理复杂性，是否能够用现有技术来完成项目；所需资源，包括人力资源和非人力资源；进度，该项目的主要里程碑；必须遵守的法律要求。

以上资料不仅用于批准项目，而且也能够与序列中的其他项目进行优先级排序。

我们可以为商业论证中的大多数项目建立模板。有时，效益实现是一个单独的文档，而不作为商业论证的一部分。效益实现计划的模板可包括以下内容：效益的说明，确定各项效益是有形的还是无形的，确定每个效益获得者，如何实现效益，如何衡量效益，各项效益的实现日期，向可能负责将项目的可交付成果转化为效益实现的其他小组移交工作。

Kaplan和Warren（2009，98）已经确定了应该包含在特定创新项目的商业论证中的条目：产品或服务的详细信息，市场机会的评估，目标客户分析进入壁垒和竞争对手分析，管理团队的经验、专业知识和承诺，定价、分配和销售的策略，识别和规划关键风险，现金流计算（包括盈亏平衡点和敏感性分析），财务和其他资源需求。

并不是所有类型的创新项目都需要商业论证。商业论证中的细节可以根据创新项目的类型而有所改变。这需要项目经理有不同的想法。纯粹的研究和创新可能没有商业论证，只有发现重要的结果，该项目才成为一个资金充足的创新项目。有时商业论证中的这些信息被认为是专有的，准备商业论证可以让每个人都知道公司正在开展哪些创新工作。

商业论证和效益实现计划（如果存在的话）完全有可能改变到某一地步，即项目的结果会产生有害的结果，并且项目应该被取消或搁置，以供以后考虑。在商业论证或效益实现计划中，一些可能导致变化的因素包括：①企业拥有者或执行领导的变化。在一个项目的生命周期中，可以有领导的改变。最初设计该项目的高管可能已经换成他人，这些人要么很难理解这个项目的好处，要么不愿提供相同水平的承诺，要么认为其他项目有更重要的利益。②假设的变化。根据项目的时长和目标市场细分的潜在变化，假设可以并且很有可能发生改变。我们必须建立跟踪指标，以确保原来的或不断变化的假设仍然与预期效益保持一致。③制约因素的变化。市场条件的变化（服务市场和消费者行为）或风险可以引起约束的变化。公司可以批准范围变更以利用额外的机会，或根据现金流限制减少资金。此外，指标还必须跟踪约束的变化。④资源可用性的变化。具备必要关键技能资源的可用性或损失始终是一个问题，并且如果需要在技术上取得突破来实现这些效益或找到一种风险较小的更好的技术方法，则可能影响收益和客户价值。

项目管理的原理之一是项目经理被分配得越早，计划越好，对项目的承诺越大。遗憾的是，如今有一种没有提前让项目经理参与商业论证开发的趋势。

在概述需求和（或）开发商业论证之后再指派项目经理有以下几点有效论据：项目经理可能知识有限，此时无法为项目做出贡献；该项目可能得不到批准和（或）资金，因此让项目经理尽早上任将增加费用；在这一早期阶段，项目的定义可能不够明确，无法确定最佳项目经理人选。

虽然这些论点似乎有道理，但有一个更严重的问题会影响创新，即最终分配的项目经理可能不完全理解假设、约束、关于客户部分的市场营销信息，以及考虑消费者行为和替代方案。这可能导致项目计划的开发不理想。商业论证开发工作（可能是由与项目执行完全不同的人准备的）包含所有必要的假设、备选方案和约束是一厢情愿的想法。创新项目经理必须尽早加入。

商业需求通常是通过市场营销来确定的，这可能导致高度优化的方法，而很少考虑时间表和/或预算。之后创新项目经理就会承受压力，接受在商业论证开发过程中做出的不现实的论证和假设。如果项目未能满足商业论证的期望，那么责任可能归咎于项目经理。因此，我们必须认识到，在企业文化中，并非所有的创新项目都会成功。

5.4 创新假设

通常，项目商业论证中包含的假设是由市场和销售人员做出的，然后由高级管理层批准，作为创新项目选择和批准过程的一部分。对最终结果的期望很大程度上基于所做的假设。

假设有几种类型。最常见的两类是显性假设和隐性假设，以及关键假设和非关键假设。关键和非关键假设也被称为主要假设和次要假设。这两类假设不是相互排斥的。

显性假设可以量化，并在没有任何歧义的情况下表达。一个例子可能是提高特定部门市场份额的能力。隐性假设可能是隐含的，并且可能无法被发现，例如渗透新市场细分的能力。显性假设通常包含隐含的隐性假设。例如，我们可以做出一个明确的假设，即需要五个人全职来完成这个项目。隐含的是一种隐性假设，即被分配的人将全职可用，并拥有必要的技能。如果隐性假设被证明是错误的，就会造成严重的后果。

关键假设是那些如果只发生小的变化就会对一个项目造成重大损害的假设。关键假设必须密切跟踪，而非关键假设可能不会被跟踪，只要它们不成为关键假设，就可能不需要采取任何行动。一个关键假设可能是，竞争对手不会用新产品击败我们进入市场。项目经理必须制订计划，说明他们将如何衡量、跟踪和报告关键假设。测量意味着假设可以量化。由于假设可以预测未来的结果，因此直到很远的将来或出现一些风险触发因素，才可能进行测试和测量。这可能需要敏感性分析来确定风险触发因素。

在创新环境中，项目经理和营销人员必须共同努力来确定假设。他们必须就关键假设达成协议，特别是在商业价值、风险和成本方面，还必须对关键假设的哪些更改可能触发范围更改的需求达成共识。因为项目经理和市场营销人员需要监控市场，这也就要求他们在项目的整个过程中保持密切合作。

创新项目经理可能永远不会看到甚至知道有一些假设。这些假设被称为战略假设，是由决策者在批准项目或选择项目组合时保留下来的。这些类型的假设可能包含公司专有信息，因此行政领导们不希望项目组知道这些信息。

1. 记录假设

所有创新假设都应在项目启动时记录。在整个项目中，项目经理必须重新验证和质疑这些假设。不断变化的假设可能迫使该项目终止或重新定向到一组不同的目标。

记录假设是必要的，以便跟踪变化。在创新项目期间，特别是在一个长期项目期间，可能发生变化的假设示例如下：借款和项目融资成本将保持不变；采购成本不会增加；技术突破将如期进行；具备必要技能的资源将在需要时提供；市场会欣然接受产品；我们的竞争对手将赶不上我们；风险较低，且易于减轻；可使用现有设施制造产品。

2. 企业环境因素

关于企业环境因素的假设有以下几点：利率、市场情况、改变客户的需求和要求、技术变化、政府政策。

3. 组织过程资产

关于组织过程资产的假设是对当前或未来公司资产的假设，这些假设可能影响项目的成功，例如，企业项目管理方法的能力；项目管理信息系统，包括表格、模板、指导方针和检查表；获取和使用经验教训数据和最佳实践的能力。

错误的假设会导致错误的结论、糟糕的结果和不满意的客户。对错误假设的最佳防御措施是在项目启动时做好准备，包括制定风险缓解战略。一种可能的方法是使用验证清单，如表 5-1 所示。

表 5-1 假设验证清单

验证假设的检查列表	是	否
假设不在项目组的控制范围之内		
假设不在利益相关者的控制范围之内		
假设被验证是正确的		
假设的变化可以控制		
假设条件不是致命的		

(续表)

验证假设的检查列表	是	否
假设成立的可能性是明确的		
这一假设的后果对项目构成严重风险		
假设中的不利变化可能对项目致命		

5.5 验证目标

没有行动的愿景是白日梦，但没有愿景的行动是噩梦。

—— Kaihan Krippendorff

当项目经理被分配到一个项目并审查需求时，他们首先考虑项目的假设和目标。传统的项目管理主要侧重于定义明确的商业论证，其中包含详细的目标和工作说明，而创新项目管理则侧重于目标的制定。创新项目开始时经常使用长远目标而不是中短期目标，因为此时的需求可能定义不明确。

目标代表描绘希望结束的终点或终点线。目标可以有一个 5～30 年的窗口期。目标是实现其所必需的长期或短期工作或行动。许多创新项目一开始就只有长期目标，通常是"胆大的大目标"，然后随着项目的进展，制定目标。

一个项目的目标，通常是高层次的目标，它提供了一个目的或期望的行动结果。然后，项目经理必须制定临时目标来满足高层目标和目的。

明确的书面和容易理解的目标必不可少，这样，项目团队就可以知道项目何时结束（目标已经实现）。遗憾的是，这些目标通常是强加给项目经理的，而不是尽早委派项目经理，以便其参与目标的制定。

明确的书面目标遵循 **SMART** 规则：明确的，可衡量的，可实现的，现实的或相关的，有形的或有时限的。S（Specific）=明确的：目标是明确的，并侧重于绩效目标或商业目标。M（Measurable）=可衡量的：目标可以定量表达。A（Attainable）=可实现的：目标是合理和可实现的。R（Relevant）=现实的或相关的：目标与项目的工作直接相关。T（Time Bounding）=有形的或有时限的：目标在一定的时间内是可衡量的。

如果没有治理委员会和市场营销部门的帮助，项目经理可能无法建立目标。大多数项目经理可能能够建立目标的技术组成部分，但在商业组件上必须严重依赖他人。

如果项目经理认为这些要求是不现实的，那么他可以考虑缩小目标的范围。虽然还有其他技术可用于缩减目标，但缩小范围往往是第一次尝试。按照 Eric Verzuh（2016，278）所说，如果项目的目标需要太长时间才能完成或花费太多，第一步是缩小目标，即产品范围。这种替代方法的结果将是减少最终产品的功能。或许一架飞机的重量会减轻，一个软件产品的功能会减少，或者一座建筑的面积会减少，或者木质地板的价格会降低。①正面的：这将挽救项目，同时节省时间和金钱。②反面的：当产品的功能降低时，它的价值就会降低。如果飞机不能承载那么多的重量，客户想要吗？如果软件产品的功能较少，它会经得起竞争吗？一座用较便宜木板铺制的小办公楼，可能无法吸引足够高的租金来证明该项目的合理性。③最佳应用：减少产品范围而不降低其价值的关键是重新评估商业论证的真正需求。许多产品由于建造过度而超出预算。质量最好被定义为"符合要求"。因此，缩小产品范围来使需求得到满足，实际上提高了产品的价值，因为它生产得更快，成本更低。

建立需要预测的目标。预测会发生什么可能并不容易，特别是如果需要预测商业化后的消费者反应。预测通常被定义为战略、战术或操作。战略预测一般为5年或5年以上，战术可以为1~5年，而操作是现在的6个月到1年。虽然大多数项目属于操作性的，但许多方式的创新项目可以被认为是战略性的，特别是在衍生产品或后续工作前景看好或预期会影响市场的情况下。预测还需要了解以下因素的优缺点：竞争情况、市场营销、研究与开发、生产、融资、人员、管理。

5.6 生命周期阶段

项目规划发生在两个层次。第一个层次是企业文化方式；第二个层次是个人方式。企业文化方式将项目分解为生命周期阶段。生命周期阶段方法不是试图给项目经理加上约束，而是为统一项目规划和结构化的控制决策提供一种方法。包括政府机构在内的许多公司准备了在每个阶段应该考虑的工作清单。这些清单是为了规划的一致性。项目经理仍然可以在每个阶段行使自己的规划主动权。

生命周期阶段的另一个好处是控制。在每个阶段结束时，项目经理、发起人、高级管理层甚至顾客都要开会，评估这个生命周期阶段的成就，并获得下一阶段的批准。这些会议通常被称为关键设计评审，例如"开关匝道"和"阶段门"。在一些公司，这些会议被用来稳定后续阶段的预算和时间表。除了费用和时间表方面的考虑，生命周期阶段还可用于人员配置部署和设备（设施）的利用。有些公司甚至编写项目管理方针和程序手册，并根据生命周期阶段对所有信息进行细分。其中包括：根据核准基准资金，继续进行下一阶段；进入下一阶段，但有一个新的或修改过的目标；基于更多信息的分析，进行延期批准；终止项目。

当我们讨论生命周期阶段时，通常会理解在每个生命周期阶段结束时都有"执行"或"不执行"的里程碑。这些里程碑被用来确定项目是否应该继续，如果是，资金或需求是否有任何变化？但也有其他临时里程碑支持阶段结束里程碑或出现在某些生命周期阶段。

1. 范围固化里程碑

范围固化里程碑是项目时间表中的位置，其中范围被固化，不允许进一步的范围更改。在传统的项目管理中，我们通常不使用范围固化里程碑，因为假设范围在项目启动时定义良好。但在其他项目上，特别是在IT和创新项目，项目可能只是基于一个想法开始的，随着项目的实施，项目的范围必须不断进化。这在敏捷和Scrum等技术中非常常见。

根据 Melik 所说，范围固化会有阻力；如果太早，客户可能不愉快，太晚，项目将超出预算或延迟。在顾客的需求和你按时按预算交付的能力之间取得正确的平衡是一个明智的决定。时间因项目而异，但在做出（重大）财务承诺之前，应始终固化范围（2007，205-206）。

如果范围固化基准无法商定怎么办？以下几点方法可能对你有帮助：①与客户加大合作，直到实现范围固化。②同意分阶段工作；继续进行部分项目，明确并同意项目过程中其余范围。试验、雏形或适合商业分析的小型项目是有帮助的。③用许多预定的里程碑和短期阶段来构建项目，这样项目更有可能与其最终目标保持一致。

在创新项目中范围固化里程碑是很重要的，因为高水平人才可能想要创造一个完美的产品，并继续设计和实验。有一点，我们必须固化设计，使产品商业化，并允许所有进一步的增强成为下一代产品的一部分。范围固化可能是必要的，以便迅速进入市场和创造收入。

2. 设计固化里程碑

除范围固化里程碑外，还可以有设计固化里程碑。即使范围定义明确并得到同意，也可能有几个不同的设计选项来满足范围。有时，最佳设计可能要求更改范围和必须移出范围固化里程碑。

设计固化里程碑是项目中的一个点，在不产生财务风险情况下，不会对产品的设计进行进一步的更改，特别是当设计必须进入制造阶段时。固化的决策点通常出现在特定生命周期阶段的末尾。有几种类型的固化，它们可以发生在几乎任何类型的项目中。然而，它们在新产品开发（New Product Development，NPD）项目中最常见。

在具有技术创新的 NPD 项目中，我们通常同时具有规范固化和设计固化。创新团队通常不喜欢规范，声称它限制了他们创造的自由。

1971 年 12 月，Sidewinder 项目总监 William McLean 博士在美国参议院军事委员会听证会上说："我认为，当你没有明确的规范时，很多最有趣和最新颖的解决方案都会出现。"

然而，规范通常是必要的，并规定了最终设计必须基于的一系列要求。规范可能有健康和安全方面的原因。

在规范固化之后，我们有一个设计固化，最终设计被移交给制造部门。设计固化对于及时采购长周期项目（如制造最终产品所需的零件和工具）可能是必要的。设计固化的时间往往是由交付周期决定的，可能超出公司的控制范围。未达到设计固化点对制造业的影响比工程设计大得多。

设计固化具有控制下游范围变化的额外好处。然而，即使设计更改可能花费很大，但出于安全原因，通常还是必须进行更改，以保护公司免受可能的产品责任诉讼并满足客户的特定需求。

在将产品的设计移交给制造部门后，对产品的更改可能是昂贵的。作为一项规则，我们通常说，在设计固化后的任何生命周期阶段的更改，成本是在上一个生命周期阶段执行更改的 10 倍。作为一个例子，让我们假设，如果在设计固化点之前犯了一个错误，那么修正可能是 100 美元。但如果直到制造阶段才发现错误，那么修正成本可能是 1000 美元。如果在顾客收到产品后发现相同的错误，则可能要花费 10000 美元来纠正 100 美元的计划错误或 1000 美元的制造错误。虽然 10 倍的规则看上去有点夸张，但它确实显示了在下游纠正成本的倍增趋势。

3. 客户认可里程碑

一些创新可能是为特定的客户群体设计的，可以作为共同创造的一部分。项目经理常常忽略了生命周期阶段中的时间表里程碑，以及客户对项目进度基准的批准所需要的持续时间，并错误地认为批准过程会很快发生。项目经理母公司的批准过程可能是以某种程度的肯定而为人所知的，但是对于客户或合作伙伴的批准过程却不能这么说。影响批准速度的因素包括：有多少人参与了审批过程；是否有人是新加入这个项目的；当所有必要的参与者都能找到一个相互商定的时间见面；人们需要审查数据、了解数据和确定其决策影响所需的时间；他们的项目管理知识；检查他们或其他人先前做出的项目决策；他们如何理解延迟决策的影响；他们是否需要更多的信息才能做出决策；是否可以口头做出决策，或者是否必须以报告格式编写。

简单地在时间表中添加一个里程碑，上面写着"客户批准"并不能解决问题。项目经理必须在做出决定之前找出客户需要多长时间，最好将客户批准作为一项工作而不是一个里程碑。

4. 非传统生命周期阶段

正如前面所说，创新项目在传统的生命周期阶段可能无法很好地运作。除了其他项目的传统生命周期阶段，有些公司还使用产品开发生命周期阶段。敏捷和 Scrum 等技术是根据每个项目的独特要求设置框架的灵活方法。再说一次，"一刀切"的方法并不适合所有的项目。

创新可以使用非传统的生命周期阶段，如图 5-4 所示。这些生命周期阶段仍然可以使用范围固化里程碑、设计固化里程碑和客户认可里程碑。基于我们是否有产品、服务或过程创新，以及创新是渐进的还是激进的，创新项目可以有不同的非传统生命周期阶段。

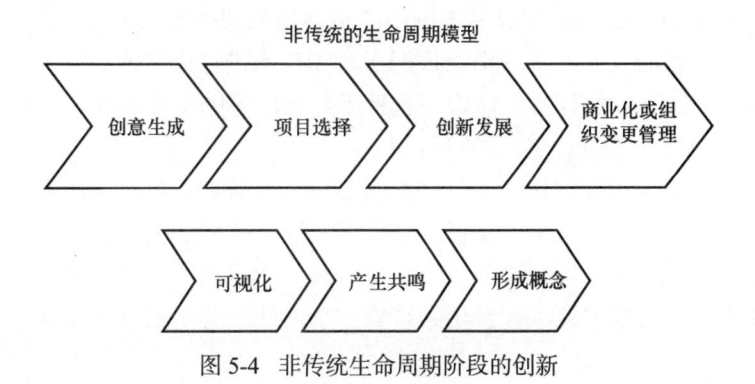

非传统的生命周期模型

创意生成 → 项目选择 → 创新发展 → 商业化或组织变更管理

可视化 → 产生共鸣 → 形成概念

图 5-4 非传统生命周期阶段的创新

5.7 工作分解结构

工作分解结构（Work Breakdown Structure，WBS）是对生产最终产品所需的硬件、服务和数据进行的面向产品的族树细分。WBS 是按照工作的方式进行的，反映了项目成本和数据的汇总及最终报告的方式。WBS 的编写还考虑了需要结构化数据的其他领域，如调度、配置管理、合同资金和技术性能参数。

WBS 作为一种工具，将工作分解为更小的元素，从而提供了更大的可能性，每个主要和次要的工作都会被考虑在内。然而，在创新中可能没有工作说明或详细的需求清单。因此，我们只可能在 WBS 中确定高级别工作，并且需要随着项目的进展使用滚动或渐进的阐述。

在创新方面，我们倾向于为我们在接下来的一两个月里确定的工作准备一个高级别的 WBS。随着我们在设计工作、实验和测试方面的进展，我们在接下来的两个多月的细节中扩展了 WBS。在这种情况下，我们使用两个月的移动窗口来更新 WBS。一项测试的失败可能导致 WBS 及项目方向的重大变化。

移动窗口的长度和 WBS 的详细说明将根据创新的类型和可用的信息量而有所变化。为渐进性创新开发详细的 WBS 比激进或颠覆性创新容易得多。

5.8 预算

大多数公司使用三类估计法。使用哪种类别的决策是根据估计时可利用的信息量做出的。第一类估算类型是数量级分析，它是在没有任何详细的工程数据的情况下进行的。在项目范围内，数量级分析的准确性可能为 ±35%。这类估计可以使用过去的经验（不一定相似）、规模因素、参数曲线或容量估计。

数量级估计是自上而下的估计，通常应用于 WBS 的第 1 级，在一些行业中，也包括使用参数估计。参数估计是基于统计数据的。

第二类是近似估计（或自上而下估计），这也是在没有详细的工程数据的情况下进行的，可能精确到 ±15%。这种类型的估算是根据范围和容量相似的先前项目按比例分配的，并且可以通过类比、参数曲线、经验法则及根据产量和技术进行调整的类似工作的指数成本进行估算。在这种情况下，估计者可能说，这种工作比以前的（参考的）工作要困难 50%，需要多花 50% 的时间、工时、美元、材料等。

明确的估计或基层建设的估计，是根据明确的工程数据，包括（作为最低限度）供应商报价、相当完整的计划、规格、单价和估计完成度。明确的估计，也称为详细的估计，其准确率为 ±5%。第三类估计方法是使用学习曲线。学习曲线是重复函数的图形化表示，其中连续操作将导致时间、资源和费用的减少。学习曲线背后的理论通常被应用于制造业务中。

每个公司都可能有一种独特的估计方法。然而，对于正常的项目管理实践，所讨论的三个估计类别足以作为起点。许多公司试图通过制定估算手册来规范它们的估算程序。然后，使用估算手册来估算工作量，可能高达 90%。估算手册通常比工业工程标准提供更好的估计，因为它们包括多组任务，并考虑到诸如停工时间、清理时间、午餐和休息等工作。

在开始时，由于可用的信息有限，创新项目通常被迫使用数量级估计。随着工作的进展，以及更多的信息变得可用，公司可以对剩余的工作使用不同和更准确的估计技术。

5.9 日程安排

任务持续时间估算和计划编制面临与预算编制相同的问题。如果你能为创新项目准备一个详细的时间表，并预测你将取得技术突破的确切日期，你就没有创新。

研究人员和创新者更喜欢非常宽松的时间表，可以自由地偏离正轨，使用可拓展的时间表，如用于增量创新的时间表，通常更为严格。研究和创新计划有大量平行工作，而在开发中，计划工作可能是依次连续的。

计划通常是使用移动窗口或滚动计划来编制的，其中详细的计划进度可以在短时间内编制，如两个月或三个月。一两次测试的结果可能需要对进度计划进行重大更改。因为进度计划是根据 WBS 中的工作编制的，因此可以理解的是，进度计划的准确性基于 WBS 中使用的详细程度。

5.10 范围变更控制

项目经理在传统项目管理中使用的关键工具是配置管理或配置（范围）变更控制。随着项目进入生命周期阶段的后阶段，产品或服务设计变更的成本可能无限增长。

创新者通常在规范性较弱的情况下工作，因为他们有发明的自由，而开发人员不是为了创造新的替代方案，而是为了减少用于实现和商业化可用的替代方案。遗憾的是，规范性较弱会引起范围变更。

配置管理是一种控制技术，它通过有序的过程，对范围的变化进行正式审查和批准。如果实施得当，配置管理可以提供：适度的审查和批准更改，寻求变革的焦点，向客户和承包商办公室的合同代表提供经批准变更的单一输入点。

至少，配置控制委员会应包括来自客户、承包商和发起变更的生产线的代表。讨论应回答以下问题：变更费用是多少？这些变化是否提高了质量？这种质量的额外成本是否合理？改变是必要的吗？对交货日期是否有影响？有可用的变更资源吗？变更的批准会影响其他项目吗？

改变会增加费用、影响进度，并且会改变给下游客户营销的承诺。在研究或创新项目的生命周期阶段，与在开发或商业化生命周期阶段发生的这些相同变化相比，工程变更、规范变更和工程重定向（即使仅仅是由管理层的突发奇想引起的）可能产生较小的成本影响。因此，正确实施配置管理势在必行。以下步骤可以增强实施过程：定义市场营销期望产品或服务的起点或"基线"配置；定义变更的"类别"，因为并非所有更改都需要由变更控制委员会批准；确定对客户和承包商的必要控制或限制；确定政策和程序，如董事会主席、投票人（替代者）、会议时间、议程、批准会、流程和紧急情况下的处理过程。

如果共同创造被用于创新，那么确定变更控制委员会的成员将具有挑战性，因为范围的某些变化可能改变基准，并伴随着共同创造团队成员的期望。他们必须让共创团队的所有成员都了解已批准和被拒绝的更改。市场营销部可能希望与产品最终用户及他们对变化的意见进行协商。

在变更控制委员会会议期间需回答的一个重要问题是，是否有关键技能资源用于范围的变化。这种变化可能决定了对技能的需求高于项目团队所拥有的水平。如果必须从其他正在进行的项目中移走这些资源，其他项目可能出现重大延误。考虑到这一点，一些需要的范围更改可能推后进行。

最后一点，必须理解的是，这里使用的配置（范围）变更控制并不能取代设计评审会或客户对接会。这些会议仍然是所有项目的组成部分。

5.11 沟通

学会倾听别人的心声至关重要。
—— Debra Kaye，*Red Thread Thinking: Weaving Together Connections for Brilliant Ideas and Profitable Innovations*

许多人认为，一个项目必须具备的最重要的技能是沟通管理。然而与此同时，项目沟通管理的创新进展缓慢。我们主要倾向于关注项目经理与项目团队沟通的方式。在大多数情况下，需要与组合团队或虚拟团队一起使用书面报告、演示文稿或视频会议进行交流。

在项目管理的早期，所有与利益相关者的外部沟通，在某些情况下也包括与客户的沟通，都是由项目发起人处理的。这些现在都改变了，项目经理有责任和每个人沟通。

随着项目管理成长为一个跨国环境，项目经理发现自己处于不同类型的沟通环境中。例如，美国一位跨国项目经理评论说：在美国，当你在一个项目上遇到问题时，你知道沟通的路径是通向项目发起人的，很多时候问题会摆在那里等待解决。在某些国家，当你将问题升级时，你不确定问题将走向何方。突然，你会发现，以前没有参与该项目的政府部长及其他政府和政治人物现在正成为积极的利益相关者。他们甚至可能试图对你的一些工作进行微观管理，并需要不同方式的沟通。

我们现在正在研究创新沟通管理的方法。我们现在比过去有更多的项目指标。公司要求使用指示板实时（例如每天）报告状态。项目经理现在被要求与每个人沟通，这给传统的项目管理过程增加了复杂性。沟通创新现在是必要的，由创新软件支持的信息库的增长也起到了帮助作用。

5.12 沟通创新实践：ARCADIS 公司[①]

几十年来，传统的项目管理做法一直被视为对项目经理的一般指导。但今天，我们认识到每个项目都可能代表一种非常独特的情况。从"情况"一词中，我可以说，基于项目经理的行动和反应，一个创新的解决方案可能是必要的，可能或不可能推广。

我坚信，项目管理仍然不成熟，许多想法和技术可以应用于加强项目中处理问题和风险的方法。此外，我们未来运行项目的方式，最终将促进在所有项目中采用创新思维。

在过去的 20 年里，我意识到我们必须区分项目的类型，如何运行这些项目的预期方法，以及指定项目经理运行特定项目的能力和特征。关于大型项目和高风险项目，我们必须停止使用任期经理，而是使用领导者。在这些项目中，我们需要领导特质，而不仅仅是管理技能。领导者必须能够跳出条条框框思考，并激励他人采取紧急变更方案。领导者可以在他的团队中建立信任，这样他们就能共同实现目标。大家必须更加注重沟通，并在各方之间采取正确的战略。

我将这种创新的思维方法应用于项目管理，并将其应用于我直接监督的一个建筑项目中。我将强调我们如何利用一般知识，并将其与创新的新想法结合起来，以应对挑战、问题和风险，如果不能得到解决，这可能影响项目的结果。

经过调整的库尔特·勒温（Kurt Lewin）的三阶段变革理论被实施应用。勒温的变革理论模型是基于三步过程（化解—变更—固化），为变更管理提供了一种高层次的方法。

在变更过程中，我实施了一个我开发的 IT 程序，它有一些接口来帮助实现可视化需求，并在出现延迟时建立所需的恢复程序。此外，我还将展示一种能够与主要利益相关者进行的沟通模式。

5.12.1 背景

该项目包括四个圆柱形钢储罐，每个储罐的高度为 21 米，直径为 110 米，容量为 190000 立方米，用于存储建筑物、道路及供应项目所需的所有材料、设备和服务。该项目将为麦加的马沙尔地区（阿拉法特、穆兹达勒法、中东和北非、沙特阿拉伯）居民提供多达 76 万立方米的饮用水。及时完成该项目至关重要，因为这些储罐需要满足 2016 年朝圣活动增加的用水需求。

1. 确定与项目相关的主要挑战、问题和风险

一些重大挑战包括：①保护附近主要为这个城市供应水的容量为 100 万立方米的混凝土水库，还有一个距项目边界约 200 米的 90000 立方米的钢结构水库。该项目的一项主要工作是对山上的岩石进行大量爆破。②顾客和承包商双方的项目管理和环境、健康与安全（Environmental，Health and Safety，EHS）意识较低。③多元文化。④麦加人口众多（约

[①] 本节由 ARCADIS 项目总监 Amjad Alshabatat 提供。版权所有，经许可转载。

200万人，朝圣季增加到400万人左右)，交通限制造成物流复杂性，缩短了工作时间。⑤项目主管的任命推迟了六个月。遗憾的是，承包商在没有管理计划或风险管理计划的情况下继续推进项目执行。

我进行了一项详细的研究来确定减轻项目风险和问题的实际解决方案。但首先，如果我们要继续进行并实现项目的目标，就必须改变承包商和客户的心态。与客户和承包商打交道表明，我们需要进行根本性的变革，包括适当的沟通战略，传统的项目管理方式将不起作用。

首先，我必须确定作为顾问的我们与其他双方（尤其是承包商）之间进行沟通的障碍。这个问题促使我发展和实施我的沟通理论，利用勒温的三阶段理论和我自己的修改，并通过一个简单的软件程序将信息技术集成到项目管理中。

采用跳出条条框框思考这种积极主动的技术，对项目的成功、按时、高质量交付起到了至关重要的作用。对项目有很大影响的最重要的接口是恢复计划的接口。

2. X + Y + Z = D：沟通中的 Shabatat 理论

实现项目目标的一个重要方面，是在项目的所有利益相关者之间有一个最终的理解和良好的沟通实践。许多人和我一样认为，接受沟通的准备和意愿比沟通方式更重要。有时，影响沟通的不是误解，也不是影响交流的任何类型障碍，而是各方之间错误的沟通策略，为使各方齐心协力聚集在一起，要在项目的生命周期中保持各方之间的有效沟通。

在这里，我将介绍一种新的沟通理论，我在两个项目中采用了这一理论，其结果非常显著，并为每个项目的成功提供了积极的结果。我受数学线性方程的启发而建立了这个理论。

要建立一个沟通战略，我们需要了解其他人的观点，他们是如何思考的，并根据情况确定他们的确切能力，以及掌握每一方之间存在的关系类型。然后我们必须把它们放在同一个平衡方程中，以实现和谐。在制定战略之后和与他人沟通之前，确保没有阻碍信息传输的障碍也很重要。

3. 求解线性方程

首先，我将为情况和关系提供一个定义：个人情况是指能力（所有类型的资源、知识和意识），确切的计划及执行工作的议程；关系（双方之间）是双方应对挑战、问题和风险的方式，以及这种关系的约束性。

要了解一个人的情况和他（或她）的全部能力，我们必须将自己放在对方立场上，并通过他们的视角看待这个项目。在具有多重关系的情况下，我们将有两个以上需要彼此沟通的参与方，并且所有这些参与方都是利益相关者。他们的介入会对项目产生影响。我们将分别分析每种双方关系。例如，在一个建筑项目中，对项目有重大影响的三个重要方面（利益相关者）是客户（所有者）、承包商和监督顾问。每一方都有完成项目的作用和投入。这种关系由双方之间的合同或合同中写的细节或条款控制，并且必须始终控制（平衡）这种关系。

在数学中，我把这些关系看作线性方程。首先，双方都有各自的关系，最后，我们将有一个包含所有各方的等式。

客户=X

承包商=Y

顾问=Z

X+Y=A

X+Z=B

Y+Z=C

其中常数 A、B、C 和随后的 D 表示基于关系本身（和谐）的沟通类型。

为了有一个有效且高效的沟通模式，以实现项目目标，我们需要让所有各方保持一致的沟通：X+Y+Z=D。

该等式代表了项目中所有参与方的沟通图的最终形状，对关系类型的任何误解都会导致方程的最终失效，并且不会形成 D 的确切值。

通过用一个变量代替另一个变量来求解所有上述方程式，可以站在承包商（或客户）的角度代替（想象）自己以了解其情况，从而建立一个合适的沟通系统。在此替换过程中，对每个变量（X、Y 和 Z）进行 SWOT（优势、劣势、机会和威胁）分析，其中包括收集信息和建立信任，确定其优势、劣势、机会和威胁。他们还为各方记录了一些具体目标。之后，画面变得清晰起来，并且回答了关于沟通障碍的问题。基于这些信息，我能够消除差距，建立一个强大而有效的沟通策略。

我首先向团队解释了我的策略并分享了我的担忧。这为我的沟通模型提供了很多支持。我能够在项目的所有阶段激励他们，并保持他们的热情。持续的会议、正直、耐心、头脑风暴和动机是成功的重要因素。

4. 勒温的三阶段变革理论和修改

勒温的变革理论模型是基于一个三步过程（化解—变更—固化），它提供了一种高层次的变革方法。选择该理论是因为它提供了一个实施变革工作的框架，而变革总是非常敏感的，必须尽可能无缝进行。

在这个理论中，我还包括了我所说的冲击负面结果和冲击正面结果。我的修改是必要的，因为我们需要一个冲击迫使受访者（顾客和承包商）接受改变，并化解他们以重塑他们的行为。我们试图说服他们，当前的态度会导致不必要的结果或负面影响。我的方法是，我们需要一种"休克疗法"，并有证据表明当前的行为会导致灾难。在我们能够说服他们并且完成更改之后，第二步是另一个冲击，以保持新的变更（固化）。第二个（积极的）冲击是让他们相信这一新变化将产生重大的积极影响。在这种冲击下，我利用了能够加深印象的信息技术。

5.12.2 化解

客户（所有者）从事项目已有一段时间，并使用了基于过去项目经验的习惯和例行程序。不再相关或不再有用的任务和程序仍在习惯地执行，但是没有人质疑其合法性。客户的组织处于这样一种模式，即人们或过程不接受或不愿意接受重大变化。

在化解期间，我的目标是让利益相关者对他们的日常工作有一个看法，忘记与项目无关的预定义程序，并使他们接触到实现目标的创新方式。在下一阶段开始之前，对目前的做法和进程进行了重新评估。

在变更过程的这一阶段，我们通过不同的会议向所有利益相关者解释当前的状况（负面影响）及其对项目的影响。我解释了所有技术和管理问题，并引导他们科学地发现所有可能导致当前方法的不良情况。在此阶段，我向所有利益相关者非常清楚地说明了变更的目的。我在现场办公室（承包商和我的团队）及客户办公室安排了几次报告介绍和提高认识的会议，使他们能够适应变化。在此阶段，我采取了以下步骤：向所有利益相关者解释当前状况及其影响；对他们保持透明，并解释变更过程；讨论和记录反馈和反对意见；为每次变更达成使各方满意的协议公式。

5.12.3　变更

认识到这个阶段是相当重要且动态的，所以我尽一切可能使变更阶段成功进行，并向他们保证每次工作都将有足够的时间。这一过渡阶段基本上是培训人们了解变革，将其付诸实施，测试变革，并进行变革评估的过程，以确保政策协调一致，这样一旦实施变革，相关的政策和流程也不会发生冲突。为了提高效率，我承担了一些任务和职责，例如举办培训课程和召开会议，这需要学习曲线来显示项目的进度。最终，我们受益于项目进度、质量和 EHS 要求。

在此阶段，我为客户和承包商安排了不同的培训课程，使他们达到所需的项目管理意识水平。与此同时，我与他们分享了有关质量控制和 EHS 的不同但有用的信息。为了了解需要进行变革的确切领域，一些培训课程是现场学习。我还鼓励各方在工作中利用信息技术，使用相关的软件程序。我发现由于种种原因，他们在某些程序上遇到了困难，因此我开发了一个易于使用的软件程序来处理这些困难。

总之，在这一阶段，我做了以下工作：为客户和承包商举办了几次培训课程；及时评估对变更的反应；与所有相关人员保持联系，以确保项目成功，并鼓励他们，得到他们的反馈并解决他们的困难；准备项目管理计划；准备风险登记册。

5.12.4　固化

在将客户和承包商以前的做法变革到可接受的程度，并确保这种变革是永久性之后，我采取了一些步骤。在此过程中，我对项目程序进行了进一步的更改。最终项目管理计划和质量程序受到了监督和控制，这是通过定期反馈并跟踪所有细节（甚至是次要细节）来实现的。在项目的每个阶段，我们都确保承包商符合质量控制程序和 EHS 标准。

确保持续改进的一个工具是有效的沟通管理。我们在项目的每个阶段都向客户通报情况，以便客户可以学习项目管理所需的各种技能。另外，为了确保这种改变是永久性的，我提出了"积极冲击"；不仅表现出对项目本身的积极影响，而且将同样的方法应用于客户的其他项目,尤其是业绩不佳的项目。好的结果令人印象深刻。

在这一阶段,我做了以下工作:解释了变更过程,并收到了所有利益相关者的反馈;更新了项目管理计划;更新了风险登记册。

5.12.5 消极影响

在化解阶段之前和期间,我们应解释目前的做法及其潜在的负面影响。这对他们(客户和承包商)准备化解阶段来说应该是一个冲击。没有这种冲击,变更就不会开始。这一冲击将提供明确的证据,证明使用原来做法将导致灾难,并将导致无法实现项目的目标。我对一些重大技术问题进行了解释,所有各方都相信,他们需要改变做法,并遵循核准的程序和标准。

5.12.6 积极影响

在固化阶段期间和之后,将有证据表明这种新方法对项目(以及其他项目,如果适用)产生了非常积极的影响。在会议、演讲和讲座中已经解释并呈现了这两种冲击。

5.12.7 软件程序

承包商和客户在项目中没有太多地使用信息技术。这些挑战有:需要准确的信息、如何恢复完工计划、缺乏IT意识或重要性、承包商和客户难以使用市场上可用的软件。这促使我创建一个简单的软件程序来指导、监督和控制大多数项目工作。这个软件程序仍在开发中,希望在两年内可以供公众使用。

遗憾的是,在项目启动或现场研究期间,承包商在没有考虑现有公用设施的情况下开始了爆破工作。此外,他们也没有本应包括对这些公用设施进行风险登记和评估的风险管理计划。我们向客户解释了爆破可能对附近建筑物造成的危险影响。在进行技术评估和适当评估相关风险之前,爆破工作暂停。评价报告就爆破工作提出了一些建议,例如每天限制次数和限制炸药用量。相关风险已消除,但也导致了进度延误。

每个人都明白爆破工作是关键工作之一,它所花费的时间比预期的要长,并且会对其他工作产生时间延迟的影响。如果这些问题得不到解决,这可能导致完工时间出现重大延误。由于我对基准要求进行了详细研究,情况变得更加复杂,并且结果表明某些工作所需的时间比计划的要长。

我的目标是优化资源,并找到加快爆破后续工作进度的方法。场地准备(爆破)之后的主要工作包括将爆破产生的岩石清除至距现场约10公里的倾倒区,并焊接钢板(10米×2.5米,平均重量为6吨)形成水库结构。该项目由四个水库组成,每个水库结构高约43米(包括铝质圆屋顶)、直径为110米。施工需要大量资源,如起重机、埋弧焊机、电热气焊机、焊工和涂装机,所有这些工作都需要轮班工作。

我迷上了"时间"一词,并检查了所有工作,以找到减少工作时间和(或)找到替代解决方案的合适方法。在那个阶段，我设法让所有各方作为一个团队工作，为缩短时间，所有各方都以同样的方式思考。

经过详细评估，我们通过调整我们的执行方式或增加资源，设法缩短了许多工作的持续时间。但对工程影响最大的两项主要工作还是将废岩石清除到倾倒区和建造钢构水库。

最近的倾倒区距离现场近10公里。承包商的计划是使用30辆长卡车将挖掘的岩石（总计约990000立方米）从现场转运到倾卸区。每辆卡车可装载大约20立方米的岩石，因此，每辆卡车最多可转移160立方米（根据地理和交通分析，每天需要运送8次）。仅此一项工作就需要将近206天才能完成，我们还需要一个空场地区域来开始其他工作。该阶段剩余时间约300天。如果我们遵循这种方法，就不可能按时完成这个项目。该问题已升级为寻找紧急替代方案。在寻找替代方案之后，研究小组产生了一个想法，从现场挖出的岩石中建造出一条防冲堤坝（又称抛石、射石和岩石护面）。岩石或其他材料，如混凝土，用于护岸线、河床、桥台、桩和其他海岸线结构，以防止冲刷和水或冰侵蚀（见图5-5）。团队向客户解释了这种节省时间和可持续利用建筑废料的机会。客户支持这一想法，并帮助获得有关当局的所有批准。这个想法节省了大约150天。

图 5-5　建造防冲堤坝

承包商在山的边缘和停车场周围建造了一条防冲堤坝，以防止任何松动的岩石掉落。此外，如果有任何松散的岩石掉落，防冲堤坝则保护了公众和地方财产。建造防冲堤坝的位置距离项目现场约500米。这种思路不仅节省了时间，而且降低了成本和污染。此结果是基于数值计算得出的，这使得所有的利益相关者对他们应该做什么有了一个清晰的认识。

我决定利用软件为该项目制订一个准确的恢复计划。我开发了一个程序来计算完成水库建设各个阶段所需的确切资源。我首先使用微软的Excel。然后，当我决定添加更多的接口时，我使用了编程语言V.net来构建软件程序。

接口也是软件程序的一部分。其中一个接口的目的是计算完成一项工作的最佳时间，并就按时完成所需的确切资源提供清晰的思路。它能够计算每个工作最准确的持续时间。我将所需的资源转换为要合并到程序中的数据格式。在现场进行了几项调查和数据样本，并将其与类似的当前项目和一些过去的项目进行对比。转换后的数据用于计算和识别完成结构各层所需的确切时间。为了获得更准确的结果，该接口对一些工作进行了细分，这有助于监测进展情况。该接口的另一用途是为每种资源标识所需的工作时间和班次。

5.12.8 结论

我们根据已知输出确认了测试模拟的结果。测试的成功表明，如果遵循预先设定的一系列工作，就有可能按时完成项目。测试程序计算了所需的资源并优化了资源，以提高生产率。承包商很高兴得到确切的信息和指导，因为他们面临着寻找适当解决办法的压力，该解决方案将起到恢复计划的作用。承包商根据制订的计划实施有效的资源管理实践，成功地采取了行动和恢复计划。该计划确定了确切的资源分配要求和优化思路，以压缩工作，以符合项目的关键完成时间。

其他接口用于监测进度、记录检查、提供文档质量控制、钢构水库的基本设计等。该程序的多功能形式可以扩展开发，并可应用于任何类似的项目。无论范围、工作或资源如何，该程序构想都可以用于任何项目。

5.13 创新实践：NTT DATA

1. 创新与项目管理

毫无疑问，我们现在正处于一个信息技术和服务变革速度比以往任何时候都快的时代。快速创新是客户的要求，也是市场的期望。技术（如数字化转换、自动化、机器人技术等）和方法（如 Agile、DevOps）不断发展。那么问题是，标准项目管理框架是否仍有一席之地，使公司能够成功并为客户带来价值？

NTT DATA 公司的答案是肯定的。那么，在利用我们的项目管理框架的同时，我们如何平衡快速、变革性创新的需求呢？答案是，我们使用了项目管理的"艺术"和"科学"。

2. 关于 NTT DATA

NTT DATA 与客户合作，引导和简化现代复杂的商业和技术，提供最重要的建议、解决方案和成果。我们将深厚的行业专业知识与数字化、云计算和自动化领域的应用创新相结合，将提供全面的咨询、应用程序、基础设施和商务流程服务组合，从而实现切实的商业成果。

NTT DATA 是全球十大商业和 IT 服务提供商，在 50 多个国家和地区拥有 100000 多名专业人员，并且是 NTT 集团的一部分，该集团与财富 100 强企业中的 85% 是合作伙伴。

在 2016 年，戴尔服务（Dell Services）加入 NTT DATA 公司大家庭。我们共同提供了业界最全面的服务组合之一，旨在使商业和技术现代化，从而为客户提供最重要的成果。

3. 我们对项目经理的要求

获得专利的 PM3[①]是 NTT DATA 服务公司全球项目交付框架，其中包括项目和项目管理框架、项目管理办公室框架、内部项目交付治理标准和流程。拥有专利的 PM3 方法论和支持文件要求合格的项目管理团队成员根据项目或程序的特定需求，适当地解释和应用方法、标准和工具。

按照检查清单或分步程序，无法成功执行项目管理，也无法充分实现其价值和收益。标准、过程和工具只是等式的一半。成功的项目管理还取决于强有力的领导、决策和专家判断。

为了获得最大的收益，使用 PM3 项目——项目集（群）管理框架，项目经理必须在严格执行的科学和在领导工作时运用明智的判断之间取得平衡。

当流程和工具被正确和最有效地应用于我们的客户和 NTT DATA 服务时，就会产生价值，从而平衡风险和应用的严格程度。当你在处理需要大量创新的需求时，你将更多地依靠项目管理的"艺术"，同时利用有意义的项目管理"科学"中的最佳实践。①项目管理标准流程、支持工具和模板旨在减轻风险，并提供可预测和可重复的结果，这些流程和工具被我们称为项目管理的科学。②项目经理不仅必须关注他们需要遵循的过程，还必须关注过程的意图和结果，或者这些过程和标准旨在产生结果。③项目管理的艺术是将科学明智且经济高效地应用于商业问题和环境。④方法和工具很灵活，需要经验丰富、合格的项目经理适当应用。尽管我们的方法论提供了根据项目规模、复杂性和风险进行扩展的准则，但每个客户的参与都是不同的，并且这种规模化需要项目经理的判断和经验来决定在哪里进行定制，在哪里进行调整（在 PM 框架和标准的指导方针内）。

记住：PM3 框架是达到目的的手段，可以引导项目管理从业者获得项目成功所必需的关键结果。

优秀的项目经理将平衡"艺术"和"科学"，以确保关键成果的实现。

4. 如何帮助项目经理?

对我们的项目经理进行投资，向项目经理提供能使他们交付关键成果的方法，这对于我们的项目和客户的成功至关重要。在 NTT DATA，我们的员工不仅是我们的当下，更是组织的未来。我们知道，员工是我们最重要的投资，有了正确的方法和环境，成功的潜力是无限的。

除了与具体的项目管理过程和方法相关的技术技能，或者有时被称为项目管理的"科学"，NTT DATA 项目管理学习系统强调人的表现技能，或者说是项目管理的"艺术"部分。优秀的领导能力和良好的判断力是每个项目经理成功的关键。

PM3 项目管理认证计划和相关的 PM3 培训对标准的长期可持续性至关重要。PM3 包括一个全面的课程，这提供给项目管理团队成员一个建立项目管理技能和了解 NTT DATA 服务方式的机会。

[①] 美国专利号 8407078 B1: Method of and System for Managing Projects, Programs and Portfolios Throughout the Project Lifecycle。

所有的 PM3 培训都是基于网络的，在线以最方便和最划算的方式为 NTT DATA 公司项目管理团队成员提供快捷访问和导航。

如何确保每个人都想法一致？沟通和变革管理是良好的项目管理的基本组成部分。在一个以创新和快速变革为主导力量的环境中，沟通和变革管理不仅是基础，更是关键部分。

NTT DATA 的组织变革管理方法能够快速创新，为我们的客户带来价值。我们的方法包括以下要素：①确保从一开始就建立并始终保持忠实的执行层赞助商，包括随着项目和计划过渡到稳定状态的治理操作过程。②利用"变革准备度评估"，通过访谈，从组织的各个层次的受影响的利益相关者的样本组中征求意见。③确保所有受影响的利益相关者团体和团队的参与。专注于与来自所有团队的主题专家代表进行项目交付的协作。④通过正式的可交付成果和例行的每周或两周会议来征求建议，并纳入反馈。⑤为项目建立一个"领导指导委员会"，组织范围内的领导层代表有权执行标准来排除障碍，解决问题。⑥合作还是独裁；在不牺牲质量或标准条件下，灵活地适应商业情况和组织的成熟度水平，专注于预期的结果。⑦沟通，沟通，沟通！时刻保持关注度和动力。

5. 贡献者

PM3 由 NTT DATA 服务公司项目管理办公室团队的 Michele A. Caputo（PMP）和 NTT DATA 企业项目管理办公室负责人及企业项目管理标准化项目高级总监 José R. Figueroa（PMP）提供。

5.14 解决方案创新实践：飞利浦集团监控和分析以及治疗护理服务[①]

1. 背景

全球解决方案和服务管理办公室（Solutions and Services Management Office，SSMO）负责人 Michael Bauer 和 MA&TC 总监 Mary Ellen Skeens 描述了飞利浦集团监控和分析及治疗护理服务（Monitoring and Analytics and Therapeutic Care，MA&TC）中可扩展的解决方案设计和交付服务框架是如何成功支持创新解决方案的。

特别感谢 Lisa Midttun（MA&TC 解决方案和部分营销的解决方案发布经理）和 Stacy Meyer（MA&TC SSMO 高级顾问）在各自领域中做出的贡献，包括解决方案的创新和商业化进程，以及实践社区和社会学习在解决方案创新成功中的重要性。

在《项目管理最佳实践方法——达成全球卓越表现》（*Project Management Best Practices Achieving Global Excellence*）第 4 版中，Michael Bauer 提出了 Philips SOLiD 框架的概述，以及可扩展方法如何使得组织实施解决方案和卓越服务的关键点（Kerzner，2018，453-456）。

在本部分中，我们将回顾医疗保健推动解决方案创新的主要趋势，将这些趋势转化为

---

① 本节由 Michael Bauer 和 Mary Ellen Skeens 提供。Koniklijke Philips N.V.版权所有，经许可转载。

客户需求、实现解决复杂性方案的设计和交付卓越服务的推动力,包括:解决方案的开发和商业化,可扩展和特定角色的解决方案设计和交付服务框架,解决方案设计、交付服务及特定功能,客户生命周期的整体和完全集成的方法,实践社区,过程的协调化和标准化,能力的持续改进。

2. 在医疗保健业务的解决方案设计和交付中实现创新成功

荷兰皇家飞利浦公司(纽约证券交易所代码:PHG 费城证券交易所代码:PHIA)(以下简称飞利浦)是一家行业领先的健康科技公司,专注于改善人们的健康,从健康生活和预防,到诊断、治疗和家庭护理,实现更好的健康状态一体化服务。飞利浦利用先进技术、广泛临床经验和洞悉消费者来提供综合解决方案。该公司总部位于荷兰,是影像诊断学、图像引导治疗、患者监测、卫生信息学及消费者健康和家庭护理领域的引领者。2017年飞利浦健康科技投资组合的销售额达178亿欧元,拥有约7.7万名员工,并在全球100多个国家和地区提供销售和服务。

监控和分析(Monitoring and Analytics,MA)业务组是一个涵盖了患者监控及其能力的软件和解决方案业务组。MA解决方案每年服务3.7亿人次,是先进的信息平台,它在需要的时间和地点为临床医生提供关键的建议和信息。MA业务组的最优先事项是为护理人员、管理人员和患者做出智能决策,从而控制成本、提高效率及提供更好的健康状况。

治疗护理(Therapeutic Care,TC)业务组正在扩展对呼吸监护、复苏和急救护理解决方案(包括设备、服务和数字或数据解决方案)的获取和提升其质量。医院呼吸监护(Hospital Respiratory Care,HRC)和急救护理复苏(Emergency Care and Resuscitation,ECR)解决方案也在帮助医院内外的护理人员和急救人员。

3. 医疗保健的大趋势就是创新的解决方案

医疗保健行业正在迅速发展。数字科技和创新解决方案正在重塑这个行业,以此支持个人对自己的健康状况负责。

这里有四个主要趋势推动了医疗保健技术的颠覆性变革:①由于全球资源的限制,从按量护理转为基于价值的护理。世界卫生组织估计,2018年还需要1700万名医护人员来填补该系统的缺口。②由于老年患者人数的增长及诸如心血管疾病、癌症和糖尿病等慢性疾病数量的增多,预计在未来的30年内,世界上的老年人口将超过年轻人口(He等,2016,6)。③患者对医疗保健决策施加了更大的控制权,他们作为消费者选择想要使用哪些医疗保健组织。有了数字医疗工具的使用和自费的减少,患者们就可以做出更加谨慎的护理决定(Cordina等,2018,4-6)。④医疗保健数字化的启动,引发了对离散产品的集成解决方案的需求日益增长。医生现在可以利用数字和人工智能解决方案自动收集数据,并将其转化为有用的信息,从而做出循证医学决策(World Economic Forum和The Boston Consulting Group,2017,19)。

这些趋势促使卫生保健组织努力寻找解决方案,以达到改善临床、患者和财务成果的目标,同时解决卫生保健组织员工的福祉和敬业度问题(Bodenheimer和Sinsky,2014)。

飞利浦采用以解决方案为导向的方法，通过集成解决方案为客户带来价值。飞利浦将解决方案定义为飞利浦（和第三方）系统、设备、软件、耗材和服务的组合，其配置和交付方式可以满足客户（细分）的特定需求。

4. 不断变化的客户需求和不同的解决方案复杂性

解决方案满足了客户的需求，以经济高效地实现临床决策、行动和患者信息使用的速度与一致性的最大化，来减少其 IT 生态系统内的临床变化，并改善临床表现。

设计和交付解决方案项目是在每个国家的医院组织中进行的一项地方性工作，通常使用当地语言。飞利浦利用本地资源和集中式资源来支持此工作。这种全球和本地组织设计通常需要具有特定要求的虚拟工作环境，以有效地推动解决方案项目的交付。每个国家、市场和医院客户的要求和成熟度水平差异很大。医院中的每个项目都是独一无二的，在持续时间（从几周到几年）、规模（高达数百万欧元或美元）和复杂性（从一个临床医生独立解决方案到成千上万个用户的区域分布式解决方案）上都有所不同。医疗保健领域解决方案项目的规模和复杂性范围很广。它包括简单的产品、高度可配置的系统及软件和服务，还包括临床咨询。它受到不同的客户情况、需求及现有和新技术的影响。解决方案设计和交付框架可以满足不同项目的客户需求和要求：从单一科室到跨国界多医院部署；从小组实践或小型科室的独立解决方案到在跨多个科室的医院基础设施中集成不同系统、软件和服务的复杂解决方案；从简单的临床过程到高度设计的工作流程；从适用所有模式和应用程序的"绿地"实施到针对现有医院环境的定制解决方案。

图 5-6 给出了医疗保健项目复杂性驱动因素的概述。

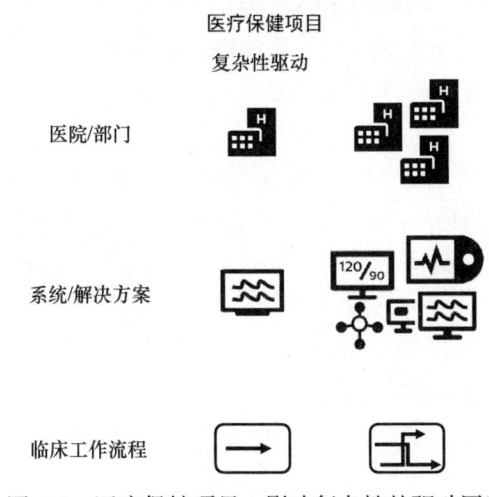

图 5-6 医疗保健项目：影响复杂性的驱动因素

客户需求的可变性推动了解决方案的商业化进程。考虑的重要因素包括产品和服务设计中的可扩展解决方案需求、解决方案交付准备情况和市场执行质量。

在一个简单、独立的网络上设计和交付一个医院科室的低复杂性、单一的解决方案项目时，项目经理将在项目管理协会五大过程组中执行基本任务。它们包括利益相关者识别、计划开发、执行实施、控制范围和获得客户认可。当一个高复杂度的解决方案在一个健康系统中交付时，有许多利益相关者和各种各样的解决方案，解决方案的设计和交付模型变得更加详细。项目经理和多学科项目团队将执行 PMI 五大过程组的额外任务。 其中包括执行客户期望分析、开发利益相关者责任分配矩阵、执行工作流分析、执行解决方案集成测试、控制风险、成本和劳动力预算及进行经验教训评审。

不同的复杂性驱动因素导致不同的复杂性级别，如图 5-7 所示有三个不同的复杂性级别。

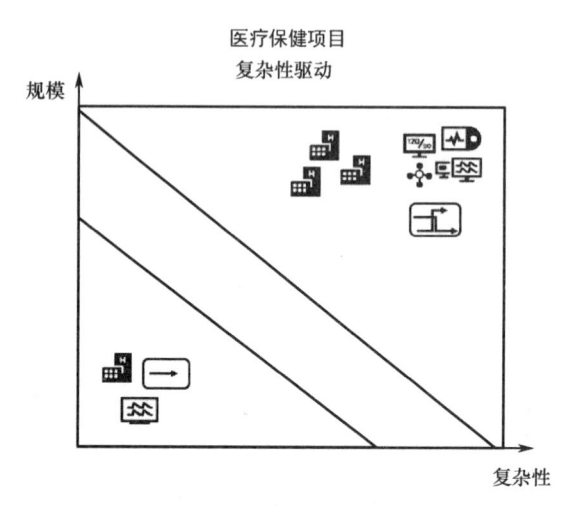

图 5-7 医疗保健项目：复杂性级别

5. 对解决方案创新开发和商业化的影响

解决方案创新开发和商业化过程是有效和高效解决方案设计和交付过程的关键促成因素。这些过程支持新解决方案的开发和发布，定义了新的工作方式，并推动对支持基础设施进行必要的更改。

为了开发包括系统、设备、软件、耗材和服务在内的解决方案，我们首先依靠一流的项目管理来实现产品和服务，并将其推向市场。其次，我们在此基础上进行构建，根据客户对完整解决方案的需要添加新的功能（过程、工具、内容）。与飞利浦进行商务往来的新方式，如订阅服务，就是一个很好的例子。再次，我们以设计、部署和交付解决方案所需的人力资源能力（技能）为基础。这可能包括新的角色，或者整个组织的新工作方式。最后，在我们转型为解决方案合作伙伴的过程中，我们正在评估我们的组织结构，并确保遵循端到端的系统方法。客户体验驱动着我们关于内部流程和组织变革的所有决策。

针对解决方案转型，开发了两个新流程：①在解决方案商业化之前制定一个降低创新风险的流程。该流程基于业界公认的风险投资管理流程，设计时要结合以前的经验教训，确保通过阶段门方法创建成熟的解决方案，使用多层治理。②开发解决方案商业化的新流程。在产品和服务设计中考虑客户的解决方案需求，确保持续调整和执行已接受的要求，通过一个可扩展、可重复并利用可实现过程的阶段门过程来使其商业化，确保解决方案在市场上的交付准备和质量执行。

由于解决方案创新的性质，我们需要传统的项目管理方法，但还远远不够。关注人的方面对于帮助受影响方（内部、合作伙伴、客户）通过变革实现转型十分必要。它有助于确保采用及维持变革。实现这一目标的关键在于，由各级领导层传递强有力的、协调一致的信息，阐明业务和客户的利益，以及我们对这些利益的贡献。

6. 解决方案设计和交付服务

解决方案项目需要特定的服务组合，由项目经理、解决方案架构师、技术顾问、临床顾问和现场服务工程师组成的多学科团队执行，并与销售和其他专业服务成员进行团队合作。有些与解决方案相关的服务是特定解决方案，有些则更为通用，且独立于解决方案。对于任何解决方案，它都是两者的结合（见图 5-8）。

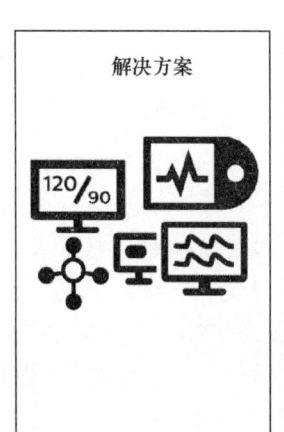

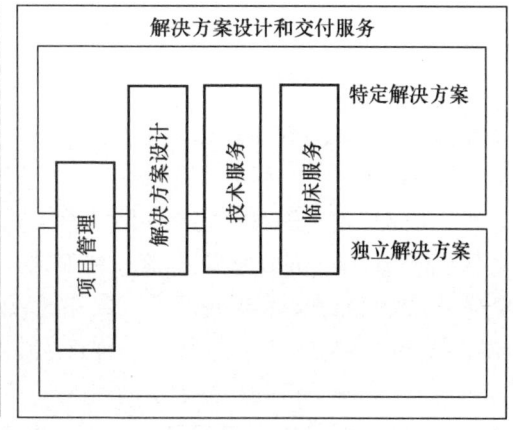

图 5-8　需要一体化服务的解决方案项目

7. 解决方案设计和交付能力

提供解决方案设计和交付服务需要一组能力。飞利浦在解决方案设计和交付服务方面考虑了以下重要能力：①技能。受过良好教育、经过认证、技术熟练（硬技术、软技术）并经过持续培训的解决方案架构师、项目经理和项目团队，以及具有专业心态、仪表和行为的专业服务顾问。这里还包括了招聘最优秀的人才。②过程和方法论。高效的、标准化的、精益的、可重复的和良好的文档化流程，并不断改进。③工具。从项目获取到项目结束的高度集成和高效的工具、模板和应用程序。④内容。围绕解决方案设计和交付的特定于角色的内容（模板、培训材料、图表）。

有些与解决方案相关的功能是特定的，有些则更通用且独立于解决方案。对于任何解决方案，它都是两者的结合。特定的解决方案能力与创新直接相关。要想完全成功地销售、设计和交付解决方案项目，这些能力需要准备、设计并部署到各国的执行组织中。

SOLiD 设计和交付框架具有集成功能，可以将特定解决方案和独立于解决方案的功能结合起来，从而使每个角色都能成功地为项目做出贡献（见图 5-9）。

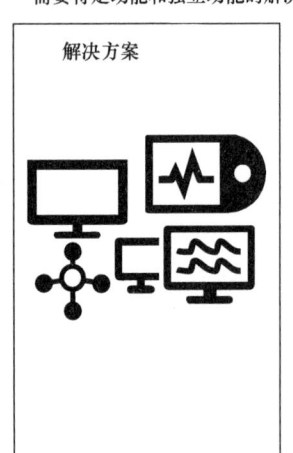

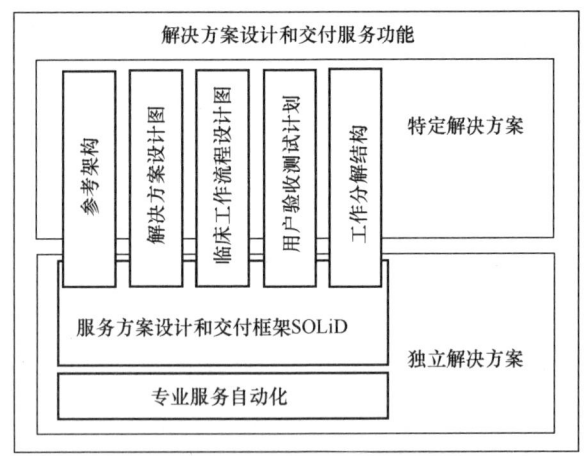

图 5-9 需要一系列功能的解决方案设计和交付服务

飞利浦致力于卓越的解决方案设计和交付。这不是一个静态的目标，我们的目标是不断提高整体成熟度和所有能力的标准。

以下方面对于构建和改进解决方案相关能力至关重要：①卓越的解决方案设计和交付服务。提供关键方面来评估和改进技能、流程和工具。②变革管理。识别、推动和实施组织中的改进和变更。③标准化。实现跨产品领域和区域的标准化、精益实践及流程。[①]④持续学习。根据需要进行培训、检验和指导。⑤所有专业的实践社区便利化。提供关键方面，以使能够分享、学习、利用、链接和沟通。

8. 客户生命周期中的解决方案服务

MA&TC 服务从流程和方法论的角度出发，为如何提供和实施解决方案和服务制定了一套完整的策略。随着 MA&TC 投资组合越来越多地转变为解决方案和服务业务，这一点变得越来越重要。在整个客户生命周期中，确定范围、设计、交付和为客户提供解决方案的关键是采用更全面的方法（见图 5-10）。

客户的生命周期从解决方案发现开始。这需要与客户进行深入对话，以充分了解客户的需求。随后是售前的解决方案设计阶段，参考架构和设计指南有助于形成强大的客户解决方案。这一阶段对于接下来的解决方案必不可少，它建立了真正的基础。有一个坚实的基础是交付卓越项目的必要因素（Martin，2010）。在解决方案设计阶段执行的工作被获取并记录到工作说明书（Statement of Work，SOW）中，该工作说明书在整个项目的其余部分都会被引用。McKinsey 强调了技术能力和商业能力的重要性，他指出："对这种能力进行投资的公司能够在新业务中获得 40%～50%的成功率，在更新业务中获得 80%～90%的成功率。"在解决方案设计阶段之后，多期的解决方案生命周期计划将与客户保持一致。随

---

① 高绩效组织使用标准化实践的可能性几乎是低绩效组织的 3 倍（36%对 13%），因此具有更好的项目结果。

后执行解决方案交付阶段，以实现最初的解决方案，并在整个生命周期中提供附加服务以充分创造客户价值。持续的客户参与是全面成功和实现预期客户结果（包括持续的合作伙伴关系和协作）的关键。

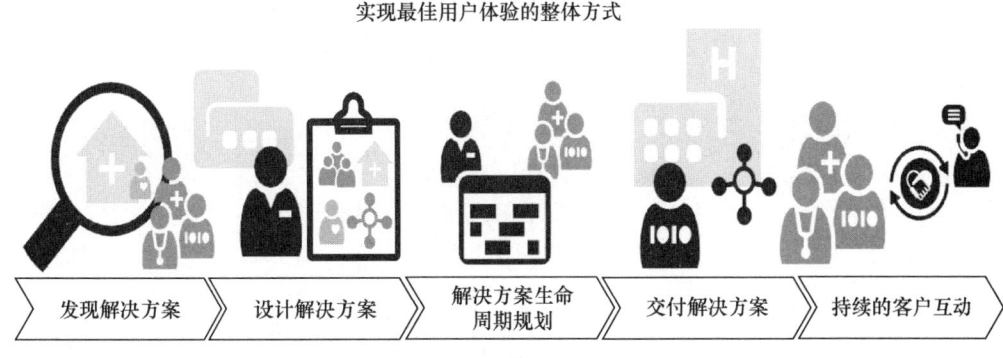

图 5-10　沿着客户生命周期的解决方案服务

在整个客户生命周期中，有几个关键领域需要强调：①发现解决方案。了解客户的临床、技术和操作要求，推动与客户利益相关者就解决方案愿景达成共识。②设计解决方案。在技术上可行并可实施，得到飞利浦和客户的支持，确保财务透明和盈利，与客户期望保持一致。③交付解决方案。提供成功的实施（与所界定的范围一致），实现精益和可扩展的项目管理方法，提供适当的工具来提供卓越的客户体验，统一所有市场的工作方式。④服务管理。专注于服务（不只是技术或产品），以标准化定义和增加价值的方式来支持客户体验，拥有灵活且迅速响应的流程来支持价值创造，对内对外都有服务意识。

9. 解决方案服务生命周期和客户体验

飞利浦意识到，每个组织都会给客户留下深刻的印象，这种由理性和情感方面组成的体验决定了医疗客户与飞利浦品牌的关联，以及飞利浦对他们意味着什么。这在服务行业尤为明显。客户体验是关系的核心，它可以转化为客户是否反复依赖组织的能力，并将他们视为值得信赖的顾问。因此，另一个重要的方面是组织如何从所有能力的角度积极和全面地"设计"客户体验端到端（如工具、流程和技能）。飞利浦致力于从客户通过解决方案设计、交付、持续参与和改进分享愿景的时间点开始，将这种以客户体验为中心的方法应用于整个客户生命周期。

在这种情况下，卓越的解决方案设计和交付服务是确保飞利浦可靠地反复交付所需客户体验的关键战略要素。因此，建立和维持卓越的项目解决方案设计和交付服务，并通过解决方案实施项目达到高水平的项目管理成熟度，是客户和飞利浦的一个重要目标。

10. SOLiD 框架

在与飞利浦全球解决方案和服务社区的密切合作下，SOLiD 框架被建立了起来。SOLiD 框架现在是飞利浦解决方案的方法，用于设计、管理、执行和服务面向客户的解决方案实施项目和服务。SOLiD 代表：可扩展的（Scalable），这意味着灵活性，以满足我们的低、中和高复杂性项目的需求；操作上的敏捷性（Operationally agile），这意味着使用了快速的、以客户为中心的开发方法，并且我们将随着时间的推移继续构建和改进它；精益的（Lean），只包括对项目和服务团队有价值的，甚至对医院客户更重要的任务；以 iT 为重点（iT focused），包括在 iT 解决方案环境中成功管理项目和服务所需的结构、工具和流程，并且最终 SOLiD 将有助于此；通过提供标准和精益的工作方式，传递（Deliver）一致的结果并带来业务价值。

该框架的基础是项目管理协会《项目管理知识体系指南》中定义的启动、计划、实施、监控和收尾过程组。然后将每个过程组进一步分解为更具体的流程和过程，详细描述解决方案项目和服务的实现。所有项目团队成员角色及每个人在解决方案设计和交付阶段负责的相关工作都包含在框架中。该定义使组织能够交付高质量的实现，并包括解决方案设计和测试的整体方法。该方法的一个重要元素就是解决方案的客户参考体系结构的定义。这可以作为解决方案的愿景，其中定义了使用模型、应用程序（配置）和基础设施元素。参考体系结构规范被用于开发系统设计和定义解决方案测试计划。

项目实现中的可扩展性是允许每个项目采用正确、灵活、敏捷和高效方法的关键，但也要使用丰富的工具集。解决方案项目是根据其复杂性级别定义的。定义复杂性的典型因素是项目的总成本、涉及的团队成员数量、可交付成果的数量和规模、可交付成果的复杂性、客户环境的复杂性及所涉及的时间框架。

PMI 将项目定义为不同于组织中正在进行的运营，因为与运营不同，项目有明确的开始和结束时间——他们的持续时间有限，并为组织带来价值。

SOLiD 框架的设计有助于提供基于各种复杂程度和模块的指导，图 5-11 给出了模块化概念的图形概述。①集成。将基础框架和高级框架与需要设计、管理、执行更复杂和高复杂性项目所需的额外工作结合起来。集成级别通常需要更多的临床工作流程分析、技术集成和测试工作，以及不同级别的风险和利益相关者管理。②先进。将基础任务与其他工作过程结合起来，以帮助更好地审视、管理和执行中等复杂度项目。它包括解决方案设计组件。③基础。专为需要基本项目管理任务的低复杂度项目而设计。示例包括基本测试和简单的工作说明。④咨询。在咨询项目的设计和交付中应执行的工作包括临床实践（结果）咨询、运营改进咨询或技术架构咨询。

11. 解决方案创新中的社会学习价值

在开发客户成功所需的解决方案设计和交付能力时，必须确保项目团队成员与其领域的同行之间存在联系，以便持续学习、知识共享、持续流程改进和人员发展。在多学科团队环境中，重要的是项目团队成员能够有权访问共享经验教训的同行网络。飞利浦采用了两种具体的社会学习方法：实践社区和虚拟头脑风暴。

实践社区的基本模型包括领域、社区和实践三个主要部分。首先，它定义了人们认同的共同感兴趣的领域；其次，由社区决定谁应该被包括在内，以及他们应该形成什么样的关系；最后，在实践中，成员决定他们想一起做些什么，以及他们如何在实践中发挥作用。

这些因素对实践社区的发展至关重要。实践社区和正式工作组之间有关键的区别，这一点应该予以承认。实践社区的目的是发展自我选择成员的能力，并互相交流知识，而正式的工作组的目的是交付产品或服务，每个人都向小组经理汇报。这两个群体可以互补，并对创新的产生至关重要（Wenger 和 Snyder，2000）。

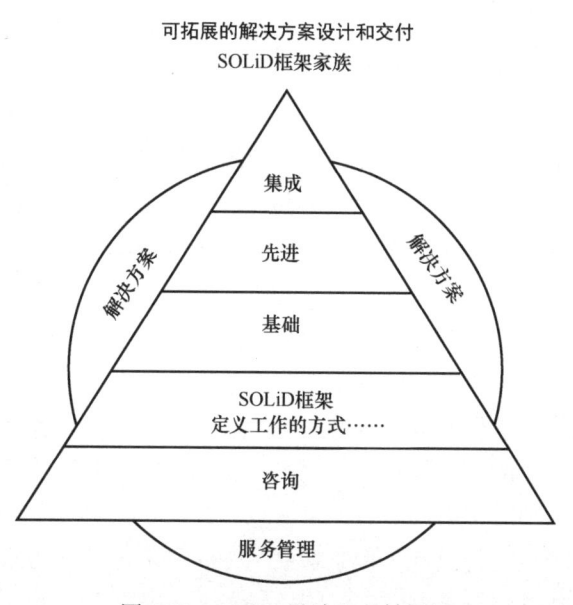

```
                  可拓展的解决方案设计和交付
                       SOLiD框架家族
                            /\
                           /  \
                          / 集成 \
                         /_____\
                      /  先进      \
                     /_____\
                  /      基础            \
                 /_____\
              /   SOLiD框架              \
             /   定义工作的方式……         \
            /_____\
         /          咨询                    \
        /_____\
     /            服务管理                     \
    /_____\
   解决方案                            解决方案
```

图 5-11　SOLiD 设计和交付框架

作为实践社区的一员，社区的真正价值在于帮助彼此解决问题和反思改进实践，以此来跟上变革、合作创新并找到获得具有战略影响力的话语权。随着新的社区在商业团体、职能部门和市场之间出现，更多的知识被共享。在当今世界，知识共享是远远不够的。要想真正实现更快的变革和创新，社会学习空间就必须关注数据、参与其中的不确定性，并促使人们做出改变。建立跨越边界的学习伙伴关系可以成为宝贵的学习资产。价值创造框架提供了一种结构，通过数据和故事从社会学习空间（虚拟的或面对面的）获取事件流或想法。在空间中共同学习到的信息、新思想、方法和工具通过大大小小的行动应用到现实世界。

应用这种社会学习概念的一个例子是，通过将人们聚集在一起，就特定主题分享想法、反馈和问题，促进边界之间的开放式协作。这种类型的虚拟头脑风暴是一种强大的方式，它可以找到新的和振奋人心的改进措施，以应对我们在快速变化的世界中的挑战和未知。客户们正在越来越多地寻找能够帮助他们增加价值并解决业务挑战的解决方案。实践社区创造了一种环境，在这种环境中，各种功能之间可以实时进行交流，从而引发新的想法，以此产生客户真正需要的解决方案。

飞利浦设计、协助和支持实践社区与职能领导紧密合作。为希望成立的新社区提供咨询，并为实践社区版主们的全球小组提供便利。这个版主小组由对实践社区充满热情的领导人组成，他们定期合作，分享他们在建立和与不同类型社区合作中学到的见解、知识和最佳实践。

我们的社区开发经验的一个重要启示是，在分享已知信息之前先询问社区，因为这有助于通过协作让成员自己找到答案，从而建立参与度。分享来自他们想法的价值创造故事，就能创造强大的反馈循环。其结果是通过运用所学知识获得优势来实现。创新则来自在已知的基础上发现新的东西。

12. 解决方案卓越创新的关键要点

实现卓越的解决方案设计和交付服务的关键要点可总结如下：①创建一个可扩展的、特定于角色的解决方案设计和交付框架。这使得具有不同复杂性的项目和所有项目团队成员都能获得成功。②解决方案设计和交付服务需要组织和市场的特定功能集。有些功能是特定的，有些功能是通用的。③对客户生命周期采用整体的和完全集成的方法。这是为医疗保健客户确定范围、设计、交付和提供解决方案的关键。④与全球的实践社区和专家们紧密合作。针对不同职业的实践社区是一种最先进的方法，也是公认的最佳实践，人们可以一起分享、学习、利用、建立网络和沟通。⑤过程的协调和标准化。这对于一个组织在全球成功运作并降低复杂性是非常重要的。上游流程（如销售、投标管理）和下游流程（如整个生命周期）的紧密集成也非常重要。这必须得到坚实的变革管理和培训工作的支持。⑥卓越的解决方案设计和交付服务不是一个静态目标。它需要围绕所有能力进行持续改进。尽管它本身并不是一个绝对的目标，但它被认为是一种前瞻性的方式，来预测和满足我们客户在解决方案和服务方面的需求。

5.15 创新实践：迪拜海关和加速探索实验室[①]

数字转型和第四次工业革命正在所有行业领域展露势头，其驱动因素是一波新的颠覆性技术浪潮，这些技术迫使企业适应新的工作方式。随着组织努力利用数字化颠覆带来的商业利益，强健且更具战略性的项目管理实践的价值不断飙升。数字化颠覆带来了巨大的挑战，同时也带来了重大的机遇，可以推动所有多元化行业的商业增长和竞争优势。

1. 挑战

筒仓式的创新常常给迪拜海关带来巨大的挑战，特别是当业务单位和部门正在进行自己的研究和分析时，以构建接近理想状态的计划原型时，会限制处理颠覆性技术机会的透明度。随着颠覆性技术对我们的工作产生影响，迪拜海关着手探索一种更具协作性的解决方案，使企业主、主题专家和客户能够参与探索过程的每部分，并找到新的方法更好地增强创新中的项目管理能力，以获得竞争优势。

---

① 本节由需求管理主管 Mohammad Rashed Bin Hashim 和高级需求分析师 Ajith Nair 提供。

2. 方法

迪拜海关作为一个创新组织，意识到这些知识和技术的新进步在本质上发生了颠覆，包括一些不确定性和多维度（在结果/成本和时间方面），提供了发展我们现有的最佳实践的机会。为此，最重要的方面是在迪拜海关内通过采用一种新的以设计思维为主导的方法塑造文化（见图 5-12），更好地管理颠覆性技术，如区块链、人工智能、物联网，增强现实和虚拟现实技术，依靠项目的成功作为一个竞争优势，并成功在一个快节奏的和颠覆性的商业环境采取行动，能够快速、果断并且有效地预见、发起和利用变化，同时保持足够的活力来承受任何挫折。

图 5-12　设计思路引导方法

3. 加速探索实验室解决方案

迪拜海关利用这一方法进一步着手创建协作加速探索环境，这是一个由需求管理、服务创新、项目交付和海关信息技术开发组成的联合工作组（见图 5-13），它以更好的服务为

图 5-13　探索性实验环境

契机，推进关注企业界的价值交付环境，使项目经理在颠覆性管理和接受价值交付环境方面发挥更具战略性的作用。实验室提供了一种专门设计用于研究和开发独特的协作环境，以促进创意探索，通过敏捷项目的快速迭代，让迪拜海关内外所有相关合作伙伴系统地共同探索和原型化变革潜在解决方案，在专注于建立从创意到影响的伙伴关系过程中，找寻他们所期望的结果。

加速探索实验室情景（见图 5-14）涉及三个主要领域：确定战略方向、学习确定某项工作是否有效，最后是扩展到为组织创造价值的潜在解决方案的发展。在图中，CDC 是迪拜海关监管所有技术相关投资的管理机构。该环境可以帮助团队快速上手，并解决了被创新治理过程忽略的解决方案开发所涉及的复杂性和挑战。整个治理过程与创新委员会整合在一起，该委员会监督所有的研发计划，并采用敏捷项目管理方法的专业知识确保可追溯性，项目经理从一开始就参与其中，拥有更多的主题专业知识，并在价值交付过程中创造更多的价值。

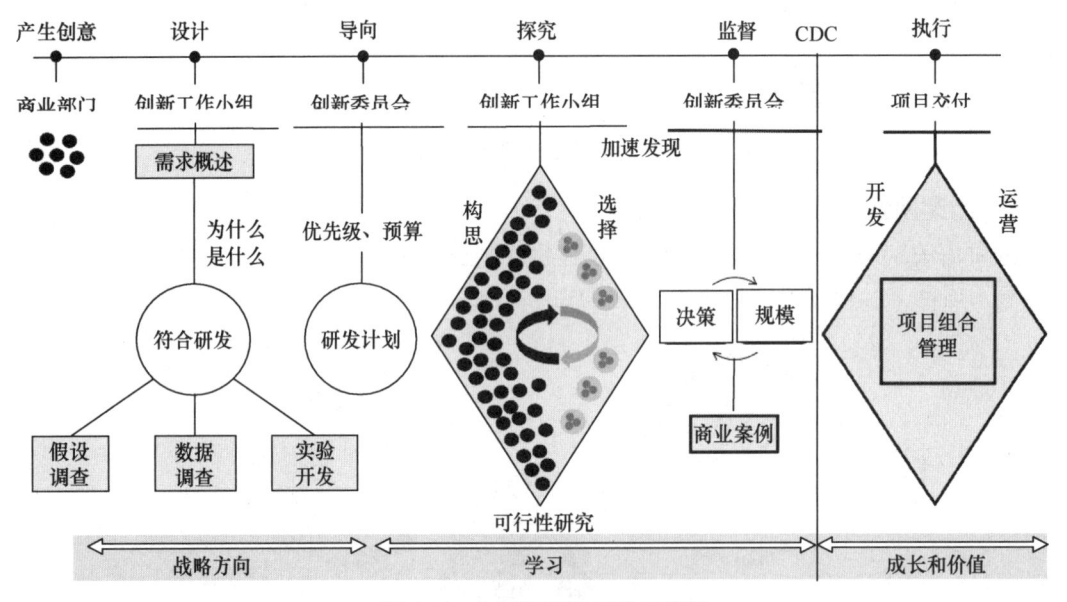

图 5-14 加速探索性实验室情景

在处理所有颠覆性技术项目类别时，这些类别被归在创新项目之下（见图 5-15），例如，假设研究项目、数据研究项目和新产品（实验）开发项目均以敏捷的方式运行，所有探索性举措都会进行快速迭代，以确定价值交付能力，并区分我们的客户体验。

4. 效益

所有创新工作带来以下效益：提供了一个所有合作伙伴共同工作的协作环境，有助于根据研究结果筛选和关注所有有价值的想法，加快探索过程，确保整个组织具有更好的透明度和可见性。

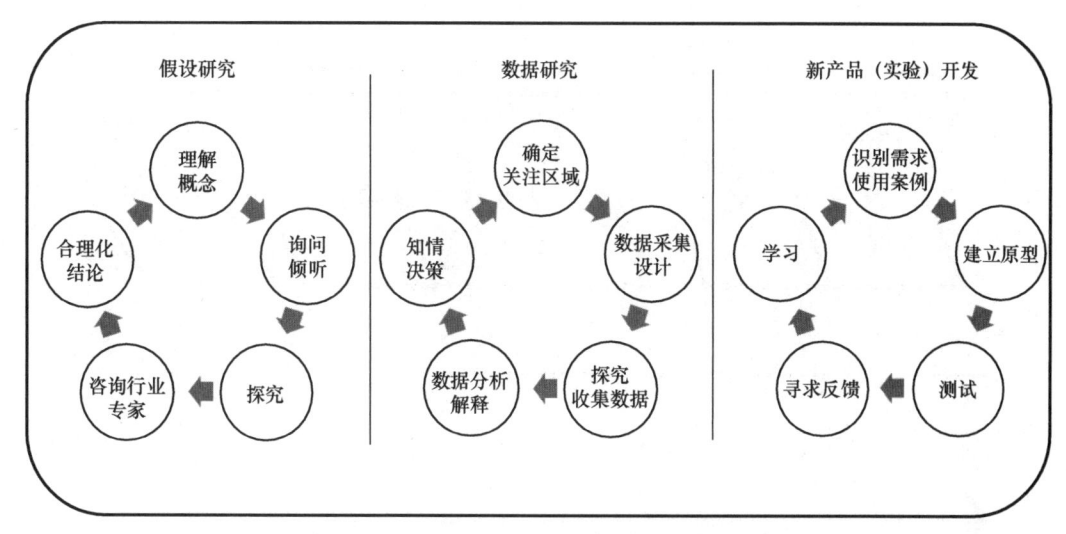

图 5-15　创新项目类别

5. 经验教训

在处理颠覆性技术和已有技术的方法上，从组织的高级管理人员那里获得支持总是很重要的；对于颠覆性技术，在我们进行全面投资之前，要先使用原型方法来了解解决方案是否适用于解决特定的挑战；使用选定的场景进行小规模测试，邀请所有所选的参与者（内部和外部利益相关者）共同探索颠覆性技术的潜力；所有利益相关者之间必须进行全方位合作；创新治理过程作为一种机制，帮助组织提供对所有颠覆性技术计划的全面可见性，这包括了设计过程的每个阶段；在组织中嵌入原型文化；转变心态需要展示出来，而不是说出来；表现出对行动的偏好（更注重行动导向，而不是根据讨论来表明某件事是否可行，或者说假设某件事可行）。

5.16　创新实践：默克公司[①]

在当前全球经济环境下，一家公司只有具备以下条件才能生存：拥有能够回应消费者痛点和需求的产品，能够应对不断扩大的市场，具有竞争优势，具有战略。

为了实现第一点，你需要优于竞争对手，然后，要有创新的产品。只有战略是不够的。但如果你看一下这里描述的过程，你会发现，这是向市场交付新产品的"市场驱动"过程的起点。为了开发一些市场驱动型产品，在执行阶段需要一个经典的项目管理过程，包括一些阶段门、决策点、签署人等。

与此过程并行的是"技术驱动"过程，如图 5-16 所示，这是上述过程的流程。事实上，

[①] 本节由 MilliporeSigma 项目管理办公室负责人 Alexandre Fara 提供。德国 Merck KgaA, Darmstadt 版权所有，经许可转载。

一些新的趋势和技术会影响你的战略、定义的产品和技术路线图。

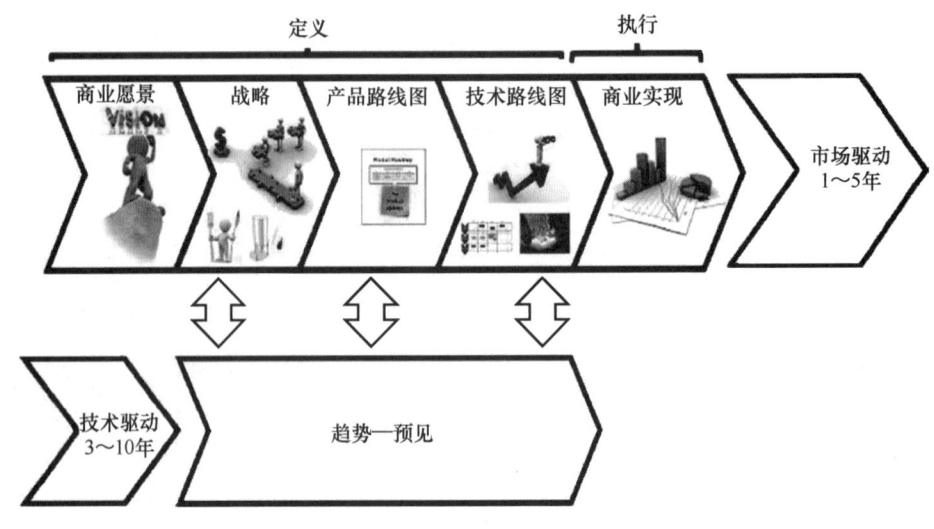

图 5-16 两个过程

这两个过程应该是不同的，因为它们没有解决相同的主题。

重要的是，从过去的经验中吸取教训，有两个独立的过程：一个是解决新产品开发，另一个是新技术开发。

1. 新技术开发过程

对于新技术的开发过程，项目管理风格应该有所不同，因为它需要更多的灵活性和敏捷性。这一过程应侧重于将新技术嵌入未来的新产品中，同时也应注重获取知识。

让我和大家分享一些关于这个过程的想法。

即使这个过程是柔性的或是敏捷的，以此来允许一定的创造性，你也不能让一个团队在知道你的资源和预算有限的情况下，在几个月或几年的时间里原地打转。你仍然需要具备一些项目管理基础知识，例如，明确项目（工作）范围和目标的团队章程；一旦你处于某一阶段中，你就要评估下一个阶段所需的时间和预算；确定的阶段和可交付成果；发起人和签署人。

你可以在某个阶段进行创意、头脑风暴等活动，但在一天结束的时候，团队应该知道下一步该做什么及期望的结果是什么。在需要的每个阶段使用设计思维，同时牢记项目最初的总体目标和项目目标，这一点已经得到了解决，然而遗憾的是，预算和资源不是无限的。

这就是项目经理的角色变得重要的地方：让团队具有创造性，但确保项目框架可以被很好地理解，并在该框架内管理团队。对于项目经理来说很关键的一点是：在一个确定的框架内推动团队实现一个确定的目标，但允许足够的柔性来"释放"团队成员。

我们遇到过很多这样的情况：项目经理按照既定的流程行事，而没有考虑不同团队成员的情况或个性，这就是失败的原因。通过这个独立的过程，你就有可能确切地知道你投资新技术的预算是多少，而这个预算可能无法通过未来的销售收回。

2. 产品开发过程与投资组合管理

在投资组合管理活动中，公司必须采取的第一步是建立创新类别的定义。为什么要这么做呢？因为这些定义对于实施投资组合管理至关重要。突破性的创新是有风险的，而你需要知道你愿意冒多大风险。

Bansi Nagji 和 Geoff Tuff（2012）在《哈佛商业评论》发表的"管理你的创新投资组合"（*Managing your Innovation Portfolio*）一文就是一个很好的参考。在本文中，他们描述了如何建立突破、增量和维持三个创新类别的定义，基于两个坐标轴——通过客户和你自身能力的视角。通过这种方式，我们可以定义不同的类别，以便它们可以在所有类型的行业中使用。

通过这些定义，你可以标记公司中的项目，然后获得管理投资组合的额外信息。请记住，完全颠覆性的技术可以嵌入或隐藏在增量产品中。这就是我们在汽车行业看到的情况，例如，汽车是一种增量产品，但它可以拥有新的功能和突破性的技术。这就是为什么需要多个过程，为了维持高效的创新组合和项目管理。

在开发新产品时，你可以并行运行上面描述的多个过程：产品开发过程和新技术开发过程。当你在产品开发过程中发现需要突破性技术时，就会出现这种情况，这项技术将被嵌入产品中去。

在同一时间通过同一过程运行这两个工作是一个相当大的挑战。每个项目的进度和项目管理风格都不一样。这就需要项目经理来负责推动决策。

如果你正在寻找的技术不是你公司能力的一部分，作为项目经理，你需要确保赞助商做出明确的决定，是制造还是购买。这发生在我们的一个项目上，我们想开发自己的技术，经过几个月的工作后，项目管理人员推动了一个明确的决定，由于其他公司已经开发出类似的技术，赞助商决定购买该项技术，我们也就妥协了。

在所有情况下，无论使用什么过程，关键词之一就是常识。项目经理的关键技能是能够适应并领导团队应对复杂的情况。在这里我们就可以认识到一个高效的项目经理是怎么做的。

3. 案例研究

前段时间，基于我们的战略和客户需求，我们决定开始研发能够快速检测不同基质微生物的新技术，以满足特定市场的需要。我们选择在公司内部开发这些技术，而不是与其他公司建立合作关系。当时，新技术的选择和评估都掌握在研发团队手中。我们有一个明确的流程，定义了里程碑，研发部门是每个步骤的唯一签字人。项目范围由研发部确定并开始工作。团队的状态报告表明，我们进展得很好，两年后，我们将研发结果获得研发主管批准后分享。

之后，我们开始了一个项目，即用这个有前景的技术开发一种新产品。市场营销确定了客户的需求，要使用的不同矩阵，以及产品使用的条件。在第一次项目会议中，研发团队开始比较已经完成的技术工作与产品功能和需求。几乎甚至没有可匹配之处！所定义的技术已经在一些与未来产品根本不相关的主题上进行了测试。因此，研发团队因浪费时间和金钱而感到沮丧。

问：这个团队怎么能做得更好呢？

答：结合该项目的经验教训，我们决定回顾开发新技术的过程。我们仍有一些可以明确的阶段，但我们在此基础上做出了以下改进：现在，市场营销和研发部门是每个阶段的签署方；我们提供了一份由市场部定义的规格清单，作为研发部门的支持，以确保所做的工作能够满足未来的市场需求；在过程的最后阶段，开发新产品的未来团队的代表会参加团队会议和阶段门评审，在这次会议上，我们的重点将放在测试的性能、获得的结果和期望上，以确保这项新技术能够满足我们未来的需求。

5.17 创新实践：雷普索尔公司[①]

雷普索尔公司（以下简称雷普索尔）是一家全球的综合能源公司。我们的业务遍及37个国家，拥有超过25000人的团队，致力于建设可持续发展的未来。我们的愿景是成为一家基于创新、效率和受人尊重的全球能源公司，可持续地创造价值，促进社会进步。

创新是我们愿景中的重要手段，它与透明度、责任、结果导向和协作一样，也是我们公司的价值观之一。在雷普索尔，我们相信，我们的竞争力和发展的关键在于我们有能力产生新的想法，并以合作和持续集体学习的精神将其付诸实践。要把创新作为我们基因的一部分，这是一个漫长而艰巨的过程，我们仍面临许多挑战需要克服。

以下是我们如何建立企业文化和能力，成为我们想要成为的全球性和综合性能源公司，并在市场上保持可持续发展的几个阶段。

1. 第一阶段：获取知识（2011—2012年）

在2011年之前，雷普索尔的创新都集中在研发工作上。2011年，为响应《质量控制和知识管理职能战略规划（2011—2014年）》，启动了该创新项目。该项目是由高层管理人员发起的，自2012年起，他们决定将创新作为企业价值观之一。其主要目标是将创新融入我们的文化和日常工作中。

此外，公司还建立了一个组织结构来支持和鼓励创新计划。企业创新部、商业创新部和创新委员会是这一结构中的组织单位。此外，公司还建立了一个包括企业家、创新团队和推动者在内的创新网络。

2. 第二阶段：强化组织（2013—2015年）

2013年，公司的重点是建设组织能力。公司举办了第一期推动者培训项目，以支持基于精益方法的持续改进流程。

除此之外，化工行业的试点也开始了。该试点是我们公司的一个成功案例，它已经成为本公司精益改造方案，并根据需要进行应用。

[①] 本节版权归雷普索尔所有，经许可转载。

这样做的主要目的是想在 2014 年促成一种创新文化。战略创新反思（Strategic Innovation Reflection，SIR）是在所有创新部门的参与下举行的，形成了一个从创新中增加更多价值的公司模式。与此同时，第一期的 IN 奖是在 5000 多名员工和 500 多个项目的参与下推出的。2014 年，创新网络持续增长，至此大约有 75 个创新和改进团队。

2015 年，一些关键绩效指标被定义并落实到位，以此来衡量创新的影响。公司还开展了一项名为"Go"的全球企业计划，该计划旨在提出创新方案来提高税息折旧及摊销前利润。此外，商业部门通过特定的路线图部署了创新模型来更好地利用其战略计划。

图 5-17 展示了在企业和业务领域，支持和鼓励创新的创新部门进行的创新工作。

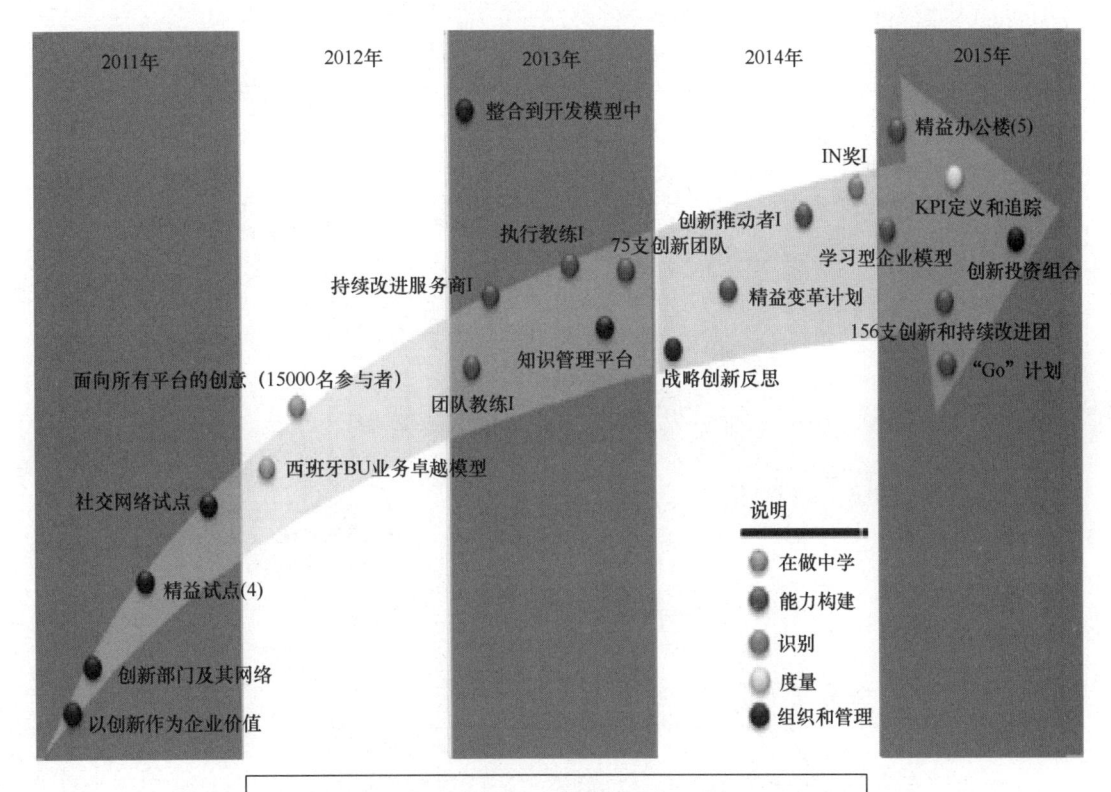

图 5-17　创新部门进行的创新工作

3. 第三阶段：利用变革（2016—2018 年）

（1）管理原则。

自 2016 年以来，各业务部门根据新的战略挑战，对运营模式（流程、结构、政策和管理标准、工作动态和决策、知识管理等）进行了改进。创新计划伴随着新的战略更新，并包括了由业务部门委员会确定和优先安排计划。

在这种转变中，协调和动员本组织对于实现共同的目标和愿景至关重要。除此之外，沟通也是确保最终目标达成的关键因素。

（2）人与组织管理的新模式：作为变革引擎的敏捷哲学。

一些利用新技术的全球性措施，促进了更灵活有效的企业环境：制定和实施政策模式，确保促进创新文化；根据各部门自身和全球需求，提出实施新工作方式的建议；推动持续改进项目以优化流程（精益）；为实现灵活协作的组织，定义和主张所需的文化变革；培养领导者，确保其行为与创新和企业家精神相关；对制订计划的企业家和创新团队的认可；培养和发展组织的能力，包括项目团队和部门；监督、验证和披露新的有效的、具有高潜在影响的可复制的方法，以应对企业的问题和机遇。

结果，如图 5-18 所示，这是一种基于创新和新的工作方式的文化转型，这为雷普索尔成为精益公司提供了一些重要的杠杆。

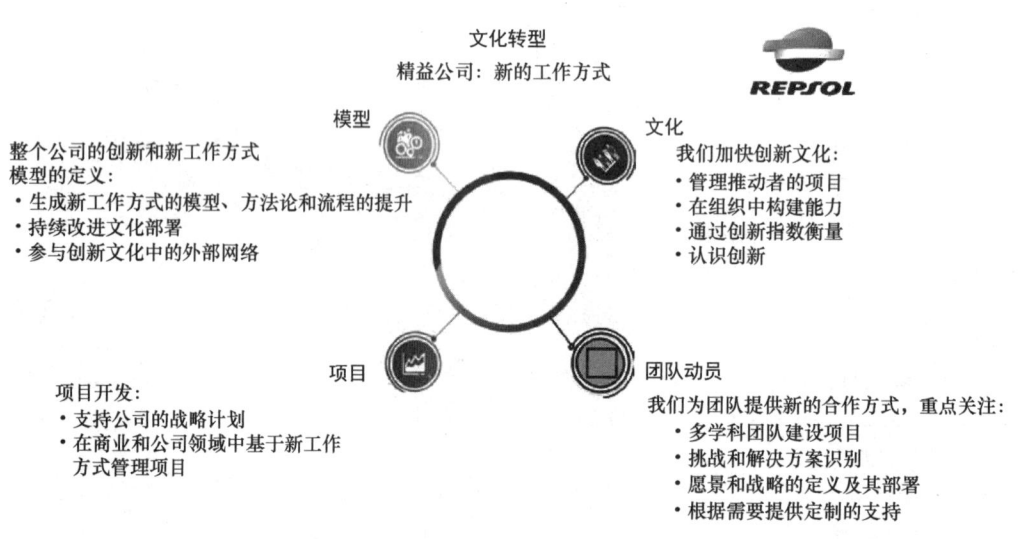

图 5-18 文化转型：拥有新工作方式的精益公司

5.18 人员分配创新项目

如果我们有一个明确的 SOW 和详细的需求清单，那么所需资源的技能水平通常是可预测的。在创新过程中，所需资源的技能水平可能要直到项目完全展开后才能知道，并且可能随着市场和企业环境因素的变化而变化。一般来说，开发工作需要更多的资源，比如增量创新，而不是纯研究或突破性创新。这就产生了对某些创新类型的结构化监管的更大需求，例如，在纯研究中，通常是在类似校园的工作环境中进行的。

对创新工作具有良好的意图和期望是建立在适当的人员配置基础上的。资源可以通过以下方式获取：使用具备必要技术技能的现有资源，使用必须经过技术培训的现有资源，聘用新员工，聘用顾问，公司收购，通过合资企业或授权协议共享资源，作为共创团队的一部分使用资源。

高管们倾向于选择项目，将它们添加到任务列表中，并对它们进行优先级排序，而很少考虑组织是否有可用且合格的人员。更糟糕的是，大多数高管不知道现有人员在不增加劳动力负担的情况下能承担多少额外工作。

平衡资源可用性和需求需要开诚布公。我们要尽早将创新项目经理带入进来。项目经理需要参与人员配置工作，寻找支持自己的合格资源，并愿意在这一团队环境中工作。有些人可能对这个项目持怀疑态度。项目经理必须减轻他们的恐惧，赢得他们的信任。如果必须雇用具有新技能的人员，项目人员分配可能要求项目经理在项目期间与人力资源部密切合作。

公司可以同时进行几种不同类型的创新。这就对哪些创新项目应该拥有最好的资源提出了挑战：资源是否应该从满足现有客户需求的持续性创新，重新分配到面向未来客户的颠覆性创新？如果我们重新分配资源，比如说从增量式创新项目到颠覆性创新项目，是否存在市场领导者可能失去领导地位的风险？

在快速变化的组织中，战略制定和战略执行之间的联系建立在组织对动态能力的理解和使用上。动态能力理论关注的是成功企业的高级管理人员如何制定战略，以适应根本性的不连续变化。它需要重新配置资产以适应不断变化的环境（O'Connor，2008）。组织必须牢牢掌握竞争生存所需的资源及未来获得竞争优势所需的资源。这可以通过人才输送通道来实现，该通道能够识别出所需的能力，并随时准备在短时间内提供后备人才。由于组织变革管理的不足，也可能需要专门的资源。

如图 5-19 所示，资源管理实践中存在一些缺陷，这些缺陷会阻碍组织实现其战略目标，并使糟糕的项目得以存在。高管们可能发现，有必要为一个看似健康的项目增加资源，如果项目成功的话，就会赢得更大的机会。如果资源必须从另一个项目中移来，那么另一个项目就可能出现进度延迟和错过机会窗口。在固定的人力基础上，决策必须基于整个投资组合的最佳利益，而不是单个项目。

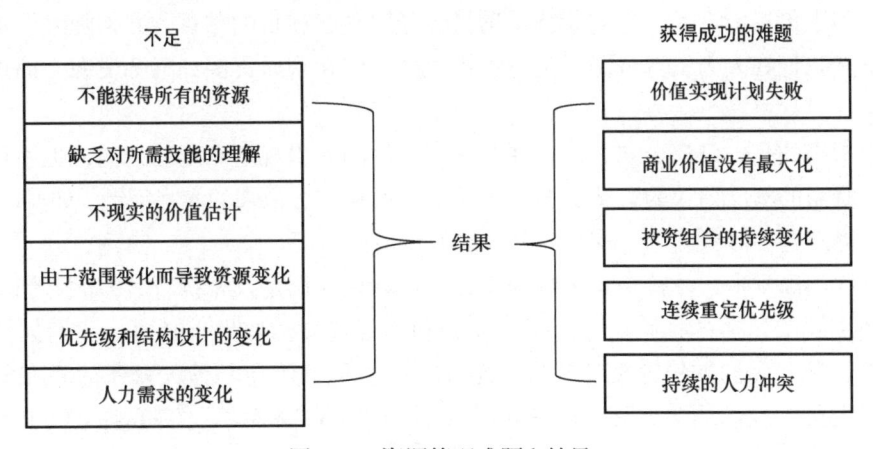

图 5-19 资源管理难题和结果

确定所需资源是挑战的一部分。而挑战的另一部分是如何分配资源。通常，资源分配有一个优先级系统，如图 5-20 所示。

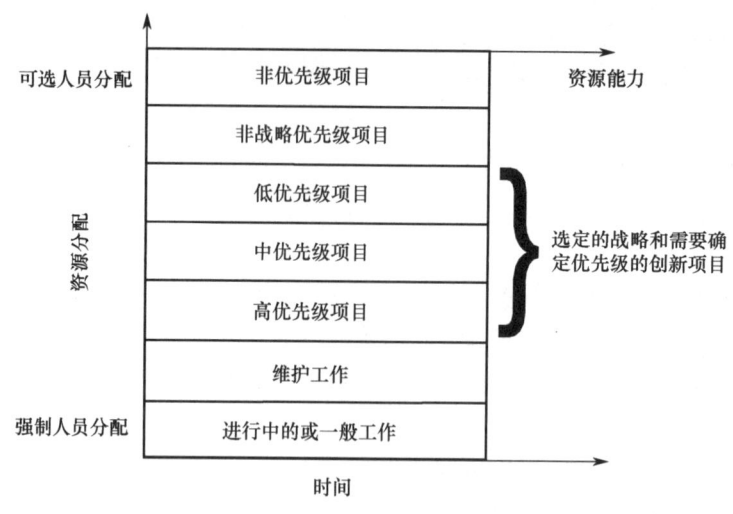

图 5-20　资源分配优先级系统

最佳的资源能力规划和人员分配可能是不现实的。一些人，如 Murro 等（2016）认为，组织在资源分配上的冗余将增加创造性行为的机会，并有助于形成竞争优势。我们可以定义三种类型的组织冗余，从中获得资源：已吸收冗余，这些资源被整个公司吸收，但随着组织效率的提高，这些资源也会变得可用；未吸收冗余，这些资源可以立即获得，并快速分配给创新项目；潜在冗余，这是公司通过雇用实践、合作伙伴关系、合资企业或共创团队获得所需额外资源的能力。

每种类型的组织冗余都有利弊。在一家以创新为傲的公司，管理层创造了一种文化，他们要求所有员工至少将 10%的时间花在现有项目上，为公司寻找新产品和服务的创意。虽然这有利于创造新产品，但它影响了项目经理对现有项目的预算，并伴随着严重的成本超支。虽然我们在人力资源方面讨论过组织冗余，但在物质资源和财务资源方面也可能存在冗余。

应当指出的是，许多公司，即使那些拥有良好的能力规划制度的公司，也不得不将其创新工作所需的本已稀缺的资源更多地分配给监管和立法带来的潜在问题，如产品（赔偿）责任、环境问题、健康问题、安全问题和能源供应。

充分利用高水平人才往往是困难的，尤其是如果他们是首席执行官的话。创新中常见的资源利用问题包括：我们如何利用未充分利用的资源？如果有必要，我们如何重新分配和重组资源？我们如何处理那些喜欢独立工作，但又不想与他人合作的具有创新精神的高技术人员？我们如何处理那些完美主义者和想要超越而不仅仅是满足要求和规范的员工？

人力资源部门的重要性往往被隐藏起来，但它确实对创造促进创新的企业形象和声誉产生了影响。这是通过吸引有才华的技术人员，让他们有机会发挥创造力，并最终提高公众对创新产品的价值和质量的信心来实现的。

5.19 对项目经理和创新人员的启示和借鉴

有经验的项目经理在管理创新时必须改变他们使用传统项目管理工具和流程的方式。项目经理必须处理的一些重要问题包括：由于没有足够详细的需求信息，因此要对工作分解结构、进度和预算使用滚动计划或移动窗口计划；不断更新预算和时间表；由于需要大量的消费者信息来支持项目决策，因此不得不学习如何使用企业的知识管理系统；种种假设和企业环境因素将会在项目的整个生命周期内发生变化，因此必须密切监测；根据创新的类型，可以使用不同的生命周期阶段；正在进行的工作可能比创新项目具有更高的优先级，这可能影响项目的人员分配。

参考文献

[1] Bodenheimer, T., and Sinsky, C. (2014). From triple to quadruple aim: care of the patient requires care of the provider. *Annals of Family Medicine*, 12 (6), 574–575. Available at www. annfammed.org/content/12/6/573.full. Accessed April 7, 2019.

[2] Calabretta, G., and Gemser, G. (2016). Integrating design into the fuzzy front end of the innovation process. in *Design Thinking: New Product Development Essentials from the PDMA*, Luchs, Swan, and griffin, eds., pp.107−126. Hoboken, NJ: John Wiley and Sons.

[3] Cordina, J., Kumar, R., Martin, C.P., and Jones, E.P. (2018) Halthcare consumerism 2018: An update on the journey. mcKinsey & company (website). Available at. www.mckinsey.com/industries/healthcare-systems-and-services/our-insights/healthcare-consumerism-2018?cid=other-soc-twi-mip-mck-oth-1808&kui=fZorQrPv1SYoQty1hawDTA.

[4] He, W., Goodkind, D., Kowal, P. (2016). *An Aging World: 2015. International Population Reports*(march) U.S. Census Bureau, International Population Reports, P95/16-1, Washington, DC:U.S. Government Publishing Office. Available at www.fiapinternacional.org/wp-content/ uploads/2016/10/An-Aging-World-2015.pdf.

[5] Hanley, S. (2014). Measure what matters: A practical approach to knowledge management met- rics. *Business Information Review* 31 (3), 154–159. DOI: 10.1177/0266382114551120.

[6] Kaplan, J. M. and Warren, A. C. (2009). *Patterns of Entrepreneurship Management* (3rd ed.). Hoboken, NJ: John Wiley and Sons.

[7] Kayworth, T., and Leidner, D. (2003). Organizational culture as a knowledge resource. in C. W. Holsapple, (ed.). *Handbook on Knowledge Management*. Volume 1: *Knowledge Matters*. Heidelberg: Springer-Verlag, 235–252.

[8] Kerzner, H. (2018). *Project Management Best Practices: Achieving Global Excellence* (4th ed.). Hoboken, NJ: John Wiley and Sons.

[9] Martin, M. G. (2010). *Delivering Project Excellence with the Statement of Work*. Management Concepts Incorporated.

[10] Melik, R. (2007). *The Rise of the Project Workforce*. Hoboken, NJ: John Wiley and Sons.

[11] Murro, E. V. B., Teixeira, G. B., Beuren, I. M. et al. (2016). Relationship between organizational slack and innovation in companies of BM&FBOVESPA. *Revista de Administração Mackenzie* 17 (3): 132–157. DOI: 10.1590/1678-69712016.

[12] Nagji, B., and Tuff, G. (2012). Managing your innovation portfolio. *Harvard Business Review*(May) 90 (5): 66−74.

[13] O'connor, G. C. (2008). Major innovation as a dynamic capability: A systems approach. *Journal of Product Innovation Management* 25, 313–330.

[14] Verzuh, E. (2016). *The Fast Forward MBA in Project Management*. Hoboken, NJ: John Wiley and Sons.

[15] Wenger, E., and Snyder, W. (2000). Communities of practice: The organizational frontier. *Harvard Business Review* (January−February) 78(1): 139−145. https://hbr.org/2000/01/communities- of-practice-the-organizational- frontier.

[16] World Economic Forum (2017). *Value in Healthcare: Laying the Foundation for Health System Transformation*. Insight Report, April 2017. Geneva, Switzerland: World Economic Forum. Available at http://www3.weforum.org/docs/WEF_insight_report_value_healthcare_lay- ing_Foundation.pdf. Accessed April 7, 2019.

第 6 章
创新管理软件[①]

项目经理和创新人员的学习目标：
了解创新管理软件的需求；
了解创新管理软件如何支持信息库；
了解创新管理软件如何支持创新决策。

6.1 引言

目前，我们讨论了任命重视管理新理念的专业管理人才的重要性，新理念会使产品或服务商业化。但是，这位创新项目管理者不一定要创造新产品，但一定要熟知必要的流程，来鼓励大家提出新想法，以及将想法变为现实，并实现其商业价值。为了更好地完成任务，创新项目管理者必须对有助于实现该目标的工具有深刻的认识。

在过去的 20 年中，创新项目经理已经认识到创建数据信息库以支持创新活动的重要性。市场上的创新管理软件应运而生。这类软件的基本理念是，基于公司内部已有的资源，如何更好地提出新想法。这一目标是以数字云的形式创建创新平台来实现的，该平台收集、细化、提出和实现想法。提供想法主要通过公司的私人网络，但在某些情况下也可以向公众开放。

在以下的章节中，讨论了创新软件的工作原理；然后，为了给创新软件理念的应用提供清晰的例子，给出了研究案例。所选案例由创新管理软件领域的 3 家公司提供，分别是 IdeaScale、Qmarkets 和 HYPE innovation。

创新软件公司提供的服务并不局限于"仅"销售软件包；作为创新专家（策略师），如果需要，他们可以定制、开发最适合委托公司的软件，甚至通过调查，帮助被协助委托公司找到可能的合作伙伴，完成预期任务。通过这种方式，创新软件公司倾向于创造"开放

---

① 本章由 Luigi Morsa 博士提供。版权所有，经许可转载。

式创新"环境,当开放式创新被永久应用时,创新软件公司就会成为大多数高科技公司创新的信息来源和必需品。

6.2 创新软件的起源和优点

创新软件程序通常是以这样一种方式构思的,即有一个公共平台,所有用户(基本上是公司的员工)都可以访问这个平台,并且可以自由地留下他们对新想法的建议或意见。然后,每个新提案都会被在线辩论或讨论,以此获得改善。讨论的想法达到一定数量后,开始进入选择阶段。选择阶段由创新项目经理在行业专家和商务部门员工的支持下进行,目的是分别从技术和商业角度评估可行性。最后,该委员会选择值得投资的想法。未选择的想法不会被丢弃,将它们存档,因为有可能在以后的某个时间,也许通过开发更合适的技术,使该想法得以实施。

图 6-1 概述了创新管理软件应用的总体工作流程。

发起挑战 → 为挑战提交想法 → 投票、评论和定级 → 专家优选(其余归档) → 选定的想法

图 6-1 创新管理软件应用的总体工作流程

有趣的是,创新管理软件是由 100 多年前推出的意见箱演变而来的。意见箱曾经在某段时间获得过成功。通常,它由当时的人事部门运营,主要目的是节省成本,是一个收集意见(通常是投诉)的被动系统,偶尔会由委员会审查。虽然意见系统初期大都很成功,但大多数系统最终都会被废弃,原因是系统被冷漠对待,或者提交者经常收不到有关反馈意见,因此不再提供意见。这些系统大多数都是基于纸质的,而且运作不便(Shockley,2006)。

20 世纪 90 年代,互联网为想法收集的新模式提供了媒介。公司开始建立在线网页,员工可以在上面发表自己的想法。但是,这些网页仍然由人事部门管理,并且通常由公司 IT 部门构建。由于想法的处理方式与意见箱相同,最终陷入意见箱之前面临的问题:频繁的投诉,缓慢的反馈审阅,以及如何处理想法的非透明后台系统(EI Sherbiny 和 Abdel Aziz Hadia,2014)。

这些问题几乎都被现代创新管理软件所克服。如今,它们应用于多个领域。此外,专门从事创新管理软件的公司为企业、政府、银行、金融、医疗保健、非营利组织、小型企业等提供解决方案。

使用创新管理软件的主要优点可以总结如下:

(1)提高员工参与度。创新管理软件有助于获取员工想法,否则这些想法将会丢失。员工认为自己在公司的改进工作中有发言权,他们觉得自己与公司的成功有着密切的联系,因此他们对公司产生了归属感。[1]

（2）鼓励协作。通常通过在线讨论来改进想法，因为持不同观点或背景的人的评论（或批评），可以为创意提供新的输入。之后，创意的提供者可以返回系统，为其创意补充细节。因此，整个过程强化了跨职能和相互协作（Millard，2014）。

（3）简化了解员工的渠道。创新管理软件使经理和主管更容易挖掘有好想法的员工。他们可以用更透明的方式，了解和奖励员工的付出，这些员工通过参与创意的产生和完善过程，为企业做贡献（Millard，2014）。

（4）帮助公司提高产品上市速度。创新管理软件可以帮助公司利用最佳创意，将其作为新的"产品或服务"在市场上商业化，从而在竞争对手面前脱颖而出（Innovation Tools.com，2013）。实际上，很可能由于有了创新管理软件，员工或使用该软件的利益相关者一旦意识到市场中的新趋势或新需求，便可以非常迅速地提出一个新想法。

为了举例说明这类软件的潜力及其广泛性，在下面的章节中，我们将介绍出自3家创新管理软件领域领先公司的6个案例。

6.3　创新软件实践：IdeaScale[2]

2009年，IdeaScale与奥巴马（Barack Obama）总统的开放政府倡议同步推出。第一年，IdeaScale被23个联邦机构应用。它为许多组织服务，包括美国总统办公厅。IdeaScale的软件允许组织收集公共和私人社区的意见，并为用户提供投票平台。然后对这些想法进行评估、发布和实施。截至2016年，IdeaScale保持了其引领地位和盈利能力，并在华盛顿特区、日本和德国设有办事处，总部位于加利福尼亚州伯克利市。

从IdeaScale中选择了以下两个研究案例：①Magneti Marelli是高科技领域软件应用的一个很好的例子，在该领域中，想法的获得不是通过征集员工，而是通过征集大学生和赛车技术爱好者的建议；②Redwood Credit Union代表了通过公司员工（特别是在银行、保险行业）收集和倾听客户反馈的一种尝试。

1. Magneti Marelli案例：提升竞争优势

Magneti Marelli是一家国际公司，于1919年在意大利成立，致力于设计和生产汽车领域的高科技系统和零件，总部位于意大利（米兰的科尔贝塔）。该集团拥有38000多名员工、85个生产部门、12个研发中心和26个应用中心，业务遍及19个国家，为欧洲、北美、南美和亚洲所有最重要的汽车制造商供货。

当该公司与一家专门从事社会业务转型的国际咨询公司Open Knowledge合作时，它们开发了Lap Time俱乐部。这是一个专门为赛车爱好者和电子技术爱好者建立的社区。Lap

---

[1] InnovationTools.com, "An Overview of Idea Management Systems", Millard (2014).

[2] 本节由IdeaScale提供。版权所有，经许可转载。

Time 俱乐部的目标是激发创造力和创新能力，从而促进赛车界有效的理念、产品和服务的发展。

Magneti Marelli 的创新团队使用完整的数字工具包来推广这个新的在线社区：博客、电子邮件公告、相关出版物中的新闻文章、脸书（Facebook）和谷歌（Google）上的数字广告活动等。此外，还成立了一个专家小组来管理对话，确保在社区中进行互动。随着课程的成熟，学生和大学也通过特别的形式参与进来，包括在校园内张贴线下材料，吸引感兴趣的个人进入社区。该团队还使用 hackathon[①]形式让社区参与进来，邀请其他方参加 2014 年博洛尼亚汽车展的技术竞赛，邀请 4 组参与者使用 3D 打印和其他技术来创建、开发赛车仪表板。

每个月，Magneti Marelli 的创新团队都会开会审查新想法，并与想法提供者联系以获得更多细节，从而进一步提出更有前景的想法。在项目的前 6 个月，团队报告：通过众包[②]的方式，Lap Time 俱乐部已经从世界各地收集了近 100 个想法；Magneti Marelli 经理和技术专家将对前 20 个创意进行评估，选出进入决赛的创意；Magneti Marelli 表彰了两个获奖创意并考虑进一步开发，这两个创意是谷歌眼镜集成功能和一种在比赛中优化驾驶员决策的新方法。

Lap Time 俱乐部项目经理 Ilaria 说："我们调查了许多工具，IdeaScale 兼具灵活的功能和高水平的服务。该程序带来了令人难以置信的思维转变，开拓了创新过程，IdeaScale 更值得合作。"

有将近 100 个想法来自 600 多个成员（其中 85%来自公司外部），Magneti Marelli 计划继续邀请全球合作伙伴加入它们的 Lap Time 俱乐部，这将推动赛车运动走向更广阔的未来。

2. Redwood Credit Union 案例：利用员工的想法改善客户体验

Redwood Credit Union 成立于 1950 年，是一家提供全方位服务的金融机构，为旧金山湾区的客户和企业提供个人和企业银行业务。他们的服务包括支票和储蓄、汽车和银行贷款、信用卡、手机线上银行等。Redwood Credit Union 致力于为每位会员提供卓越的服务，这是以会员为中心的一部分。

Redwood Credit Union 与众不同的一点是它致力于不断改善会员体验。该公司一直在严格收集员工关于改善客户体验的反馈和想法，但在 2016 年，Brett Martinez 希望通过使用软件来增强系统，使过程透明协作。

Redwood Credit Union 在多渠道推广活动中，推广使用该工具，包括提醒员工参加每月一次的公司全体例会，发送电子邮件和摘要通知，保持与员工沟通，并向领导层传达参与

---

① "hackathon" 一词是 "hack" 和 "marathon" 的组合，其中 "hack" 在探索性编程上使用，而不是对计算机安全性的替代。黑客马拉松（hackathon）是一种类似于设计冲刺的活动，计算机程序员和其他参与软件开发的人员，包括图形设计师、界面设计师、项目经理、其他人员（通常包括主题专家）在软件项目上进行深入合作。

② 众包是通过征集多人提供的服务、投入的任务（项目）来获取信息（一般通过互联网）的实践。

的重要性。

该团队还在会员体验活动中预先加入了他们过去收到的建议，以提高项目启动时的参与度。奖项不仅颁发给最具影响力的创意（Voyager 奖），还颁发给参与人数最多的团体（TME 奖）。

团队在 IdeaScale 软件使用阶段，重新构建了现有的客户体验。每月采用以下流程对创意进行审查：投票和评论期为三周；创意管理团队开会讨论较好的创意，并为专家筛选有前景的创意，或者向创意提供者询问其他信息；专家为创意指定一个所有者，该所有者根据特定的部门标准对创意进行评级；然后，团队使用五星级评估法来评估该想法（标准包括创新、可行性、对会员体验的影响、工作量等）；选择最佳创意并将其传给相关团队实施。

为了最大限度地增加每年实现的想法数量，研发团队首先找到正在开发中的计划和项目，找到与有前景的想法相一致的项目，之后将想法附加到项目中。以下是团队在不到一年的时间内，取得成功的主要原因：①多重增强会员体验，如手机指纹 ID、对客户反馈的完善、新的账单等；②第一年，超过 70%的员工参与了该平台并致力于改善会员体验；③Redwood Credit Union 的目标是在第一年实施 50 个新的客户体验想法，该公司实现了超过 85 个（还在统计）想法，超过了这一目标；④该团队还注意到公司的总体推荐指数有所提高，并将这一成功（部分）归功于会员体验的改善，这种改善始于 IdeaScale 的建议。

Andy Ramos（SVP、会员）表示："该工具采用了我们现有的流程，并赋予它更多功能。工具的灵活性、可靠的协作能力和梳理想法的能力，对短时间内实现如此多的新想法至关重要。"

Redwood Credit Union 将继续通过使用员工想法的力量来优化会员体验。

6.4 创新软件实践：Qmarkets[①]

十多年来，Qmarkets 一直在提供平台，帮助客户应对各种战略业务挑战，包括员工创新、持续改进、技术探索、业务转型和开放式创新。在 Qmarkets，人们相信集体智慧的变革能力，目标是最大限度地利用"群体智慧"将想法变为成果。

Qmarkets 在美国（加利福尼亚州圣何塞、康涅狄格州斯坦福德）、欧洲（伦敦、法兰克福、巴黎、米兰）、澳大利亚（堪培拉）设有办事处，并在以色列（罗斯艾因城）设有总部的研发中心。

6.4.1 简介

现在大多数组织都承认员工的参与是企业创新的关键要素，而客户参与度通常被忽视。因为开放式创新存在感知风险，在早期公司内部讨论中就会被否定。实施开放式创新时，对知识产权和保密性感到担忧是很正常的。但是，许多认真考虑开放式创新的决策者发现，

---

① 本节由市场经理 Elliott Wilkins 提供。Qmarkets 版权所有，经许可转载。

领先的创新管理平台提供的功能可以轻松解决他们最初的担忧。在极少数情况下,当围绕开放式创新存在的根本问题无法解决时,公司通常会认为潜在的收益远远大于风险。

当然,就开放式创新活动而言,一种标准并不适合所有人。关键是要有易于使用、灵活且可扩展的创新管理软件,以满足不同的目标。因此,Qmarkets 可以确保解决这些问题。

在这一章节中将进一步了解,三个截然不同的企业是如何使用专门构建的 Q-open 平台,并用该平台促进新产品开发中的合作创新、信息收集和价值创造的。

6.4.2 研究案例1:促进与领先的医疗设备制造商客户的共同创新

Leckey 成立于 1983 年,是全球公认的残疾人设备研究、设计和开发的先驱。2013 年,Leckey 推出了 Firefly,该品牌专门致力于提供实用、有趣的产品,以帮助有特殊需求的儿童参加日常的家庭生活。作为让全球社区的父母、治疗师和设计师互动的一部分,2015 年,Leckey-Firefly 开始寻找 SaaS 供应商,该供应商可以提供一个开放式创新平台,以满足技术和视觉需求。作为这次调查的结果,他们选择了 Qmarkets 的 Q-open 产品。

1. 主要挑战

与所有面向外部的项目一样,Leckey-Firefly 项目的主要挑战之一是提供吸引人且提升用户体验,同时要保持良好的品牌形象。大多数平台都允许客户对创意管理用户界面进行基本自定义,包括品牌颜色和徽标位置,但在这种情况下,需要客户对设计方面有更高的要求。

尽管有些公司会选择将已有的品牌用于创意管理项目,但许多公司会特意打造一个独特的品牌,尤其是针对这类方案。在这种情况下,Leckey-Firefly 决定以"Hatch"品牌启动这个项目。

作为该品牌标识的一部分,计划是将 Qmarkets 的平台放置在更大的"Hatch"网站中,并在两者的交互间实现无缝衔接。这是一个独特的挑战,因为这意味着从头开始开发自定义元素,尤其是针对此项目。尽管 Qmarkets 开发团队需要做更多的工作,但客户对结果感到非常满意。

2. 创新管理软件的作用

为了使平台最大限度地发挥创意,我们与合资公司保持密切合作,以确保我们软件的游戏化功能能够满足它们的需求。游戏化策略有两个方面。如果用户的想法被选择和实现,他们将有机会赚取一定比例的版税,从而激励用户做出贡献。这种货币奖励策略将辅以规模较小的游戏化元素,在这个元素中,用户可以为提交的每个想法赚取积分。得分最高的用户将获得约定的奖励。

除了作为一个游戏化的概念加速器,该平台还必须提供清晰的数据,专家小组将使用这些数据来确定项目的可行性。该小组将由工程师、医疗专业人员、治疗师及家长组成,他们最终会选择最适合实施的想法。

为了满足这些需求,我们实施了 Q-open 方案。这是专门为开放式创新而设计的产品。首先,Q-open 开发的平台是一个可访问的、用户友好的中心,任何人都可以在其中提出挑战的解决方案，对想法进行投票，并与社区成员进行互动；其次，它起到了扩大参与度的作用，允许合资公司通过奖励来激励参与；最后，该平台使专家小组能够轻松识别最有潜力的想法，进一步完善想法以确保想法符合公司的要求，并加以实施。

3. 成果

参与者都认为该项目取得了巨大的成功。该计划不仅极大地增加了新产品的创意数量，而且还使 Leckey-Firefly 了解了每种新产品的市场需求量，帮助它们确定了产品线的优先顺序。通过 Qmarkets 平台开发的社区非常赞赏这一举措，参与者之间的品牌忠诚度明显提高。最后，该项目还引起了媒体的广泛报道和认可，为客户提供了很多其他方式无法获得的机会。

6.4.3　研究案例 2：促进英国 NHS 内部的合作

开放式创新在医疗领域正发挥着越来越重要的作用，专家指出，开放式创新有潜力找出更有效的诊断方法，甚至缩短治疗途径（Auriga, 2017）。具体而言，B2B 环境下的开放式创新被证明是有影响力的。

医院或医疗保健企业可以开展创新活动，以向专业知识提供者（具有丰富领域知识的系统，可补充公司的核心竞争力）开放，来获取新的创新企业所需的知识。同样，B2B 开放式创新可以改善公司价值链的领域。

2016 年，我们有幸与 West Midlands Academic Health Science Network（WMAHSN）合作，WMAHSN 是英国国家卫生服务部门（National Health Service，NHS）内部的组织，提供了可以促进该地区医疗创新的平台。这一强大的在线创新交流被用于各类创新实践，从启动合作到临床试验，从财富创造到生物医学技术都有应用。

1. 主要挑战

由于 WMAHSN 是一个规模大且历史悠久的组织，因此创新面临许多文化和官僚障碍，这些挑战难以克服。其中许多人不愿进行大规模创新，所以第一个主要挑战是说服医疗保健组织和个人：开放交流途径，可以在没有风险的情况下产生真正的价值。此后，真正的挑战是创建一个动态的协作系统，用户不仅可以提交自己的想法，还可以通过投票和评论来共同提升他人的想法。

2. 创新管理软件的作用

Q-open 想法管理平台由 Qmarkets 提供，为该地区的医疗创新提供了一站式服务。用户可以登录，查看遇到了哪些挑战，并提交想法或解决方案来快速轻松解决这些问题。

Qmarkets 支持的交易所具有简单性和合理性，有助于解决跨部门协作和开放创新的问题。在交易的有效性确定之后，WMAHSN 能够在社交媒体上启动一项任务，强大的投资回报率分析能力使任务变得更容易。这反过来有助于提高交易所的使用率，也有助于改变以前对创新项目犹豫不决的组织的心态。

在线创新交流不仅是一个可靠的系统，在这个系统中，高水平员工可以收集和开发想法，以最好地应对挑战，在线创新交流也是分享故事的枢纽。通过建立一个专用的平台，患者、员工和学者可以在其中分享想法并给出反馈，促进互动，是其他众包方法（在线问卷调查）无法实现的。

3. 成果

在发布后的前几个月，WMAHSN 项目从 665 个系统用户那里收集了 381 个想法。其中，24 条意见获得批准，13 条意见得到落实。

在某些类别下提交的意见很容易被其他实体采纳，这一事实证明了交流的广泛有效性。例如，一个组织提交了一个解决方案，该方案可以帮助患者通过锻炼来调理自身健康，也可以解决糖尿病相关问题。这使得该组织能够为其出色的计划筹集资金。

事实证明，将医疗保健专业人员与能够改进其工作流程的组织联系起来，这种联系非常有效。其中一家医院通过与一家公司建立联系，改进了员工管理和资源分配程序，该公司可以用配套应用程序替换其过时的电子表格系统。因此，Qmarkets 系统确保了创新交流既作为一个有效的想法收集者，又作为一个通过协作和需求配对来吸引用户的平台。

4. 结论

在医疗保健领域，生命十分重要，所以项目部要求提出的改善工作流程和解决问题的方案，必须有数据支撑。如我们所见，拥有高效的创新软件可以打破孤岛，鼓励创造性地解决问题，并有助于确保最佳创意得到优化，以产生最佳效果。它还可以作为一个很好的媒介，在硬数据的支持下，将病人和医疗保健提供者的关注点进行最佳综合。

6.4.4 研究案例 3：助力法国 Total 公司创新

在能源行业这样一个竞争激烈、同质化严重的市场中，开放式创新对于建立差异化竞争至关重要。受环境和可持续性因素影响的监管限制越来越多，这些促使能源公司采取开放式创新计划，以实现绿色环保（World Economic Forum，2018）。

2017 年，一家大型跨国能源公司的法国分部与 Qmarkets 合作，开发了一个开放式创新平台。目的是增加公司内的知识和盈利能力，提高生产率，并与客户建立更好的联系。

1. 主要挑战

Total 是全球最大的石油和天然气公司之一，决定使用 Qmarkets 的软件后，用内部工具收集的意见可以补充外部思维。Total 还需要一种方法使品牌"人性化"（更容易接近、更符合客户的日常能耗要求）。

由于该平台将在国际推广，因此扩展性是一个巨大的挑战。需要自动翻译和分布式子系统，以促进全球多个地区的开放式创新。

考虑到这些挑战，该平台将成为一个中心，用户可以提交想法并对其进行投票。它也可以作为一个开放渠道，客户可以与公司代表进行互动，在项目上进行合作，并为更好的可持续性实践提供建议。

2. 创新管理软件的作用

为了帮助实现"人性化"目标，并提高参与度，Qmarkets 通过最佳实践游戏化功能增强了开放式创新项目。该方法让用户从三个类别（我的汽车、我的加油站和我的房屋）中进行选择。选择类别后，用户可以查看与之相关的既定挑战，并就如何改善公司产品（例如家用能源产品）提出想法。在平台上进行的所有活动，从提交和发表想法到做出评论，都会赢得用户积分和徽章。前三个想法的提交者还将获得实物奖励，包括加油卡、手机和平板电脑。

与其他项目一样，使用 Q-open 开发的平台可以帮助决策者轻松地确定最具潜力的想法，加以培育，监控它们的进展，并确保它们得到有效实施。

实践证明，软件作为一个可扩展的在线开放式创新中心是有效的，通过自动翻译促进国际思维的合作，软件还很好地服务于现场群体投票活动。当该平台在巴黎一个大型车展上正式推出时，与会者有机会使用软件来填写一份调查问卷，内容涉及他们希望在该公司运营的服务站看到的服务类型。这种"现场"方式促使 300 名与会者直接在平台上注册。

3. 成果

Qmarkets 开放式创新平台使 Total 在运营的最初几个月里产生了大约 1500 个想法。其中，50 个作为可行的想法实施。产生的成功想法的数量，证明了该平台改善了公司内部、外部利益相关者和客户之间沟通的能力。

4. 结论

该项目展示了开放式创新如何成为一种非常有效的"感受客户群脉搏"的方式。通过让客户参与进来，让他们感受到自己的价值，并提供一个快速简单的方法来让客户提出见解，可以激发价值驱动思维。

正如我们所见，使用高度可配置的、经过现场验证的创新管理系统，可以极大地促进开放式创新活动的发起和管理。它允许你根据公司的目标来设置活动参数，从多个渠道安全地收集信息，收集关键的指标，并培养可行的想法来实现目标。

6.5 创新软件实践：HYPE Innovation

HYPE Innovation 成立于 2001 年，最初是从戴姆勒-克莱斯勒公司（DaimlerChrysler）[1]（现为戴姆勒股份公司，Daimler AG）分支出来的。HYPE Innovation 生产软件，可以帮助创新经理收集、管理、审查想法，并将想法转化为商业论证的概念，为原型设计和实施做好准备。HYPE Innovation 的总部位于德国波恩，但在马萨诸塞州的剑桥也设有办事处。

接下来介绍的空客研究案例描述了创建创新管理平台所需的关键组件。

---

[1] 戴姆勒股份公司总部位于德国斯图加特，是跨国汽车公司。截至 2014 年，该公司拥有公共汽车、卡车和摩托车等车辆品种，包括梅赛德斯-奔驰、梅赛德斯-AMG、智能汽车和底特律柴油机等品牌。按销量计，该公司是全球第十三大汽车制造商，也是最大的卡车制造商。

1. 空客公司案例：建立核心创新能力[①]

空客公司是全球最有名的航空航天公司之一，拥有约 133000 名员工，在法国、德国、西班牙、英国、美国和中国设有生产基地，2017 年 12 月的收入为 668 亿欧元。2010 年，时任首席运营官的 Tom Enders 致力于围绕端到端[②]的创新流程来增加和组织创新活动。这促使了空客创新小组（Airbus Innovation Cell）的建立，该团队致力于让想法为创新引擎提供动力，部署高效流程并通过创新交付成果。

2. 平台目标和调整

作为首批行动之一，空客创新小组希望为所有员工提供一个开放平台，让他们参与合作和想法共享。该平台成为创新管理的数字化空间，有助于在组织范围内推广创新精神。与许多大型组织一样，具备文档和知识管理工具（如 SharePoint 和 Wiki），但很少会被采用和使用。但是，一个具有管理创新的既定流程和工作流程的全球系统并不存在。空客公司的企业创新经理 Markus Durstewitz 开始寻找一种工具，这种工具可以随着时间的推移扩展为支持所有空客员工使用。在研究了几个平台之后，他们决定与不同的供应商进行一系列的测试。最后，HYPE Innovation 企业平台被选中，以支持创新小组项目的长期目标，原因是其可扩展性和高度的灵活性。2010 年，HYPE Innovation 平台被命名为 IdeaSpace，并仅向工程领域的特定群体推出。

创新小组团队旨在创建一个自我成长的系统，在该系统中，员工可以有效传播有关该工具的信息，并邀请更多部门加入。为了实现这一目标，团队需要确保平台不被视为附属项目，而是一个可以帮助员工在日常工作中获得更好成果的工具。他们研究了空客董事会制定的战略目标，并寻找当需要解决重大挑战时，有赞助方来支持这些事情。

有明确需求的赞助方发起创意活动，并为选定创意的后续行动和实施提供了预算。这有助于员工看到平台上的活动与实际需求相关联，想法得到了重视。最初，IdeaSpace 没有直接推广，只有具体的创意活动，这样有助于培养一种以行动为导向的使用方法。

成立初期，IdeaSpace 只有 50 个用户，但整个商业部门迅速发展，现在大约有 50000 个用户访问。2013 年，空客创新小组扩大为空客企业创新（Airbus Corporate Innovation）。其目的是将关注点从工程、研发和新兴技术扩展到销售和营销等，最终创造一种以商业为中心的创新思维。如今，IdeaSpace 的下一步是在全集团范围内运作，包括空客直升机公司、空客国防和航天公司、空客总部（包括核心职能部门）及其他部门，总计约 133000 名员工。

除了集中的、有时间限制的创意活动，该平台现在还支持创意渠道的概念。每个主要业务职能部门都有一个始终开放的想法渠道，在这里可以提交相关的想法，指定的管

[①] "空客公司案例：建立核心创新能力"由空客公司设计负责人 Markus Durstewitz 和创新经理 Konstantin Gänge 提供。HYPE Innovation 版权所有，经许可转载。

[②] 端到端是一个术语，用于描述覆盖过程中每个阶段的产品或解决方案，通常不需要第三方提供任何东西。端到端过程是包含实现过程目标应完成所有工作的过程。因此，端到端是指"从头到尾"。

理员将通过端到端的流程来管理这些想法。表 6-1 显示了想法生成过程中的发展。企业创新团队还提供了许多支持资源，包括研讨会的物理空间、原型实验室、推荐的方法和工具、催化网络及冲刺、训练和其他形式的研讨会，以帮助员工完善他们的想法，并促进合作。

表 6-1　想法生成过程中的发展

年　份	参与者/人	想法/个	意见/个
2010	180	217	484
2011	1112	599	1307
2012	3395	1089	2687
2013	5705	1921	4793
2014	7080	2505	6425
2015	17584	3523	8753
2016	23735	4459	10654

3. 协同创新 Canvas

协同创新 Canvas 画布是以一种简单的方式来绘制创新管理平台的关键组件。它侧重于三个主要方面：调整（围绕创新的更大战略目标）、人（利益相关者、倡导者和一般受众）、流程（选择、赞助和跟踪想法）。画布囊括了主体和成功所需的关键要素。它让每个人都能轻松理解和分享。因此，它为探索创新项目的发展提供了一个很好的框架。

4. 战略

创新管理计划与公司整体创新战略目标相一致。空客创新战略可以定义以下 3 点。

（1）专注。专注于对客户重要的事情。每年，公司都会发布优先考虑的问题，然后团队会将这些问题作为创新的切入点，并将这些问题定义为 IdeSpace 将要面临的挑战，从而将公司战略与 IdeSpace 内部的活动直接联系起来。获得 CEO 的直接支持非常重要，因为他提供了挑战其他部门创新的权力，并增加了团队对核心战略的关注。

（2）参与。提供一个促进合作方式，增强风险意识，应对企业挑战的渠道。主要目的是在各个部门和编外人员之间建立联系。像 IdeaSpace 这样的数字中心可以支持这一目标。

（3）加速。创新的过程本身就应该是为了限制阶段和关卡的数量而设计的，但对于空客来说，参与人员的心态才是最重要的因素。企业创新在整个端到端工作流程中提供资源和支持，这有助于培养创新思维。创新是否加速将取决于个人和团队的授权，这为他们的创新营造了一种主人翁意识。

5. 自上而下与自下而上的支持

自下而上的方法是可行的，直到某一点，一个过程必须简单有效。正如 Durstewitz 所说："为了保持大型企业平台的运转，需要自上而下的支持。当它成为高级管理人员的目标时，其余的事情将接踵而至。对于运行平台的团队来说，直接向 CEO 的办公室报告，将得到必要的关注度和一定的权利，帮你运作，把事情做好。这些对于大型组织的创新至关重要。大型组织会随着业务的复杂性流程逐渐变得复杂。新的创意如果不符合这些流程，从开始就会被拒绝。因此，在早期阶段的创新需要一个快速的过程，以便灵活地应对复杂的变化。"

IdeaSpace 的成功取决于端到端流程的影响。平台的参与度和使用度一直都很高，但同样重要的是，创意要贯穿实施，创新在整个公司都要大力推行。IdeaSpace 是记录创新活动并对组织透明的平台，同时建立了对创新团队、创新社区和 IdeaSpace 平台本身的信任。如果企业领导要求开展更多的活动，表明 IdeaSpace 的流程有助于解决企业的挑战和实现企业的目标。此外，创意渠道的引入有助于提高活动之外的使用率，为创意和协作创造了一个持续的场所。活动和渠道的使用率和影响不断提高，进一步证明了该项目的成功。

6. 对物理空间的需求

必须将资源、方法、物理空间和预算结合起来以支持项目。正如企业创新经理 Konstantin Gänge 所说：如果你只使用虚拟空间，要真正实现创新将会非常困难。在某种程度上，你需要让你的想法变得切实可行，就需要参考他人的想法。

空客企业创新是一个致力于为空客创新提供支持的核心团队。他们从四个方面提供支持：创新的物理空间、社区平台、创新方法和工具、团队本身的资源。

（1）创新的物理空间。当将想法发展为概念时，需要开会讨论这个想法。有各种各样的物理空间来支持想法发展的不同阶段，例如，一个承办创新项目的商业空间，需要用商业模型画布之类的方法协同工作、配备 3D 打印机的原型实验室、高效的建筑实验室和构想空间。

（2）社区平台。IdeaSpace 是创新的虚拟家园，是在线存储和离线活动的仓库。随着情况的变化，该平台需要不断调整，因此它总是能够达到创新实践的需求。例如，创意渠道总是为与特定部门相关的创意提供开放空间，创意渠道之所以得以实施，是因为各部门认为，有必要处理那些在创意活动的重点范围之外产生的创意。

（3）创新方法和工具。空客企业创新希望提供标准化的方法和工具，使员工更容易进行创新。团队花了大约两年时间与用户一起研究，试验并确定最佳工具。然后完善了方法和工具的清单，使其更适合空客员工。例如，角色设计思维的使用是帮助工程师建立理想客户的一种要素，因为他们通常在操作环境中无法访问用户。但是，以人为本的设计和协同创新变得越来越重要。Gänge 说："有时会请顾问来介绍他们的工具。顾问离开后，员工发现使用这些工具还是非常困难，因为它过于抽象并且与实际工作环境相距太远。因此，自行调整方法，让工具更贴近员工特定的工作环境，便于使用，对我们来说很重要。"

（4）团队本身的资源。空客商业企业创新团队（以下简称空客企业创新团队）共有约 25 人。他们分为三个组，与创新过程的各个阶段相对应：大约 10 人致力于文化变革、方法和工具及对创新者的支持，这个小组还包括管理创意空间平台的团队（见下文），他们经历过变革管理，具有创新方法的专业知识；约有 10 人担任项目负责人，帮助原型和概念验证，他们的经验主要来自工程和项目管理；约有 5 人与初创公司合作，专注于后端实施，有助于将创意推向市场，他们的背景大多是商业和市场营销，并且拥有丰富的项目管理经验。

IdeaSpace 3～5 人管理平台的操作具有以下职能和特征：平台过程架构师，他监督程序、管理团队，并改进过程和负责管理利益相关者；活动经理，致力于支持和促进创意活动并提供有关方法和工具的知识；社区经理，提供培训和宣传讲座，并持续寻找推动网络的方法，他还与沟通管理和变更管理紧密相关；平台管理员，他专注于 IdeaSpace 的信息技术，例如，根据用户反馈进行功能的进一步设计和开发；沟通是关键技能，市场活动经理具有沟通经验，创新团队的核心人员可以利用他们的技能和影响力与公司沟通部门建立联系。

Gänge 指出：如果你不能为项目配备这样的团队，你就应该放弃这个项目。否则你的热情很快就会因为一事无成而被挫败感替代。

7. 利益相关者

总体上，支持计划和创新的主要人员包括活动主办方和管理利益相关者。IdeaSpace 平台可支持主办方的目标。主办方可以要求发起创意活动，每个创意活动都像一个单独的项目，由空客企业创新管理。发起活动之前，有一份供主办方完成的清单。主办方必须配备一个负责开展活动的人员，必须预先确定评估标准，并且必须明确说明问题。在活动结束时，要编写总结经验教训的文档，用于改进以后的活动。

虽然在软件中建立和启动一个创意活动只需要几分钟，但活动背后的准备工作可能更重要。对于第一次竞选的主办方来说，准备工作可能是一项艰巨的工作。但是这些步骤是为了确保高质量的输出，从而使业务受益，并保证对系统和流程的可信度。在进行了几次活动后，准备工作变成了主办方的惯例，甚至是解决挑战或抓住机遇的有效方法。

空客企业创新团队直接向首席创新官报告，首席创新官向 CEO 报告。该团队认为这是他们项目成功的关键因素。这样能提高可信度，有助于提升活动的形象，让其他人员参与进来，并能让沟通变得简单。持续采用该平台也有助于让高级管理层提供更多支持。

正如 Durstewitz 所言：一切都是为了把人和想法联系起来。因此，重要的是要通过与社区接触以获得良好的兴趣和参与度、吸引专家和企业家参与确保跟进和实施选定的想法，这两种方法让利益相关者参与进来。团队的良好平衡会有所作为。

创新团队制定了一系列检查清单，确保以一致的方式开展活动。下面列出了清单项目的一些示例。

（1）活动主办方核对表。定义范围、目标和活动问题；确定将要提交想法的潜在客户；众所周知，每周至少要花 12 小时在活动上（在活动开始和结束时都是高峰期）；与主要利益相关者安排一次启动会议。

（2）活动领导者发布核对表。活动概述和观众预告、活动目标、种子想法所有者、活动主持人、设定评估简报会的日期、一般背景信息（受众应该知道什么？）、选题依据、活动结束后的下一步（这些想法会引发什么？）。

（3）活动负责人结束清单。提供发布在 IdeaSpace 博客中的活动摘要；向所有受邀者发送活动亮点，包括最佳创意和后续步骤；从主办方处获得用于沟通的最终声明；在活动结束后两周内组织一次评估会议；为 IdeaSpace 团队提供活动期间使用的交流材料，包括电子邮件（以收集最佳实践）；向 IdeaSpace 团队提供您的个人反馈和经验教训，以便他们改进工具和支持。

8. 受众

谁被邀请使用这个平台，是内部的还是对外开放的？谁能帮助促使项目成功，如创新倡导者？

IdeaSpace 最初对空客商务部门的 50000 名员工开放，但于 2016 年在整个空客集团中推广，总计约 133000 名员工。主办方可以选择创意活动仅对选定的团体或个人开放。尽管空客企业创新建议直接与要邀请的人员沟通，但他们更建议保持活动的透明度，并让所有人参与。活动通常得益于其他领域的员工，提出自己的观点并加入合作。这是大型组织创新的精髓（连接点）。

空客公司的创新团队清楚，单靠自己无法建立创新文化。公司必须得到促进和推动文化变革的人的帮助，以及支持创新者和帮助推动整个公司创新项目的其他人的帮助。他们分为以下两组。

（1）管理员。不同业务领域的专家，能够审查各自领域的想法，负责分工和决策；管理员主要是在创意渠道中，管理临时创意的提交；空客企业创新团队与管理员密切合作，审查渠道的动态和影响（见下文"衡量"部分），并与所有管理员分享最佳实践案例；也可以为一个创意任命一个管理者。

（2）推动者。一个 150 多名员工的网络组织，他们将部分工作用于创新，是创新计划的推动者和促进因素。推动者有三个层次：倡导人、代理人或辅助者。当被提名为推动者时，他们将受益于由企业创新和推动者组织的特定培训和教育计划。有一名专职人员负责统筹管理推动者网络组织，在这里，IdeaSpace 是想法提供者和推动者的桥梁，推动者可以帮助完善提出的想法。

Gänge 说："IdeaSpace 确实是加速步骤的一个重要部分，让网络保持活力。使我们能够管理他们正在运行的所有计划，并使创新者能够与推动者网络组织联系。"

9. 沟通

如何有效沟通，创造动力，并与听众和利益相关者建立信任是至关重要的。

Gänge 指出：沟通涉及所有方面。它对于创新计划的所有领域都很重要；必须就战略、资源、利益相关者、过程进行沟通；必须就成功的所有要素进行沟通。

沟通的内容包括：①在与空客员工沟通时，创新团队以具体活动进行沟通，如创意活动，而不是平台的推广。重点关注员工如何立即做出贡献，而不是推广创新平台。②创新团队每月编辑一份时事通讯，主要针对利益相关者、管理者和一些高级管理人员。内容包括数据、最新活动和经验教训。③活动指南手册，作为了解创意活动优点的综合指南，它为活动领导者提供了一些实用技巧，包括如何应对挑战、如何有效地发起挑战、在提交模式下如何做、如何组织评估会议、何时及如何组织颁奖仪式和庆功会，以及最后如何总结活动并记录经验教训。④空客企业创新每年举办一次 IdeaSpace 用户大会，将 IdeaSpace 社区聚集在一起。特别关注 IdeaSpace 主要用户、经验丰富的活动领导者和主办方的发言、最佳实践分享和改进建议。用户大会的部分内容是展望未来，并提出如何进一步改进平台的方法。HYPE Innovation 积极参与该活动，因为这可以得到工具优化路线图的新见解和获得直接用户反馈的机会。⑤空客在工程和制造领域使用了高效的方法。它使用 SQCDP（安全、质量、成本、交付、人员）来监控和指导日常运营。IdeaSpace 现在已被列入 SQCDP 的工程主管委员会，这有助于提高平台的发展和知名度。⑥每月举办一次网络研讨会，向新来者介绍该平台。这些网站对所有人开放，但专门针对新的加入者、拥护者或主办方。创新团队经常被问："你能告诉我更多关于 IdeaSpace 的信息吗？"网上研讨会是一个理想的方式，可以让有兴趣深入了解该计划的人了解它。⑦在平台中设立个性化电子邮件模板，是一个很重要的细节。电子邮件会自动发送，通知人们他们的想法或项目的变化，或者进展是否需要更新。这些电子邮件有很多有用的信息，并且起到承上启下的作用。事实证明，电子邮件有助于推动人们更新和实施行动。

10. 决策

决策包括如何判断、选择、改进想法，以及参与者应该使用的标准和流程。

（1）创意活动。社区晋级（Graduation）功能允许人们向管理层推荐最佳创意，如果数量很大，有时会用于活动。然而，当想法具有高度技术性时，这个功能就没么有用了。在这种情况下，需要一个评估专家小组来充分判断这些想法。

在线评估工具是该流程的关键，有助于避免趋同思维或跟随主办方的意见，但亲自审核是一个重大挑战。

评估会议结束后，建议团队坐在一起讨论结果并做出决定。

主办方有最终发言权，在某些情况下，创新团队会要求主办方不要参与这个过程，因为他们有很强的话语权，可能扭曲结果。这样做是让团队提出的建议值得信任。

同样重要的是，主办方应事先商定决策标准。这样有助于参与者了解目前需求，以及评估方式。

有必要设置"外卡"，例如，如果主办方发现一个想法非常吸引人，并且会提供预算和资源来跟进实施想法，那么就有可能使用"外卡"。

（2）创意渠道。每个渠道都将任命自己的专家小组来审核想法。

因为创意随时都会提交，所以处理它们的过程更具临时性。每个渠道的工作方式略有不同。例如，客户部和货物部每两周开会一次，讨论所有最新的想法，并决定是否实施。这确保了对每个想法的及时反馈，并允许有潜力的想法快速通过这一过程。其他部门则做法不同，但重要的因素是 IdeaSpace 被用来跟踪决策和状态变化，所以创新活动只有一个真实来源。

（3）训练营。训练营是通过后端流程加速创意的形式之一，它提供了一个快速建立团队并将创意转化为概念的途径；训练营通常持续三天到一周，在训练营结束后，团队有机会向高级管理层的潜在赞助方介绍他们的理念。

（4）执行。执行涉及如何迭代想法并将其发展到实施阶段。

最初，创新团队寻找的是能够快速实施的渐进性创新。这种方法使他们能够建立名誉和信誉。但是现在，焦点已经转移到了 10 倍的项目上，即使不是颠覆性创新，也会产生巨大的影响。2016 年，空客开展了一项专项活动，寻找潜在的 10 倍项目候选人。

由于迭代的性质，设计思维方法已经成为空客整个流程的核心。它有助于密切观察和理解用户需求。在这里，迭代原型是一个关键的推动者，在每个阶段都有涉及。一些工程师将原型视为有形的东西，但在创新过程中，它是通过幻灯片、纸质图纸或 3D 打印设计来表达的。重点是关注用户的建议，获得反馈，并在必要时调整想法以适应本质问题。

（5）衡量。衡量标准决定了哪些关键绩效指标是重要的衡量指标，以及随着时间的推移如何追踪和评估成功。

创新团队需要衡量创新计划的绩效，这听起来可能有些矛盾。然而，重要的是不要使用与运营相同的关键绩效指标，而是要仔细考虑有用的特定创新指标。

关键绩效指标意味着为企业文化变革设置激励措施，以接受和产生新想法，并帮助实现这些想法。随着 IdeaSpace 的推出，应该使用哪些关键绩效指标尚不明确，因此团队让它试运行一年，观察员工和管理层的反应。

如今，创意活动和创新渠道存在衡量指标，其中活跃度是指创意、评论和贡献者的数量，影响力则是基于创意在各个阶段的进展情况而组成的分数。最初，采用加权评分的方式来衡量影响力，但这种方法过于复杂，而且容易造成混乱，为了便于操作，将其简化。

首要任务仍然是确保良好的活跃度（活跃度=提交的想法和意见的数量）和正确想法实施速度（影响力=通过的关卡数或停止的想法数）。尽管他们跟踪许多其他指标，但只有活跃度和影响力这两个指标被用来组成月度创新计分卡。

计分卡让创新团队更容易监控全球活动；如果一个渠道在影响力方面得分很高，他们就会问为什么，从中学到了什么。类似地，如果一个渠道显示低活跃度，则可能存在需要解决的问题。在这两种情况下，我们的目标都是找到可以与所有渠道使用者分享的新经验。为了保持平台的信任度和可靠性，透明度至关重要。这是为什么计分卡对社区中的每个人都可见。

Gänge 指出：使用 IdeaSpace，可以在实施阶段之后跟踪想法的进度。但是衡量创新并非易事，并且可能获得许多没有实际意义的关键绩效指标。保持它的简化性非常重要。

11. 创新项目经理的关键建议

Gänge 和 Durstewitz 为创新经理提供了 10 点建议：①首先设定焦点。创新对个人和组织真正意味着什么？个人或组织希望通过创新实现什么？建立清晰的目标感。②定义战略创新领域并选择特定主题，以获得潜在主办方的初步认可。③首先应关注创意活动。它们会带来立竿见影的效果和成功的案例。④确定问题并与商业主办方一起定义挑战，以创造双赢并满足他们的需求。⑤将自己视为服务提供商。围绕支持企业文化变革和快速实施的具体方法和形式，提升能力和服务。⑥在流程中定义清晰的理念和角色。如活动负责人、渠道负责人、评估人员等。⑦支持、培训和教育他们。⑧设置一个社区经理来培养和激励社区，组织网络活动和培训。⑨应特别关注沟通，以扩大影响范围，激励员工积极参与社区活动。⑩创新计分卡可以为高层管理人员创造知名度，并保持对他们的认同。

6.6 软件和开放式创新

关于空客公司的案例研究表明，创新项目经理必须认识和了解在高科技产业中使用创新软件的重要性。对于创新软件的重要性存在着不同的观点。一种观点认为，使用创新软件很重要，因为它是鼓励新想法诞生的有力方式。另一种观点认为，公司可能有一个漫长的研究过程，尤其是在产品创新方面，并且在大多数情况下，它涉及一组由研究中心、高等院校或其他高度专业化的公司组成的供应商。简而言之，这一过程需要多个以集成方式工作的实体同步工作，从而允许自由的知识流动。

这种类型的环境被定义为开放式创新（Chesbrough, 2003），并在第 2 章中进行了描述，其中讨论了空客公司的一个应用。更具体地说，Chesbrough 将开放式创新定义为几个公司之间的合作，这些公司共享资源、知识和技能以实现创新目标。这种合作是在信息自由流动的市场经济框架内进行的。开放式创新应用了 ODOSOS 原理：开放数据、开放源代码和开放标准（Allal-Chérif, 2015）。

之所以称为开放式创新，是因为由于产品的复杂性，需要在构成创新网络的主要公司及其供应商之间共享信息和知识。换句话说，该公司不能单独执行该项目，而需要与其他公司进行合作，必须通过知识共享让合作更有效。在这种环境下，供应商不会扮演被动角色；相反，是想法发展和想法来源的有效组成部分。此外，在开放式创新环境中，使用创新软件可以更容易、更高效地获取和评估所有可用信息，但有一定限制：在开放式创新环境中，创新软件的应用是有利的，由于数据内容的敏感性，该软件可能仅限于专家使用，要想取得成效，必须将其推广到合作伙伴。

6.7 对项目经理和创新人员的启示和借鉴

通过 6 个案例的研究，清晰地展示了创新管理软件作为创新项目经理协助工具的潜力。每个研究案例的不同之处，都让我们对软件的通用性有了新的认知。并且在以"开放式创新"为特征的环境中，提出创新管理软件的适用性，从表面上看，此类软件的使用可能更加复杂。

对于突破性创新管理软件，我们可以设想两种可能的演化或增强途径，以及后续对创新项目经理的影响。第一种可能是让合作伙伴和客户更多地参与创新过程。客户的参与将符合当前"哥白尼式管理革命"的趋势，即以客户为中心。在 20 世纪，有一种观点认为，客户围绕着固定的"宇宙中心"旋转，即组织的价值链。在新的观点中，组织是围绕客户旋转的众多组织之一，只有当组织足够敏捷，能够满足客户不断变化的需求和愿望时，才能生存和发展（Denning, 2013）。因此，除传统的市场调查研究之外，我们还可能看到客户和最终用户的参与，以及创新管理软件的引入为员工带来的福利。客户也将从中受益。客户将能够看到提案的效果，检查开发情况等。显然，即使每个公司都有自己的市场研究部门，但创新项目经理必须培养出市场所需的能力或预见客户需求的敏感度。

创新管理软件的第二种可能突破是它在高科技环境中的应用。因为合作是必不可少的，这个想法是要创造一种创新网络，包括所有致力于创新的实体。创新管理软件的任务是，创建实现既定想法所需的连接。创新通常是现有解决方案的组合，但在某些情况下，能够找出需要进一步研究的缺失元素。可以将该软件命名为智能创新管理软件，因为它不仅能够促进产生新想法，还能够创造或提出实现目标的方法。在这种情况下，创新项目经理的目的是开发创新知识和发展创新网络。

参考文献

[1] Allal-Chérif, Oihab.(2015).The way towards open innovation:Airbus multi-functional teams.*European Scientific Journal*, Special edition vol. 1 (December). Available at http://eujournal.org/index.php/esj/article/view/6684.

[2] Auriga (2017). Pros and cons of open source software in healthcare. April 19. https://auriga.com/.blog/2017/pros-and-cons-of-open-source-software-in-healthcare/.

[3] Chesbrough,H.W.(2003).Open Innovation: The New Imperative for Creating and Profiting from Technology. Boston: Harvard Business School Press.

[4] Denning, S. (2013)."The Copernican Revolution in Management," www.forbes.com.

[5] El Sherbiny, K. and Abdel Aziz Hadia, H. (2014). Developing idea management systems: guide lines for success. *Journal of Advanced Management Science* 2 (4)(December): 279–286.

[6] Millard, M. (2014)."6 big advantages of idea management software." November 13, 2014, https://blog.kainexus.com/employee-engagement/employee-engagement-software/idea-management-software.

[7] Shockley, B. (2006). *A Short History of Idea Management and What Makes It Work (or Not Work)*, Tinton Falls, NJ: Innovation Software Advisors (ISA).

[8] World Economic Forum. (2018). *Accelerating Sustainable Energy Innovation*. White paper prepared in collaboration with KPMG. May 22.

第 7 章
基于价值的创新项目管理指标

项目经理和创新人员的学习目标:
了解什么是商业价值;
了解衡量和报告商业价值的重要性;
了解有许多指标可用于度量创新价值;
了解如何基于价值属性创建指标。

7.1 引言

在前面的章节中,我们讨论了新版本的项目管理(例如 PM 2.0 和 PM 3.0)如何着重于为项目管理创建更多面向商业的指标,以及信息库和知识管理系统当前包括更多的项目管理支持数据,便于决策。所有这些工作都为创新项目经理提供了更多信息,以创造创新所期望的商业价值成果。商业价值很可能是所有新型项目管理的驱动力。使用价值可能是所有新型创新的驱动力。现在,我们有能力在创新项目的整个生命周期内创建和监测商业价值指标。

根据使用方式和时间,任何度量都可以视为价值度量。在项目的模糊前端中,可能不会将产生的可交付成果的数量视为价值度量标准,但在商业化过程中可能如此。如果有效的治理对组织的文化产生有利的影响,则可以将其作为一种价值度量标准。如本章后面所示,某些价值度量可以是其他几个价值度量的指标组合。

多年来,对不含创新的项目,传统的项目管理观点是,如果你完成了项目并遵守时间、成本和绩效(或范围)的三重约束,那么该项目就成功了。也许在项目经理看来,该项目似乎是成功的。但是,在客户或利益相关者眼中,该项目可能被视为失败。

创新项目必须以不同的眼光看待。如果创新活动的结果不成功,那么满足预算和财务限制可能就没有意义,或者重要性很低。创新成功的唯一真正衡量标准是创造商业价值,并从中获得经济收益。尽管时间、成本和范围在管理创新项目时仍然很重要,但必须建立衡量创新收益和价值的指标。根据时间和成本的使用方式和节点，可以将它们视为价值属性。

项目经理现在变得更加面向商业业务。为了将价值提供给最终客户和母公司，项目被视为商务的一部分。人们期望项目经理今天比过去更了解商业运营。随着项目经理变得更加面向商务，我们对项目成功的定义现在包括商务和价值组成部分。商务组件可能与价值直接相关。

情况：大型公用事业的 IT 团队将始终毫无疑问地满足所有 IT 请求。所有请求都已添加到队列中，最终将完成。该实用程序配备了一个 PMO，该 PMO 被分配来建立商业论证的模板，从而清楚地说明项目完成时对公司的价值所在。在使用商业论证模板的第一年，队列中三分之一的项目被淘汰。价值成为衡量绩效和最终成功的驱动力。

项目在完成及满足竞争约束时必须提供一定程度的价值。也许项目经理的信念是，满足竞争的约束会带来价值，但并非总是如此。公司为什么要从事没有短期或长期价值的创新项目？太多的公司要么在错误的项目上进行工作，要么仅仅是项目组合选择过程不佳，即使已经很有竞争力，在项目完成时也没有出现真正的价值。

将具有其他项目所需的关键技能的资源分配给没有明显价值的项目，是真正无能的管理和糟糕的决策的案例。然而，选择看起来似乎可以保证创造商业价值或可接受投资回报率的项目非常具有挑战性，因为当前某些项目要到未来几年才能提供目标价值。对于创新和新产品开发而言，尤其如此，必须探索多达 50 个或更多的想法才能产生一种商业上成功的产品。在开始时预测价值并在执行期间跟踪价值的确很困难。

关于价值的定义有多种观点。在大多数情况下，价值就像美在情人眼中。换句话说，价值可被视为基于当时可用数据的项目选择和启动时的一种感知。但是，在项目完成时，实际价值可能无法满足最初的期望。

另一个问题是，项目实现的创新价值可能无法满足所有利益相关者的需求，因为每个利益相关者对价值的感知可能与他们自己的商业模式有关。由于在一些创新项目上投入了资金，因此建立基于价值的指标至关重要。创新价值的定义及度量标准可以针对特定行业、特定公司，甚至取决于公司的规模、性质和商业基础。一些利益相关者可能将创新价值视为工作保障或盈利能力。其他人可能将价值视为形象、声誉或产生知识产权。使所有利益相关者满意是一项艰巨的任务，通常难以实现，在某些情况下甚至根本不可能实现。无论如何，必须与传统指标一起建立基于价值的指标。价值指标显示值应该是被创建或被破坏。

7.2 传统价值度量

在讨论基于价值的度量标准之前，重要的是要了解价值认同的必要性如何演变。令人惊讶的是，在过去的 20 年中进行了许多有关价值的研究。该研究涉及的内容包括：价值动态、价值差距分析、智力资本评估、人力资本评估、基于经济价值的分析、无形价值流、客户价值管理（映射）、竞争价值矩阵、价值链分析、IT 项目评估、平衡计分卡。

以下是过去 20 年的研究中出现的一些模型，如智力资本评估、知识产权评分、平衡计分卡、未来价值管理™、智力资本评级™、无形价值流建模、包容性价值衡量™、价值绩效框架（Value Performance Framework，VPF）、价值衡量方法（Value Measurement Methodology，VMM）。

这些模型之所以近年来变得如此流行，是因为我们开发了用于度量和确定价值的技术。为了拥有项目的价值指标，这是必不可少的。

这些模型之间有一些共性，因此可以将它们应用于项目管理。例如，Jack Alexander（2007，5-6）创建了一个名为"价值绩效框架"的模型。该模型侧重于建立股东价值，股东价值被某些人认为是创新的最终目的，并且偏向于财务关键绩效指标。但是，VPF 的关键元素可以应用于创新项目管理，如表 7-1 所示。第一列包含 Alexander 书中 VPF 的关键元素，第二列说明了在创新项目管理中的应用。

表 7-1　VPF 在创新项目管理中的应用

VPF 元素	创新项目管理应用
了解估值的关键原则	与项目的利益相关者一起定义创新价值
确定公司的关键价值驱动力	确定创新项目的关键价值驱动力
通过评估和外部基准来评估关键业务流程和措施的绩效	评估选定企业项目管理方法和框架的绩效，并使用 PMO 进行持续改进
在股东价值与关键业务流程和员工活动之间建立联系	在创新项目价值、利益相关者价值和团队成员价值之间建立联系
调整员工和企业目标	调整员工、项目和公司目标
确定关键的"压力点"（高杠杆率改善机会）并估算对价值的潜在影响	汲取可用于持续改进工作和其他创新项目的经验教训和最佳实践
实施绩效管理系统以提高关键活动的可见性和责任感	为客户、共创团队成员和利益相关者对关键绩效指标具有可见性，建立并实施一系列基于项目的仪表板
开发具有高度视觉冲击力的绩效仪表盘	开发创新绩效仪表板，便于利益相关者、团队和高级管理层监测

7.3　价值和领导力

价值的重要性会对项目经理的领导风格产生重大影响。从历史上看，项目管理领导被视为个人价值观与组织价值观之间不可避免的冲突。如今，公司正在寻找让员工将个人价值观与组织价值观保持一致的方法。实现此目标的一种方法是创建领导力指标，以衡量创新项目经理的领导绩效。

关于此主题的书籍已经有了好几本书，作者认为最好的一本书是 Ken Hultman 和 Bill

Gellerman）（2002，105-106）撰写的《平衡个人和组织价值》（*Balancing Individual and Organizational Values*），表 7-2 显示了多年来我们价值观发生的变化。如果仔细查看表 7-2 中的细目，不断变化的价值观影响的不仅仅是个人价值观和组织价值观。相反，这很可能是四个方面之间的冲突，如图 7-1 所示，包括个人、团队、组织和利益相关者的价值观。

表 7-2 价值观的变化

远离：无效的价值观	迈向：有效价值
不信任	相信
职位介绍	能力模型
权力与权威	团队合作
重视内部	关注利益相关者
安全	冒险
一致性	革新
可预测性	柔性
内部竞争	内部合作
被动管理	主动管理
官僚	界面少
传统教育	终身教育
科层领导	多向领导
战术思维	战略思维
合规	承诺
符合标准	持续改进

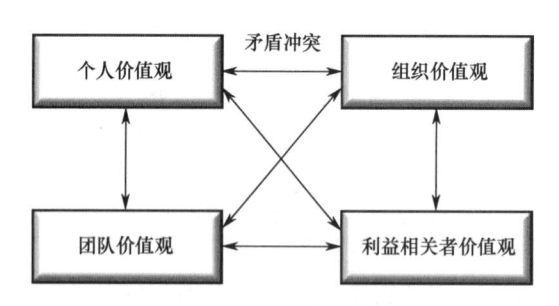

图 7-1 项目管理价值冲突

各自的需求可能是：①项目经理。实现目标，展示创造力，创新示范。②团队成员。成就、进步、野心、资历、认可。③组织。持续改进，学习，质量，战略重点，道德与伦理，利润率，认可与形象。④利益相关者。组织利益相关者是工作安全，产品（或市场）利益相关者是质量绩效和产品实用性，资本市场是经济增长。

创新项目经理的角色和相关领导风格发生变化的原因有很多。一些原因包括：我们现在就像管理一系列项目一样管理我们的商务；项目管理现在被视为一种全职职业；现在，项目经理被视为商务经理和项目经理，并有望在这两个领域做出决定，这包括创新过程中的决策；项目的价值更多地用商业术语（例如，商业收益和价值）来衡量，而不是仅仅以技术术语来衡量；现在，项目管理已应用于传统上没有使用项目管理的商务部分，例如，创新工作。

7.4 利益与价值相结合

利益和价值是相关的。利益是被认为对特定个体（例如企业所有者）或一组个人（例如，利益相关者或最终用户）重要或有利的实践、行为、产品或服务的结果。一般的利益可能包括：提高质量、生产率或效率，成本规避或降低成本，增加收入，提升服务客户能力。

收益，无论是战略收益还是非战略收益，通常都与最终将获得收益的赞助组织的商业目标保持一致。收益通过可交付成果或产出体现出来，由项目来创建。创建可交付成果是项目经理的责任。

在项目的商业论证中确定收益，一些好处是切实的、可量化的。其他收益，例如员工士气的提高，可能难以衡量，因此被视为无形收益。

收益之间也可能存在依赖关系，其中一种收益依赖于另一种收益的结果。例如，期望的收入增长可能取决于质量的提高。

收益实现管理是有效管理组织投资的过程、原则和可交付成果的集合。项目管理着重于维持既定的准则，而收益实现管理则通过监测与预期收益相关的潜在浪费、可接受的资源水平、风险、成本、质量和时间来分析项目与商业目标之间的关系。

项目价值是对某人有价值的收益。项目或商业价值可以量化，而收益通常是定性的。当我们说应该改进 ROI 时，我们在讨论收益。但是，当我们说 ROI 应该提高 20% 时，我们讨论的是价值。与创造价值相比，创新价值创造的进步更容易衡量，尤其是在项目执行过程中。收益和价值通常是不可分割的，很难讨论一个而忽视另一个。

7.5 认识价值指标的需求

价值要素在创新成功定义中的重要性不可低估，要考虑以下八种假设。

假设 1：如果你在错误的项目上工作，则无法按时且在预算范围内完成项目。

假设 2：在预算范围内按时完成项目并不一定成功。

假设 3：在三重约束下完成项目并不能保证在项目完成时有必要的商业价值。

假设 4：拥有世界上最出色的企业项目管理方法论并不能保证在项目结束时价值依然存在。

假设 5：价格就是你所支付的，价值就是你得到的［沃伦·巴菲特（Warren Buffett）］。

假设 6：商业价值是你的客户认为值得付出的。

假设 7：成功是实现商业价值。

假设8：如果需要进行与商业相关的更改，但从不实施，那么遵循项目计划到结束并不总是成功。

这八种假设使我们相信，也许价值可能成为创新项目组合选择的主导因素。现在，项目请求者必须清楚地阐明项目商业论证中的价值组成部分，否则将面临该项目不被考虑的风险。如果项目获得批准，则必须建立和跟踪创新价值指标。但是，理解在项目组合选择期间可能以不同的方式看待价值，这很重要。因为发生的权衡是在项目之间，而不是单个项目的价值属性。

在假设1中，我们可以看到当管理层在选择项目、建立项目组合及管理项目组合时，做出错误的决策会发生什么。我们最终从事错误的项目。这种情况的遗憾之处在于，我们可以达到所要求的可交付成果，但该产品没有市场；产品不能工程化制造；假设可能已更改；市场可能已更改；宝贵的资源浪费在错误的项目上；利益相关者可能对管理层的表现不满意；项目选择和项目组合管理过程存在缺陷，需要改进；组织士气下降。

假设2是假设1的推论。即使按时、按预算完成项目，也不保证客户（用户）满意，不保证客户会接受产品（或服务），不保证将达到预期效果，不保证交付品存在价值，不保证被市场接受，不保证后续工作，不保证成功。

状况：在项目启动期间，项目经理、利益相关者和共创团队的成员定义了项目成功并为每个竞争性约束建立了度量标准。当明显不能满足所有约束时，项目经理得出结论，最佳选择是权衡价值。利益相关者和共创团队成员听到这一消息感到非常生气，并决定优先考虑竞争性约束。这浪费了时间，并延迟了项目。

假设3注重价值。仅仅因为根据一组约束提供可交付成果，并不能保证客户感知到可交付成果中的价值。所有项目的最终目标应该是生产能够满足期望并实现期望价值的可交付成果。尽管我们在定义项目时似乎总是强调竞争约束的重要性，但我们花费很少的时间来定义我们期望最终交付的价值特征和度量的结果。在项目启动阶段，所有参与方必须共同商定价值组成部分或定义。如果使用共创团队，这可能很困难。

如今，大多数公司都有某种类型的项目管理方法论。遗憾的是，人们常常错误地认为这种方法将保证项目的成功。方法可能无法保证成功，无法保证交付品的价值，无法保证会遵守时间限制，无法保证将满足质量约束，无法保证任何水平的性能，不能替代有效的计划，不是治愈所有项目弊端的最终灵丹妙药，不能代替有效的人类行为。

方法论可以提高成功的机会，但不能保证成功。方法论是工具，并不能管理项目。项目由人管理，同样，工具由人管理。方法论不能代替项目管理中的人员组成。它们旨在提高人们的效能。创新项目上使用的方法可能与非创新项目上使用的方法不同。

在假设5中，我们引用了沃伦·巴菲特的一句话来强调价格与感知价值之间的差异。大多数人认为，客户为交付的商品付费。这不一定是真的。客户支付他们期望从交付物中获得的价值。如果交付物没有实现价值或价值有限，那么结果就是客户不满意。

有些人认为客户最感兴趣的是质量。换句话说，"质量第一！"。从表面上看，这似乎是对的，但客户通常并不希望仅为高质量而付出巨额费用。质量只是价值等式的一个组成部分。价值远不只是质量。

当客户同意购买可交付成果时，客户实际上是在寻找可交付成果中的价值。客户对成功的定义可以是"已实现的价值"，也可以是如我们先前所述的使用价值。

遗憾的是，当项目经理对成功的定义是可交付成果的实现（可能是三重约束），而客户对成功的定义是使用价值时，就会发生不愉快的事情。当客户想要价值而项目经理专注于项目的利润率时，尤其如此。

假设 7 是假设 1~6 的总和。也许应该仅使用三重约束来修改成功的标准定义，以包括商务组件，例如价值，甚至被更具体的价值定义所取代。

有时，一个项目的价值会随着时间而改变，并且项目经理可能不会意识到这些改变已经发生。无法建立价值期望或交付品缺乏价值，可能是由于：市场不可预测；市场需求发生了变化，因此约束条件和假设也发生了变化；技术进步或无法实现功能；关键资源不可用或缺少必要技能的资源。

尽早建立价值指标可以帮助你确定是否应取消项目。项目被取消得越早，我们就可以更快地将资源分配给那些具有较高感知价值和成功可能性的创新项目。遗憾的是，早期预警信号并不总是表明该价值无法实现。建立起来最困难的指标是价值驱动的指标。

7.6 有效测量技术的需求

只要可以测量指标和 KPI，选择它们就不那么困难。这是价值驱动指标的主要障碍。从表面上看，它们看起来很容易测量，但是很复杂。即使价值出现在当前和将来，也并不意味着价值结果无法量化。表 7-3 说明了一些通常被视为价值驱动的 KPI。

表 7-3 被视为价值驱动的 KPI

价值指标	测量难度
盈利能力	简单
客户满意度	难
善意	难
渗透新市场	简单
开发新技术	中等
技术转让	中等
声誉	难
稳定劳动力	简单
利用闲置能力（生产力）	简单

传统商业计划会确定项目的预期收益，而收益则是选择项目的标准。如今，投资组合管理技术要求识别价值和收益。但是，从收益到价值的转换并不容易（Phillips 等，2002）。

转换过程中存在一些缺点，可能使转换变得困难。图 7-2 说明了几个常见的缺点。

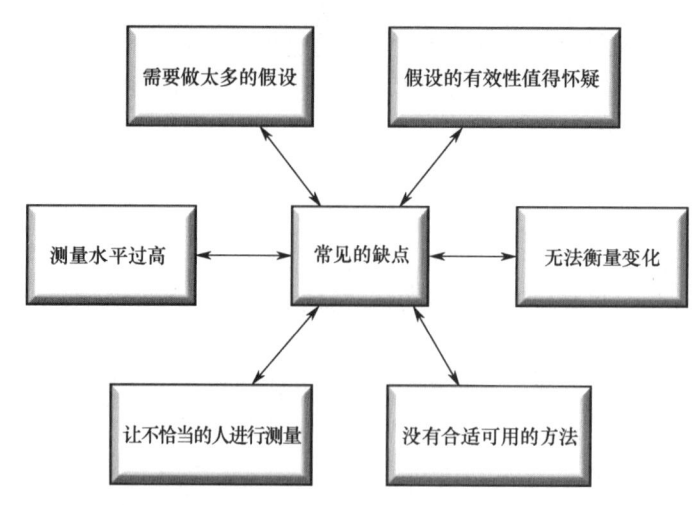

图 7-2 常见的缺点

需要衡量 KPI 的其他缺点。KPI 是评估价值的指标。在传统的项目管理中，度量指标是通过企业项目管理方法建立的，并固定在项目生命周期的整个过程中。但是，使用价值驱动型项目管理，指标可能在生命周期某段和一段时间内因项目而异，原因如下：客户和承包商在项目启动时，共同定义创新成功和价值的方式；客户和承包商在项目启动时，就应在给定项目上使用哪些度量标准达成一致的意见；公司定义创新价值的方式；跟踪软件的新版本或更新版本；改进企业项目管理方法和附带的项目管理信息系统；企业环境因素的变化。

即使采用最佳的度量标准，也很难衡量价值。收益减去成本即表示价值，并决定是否应执行该项目。挑战在于并非所有成本都是可量化的。有些价值易于衡量，而另一些则比较困难。易于衡量的价值指标通常被称为软指标，或者是由企业项目管理方法建立的，并在项目生命周期的整个过程中固定下来。难以衡量的硬价值指标通常被视为无形价值指标。表 7-4 列出了一些典型的财务价值指标，表 7-5 显示了测量硬价值和软价值指标有关的一些问题。

表 7-4 典型的财务价值指标

简单（软/有形）价值指标	硬（无形）价值指标
ROI 计算器	股东满意度
净现值（Net Present Value，NPV）	利益相关者的满意度
内部收益率（Internal Rate of Return，IRR）	客户满意度
现金周转率	员工留职率
投资回收期	品牌忠诚度
盈利能力	上市时间
市场份额	商务关系
	安全
	可靠性
	善意
	形象

表 7-5 衡量价值指标的问题

简单（软/有形）价值指标	硬（无形）价值指标
假设通常未完全披露（可能影响决策）	价值几乎总是基于进行测量的人的主观属性
测量是非常通用的	它更多的是艺术而不是科学
测量永远不会获取有意义的正确数据	有限的模型可用于实施测量

测量技术已经发展到我们认为可以测量任何东西的程度。现在，项目同时具有财务指标和非财务指标，许多非财务指标被视为无形指标。几十年来，我们避开了无形资产。正如 Bontis（2009，8）所说，"公司中蕴含的无形价值已经被很多人考虑，被某些人定义，但很少被理解，几乎没有人对其进行正式估值"。今天，我们可以衡量影响项目绩效的无形因素和有形因素。

无形资产是非货币的，没有实物。无形资产可以成为创新的驱动力。无形资产可能难以衡量，但并非不可估量。Ng 等（2011）人在一篇文章中讨论了各种关键的无形绩效指标（Key Intangible Performance Indicators，KIPI）及它们如何影响项目绩效评估。作者指出：有许多影响组织和创新成功的无形绩效驱动因素，例如领导力、管理能力、信誉、创新管理、技术和研发、知识产权、员工队伍创新、员工满意度、员工参与度和关系、客户服务满意度、客户忠诚度和联盟、市场机会和网络、沟通、声誉和信任、品牌价值、身份、形象和承诺、人力资源实践、培训和教育、员工才能和才干、组织学习、更新能力、文化和价值观、健康与安全、工作条件质量、社会福利、社会与环境、无形资产和知识资本、知识管理、战略与战略规划及公司治理。

今天，已经有针对这些的测量技术。在动态组织中，KPI 和 KIPI 均用于验证创新绩效。

借助创新项目管理，我们将需要更多的度量标准，尤其是上述许多无形指标，来跟踪创新和商业应用。IPM 指标几乎使每家公司感到沮丧。没有为创新指标设置标准。公司可能使用一组"核心"指标，然后根据项目的性质添加其他指标。颠覆性创新的指标可能很难定义。但是，公司开始开发衡量创新的模型（Ivanov 和 Avasilcăi，2014；Zizlavsky，2016）。

现在，一些人认为无形元素比有形元素更重要。这似乎发生在 IT 项目上，在这些项目中，主管人员对无形价值给予了更多关注。无形价值的关键问题不一定是最终结果，而是无形资产的计算方式。Philips 等（2002）强调对商业的真正影响必须以商业单位来衡量。

有形价值通常定量表示，而无形价值可以通过定性表示。关于价值度量，存在三种思想流派：学派 1，唯一重要的是 ROI；学派 2，永远无法有效地计算 ROI，只有无形资产才重要；学派 3，如果你无法衡量它，那就没关系了。

这三种思想流派似乎是一种全有或全无的方法，价值要么是百分之百的定量，要么是百分之百的定性。最好的方法很可能是在价值的定量和定性评估之间做出折中。可能有必要在三个思想流派之间做一下折中，建立一个有效的范围。价值衡量的时机至关重要。在项目的生命周期中，可能有必要在定性和定量间来回切换，然后实际的度量或 KPI 可能发生变化。必须解决以下关键问题：假设可以做到的话，我们可以在项目生命周期的何时和如何建立具体的指标？是否可以简单地感知价值，因此不需要价值指标？即使我们拥有价值指标，它们是否可以合理地、准确地预测实际价值？我们是否会被迫在所有项目上使用价值驱动的项目管理指标，还是有些项目不需要这种方法（定义明确与不明确的项目、战略与战术项目、内部与外部项目）？我们可以适时为使用价值驱动的项目管理制定标准，还是应该在所有项目中使用强度较低的标准？

对于某些创新项目，在项目结束时使用指标来评估价值可能很困难。我们必须确定一个时间范围，即我们愿意等待多长时间来衡量项目的最终实际价值或收益。如果实际价值直到项目完成后才被识别，这尤其重要。因此，如果直到将来某个时候才能实现真正的经济价值，就不可能评估项目在收尾时的成功与否。例如，用户可能需要使用项目一段时间才能确定其真正价值。

一些价值衡量的从业者认为，使用界面框比生命周期阶段进行价值衡量的效果更好。对于价值驱动型项目，其中包括多种形式的创新项目，生命周期阶段指标的潜在问题包括：指标可以在阶段之间甚至在阶段中更改；无法考虑企业环境因素的变化；重点可能放在阶段结束时的价值上，而不是项目结束时的价值上；团队成员可能因无法定量计算价值而感到沮丧。

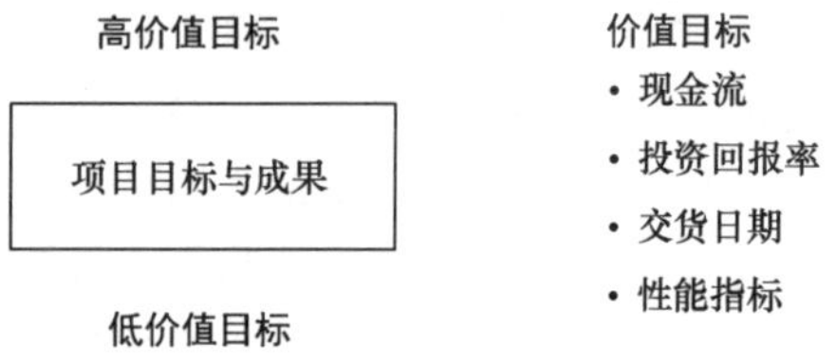

如图 7-3 所示，界面框与统计过程控制图具有某种程度的相似性，并且有助于进行标准测量；为度量的价值建立了高价值和低价值的战略目标；确定指标值的高、低战略目标。只要 KPI 指示该项目仍在较高和较低的价值目标之内，则该项目的目标和可交付成果可能不会进行任何范围更改或折中。

图 7-3 界面框

价值驱动的项目必须接受价值运行状况检查，以确认该项目将为公司贡献价值。价值指标（如 KPI）指示当前价值，还需要的是从现在到未来的预判。结合传统项目管理和传统企业项目管理方法，我们可以计算出竣工时间和竣工成本。这些是挣值系统中的常用术语。但是，如前所述，在预算范围内按时完成并不能保证在项目完成时就可以实现预期的价值。

因此，我们需要创建强调价值变量的价值管理方法（Value Manayement Methodology，VMM），而不是使用专注于挣值的企业项目管理方法。使用 VMM，仍会使用完成时间和完成成本，但是我们引入了一个新术语，称完成时价值（或收益）。完成时价值的确定对于创新项目至关重要，必须在整个项目中定期进行。但是，定期重新评估完成的收益和价值可能很困难，因为：可能没有复审程序；管理层没有承诺，并且认为复审过程不现实；管理层过于乐观，对现有绩效不满；其他项目的利润异常高（误解），使管理人员蒙蔽了双眼；管理层认为过去是未来的标志。

7.7 客户和利益相关者对价值指标的影响

多年来，客户和承包商一直致力于为项目成功制定不同的定义。项目经理对成功的定义是盈利能力，并通过财务指标进行跟踪。客户对成功的定义通常是可交付成果的质量。遗憾的是，质量是在项目结束时进行衡量的，因为很难在项目进行中跟踪。然而，质量通常被认为是成功的唯一衡量标准。

如今，客户和利益相关者似乎对他们在项目结束时将获得的价值更感兴趣。如果你问10个人（包括项目人员）价值的含义，你可能得到10个不同的答案。同样，如果你问"哪个关键成功因素对价值的影响最大？"，你可能得到不同的答案。每个答案都将与个人的工作环境和行业有关。如今，公司似乎对价值比对质量更感兴趣。这并不意味着我们放弃质量。质量是价值的一部分。有些人认为价值就是质量除以获得该质量的成本。换句话说，你为获得客户所需的质量水平所花的钱越少，对客户的价值就越大。

该论点的问题在于，我们假设质量是对客户重要的唯一价值属性，因此，我们需要确定更好的衡量和预测质量的方法。在本章中，当我们提到"客户"时，客户可以是公司内部的，也可能是公司外部的或外部客户的客户。你也可以将利益相关者视为你的客户或共创团队的成员。

遗憾的是，还有其他价值属性，而许多其他属性同样难以衡量和预测。客户可以拥有许多他们认为是价值组成部分的属性，但并非所有价值属性的重要性都相同。

与使用质量作为单独的参数不同，价值使公司能够更好地衡量创新项目满足其商业战略目标的程度。质量可以与其他属性一起视为价值的属性。如今，每家公司都有质量并以某种方式生产质量。这是生存所必需的。但是，公司之间也有定义价值的其他属性以示区别，如组件或因素。其中一些属性可能包括价格、时间、形象、声誉、客户服务和可持续性。

在当今世界，客户根据期望的价值及为获得该价值必须付出的价格来决定雇用承包商。实际上，它更多的是一种"感知"的价值，可能是基于客户价值定义属性的折中。客户可能认为项目的价值将在其公司内部使用，或通过其客户价值管理程序将其传递给客户。如果你的组织没有或不能为你的客户和利益相关者提供公认的价值，那么你将无法从中获得价值（如忠诚度）作为回报。随着时间的流逝，他们会转向找其他承包商。

未来的项目经理必须将自己视为价值的创造者。在项目管理课程中使用的项目定义是"为可持续实现计划的一组价值"。因此，作为项目经理，你必须建立正确的指标，以便客户和利益相关者可以跟踪你将创造的价值。现在，在整个项目中衡量和报告客户价值已成为一项必要的竞争。如果做得正确，它将与你的客户建立情感纽带。

7.8 客户价值管理计划

几十年来，许多公司认为自己拥有无穷无尽的潜在客户。公司将其称为"门把手"方法，它们希望借此在每扇门后面找到潜在客户。在这种方法下，客户忠诚度很不错，但不是必需的。客户很多，通常很少考虑交付物的质量。公司还认为，要么不必进行频繁的创新，要么它们的大多数创新尝试都会成功。那些日子可能已经过去了。

大多数客户关系管理计划的重点是：找到合适的客户，与这些客户建立合适的关系，保留客户。这包括利益相关者关系管理及寻找保持客户忠诚度的方法。过去，销售和市场营销负责 CRM 活动。如今，项目经理的工作不仅仅是管理项目。他们正在管理部分商业业务。因此，期望他们做出商业决策和项目决策，这包括管理与客户关系相关的活动。项目经理很快发现，自己正在管理那些需要有效的利益相关者客户关系管理的项目。满足客户和各个利益相关者的需求是困难的。

随着 CRM 的发展，公司很快发现它们的客户群对质量和价值的含义有不同的看法。为了解决这些问题，公司创建了客户价值管理（Customer Value Management，CVM）程序。客户价值管理计划解决了一个关键问题："客户为什么要从你那里购买而不是从竞争对手那里购买？"答案通常是你通过产品和可交付成果提供的价值。忠实的客户似乎比价格更敏感于价值。如今，忠诚的客户已成为项目经理及其组织的稀缺资源和价值来源。价值孕育着忠诚度。

客户还可以将其他项目（如信任和无形资产）视为一种价值形式。如技术顾问所述：供应商和客户之间的商务至关重要。视情况而定，例如，在技术咨询中，客户可能只重视供应商团队的技术实力；在这种情况下，项目管理有望胜任。如果项目管理本身正在增加价值，那么这不正是客户对项目经理提出超出正常职责范围服务的看法吗？那将取决于与客户的关系。询问客户他们真正看中供应商的是什么，他们会告诉你是信任，因为客户的商务策略能否成功，取决于供应商的执行情况。

例如，在回答"你为什么看重供应商 X？"这个问题时，你可以想象客户的以下回答：某某公司总是为我提供服务，我可以指望它们提供高质量（但是定义）的产品或"按约定的价格准时交货"，或"供应商 X 确实通过在×周内完成进度来帮助我成功完成了管理工作"，或"我非常感谢卖方 Y 的最新项目，因为他们以专业和能力处理了我们意想不到的设计变更"。

现在，大多数项目管理都在供应商组织的运营范围内。在大多数情况下，基于客户的商务关系由某些公司代表处理。一旦工作进行，项目经理就会介入，通常直接向授权人的下属汇报工作。因此，在这种情况下，项目经理有机会与下属（而非高管）一起创造价值。

我们低估了项目经理的个性，就好像这不是问题一样。这是一个重大问题，人们需要意识到这一点。了解自己的个性和客户的个性对于从客户那里获得附加价值至关重要。如果项目经理在这方面不灵活机动，那么与客户创造价值就变得更加困难。

无论如何，由于涉及性格和其他人际关系的细微差别，因此该主题的变化与项目一样多。但是，成功的创新项目管理在很大程度上取决于这些无形资产。

如今，CVM 关注的是客户价值的最大化，而不是形式。在某些情况下，CVM 必须为每个客户和利益相关者衡量并提高项目可交付成果的生命周期价值。通过这样做，项目经理也正在帮助客户管理其盈利能力。

正确执行 CVM 可以获利，但是获利并不意味着你在正确执行 CVM。如表 7-6 所示，有效实施 CVM 有很多好处。在整个项目中，CVM 都是基于客户和利益相关者的业务关系的。因为每个项目将有不同的客户和不同的利益相关者，所以必须为每个组织和每个项目定制适合的 CVM。

表 7-6 CVM 实施前后

因素	实施 CVM 之前	实施 CVM 之后（带有指标）
利益相关者沟通	结构松散	使用指标网络进行结构化
做决定	根据部分信息	基于价值的明智决策
优先事项	部分协议	使用指标的通用协议
权衡	结构性较差	围绕价值贡献构建
资源分配	结构性较差	围绕价值贡献构建
商业目标	与商业不符的项目	更好地与商业战略保持一致
竞争力	市场表现不佳	市场表现出色

如果要使 CVM 有效，那么就向客户和利益相关者提供正确的信息就变得至关重要。CVM 在决策过程中引入了一种价值观念。许多 CVM 程序由于指标不佳而无法衡量正确的事物而失败。仅关注最终结果并不能告诉你所做的是对还是错。拥有正确的基于价值的指标至关重要。价值因人而异，这就是可以有不同价值指标的原因。

CVM 严重依赖于客户价值评估。传统的 CVM 模型对数据的依赖很小，而对假设的依赖很大。为了使 CVM 有效工作，必须大量使用数据，而不需要太多假设。大多数成功的 CVM 程序都执行"数据挖掘"，在其中找到正确的价值属性及支持使用这些属性的数据。但是，除非客户意识到使用该度量的价值，否则我们不应浪费宝贵的资源来计算价值度量。未来项目管理的成功与否将取决于项目经理为客户提供卓越价值的能力。为此，你必须了解促使客户及客户的客户产生动机的因素。

与执行工作的组织结构图底部的工作人员相比，高管通常对客户的需求有更好的了解。因此，员工可能不会看到、理解或欣赏客户对价值的需求。如果不使用价值度量标准，我们会将重点放在流程的结果上，而不是流程本身上，从而错过增加价值的机会。只有在发生危机时，我们才将流程放在显微镜下。价值指标为员工提供了对客户价值定义的更好理解。

理解客户对价值的看法意味着要关注那些不具有附加值的工作或活动。当我们可以消除不具有附加值的工作而不是寻找简化项目管理流程的方式时，就可以创造价值。例如，请考虑以下情况。

状况：一家公司采用了一种项目管理方法，要求对每个项目制订风险管理计划，而不论其风险程度如何。风险管理计划在工作分解结构中明确定义为一个分项，客户最终支付了此费用。在一个项目中，项目经理创建了一个价值度量标准，并得出结论，该项目的风险非常低，因此不应将风险作为价值度量标准的属性之一。客户对此表示同意，并且从项目计划中消除了制订风险管理计划所需的时间和费用。在该项目上，风险管理计划被视为不具有附加值并被消除，因此可以为客户提供增值。该公司认识到风险管理计划可能与某些项目不相关，并由项目经理和客户自行决定是否选择风险管理计划。

这种情况就是一个明显的例子，当使用较少的输入产生输出或使用相同数量的输入产生更多输出时，就会创建价值。但是，必须注意确保消除正确的不具有附加值的工作。

项目经理必须与客户紧密合作，以使 CVM 有效。这包括：了解客户对满意度和有效绩效的定义；了解客户如何看待你的价格（或价值）关系（一些客户仍然认为价值只是质量除以价格）；确保客户了解可以用非财务和财务术语表示价值；查看客户是否了解你的独特能力，并确定该能力是否适合作为价值属性；准备定期向客户和利益相关者汇报潜在的改进和最佳做法；验证客户当前正在使用或愿意将价值指标用于自己的明智决策；了解哪些价值属性对客户最重要；建立可能对每个客户来说都是唯一的客户项目管理价值模型或框架；确保你的模型或框架适合客户的内部商业模型；设计与客户商业模型相关的指标；认识到 CVM 可以最大限度地提高每个客户的终身盈利能力；从以产品为中心或以服务为中心的营销转变为以项目管理为中心的营销；最大限度地提高客户忠诚度的经济效益。

7.9 项目管理与价值之间的关系

今天的公司正在尝试将质量、价值和忠诚度联系在一起。这些都始于创新活动，被称为客户价值管理计划，最初是由市场营销和销售人员执行的商业计划，而不是项目管理计划。但是，如今，项目经理正越来越多地参与商业决策，价值已变得极为重要。

质量和客户价值计划是 CVM 活动的一部分，如果公司希望获得竞争优势，这是必不可少的。项目管理中的竞争优势不仅仅是每个项目按时并在预算内完时。提供竞争对手无法提供的功能可能有所帮助。但是，将你的努力与客户的价值直接联系在一起，才能找到真正的竞争优势，无论你采用何种方式，这一点都将使你在竞争中领先一步。项目经理必须制定创造价值的策略。

如今，客户的要求越来越高，要求承包商根据客户选择的属性接受客户对价值的定义。因此，每个客户可以有不同的价值定义。承包商可能希望建立自己的方法，根据其公司的组织过程资产来获得该价值，而不是由客户要求。如果你建立自己的方法以获得期望的价值，请不要以为你的客户会理解该方法。他们可能需要接受培训。认识并理解你所提供价值的客户更有可能希望与你的公司建立长期关系。

为了了解在项目管理工作中引入价值的复杂性，我们假设公司根据三个生命周期阶段开发产品并将其商业化：创新、开发和商业化。一旦创新和开发阶段完成，可交付成果就会移交给负责计划管理和最终产品商业化的市场和销售人员。程序管理和商业化可以针对自己公司内部开发的产品完成，也可以针对客户甚至客户自己的客户进行。无论如何，在商业化期间或之后，公司会调研客户，以反馈有关客户满意度和产品价值。如果客户对最终价值不满意，则返回项目阶段并重复该项目，用尝试提高线下客户的价值是一个昂贵的过程。

在这三个生命周期阶段中经常出现的问题可归因于：只允许项目经理做出项目决策，而不是项目决策和商业决策；客户的商业计划与项目经理正在开发的内容有关，却未告知项目经理；客户没有以口头形式或通过书面要求清楚地向项目经理表达他们期望的确切价值；客户在未完全了解项目完成时所需价值情况下为项目提供资金；项目经理与项目中不恰当的人进行互动；项目中未建立基于价值的指标，管理阶段可以进行明智的决策以提高最终价值；进行权衡而不考虑对最终价值的影响；质量和价值被视为同义词，质量被视为唯一的价值属性。

我们现在处于确定如何定义和衡量价值的起步阶段。对于内部项目，我们正在努力确定正确的价值指标，以帮助我们进行项目组合管理，从而选择该项目而不是另一个项目。对于外部项目，情况更为复杂。与过去使用的传统指标不同，基于价值的指标对于每个客户和每个利益相关者都是不同的。在图 7-4 中，你可以看到价值的三个维度——母公司的价值观、客户的价值观、客户的客户的价值观，我们甚至可以添加第四个维度，即利益相关者的价值。必须理解，项目完成后，给你的组织带来的价值可能与客户组织和客户的客户群带来的总价值不是同等重要。

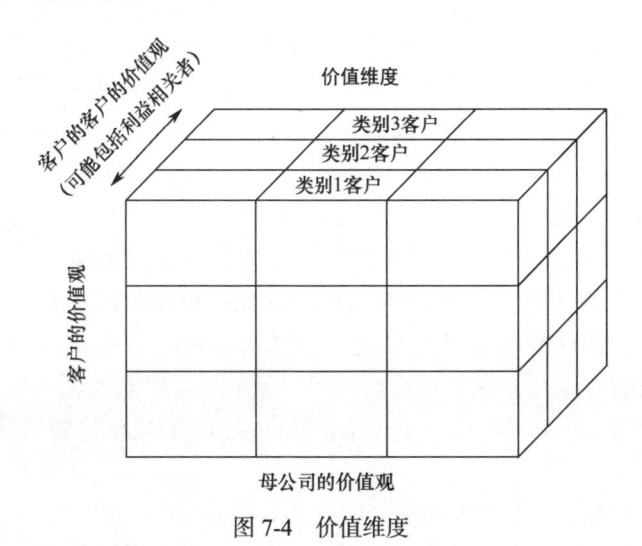

图 7-4 价值维度

对于某些公司而言，价值指标的使用将带来更多挑战。正如一家全球 IT 咨询公司所述：对于我们和客户而言，这将是一种文化变革。双方都需要让工作人员胜任正确使用指标和权重的工作；然后可以用外行的语言解释价值指标的含义。

这种价值倡议的必要性是显而易见的。

正如一位高级经理所说：我完全同意这样的价值倡议的必要性，也需要向高级管理层表明其重要性。如果我们不朝这个方向努力，那么公司将很难清楚地说明它们是否足够有效地工作，从而为客户和股东创造价值，并因此对其市场的未来具有足够的预测能力。

现在，通往未来的窗口似乎越来越清晰。作为可能发生的猜测，请考虑以下事项：①你的客户将与他们的客户执行 CVM 活动，以发现哪些价值属性重要。通过为客户提供卓越的价值来实现客户的成功。②这些属性将在项目启动时显示给你，以便你可以在可能的情况下使用这些属性，在项目上创建基于价值的指标。你必须与客户互动以了解其价值维度。③然后，你必须创建价值指标。准备就指标的使用来培训你的客户。认为客户会完全理解你的价值指标方法是错误的。④与客户密切互动，以确保你完全了解他们在客户价值管理工作中发现价值属性的任何变化。⑤由于价值创造是一系列关键且明智的决策，因此请为价值属性的权衡和价值指标的更改做好准备。

现在正在将价值引入传统的项目管理实践中。

价值管理实践已经存在数十年了，并已被许多公司隐藏在关注范围之下。一些公司在价值工程部门执行了这些实践。

7.10 选择正确的指标

由于测量技术的创新，公司现在正在跟踪项目中的十几个或更多指标。虽然这听起来不错，但它又带来了潜在信息过载问题。过多的绩效指标可能为监测者提供比他们实际所需更多的信息，并且他们可能无法辨别真实状态或哪些信息真正重要；可能很难确定什么是重要的，什么是不重要的，尤其是在必须做决策的情况下。提供的指标太少可能使监测者难以做出明智的决定。度量标准也存在成本，我们必须确定使用这么多度量标准的收益是否超过了度量成本。成本很重要，因为我们倾向于选择比实际需要更多的指标。

度量标准分为三类：①传统指标。这些指标与项目结果及我们与预定基准（如成本差异和进度差异）相比，更多地用于衡量项目管理应用绩效。这些指标对于包括创新在内的所有类型项目都是通用的。②关键绩效指标。这些是可以用来跟踪和预测项目是否成功的少数选定指标。这些 KPI 用于验证是否满足在项目启动时定义的关键成功因素（如完成时间、完成成本和客户满意度调查）。这些 KPI 对于特定项目（如创新）可能是唯一的。③价值（或价值反映）指标。这些特殊指标用于显示利益相关者对项目价值的期望是否正在实现或将得到满足。价值指标可以是传统指标和 KPI（完成价值和达到完整价值的时间）的组合。

每种类型的指标都有一个主要受众，如表 7-7 所示。一个项目上可以有三个信息系统：项目经理系统、项目经理的上级或母公司系统、利益相关者或共创团队的成员系统。

表 7-7　指标的适用性

标 准 类 别	适 用 人 群
传统指标	主要是项目经理和团队，但可能包括内部赞助方
关键绩效指标	一些内部用法，但主要用于客户和利益相关者的状态报告
价值指标	对所有人都有用，但主要对客户和共创团队的成员有用

对于每个信息系统，可以有一组不同的度量标准和 KPI。

传统度量标准（如成本、范围和进度等）可以跟踪，并根据《项目管理知识体系指南》中每个知识领域的过程来确定进展情况。项目经理必须小心，不要对他们的项目进行微观管理，并建立 40~50 个指标，而其中大多数指标可能无法提供有用的信息。

传统项目的典型指标可能包括：已分配资源与计划资源的数量、已分配资源与计划资源的质量、项目复杂度因素、客户满意度等级、关键约束的数量、费用调整数、关键假设的数量、编外人员时数、加班总工时的百分比、成本差异、进度绩效指标、性价比指标。

这显然未包括全部。这些指标对于项目经理可能具有某些重要性，但对客户和利益相关者不一定同等重要。

客户和利益相关者对关键指标或 KPI 感兴趣。这些选择的少量指标会报告给客户和利益相关者，并表明创新成功与否的可能性；但是，它们不一定确定是否会达到预期值。KPI 的数量通常取决于显示屏上的不动产项目的数量。大多数仪表板可以显示 6~10 个图标或图像，可以在其中轻松轻松地看到信息。

要了解 KPI 的含义，需要分解每个术语：关键（Key），成功或失败的主要因素；绩效（Performance），可测量、可量化、可调整和可控制的元素；指标（Indicator），目前和未来业绩的合理表示。

显然，并非所有指标都是 KPI。KPI 有六个属性，这些属性在标识和选择 KPI 时很重要：可预测，可以预测未来趋势；可测量，可以定量表达；可操作，可能必要的更改；相关性，KPI 与项目的成功或失败直接相关；自动化，报告可最大限度地减少人为错误的可能性；数量很少，只有必要的。

将这六个属性应用于传统指标是非常主观的，并且将基于对成功的一致定义，选择的关键成功因素可能是利益相关者的突发奇想。根据每个利益相关者对项目成功和最终项目价值的定义，每个利益相关者都可以有一组不同的 KPI。这可能明显增加度量和报告成本，尤其是如果每个利益相关者都具有不同的度量标准和不同仪表板时。

7.11 传统指标和 KPI 的失败

尽管有些人坚信指标和 KPI，但失败可能比成功的故事还多。度量标准失败的典型原因包括：效果仅以传统或财务术语表示；使用测量反推，使用错误的指标；绩效指标与需求、目标和成功标准之间没有关联；没有链接到客户是否满意；对哪些指标表示项目价值缺乏了解；没有客户对使用价值的反馈。

用于商业目的的度量标准倾向于以财务术语表示所有信息。项目管理指标不能总是以财务术语表示。此外，在项目管理中，我们经常会发现存在无法有效预测项目成功和（或）失败，并且与客户需求没有关联的指标。

也许今天最大的问题是使用了部分价值链指标。迈克尔·波特（Michael Porter）在其《竞争优势》（*Competitive Advantage*，1985）中使用了价值链一词来说明公司如何与上游供应商、内部基础设施、下游分销商和终端客户互动。尽管可以为价值链的各个方面建立度量，但是大多数公司都没有为终端客户如何看待交付物的价值建立度量。那些已经为价值链的这一部分制定了指标的公司比没有的公司做得更好。这些被标识为与客户相关的价值指标。

7.12 价值指标的需求

在项目管理中，现在必须创建不仅关注商业（内部）绩效，而且关注针对客户满意度绩效的指标。对于创新项目，这至关重要。如果客户看不到项目的价值，则该项目可能被取消，并且不会重启。好的价值指标还可以减少客户和利益相关者的干预，并减少对项目的干预。

很明显，需要有效的指标管理程序来关注基于价值的指标。①必须就如何使用一组指标定义创新成功或失败达成客户、承包商、利益相关者协议；否则，你只有最佳猜测。价值指标将使人们对跟踪和报告价值的能力更有信心。②指标选择必须涵盖整个项目的实际情况，这可以通过价值指标支持的一组核心指标来实现。③有效的指标管理（尤其是价值指标）失败可能导致利益相关者面临价值受损，并失去信誉。

我们需要开发基于价值的指标，以预测利益相关者的价值，可能是股东的价值，当然还有项目价值。创建此指标的大多数模型都是高度主观的，并且基于所有各方都必须事先同意的假设。采用商业智能应用程序，部分功能是传统的基于价值的 QCD 模型（质量、成本和交付）衍生出来的。

7.13　创造价值指标

理想的情况是创建一个单一的价值度量标准，利益相关者可以用来确保项目满足或超越利益相关者对价值的期望。价值指标可以是传统指标和 KPI 的组合。讨论单一价值度量的含义可能比讨论各个组成部分更有意义；整体通常大于部分的总和。

必须支持创建价值度量的概念。根据一家全球 IT 咨询公司的说法：双方都必须接受价值度量的重要性和本质。它不可能是新时尚，它必须被理解为跟踪项目价值的一种方式。

价值度量的典型标准可能是：①每个项目将至少具有一个价值指标或价值 KPI。在某些行业中，可能无法仅使用一个价值指标。②作为价值度量标准的一部分，价值属性的数量可能有一定限制，例如五个。随着我们逐渐使用价值指标，属性的数量可以增加或减少。并非我们拥有的所有属性都是适当或实用的。③将为每个组件分配权重因子。权重因子和组件度量技术将在项目开始时由项目经理和利益相关者确定。可能存在分配权重因子的公司政策。④指标的目标界面框将由项目经理及可能由项目管理办公室建立。如果不存在 PMO，则可能有一个项目管理委员会负责完成此任务，或者可能由资助组织设立。

为了说明这是如何工作的，我们假设你正在使用创新项目管理为用户创建新产品，并且商定的价值属性为：质量（最终产品的）、成本（商业化）、安全协议（针对产品责任问题）、特征（功能）、日程安排或时间安排（上市时间）。

这些属性对于每个项目都是唯一的，它在项目开始时就被你、客户和利益相关者认同。这些属性可能来自你的指标和 KPI 库，也可能是新属性。必须注意确保组织过程资产可以跟踪、度量和报告每个属性。否则，可能产生额外费用，并且这些费用必须提前解决，以便可以将其包括在合同价格中。

时间和成本通常是每个价值指标的属性。但是，在以下特殊情况下，时间和成本都不是价值指标的属性，也不是价值度量属性：该项目必须依法完成，例如环境项目，否则可能导致严厉的处罚；该项目有麻烦，但有必要，我们必须挽救所有可能的价值；无论价格如何，我们都必须推出新产品以跟上竞争；安全性、美学价值和质量比时间、成本或范围更重要。

其他属性几乎总是包含在价值度量中，以支持时间和成本。

下一步是为每个属性或组件设置具有阈值的目标，如图7-5所示。如果属性是成本，那么我们可以说在成本基准的±10%范围内执行是正常绩效。超出预算20%以上的绩效可能是灾难性的，而低于预算20%以上的绩效则是卓越的绩效。但是，在某些情况下+20%的差异可能是好的，而−20%的差异可能是坏的。

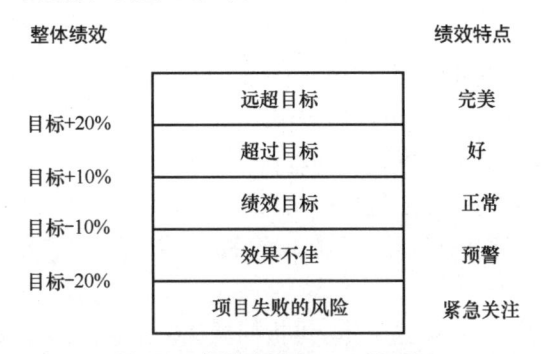

整体绩效		绩效特点
目标+20%	远超目标	完美
目标+10%	超过目标	好
目标−10%	绩效目标	正常
目标−20%	效果不佳	预警
	项目失败的风险	紧急关注

图 7-5　价值度量和 KPI 界面框

如果需要进行公司标准化，或者与客户和利益相关者的协议，则 PMO 可以确定绩效特征的确切定义或范围。无论如何，必须确定目标和阈值。

下一步是为图 7-5 中的每个单元分配价值点，如图 7-6 所示。在这种情况下，两个价值点被分配给标有"绩效目标"的单元格。然后，标准方法是在目标单元格的上方和下方以线性方式分配价值点。非线性应用也是可能的，尤其是在超过阈值时。

	绩效特点	价值分数
远超目标	完美	4
超过目标	好	3
绩效目标	正常	2
效果不佳	预警	1
项目失败的风险	紧急关注	0

图 7-6　界面框的价值点

在表 7-8 中，将权重因子分配给价值度量的每个属性。和以前一样，权重百分比可以由项目管理办公室确定，也可以通过与客户（资金组织）和利益相关者达成协议来确定。PMO 的使用可能是为了使公司在权重因子上实现标准化。但是，当允许权重因子随意更改时，将会出现优先级混乱。

表 7-8 价值度量

价值元素	权重系数	价值计量	价值贡献
质量	10%	3	0.3
成本	20%	2	0.4
安全规程	20%	4	0.8
特征	30%	2	0.6
上市时间	20%	3	0.6
		总计	2.7

现在，我们可以将权重因子乘以价值点，然后将它们相加得出总价值贡献。如果所有价值衡量指标都表明我们达到了绩效指标，那么 2.0 就是价值指标的价值。但是，在这种情况下，我们在质量、安全规程和上市时间方面都超过了绩效，因此该价值指标的最终价值是 2.7。这意味着利益相关者或用户正在获得最有可能达到或超越期望的附加价值。

使用此技术时，仍然需要考虑几个问题：我们必须明确定义正常绩效的含义；用户必须理解其中的含义；此级别实际上是我们的目标级别，还是客户可接受的最低级别；如果这是我们的目标水平，我们的目标大于要求的目标，那么客户、用户、利益相关者仍可以接受低于 2.0 的值。

用户必须了解价值指标的真正含义。当指标从 2.0 升至 2.1 时，这有多重要？从统计上看，这是增加 5%。这是否意味着价值增加了 5%？我们如何向外行人解释这种增加的重要性及其对价值的影响？

价值度量通常集中在项目的当前和（或）未来价值上，可能无法提供有关可能影响项目运营状况的其他因素的足够信息。举例来说，假设价值指标的量化值为 2.7，从客户的角度来看，他们获得的价值超越了预期。但是其他指标可能表明应该考虑终止该项目。例如，价值指标是 2.7，但是开发或商业化的剩余成本非常高，以至于产品可能被市场定价过高；价值指标是 2.7，但上市时间为时已晚；价值指标是 2.7，但是其余大部分工作包的风险很高；价值指标是 2.7，但引入了更多的关键假设；价值指标是 2.7，但项目不再满足客户需求；价值指标是 2.7，但是你的竞争对手推出了具有更高价值和质量的产品。

在表 7-9 中，我们减少了可交付成果中的功能部件数量，这使我们能够提高质量和安全性，并加快产品上市时间。由于价值度量值是 2.4，因此我们仍在为利益相关者和客户提供附加价值。

表 7-9 具有减少特征的价值度量

价值元素	权重系数	价值计量	价值贡献
质量	10%	3	0.3
成本	20%	2	0.4
安全规程	20%	4	0.8
特征	30%	1	0.3
上市时间	20%	3	0.6
		总计	2.4

在表 7-10 中，我们添加了其他功能，以及提高了质量和安全性。但是，为此，我们造成了计划延误和成本超支。价值指标的价值现在是 2.7，这意味着利益相关者仍在获得附加值。由于增加了价值，利益相关者和客户可能愿意承担成本增加和进度延误。

表 7-10 质量、功能和安全性得到改善的价值指标

价值元素	权重系数	价值计量	价值贡献
质量	10%	3	0.3
成本	20%	1	0.2
安全规程	20%	4	0.8
特征	30%	4	1.2
上市时间	20%	1	0.2
		总计	2.7

每当看起来我们可能超出预算或进度落后时，我们都可以更改权重因子并加重那些有问题的组件。例如，表 7-11 显示了如何调整权重因子。现在，如果在调整的权重因子下，价值度量的总价值超过 2.0，则利益相关者仍可以考虑继续进行该项目。

表 7-11 调整权重因子

价值元素	正常权重系数	重大计划延误的权重因子	成本明显超支的权重因子
质量	10%	10%	10%
成本	20%	20%	40%
安全规程	20%	10%	10%
特征	30%	20%	20%
上市时间	20%	40%	20%

有时，公司会确定每种元素的最小和最大权重，如表 7-12 所示。但是，也存在风险，即管理层可能无法适应和接受因项目而异的权重，甚至在项目期间可能发生变化的权重因子。而且，随着权重因子的变化，解决方案的标准化和可重复性可能减少。

表 7-12 权重因子范围

价值元素	最小权重值	最大权重值	标准权重值
质量	10%	40%	20%
成本	10%	50%	20%
安全规程	10%	40%	20%
特征	20%	40%	30%
上市时间	10%	50%	20%

公司通常不愿在项目进行后允许项目经理更改权重因子，并可能制定政策以防止不必

要的损失。令人担心的是，项目经理为了使项目看起来更好，可能改变权重因子。但是，在以下情况下可能需要更改：客户和利益相关者要求更改权重因子，以证明继续进行项目，资金是合理的；项目风险在生命周期阶段后期阶段已发生变化，因此有必要更改权重因子；随着项目的进行，会将新的价值属性添加到价值度量标准中；随着项目的进行，某些价值属性不再适用，必须从价值指标中删除；企业环境因素发生了变化，需要更改权重因素；假设随时间而改变；关键约束的数量已随时间变化。

我们必须记住，项目管理指标和 KPI 可能在项目的整个生命周期中发生变化，因此，价值度量的权重因子可能同样容易发生变化。

有时，由于这种方法的主观性，当将信息提供给客户时，我们应该包括对每个目标使用哪种测量技术的标识，如表 7-13 所示。测量技术可能在项目开始时进行协商。

表 7-13 权重因子和度量

价值元素	权重系数	测量技术	价值计量	价值贡献
质量	10%	采样技术	3	0.3
成本	20%	直接测量	2	0.4
安全规程	20%	模拟	4	0.8
特征	30%	观察	2	0.6
上市时间	20%	直接测量	3	0.6

指标和 KPI 的使用已经存在了数十年，但价值指标的使用相对较新，尤其是在创新项目上。因此，使用此技术的失败仍然很常见，可能包括：不具有前瞻性，价值指标着眼于现在而不是未来；不会超出财务指标，因此无法考虑所获得的知识、组织能力、客户满意度和政治影响的价值；相信其他公司使用的价值指标（和结果）与你的公司相同；不考虑客户和利益相关者如何定义价值；允许权重因子经常更改，以使项目的结果看起来更好。

与任何新技术一样，总是会出现其他问题。我们现在试图就使用价值度量标准回答以下典型问题。例如，在项目的生命周期前期阶段，如果只能测量 5 个组成部分中的 3 个，那该怎么办？在仅可以测量某些组件的情况下，应将权重因子更改或归一化为 100%，还是单独使用？在价值指标具有真正意义之前，项目应该完成一定百分比吗？在项目生命周期的每个阶段，谁来决定权重因子的变化？给定组件的测量技术可以在生命周期每个阶段进行更改，还是在整个项目中必须相同？我们可以减少过程的主观性吗？

7.14　创新价值指标的行业实例

本节提供了公司如何使用创新价值指标的示例。每年使用价值指标的公司数量都在增加。使用创新指标的难点在于确定创新的属性及权重因子。表 7-14 中显示了常用的价值属性示例。

表 7-14 常用的价值属性示例

传统价值属性	高级别价值属性	领导力价值属性	创新价值属性
时间	团队合作	承诺	创新管理
成本	满足条件	文化与价值观	知识产权
质量	有效沟通	合作与协作	劳动力技能
技术与范围	遵守流程	知识管理	组织能力
客户满意度	上市时间	治理	可持续
风险	功能特征、可用性和功能	战略计划	团队合作
财务价值属性	人力资源价值属性	营销价值属性	社会责任价值属性
ROI、NPV 和 IRR	员工人才	客户满意度	工人安全
现金周转率	员工士气	品牌忠诚度	工人健康
投资回收期	员工留职率	公司形象	环境问题
市场份额	员工压力水平	公司声誉	可持续发展
盈利能力	培训与教育	商誉	社区社会效益
筹集资金的能力	更新能力	战略联盟	利益相关者和股东满意度

在表 7-14 中要认识到的重要一点是，有些条目是无形的，而不是有形的。在某些公司中，无形资产及其对创新的重要性可能很难衡量，但并非不可估量。测量无形资产取决于管理层对使用的测量技术的承诺。只要我们能够进行有效的测量而无须操纵，测量无形资产确实可以提高绩效。

与短期因素相比，无形资产的价值对长期考虑的影响更大。对无形资产价值计量的管理支持还可以防止短期财务考量主导的决策。无形资产是长期的衡量标准，而大多数公司专注于短期结果。

衡量无形资产也存在以下阻力，例如，公司认为无形资产不会影响利润，公司担心结果显示的不确定性，公司认为它们缺乏衡量无形资产的能力。

使用共创管理创新时，选择价值属性可能很困难，因为该属性可能与客户和客户的客户不同，如表 7-15 所示。

表 7-15 属性解释

共用属性	项目经理价值属性	客户属性	用户价值属性
时间	项目工期	上市时间	交货日期
成本	项目造价	售价	购买价
质量	绩效	功能性	易用性
技术与范围	会议规格	战略调整	安全购买和可靠
客户满意度	客户满意度	用户满意度	所有权归属
风险	该客户没有提供未来的业务	利润损失和市场份额	后期支持需求和过时的风险

如果创新成功的定义是基于客户对使用价值的认可，那么表 7-15 中的用户价值属性在项目执行过程中可能比项目经理的价值属性更为重要。

7.15 对战略目标的调整

由于度量技术的进步，已经开发了模型，通过这些模型，我们可以显示所有项目（包括创新）与战略目标的一致性。图 7-7 中显示了一个这样的模型。几年前，我们使用的唯一指标是时间、成本和范围。今天，我们可以包括与战略价值和商业价值相关的指标。这使我们能够评估整个项目组合及单个项目（如创新项目）的运行状况。

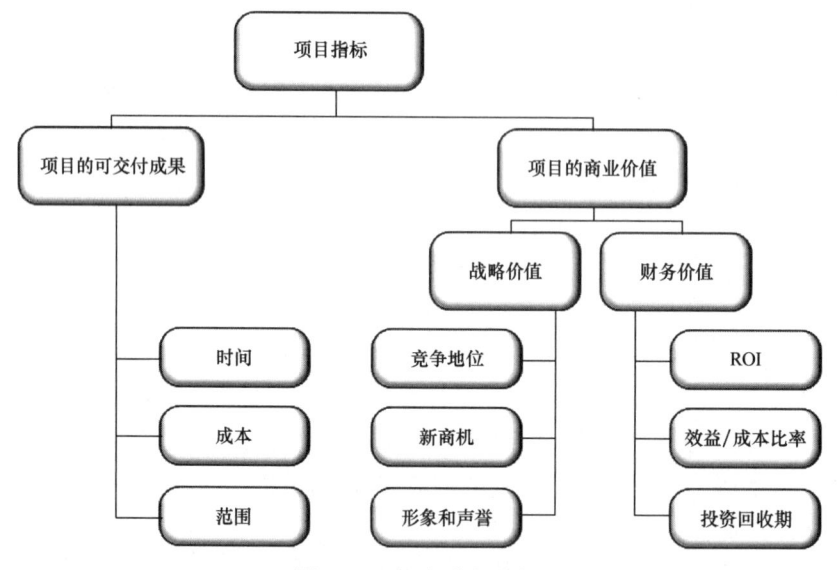

图 7-7 项目得分的指标

由于所有指标均已建立目标或预测的期望值，因此我们可以根据距目标的接近程度为每个指标打分。图 7-8 显示，到目前为止，图 7-7 中标识的项目已经获得了 100 分中的 80 分。

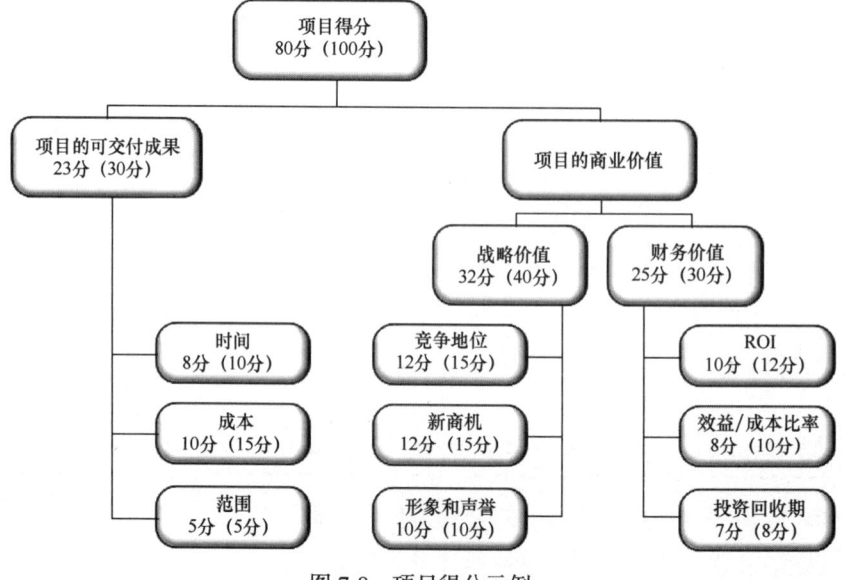

图 7-8 项目得分示例

图 7-9 显示了项目与战略目标的一致性。如果图 7-8 中的总得分为 0~50 分,我们将假定该项目目前没有对战略目标做出贡献,并且在图 7-9 中将其显示为零或空白单元格。在 51~75 分的得分表示对目标"部分"贡献,如图 7-9 所示。

战略目标	项目1	项目2	项目3	项目4	项目5	项目6	项目7	项目8	分数
技术优势	2		1			2		1	6
降低运营成本				2	2				4
缩短上市时间	1		1	2	1	1		2	8
增加企业利润			2	1	1	1		2	7
提高生产能力	1		2	2		1		1	7
项目得分	4	0	6	7	4	5	0	6	

	无贡献
1	支持目标
2	达成目标

图 7-9 使项目与战略目标匹配

在 76~100 分的得分表示达到目标,在图 7-9 中显示为 2。我们可以定期总结图 7-9 中的结果,以显示管理图 7-10,该图说明了我们创造期望收益和最终价值的能力。

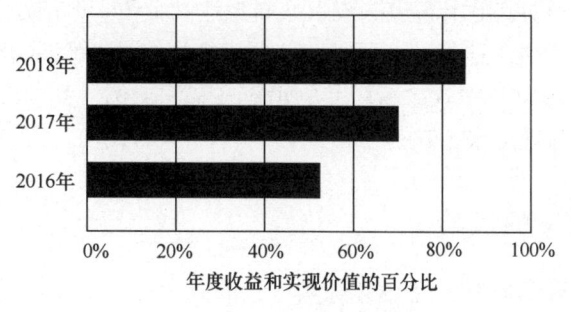

图 7-10 收益和实现价值

7.16 创新治理指标

管理项目创新组合的治理人员需要解决以下三个重要问题:我们在做正确的事情吗?我们对正确的事情做得对吗?我们做正确的事情足够多吗?

然后可以将这三个问题分解为更详细的问题。是否正在创建项目和投资组合价值?有哪些风险,这些风险是否已得到缓解?创新组合 PMO 或其他治理人员应何时干预项目决策?创新绩效将如何影响企业的未来战略?项目是否仍符合战略目标?我们需要执行资源优化吗?我们是否有需要取消或替换的薄弱投资项?是否必须合并项目?是否必须加速或减速项目？我们在投资组合中是否有合适的项目组合？投资组合是否必须重新平衡？

创新指标的简单分类是产品、服务和转换指标，然后可以将其进一步细分，如过程指标、增长指标和有利可图的增长指标。

治理人员可能使用的一些典型的创新指标，包括：重大创新项目的百分比、渐进性创新项目的百分比、具有所需能力的工人百分比、特定时期内新产品产生的收入、利润增长率、创新项目的损益影响、对每个客户损益的影响、处于生命周期每个阶段的项目所占的百分比、项目成功率、加快上市速度、正在进行中的创新项目数量、专利数量、产生的想法数量、被扼杀的想法数量（被扼杀率）、从构思到项目批准的时间、改进工艺（如及时上市）。

7.17 创新指标实践：创新实验室[①]

测量什么是可测量，什么是不可测量的。

—— Galileo

像商业中涉及资金和时间投入的所有事物一样，创新应该是一个必须加以衡量的有规则的过程，以便可以对其进行真正的管理。这不是新闻，但它仍然是有问题的，因为以错误的方式衡量创新或衡量创新的错误方面可能阻碍其发展。

此外，有很多方法可以衡量创新生产率，正确的指标需要一定的选择性。面向过程的度量通常考虑手段，例如，提出新想法或引入新想法的数量。他们还考虑组织成果，例如，现有或新技术能力的增强，这使其有可能成为指标。财务指标侧重于目标、结果，并包括基于 ROI 的模型来跟踪财务绩效或新产品的销售或利润比例。鉴于有很多可能性，因此需要花点力气将其全部整理出来，这是本节的目的。

7.17.1 投资回报率的风险

在众多可用的衡量工具中，将 ROI 极其有用的概念应用于几乎所有事物，已成为企业领导者的本能反应。通常，这是一件健康的事情，并且由于创新确实是一种投资形式，它绝对应该产生高于市场利率的回报（或者为什么要打乱市场？），因此投资回报率自然是创新讨论的一部分。但这确实带来了我们必须意识到的某些问题。

当我们将使用现有的、易于理解的业务流程（例如已建立的制造和分销系统）评估应用于现有的、易于理解的市场的渐进式创意时，ROI 的讨论非常有意义。

但是，当我们考虑不是渐进式的想法时，以及它们处于开发的早期阶段时，突然就会出现巨大的危险，因为尽早确定投资回报率会促使我们尝试评估已完成的创新在

[①] 本节由创新实验室高级合伙人 Langdon Morris 提供，从 Langdon Morris 的 *The Agile Innovation Master Plan*（FutureLab Press，2011 和 2017）中摘录，Langdon Morris 版权所有。

何时可以给我们带来何种回报。我们不太可能对它的真正价值有现实的想法。因此，有时我们不得不猜测。如果我们喜欢这个想法，那么我们可能受到启发，对收入做出极为乐观的预测。如果我们不喜欢它，我们可能默认为完全悲观的。然后，如果我们根据乐观或悲观的预测做出决策，尽管我们的电子表格只不过是假设，但我们常常会忘记这一点，并将其视为真实的假设。因此，我们思维的整个过程都建立在空中、比特和字节之上。

创新在"假设条件""怎么样""可能"的环境中蓬勃发展。但是，如果要坚持确定性，尤其是在不存在确定性时，可能很难实现。这进一步强化了我们已经讨论过的有关创新的内容，即这个过程充满歧义，但是 ROI 完全不能模棱两可，并且在错误的时间引入它就是创新的杀手。

ROI 的另一个问题是，对其进行讨论几乎总是迫使我们尝试将新想法与现有市场联系起来，以便有比较的基础。即使一个想法包含潜在突破的种子，这也将我们带回到渐进主义。由于突破将我们带入了新的领域，因此与现有模型的比较可能失败。

然后就是这样的鸡与蛋讨论。

问："这个想法的价值是什么？"

答："我们不知道。"

回应："如果我们不知道会有什么价值，我们将无法提供资金。"

反驳："直到获得一些资金来开发它，我们才会知道它的价值……"

所以，你再转转吧。

辨别对话背后的意图是弄清楚对话实际含义的重要方面。许多高管使用"ROI 问题"来作为妙语或好词，这是一个棘手的问题，他们希望借此抹黑该想法或创新者。他们非常清楚，通常在前期阶段就无法对 ROI 进行准确的评估，因此，在这种情况下使用 ROI 时，在研发领域中，"ROI"真正代表着对创新的约束。

由于所有这些因素，基于 ROI 的评估往往倾向于短期思考，而不利于长期、突破性和不连续的想法和项目的发展。因此，过早使用 ROI 来衡量创新会危及你要衡量的事物的存在，并降低实现该过程最终目标（更好的创新）的可能性。

所有这些都给研发和创新经理带来了难题，他们不得不悉心关注自己的投资组合，有效地管理其资源，并准确评估其进度。最近在惠普实验室举行的一次会议上就很明显，当时一位经理评论说，他甚至不能看一个没有潜力成为至少 5 000 万美元业务的项目。当然，问题在于，他被迫猜测向他提出的每个想法可能发展多少业务。他怎么知道？

那么，你将什么纳入研究计划，又撇开了什么呢？他在咖啡壶的底部注意到了他的工作，他的工作促成了惠普数十亿美元喷墨打印业务，业务创建者是否知道他对烧过的咖啡感到好奇时，他将公司变成了什么？他能说出他对过热墨水的想法价值 50 美元，而不是 5 000 万美元吗？

除非他受到狂妄自大的鼓舞，否则肯定不会。如今，惠普每年销售 250 亿美元的喷墨打印机和墨水。

当创新本身成熟时，衡量创新过程的有效性就容易得多，并且你可以回顾并看到成就和失败的实实在在的证据（既聪明又不聪明）。在早期阶段，可能是第一年，也可能是第二年，甚至三年，衡量进度都比较困难，因为你可能并没有想表现那么多。

这当然具有讽刺意味，因为大多数人在头几年就希望保守点，他们做得很好，可以继续努力，并鼓励他们所做的投资确实会产生令人垂涎的 ROI。但是，令人信服的证据，通常只有等到更多结果时才出现。因此，请耐心等待。

7.17.2　12 项特别有用的创新指标

在探索创新的度量时，我们发现在敏捷创新过程的七个阶段（见图 7-11），至少有 92 个指标。总数的大约 1/3 是定性的或概念性的，其余的是定量的。92 是一个荒谬的数字，对于任何组织来说都太多了，你必须选择最能适合你的数字，而将其他数字放在一边。

不过，在介绍所有指标之前，我将重点介绍对客户最有用的 12 个指标。

1. **外部指标：对品牌和形象的影响**

（1）创新体系的产出大大提升了品牌。它们通过"新客户获取率"来衡量新客户、合同和（或）客户的获取。这在向新客户的新销售中很明显。

（2）通过品牌形象调查、客户反馈和分析师评级表明，客户对我们公司的看法持续、显著改善。

2. **外部指标：对生态系统的影响**

（3）创新系统吸引了越来越多的外部合作伙伴、客户、供应商和其他人员，从而创建了一个广泛、全面且蓬勃发展的开放式创新生态系统。

3. **内部指标：对增长和收入的影响**

（4）创新系统吸引大量的、新的、内部来源的投资机会，供高级管理人员和董事会考虑。

（5）与去年同期相比，创新总投资组合的价值显著增加。财务评估方法将包括 NPV、资产评估和（或）期权价值。渐进性创新指标将包括现有产品（服务）中源于创新产品（服务）收入的百分比。

（6）投资组合的净估值增长至少比投资资本高出 5～10 倍。财务评估方法将包括 NPV、资产评估和（或）期权价值。

（7）被判定为高质量的创新通道中的项目数量和百分比稳步增长。

（8）通道中非增量项目（突破性项目和新商业模式创新项目）的比例逐年大幅增加。

（9）创新市场中非增量项目数量逐年大幅增加。

4. **人口指标：对文化的影响**

（10）创新项目完成速度逐年提高。

（11）参与创新工作各方面的人数逐年大幅增加。

（12）每个人的贡献质量稳步提高，并且随着时间的推移，越来越多的人在创新过程中贡献了更多有价值的想法和努力。

总而言之，创新过程的成功发展将稳步提高你公司（包括创新在内的许多绩效领域）的整体能力，创新成果也将越来越好。

这 12 个观点是相辅相成的，例如，由于更多的突破和正在开发并推向市场的新商业模式创新（8），客户对公司的看法得到改善（2），等等。

由于创新过程从根本上来说就是学习，因此随着时间的推移，创新绩效的提高是意料之中的，因为你在开发创新方面投入了精力，同时你也在投资于改进过程本身。

7.17.3　92 个定性和定量创新指标

下面用相当大的篇幅介绍全部指标。当然，这 92 个已经太多了，但仍然有可能更多，也许这里未包括的一些是适合你组织使用的。

因此，请将此列表用作思考的开始，并开放其他可能更好地满足你需求的可能性。

这些指标分两类列出——定性和定量，其次是横向和人力资源指标。定性指标通常采用挑衅性问题的形式，旨在激发人们对正在从事的工作及其未来后果进行深入而有效的思考。这些都不适合采用统计形式，但是它们可以开拓新的讨论渠道，从而激发新的思想和概念框架。建议第 1～3 步的大多数指标是定性的。它们可以以两种方式使用：①它们作为对话中的挑衅性问题非常有用。当你在讨论创新过程的特定方面时，提出这些问题可以使对话朝着富有成果的方向发展。②它们还可以用于调查中，以收集更多人的意见。要以这种方式使用它们，你将把它们变成陈述，然后要求人们陈述他们的同意（或不同意）程度，并带有"非常同意、同意、中立、不同意、非常不同意"之类的选项。这会将定性问题变成一个可用于收集定量输入的过程，这有助于以非常有效的格式从成百上千的人那里获得有用的反馈。[①]

相反，第 4～7 步的指标大部分是定量指标，对于统计信息收集和分析而言是很自然的。ROI 当然就是这一类的缩影。当然，销售本身是许多至关重要的定量指标的目标。

1. 总体框架：敏捷创新总体规划

这 92 个度量标准分为七个主要类别，它们与敏捷创新总体计划框架相对应，如图 7-11 所示。此框架旨在以系统的方式组织对创新的追求，并已被全球组织所采用。摘录本书的内容详细描述了整个框架。如你所料，它的标题是敏捷创新总体规划。

循环箭头指示前馈循环，以帮助项目后期工作人员预测变化，反馈循环从输出到输入，表现在从中学到的经验教训，可用于改善结果。箭头更具象征意义，而不是现实意义，因为在理想情况下，在各个步骤中工作的人们之间会不断地互动学习和与他人共享创新过程。尽管从 1～7 的步骤顺序表明创新过程是线性的，但从左向右和向后移动的箭头表明，随着多项目同时进行，该过程的所有方面都并行发生。

---

① 我们在创新实验室开发的创新审核流程通常包括大型小组调查，以探讨其中许多主题。

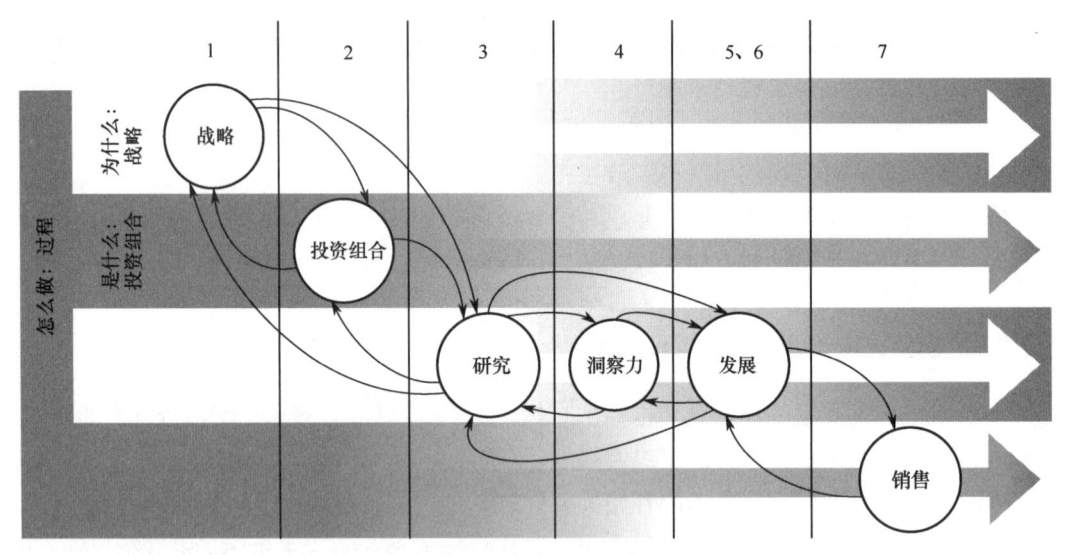

图 7-11 敏捷创新过程的 7 个步骤

2. 步骤 1 的指标：战略思维

定性指标和挑衅性问题：

（1）我们是否通过现有的创新工作瞄准了商业的正确部分？

（2）我们是否能像市场一样快速变化？

（3）我们足够柔性吗？

（4）我们的战略目标是否足够明晰，以使我们能够将其转化为创新工作？

（5）我们的策略与市场发展方式匹配得如何？（例如，如果该行业正在迅速转向特定技术，那么我们的组织是否具有对应的专业知识？）

（6）我们是否有一个有效的创新仪表盘，以便我们了解自己的状况？

（7）我们是否适当和充分地衡量创新？

量化指标：

（8）高级管理人员要花多少时间投资创新？

（9）从制定战略概念到以创新实施运营所需的平均时间是多少？

（10）我们在创新上投入了多少资金？

（11）我们在每种创新中各投入多少资金？

（12）我们期望创新过程以百分比和美元表示的商业增长是多少？

3. 步骤 2 的指标：投资组合和指标

你可能不知道在此步骤中是否使用了正确的指标，直到投资组合开始产生可与初始期望进行比较的结果为止。因此，无论你从这里开始采用哪种指标，都随着时间的流逝将对这些假设进行管理和调整。

定性指标和挑衅性问题：

（13）我们的投资组合与竞争对手认为的计划相比如何？

（14）我们在渐进性项目和突破性项目之间是否有适当的平衡？

（15）我们是否以足够的速度引入突破以跟上或领先于变革？
（16）我们的学习标杆是什么？我们用于实验的标杆是否可以用来突破极限并跟踪市场发展？
（17）我们是否以适当的速度开发新标杆？
（18）我们的指标是否唤起了我们想要从组织中的员工身上获得的创新行为？
（19）我们的指标是否与我们的奖励和奖励系统保持一致？（下面将更详细地讨论此主题）
（20）与实际取得的绩效相比，我们期望指标能告诉我们什么？

量化指标：
与创新组合绩效相关的指标。
（21）前期投资的资本与销售阶段所赚取的回报之比是多少？
（22）与计划阶段的预期投资组合构成相比，销售阶段的实际投资组合构成是什么？

4. 步骤 3 的指标：研究
研究的目的是解决在开发创新组合过程中出现的问题，并提出新观点，唤起新概念，发现新可能，创造新知识。

定性指标和挑衅性问题：
（23）我们如何设计业务以满足客户体验的默认需求？
（24）我们的客户行为和动机模型有多好？
（25）我们对新技术的含义和应用的理解程度如何？
（26）我们对新未来是否了解？
（27）我们过去的预测在预测变化方面做得如何？
（28）我们的研究是否有助于确定正确的创新机会？
（29）我们是否有足够广泛的技术可能性模型、隐性知识模型和社会趋势模型？
（30）我们正在开发的想法是否能够满足广泛的商业需求？
（31）我们在创建一个可容纳各种可能的概念和想法的"开放式沙箱"方面有多好？
（32）我们是否鼓励人们分享他们的想法？

量化指标：
（33）我们发掘了多少客户群？
（34）在新产品、服务和流程中应用了多少研究结果？
（35）我们整个组织参与研究过程的广度是多少（通常越广越好）？
（36）我们的组织在研究上投入了多少时间？
（37）我们的组织在研究上投入了多少费用？
（38）我们通过原型开发了多少个想法？
（39）我们的员工提出了多少个想法？
（40）我们正在研究的新想法中有多少来自外部？
（41）组织内部有多少人参与创新过程？
（42）组织外部有多少人参与创新过程？

（43）在"思想收集"系统中收集了多少想法？
（44）收集的创意中有多少被进一步使用？
（45）收集的创意中有多少被推向市场？
（46）与通过开放式想法收集系统产生的百分比相比，通过战略—项目组合—研究途径带入市场的想法有多少？
（47）通过研究和开发获得想法的平均时间是多少？

5. 步骤4的指标：洞察力

定性指标和挑衅性问题：

（48）我们是否获得足够扎实的见解和理念？
（49）我们的创新产品组合是否被准确地权衡？
（50）我们是否针对不同类型的创新，使用了正确的管理流程？

量化指标：

（51）非核心创新项目的投资百分比是多少？
（52）非核心创新项目的总投资额是多少？
（53）与渐进性创新相比，高层管理人员在增长创新上投入了多少时间？
（54）为发展集聚了多少想法？
（55）在研究过程中，有多少想法被扼杀了？

6. 步骤5的指标：创新发展

定性指标和挑衅性问题：

（56）是否有合适的人参与创新发展？
（57）我们是否有足够的失败机会来确保我们能够充分发挥作用？
（58）在所有相关的显性和隐性知识领域中，我们是否拥有具有足够广泛的技术能力的人员？

量化指标：

（59）我们完成和测试新原型的速度有多快？
（60）每个新产品的原型数量各是多少？
（61）去年我们申请了多少专利？
（62）去年获批多少专利？

7. 步骤6的指标：市场开发

定性指标和挑衅性问题：

（63）与新客户相比，我们在符合现有客户需求的尝试上取得了怎样的平衡？
（64）我们对客户的了解程度如何？
（65）我们是否处于适当的位置以适应客户态度、信念和理想的改变？

量化指标：

（66）我们的营销投资收益是多少？
（67）去年我们增加了多少新客户？

（68）我们客户群的增长率是多少？

8. 步骤7的指标：销售

定性指标和挑衅性问题：

（69）我们的销售流程如何满足客户的知识需求？

量化指标：

（70）我们目前销售的产品（或服务）的平均寿命是多少？
（71）我们的创新总销售收入是多少？
（72）我们的创新毛利润率是多少？
（73）去年我们推出了多少新产品（或服务）？
（74）预期销售结果与实际结果如何比较？
（75）从每种创新中我们分别取得了多少成功的成果？
（76）通过创新努力，组织节省了多少成本？
（77）我们有多少新客户（按数量或产品）？
（78）从研究到销售的平均上市时间是多少？
（79）客户对新产品（或服务）的满意度如何？

9. 创新系统指标：横向和人力资源

还有一些有用的横向度量标准，可以帮助我们评估创新过程的整体绩效，还有一些度量标准可以评估人力资源和培训活动，这些活动涉及培训，提高了与创新相关工作的效率。

整个创新过程中的量化指标：

（80）现在我们可以有意义地讨论投资回报率，通过投资组合管理的创新总投资是否在销售额增长、利润增长和总体投资回报率方面产生了适当的结果？
（81）我们的商业部门作为创新者的表现如何？
（82）新产品（或服务）在核心产品中的收入百分比是多少？
（83）新产品（或服务）在新产品中的收入百分比是多少？
（84）新产品（或服务）的总利润百分比是多少？
（85）可归因于创新的新产品/服务中新客户的百分比是多少？
（86）从研究到销售的平均上市时间是多少？
（87）客户对新产品（或服务）的满意度如何？
（88）每个阶段终止项目的百分比分别是多少？

与创新相关的人力资源和培训指标：

（89）有多少人参加了创新培训？
（90）有多少人使用了我们的在线创新工具？
（91）我们的创新指标、评估绩效的标准及我们的奖励制度之间有联系吗？
（92）整个组织中的个人、团队和部门对创新做出的贡献是什么？每年都在改善吗？

10. 衡量标准和奖励

指标19提出了一个问题，我们的指标是否与我们的奖励和奖励系统保持一致？当然，其根本点在于，组织中的人员会逐渐调整自己的行为，以适应他们被衡量和获得奖励的普遍系统，因此，如果不衡量他们对创新的贡献，那么他们的贡献可能低于预期。

因此，使创新系统、指标和奖励保持一致是一项重要的工作。

但是，除非个人恰好具有独特的创造力或参与备受瞩目的项目，否则很难衡量一个人对创新的贡献。创新几乎总是涉及许多人勤奋而安静地工作的努力，因此建立一个承认团队要素的创新奖励结构通常比只承认个人的过程更可取。

但这仍然是一个有争议的话题，因为有些人认为，唯一合适的奖励制度是对公司所有人进行奖励的制度。对个人的奖励可以看成有争议的。

从更广泛的角度来看，内在与外在奖励的概念也可能是这种对话的重要组成部分。那些受到启发去深入探索并找到真正的解决方案，并以尽可能高的标准做到这一点的人，是被他们内心的感受所深深激励的。他们的兴趣和承诺完全是内在的，他们这样做是为了带来内在回报。

另一方面，当人们由于需要或期望获得外部奖励而在任务中工作时，他们的承诺通常不那么深入，结果可能不怎么好。

这很重要，因为如果人们因为想要获得某种外部奖励（例如现金奖励），而参与创新系统，那么随着时间的流逝，我们预期的是他们参与质量的普遍下降。换句话说，他们这样做是出于"错误的原因"。

在包括美国在内的许多文化中，奖励是一个具有挑战性的话题，因为社会上很多事项是建立在追求外在奖励的基础上的。例如，学生在学校获得的成绩是外在的奖励，而当你对问题进行深入研究时，你会发现这些成绩会适得其反，让人失去动力。真正的学习与成绩无关，它与知识、技能和能力的提高有关，但是，如果我们专注于成绩而不是基础技能，那么我们是将成绩视为贿赂，而轻视学生的努力；我们都知道贿赂是一种腐败形式（Kohn，1999）。①

相同的情况也适用于创新奖励。在大多数情况下，我们建议你不要使用现金奖励，而要采用表扬和赞赏。

Dan Ariely 在其对行为的研究"可预测的非理性"（Predictably Irrational，2008）中探讨了这些问题。他所研究的主题是市场规范、金钱交换与社会规范、基于社区和同情心交流与关系之间的重要区别。他指出："事实证明，金钱通常是激励人们的最昂贵的方法。社会规范不仅更便宜，而且通常也更有效。"（第 94 页）

我们发现，这在创新领域是完全正确的：人们对获得的真诚赞赏有良好的反应，因为组织中的创新工作早在财务工作之前就属于社会和创造性工作。

11. 最后一个词：选择

如果你尝试实施此处列出的所有指标，那么你可能没用到整个度量标准的一半之前就感到沮丧，很明显，你必须选择一些指标，开始使用它们，然后逐步学习使用最有用的工

---

① 如果你想了解该主题的更多内容，请查阅 Alfie Kohn 的 *Punished by Rewards*（1999），里面有给父母的好多好建议。

具，适合你自己的世界。有选择地思考，并记住指标是学习过程的关键部分，因此学习何时进行度量及如何进行度量也是对话的一部分。①

7.18 创新指标的黑暗面

财务指标通常很容易确定，因为该信息随时可用。通常，大多数财务指标无法获得公司的所有价值。基于价值或反映价值的指标更难确定，但有可用的技术（Kerzner，2017；Schnapper 和 Rollins，2006）。价值指标面临的另一个挑战是，是否可以随着项目的进行或仅在项目的成果或可交付成果完成后才对价值进行增量衡量（Kerzner，2018）。

财务指标的暗面是通常将其视为假设线性价值创造，例如，财务报表通常报告线性价值创造；线性价值创造基于对工厂、设备、原材料购买、在制品、制成品库存和产品销售；线性价值测量仅考虑短期影响；我们倾向于忽略对创新和绩效价值的衡量，这是影响未来价值的无形能力。

无形资产不仅是商誉或知识产权，还包括最大限度地提高人员绩效。

所有指标都有优点和缺点。例如，市场份额是一个很差的指标，因为只要价格足够低，任何人都可以占领市场份额。再如，查看专利数量意味着该公司正在为新产品开发技术。但是专利数量如何影响业务？"要记住的最重要的事情是……，创新是达到目的的手段，而不是最终目的，因此，最重要的指标是创新和产品开发对业务的贡献"（Lamont，2015）。测量时间也很重要。一个普遍的论点是产生收入的指标，例如，应该在预定的时间（例如，两年或三年）内查看销售和利润等创收指标。

一些度量指标间是关联的。例如，创新与薪酬之间可能存在联系。将无形资产与补偿相联系的计量系统通常是主观的，是一种预期期望。由于这种主观性及将无形资产与薪酬和激励性薪酬挂钩的愿望，存在着数字被操纵的风险。

一些指标常被忽略，例如与文化和过程变化相关的指标（Linder，2006）。迄今为止，另一个被忽略的创新指标是创新领导有效性（Ng 等，2008）。Muller 等（2005）建立了一个包含创新领导力指标的框架：资源视图，资源分配；能力，公司能力；领导力，领导力支持创新。

使用创新指标已经在文献中出现了 15 年以上，但是由于人们倾向于抵制变化，特别是将创新从舒适区中移开时，创新指标的接受速度一直很慢。人们倾向于担心使用新指标。几十年前，我们知道确定项目的运营状况需要的度量标准不只是三重约束，但度量技术还处于起步阶段。然后，我们采用了最简单的方法，并对每个人进行了最容易测量和报告的三个指标的培训。在创新项目管理中，约束可能在于创造股东价值、创造技术和战略业务适合性方面。这可能使许多团队成员离开他们的舒适区。

---

① 在准备本章内容时，有两个参考资料特别有帮助。第一个是 Scott Anthony 的 *Innovator's Guide to Growth*（Harvard Business School Press, 2008）的第 10 章，另一个是波士顿咨询集团（Boston Consulting Group）的关于 "Measuring Innovation"（2006）的研究。

一些公司起初抱有良好的意愿，但选择了错误的度量标准或度量技术。遴选创新指标具有挑战性的原因在于：缺乏对创新的一致定义，对指标和测量技术的理解不够，缺乏有关如何解释和使用指标的指南，不确定度量标准的成本。

Kuczmarski（2001）提供了经常犯的其他错误：指标过多、过于注重结果、太少使用、过于注重削减成本、过于关注过去。

将来，创新和商业价值指标可能与时间和成本指标一样普遍。但是，创新项目 PMO 必须防范"度量标准狂潮"，即选择过多的度量标准，大多数度量标准可能导致混乱，并且没有任何价值。当存在度量标准狂潮时，人们很难发现哪些度量可提供有价值的信息。

7.19 制订指标管理计划

未来的创新项目管理必须包括度量管理。指标的选择通常限于创新团队，多忽略了：约束太少会给创新团队带来太多的自由，并且管理层可能无法跟踪绩效；约束过多可能导致严重限制；施加的约束必须由相对容易衡量的指标支持；约束（及其伴随的优先级）可能在创新项目的整个生命周期中发生变化，从而导致所选指标的变化。

现在，我们可以确定有关指标管理的以下事实：除非你还可以确定可衡量的指标，否则你无法有效地向利益相关者承诺交付成果；良好的指标可以使你在导致其他错误之前发现错误；除非你确定可以理解和使用的指标程序，否则注定会失败；度量标准程序可能需要更改，并且人们倾向于不喜欢更改；良好的指标是项目管理团队和利益相关者的凝聚点；组织在建立基于价值的指标时还面临着巨大的挑战；项目风险和不确定性可能使项目团队难以识别正确的属性，并难以有效地评估价值属性；项目越复杂，建立单一价值指标的难度就越大；项目之间的竞争和优先级冲突可能引发创建价值指标计划的麻烦；管理层和利益相关者增加了减少预算和压缩时间表的压力，这可能对价值指标产生严重影响。

指标管理程序还必须考虑与供应商和承包商的关系，尤其是在使用共创方法的情况下。例如，供应商、承包商和利益相关者必须了解所使用的指标；度量标准必须采用各方都能理解的形式，以便在需要时采取有效的纠正措施；一些决策指标必须足够详细而不是高级；如果可能，这些指标应该是实时指标，以便管理人员可以对不断变化的市场状况做出快速反应；必须选择足够数量的指标，以便可以确定市场的变化；可能需要结合多种指标才能了解市场和竞争地位，一个指标本身可能不足；对于合伙企业和合资企业，必须在整个项目生命周期中建立并跟踪知识转移指标，以验证联盟运作良好；度量标准使我们能够验证我们是否建立共识，并进行系统的计划合作，而不是复杂性和僵化性；终止联盟的成本可能很高。

必须制定度量管理程序。建立时要考虑如下程序，包括：必须在制度上相信指标管理程序的价值；信念必须得到高级管理层的明显支持；必须使用指标来做出明智的决策；度量标准必须与公司目标及项目目标保持一致；人们必须开放并乐于接受变化；组织必须开放使用度量标准来确定领域，并进行绩效改进；组织必须愿意支持指标的识别、收集、度量和报告。

正确有效地使用指标管理可以带来最佳实践和收益。一些最佳实践包括：可以使用成功案例建立对指标管理的信心；显示度量标准的"墙"供员工查看是一种动力；高级管理层的支持至关重要；如果偶尔选择错误的度量标准，则人员不得反应过度；专用指标通常比通用或核心指标提供更有意义的结果；最小化指标度量中的偏差至关重要；公司必须能够区分长期价值、短期价值和生命周期价值；指标的好处（支持指标管理的公司通常要优于不支持指标管理的公司，建立基于价值指标的公司能够将价值指标与员工满意度、更好的商业绩效联系起来）。

7.20 对项目经理和创新人员的启示和借鉴

项目经理需要了解，今天，人们对项目的看法已经发生了巨大变化。诸如项目价值，使用价值和客户价值管理计划之类的词语非常重要。对于项目经理来说，可能是一些新关键问题和挑战，包括对以下方面的理解：测量值很重要；时间、成本和范围可能不被视为价值属性；收益和价值不相同；选择的创新类型可以看作收益实现管理的一种形式；衡量价值很复杂，但是有一些可用于价值衡量的技术；财务指标不是报告商业价值的唯一方法；在预测长期商业成功时，无形资产可能比有形资产更重要；有很多可用的度量标准，并且必须依据如何使用度量标准、何时使用度量标准来选择；公司指标管理程序需要包括价值指标。

参考文献

[1] Alexander, J. (2007). *Performance Dashboards and Analysis for Value Creation*. Hoboken, NJ: John Wiley & Sons.

[2] Anthony, S. (2008). *The Innovator's Guide to Growth*. Boston: Harvard Business School Press.

[3] Ariely, D. (2008). *Predictably Irrational*. New York: Harper Perennial.

[4] Bontis, N. (2009). Linking human capital investment with organizational performance. *Drake Business Review* 1(2): 8–14. Available at www.drakeintl.co.uk/drakepulse/linking-human-capital-investment-with-organizational-performance/.Accessed May 14, 2019.

[5] Boston Consulting Group (2006). *Measuring Innovation*. www.bcg.com/publications/ files/2006_Innovation_Metrics_Survey.pdf.

[6] Ivanov, C., and Avasilcăi, S. (2014). Performance measurement models: an analysis for measuring innovation processes performance. *Procedia—Social and Behavioral Sciences* 124, 397–404.

[7] Kerzner, H. (2017). "Value-Based Project Management Metrics." In *Project Management Metrics,KPIs and Dashboards* (3rd ed.), pp. 173–251. Hoboken, NJ: John Wiley and Sons.

[8] Kerzner, H. (2018). "Benefits Realization and Value Management." In Project Management Best

Practices: Achieving Global Excellence (4th ed.). pp. 715–737. Hoboken, NJ: John Wiley and Sons.

[9] Kohn, A. (1999). *Punished by Rewards: The Trouble with Gold Stars, Incentive Plans, A's, Praise, and Other Bribes*. New York: Mariner Books.

[10] Kuczmarski, T. D. (2001). Five fatal flaws of innovation metrics. *Marketing Management*, 10 (1), 34–39.

[11] Lamont, J. (2015). Innovation: What are the real metrics? *KM World* 24 (8), 17–19.

[12] Linder, J. (2006). Does innovation drive profitable growth? New metrics for a complete picture. *Journal of Business Strategy* 22 (5), 38–44.

[13] Muller, A., Välikangas, L., and Merlyn, P. (2005). Metrics for innovation: Guidelines for developing a customized suite innovation metrics. *Strategy & Leadership* 33 (1), 37–45.

[14] Ng, H. S., Kee, D. M. H. and Brannan, M. (2011). "The Role of Key Intangible Performance Indicators for Organizational Success." *In Proceedings of the 8th International Conference on Intellectual Capital, Knowledge, Management & Organizational Learning* (The Institute for Knowledge and Innovation Southeast Asia [IKI-SEA] of Bangkok University, 27–28 October 2011), vol. 2, pp. 779–787. Reading, UK: Academic Publishing Ltd.

[15] Phillips, J., Bothwell, T. W., and Snead, L. (2002)." How to Convert Business Measures to Monetary Values." In *The Project Management Scorecard*. Oxford, UK: Butterworth Heinemann.

[16] Porter, M. E. (1985). *Competitive Advantage*. New York: Free Press.

[17] Schnapper, M., and Rollins, S. (2006). *Value-Based Metrics for Improving Results. Ft*. Lauderdale, FL: J. Ross Publishing.

[18] Zizlavsky, O. (2016). Framework of innovation management control system. *Journal of Global Business and Technology* 12 (2), 10–27.

第8章
商业模式

项目经理和创新人员的学习目标：
理解商业模式的含义；
识别参与商业模式开发所需的技能；
识别公司的商业模式与创新活动之间的关系；
识别商业模式的类型。

8.1 引言

商界充斥着进化失败公司的残骸，改变或被改变，没有折中方案。
破产导致大量资金从现有企业和商业模式流向新进入者。
—— Jay Samit, *Disrupt You!: Master Personal Transformation, Seize Opportunity,* and *Thrive in the Era of Endless Innovation*

创新项目管理可以创造出具有长期商业价值潜力的产品和服务。组织通过商业模式交付产品或服务，获取期望的利润，该模式就是利用商业机会在市场内互动。简单地说，创新创造机会价值，商业模式获取经济价值。商业模式的开发注重的是企业如何最大限度地利用其资源和核心能力。

在理论和实践中，商业模式一词被广泛用于对某项商业中核心内容的非正式和正式描述，包括目的、商业流程、目标客户、产品、战略、基础设施、组织结构、采购、贸易惯例及包括文化在内的运营流程和策略。商业模式的构建过程是商业战略的一部分，包括创新项目管理过程。商业模式可用于描述和分类企业，尤其是在创业环境中，但它也被经理们用来探索未来发展和提高竞争力的可能性。

商业模式开发通常是一个反复试错的过程，由于市场的迅速变化和高度的不确定性，必须对商业模式进行经常性的重新评估。

传统或理性的项目管理被看作一种在项目开始之初就具有明确目标，并限制了时间、成本和范围的结构化环境，而产品和服务创新则常常被认为是工作流灵活、没有边界，且很少受时间、成本和范围约束的项目。但这并不意味着创新项目可以永久运行下去。所有项目都有终点，只是对创新项目而言，这个终点很难界定，是不是所有资金都用尽、关键节点已实现、技术已更新、顾客喜欢或预期价值已改变等，就意味着项目结束呢？

从历史上看，项目管理和创新这两个词并未同时用过。若有，很可能就是在美国国防部基于先进技术开发和服务的创新合同中，即便如此，其创新也很有限，因为项目需求说明书界定了项目的范围，排除了范围之外的工作，从而限制了项目复杂性和不确定性所需的创新思维。传统项目管理的改进侧重于加强控制，而不是增加创新项目所需方法的灵活性。

在商业模式创新中，项目经理可能发现自己处于一个完全陌生的环境中，例如，可能没有工作说明书；项目经理在业务开始前就介入项目（假设已经开发了一个），并且必须与市场中的客户和用户互动；项目经理可能需要参与市场调研；项目经理可能需要进行大量实验；项目经理可能需要构建和测试大量的商业模型；项目经理必须了解与组织核心能力相关的资源，判断其与设计商业模式的吻合度；项目经理可能需要一套完全不同的商业模式创新工具。

项目管理的主流文献会使我们以为项目就是创新，项目管理的原则可以应用于所有类型的创新项目。而 Lenfle（2008）认为，应该区分项目管理实践在不同类型项目中的适用性，这个观点非常有价值。

在传统项目管理中，多数项目都会在一定程度上受到商业论证、工作说明书、假设及约束的限制，也可能存在一定程度的风险和不确定性，这些问题可以采用《PMBOK 指南》中的风险管理方法进行管理。传统项目管理实践也适用于一些创新项目，例如专注于现有或改进技术的增量产品或服务创新。但当我们在做更复杂的、可能导致市场环境巨变的创新项目时，如新平台项目，若再采用传统项目管理方法，就很难应对随之而来的未知数量的风险和不确定性。

另外，当企业改变其商业模式时，以前的风险管理方法可能在新的商业模式中失效，就如同波音 787 项目具有与波音 777 完全不同的风险一样。

当企业试图将传统项目管理中的商业模式生搬硬套到具有最大风险和不确定性的项目，或会使传统风险管理计划失效的项目，或需要做大量柔性决策的项目中时，项目环境将会变得更糟。因为需要更大柔性的项目，其管理方法会因技术水平、产品改变的幅度及对市场影响的程度而不同。

8.2　从项目经理到设计师

在商业模式创新中，项目经理应像模型设计师一样扮演领导角色。Van Der Pilj 等（2016，

9）认为：从根本上讲，设计是为了改变人们看待世界的方式，这是一个可学习、可复制、可训练的过程，每个人都可以通过设计来创造独特且合格的价值。设计不是扔掉你现有的过程和工具，事实上，恰恰相反，就像设计让无数新贵们能够创造新的商业模式和市场一样，设计也会帮助你决定何时使用何种工具来学习新的东西，并说服别人走不同的路，最终做出更好的（商业）决策。

最重要的是，设计是为了创造使企业在面对不确定性和变化时仍能茁壮成长和发展的条件。因此，好的商业模式是一种更关注于实施（而不是计划和预测）的新的系统性处理问题的方式，它将设计与战略结合起来，抓住机会，使企业在不确定和不可预测的市场中成长和改变。

设计技能包括想象、实验和测试模型，以确定最佳方法，就像 Kaplan（2012，142-143）所说的，作为一名商业模型设计师，需要通过以下方式为变革而设计：领导并深入实地调研，以获得最真实的客户体验和洞察；领导并推动设计团队分析和汇总实地调研资料，提炼真知灼见，形成商业模式雏形；开发可测试的商业模式概念和原型；领导并致力于商业模式的应用实验；创建并实施体系框架，以衡量商业模式实验的结果和影响；精心制作令人信服的多媒体演示，帮助利益相关者理解并支持工作；从商业模式实验中获取经验，总结并报道成果，将影响力最大化。

8.3 商业模式和价值

商业模式通常被视为价值网络。创新可以发生在商业模式的整个环节中，并为每个步骤带来增值。商业模式包括买卖双方的合作关系和合同协议，如果各方的商业价值动因相似，就会形成良性的长期商业价值，这对各方都非常有利。因此，在评估潜在商业伙伴时，确定其对商业价值理解的相似性，以使各方的商业模式相辅相成，就变得非常重要。有效的商业模式设计和改进能给企业带来可持续的竞争优势。

价值如"美"，就像情人眼里出西施一样。高度多元化的企业需要不同的商业模式，来为它们创造价值。通常，客户可以被分为大众市场、利基市场、细分市场和多元化市场，每个细分市场可能需要不同的商业模式，而细分市场中的每个企业对商业模式的价值也会有不同的理解。

8.4 商业模式的特点

组织不是为创新而设计的。恰恰相反，是为正在进行的运营。

—— Vijay Govindarajan, *The Other Side of Innovation: Solving the Execution Challenge*

每个企业都有基于其核心竞争力和技术的独有商业模式，然而，商业模式之间具有一些共性。商业模式设计，就像 Osterwalder 和 Pigneur（2010）的研究，包括企业对以下方面的建模和描述：价值主张（客户将从产品和服务中获得什么价值和利益？）、目标客户群（客户在购买产品和服务时有什么愿望和期望？）、分销渠道（公司与客户保持联系的方式是什么？）、客户关系（公司可以利用哪些不同的渠道来维护与各细分市场的关系？）、价值配置（如何通过配置资源和活动为客户带来价值？）、核心能力（支持商业模式的核心能力是什么？）、伙伴网络（助力商业价值的合作协议有哪些？）、成本结构（如何通过商业模式中的融资提供商业价值？）、创收模式（支持现金流的商业模式有哪些？）。

Osterwalder 将这 9 条作为商业模式画布，以故事的形式描述如何创建、交付和获取价值的商业模型。创新项目经理不能幻想所有项目成员都能很好地理解企业的商业模式，通过准备这块画布，可以让项目成员更容易地理解商业模式的特性。

如果你的直接竞争对手有更好的商业模式，通过创建商业模式画布，可以清楚地看到其优势、劣势、机会和威胁，从而使自己产生更好的想法。

8.5 战略伙伴

期望拥有保持竞争力所需全部资源的想法是不现实的，因此，企业将战略伙伴关系视为建立竞争性商业模式的一种方式。Osterwalder 和 Pigneur（2010，38）界定了四类伙伴关系：非竞争对手之间的战略联盟、合作（竞争对手之间的战略合作伙伴关系）、合资发展新业务、确保可靠的买方-供应商关系。

这些关系有许多益处。合作伙伴也许拥有你需要的重要资源，也许可以协助你减少风险和不确定性，并识别和应对威胁。或许，你还可以通过战略合作伙伴的商业模式获得新的市场份额。

在传统项目管理活动中，项目经理习惯于与供应商和合作伙伴一起采购材料和部件，通常由合同管理人员完成。但在创新项目管理中，这些责任应由创新项目经理承担，通过与合作伙伴的业务人员互动，做出商业决策而不是技术决策，这样将会使创新项目经理更加理解自己和战略合作伙伴的商业模式。

8.6 商业情报

商业情报是企业根据事实和证据做出最佳商业决策所需的信息，而不仅仅是猜测，这些信息可以存储在数据库或数据仓库中。商业情报技术提供了商业运营的历史、当前和未来视图，其常见的功能包括报告、在线分析流程、分析、数据挖掘、过程挖掘、复杂事件处理、商业绩效管理、标杆管理、文本挖掘、预测分析和合规分析。

企业利用商业情报支持从运营到战略的各种商业决策。基本的运营决策包括产品定位或定价，战略性商业决策包括优先事项、目标和大的方向。

商业情报工具使组织能够洞察新市场，评估不同细分市场产品和服务的需求和适宜性，并判断营销方案的影响，从而获得市场竞争优势和长期的稳定性。商业情报可以分为以下几类：需要创新的新产品和新服务的战略机会；改进企业自身商业模式的战略机会；竞争对手商业模式的优势和劣势；企业自身商业模式的优势和劣势；竞争对手可能影响的市场。

在过去，项目经理多出自工程师，他们一般都具有技术学科的高学位，拥有深厚的技术背景，但往往对企业的商业运作方式了解不足，因此，商务类决策通常由项目发起人或管理委员会做出。

如非必要，创新项目经理在缺乏商务知识的情况下参与商业建模是非常困难的。因此，有些企业，如 IBM，正在鼓励项目经理通过 PMI 认证和 IBM 内部认证，而 IBM 内部认证侧重于 IBM 的商业实践。很多企业现在都在向 IBM 学习，因为几乎所有的项目管理方法，无论柔性与否，都会包含商业流程。一些企业认为，未来的项目经理将拥有比技术知识更多的商务知识，证据是，企业可以随时雇用大量高技术人员来协助项目决策，但要做出好的商业决策，尤其是对于创新项目经理，则需要对商业模式和商业运作具有极深的理解。

8.7 商业模式创新者的技能

五十多年来，我们一直在尝试确定项目经理应该具备的核心技能，而这些技能都是针对传统项目管理方法和传统项目的。而对于创新项目，无疑需要额外的技能。Van Der Pilj 等（2016，12-13）列出了以下内容（并在他们的书中进行了详细解释）：与客户保持密切联系（了解客户，而不只做交易）；（就商业如何创造价值）进行可视化的思考和工作；依靠拥有更多信息的人；讲故事，分享经验；保持简单；设置小实验；拥抱不确定性。

开发正确的技能意味着你要有正确的工具。Van Der Pilj 等（2016，265）确定了创新项目经理参与商业模式设计活动所需的 20 种工具：（商业模式）脚本、团队章程、构思五大步骤、构思封面故事、设计标准、故事画布、客户体验、价值主张、情景画布、商业模式画布、创意矩阵、商业模式构思、点子墙、创新矩阵、草图、纸质原型、最不利的假设、实验画布、验证画布、投资准备。

《PMBOK 指南》中确定的传统工具可能不再适用于创新项目，但与其他工具结合起来可能就具有了价值，如这 20 种工具。

在传统项目管理中，项目经理可以通过商业论证识别假设，但一些项目经理可能无视项目时间长短，误以为这些假设在项目持续期内保持不变。

今天，项目经理正在整个项目生命周期中跟踪假设。因为对于商业模式设计而言，对消费者行为、消费者价值的预期和竞争对手行动的假设即使有微小变化，都会导致商业模式设计的重大变化。指标变化（见图 8-1）可以用来跟踪假设的变化情况。

Kaplan（2012，52-53）确定了定义商业模式创新者的 15 个基本原则：

链接：商业模式创新是一项团队运动。①促进比自己更强的东西；②释放特殊疑点的冲突；③把协同创新当作口头禅；④建立有目的的网络；⑤一起设计未来。

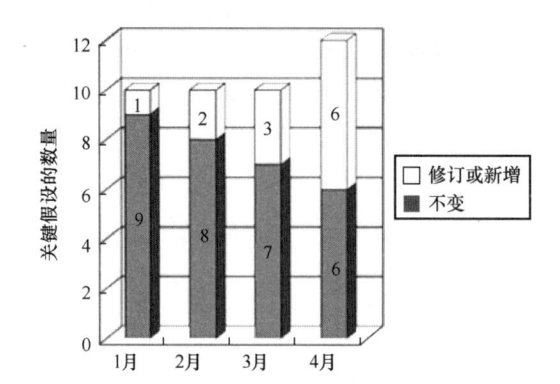

月份	假设 新增	假设 修订
1月	0	1
2月	1	1
3月	2	1
4月	5	1

图 8-1 已经改变的关键假设

激励：我们做自己热爱的事情。⑥故事可以改变世界；⑦让系统思维变得性感；⑧转型本身就是一种创造性行为；⑨激情法则，超越自己的期望；⑩做励志加速器。

转换：渐进式变革不起作用。⑪微调是不行的；⑫一直做实验；⑬离开白板，进入现实世界；⑭以用户为中心，进行设计；⑮浪费十年极其可怕。

Kaplan（2012，136-137）还定义了潜在创新者的 10 个行为特征：创新者总认为还有更好的办法；创新者知道，没有激情就没有创新；创新者欣然接受变革中的失败；创新者坚持己见，但也知道错过了什么；创新者知道创新是一项团队活动；创新者将约束视为机遇；创新者公开其弱点；创新者分享其想法和激情，期望被挑战；创新者知道最好的想法在交叉区域的灰色地带；创新者知道好故事可以改变世界。

8.8 商业模式改进

企业为产品和服务的创新投入了大量的时间和精力，但遗憾的是，在威胁出现之前鲜少投入，就像 Jim Collins（2009，5）所说："我发现组织的日渐衰弱就像发病。早期虽容易治愈却很难发现，后期虽易发现却更难治愈。一个外表上看起来很强大的组织，却可能已经病入膏肓，处于急剧下降的危险边缘。"

大多数企业识别威胁相对较慢，甚至在已经看到威胁时，还对是否需要改进或采用全新商业模式的决定心存侥幸，反应缓慢。当今，大多数企业之间的竞争应该是商业模式的竞争，而非产品与服务的竞争（Gassmann 等，2013）。产品和服务可以重复，但基于企业专业优势的商业模式通常是独一无二的。

以下几个因素可以作为是否需要重新评估现有商业模式的触发器：消费者对产品和服务需求的变化；进入市场的新竞争对手；进入市场的新供应商；在商业模式中改变与战略合作伙伴的关系；企业核心能力的重大变化；企业环境因素假设的重大变化。

Lüttgens 和 Diener（2016）利用描述行业竞争力的波特五力模型研究商业模式威胁，包括买方的议价能力、供应商的议价能力、竞争对手、新进入者的威胁和替代品的威胁，其变化可以作为商业模式面临威胁的早期预警信号或触发器。

在传统项目管理中，公司采用企业项目管理方法，委派项目管理办公室的项目经理对这些方法进行改进，并监测《PMBOK 指南》中描述的企业环境因素。对于商业模式流程的改进，项目经理必须关注高级管理人员，特别是营销人员，以监测能够影响商业模式的企业环境因素。改变商业模式及其相应过程所需的创新必须是快速的，并且可能比产品或服务的创新更复杂。

商业模式的目的是以盈利的方式创造商业价值，因此，必须重视以下与五个价值维度相关过程的改善（Baden-Fuller 和 Morgan，2010；Beinhocker，2007；Abdelkafi 等，2013）：价值主张、价值创造、价值沟通、分销渠道中的价值、价值获取。

过程创新的结果可以是增加价值或降低成本。

核心能力是各种商业价值的基石，也是企业竞争能力的基础。核心能力是企业资源、知识和技能的组合，如图 8-2 所示，能为最终用户创造核心产品。这些核心产品通过打入新市场、使竞争对手难以模仿、提供顾客价值体验的方式来提升企业的竞争力，因此，管理层必须寻找提高核心能力的方法，以创造新产品和新市场。

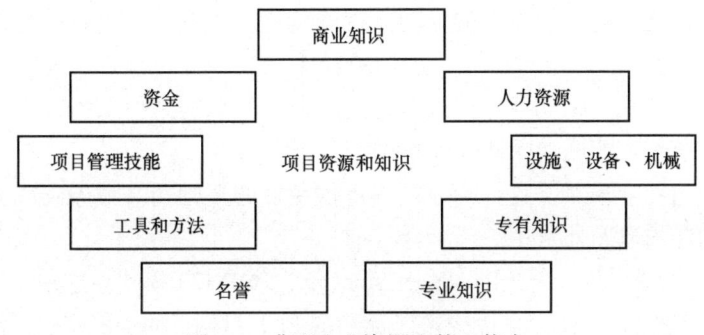

图 8-2 典型企业资源和核心能力

8.9 商业模式的类型[①]

20 世纪 50 年代，新的商业模式来自麦当劳和丰田。20 世纪 60 年代，创新者是沃尔玛和大卖场。到了 20 世纪 70 年代，新商业模式的领跑者是联邦快递和玩具反斗城；到了 80 年代，是百事达、家得宝、英特尔和戴尔；到了 90 年代，则是西南航空公司、奈飞、易贝、亚马逊和星巴克。

如今，商业模式的类型可能取决于所使用的技术。例如，互联网时代的企业家创造了完全依赖现有或新兴技术的新模式，利用这些技术，企业可以以最小的成本接触到更多的客户。以下列举了自从"商业模式"这一术语提出后一直在讨论的各种类型。

（1）饵与钩商业模式。这包括以非常低的成本提供基本产品，通常是亏损的（"饵"），然后对替换物或伴生产品或服务（"钩"）收取补偿性费用，例如剃须刀（饵）和刀片（钩）、手机（饵）和通话时间（钩）、打印机（饵）和墨盒/碳粉（钩）、相机（饵）和打印照片（钩）。

（2）实体加虚拟商业模式。企业整合线下（实体）和线上（虚拟）资源，如一家连锁

---

① 本节改编自维基百科 "Business Model"。

店让用户在线订购产品，而在当地商店取货。

（3）集体商业模式。通常由在同一或相关领域拥有相对较多资源的企业、商人或专业人士组成商业系统、组织或协会，为会员们汇集资源、共享信息或提供其他利益。

（4）去中间商模式。去除供应链中的中间商：砍掉中间商。去掉有中间环节（如分销商、包销商、经纪人或代理）的传统分销渠道，企业可以直接与每个客户打交道，例如通过互联网。

（5）直销模式。直销是远离固定的零售点，直接向消费者营销和销售产品的模式。通常通过策划聚会、面对面演示和其他私人联系的方式进行销售。

（6）分销商业模式中的收费和免费方式。该商业模式的运作方式是向第一个客户收取服务费用，而向后续客户免费提供服务。

（7）特许经营商业模式。特许经营是一种利用其他公司成功商业模式的做法。对特许人而言，特许经营是建立"连锁店"来分销商品，但无须投资开店并承担责任的一种替代方式，特许人的成功就是被特许人的成功。据说特许经营者比直接雇员更有激情，因为他们有直接分成。

（8）采购业务模式。采购业务模式是建立供应商关系的一种系统方法，应用于不止一方需要与其他方合作才能成功的商业关系中。

（9）免费增值商业模式。这种商业模式提供免费的基础网络服务或数字产品下载，而对高级或特殊功能收取额外费用。

（10）量入而出或付你能付（Pay What You Can，PWYC）模式。这种非营利性或营利性商业模式不依赖于商品定价，而由顾客结合商品或服务对自身的价值定价，常被用作促销策略，也可以用于常规营销。这是礼品经济和相互资助的变种，其成功取决于互惠和信任。

（11）随意而行或付你想付（Pay What You Want，PWYW）模式。这种模式有时被作为前一种模式的同义词，但量入而出或付你能付往往更倾向于慈善或社交，更多地基于支付能力，而随意而行或付你想付则往往更广泛地面向客户感知价值及支付意愿和能力。

（12）增值经销商模式。增值经销商（Value-Added Reseuer，VAR）模式是由其他企业对初始产品或服务进行增值改进后再转销的模式，这些修改或补充主要基于行业特点，且对分销至关重要。采用该模式的企业必须开发 VAR 网络。这是一种可加速开发周期的最新协作模式，多被技术型企业采用，尤其是软件公司。

其他商业模式还包括：拍卖商业模式、一体化商业模式、租赁模式、廉价航空商业模式、忠诚度商业模式、垄断商业模式、多层次营销商业模式、网络效应商业模式、在线拍卖商业模式、在线内容商业模式、在线媒体合作社、溢价商业模式、专业开源模式、传销商业模式、产品服务化商业模式、订阅商业模式。

8.10　商业模式和战略联盟

在新产品开发等创新活动中，企业经常与供应链上的其他企业建立密切关系和战略联盟，结果通常是所有各方均能维持持续关系的双赢局面。如果需要新的增量创新，对这种关系的影响通常很小。但是，若企业专注于会导致全新商业模式的颠覆性创新，如果有供应商认为新的商业模式给他们带来的好处比以前少，那么企业与供应链中供应商的关系就会被破坏。因此，如果供应商认为这些颠覆性创新或新开发的商业模式不符合他们的最佳利益，那他们就不会提供支持。

当一家企业试图引入新产品或应对竞争对手造成的干扰时，可能需要用新的核心能力来取代其原有的，并同时发展新的供应链关系。如果企业核心能力僵化且严重依赖供应商的核心能力，则需要重新考虑会破坏现有关系的新商业模式的创新活动。以下战略联盟的特点改编自 Spekman 等（2000）的文献，包括：①信任。基于既定的规范、价值观、过去的经验和声誉。②承诺。长期共享关键和专有信息。③相互依存。伙伴合作和长期相互依赖。④文化兼容性。努力使支持良好工作关系的文化融合。⑤规划和协调。着眼于未来关系的共同努力。

大多数商业模式设计都会受到供应链伙伴和联盟的影响。因此，任何不考虑供应链关系的影响而改变商业模式的决定都可能是错误的。

8.11 识别商业模式的威胁

经验丰富的项目经理经常遵循一句老话：抱最好的希望，做最坏的打算。商业模式的失败会给企业带来灾难性的后果。在开发商业模式时，创新者必须时刻问自己哪儿会出错。简而言之，企业必须进行风险管理，并确定对商业模式的威胁。有时，这些威胁在开发阶段并不明显。因此，企业必须定期及时重新评估所有可能的威胁，以便做出恰当反应。

没有评估商业模式威胁的标准方法。评估威胁的一种方法是使用的波特五力模型，即新进入者的威胁、替代品的威胁、供应商的议价能力、买方的议价能力、替代产品。例如，一些企业在零部件和材料方面高度依赖供应商，那么，就应该评估如果供应商出现延迟交货、拒绝合作、提高价格等情况可能产生的威胁。

另一种评估方法是，不断寻找可能导致商业模式性能不连续的触发因素或预警指标，如表 8-1 所示。

表 8-1 触发器和案例

触发器	具体说明	产生的问题	成败案例
出现新市场	传统市场研究或分析技术无法发现的市场	老牌公司专注于现有市场，无视威胁	实际出现的市场不是发起者预期或预测的
出现新技术	阶跃变化来自渐变或突变	发生在边界环境之外，包括全新领域或方法	集冰冷藏；从固态电子真空管到数字成像
出台新政策	政治条件发生了巨大变化	游戏规则等受到挑战，老牌公司无法理解或需要学习新规则	自由贸易或全球化

（续表）

触发器	具体说明	产生的问题	成败案例
走投无路	产品和工艺创新的空间缩小	当前系统陷于惯性，难以创新	柯达和大英百科全书
市场观念或行为巨变	舆论或行为转变缓慢，而后颠覆	认知不一致	苹果、Napster、戴尔和微软相对于传统音乐产业
管理制度撤销或转变	政治和市场压力导致监管体系变化，从而产生新的规则，如自由化、私有化或撤销管制	新规则已形成，但旧心态仍然存在，既有企业无法快速行动，也看不到新机会	旧的垄断被打破，出现新的参与者和（或）联合体
不可抗力事件	不可预见的事件改变了世界，建立新的游戏规则	既有玩家无能为力或原有能力失效	"9·11"事件
竞争对手商业模式创新	新进入者挑战既定商业模式，重新定义问题，因此重新定义"游戏规则"	新进入者通过新的商业模式发现产品和服务机会，既有玩家必须尽快跟随	亚马逊、嘉信理财、西南航空和其他廉价航空公司

改编自 W. Phillips, R. Lamming, J. Bessant, and H. Noke (2006). Discontinuous innovation and supply relationships: strategic dalliances, *R&D Management*, 36 (4), 453.

8.12 商业模式失败

  高层管理者必须具有对企业现在和未来如何竞争的愿景，并将这些信息提供给负责创建或增强商业模式的创新项目经理。多数高管都知道必须通过商业模式来竞争，而不仅仅是产品和服务，但他们对如何做到这一点缺乏了解，结果通常是注定失败的商业模式。

  Kaplan（2012，40-49）确定了导致公司商业模式创新失败的 10 个原因和态度：①CEO 并不真的想要一种新的商业模式。②商业模式创新将是下一任 CEO 的问题。③产品是王道，别的都不重要。④信息技术只是为了保持运行和降低成本。⑤同类相食是不可能的。⑥对非寻常的疑点关注不足。⑦职能经理掌握主动权。⑧好主意，投资利润率是多少？⑨他们抵触商业模式创新者，不是吗？⑩想在现实世界里做实验，你疯了吗？

  高层管理者常见的 7 个错误：①没有意识到好的商业模式会带来可持续的竞争优势。②不要用客户的眼光来看待你的商业模式。③在不考虑竞争对手的反应和潜在威胁的情况下，孤立地建立商业模式。④在不考虑如何与竞争对手的商业模式互动的情况下，孤立地建立商业模式。⑤拒绝给公司建立新的商业模式，不管竞争对手是否已有类似的。⑥对当前的商业模式是否需要持续改进有疑惑。⑦不理解商业模式不仅仅是产品和服务，还必须包括销售和营销活动、采购实践、战略合作伙伴关系、垂直整合机会和薪酬实践等。

8.13 商业模式和诉讼

当我们考虑涉及创新的诉讼时，只会想到产品和技术方面的专利侵权。但遗憾的是，还会有关于一家公司如何决定实施其商业模式及其与客户关系的诉讼。大多数公司的成败取决于它们应对竞争的反应和竞争的强度。公司可以创造卓越的产品和服务，使其更具竞争优势，但在实施其商业模式的过程中，仍会遇到监管和诉讼问题。例如，考虑英特尔面临的以下法规和诉讼问题。[①]

1. 专利侵权诉讼（2006—2007 年）

2006 年 10 月，全美达公司（Transmeta Corporation）对英特尔提起诉讼，指控其侵犯计算机体系架构专利和能效技术。该诉讼于 2007 年 10 月达成和解，英特尔同意先支付 1.5 亿美元，未来五年每年再支付 2 000 万美元。两家公司都同意放弃对彼此的诉讼，而英特尔获得了永久的非排他性许可，在 10 年内，可以在其芯片中使用当前和未来的专利技术。

2. 反垄断指控和诉讼（2005—2009 年）

2005 年 9 月，英特尔对美国超微半导体公司（Advanced Micro Devices，AMD）的诉讼做出回应，对 AMD 的主张提出异议，并声称英特尔的商业行为是公平和合法的。在反驳中，英特尔应对了 AMD 的进攻策略，并认为 AMD 在很大程度上是由于自身糟糕的商业决策而苦苦挣扎，包括对基本制造能力的投资不足和过度依赖外包芯片工厂。法律分析师预计，由于英特尔最初的回应表明它不愿意与 AMD 和解，这场诉讼将会拖上几年。2008 年，法庭终于确定了开庭日期，但在 2009 年，英特尔向 AMD 支付了 12.5 亿美元达成和解。

2009 年 11 月 4 日，纽约总检察长对英特尔公司提起反垄断诉讼，声称该公司利用"非法威胁和串通"垄断了计算机微处理器市场。

在 2009 年 11 月 12 日，AMD 同意放弃对英特尔的反垄断诉讼，获得 12.5 亿美元补偿。两家芯片制造商发布的联合新闻稿称："虽然两家公司之间的关系在过去一直很糟，但这项协议结束了法律纠纷，使两家公司能够将所有的精力集中在产品创新和开发上。"

（1）日本公平贸易委员会的指控（2005 年）。

2005 年，日本公平贸易委员会认定英特尔违反了日本反垄断法。委员会命令英特尔取消歧视 AMD 的折扣。为了避免审判，英特尔同意遵守命令。

（2）欧盟的指控（2007—2008 年）。

2007 年 7 月，欧盟委员会指控英特尔存在主要针对 AMD 的反竞争行为。这些指控可以追溯到 2003 年，包括向从英特尔购买大部分或全部芯片的电脑制造商提供优惠价格，向电脑制造商支付费用以推迟或取消使用 AMD 芯片的产品上市，以及向政府和教育机构提供低于标准成本的芯片。英特尔回应称，这些指控没有根据，并将其市场行为定性为

[①] 改编自维基百科"Intel"。

对消费者友好。总律师 Bruce Sewell 回应说，委员会误解了关于定价和制造成本的一些事实假设。

2008 年 2 月，英特尔声称其在慕尼黑的办事处遭到欧盟监管机构的突然调查。英特尔报告称正在与调查人员合作。如果被认定犯有反竞争行为，英特尔将面临高达其年收入 10% 的罚款。随后，AMD 推出了一个网站，公布这些指控。2008 年 6 月，欧盟对英特尔提出了新的指控。2009 年 5 月，欧盟发现英特尔参与了反竞争行为，随后对其处以 10.6 亿欧元（14.4 亿美元）的罚款，罚款额创下历史最高纪录。英特尔被发现向宏碁、戴尔、惠普、联想和 NEC 等公司支付了在其产品中专门使用英特尔芯片的费用，从而损害了包括 AMD 在内的其他公司的利益。欧盟委员会表示，英特尔故意将竞争对手排除在计算机芯片市场之外，此举"严重且持续违反了欧盟的反垄断规则"。除了罚款，委员会还命令英特尔立即停止所有非法行为。英特尔声称将对委员会的裁决提出上诉。2014 年 6 月，隶属于欧洲法院的大众法院驳回了上诉。

（3）韩国监管机构的指控（2007 年）。

2007 年 9 月，韩国监管机构指控英特尔违反反垄断法。调查始于 2006 年 2 月，当时官员们突然调查了英特尔的韩国办事处。如果公司被判有罪，公司将面临高达其年销售额 3% 的罚款。2008 年 6 月，公平贸易委员会命令英特尔公司支付 2 550 万美元罚款，因为它利用其主导地位，以不购买 AMD 产品为条件，向韩国主要电脑制造商提供奖励。

（4）美国监管机构的指控（2008—2010 年）。

2008 年 1 月，纽约开始对英特尔展开调查，调查该公司在其微处理器的定价和销售方面是否违反了反垄断法。2008 年 6 月，联邦贸易委员会也开始对此案进行反垄断调查。2009 年 12 月，联邦贸易委员会宣布将于 2010 年 9 月对英特尔提起行政诉讼。

2009 年 11 月，经过两年的调查，纽约总检察长 Andrew Cuomo 针对贿赂和胁迫行为起诉英特尔公司，声称英特尔贿赂计算机制造商购买比其竞争对手更多的芯片，并威胁说，如果计算机制造商被认为与其竞争对手合作过于密切，将撤回这些付款。英特尔否认了这些说法。

2010 年 7 月 22 日，戴尔同意与美国证券交易委员会（Securities and Exchange Commission，SEC）达成和解，因戴尔未向投资者准确披露会计信息，支付了 1 亿美元罚款。特别是，SEC 指控称，从 2002 年到 2006 年，戴尔与英特尔达成协议，如果不使用 AMD 制造的芯片，戴尔将获得回扣。这些大额回扣没有向投资者透露，而是用于满足投资者对公司财务业绩的期望："这些排他性付款从 2003 财年占戴尔营业收入的 10% 增长到 2006 财年的 38%，并在 2007 财年第一季度达到了 76% 的峰值。"戴尔最终在 2006 年将 AMD 作为次要供应商，英特尔随后停止了它们的回扣，导致戴尔的财务业绩下降。

8.14 对项目经理和创新人员的启示和借鉴

项目经理传统上管理与产品和服务有关的创新活动。但现在，随着项目经理更积极地参与过程创新活动，他们需要了解最重要的过程创新，即公司的商业模式。对于一些项目经理来说，有些关键问题和挑战可能是新的，包括以下内容：创新受到商业模式的影响，反之亦然；与产品和服务创新相比，商业模式创新可能需要更多的实验和原型；重要的市场研究和对竞争对手商业模式的了解是必要的；商业模式开发需要新的技能；战略联盟在建立一些商业模式方面很重要；有不同类型的商业模式。

参考文献

[1] Abdelkafi, N., Makhotin, S., and Posselt, T. (2013). Business Model Innovations for electric mobility - What can be learned from existing Business Model Patterns?, *International Journal of Innovation Management*, 17 (1), 1-41.

[2] Baden-Fuller, C., and Morgan, M. (2010). Business models as models. *Long Range Planning*, 43 (2), 156-171.

[3] Beinhocker, E. D. (2007). *The Origin of Wealth: The Radical Remaking of Economics and What It Means for Business and Society*. Cambridge: Harvard Business School Press.

[4] Collins, J. (2009). *How the Mighty Fall*. New York: Harper Collins.

[5] Gassmann, O., Frankenberger, K., and Csik, M. (2013). *Geschäftsmodelle Entwickeln: 55 Innovative Konzepte mit dem St. Galler Business Model Navigator*. St. Gallen: Carl Hanser Verlag GmbH Co KG.

[6] Kaplan, S. (2012). *The Business Model Innovation Factory*. Hoboken, NJ: John Wiley & Sons.

[7] Lenfle, S. (2008). Exploration and project management. *International Journal of Project Management*, 26 (5), 469-478.

[8] Lüttgens, D., and Diener, K. (2016). Business model patterns used as a tool for creating (new) innovative business models. *Journal of Business Models*, 4 (3), 19-36.

[9] Osterwalder, A., and Pigneur, Y. (2010). *Business Model Generation: a Handbook for Visionaries, Game Changers, and Challengers*. Hoboken, NJ: John Wiley & Sons.

[10] Spekman, R. E., Isabella, L. A., and MacAvoy, T. C. (2000). *Alliance Competence: Maximizing the Value of Your Partnerships*. New York: John Wiley & Sons.

[11] Van Der Pilj, P., Lokitz, J., and Solomon, L. K. (2016). *Designing a Better Business: New Tools, Skills and Mindset for Strategy and Innovation*, Hoboken, NJ: John Wiley & Sons.

第 9 章
颠覆性创新

项目经理和创新人员的学习目标:
理解颠覆性创新的含义;
认识颠覆性创新的类型;
了解从事颠覆性创新项目所需的技能。

9.1 引言

在当前商业环境中,由于竞争、经济不稳定和可持续性发展的要求,我们将面临更多的挑战和危机。"墨守成规"不再是商业生存之道,"产品造好了,顾客就来了"也不是一劳永逸的。因此,创新模式将会出现,初创者将会扰乱现有商业的经营方式。

颠覆性创新有多种形式。并不是所有的颠覆性创新都是破坏性的。每种形式可能需要使用不同的战略方法和工具。不理解这些差异和不同会降低成功的概率。

正如第 2 章所讨论的,创新有许多类别。Christensen(1997)将其分为两类:持续性创新,一种不会对现有市场产生重大影响的创新,包括渐进式的(以顾客期望的方式改进现有市场上的产品的创新)和突破性的(不连续、激进的,一种出乎意料但不影响现有市场的创新);颠覆性创新,通过提供一组不同的(商业)价值来创造新市场的创新,最终(出乎意料地)超越现有市场。

尽管大多数人都明白持续性创新的含义,并支持其定义,但对于颠覆性创新的定义众说纷纭。发表颠覆性创新论文的作者通常在论文一开始就给出了定义。

"颠覆"一词似乎是一个流行词,意指任何导致原有事物改变的事情。因为这个词的使用方式很多,所以这个词没有明确的定义。项目经理做出的具有颠覆性创新的商业决策,必须与公司商业目标一致,且符合公司最大利益。

9.2 对颠覆的早期理解

> *颠覆性创新者不必发现新事物，只需要发现新事物的实际用途。*
> —— Jay Samit, *Disrupt You!: Master Personal Transformation, Seize Opportunity, and Thrive in the Era of Endless Innovation*

"颠覆性技术"一词最初是由 Joseph Bower 和 Clayton Christensen（1995）在其文章 *Disruptive Technologies: Catching the Wave* 中提出的。这篇文章针对的是在公司中从事融资或采购决策的管理人员，而不是研究团体。随后，Christensen 在他的著作 *The Innovator's Dilemma*（1997）中进一步解释了这个词，该书探讨了磁盘驱动器行业。在他与 Michael E. Raynor（2003）合著的续作 *The Innovator's Solution* 中，Christensen 用"颠覆性创新"取代了"颠覆性技术"这一术语，他意识到，在本质上技术很少具有颠覆性或持续性；相反，是技术带来的商业模式具有颠覆性。简单地说，技术本身并不具有颠覆性。如何使用技术决定了技术的颠覆性，也决定了公司下一步应该选择颠覆性还是持续性的路线。这两种方式都会对公司的商业模式产生影响，也会影响公司在市场或行业中的地位。

如今，颠覆性创新反映的是行业颠覆的现象。当行业新秀与拥有优越资源的老牌企业竞争时，就会发生这种情况。新进入市场的企业可能专注于现有企业忽略的细分市场，或者创造一个让非消费者成为消费者的市场。

质量和成本并不是颠覆性创新的唯一特征。主流客户通常认为，一些性能特征或功能很重要，在生产、服务和流程中都可以创新。在这个过程中，许多创新可能改变商业业务的方式，但对销售不会产生影响。在这种情况下，管理业务的方式可能出现混乱。

Nagy 等（2016）指出，理解颠覆性创新必须解决三个问题："首先，什么是颠覆性创新？其次，颠覆性创新为何对一些公司的生存而言是破坏性的，另一些公司却可以持续性发展？最后，如何在公司发生颠覆性创新之前识别颠覆性创新？"尽管发表了很多关于颠覆性创新的文章，但对于这些问题并没有明确的答案。了解这些问题答案的项目经理更有可能对影响公司的颠覆性创新采取有利的行动，并将潜在的风险或业务中断转化为机会。

许多关于创新的文章将颠覆性创新和突破性创新这两个名词互换使用。Hopp 等（2018）对此做了区分：突破性创新来源于创造新的知识，以及对标新立异的想法或与众不同的产品实现商业化。因此，突破性创新侧重于解释、预测具有突破性创意的商业化的组织行为和结构类型。

9.3 创新和商业模式的颠覆

> *当出现问题的速度大于解决问题的速度时，彻底改变是唯一出路。*
> —— Sukant Ratnakar

行业中有很多商业模式，每种模式针对的客户目标不同。在商业模式中，存在五种可能受到创新影响的客户类型：满意的客户、不满意的客户（对产品不满意）、想要购买的客户（产品对其有吸引力但超过其购买能力）、拒绝的客户（了解产品但没有购买欲）、未开发的客户（未考虑的客户）。

高端市场的商业模式针对的是老牌企业的回头客。企业通常看重利润率，因此主要关注渐进性创新，而不是颠覆性创新。颠覆性创新一般出现在商业模式的低端，特别是在技术发生重大变化的情况下，颠覆性创新则更有可能发生在低端市场的商业模式中。

现有企业担心创新会失去从最挑剔的客户那里获得的利润。因此，企业和现有客户之间会保持密切的工作关系，以便提供给客户更多需要的产品。高端产品的渐进性创新往往会造成技术超前的局面，即现有企业专注于一种"功能崇拜"的心态，为其产品和服务提供更多的、却不是客户需要或想要的功能。客户可能永远不会使用这些附加功能，但仍然是企业的忠实客户。

"倾听客户的声音""给客户他们想要的""贴近客户""让我们在更新升级方面做得更好"，这些表述推动的是持续性或渐进性创新，而不是颠覆性创新。虽然可以通过改变技术，开拓颠覆性创新，但这些技术的改变更有可能发生渐进性创新。对企业的产品和服务满意的高端客户可能希望看到的只是渐进性的变化，而不是基于最新技术的根本性的变化。这些客户可能拒绝某些技术改变，而事实上可能在一段时间后，这些被拒绝的技术会取代现有技术。

渐进性创新能满足短期现金流和收入的需要，但这往往是以放弃长期考虑为代价的。渐进性创新一般采用公司的研发准则或项目负责人使用的项目管理方法。这种管理方法是公司商业模式的一部分，不会鼓励项目团队跳出固有的思维模式。公司规模越大，在现有商业模式之外进行创新的难度就越大。因此，项目经理就可以在渐进性创新方面为项目配备专业的资源，而不是技术创新或颠覆性创新方面的资源。

颠覆性创新通常从商业模式的低端开始，即为一批新客户创建产品和服务。Christensen 和 Raynor（2003）区分了"低端颠覆"和"新市场颠覆"的概念，前者的目标客户并不需要高端市场客户所看重的所有产品性能，后者的目标客户是对产品性能有更高需求的客户，而这些需求现有企业在之前无法满足。

根据 Christensen 等（2015）的观点，颠覆性描述了一个过程，在这个过程中，一个资源较少的小公司可以成功地挑战现有企业。具体来说，由于企业专注于为最挑剔的客户（对企业而言，通常也是最赚钱的）改进产品和服务，它们超越了某些细分市场的需求，忽略了其他细分市场。市场的新进入者开始了颠覆性的过程，他们成功地瞄准了那些被忽视的细分市场，并通过提供更合适的功能，以更低的价格获得立足点。在需求更高的领域追求更高利润的老牌企业往往不会做出积极回应。然后，新进入者转向高端市场，提供主流客户所需要的产品，同时保留推动其早期成功的创新优势。当主流客户开始大量接受新进入者的产品时，市场就会发生颠覆。

要想具有颠覆性，一项业务首先必须获得低端市场的认可，这部分市场基本上是被现有企业忽视的，而不是面向更赚钱的高端客户。最典型的例子就是 1997 年成立的 Netflix

（奈飞公司）。2008 年，Blockbuster 的首席执行官 Jim Keyes 评论道："Redbox 和 Netflix 都不是竞争对手。"2011 年，Blockbuster 破产。Hopp 等（2018）总结：最初的电影租赁邮寄业务并没有吸引大量的 Blockbuster 的客户。它只吸引了一小部分电影迷。随着技术的兴起，最终可实现在互联网上进行流媒体传输，Netflix 才得以发展其业务，为广大观众提供按需点播的电影和电视剧，这种方式既方便又经济。正是由于最初进入低端市场，Netflix 才具有了颠覆性。若一开始就专注于更大的细分市场，可能引发 Blockbuster 的反击。在低端市场立足使 Netflix 以一种完全不同的商业模式进军高端市场，这种模式最终吸引了 Blockbuster 的核心客户。Netflix 的案例还表明，颠覆可能需要时间。如今，Netflix 的目标瞄准了其他娱乐方式提供者，并打算颠覆该行业的其他部分。

许多被颠覆性创新击垮的公司都具有良好的管理能力，拥有优秀的研发部门，并能对客户的需求做出及时反应。它们所犯的错误是忽略了最容易受到颠覆性创新影响的市场，这些市场已经小到无法满足公司的增长速度，其利润也低于预期，或者这些市场没有明显的竞争威胁。正如耐克（Nike）首席执行官 Mark Parker 所说："当既有的商业模式太过成功，同时公司抑制更有挑战性的想法时，公司将溃败瓦解。"这常常被称为"成功的失败之处"。

如果一个公司反应迅速，对未来有正确预见，并且能够及时改善其商业模式，颠覆就是有益的。互联网的出现破坏了传统报业，减少了来自客户的广告收入，而这些客户本可以通过互联网以更低的成本接触到更大的市场。书店和旅行社也损失惨重，许多公司再也没有恢复元气。零售商也受到了影响，但那些看到了网络营销好处的零售商，很快就适应了目录零售市场。

9.4 颠覆性创新的类别[①]

颠覆有不同的类别，创新也同样如此。颠覆性创新最简单的形式为"低端颠覆"或"高端颠覆"。

当产品的改进速度超过客户采用新性能的速度时，就会发生低端颠覆。因此，在某些情况下，产品的性能要在对客户重要的产品属性上有所改进，甚至超越某些客户的需求，即使这些属性可能不被客户高度重视。此时，一种颠覆性技术可能进入市场，提供一种性能低于现有产品、但又超过现有产品某些细分市场需求的产品，从而在市场上获得立足点。

在低端颠覆中，颠覆者最初专注于为利润最低的客户服务，客户对产品足够满意。这类客户对价格敏感，不愿意为产品的附加功能支付额外费用。一旦颠覆者在这一客户领域站稳脚跟，就会寻求更高的利润率，进入客户愿意为更高质量的产品买单的细分市场。颠覆者需要创新以确保其产品质量。然而现有公司不会在这些利润不高的细分市场上做太多，而是会转向高端市场，专注于更有吸引力的客户。在几次这样的遭遇之后，现有公司被挤

---

① 本节部分内容改编自维基百科"Disruptive Innovation"。

进了比以前更小的市场。最后，颠覆性技术满足了利润最高的细分市场的需求，并将老牌公司驱逐出市场。

另一方面，高端颠覆性创新通常在技术上更具突破性。其吸引力基于科技进步或功能完善，而不局限于对价格敏感的客户。

颠覆性创新这一术语往往具有误导性，因为人们用它来指代某个固定点上的产品或服务，比如低端或高端，而不是该产品或服务在一段时间内的演变。创新可能与技术没有任何关系。创新也可能仅仅是一个新产品或新服务对公司商业模式的冲击，促使其占领尚未开发的市场。

Dru（2015）关注的是颠覆性创新的路径，而不是在某一时间节点上技术或产品价格的变化。Dru列举了15条路径：开放式、结构化、资产型、反向式、可持续型、重启式、数据驱动型、使用功能导向、价格主导型、新加功能型、主导型、品牌引领型、远见型、商业模式型、预期驱动型。

Dru的方法对创新项目经理的重要性体现在三个方面。首先，项目经理负责管理创新路径；其次，由于每条路径的选择都与公司商业模式的变化息息相关，市场营销的参与必不可少，特别是确定商业论证路径时；最后，Dru强调了创新和市场营销之间的紧密联系。彼得·德鲁克（Peter Drucker）（1954）在他的《管理的实践》(*The Practice of Management*)中写道："因为企业的目的是要创造客户，所以企业只有两个功能：营销和创新。营销和创新创造业绩，而其他所有的都只是成本。"绝大多数创新都是市场驱动的创新。

市场营销与创新的结合是成功的关键。大多数创新方式是一致的，颠覆性创新有四个步骤：确定被忽略的细分市场，为产品和服务添加更多的功能和特性，然后准备好以比竞争对手更低的价格销售产品和服务；提高质量，产品能与同行产品区别开来，这是开始吸引客户并影响市场的一步；销量增加，颠覆正在进行；客户看到产品和服务的价值，愿意转换。

9.5　颠覆性创新的不利之处

颠覆性创新通常描述一个新产品或服务对市场上的新客户或现有客户存在的影响。然而，在开发新产品和新服务的过程中，公司可能发现自己的商业模式已经开始被颠覆。

举个例子，一家公司决定通过开发一些软件程序，加快向客户交付产品的速度，这些软件程序可以用于劳动密集型的物流和供应链管理。开发的软件程序将加快订单输入、订单准备和计费的速度。众所周知，这一创新将创造更多的客户，从而提高盈利能力。

当公司开始实施和测试新开发的软件时，员工们意识到新系统将使部分职位被裁撤。为了保住工作，员工开始破坏这一系统。该公司不得不花了近6个月的时间来弥补员工造成的损害。

当公司试图颠覆市场时，内部颠覆就会发生。公司必须谨慎行事，并了解它们的行动将要对自己商业模式产生的影响。

9.6 使用集成产品和项目团队

高绩效团队创造关怀、交流、承诺、合作和清晰一致的沟通文化。

—— Tony Dovale

必须组建一个团队来引领市场颠覆，或者来应对已经发生的颠覆。做出新产品或新服务和扰乱市场的决定容易，但真正能够做到这一点很困难。如果变化是渐进式的，团队成员可能被分配做兼职工作。如果变化是颠覆性或突破性的，团队成员可能被分配做全职工作。大多数公司似乎更倾向于为创新团队配备全职员工，创新工作者如何能兼职工作，是几十年来一直困扰学者们的问题之一。

团队可能只负责新产品或服务的发布，而不需要同时进行技术开发。因为技术可能已经存在，或者正在由研发小组开发。

近年来，为了开发新产品或实施新做法，公司已经做出了很大的努力来改进团队的组建和构成。这些团队的成员来自公司不同的组织机构，被称为产品和项目集成团队（Integrated Product/Project Teams，IPT）、风险团队或创业团队。

IPT 团队由发起人、项目经理和核心团队组成。如果技术已经存在，并且团队的任务是颠覆性创新，IPT 团队发起人则最有可能来自市场营销部门，因为他们了解目标市场及公司的应对方式。如 Reinhardt 和 Gurtner（2015）所述：客户价值、客户满意度、定制化服务和许多核心管理理念都有一个共同的前提——获取有关客户的信息。当公司开发新产品和新服务时，理解消费者为什么会成为公司的客户就变得尤为重要。

在大多数情况下，核心团队的成员被分配到团队中做全职工作，但在项目整个周期内可能不总是在团队中。随着市场颠覆从低端走向高端，团队成员也会发生变化。但团队成员至少应该对颠覆性创新有大致了解。

成为专注于颠覆性创新的核心团队成员，需要具备的技能包括：主动性、无监督情况下正常工作、良好沟通、合作、对技术的理解、必要时愿意学习、能够进行可行性研究和成本效益分析、能够执行或协助市场调查研究、能够评估资产使用情况、愿意及时做出决定、具备风险管理知识、理解持续验证的必要性。

IPT 必须配备有创造性的成员，能够跳出固有的思维模式。他们必须有开拓和测试自己想法的自由。因此，传统的研发准则过于传统和受限，可能不合适。

每个 IPT 都有一个项目章程，该章程确定了项目的任务、指定的项目、项目经理和创新领导者。然而，与传统的章程不同，IPT 章程还可以通过工作名称或工作职责确定 IPT 的主要成员。

所有 IPT 成员必须了解公司的商业模式，以及如何通过该模式创造和分配价值。即使团队有一个特定的目标客户，但也可能有一些远端客户会直接或间接受到颠覆性创新影响。

如 Kumar（2013，197）所述：例如，美国医疗保健行业的创新者不仅需要考虑为患者或医生提供有价值的产品，还需要考虑为系统中其他利益相关者创造价值的机会，如医院、药房、保险公司和药品制造商，这些机构在整个体系内有着大量财务上的诉求。理性思考在所有利益相关者之间的价值流动，可以成为一件良好的决断工具，用来找出最具有价值的创新机会。

参与新产品开发活动的 IPT 可能需要在团队中有法律代表，因为专利、版权、商标等事务和产品存在被篡改的潜在风险。公司法务部门可以在需要时提供该方面的支持，而不是指派专职的法律代表。

与传统的项目团队不同，IPT 通过在团队中共享信息和及时进行集体决策而蓬勃发展。IPT 最终会形成自己的文化，从而在正式或非正式的环境中发挥作用。然而，商业机构似乎更喜欢为 IPT 创建一个单独的功能团队。

由于 IPT 的概念非常适合大型的、长期的项目，所以美国国防部一直在研究 IPT 的最佳实践。美国政府考察了 4 个项目（公共和私营部门），在这些项目上非常成功地使用了 IPT[①]方法（见表 9-1）。另有 4 个政府项目的效果不太好（见表 9-2）。政府研究表明，由行政人员或团队以外的利益相关者做出决定的次数越多，就越有可能无法在时间、成本和绩效方面达到预期。研究证实，如果 IPT 拥有做出决定所需的信息和权力，就可以实现预期绩效，减少进度延误的发生。

表 9-1 有效的 IPT

项　　目	费用状况	进度状况	性能状况
戴姆勒-克莱斯勒公司	降低了产品成本	减少了 50%的开发周期（月）	改进了车辆设计
惠普公司	降低了 60%以上的成本	缩短了 60%以上的开发进度	改进了系统集成和产品设计
3M 公司	超额完成成本目标	缩短了 12～18 个月的产品交付时间	性能提升了 80%
先进两栖装甲车（AAAV）	产品单位成本低于原估算	提前完成原开发计划	行驶速度增加了五倍

表 9-2 无效的 IPT

项　　目	费用状况	进度状况	性能状况
CH-60s 型直升机	增加了额外成本	进度延误	软件和结构设计方面出现问题
远程制导武器	增加了开发成本	进度延误了 3 年	由于技术困难而重新设计
全球广播服务	增加了体验成本	进度延误了 1.5 年	软件和硬件设计缺陷
陆地勇士	成本增加 50%	进度延误了 4 年	设备超重、电池功率和设计不足

---

① *DoD Teaming Practices Not Achieving Potential Results*, Best Practices Series, GOA-01-501, Government Accounting Office，2001 年 4 月 10 日。

IPT 或风险团队的成功在很大程度上取决于公司对风险的态度，这种态度允许产品经理或项目经理采取必要的措施来提高竞争力（Crockett 等，2013）。公司必须给予团队一定程度的自主权，以做出高层决策、解决冲突和承担风险。公司必须给团队提供足够的高级人力资源和财务资源，也包括让该团队远离政治斗争。所有支持都必须是看得见摸得着的、真实的，而不是空谈。

9.7 颠覆性创新实践

颠覆性创新成功的关键因素之一是，这些人往往不受前人影响，提出自己的想法和解决方案。IPT 必须愿意使用假设场景来挑战一切。

项目经理现在认识到，在项目开始时所做的假设条件可能在项目的整个生命周期中发生变化，并且必须经常跟踪和质疑这些假设。如果假设条件发生变化，错误决定可能被做出，错误项目也会出现。Kumar（2013）提供了如表 9-3 所示的例子，说明当假设被质疑时会发生什么。Kumar 评论道：对于组织来说，遵循行业已经建立多年的规范是很正常的。但是，是否有可能将这些准则视为假设条件，并尝试在这个快速变化的时代是否仍然适用？是否有其他的方法或新的途径，来提供一些新的东西，即便意味着颠覆行业行为？是否有可能在做到这一点的同时，又满足人们需求和适应环境的核心基本目标？

表 9-3　具有挑战性的假设的案例

组　　织	假　　设	新的方法
亚马逊公司	面向大众市场的图书广告	根据个人浏览历史进行个性化阅读推荐
苹果公司	MP3 播放器	管理个人音乐收藏
奈飞公司	实体电影租赁（按日计费）	在线影片租赁服务，并通过订阅方式送货上门（邮寄 DVD 和提供流媒体点播）
耐克公司	鞋子	支持跑步者达成目标

那些创造颠覆性创新并取得成功的组织往往有着这种思维模式的领导者——抛弃传统模式，采用新的思维方式。表 9-3 展示了一些组织的例子，这些组织及时对假设提出了挑战，并重新确定了解决方案空间，为产品和服务带来了巨大的新机遇。

当颠覆性创新有效时，显著的回报和未来的机会就会出现。对于那些不具有系统思维的企业来说，它们的下一步计划可能是通过危机驱动的创新来得以生存。如 Gibson（2015，100）所述：这就是为什么颠覆性创新的新进入者拥有巨大优势的原因。新进入者不带任何先入之见就进入现有行业，而这些先入之见会使现有行业的从业者看不到革命性的机遇。他们不依附于长期生产相同产品和服务的既定行业模式。相反，新进入者可以自由地打破这些模式，建立自己独特的做事方法。他们通常利用一项创新技术、一个全新的产品理念、一个真正新颖的服务概念或者一个改变游戏规则的商业模式，来重塑一个停滞不前的行业，并常常从一些反应迟钝的现有企业手中夺取主导地位。突然间，一个组织（如渐进性创新组织）被迫从根本上重新思考它正在做什么和它将走向何方，而此时可能已经没有足够的时间来做出为生存的改变。当在一个错误的方向上全速前进时,只有在发生重大事故的情况下,才会迅速、彻底地扭转公司当前的局面。

当公司不能对受到攻击的业务做出快速反应时,风险就会发生,如表9-4所示。

表9-4 颠覆性创新的胜利者和失败者

胜利者	失败者
苹果	唱片公司(如 Tower 唱片公司)
亚马逊	书店(如 Borders 书店)
谷歌	百科全书和图书馆
Craigslist	地方报纸
在线教育	高等学校
电子邮件	美国邮政总局

9.8 对项目经理和创新人员的启示和借鉴

项目经理通常负责创新项目,这些项目的设计目的要么是颠覆市场,要么是应对竞争对手对市场的颠覆。这些类型的项目发生的频率比其他的要低,并且一些项目负责人可能不愿意参与这些项目。因此,大多数项目经理可能对颠覆缺乏了解。对于一些项目经理来说,一些新的关键问题和挑战应包括对以下内容的理解:理解颠覆性创新的真正含义;理解颠覆发生的原因;确定颠覆性创新和商业模式之间的关系;确定颠覆性创新的类别;从事颠覆性创新所需的技能可能与其他形式的创新所需的技能不同;某些形式的颠覆性创新需要成立 IPT。

参考文献

[1] Bower, J. L., and Christensen, C. M. (1995). Disruptive technologies: Catching the wave. *Harvard Business Review* 73 (1), 43–53.

[2] Christensen, C. (1997). *The Innovator's Dilemma: When New Technologies Cause Great Firms to Fail*. Boston: Harvard Business school press.

[3] Christensen, C., and raynor, M. (2003). *The Innovator's Solution: Creating and Sustaining Successful Growth*. Boston: Harvard Business school press.

[4] Christensen, C. raynor, M., and McDonald, r. (2015). "What is disruptive innovation? *Harvard Business Review*, December, 44–53.

[5] Crockett, D. r., McGee, J. E., and payne, G. T. (2013). Employing new business divisions to exploit disruptive innovations: The interplay between characteristics of the corporation and those of the venture management team. *Journal of Product Innovation Management* 30 (5), 856–879.

[6] Dru, J. (2015). *The Ways to New: 15 Paths to Disruptive Innovation*. Hoboken, NJ: John

Wiley and sons.

[7] Drucker, peter (1954). *The Practice of Management*. New York: Harper & Brothers.

[8] Gibson, r. (2015). *The 4 Lenses of Innovation: A Power Tool for Creative Thinking*. Hoboken, NJ: John Wiley & sons.

[9] Hopp, C., Antons, D., Kaminski, J., and salge, T. o. (2018). What 40 years of research reveals about the difference between disruptive and radical innovation. *Harvard Business Review* (April 9).

[10] Kumar, v. (2013). *101 Design Methods: A Structured Approach for Driving Innovation in Your Organization*. Hoboken, NJ: John Wiley and sons.

[11] Nagy, D., schuessler, J., and Dubinsky, A. (2016). Defining and identifying disruptive innovations. *Industrial Marketing Management* 57, 119–126.

[12] Reinhardt, r., and Gurtner, s. (2015). Differences between early adopters of disruptive and sus- taining innovations. *Journal of Business Research* 68, 137–145.

第 10 章
创新的障碍

项目经理和创新人员的学习目标：
理解什么是创新的障碍；
认识到产生障碍的根本原因，以及可采取的行动；
理解有时需要治理团队来帮助克服障碍。

10.1 引言

项目经理采取预期行动时会遇到一些障碍。对于一些障碍，项目经理可以通过采取一些措施，减少项目延迟造成的费用超支。而对于其他障碍，如审批或法律问题等，项目经理可能无法规避，需借他人之力解决。少数障碍会影响创新的成功，其中许多是无法预测的。

10.2 成功的失败

过去的成功并不能保证未来强劲持久的表现。"成功的失败"常常发生在公司非常成功时。随着创新能力的丧失，你可能从"班上最好的"变成"班上最差的"，正如 Charles E. Sorenson（2006）所述：摧毁一个组织的并不是无能的人，因为他们永远也不会有机会做到这一点。反而是那些取得了一些成就并想依靠这些成就一劳永逸的人，总是把事情搞得一团糟。

一些文章把失败的成功称为能力陷阱：只看到成功，人们会认为公司做得很好，没有理由改变。

10.3 一刀切的万能法

"一刀切的万能法"与"成功的失败"在影响创新方面有些相同之处。一些公司花费大量的时间和精力开发一种项目管理方法，运用在某些类型的项目上也已被证明是成功的。这些传统方法遵循线性思维和阶段门管理的方法监控项目。

但是，由于创新项目的多样性，特别是那些需要自由思维、不适用线性思维完成的项目，公司可能因现有方法无法匹配而避免从事涉及上述项目类型的创新，从而错失良机。

10.4 视野不宽

在传统的项目管理环境中，项目经理非常依赖项目商业论证中的信息。在创新环境中，商业论证可能是围绕高层次的目标，而不是为具体的战略商业目标来准备的，并且伴随的假设和约束可能完全不同。没有正确和完整的信息，创新项目经理可能很难找到创新的目标。

创新项目经理们需要具有高层管理人员的视野，以确保掌握所有必要的信息。这种视野包括面对面的交流，而不是期望一切都出现在商业论证中。高管们可能不希望在商业论证中公开披露所有信息。这些也可能是不明晰的附加假设和约束。

以下问题的答案侧重在战略目标上，在商业论证中可能不涉及，但可能对创新过程中必须做出的决策产生影响：目标是短期的还是长期的？这是进入新市场的产品或服务吗？这个市场是全球性的还是区域限制性的？该产品或服务是要渗透现有市场的吗？这个市场是全球性的还是区域限制性的？该产品或服务是否支持现有产品线？这是对现有产品或服务性能的进一步改进吗？如果这是过程创新，其目的是改进商业模式还是降低成本？

10.5 想法匮乏

有些企业不知道如何利用其人才，让他们为新产品或服务出谋划策，抑或是为产品或服务的持续改进添砖加瓦。在这种企业文化中，人们会因为遵守指示得到奖励，而研发则需要产生各种各样的新想法。

如果人们提出的商业化的创意没有得到回报，错误的企业文化也会扼杀创造力。有很多方法可以让员工在没有金钱奖励的情况下获得认可。

10.6 紧迫感

来自利益相关者的压力可能对创新产生不利影响。利益相关者对创新团队施加的压力包括：更短的产品生命周期、提高竞争力、更快的上市时间、用更少的资源执行、更高的性能要求、更好的质量。

最常见的压力是加快进度。虽然进度对许多利益相关者来说很重要，但不应该设定最后期限，这样会导致性能风险或产品缺陷的显著增加。进度通常会给人们带来压力，迫使他们及时发挥创造力，但也存在风险。时间限制常常迫使公司推出存在已知缺陷的产品，不过符合了利益相关者的时间要求。创新将继续改进产品并消除缺陷。然后该公司宣布召回产品，以更新版本的产品替换有缺陷的产品。

在工业中有几个这样的例子：由于产品有缺陷可能造成人员伤亡，但由于大规模召回的成本可能非常昂贵，而且会降低该产品的预期盈利能力，因此一些公司在明知可能发生人员伤亡的情况下，仍然推迟召回时间。

10.7 和爱当"主角"的人一起工作

如果需要先进的技术，创新往往需要为项目配备最具创新精神的技术人员。这些人中的大多数都会以公司的最大利益为出发点做出决定。然而，总有一些人争强好胜，想要成为"主角"，将自身利益凌驾于项目利益之上。

这些人认为其组织地位或技术声誉比项目的结果更重要。因此，他们经常会不披露项目的真实进展情况，他们更在意公布的项目进展是否使其本人受益。这些人不乐于仅仅达到项目要求，他们旨在超越业绩要求和项目期望，即便往往以整个项目为代价。项目也许会完成，但他们更看重的是自身声誉的提高。

10.8 缺乏协作

那些项目管理方法不灵活的公司，可能需要数年的时间来开发主要的沟通手段，这些公司严重依赖于附带的表单、指导方针、模板和检查表。只有当需要解决问题或实施项目时，才会进行协作。

在一个创新的环境中，缺乏协作会付出高昂的代价和大量的时间。要克服诸如紧迫感、视野和与爱当"主角"的人合作等障碍，就需要协作。当人们自由协作时，创新成果会带来更不宽大的商业价值。

10.9 政治干预

如果不加以控制，政治会改变创新的方向，增加决策过程的复杂性，并打击团队的士气。在与外部利益相关者打交道时，项目管理应该尽可能地使创新团队远离政治。对于内部利益相关者，如果治理委员会进行政治干预，情况可能变得复杂。

一些利益相关者可能认为，一个项目对他们的职业生涯和晋升机会有影响。因此，他们的个人议程可能比项目的结果更重要。

10.10 项目工作量

在一个乌托邦式的环境中，公司的现金流为项目提供无限资金是有利的，我们可以让项目获得最好的资源，并安排全职人员。遗憾的是，在几乎所有的公司中，项目工作量必须与日常运营所需的职能工作量相平衡。

当分配的人力资源缺乏创新所需的技能时，就会出现障碍，但有时候只有真正融入项目时才能了解具体的技能需求。有观点认为，在兼职工作中，人们不太可能发挥出真正的创造力，因而创新项目经理希望关键人员均为全职人员，或者整个创业团队均为全职人员，但这可能是不现实的。对人员的技能要求越高，其他项目对该类人员的需求也越大。

10.11 知识产权

创建知识产权或从专利持有者那里获得许可，需要由公司的法务部门做出决策。法务部门所做的决定，极有可能改变创新项目的方向和将要做出的决策。法务部门希望避免所有潜在的专利侵权情况，这可能造成下游的财务困扰，并推迟商业化和产品或服务的推出。因此，他们可能要求所有的创新都与专利无关。

为新发明的知识产权申请专利是一个简单的决定。但是，如果创新团队的成员想要发表一篇关于研究成果的论文，或者在一个会议上做演讲，该怎么办呢？发表一篇论文会将你的工作暴露给竞争对手，他们可能根据你的想法主动进行自己的创新。那么这就有可能产生更多的竞争对手。

当发表一篇论文时，信息通常会被进行多次审查，以确保没有包含专利中公开内容之外的其他信息。然而，当创新人员在会议上展示论文时，他们通常会为自己的成就感到非常自豪，并可能包含专利以外的公司专有信息。如果听众中有非常博学的人，他们可能做过类似的研究，并且知道在问答环节应该问什么具体问题，就会发生这种情况。这就是公司会限制创新人员在会议上展示信息的原因之一。

有时候，你所做的研究需要你从专利持有者那里获得许可。这可以加快创新过程，但可能需要为使用该专利的产品或服务支付专利费。没有获得许可，创新团队将被迫开发非侵权的产品或服务，这可能比通过获得许可协议需要更高的成本和更长的时间。许可协议的主要好处之一是它可能包含专利中没有披露的急需信息。这可以激励创新团队进一步继续努力，知晓所创造的东西可能仍然受到原始专利的保护。

宣传自己是被许可方，这也存在风险，因为竞争对手和下游创新者会明白，你并没有购买许可，也没有承诺为创新提供资金，所以并不期望创造有价值的产品和服务。因此，宣传它可能增加了竞争。

10.12 不理解创造和创新之间的关系

创新是将想法转化为产品或服务。障碍在于公司如何处理来自头脑风暴的想法。大多数公司没有适当的流程来有效地计划、评估和管理来自头脑风暴的想法。头脑风暴不论失败，失败只发生在头脑风暴开始之前和结束之后。

在头脑风暴开始之前，"视线"范围内的障碍必须被清除。头脑风暴团队必须对管理层短期和长期战略目标有较好的理解，这样他们才能提出创造有形价值的最佳想法。人们投入了大量的时间和精力来提出想法，并在可能的情况下提供支持的数据。如果这些想法因为不符合期望而立即被管理层否决，那么组织可能浪费大量的时间和金钱，同时也会降低士气。当"视线"范围内的障碍被消除后，高管们会更容易为这些想法提供有效的反馈和建设性的批评，这可能激励人们提出更好的想法。

真正的创新人才会在未知的、可能尚未确定的环境中工作，他们可能提出一个即将取得突破性进展的想法和一些测试数据，这些想法和数据正处于潜在突破的边缘，但有人因为进度和预算的限制放弃了这个想法。这也给创新制造了障碍。公司必须有一个合理的流程来评估某些发展阶段的想法，不能因为存在限制而随意取消。

10.13 假设过多

之前，我们讨论了不关注假设的风险，然后，在一个不适当的时间，我们发现假设发生了变化。由于创新项目的模糊性、不确定性和复杂性，与人多数使用传统项目管理方法的项目相比，创新项目必须做出更多的假设。许多假设都基于市场和企业环境因素的变化，这些变化可能导致项目方向上的重大转变，或者可能导致项目被取消。

所有的假设都带有一定程度的风险。作为风险管理活动的一部分，创新项目经理必须密切和频繁地验证这些假设。

10.14 创新资金

不仅仅是创新，大多数组织都存在可能影响项目的障碍。影响最大的障碍是公司如何为项目提供资金和人员。公司在资金分配方面有严格的政策，尤其是在创新活动方面。这些资金面临着激烈的争夺，这就是许多创新项目都以"隐形模式"开始的原因之一，至少一开始是这样的，而且可能在一段时间内保持"隐形"。有时候，由于资金的限制，好的项目永远无法浮出水面。

克服这一障碍的一种解决方法是，在高级管理层中找一个主办方，不管是有形的还是无形的，用来帮助你获得额外的资金。这对于防止那些即将取得突破的项目被取消是很重要的。

10.15 现金流和财务不确定性

现金流和财务不确定性是类似的创新融资障碍。开始一项创新，但在创新工作取得进展以后取消它或者把它放在次要位置，会让团队士气低落。创新项目可能需要数年时间才能最终达到预期的战略效果。

虽然为尽可能多的创新项目融资是个好做法，但取消项目后重新启动可能弊大于利。对企业文化的影响可能也是不利的。公司必须权衡利弊。公司最好只资助那些有一定信心和足够资金来完成的项目。

10.16 再三控制

减缓创新决策进度的组织因素是,在做出任何决策之前需要大量的签字。这与复杂的官僚主义有关。一些组织专注于对支出和决策的严格控制,使得创新人员在没有事先批准的情况下,很难改变项目的要求,即使很小的改变。

基于这一组织因素,一些经理和高管人员潜移默化地认为信息就是权力,因此他们感到有必要参与所有的决策。那些认为他们需要查看每一条信息(即使这些信息与他们的工作无关)的管理者,通常会对项目进行微观管理。反过来,这又会减缓决策的制定速度,并可能使在团队工作的人员感到沮丧。

控制干预和微观管理的一种方法是建立标准,确定高管人员何时应该参与到项目中,如图10-1所示。当然,这是以高管人员将遵守这些标准为前提的。

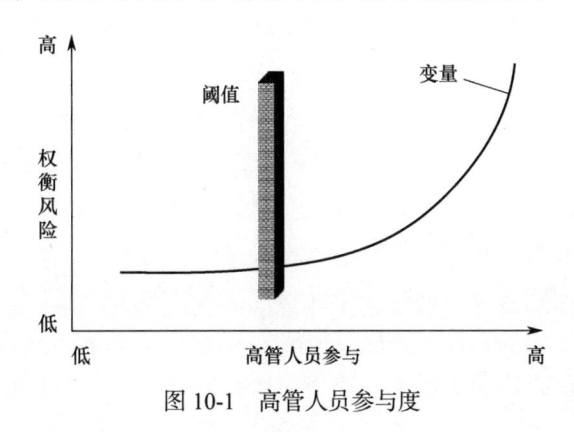

图 10-1 高管人员参与度

10.17 分析瘫痪

有些组织发现很难及时做出决策。对于某些需要预测未来的创新而言,这一点尤为明显。最常见的分析瘫痪情况是对创新项目必须做出大量假设。假设的数量越多,尤其是与市场的长期项目相关的假设越多,决策就越可能被推迟。

追踪和验证这些假设,特别是与财务不透明有关的假设,是正确的做法,但不能以减缓创新活动进度为代价。

10.18 创新实践:Naviair 公司[①]

Naviair 公司是一家提供航空基础设施和空中交通管制的丹麦国有企业。Naviair 公司对空中交通管制员的工作要求很高。空中交通管制员的职责是调度飞机,使它们能够安全地

---

① 本节由 Naviair 公司 ATM 项目和工程发展总监 Mikael Ericsson 提供。Naviair 公司版权所有,经许可转载。

在丹麦领空航行，这些飞机用轻质的铝合金机身承载数百名乘客的生命。

空中交通管制员会受到工作压力和高科技管制中心中必须使用的技术的影响。该管制中心拥有先进的技术基础设施，并与先进的监视设备、无线电和卫星信号相连接，以监控交通流量，为飞行员提供信息，控制飞机飞行航线。工作环境受到严格管制，每小时提供一次休息时间，以便管制员能处于良好状态，应付下一个交通高峰。进入这一环境的权限由管理人员控制，这样值班的交通管制员就不会受到干扰，尤其是在交通高峰期。这样的环境会在空中交通管制员的同事之间建立起一种紧密的联系，并形成一个强大的联盟。

空中交通管制员的薪水很高，因为他们每天都要履行艰巨的职责。与飞行员一样，空中交通管制员每年都要接受严格的体检，并宣布自己适合该工作。在工作之前或期间，Naviair公司禁止工作人员携带酒精饮料，航空交通管制中心有酒精呼吸测试。

与其他一些欧洲国家相比，在丹麦，申请空中交通管制员的学历要求更低一些。因此，如果一名管制员已任职数年，但由于某种原因失去了工作，他可能很难再找到一个同等待遇的职位。这进一步加强了控制者之间现有的亚文化。

与这些人一起工作确实非常有趣。由于入职选拔的标准，他们普遍意志坚强。在我们公司，管制员之间有句俗语："一切问题，只要你觉得没有问题，就不是问题。"意思是他们在做决定时不能犹豫，而且他们必须确保自己的决定是正确的。当他们在控制室之外的项目上工作时，这种坚强的意志也得到了体现。在许多讨论中，那些强力的执行方法和快速的决策，会让你觉得在管理方面与一个爱当"主角"的人一起工作。每次会议的决定都可以改变，因为这是他们的特性——思维敏捷，采用的方法完全适合这种情况。

从以上信息中你能得出什么结论？空中交通管制员是爱当"主角"的人吗？我们可以说是，也可以说不是。若说"是"的话，他们确实是高度专业化的、至关重要的人，可能很难共事；在这样的组织中，需要特别注意指挥和管理他们。如果说"不是"的话，那是因为他们根本不爱"抢镜头"。

1. 项目环境和技能需求

像Naviair公司这样的企业，以开发空中交通服务支持系统为基石，进而会创建一系列的项目。项目为组织提供良好的工作环境，以创造创新的工作文化，并在临时治理下一次工作环境中塑造未来的需求。

Naviair公司的项目组合相当大，有许多不同类型的项目。所需的技能通常包括实际操作能力，因为空中交通管制员通常是操作系统的主要用户。

工程师对新的雷达装置或广域网系统等也有需求。在这样的项目中，一个主要的目标是确保验证标准。对于空中交通管制员来说，系统只要能正常工作并满足性能标准即可，如何做就不那么重要了。对于与空中交通管制员有更多互动的系统，其能力和在整个项目中的参与要求都是强制性的。

空中交通管制员参与该项目的每个阶段至关重要。他们需要审查和参与系统工程阶段，以确保供应商理解操作需求和功能必须支持的操作。对于每个空中交通管制员来说，这不是一件容易的事。系统工程的某些部分往往非常详细，并且取决于供应商的步骤演示和迭代开发功能的能力，演示可能就足够了，或者管制员可能需要阅读非常复杂的系统说明。

在工厂验收期间，管制员需要参与其中。他们通常已经参与了编写测试程序说明书的工作。这个阶段更多的是在他们的标准实验环境区进行测试，因为系统在这种环境运行是相当成熟的，即使测试是在工厂的人工环境中进行的。

在集成和部署测试期间，管制员的操作技能是最重要的。我们需要验证供应商交付的系统是否符合合同规定的标准，我们必须能够验证系统是否符合规定的操作程序和训练有素的空中交通管制员的要求。系统、程序和控制系统必须作为一个统一的单元很好地协同工作。

不是每个空中交通管制员都能满足这些要求，也不是每个人都有兴趣参与这样的项目。那些能够迎接挑战的人通常都很受欢迎。

因此，我们在涉及两个国家和三个管制中心的复杂变更项目中获得了非常有价值的经验。我们是如何成功做到这一点的呢？

2. 一个独特的组织以应对复杂变化

2015 年，丹麦和瑞典成立了一个联合项目办公室，以确保在丹麦和瑞典的功能区内提供更加友好和高效的空中导航服务。瑞典 IFV、丹麦 Naviair 和跨境 NUAC 运营联盟启动了该项目办公室，以支持欧洲的全球协调目标。三个跨国航空交通服务提供商的组织联合起来组成了一个前所未有的独特组织。

联合项目办公室的主要目标是在降低成本的同时提高效率，最终实现更有效的技术部署。通过专注于"一个系统概念"，使其客户能够获得具有成本效益、最先进的空中导航服务，联合项目办公室的任务是使客户能够获得这项服务，同时通过使用共同的配置、程序、规则、培训，提供未来的联合技术投资计划，并注重提高效率。

为了更好地协调和优化项目，联合项目办公室在每个项目团队中引入了新的、敏捷的工作方式，使用了一种冲刺方法。该项目涉及 90 人，其中许多是空中交通控制员、工程师和系统专家。这些变化影响了 700 名空中交通管制员的日常操作和方法。

3. 项目管理思维模式

变更管理从项目经理的心态开始。成功的项目经理并不总是经验丰富或能力水平最强的人，而是最想要这个项目的人。最后，项目管理的目的是创造项目效果。这是一个非常复杂的问题，因为我们必须兼顾多个利益相关者的观点，因为他们在"为什么、做什么、如何做、谁来做"上并不总能达成一致。

有多少项目经理在开始他们的项目时，会设定一个关于如何运行项目的战略项目目标框架？在 Naviair 公司，我们做到了。设定战略项目目标的目的是，确保能够在一个大的变更项目中保持正确的心态，其中三个管制中心的工作方式是协调的，但在跨越国界及在一个非常保守的环境中，变化通常被认为是坏事或风险。

项目的战略目标是挑战传统、保守项目的运行方式。项目的战略目标包括：

（1）我们每隔一个月在所有项目团队和项目办公室进行项目脉搏检查。我们对项目参与者的满意度和项目效果进行监控。

（2）每个项目经理都使用可视化的项目计划，而不是使用复杂的项目管理工具和计划。

（3）每个月，项目经理都要用一种简单的、可视化的、半自动的报告工具来报告，这意味着不会在项目报告（几乎没有人看）上花太多时间。

（4）我们不使用"西瓜"报告。"西瓜"报告是为了掩盖这个项目陷入困境的事实，它声称所有的情况都是"绿色"（成功）的，但实际上是"红色"（失败）的。我们的报告是建立在高度信任和支持的基础上的，即犯错是可以接受的。

（5）当项目办公室或项目团队的成员在一起时，我们每次都采用某种研讨会形式，以确保高效工作。有时，我们甚至与跨项目办公室和项目团队一起举办研讨会。

（6）复杂项目的内容被分成小的、非常集中的任务去冲刺，协调员接受过变革、促进和团队动态方面的培训。我们宁愿提供许多"小却美味的纸杯蛋糕"，而不是大的、令人印象深刻的"婚礼蛋糕"。

在我们的项目中，项目经理不仅要负责任务和活动的进展，而且要负责目标、精力投入、会议便利度、满意度和团队动力。

我们按照一定的框架和方法工作，并称之为"事半功倍"——力争在一半的时间内取得双重的效果和影响。

4．"事半功倍"的作用

"事半功倍"强调利益相关者的满意度，而不是以固定的交付成果作为最终的成功标准。我们通过引导和关注实际效果，来确保利益相关者的满意度，包括成本、收益和创建成功项目所需的行为变化。

问题是：如何才能加快交付速度，增强项目的影响力？我们需要创新思维和新的思维方式来运行我们的项目。这种方法论是一种新的激进的方法论，它可以使项目在一半的时间内达到双倍的效果。此类设计有三个核心元素，如图10-2所示。

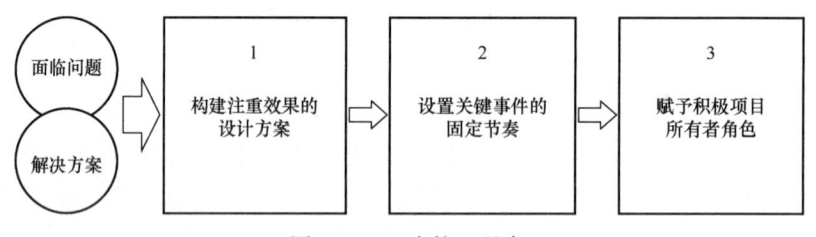

图10-2　三个核心元素

（1）专注于效果。

"事半功倍"方法论鼓励改变关注点。忘记范围、时间和预算这三重限制，把重点放在效果上。其想法是在整个项目中持续地实现收益，从而缩短了获得收益的时间，提升了项目的整体效果。

（2）项目流程。

"事半功倍"方法论是一种包括从资源优化到后续系列项目收益的思维模式的转变。该方法侧重于可视化规划，但是它的目的是实现效果而非交付物进展的可视化。我们的注意力也将集中在驱动项目所需一半以上核心人员分配上；我们定义了所谓的项目脉搏——事件中的固定节奏，并专门设计它，以确保利益相关者较高的参与度和满意度。这使我们能够实现必要的行为改变，从而产生真正的商业影响。

（3）项目所有权。

"事半功倍"是指从管理重心转向领导力。这意味着减少对合同管理和合规性的关注，而更多地关注建立信任和承诺。在传统的项目管理中，变更会形成阻力和挫折。在"事半功倍"方法中，变更意味着新的机遇和讨论方案的机会。

领导一个项目不是对可交付成果的管理，而是对人的领导。在传统的项目管理中，最高管理者将执行的职责委托给项目经理。而"事半功倍"，关键的管理人员扮演着项目积极所有者的角色。因此，他们与项目负责人一起深入参与项目的生命周期。

图 10-3 显示了"事半功倍"方法元素。

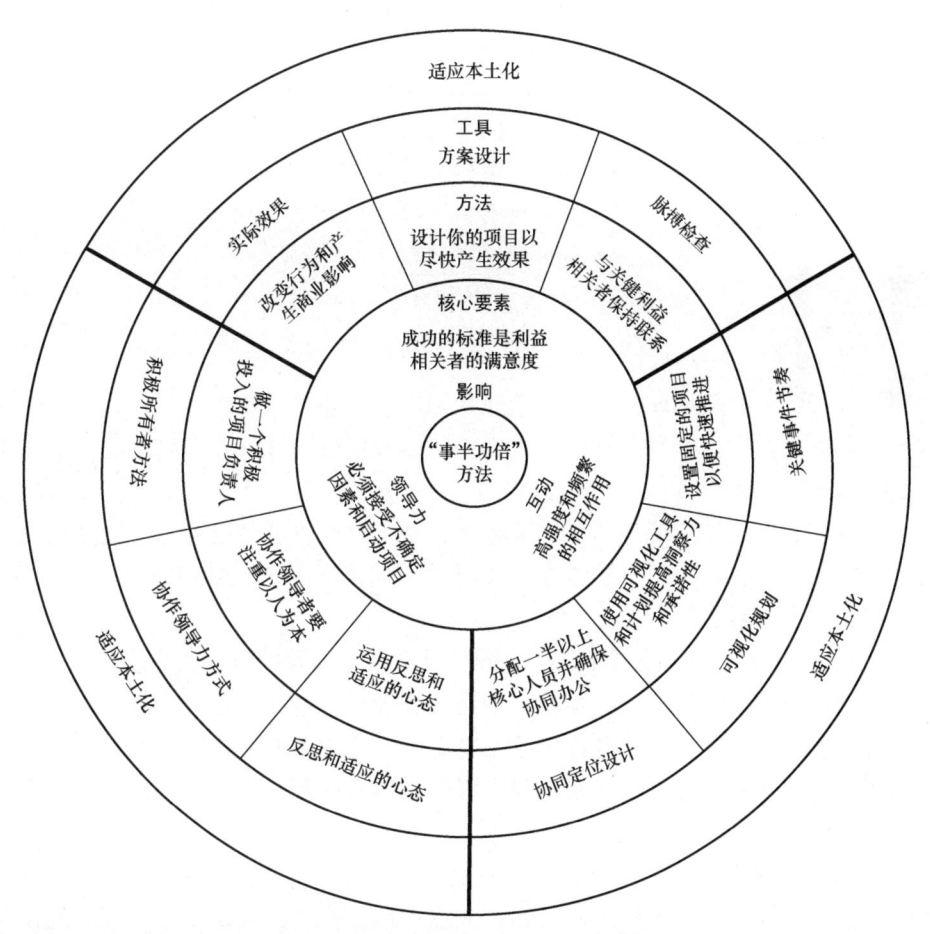

图 10-3 "事半功倍"方法元素

"事半功倍"框架有助于联合方案办公室的项目，因为它侧重于正确的事情，强调各项目小组之间更好对话的重要性及管理部门的参与。在 2016 年和 2017 年，该项目实现了预算的双重效益（在新空中交通管理方案的部署阶段节省了 21 000 小时的运作时间）。

（4）原因背后的原因。

我们关注的是战略需求或目标，而不是最终结果或可交付成果。在项目开始时，协调令人信服，采用统一的"为什么"故事至关重要。我们在很多组织层面上研究"为什么"，因为"为什么"在高层管理、空中交通管制员和运营管理中意味着不同的东西。Simon Sinek 的 TED 演讲"从为什么开始"启发了我们。我们使用的另一个工具是图 10-4 所示的复式记账模型（The double-entry model）。

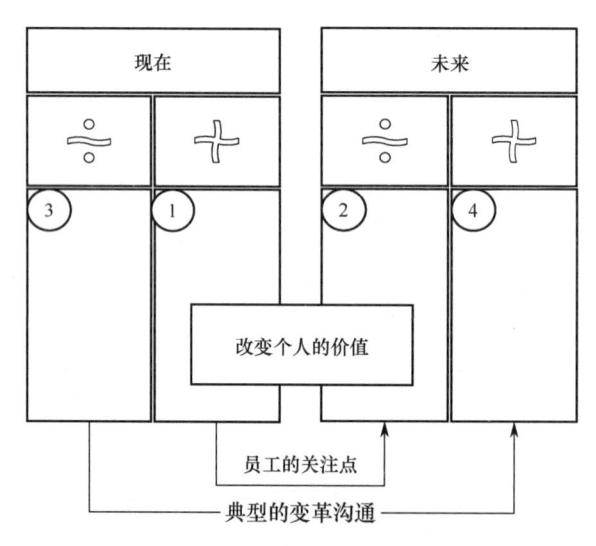

图 10-4　复式记账模型

使用复式记账工具从正反两方面讨论现状和未来状态：今天什么工作做得好？在我们通往理想未来的旅程中，什么是挑战？今天哪些事情做得不够好？在我们向往的未来，什么会更好？

这为结构化和可信的变革沟通提供了框架，并支持促进管理层和员工之间的交流。它还向管理层传达未来状态的"美好图景"，以及最小化当前形势的批评风险。

（5）避免"专家陷阱"。

在 Naviair 公司案例中，冲刺团队的协调员是空中交通管制员，也是系统专家领域的一部分。任务是协调三个管制中心，是与空中交通管理系统合作的一种方式。确保每个管制中心的所有代表都愿意妥协，并进行建设性交流，这是一项艰巨的任务。

冲刺团队的运营和促进过程非常重要。因此，所有冲刺团队协调员都接受了促进和变革管理方面的培训。

"便利"来自拉丁语，意思是自由移动或使某事更容易。但有谁没有尝试过参加这样的会议呢？没有日常议程，缺乏焦点或目标，关键人员不在现场或正在使用他们的设备，参与者没有参加或没有被倾听，冲突没有得到管理，没有做出决定或没有取得结果，会议的时间不够。

要协调三个不同地点、使用不同空中交通管理方法的同事，找到协调一致的概念，绝非易事。因此，促进者的计划和心态有很大的不同。协调员的任务是创造一种信任的氛围，

第 10 章 创新的障碍

使每个人都渴望参与,并专注于正确的内容和结果。

如果你想成为一个会议的促进者,你必须承担主持人的角色。团队协调人对他们的管制中心了如指掌。但是同时提出和回答问题的人,将影响会议、研讨会的质量和参会者的体验。

马铃薯模型被用来强调专家角色和促进者角色之间的差异(见图 10-5)。

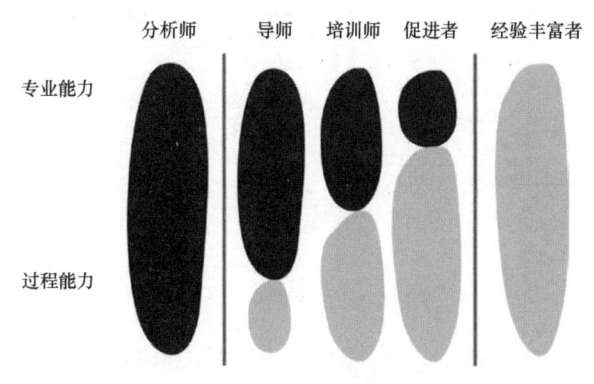

图 10-5 马铃薯模型

分析师和导师角色是你所在领域的专家,他们需要对创建的内容负责,而不是对过程负责(深灰色区域)。培训师角色关注的是过程和内容,以及创建安全的学习环境。促进者负责协调整个过程,并推动参与者朝着会议或研讨会的目标和主旨前进。这是关于过程的焦点(浅灰色区域)。作为促进者,提供的问题应该要多于答案。

出色的协调常诞生于混乱无序之中。我们能否取得我们所想要的结果?参与者是否会有不同意见,时限是否符合实际?因此,好的促进者需要做好充分的准备。如图 10-6 所示,设计之星是一种工具,用于帮助在会议或研讨会之前专注于关键要素。

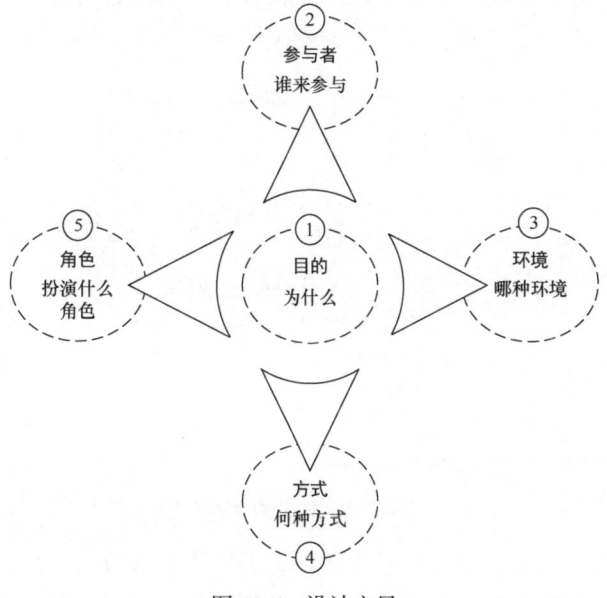

图 10-6 设计之星

参与者必须相信促进者有最好的意图和明确的动机。要想在任务中获得信任，需要考虑四个参数，如图10-7所示（Maister等，2001）。

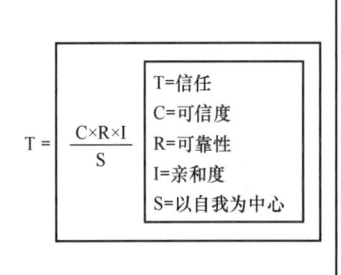

$$T = \frac{C \times R \times I}{S}$$

T=信任
C=可信度
R=可靠性
I=亲和度
S=以自我为中心

可信度：展示能力和专业知识、个人诚信，以及专业洞察力

可靠性：信守承诺，永远为客户服务，在能力范围内积极主动

亲和度：建立私人关系，了解聆听的重要性及个体的导向和动机

勿以自我为中心：把客户的问题当作自己的问题，帮助他们成功解决；保持帮助客户的动力

图10-7　信任的四个参数

信任方程式是一个解构式的、分析性的信任模型，可以很容易地被理解并用来帮助你和你的组织。作为一个促进者和冲刺协调员，反思参与者对你的看法是很重要的。我的可信度有多大？什么行为会让别人认为我可靠（或不可靠）？他们在多大程度上了解我这个人？什么样的行为会让我相信我是在为他们着想？

（6）变化周期。

空中交通管制员喜欢控制局面。我们都为此感到高兴，因为当我们在空中飞行的时候会感到很安全。但是，如果我们改变空中交通管制员的主要工具，并影响他们的日常工作，会发生什么呢？

人类天生就有迅速运转的大脑，当面对危险、变化或人时，可以无意识地、快速地应对任何情况。David Rock是他所称的"neuroleadership"领域的先驱之一，创建了"SCARF"模型，用于描述直接影响人类社会性生存的相关因素，如图10-8所示。

身份地位(Status)　高确定性(Certainty)　自主掌控(Autonomy)　相互关联(Relatedness)　公平对待(Fairness)

高多巴胺
得到回报
参与

高去甲肾上腺素
感知威胁
不参与

身份地位，是指我们对他人的重要性
高确定性，是指我们预测未来的能力
自主掌控，是指我们对事件的掌控感
相互关联，是指我们对他人的安全感
公平对待，是指我们之间的公平交流

图10-8　SCARF模型

如果上述任何一个因素或维度的权重下降，我们可能选择脱离既有情境；如果某一因素的权重上升，我们会倾向于参与其中。如果我们能够意识到这种情绪变化，就可以在我

们的项目或是在执行变更的过程中应对它们。冲刺小组协调员和联合方案办公室成员都接受了对变革的典型反应和变革周期所遵循的具体模式的培训。我们使用"ActeeChange"模拟器来练习和培训。本书基于 Rick Maurer（2010）*the Wall of Resistance* 中的理论，以及 2009 年出版的电子书 *Introduction to Change without Migraines*，如图 10-9 所示。

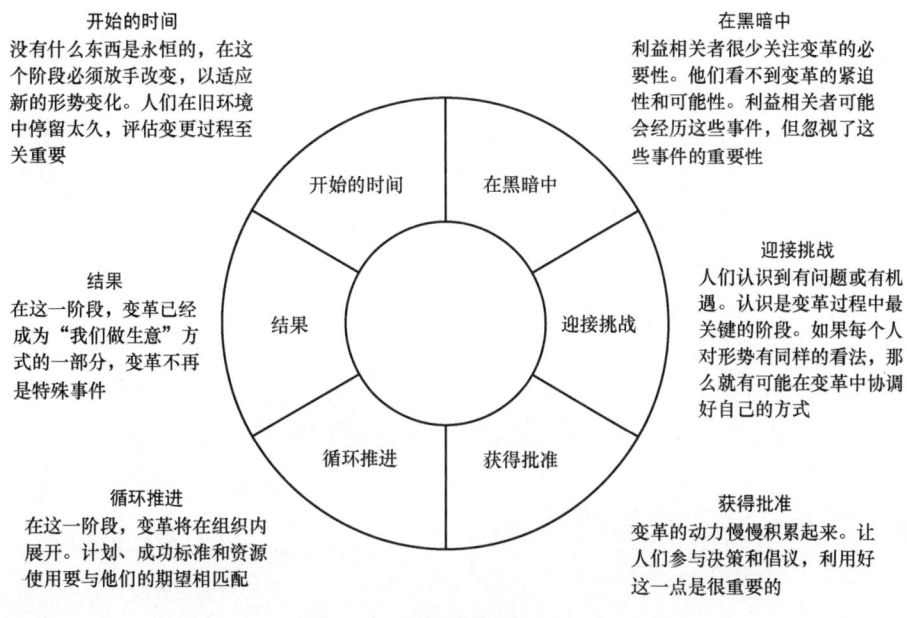

开始的时间
没有什么东西是永恒的，在这个阶段必须放手改变，以适应新的形势变化。人们在旧环境中停留太久，评估变更过程至关重要

在黑暗中
利益相关者很少关注变革的必要性。他们看不到变革的紧迫性和可能性。利益相关者可能会经历这些事件，但忽视了这些事件的重要性

迎接挑战
人们认识到有问题或有机遇。认识是变革过程中最关键的阶段。如果每个人对形势有同样的看法，那么就有可能在变革中协调好自己的方式

获得批准
变革的动力慢慢积累起来。让人们参与决策和倡议，利用好这一点是很重要的

循环推进
在这一阶段，变革将在组织内展开。计划、成功标准和资源使用要与他们的期望相匹配

结果
在这一阶段，变革已经成为"我们做生意"方式的一部分，变革不再是特殊事件

图 10-9　变革管理的组成部分

我们使用了一个数字培训平台（见 Actee 网站），参与者负责在组织中实施变革，并处理应对变革的典型反应（见图 10-10）。如"我不明白"（认知反应）、"我不喜欢它"（情感反应）、"我（不）喜欢你！"（关系反应）。

图 10-10　数字培训平台

"我不明白",阻力包括:缺乏信息;不同意这个想法;缺乏对想法(或想法基础)的沟通;关于信息的困惑。

"我不喜欢它",阻力包括:失去权力、控制、地位,丢脸或失敬;认为这个想法是无效的;害怕被孤立或被抛弃;感觉他们不能承担任何其他事情(太多的变化)。

"我(不)喜欢你!",阻力包括:是以历史关系为基础的;是对文化、种族、性别或权力差异的回应;价值观上的重大分歧。

(7)"事半功倍"方法论各要素应用成效。

Naviair 公司使用上述方法和工具非常成功,对团队的影响令人惊讶。探究原因的行动得到了很好的回报。确保良好团队精神的工具已经产生了巨大的效果。我们不仅能够创建高绩效的团队,而且还提高了速度。冲刺团队在很短的时间内就准备就绪,往往还能提前做好准备,这使得问题能够迅速地转移到垂直组织中,以便得到解决。对我们来说,这是一个学习的过程,可以更好地确保这种新型敏捷项目工作的结果。

Naviair 公司得出的结论是,当与具有自己亚文化背景的高度专业化人员(如空中交通管制员)一起工作时,使用这些工具可实现项目收益最大化。它们不仅满足了目前对速度的需求,而且最大限度地提高了注重成就的高绩效团队的影响力。

10.19 创新实践:克服障碍[①]

最近,创新创造了一种形象——只要说出这个词,奇迹就会发生。它似乎解决了许多高管、教育家、政治家、学生领袖面临的世界性问题。然而,组织创新和成功似乎难以捉摸。虽然组织现在面临的挑战与过去大不相同,创新是必要的,但组织需要克服几个障碍,才能真正实现创新和成功。以下从辛辛那提大学(University of Cincinnati)的一个学生组织的角度出发,来看待一些阻碍创新的障碍:项目、研究、设计、构建和测试高风险的多学科工程系统;团队,全日制学生和教师及导师,在管理、营销和筹资等方面进行创新;动力,冒险去没人去过的地方,做从未有人做过的事情。

我们的学生组织包括来自不同班级或学术水平的全日制学生,他们在攻读不同的学位,同时从事一个世界上只有极少数团队从事的项目。这个学生组织主要由硕士生和博士生组成,但也有本科生,从新生到高年级的男生。大多数学生还做兼职(每周 20~30 小时)来支付学费。他们的学术和课外活动加在一起,需要花费将近 100 小时甚至更多。通常,工作量的增加,需要付出更多的努力,并完成更多的工作,导致更多的输出。然而,与普遍观点相反的是,较大的工作量会降低个人的创造性思维能力,从而削弱了从事创新工作的能力(Kellogg,2002)。

任何类型的学生组织面临的主要挑战之一是资金。学生(他们必须将一大部分的时间用来赚取学费)为组织筹集资金的能力,决定了组织创新工作的类型。当手头的任务是一

[①] 本节由辛辛那提大学助理教授(兼职)Sid Thatham、公用电表工程师和航空航天工程教授 Shaaban Abdallah 博士提供。Sid Thatham 和 Shaaban Abdallah 版权所有,经许可转载。

件新事情时，当世界上只有少数几个团队在努力完成任务时，这种挑战尤其明显。由于项目的前提没有得到证实，投资回报也不确定，融资成为创新的巨大障碍。我们的学生组织开始只有几千美元的资金，但当取得成功和突破后，预算飙升到六位数以上。谁会信任一群学生，把六位数的钱投在他们的项目上呢？你是如何找到这些投资者的？如何让他们相信这是值得的？如果你最终确实筹集到了一笔资金，接下来你可能面临的是一场"资金争夺战"，你组织中的某部分可能有更紧迫的资金需求，但从长远来看，将你的资金分配给这些任务可能并不一定是最好的方法。

1. 理解学生的多样性

多样性和包容性已经成为最近的流行词。由于各种各样的原因，这些都是重要的，如果不事先处理，它们可能阻碍创新，从而阻碍组织的成功。我们组织的代表来自7个国家，他们的语言不同，有来自不同文化背景和职业的人员，也有来自不同学术水平和教育背景的学生。组织的高级领导者必须明白，在一个多元化的团队，一种管理方法不会是百分之百有效的，他们必须创造一种氛围，使得组织的所有成员都感觉到自己的重要性和价值，并没有被忽视。用组织中每个人都能理解的共同语言交谈，这类简单的事情对建立团队关系大有帮助。通常，人们会求助于用当地语言和来自同一个国家的同龄人，这就造成了成员之间的隔阂，他们无法理解对话。高级领导者应该有意识地采取措施，尽可能地确保组织中没有人感到被忽视。重要的是要确保所有的团队成员，不管他们的背景如何，对时间都要有一个正确的态度；高级领导者应该确保组织优先于个人。一个成员对职业道德的理解可能影响他（或她）对工作的优先顺序，这可能减缓来自其他文化的人员工作的速度。了解不同的工作文化会以不同的方式接受和处理组织中的权力也是很重要的。对于每个人在组织中的位置安排，工作文化背景不同的组内成员可能期待不同程度的解释说明或对个人权限、位置安排的明确理由。这些期望为主管或领导者与团队成员的关系定下了基调，并决定了必须如何进行指导性监督。例如，与印度学生相比，美国学生在独立学习方面可能比认真学习方面表现得更好。

2. 导师或咨询委员会的任务

在学生组织中，导师和咨询委员会的作用是咨询性的，而不是管理性的。我们的学生导师鼓励学生们创新和测试自己的想法，即使学生拒绝导师的建议，也不要否决学生的决定。这是第一次学生们在讲，而导师在听，有时也在学习。导师不得不熬夜，反复实验已有的失败了的尝试，赶在不近人情的截止日期之前来解决问题。学生和导师都是同一个团队中平等的成员，他们只有一个目标，那就是成功。

考虑到组织中的学生成员缺乏经验，而且项目复杂，因此时间是至关重要的。有鉴于时间的缺乏和内部关系的复杂，以及快速完成任务的压力，高层领导者决定不寻求太多的技术帮助；省略了向咨询委员会寻求专业知识的过程。此外，导师没有将任务委派给工作团队。这表明工作团队和导师之间缺乏信任，导致在需要的时候无法获得资源。专家和新手之间缺乏协作会影响组织及时完成创新工作的能力。

在组织发展的早期阶段建立一个支持团队很有必要。向这个支持团队传达组织的文化，让他们知道事情是如何进展的也很重要。传达团队在何时何地需要帮助,可以为双方划定界限,增加保持友好关系的机会,同时确保双方都不会冒犯对方。这也有助于避免不必要的权力纠纷和冲突。过河拆桥,特别是在一个组织的成立之初,可能在组织最需要支持的时候对组织的未来产生不利影响。

形势的紧迫性要求在短时间内组建这个团队。考虑到对项目的大肆宣传,团队面临着一个如何权衡热情与技术知识的问题。高级成员也需要认识到可用性和能力的关系。在这种情况下,要求团队领导者创造一种环境来鼓励团队成员,激发他们的热情,并学会在技术上做出更多的贡献。比如要求团队成员完成超出其技术储备、更复杂的技术工作,需要的更多的是一种主动性,而这种主动性并非所有的团队成员都具备。

一个组织的高层领导者,无论组织的级别如何,都需要明白创新不可能一蹴而就。他们必须长期致力于这一目标,并且必须了解,小事对实现真正的创新和成功大有帮助。

10.20 对项目经理和创新人员的启示和借鉴

不管你从事的是哪种类型的创新项目,总有一些障碍会阻止你采取你认为正确的行动。对于一些项目经理来说,一些新的关键问题和挑战包括:有哪些不同类型的障碍;了解能做些什么来克服或绕过这些障碍;有哪些资源和支持来帮助渡过难关。

参考文献

[1] Kellogg, K. 2002. When less is more: Exploring the relationship between employee workload and innovation potential. *CGO Insights*, Briefing Note Number 11 (April).

[2] Maister, D. H., Green, C. H., and Galford, R. M. (2001). *The Trusted Advisor*. New York: Simon and Schuster.

[3] Maurer, R. (2009). *Introduction to Change without Migraines. Arlington*, VA: Maurer and Associates.

[4] Maurer, R. (2010). *Beyond the Wall of Resistance: Why 70% of All Changes STILL Fail-And What You Can Do about It*. Austin, TX: Bard Press.

[5] Sorenson, Charles E. (2006) *My Forty Years with Henry Ford*. Detroit, MI: Wayne State University Press. With Samuel T. Williamson, Introduction by David l. Lewis. Originally published New York: Norton, 1956.

第 11 章
定义创新的成败

项目经理和创新人员的学习目标：
理解创新成败的几种不同含义，并且含义在不同生命周期或阶段发生的变化；
能够识别创新成功的属性；
了解运营和战略成功的区别；
了解建立成功和失败标准的重要性。

11.1 引言

项目经理认为，他们是由于生产了可交付成果而获得报酬的。这个概念是正确的，而且很可能不会改变。但现在正在改变的是，我们如何衡量可交付成果或结果的成功与否。定义创新成功的方法不止一种。

从历史上看，项目经理主要做出与项目绩效相关的技术决策。而如今，项目经理则需要做出与项目和商业相关的决策。商业流程现已纳入企业项目管理方法，以协助项目经理做出与商业有关的决策，并验证商业战略目标是否得到实现。

由于项目组合管理实践的发展和各种与商业相关的项目（计划）管理办公室的建立，项目经理现在正在转变为战略领导者。公司现在要求项目经理建立与商业相关的衡量标准，这些标准可以在项目的整个生命周期进行衡量，并验证项目是否与战略目标和目的保持一致。这让我们不得不重新思考成功和失败的定义。

11.2 传统项目商业方面的成功

每个公司都有自己的项目。如果公司要在今天的商业环境中具有竞争力，这些项目都需要创新，且必须能成功。衡量成功标准的传统铁三角由三个约束条件组成，即时间、成本、范围（或技术）。但缺少的是项目商业方面的成功。

即使我们满足了约束条件，但仅仅是生产出了可交付成果，并不意味着生成了正确的可交付成果。任何公司都可以设计出不能正常使用的产品，任何公司都可以生产没人会买的产品。任何公司都可以举办一场精彩的活动，却没人想参加。任何公司都可以生产一种可交付的产品，也许仅仅基于管理层的一时兴起，但这种产品不会给公司带来任何价值。所有这些可交付成果都可以在时间、成本和范围内完成，但它们真的是成功的吗？它们在技术上可能是成功的，但在商业上是失败的。

如果没有某种成功的标准，成功的定义就和美一样，是通过旁观者的眼睛来定义的。成功有许多定义，每个定义可能有一个或多个技术和商业组件。几乎所有的创新项目都如此，无论其成果是针对新产品、服务还是流程。产品和服务的创新成功一般用战略成功来定义，而过程创新成功则用运营成功来定义。对不同的人来说，创新的成功意味着不同的东西。多年来，人们一直在研究如何定义成功（Freeman 和 Beale，1982；Cooper 和 Kleinschmidt，1987；Baccarini，1999），但结论仍然是"人云亦云"。

项目经理倾向于以日常的方式定义和衡量项目的成功，比如项目执行的方式。他们的思维方式侧重于在操作层面而非战略层面管理的项目，即根据既定的成功标准（通常是三重约束）完成项目，将结果或可交付成果交给企业主，然后继续进行下一个项目。商业或战略方面的成功可能无法衡量，直到将来根据市场反馈或其他一些标准，如效率或对客户的影响。成功度量运营和商业战略之间的相关性是困难的，因为它们之间的时间跨度很长。有时，看起来是一个麻烦的项目，最终建成时间晚了，超过了预算也可以转变成巨大的商业成功。悉尼歌剧院的建成晚了10年，花费是原来预算的14倍。波音787的设计和开发原本预算为60亿美元，最终花费接近400亿美元。但这两个项目现在都被视为商业成功。

成功不能用几个字来定义，也不能仅仅用几个指标来衡量。成功的定义是复杂的，可能涉及几个指标的相互作用。根据行业或项目的类型，成功的定义可能变得更加复杂。衡量成功的时机也是至关重要的，特别是当创新项目需要在一个竞争激烈的市场推出新产品时。在这种情况下，如果没有看到市场对产品的反应，就无法衡量真正的成功。简单地说，创新项目管理是达到目的的手段。最终的结果就是它对企业的影响。

创新项目很可能是衡量真正成功最困难的项目。创新的目标是创造长期的商业价值。当项目的结果或可交付成果被创建时，创新成功的技术部分可能是可度量的。但是创新成功的商业部分可能要等到数月甚至数年之后才能知道。由于创新成功有商业组成部分，所以定义创新成功的方法将不止一种，而且在项目的整个生命周期中，定义也可能发生变化。

定义项目成功现在是战略管理的一个组成部分，因为它与长期和短期的商业战略目标保持一致。这就是项目经理现在更积极地参与商业决策的原因之一。企业现在正在定义成功的维度，这些维度可以在项目的整个投资生命周期进行定量或定性的衡量。典型的成功维度包括：项目管理的效率、对客户的影响、客户满意度、对商业的影响、为未来的商业机会所做的准备、创造新的商业机会、财务业绩、市场（行业）影响。

11.3 早期项目成功的定义

我们将从20世纪60年代的挣值测量系统（Earned Value Measurement System，EVMS）开始讲起。美国国防部创建该系统的目的是将数千承包商的项目绩效报告标准化，其中大多数承包商都参与了创新活动。在美国国防部看来，这个系统不是用来预测成功的，其目的是根据标准化报告和控制的一些指标来衡量业绩。

私营部门将挣值测量系统解释为一种预测项目成功的方法。然而，尽管挣值测量系统主要关注的是时间和成本，但人们依旧相信成功可以用相同的两个指标来确定。遗憾的是，时间和成本是在竞标阶段确定的，而那时我们对项目尚不了解。当我们知道，包括创新项目在内的所有类型项目的成功度量需要的不仅仅是时间和成本，而是更多的度量指标时，度量技术仍处于初级阶段。公司采用了"反转规则"，即项目绩效（和成功）应该使用最容易测量和报告的指标，即时间和成本。

我们知道还需要其他指标去度量，但对于它们是什么仍存在分歧。如图11-1所示，私营部门希望将重点放在三重约束上，其中第三个约束与满足业绩要求有关。但关键问题是"什么是业绩？"。业绩是否应定义为范围，满足规格要求、技术要求、遵守质量验收标准或其他要素？每家公司都有自己对业绩的定义。

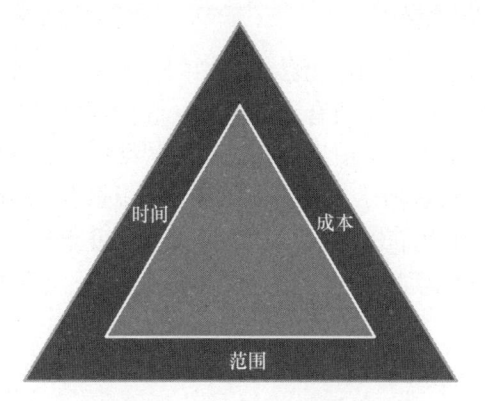

图 11-1 传统的三重约束

虽然美国国防部和挣值测量系统确实讨论了业绩，但重点主要是时间和成本。美国国防部将最初几年的大部分合同都授予高科技公司，为军事用途生产先进的高科技产品。许多管理这些项目的工程师将成功定义为不考虑成本，不仅要满足具体要求，而且要超越它们。如果美国国防部继续支付超支的费用，并允许延长一些时间，这种循环会继续下去，并很快成为常态。一位从事政府合同工作的航空航天公司总裁和国防合约商评论说："在执行国防部合同工作时，项目成功的唯一真正定义是客户对可交付成果的接受。"

然后修改图11-1所示的三重约束，如图11-2所示，以包含客户接受的约束。即使客户接受了可交付成果，客户的"成功程度"也是项目经理所不知道的。在某些情况下，市场营销部门知道客户对成功的看法，但这些信息从未到项目经理的手中。

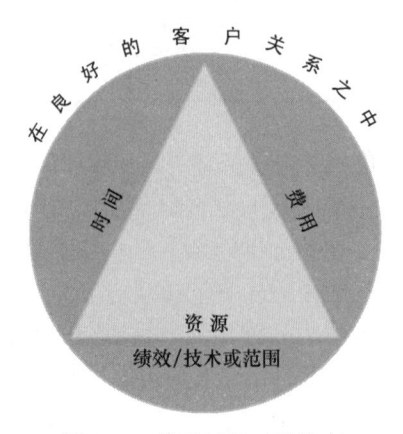

图 11-2　修正过的三重约束

一些政府项目的最终成本可能超过原来预算的两到三倍，因为承包商希望超越创新规格，并具备良好的技术能力。私营机构注意到这些成本超支，并表示没有兴趣接受项目管理，因为项目管理所处理的似乎是一个需要接受成本超支可能高达 300%～400%的情况。因此，当时的信念是，如果没有显著的成本超支，项目的成功可能无法实现。

11.4　重新定义项目成功：接近 21 世纪

到 20 世纪末，项目管理实践的使用已经扩展到几乎每个行业的私营部门和每个政府机构的公共部门。组织开始意识到成功有许多定义，成功不仅仅意味着时间和成本的平衡。因为在时间和成本约束下完成一个项目是不切实际的期望，成功的定义开始改变。成功现在被定义为立方体，如图 11-3 所示。立方体的中心点是我们的预算、进度和范围。但是，因为项目的定义通常是一组我们以前可能没有做过，也可能永远不会再做的活动，所以很难达到中心点。因此，我们需要一个可接受的、在可约束的范围内的阈值。

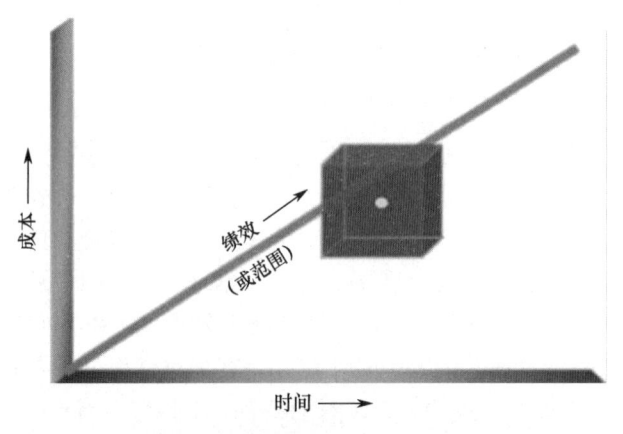

图 11-3　带边界框的三重约束

公司开始为项目建立成功标准，包括立方体的允许阈值。例如，成功的标准可以包括以下几点：项目保持在预算目标的 ±10% 以内是成功的；项目保持在分配时间的 ±15% 以内是可以接受的；项目达到 95% 的范围和规格是可以接受的，或许剩下的 5% 将通过后续合同或项目完成。

我们知道还需要其他成功指标，但当时我们不知道如何衡量它们，或者如何在各种情况下识别它们。一些公司开始重新阅读那些表述关键成功因素的突破性文章（Rockart，1979；Boynton 和 Zmud，1984）。关键成功因素被定义为，那些为了公司或组织的成功而必须顺利进行的少数事情或活动。

遗憾的是，公司试图将关键成功因素作为项目成功的标准。关键成功因素是确定一个组织的成就以使其战略取得成功的要素，而项目的成功标准最好由关键绩效指标来确定，这些指标可以不断地定量衡量实现项目目标的能力。

11.5　成功与失败的比较

失败会比成功教会我们更多。

—— Jay Samit, *Disrupt You!: Master Personal Transformation, Seize Opportunity, and Thrive in the Era of Endless Innovation*

项目终止有两个基本原因：项目成功或项目失败。项目成功被认为是终止项目的自然原因，当我们达到在项目开始时制定的成功标准时，项目的成功就会实现。项目失败往往是非自然因素的结果，例如商业基础突然改变、关键资源损失、企业环境因素发生重大变化，或者不能满足某些关键限制。一个项目因为失败而终止，原因有很多。取消一个项目是一个关键的商业决策，可能对公司内部的人员、流程、材料和资金产生严重影响。它也会影响客户和合作伙伴的关系，而这取决于取消项目的时机。

在理想情况下，项目的商业论证将包含以下内容：成功和提前终止的标准。确定取消标准是非常重要的，因为在大多时候，一个应该取消的项目会浪费宝贵的资源，而这些资源原本可以分配给其他更有价值、更有机会的项目。

项目的成功和失败是有程度的。例如，一个项目可以延迟两周，但仍然被认为是成功的。如果一个项目超出预算 100 000 美元，结果为客户提供了价值，并且客户接受交付成果，那么这个项目也可以被认为是成功的。

定义成功比定义失败容易。例如，一位副总裁评论说，在他的研发项目中只有不到 20% 的项目被认为是成功的，并且进入了产品商业化阶段，他对此感到非常沮丧。他说，剩下的 80% 都是失败的。听众中有项目管理办公室的主管，她站起来争辩说，其余 80% 不是失败的，因为这为公司提供了用于创造其他成功项目的知识产权。她的论点是，唯一真正的项目失败是没有发现有价值的信息或知识产权。

项目可以是部分成功的，也可以是部分失败的。如图 11-4 所示，把工程项目的结果分类的方法可以是：完全成功，预期的商业价值是在所有指标约束内实现的；部分成功，实现了部分或全部的预期商业价值，但不是在所有竞争约束条件下；部分失败，唯一可以实现的商业价值是一些可能对未来项目有用的知识产权；完全失败，该项目可能已被取消或根本没有完成，并没有可识别的商业价值、效益或知识产权，而且结果可能没有正确执行。

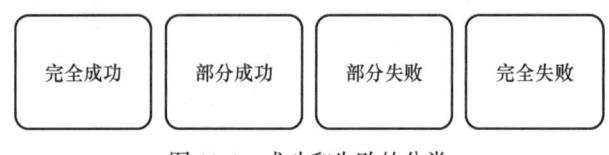

完全成功	部分成功	部分失败	完全失败

图 11-4　成功和失败的分类

在未来，我们的项目可能受到三个以上的限制。重要的是，我们要明白，满足所有的竞争约束是不可能的，因此，部分成功可能成为常态。

11.6　在项目一开始就取得成功

在项目开始时，谁负责定义项目的成功？从历史上看，成功的定义是在时间、成本和范围上满足客户的期望，而不管客户是内部的还是外部的。遗憾的是，客户和承包商可能对项目成功有不同的定义，这些定义超出了仅仅考虑约束的范围。客户和承包商必须在项目开始时就对成功的定义达成一致。例如，当一个项目经理在为一个政府机构管理一个大项目时，项目经理问他公司的一个副总裁："我们公司对这个政府机构的项目成功的定义是什么？"副总裁回答说："达到我们建议书中规定的利润率。"然后项目经理回答说："你认为政府机构对项目成功的定义和我们一样吗？"谈话就结束了。

利益相关者不同，成功的定义不同。例如，下面的每个人都可以对一个项目的成功有自己的定义：消费者，使用安全；雇员，保证就业；管理者，奖金；股东，利润率和股息；政府机构，遵守联邦法规。

当客户和承包商为了不同的成功定义而工作时，决策的制定变得并非最优，每方都为了自己的最佳利益做出决策。在理想的情况下，在项目开始时，客户和承包商将建立一个双方都能接受的成功定义。

虽然可能无法达成这样的协议，但一个好的起点是，双方都站在对方的角度来看待项目。正如 Rachel Alt-Simmons（2016，33）所说：很多时候，我们都是以从内到外的角度看问题。这意味着，从客户的角度看到的是我们作为一个公司如何与他们打交道，而不是他们如何作为一个消费者与我们打交道。创建一个客户"旅程地图"是一个确定与客户互动方式的有用工具。"旅程地图"有助于确定所有的路径，实现客户从开始到结束的各个目标。通过客户的视角来看你的组织，你可以更好地理解客户在与你的组织做生意时所面临的挑战。团队看到了客户的外部、产品或功能仓库，并帮助将整个组织的客户流程的各个部分连接起来。团队通常发现，他们所识别的问题的潜在解决方案会超出他们的职责范围，但这没关系！

11.7 营销在定义创新成功中的作用

做正确的事情让你原地踏步，做错误的事情能让你去探索。
—— Steven Johnson, *Where Good Ideas Come From：The Natural History of Innovation*

如果创新项目的目标是为客户创造产品和服务，那么营销就必须包含在创新成功的定义中。创新项目经理必须在项目开始时就对成功的定义有一个合理的想法，因为这可能影响他（或她）所必须做出的决定。创新项目经理对成功的最初定义可能是技术性的，但出于对市场和消费者行为的了解，成功定义的商业部分可能必须由营销提供。

创新是一种投资，许多公司将传统的项目生命周期阶段扩展为投资生命周期，如图 11-5 所示。"执行"下标记为"项目计划"和"交付"的两个箭头可以扩展到包括《PMBOK 指南》的五大过程组，即启动、规划、执行、监控和收尾。

投资生命周期

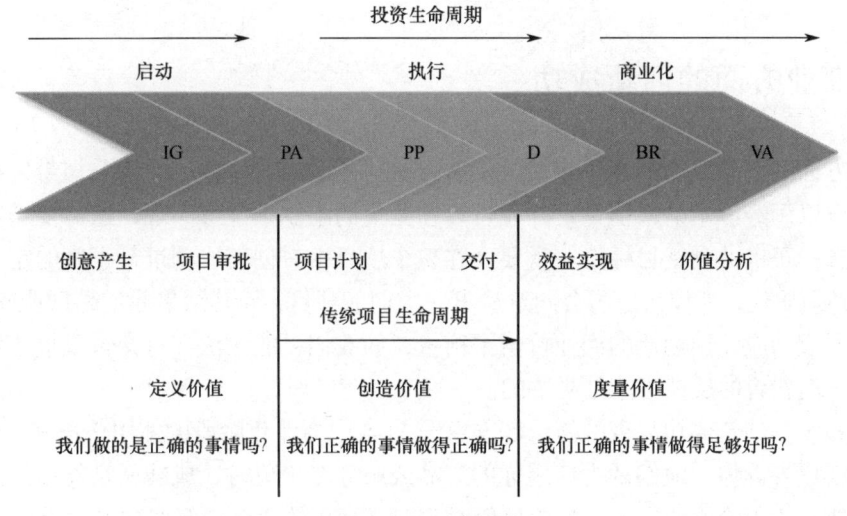

启动	执行	商业化
IG　PA	PP　D	BR　VA
创意产生　项目审批	项目计划　交付	效益实现　价值分析
	传统项目生命周期	
定义价值	创造价值	度量价值
我们做的是正确的事情吗？	我们正确的事情做得正确吗？	我们正确的事情做得足够好吗？

图 11-5　投资周期

成功的真正定义可能由多种措施组成，而每种措施可能必须在整个投资周期的不同时间内进行。商业成功的定义也可能有所不同，这取决于我们设计的产品是为了进入市场，还是为了增强现有的产品线。

Kakati（2003）定义了七类成功，包括技术和商业部分：企业家的特征、资源供给能力、竞争策略、产品特征、市场特征、财务考量、绩效衡量。

长期成功和短期成功的定义也可能有所不同。可用于长期和短期的典型成功指标，包括（Hultink 和 Robben，1995）：客户满意度、客户接受度、符合质量准则、产品表现水平、准时推出、加快上市速度、达到收入目标、达到单位销售目标、收入增长、实现利润目标、实现盈利目标、开发成本、盈亏平衡时间、实现市场份额目标、新产品的销售百分比。

一些公司更喜欢将用于衡量成功的创新指标进行分类，例如，使用或创造的技术、战略契合度、客户接受度、在一定时期内创造的财务价值、市场增长潜力（如果创新是一种产品）。

根据客户、承包商、利益相关者和最终用户的解释，可以为每个项目建立不同的创新成功标准。对于渐进性创新项目而言，成功的定义可能不同于破坏性创新项目。成功标准中的每个指标，可能是在生命周期的不同阶段进行测量的。随着时间的推移，创新成功的定义也会随着企业环境因素的变化及客户对产品或服务的接受程度而变化。

短期成功和长期成功之间的差异是显著的。例如，一家公司开发了一种新产品，并迅速将其推向市场。这时，短期盈利能力可能难以评估，因为公司首先必须收回其产品开发和市场进入成本。例如，一家公司负债建造的一个景点或一个主题公园。短期的成功可能是偿还债务的能力，而长期的成功可能是偿还或减轻债务负担。

虽然客户接受度可能是可以快速测量的，但财务成功标准需要长期的测量。许多公司往往只关注短期的利益——它的市场化速度，以及即时的客户满意度，而牺牲了长期的增长。长期要素通常是财务绩效衡量标准，如收回创新开发成本和市场启动支出。大多数研究没有区分短期和长期创新项目的成功。

11.8 商业方面的创新成功

商业方面的创新成功的真正定义是创造可交付的产品，这些产品为公司带来持续的商业价值，可以用经济术语来衡量，并且可以在竞争的限制条件下实现，这需要成功完成创新项目。选择正确的创新目标至关重要，在整个项目中对创新成功进行正确的定义也是如此。我们必须质疑，为什么公司会同意从事一个创新项目，而其结果并不是创造商业价值。创新项目的成功应该用创造的商业价值来衡量，而我们可能无法在可交付成果产生后立即进行衡量。消费者的反馈可能是必要的。

产品和服务创新成功与否的衡量标准由图 11-5 中商业化阶段的使用价值来判断。当客户或最终用户告诉你，他们认为使用你的产品或服务有价值时，成功就是你用经济或金融术语表达他们使用价值的方式。使用价值对于定义真正的商业创新成功至关重要。

当一个创新项目创出一个产品或服务时，你拥有的是一个结果或可交付成果，伴随着"可感知的"价值和利益。执行者和管理者想知道承诺的创新效益和价值是否已经实现。这可能需要时间，特别是在我们必须首先确定最终用户的使用价值时。创新团队以外的其他人可能不得不接受商业化和（或）收获效益，并在通向成功的过渡期进行管理。创新是达到目的的手段，而目标是可持续的商业价值。例如，你可能已经创造了一个优秀的产品，但是当前市场营销和销售必须承担起商业化的责任，以获得效益和价值。

当产品已经开发出来或者已经有了一定的收入来源时，成功是否可以被定义？当你已经创建出了一个新的软件包，但是谁来负责"上线"阶段，并培训人们使用新的软件？成功是在软件包创建时定义的，还是在软件包被销售并成功使用一段时间后定义的呢？

如图 11-6 所示，公司希望从当前的商业价值转变为基于成功创新的期望商业价值。然后，公司批准为多个创新项目提供资金。当项目完成时，公司将获得成果或可交付产品。现在，某些人或某些团体必须负责收集能够定义成功的商业价值（Kerzner，2018）。

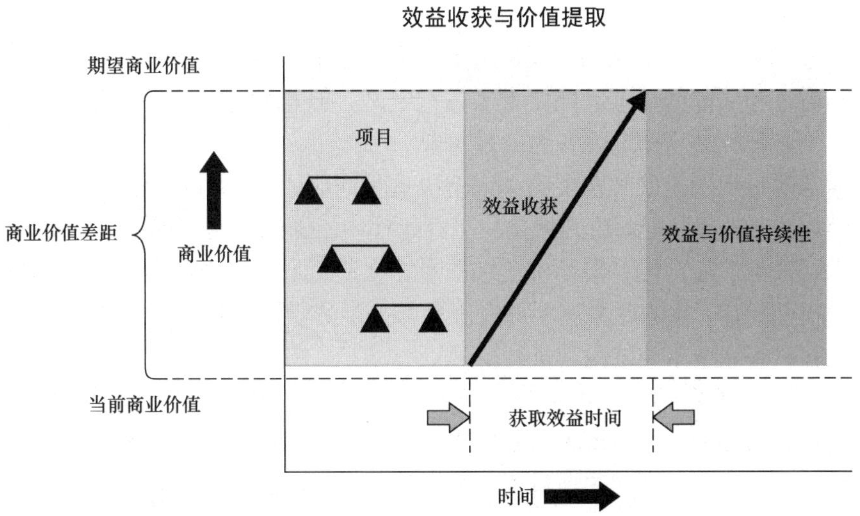

效益收获与价值提取

图 11-6 效益和价值

如果由于创新而需要公司进行变更管理，则可能导致包括产品商业化在内的收获期变得很长、旧产品被新产品替换、建造新的生产设施、公司成员学习新技能。

因为这些变化，人员可能不得不离开他们的舒适区。这可能也会对商业模式产生影响。如果变更是必要的，那么负责效益收集的人员需要考虑以下几点：组织结构调整、新的激励制度、不断变化的技能要求、资料管理、系统升级、劳资关系协定。

在价值获取的过程中，习惯、过程和技术都可能发生改变。价值提取和全部价值实现可能面临来自经理、员工、客户、供应商和合作伙伴的阻力，因为他们可能离开自己的舒适区。人们还有一种内在的担忧，即随着变更而来的将是晋升机会的丧失、权威和责任的减少，以及同行尊重的缺失。

如果需要变更管理，那么与价值获取相关的成本也可能存在。当新的商业模式出现时，这种情况经常发生。在估算创新项目的成本时没有包括在内的典型成本可能有：雇用和培训新招聘人员；改变现有人员的角色并提供培训；调动现有人员；提供新的或额外的管理支持；更新计算机系统；购买新软件；制定新的政策和程序；重新谈判合同；与供应商、分销商、合作伙伴和合资企业发展新的关系。

在图 11-6 中还显示了一个持续时期，我们试图延长我们提取的商业价值的生命周期。许多公司的真正问题不在于价值创造的创新，而在于无力维持价值。持续性可能是增加长期股东价值的必要条件。如果变更管理是提取价值所必需的，那么维持周期将用于确保人们不会恢复他们的旧习惯，这些旧习惯可能导致一个潜在的成功项目失败。与传统的项目管理实践不同，对于传统项目管理来说，一旦可交付成果完成，项目团队就会解散。在持续性方面，创新项目管理团队的成员可能与市场营销有关，并且仍然可能积极参与寻找产品改进、衍生产品和未来有机会的项目。

11.9 成功因素的优先级

今天,我们生活在一个对创新项目可能有多个竞争约束的环境中。创新成功可能由众多与技术和商业相关的约束及其他要素来进行定义。但其不可能满足所有成功标准。当需要权衡时,创新团队必须知道哪些约束最重要。

公司通常通过识别主要和次要约束来解决这种问题。每个约束的优先级会随着项目的生命周期而改变。迪士尼主题公园就是一个在运作中不断创新的例子,它有六个约束因素:时间、成本、范围、安全性、美学价值和质量。在迪士尼,安全性是最重要的约束因素,绝不能进行权衡。接下来的两个重要约束因素似乎是美学价值和质量。因此,如果有必要,权衡最可能在时间、成本和范围上进行。

表 11-1 提供了项目成功的因素。成功的基本定义是通过客户的视角来确定的。成功的次要定义通常是内部利益,由市场营销优先考虑。如果 86% 的规格是客户可以接受的,并且接受了后续工作,那么最初的项目很可能被认为是成功的。

表 11-1 项目成功的因素

基 本	次 要
在时间之内	该客户的后续工作
在成本之内	将客户的名字作为产品的一个参考值
在质量标准之内	产品的商业化
被客户接受	在最低限度或双方同意的范围内变更
	不影响工作的主要流程
	不改变企业文化
	不违反安全规定
	运营效率和效益
	满足 OSHA/EPA 的要求
	维护道德操守
	战略目标一致
	维护公司声誉
	维护与监管机构的关系

项目管理方法可以确定基本和次要的成功因素。这可以为项目经理制订风险管理计划和决定哪些风险值得、哪些不值得应对提供指导。

11.10 创新项目的成功与核心竞争力

可交付成果或产品的创建虽然从表面上来看可能很成功,但其实会给公司组织结构造成破坏。例如，一家公司取得了技术突破并为其客户创造了新产品。但是，新技术改变了公司基于旧技术的许多核心竞争力。一项涉及技术的创新成果可能增强或减弱公司用于实现其日常运营和战略执行的现有能力。如表 11-2 所示，核心竞争力由多个子系统组成，但也许并非所有子系统都受到创新的影响。

表 11-2 提升和破坏能力

变更位置	能力提升	破坏能力
技术	改进现有技术和简单的调整	新技术可能使旧技术过时并被替换
能力	相同的培训和知识管理系统的更新	可能涉及广泛的培训和知识管理系统的重大更新
新产品开发	使用更少的现有子系统，并可能创建一个新的子系统	创建大量新的子系统，可能使旧的子系统过时，增加新的子系统集成的复杂性

简而言之，项目的成功可能导致公司组织混乱甚至项目最终失败。一个项目可能对构成核心竞争力的子系统产生影响，这对我们何时及如何定义成功至关重要。在选择和批准创新项目时，这一点非常重要。

（1）在对任何创新项目进行全面投资之前，公司必须决定创新是建立在现有的核心能力和子系统之上，还是必须创建可能产生破坏性影响的新能力或新的子系统。创新（尤其是成功的创新）的结果可能增强或破坏由子系统组成的现有能力。取得真正的成功需要花费时间。

（2）建立新能力，并以此增强现有能力的创新通常是最好的。

（3）以不同技术为基础的新能力可能破坏现有技术能力。基于外围（公司外部）子系统的创新通常不会对公司造成破坏，因为它们与影响公司战略的核心竞争力的联系不紧密。

（4）除非可以围绕现有的核心能力和子系统构建复杂的产品创新，否则产品需要更多的时间投入市场并进行商业化。破坏核心竞争力的创新项目通常需要较长的上市时间。

（5）即使创新不具有破坏性，但结果也可能是工人需要新的技能，需要大量新的培训，知识管理系统也会发生重大变化。

定义项目成功可以基于我们如何对技术水平及其子系统进行分类，例如，现有技术和现有技能的使用；对现有的技术子系统稍微进行调整；使用某些新技术而非现有技术；需要替换现有的技术子系统；一个新子系统的增加可能使用现有子系统；必须创建其他或新的子系统，从而使子系统的集成更加复杂。

11.11 创新项目的成功与商业模式

关于技术、产品和服务的创新成败，已经有很多文章进行了讨论。有一个范畴却没有得到足够的关注，就是商业流程创新。流程及产品和服务的创新可以迫使公司改变其商业模式。

商业模式的构建描述了公司的商业战略，该战略与公司如何创建、获取和交付商业价值有关联。文献对商业模式有多种解释和定义，这使得很难定义商业模式的成功。

新的产品和服务可以像改变流程一样改变公司的商业模式。例如，一家公司可能创造一种新产品，这种产品会改变客户基础、分销渠道及随之而来的收入流。

11.12 创新项目失败的原因

记住失败的两个好处。首先，如果你真的失败了，你就会知道什么是行不通的；其次，失败给了你尝试新方法的机会。

—— Roger Von Oech, *A Whack on the Side of the Head：How You Can Be More Creative*

之前，我们说过项目通常会因为两个原因中的一个而终止。项目终止的最佳理由是该项目成功了。第二个原因是整个创新项目完全失败。然而，可能还有第三个原因，从现有的创新项目中分拆出来的项目很有可能增加公司商业价值。

已经发表了很多关于项目失败原因的文章，不管是部分失败还是完全失败，大多数失败都是由多种原因造成的，有些原因可能直接或间接导致其他原因。例如，商业论证失败可能导致计划和执行失败。为简单起见，不仅仅是创新项目，对于所有类型的项目，项目失败可以分为以下几类。

（1）计划（或执行）失败。商业论证不切实际；在项目的整个生命周期中，商业论证的需求发生了重大变化；技术过时；技术上不切实际的要求；缺乏清晰的愿景；在短时间内项目计划要求太多；估算不准，尤其是财务方面；不明确或不切实际的期望；假设（如果存在）是不现实的；计划建立在数据不足的基础上；没有系统化的计划过程；计划是由一个计划小组执行的；需求不足或不完整；缺乏资源；分配的人员缺乏经验或必要的技能；资源缺乏重点或动力；人员配备要求模糊；不断变化的资源；整体项目计划不周；既定的里程碑无法衡量；既定的里程碑太宽泛；环境因素发生变化，导致项目范围过时；错过了最后期限且没有补救计划；超出预算且无法控制；缺乏定期的重新规划；对项目的人力和组织方面缺乏重视；项目估算依靠猜测且不基于已完工的类似项目或标准；没有足够的时间来估算；没有人知道报告中确切的主要里程碑日期或到期日期；团队成员面对相互冲突的工作要求；人员在项目中进进出出，对进度安排漠不关心；成本控制不力；项目人员与利益相关者之间缺乏沟通；根本无法评估风险；合同类型错误；项目管理不善，团队成员对项目管理了解甚少，尤其是虚拟团队成员；技术目标比商业目标更重要；以兼职的方式指派包括项目经理在内的关键技术工人；绩效指标跟踪性差；糟糕的风险管理实施；公司开发项目过程中资产不足。

（2）管理（利益相关者）的失败。未涉及最终使用项目的利益相关者；极少或根本没有利益相关者支持，缺乏所有权；拥有不同愿景和目标的新管理团队；不断变化的利益相关者；低级别的项目组织无法理解公司目标和（或）愿景；利益相关者的要求不明确；移交后使用项目的利益相关者不满意；每个利益相关者使用不同的组织过程资产，这些资产可能彼此不兼容；项目与利益相关者之间缺乏沟通；利益相关者之间无法达成协议。

（3）政治失败。新选举导致权力更迭；东道主国家的财政政策、采购政策和劳工政策的变化；国有化或非法没收项目资产和（或）知识产权；由政变、恐怖主义行为、绑架、勒索、暗杀、内战和叛乱引起的社会动乱；显著的通货膨胀率变化导致不利的货币兑换政策；合同的失败，如许可证的取消和付款失败。

技术失败也可能是行业特有的，例如IT技术失效或建造失败。有些失败可以纠正，有些失败则可能导致项目终止。

如果我们仅仅看创新项目，那么最常见的失败类别有：技术故障、市场失灵、性能故障、未能按时完成、研发失败、开发失败、生产失败、领导失误。

如果我们对每个创新项目的失败类别进行根本原因分析，则可以确定以下所列是创新失败的常见原因：目标定义不清晰、与目标不一致、对结果监控不力、意料之外的结果、专业技术不足、团队参与度低、用户验收失败（如原型）、突发事件、不可逾越的技术障碍、物资出现差错或者质量不合格、法律（或责任、法规）的不确定性、缺乏沟通和获取所需信息的渠道、自下而上的关键决策。

不管一个公司的创新团体有多好，总会有一些失败。任何一个总是做出正确决定的公司，都未能做出足够多的决定。任何成功完成所有创新项目的公司，可能都没承担足够多的风险。

11.13 确定成功和失败的标准

失败是创新过程中不可避免的一部分。期望的创新程度越高，就需要更有效的风险管理措施。如果没有有效的风险管理，可能就无法终止现金流失严重的项目，并且不可能取得成功。

创新项目团队往往过于专注于技术创新，以至于他们可能不知道什么是创新的成功和失败。如果不了解创新的成功，这个团队可能不断增加一些华而不实的东西，这些华而不实的东西在市场上会使产品的价格过高。如果不了解创新失败的原因，团队可能继续从事一个不再能够创造商业价值的项目，使得资源被浪费。

公司可以通过创建成功和失败的标准来缓解这些问题。成功的标准通常在选择项目的过程中开始。一些创新项目被选择是因为适合公司的商业模式。适合性的标准可能包括：类似的技术；类似的营销和分销渠道；可由现有的销售人员进行销售；由现有客户群购买；符合公司理念、利润目标和战略规划；适用于当前的生产设备。

根据适合性标准，我们可以将创新成功标准分为以下几类：技术的发展和应用、战略契合、客户验收、适用的市场增长机会、财务因素（利润率、投资回报率、投资回收期、净现值、投资回报率和内部收益率）。

成功的标准为我们提供了一些指导，指导我们应该使用什么样的创新度量标准来验证项目是否满足成功的标准。

失败的标准通常是成功标准的负面镜像，并且严重偏离公司的商业模式和市场接受度。典型的创新失败标准要素可能包括：不可逾越的障碍（商业或技术）；专业知识不足和（或）缺乏合格资源；法律（规章）或产品责任的不确定性；产品的市场或市场份额太小，依赖于有限的客户基础；对某些供应商和（或）专业原材料的过分依赖；不愿意接受合资企业和（或）许可协议；成本过高且可交付产品的销售价格不具有竞争力；投资回收期过长；竞争太激烈不值得冒险；产品生命周期太短；该技术不同于我们在其他产品和服务中使用的技术；现有的生产设备无法支持该种产品；该产品不能由我们现有的销售人员出售，并且不适合我们的营销和分销渠道；有客户群拒绝购买该产品（或服务）。

项目不会在一夜之间从"绿色"变成"红色"。通过建立基于成功标准和失败标准的正确衡量标准，公司才可以识别出创新调整的触发因素，便于权衡，找到机会。典型的触发因素可能是：产品的市场消失；市场状况的重大变化；创新团队、市场营销和（或）高层管理人员失去信心、热情和兴趣；技术难度和复杂性的重大变化；成功的可能性降低。

如果没有重新调整的触发因素，一个项目可能偏离轨道。因此，恢复项目的成本可能很高，纠正错误可能需要大量甚至新的资源。在恢复过程中权衡的最终目标不再是按时完成，而是为客户和利益相关者带来合理的效益和使用价值。项目的需求在恢复期间可能改变，以满足已经改变的新目标。然而，无论你做什么，并非所有存在问题的创新项目都可以恢复。

11.14 对项目经理和创新人员的启示和借鉴

项目经理必须明白，在任何类型的创新项目中，没有单一的方法来定义创新项目的成功。必须有多种衡量成功因素的方法，而衡量的时机至关重要。一旦可交付成果或产品完成，虽然项目可能表面看起来是成功的，但真正的成功会在实现期望的商业价值的时候达成。最后，有效的项目管理实践（其中许多被视为无形的）是成功的因素，必须不断进行改进。对于某些项目经理来说，这可能是新出现的一些关键问题和挑战，包括对以下方面的理解：成功有多种定义；成功有多种组成部分，包括商业和技术部分；创新成功的真正定义是创新对企业的长期影响；我们在定义运营成功与战略成功之间的方式可能存在重大差异；成功和失败的程度可以改变创新项目的生命周期；直到我们接近维护期或更晚，才可能知道真正的成功；成功的要素或属性可能需要确定优先级；成功和失败会对公司的核心竞争力产生有利或不利的影响；需要成功和失败的标准。

参考文献

[1] Alt-Simmons, R. （2016）. *Agile by Design*. Hoboken, NJ: John Wiley & Sons.

[2] Baccarini, D. （1999）. The logical framework method for defining project success. *Project Management*

Journal 25–32.

[3] Boynton, A. C., and Zmud, R. W.（1984）. An assessment of critical success factors, *Sloan Management Review* 25（4）, 17–27.

[4] Cooper, R. G., and Kleinschmidt, E. J.（1987）. New products: what separates winners from losers, *Journal of Product Innovation Management*（4）, 169–184.

[5] Freeman, M., and Beale, P.（1992）. Measuring project success, *Project Management Journal*（1）, 8–17.

[6] Hultink, E. J., and Robben, H. S. J.（1995）. Measuring new product success: The difference that time perspective makes. *Journal of Product Innovation Management* 12, 392–405.

[7] Kakati, M.（2003）. Success criteria in high-tech new ventures. *Technovation*（23）, 447–457.

[8] Rockart, J. F.（1979）. Chief executives define their own data needs. *Harvard Business Review*（2）81–93.

第 12 章 创新实践

项目经理和创新人员的学习目标：
识别一些公司成功用于创新活动的不同技术；
了解并非所有公司都使用相同的创新技术。

12.1 引言

组织没有为保持创新而必须进行的所有活动准备需要的明确模板。即使可能有常用的创新工具或创新画布，但每个公司都有自己的商业计划、组织结构和创新文化。

本章讨论的所有公司都有不同的创新方法。同时它们都具有创新优势和劣势。本书仅讨论与每家公司独特优势有关的一些创新做法，作为前面各章内容的示例。

12.2 创新实践：苹果公司

[史蒂夫·乔布斯]聪明吗？不，不是例外。相反，他是一个天才。他的想象力飞跃是本能的，出乎意料的，有时是神奇的，就像探路者一样，他可以关注信息，预测和感知前方的事物。因此，史蒂夫·乔布斯成为我们这个时代最伟大的商业主管，从现在起，人们肯定会记得他。

历史将把他放在爱迪生和福特旁边的万神殿中。他创造了完全创新的产品，结合了浪漫者和实用者的力量，这比他那个时代的任何人都重要。他的残酷无情可能使得和他一起工作既令人不安又鼓舞人心，与此同时，他还创立了世界上最具创造力的公司。他能够将他设计的敏感性、完美主义和想象力注入产品，甚至有可能在几十年后成为在艺术和技术交汇方面发展最为出色的公司。

—— Walter Isaacson, *Steve Jobs*

当人们想到具有持续创新历史的公司时，通常会从苹果公司开始。但是，许多人没有意识到的是，持续创新成功的道路可能布满一些失败、障碍、挑战及可能发生的诉讼，例如苹果公司遭遇的与微软和三星的诉讼。

1. 背景

苹果公司的一些成功案例包括 Macintosh 计算机、iPod、iPhone、iPad、Apple Watch、Apple TV、HomePod、软件、电动汽车和 Apple Energy。但是，在 20 世纪 90 年代推出的消费品中也有十分糟糕的产品，例如，数码相机、便携式 CD 音频播放器、扬声器、视频控制台和电视设备。失败的产品不是创新失败的结果，而是不切实际的市场预测。

成功的创新会增加市场份额和股价，而失败的产品会产生相反的效果。从 1984 年至 1991 年，苹果公司在 Macintosh 计算机方面取得了巨大的成功。从 1991 年至 1997 年，由于创新有限，苹果公司在财务上陷入了困境。公司在 1997 年至 2007 年恢复了盈利。2007 年公司在移动设备上的创新，是其惊人成就的重要组成部分。

创新通常会在知识产权的所有权和控制方面引发法律问题。互联网的发展给音乐产业带来了盗版问题。史蒂夫·乔布斯评论了苹果在音乐业务上的成功，他说："目前在全球范围内已合法购买和下载了超过 100 万首歌曲，随着我们从 CD 转向了互联网，这是打击音乐盗版和未来音乐分销的主要力量。"

苹果公司将继续使用几种不同类型的创新。有些产品使用渐进性创新，例如手机的更新版本，而其他产品则表现为突破性创新。公司还使用开放式和封闭式创新。为了进行开放式创新活动，公司为开发人员创建了工具，以使其更容易创建符合需求的产品。

苹果公司还在其商业模式中进行了创新，旨在改善与客户的关系。公司创建了一个零售程序，该程序结合了在线商店和实体商店的定位概念。尽管最初有媒体猜测苹果公司的商店概念会失败，但其商店还是取得了成功，超过了附近竞争商店的销售数量，并在三年内达到了 10 亿美元的年销售额，成为有史以来发展最快的零售商。多年来，公司扩大了零售点的数量和地域覆盖范围，截至 2017 年 12 月，在全球 22 个国家和地区拥有 499 家商店。2011 年在全球范围内，强劲的产品销售使苹果公司跻身顶级零售商店，销售额超过 160 亿美元。

苹果公司造就了一种创新文化，使人们有机会进行创新。与其他文化不同，在这种文化中，高管们将人员分配给创新项目，然后坐下来等待结果出现，而史蒂夫·乔布斯成为许多项目的积极参与者。许多员工表示，没有乔布斯参与的项目通常要花更长的时间。

在苹果公司，员工是不承担专业领域以外职责的专家。乔布斯认为这是在每个职位上能拥有"一流"员工的一种手段。公司还以严格执行单人问责制而闻名，即每个项目都有公司行话中的"直接负责的个人"或"DRI"。在传统的项目管理中，项目经理经常和为项目分配资源的职能经理共同承担项目成败的责任。

为了表彰最优秀的员工，公司创建了 Apple Fellows 计划，该计划奖励那些在任职期间对公司做出杰出技术或领导贡献的个人。在具备大量创新的公司中，这已成为一种普遍的做法。迪士尼创建了一个类似的体制，称为"幻想传奇"，以表彰卓越的创新能力。[①]

---

① 请参阅第 13 章中"迪士尼的创新项目管理技能"。

2. 结论

如果公司能够允许某些失败，并意识到市场可能不喜欢某些产品，那么就可以持续成功地进行创新。公司的商业模式可能发生变化，就像 Apple Stores 开业时那样。

12.3 创新实践：脸书[①]

一些公司因其成千上万的创新而拥有庞大的用户群。但是其他公司（例如脸书）必须满足数亿终端用户的需求。为了成功地做到这一点并保持创新，开源创新实践至关重要。

1. 背景

脸书（Facebook）的许多创新来自开源创新、众包和平台的使用。Facebook 于 2007 年 5 月 24 日启动了 Facebook 平台，为软件开发人员和其他志愿者提供了一个框架，以创建与 Facebook 核心功能进行交互的应用程序。同时引入了一种称为 Facebook 标记的语言。它用于自定义开发人员创建的应用程序"外观和感知"。Facebook 使用该平台启动了几个新的应用程序，包括 Gifts（允许用户互相发送虚拟礼物）、Marketplace（允许用户发布免费的分类广告）、Facebook 活动（用户可以将即将发生的活动通知他们的朋友）、视频（可让用户彼此共享自制视频，以便用户在社交网络游戏中保持联系，并通过朋友之间的联系来帮助他们玩游戏）。这是许多流行的早期社交网络游戏最终都会结合的功能。例如，达到顶级应用程序位置的早期游戏之一—绿色补丁（Green Patch），就把虚拟礼物、将发生的事件通知朋友的功能和通过事件对慈善机构做出的贡献相结合。

第三方公司提供了应用程序指标，并针对 Facebook 应用程序的兴起开发了多个博客。2007 年 7 月 4 日，Altura Ventures 宣布成立"Altura 1 Facebook 投资基金"，成为全球首家仅限 Facebook 的风险投资公司。

在平台上创建的应用程序包括国际象棋，它使用户可以与朋友一起玩游戏。在此类游戏中，用户的游戏进度会保存在网站上，可以随时进行下一个步骤，而不需要重新开始。

截至 2007 年 11 月 3 日，开发者已经在 Facebook 平台上开发了 7 000 个应用程序，每天创建 100 个应用程序。到 2008 年 7 月 23 日举行的第二届年度开发者大会上，申请数量已增加到 33 000 个，注册开发者的数量已超过 40 万个。Facebook 还创建了多种语言的应用程序。

马克·扎克伯格（Mark Zuckerberg）说，来自 Facebook 的团队正在开发一个 Facebook 搜索引擎。"Facebook 非常适合回答人们的问题。在某个时候，我们会成功的。我们有一支正在研究的团队。"马克·扎克伯格说。对他来说，传统的搜索引擎给出的结果太多，不一定能回答问题。"搜索引擎确实需要提供一系列答案：'我有一个特定的问题，请为我回答这个问题。'"

[①] 本节来自维基百科条目"Facebook"，现改名为 Meta。

2. 结论

考虑到 Facebook 有 40 万多家提供商，Facebook 似乎已经成功地管理了开源创新，并与应用程序提供商建立了战略合作伙伴关系。

12.4 创新实践：IBM[①]

1. 背景

根据 IBM 商业价值研究院第 19 届全球高管（C-Suite）价值调查报告"The Incumbents Strike Back"，为了使组织能够在当今快速发展的世界中具有竞争力，组织面临着将高质量和差异化的产品和服务快速推向市场的压力。但是，"尽力而为"的努力可能带来与实际客户需求无关的体验。如果你错过目标，你可能不会再有机会。传统上，设计人员和开发人员在不同的功能区域内进行操作。通过建立多学科团队并将设计思维方法与敏捷方法相结合，你可以有效地发布信息，并提高客户第一印象的可能性。

在越来越多的行业中，解决方案的讨论正以客户体验为中心，而不是以传统的产品为中心。

IBM 项目管理全球卓越中心负责人 Jim Boland 明确指出，IBM 的项目经理必须在这些讨论中处于领先和中心地位。他们的作用正在扩大，不断适应需求是新常态。传统的思维方式（包括理解你的交付成果、交付时间和预算）虽然仍然很关键，但可能不足以确保成功。

协作和敏捷性需要与规模管理和财务管理等行之有效的做法相适应。

如果你考虑这句话，那将是一个很大的挑战：我们要求项目经理足够灵活，以不断聆听和协作来满足客户不断变化的需求，并相应地调整解决方案，同时并行地继续管理可交付成果（包括范围、时间和预算）。通过协作、敏捷、设计思维和弹性等技能来增强传统项目管理技能至关重要。

在整个"旅程"中建立高水平的信任至关重要，这不仅是团队和利益相关者之间的信任，还在于对流程和这段"旅程"本身的信任。

IBM 已经拥有一系列的工具、技术、学习和方法，以使他们的项目经理能够在新环境中取得成功。例如，在 IBM 内部建立敏捷性和设计思维之类的学院，并在 IBM 全球按需学习平台"Your-Learning"的支持下，为公司中的每个人提供个性化的学习之旅。

IBM 还通过建立 IBM Garage，将其带给客户，这是一种新的工作方式，IBM 专家（包括项目经理）可以在可定制的空间与客户共同创建。在这里，你可以尝试大胆的创意，获得新的专业知识，并使用现代和新兴技术构建新的企业级解决方案。

2. 案例研究 1

该 IBM 案例研究由认知供应链加速器和 IBM 认证的执行项目经理 Galen K. Smith 提

---

① 本节由 IBM 全球服务有限公司项目管理全球卓越中心负责人 Jim Boland 提供。版权所有，经许可转载。

供，展示了创新如何能够并且应该成为项目管理的一部分。在这种情况下，项目团队选择遵循已经提到的一些敏捷和设计思想原则，这些原则是由项目经理在领导角色中精心安排的，以促进整个项目生命周期中的学习和实施。

需求收集从用户访谈开始，从而确定了三个角色：供应链专家和买方、商业运营经理和供应链负责人。这些角色定义了将参与确定最低可行产品（Minimum Viable Product，MVP）和第一个发行版本的可交付成果的用户组。团队正是通过这三个角色来了解他们的用户体验和痛点，以及如何提供更好的用户体验并实现商业目标的。

在定义了用户组之后，下一步是与项目团队的关键成员，如产品所有者、用户体验（User Experience，UX）设计师、业务主管和执行发起人，以及 13 位实际用户一起进行设计思想研讨会。主持人是一位敏捷项目经理，他带领大家完成了一天的设计思维实践，目的是充分了解每个角色的当前状况、难点及构想更好的 UX 的想法。对这些想法进行了优先级排序，然后团队开始进行情节提要，将这些想法应用到新的未来场景中。当天结束时，与会者创建了自己的纸质原型，以设想用户界面的外观和感觉，需要什么数据及如何显示它，以及屏幕如何交互以表达他们对所需用户体验的看法。

这种方法在开放的环境中运行，可以提高所有者的参与度，且无视等级，并确保听取了每个与会者的意见。该研讨会包括旨在打开大脑的创造力这一方面的练习，以及协作和包容的方法，从而提高了作品的整体创造力。如纸质原型设计所描绘的大量想法展示，这种创造力提供了更具创新性的结果。

参与的项目经理扮演产品所有者、商业分析师和用户主题专家（Subject Matter Expert，SME）领导的角色，并在研讨会后与用户（每周两次）、管理层（每月）和执行发起人（每周）进行定期电话会议，通过创造力、实验、用户参与和反馈来继续这种创新氛围。在执行发起人和管理团队的支持下，项目经理在组织中实现了文化上的变化，并通过针对用户的有趣活动来保持了这种变化。这些活动包括举行创新讨论、Ideation 博客、围绕工具学习和使用参与游戏、庆祝实验成功、表彰为新功能做出贡献的人。

"如何管理创新？"Smith 问，他总结说，好的会产生创新，并且只有当他们的想法被倾听和执行时，想法才会强烈地涌现出来。当开辟了许多途径，就可以在最初和过程中持续不断地引入想法，项目负责人（产品所有者、用户主管和业务主管）有意识地与所有用户沟通，是为了确保用户可以看到他们的想法如何影响项目的设计和交付成果。

3. 案例研究 2

在此案例研究中，IBM 的客户信息控制系统（Customer Information Control System，CICS）的项目经理 Gary Bettesworth 解释了类似的方法如何成功地改造了传统的软件开发过程。CICS 交易服务器是功能强大的混合语言应用程序服务器，可在 IBM Z 平台上运行。它在金融和零售领域广泛用于关键商业服务，提供在线交易管理和链接。它可以在可扩展的安全环境中处理极高难度的高负载工作。

在 2019 年，迎来该软件使用 50 周年的庆典，该软件在大部分时间都使用的是传统的瀑布式开发模式。但是，瀑布式开发过程和较长的开发生命周期有时可能很慢且缺乏灵活性。

此外，由于在技术创新的推动下，客户需要对不断变化和竞争激烈的市场做出反应，因此客户要求更加敏捷和更快地使用软件，这需要改变团队的软件开发和管理流程。

在过去的10年中，项目团队一直在使用项目管理、交付过程和工具，这些工具支持敏捷管理、DevOps 和企业设计思维。

根据 Bettesworth 的说法，企业设计思维方法通过实施活动（如未来场景映射、同理心地图和访谈等）来帮助团队验证他们是否在构建正确的软件，以与用户充分互动，并了解他们的角色和需求。结合敏捷实践（如定时迭代、频繁的代码交付和反馈、代码演示和回放、小型多学科团队、故事点和燃尽图、优先的搁置工作）及对敏捷工具的支持，完全改变了 CICS 交易服务器项目团队的文化。整个项目团队都具有自我指导能力，在软件开发过程中为创新提供支持，而项目管理扮演服务角色，在必要时提供帮助和指导。计划不再是固定的，而是根据利益相关者的反馈和对市场的持续评估定期进行调整。在整个项目中，团队成员还要不断对交付过程进行调整和适应。

对于团队而言，创新是能够将其所有工具进行现代化，也是创建模块化工作区中 DevOps 端到端自动化中重要的一点。这种连续的集成，使代码一经开发便可以快速构建、部署和测试。快速构建和测试软件的能力对于经常向项目提供新功能显得至关重要。实时仪表板使代码交付和项目状态可以由内部利益相关者（包括项目经理）查看，并用作项目状态会议的基础。

这只是在 IBM 上运行的数千个项目示例中的两个，其中项目经理正在改变其启动、管理和结束项目的方式。

4. 案例研究 3

IBM 拉丁美洲技术支持服务交付转换负责人 Carlos Carnelós 过去四年一直从事 IT 自动化领域的工作，他指出创新主要在于项目可交付成果、部署的技术及我们采用的新方法。根据他的经验，项目管理技术正在成为传统与敏捷的结合，使用设计思维作为一种方法来定义范围，并确定交付功能的时间和优先级。

5. 结论

总而言之，Jim Boland 认为，好的项目经理是平等的项目经理、顾问、变革推动者和创新者。随着术语"混合工作"在未来越来越成为标准惯例，我们的项目经理不得不将其传统的项目管理技能与新时代的技能（如设计思维、数据分析等）相结合。这贯穿许多工作岗位，对于非项目经理的员工来说，学习项目管理技能也同样重要。在这个新的混合世界中，创新将是永恒的。

12.5 创新实践：德州仪器公司

当公司意识到持续创新的必要性时，它们通常会从何处着手呢？一些公司倾向于技术和组织重组。德州仪器公司（Texas Instruments，TI）很快发现，从人员和支持创新的组织文化开始可以加快这一过程。

1. 背景

大多数人似乎认为，创新项目管理的发展始于项目管理方法论的发展。此外，他们经常犯致命的错误，认为项目管理方法论的发展是解决传统和创新项目中所有"疾病"的解决方案。尽管在某些情况下这可能是正确的，但在项目管理方面表现出色的公司意识到，人们可以执行方法论，并且如果最初将重点放在人员而非工具上，则可以更快地实现创新和传统项目管理的最佳实践。因此，重点应放在人员和文化上。

擅长项目管理的一种方法是开发成功金字塔。每个公司都有自己的方法来确定成功金字塔中应包含的内容。德州仪器公司意识到以人为本是加快创新项目成功的一种重要方式。公司为管理全球创新项目开发了成功金字塔，如图12-1所示。

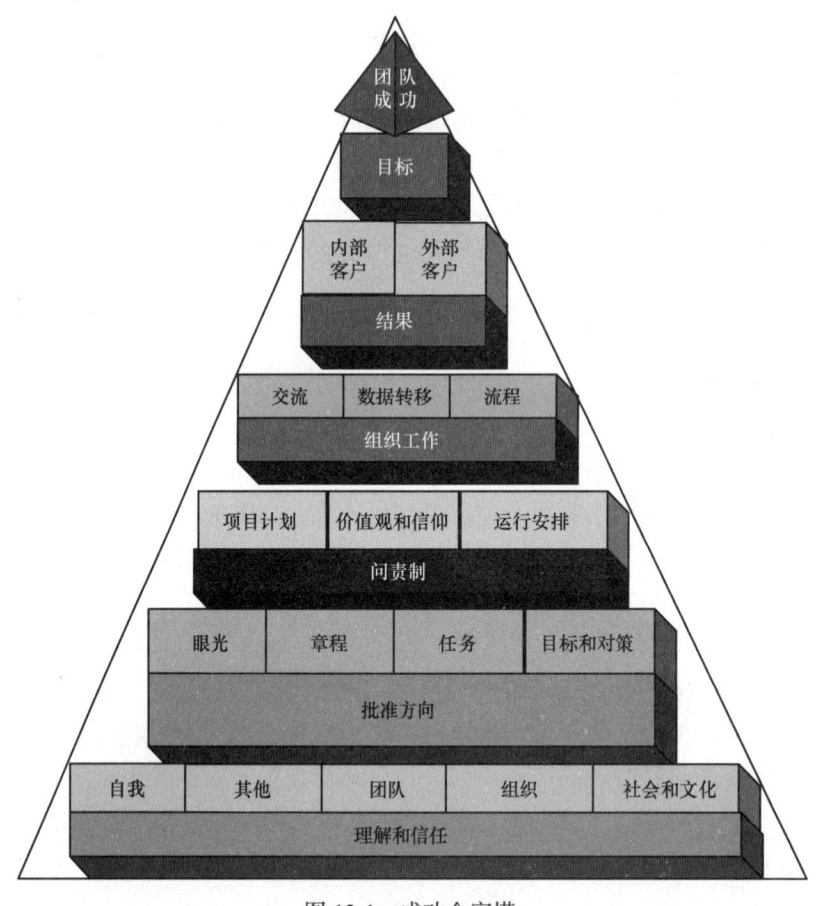

图12-1 成功金字塔

公司的发言人介绍了成功金字塔在全球项目管理中的开发和使用。

到20世纪90年代后期，传感器和控制的业务组织已经从本地化团队转到全球范围的团队。我负责管理5~6个项目经理，这些项目经理依次管理新产品开发（New Product

Development，NPD）的全球团队。这些团队通常由来自北美、欧洲和亚洲的 6~12 名成员组成。尽管我们在全球商业环境中运营，但团队仍面临许多新的独特难题。我们开发了成功金字塔，以帮助这些项目经理完成任务。

尽管金字塔中的消息非常简单，但是此工具的功能可能非常强大。它基于从底部到顶部构建金字塔的原理。底层构建块是基础，被称为"理解和信任"。这部分指的是，要使一支全球团队运转良好，必须有一个共同的纽带。团队成员必须彼此信任，并且由项目经理确保建立这种联系。在此级别的构建块中，我们提供了详细信息和示例来帮助项目经理。有些团队成员在项目开始之前可能从未见过，这是很常见的，因此建立信任的任务无疑是一个挑战。

第二层称为批准方向。此级别包括团队章程和任务及正式的目标。由于这些虚拟团队通常很少有直接面对面的时间，因此在此级别传达的信息是项目经理要获得项目中所有区域经理的批准和支持。此步骤对于解决来自不同地域的团队成员的优先级冲突问题至关重要。

金字塔的第三层称为问责制。此级别强调了包含所有团队成员的价值观和信念的重要性。在全球团队中，这方面可能有很多差异。可通过允许所有团队成员发表意见，这不仅可以使项目计划更加完整，而且每个人都可以直接参与计划。在此阶段使用分布式领导方法的项目经理通常要做得很好。秘诀是使人们从义务态度转变为愿意承担责任的意愿。

第四层称为组织工作，是团队在项目期间居住并进行日常工作的地方。此级别包括每天、每周和每月的所有联系，并且以遵循开发过程类型的协议为基础。在德州仪器公司，我们为 NPD 项目制定了正式流程，通常用于此类项目。金字塔的强大之处在于，只要它下面有牢固的基础，此级别的详细工作就可以非常顺利地进行。

在执行金字塔较低级别的工作之后，我们可以期望获得良好的结果，如第五层所示。这是在内部和外部客户的两个方面推动的。内部客户可以包括管理层，也可以包括拥有整个项目财务所有权的商务部门。

最后，金字塔的最高层显示了总体目标，并被标记为"团队成功"。我们的经验表明，在一个为期两年的项目中取得成功的全球团队通常会提升信心和能力水平。这种成功激发了人们的热情，使团队成员能够承担更大、更具挑战性的任务。经理们利用这种更高水平的能力提供了竞争优势，并使用了我们取得成功的能力。

2. 结论

在德州仪器公司，强调文化不仅有益于创新计划，而且还产生了支持其他计划的最佳实践。遗憾的是，更多的公司没有意识到这种方法的重要性。

12.6 创新实践：3M 公司

1. 背景

公司经常在如何将员工引入创新过程中挣扎。在一些公司中，员工认为只有研发团队或其他创新团队才有责任提出和利用创新思想。3M 公司采用了不同的方法，并为整个公司的参与制定了标准。

在创新方面非常成功的公司将创新作为企业持续发展的驱动力。3M 公司是行动创新的典范。大多数研究人员都同意 3M 的成功源于其培养创新思维的企业文化。如 Irving Buchen（2000）所述：

3M 宣布，所有员工每个工作日最多可以花 15 分钟来讨论他们想从事的工作。唯一的限制是，不能以牺牲常规工作为代价。他们不必得到项目的批准，他们不必告诉任何人他们正在做什么。如果他们需要更多固定的时间段，他们可以将内容集中在 1 分钟。他们不必提出任何解释来证明或弥补所花费的时间。那这样的结果如何？无形之中带有压力，员工来得更早，后来又留下来延长他们的创新时间。许多人在怪异的气氛中走来走去，甚至满脸笑容。有些人甚至开始咯咯笑。但是他们也非常有生产力。透明胶带项目就是在这种氛围中诞生的，便利贴也是如此。同样重要的是，士气得到了极大的提升。总体生产率较高，团队似乎更紧密并且合作更好，不同部门的中层管理人员之间的关系似乎有所改善。简而言之，这是双赢的局面。创新成果与改变整个文化的新精神相呼应。

像谷歌（Google）和惠普（Hewlett-Packard）这样的公司，有 15% 的时间计划与 3M 公司相似。3M 计划始于 1948 年，此后为该公司产生了许多最畅销的产品、22 800 项专利，年销售额超过 200 亿美元。

3M 文化具有几个鲜明的特征，从鼓励员工创新开始。鼓励员工遵循自己的直觉并抓住机会。3M 为员工提供了一个论坛，供他们查看他人在做什么，了解新产品的想法及找到解决现有问题的方法。这种文化在开放式交流和信息共享的基础上蓬勃发展。还鼓励员工与客户讨论他们的需求，并参观 3M 的创新中心。

战略方向是 3M 文化的另一个特征。鼓励员工考虑未来，但不要以牺牲当前收入为代价。使用"30%规则"，每个部门的收入的 30% 必须来自最近四年推出的产品。这几乎是基本的，并构成了员工奖金的基础。

员工可以使用资金来进一步发展他们的想法。初步探索想法的投资资金可以来自商业部门。如果资金请求被拒绝，则员工可以请求公司支持资金。

奖励和认可是 3M 创新文化的一部分。许多公司面临的一个普遍问题是，科学家和技术专家认为，"管理中的草比技术环境中的草更绿"。3M 创建了双阶梯系统，在技术阶梯上，技术人员可以获得与公司管理层相同的报酬和收益。即使研究项目失败，人们也可以保留他们以前的工作，留在技术阶梯上。

与迪士尼和苹果公司类似，3M 创建了以前公司总裁 Richard P. Carlton 命名的 Carlton Society（卡尔顿协会），该协会表彰 3M 科学家在开发创新产品和为创新文化做出的贡献。

3M 文化最显著的优势之一是招聘。大多数公司都追捧具有专业技能的工人，而 3M 的文化为创新提供了大量的"自由"，有助于他们吸引有才能的员工。

2. 结论

3M 的成功设定了其他公司在如何使整个组织参与创新思维方面所效仿的标准。必须让所有员工意识到他们可以为创新做出贡献，并且他们的想法将被听到。

12.7 创新实践：摩托罗拉[①]

90 多年来，摩托罗拉已被公认为是创新的代名词。摩托罗拉一直执着于通信和半导体行业的技术创新，但现已扩展到其他行业。摩托罗拉为在创新活动中接近最终用户及了解客户商业模型的需求设定了标准。

1. 背景

在前面的章节中，我们讨论了接近客户以了解其需求的重要性。在大多数公司中，创新研究只是简单询问客户现在和将来的需求。摩托罗拉将其研究范围进一步扩大。摩托罗拉利用其设计研究和创新团队来进行"深度"客户研究，不仅阐明用户如何使用摩托罗拉产品，而且阐明客户应如何运行其商业流程及表达在未来对该产品的需求。摩托罗拉还观察客户如何使用它们的产品。摩托罗拉的研究不仅限于了解产品的使用方式，还包括了解产品如何对客户的商业成功至关重要，以及产品如何适应客户的商业模型。这使摩托罗拉能够进行有针对性的创新。对客户的了解不仅仅取决于最终用户的要求，了解一个产品方案的方方面面可以使公司的设计团队更好地把握产品的发展方向。

摩托罗拉的衍生性研究是由客户和合作伙伴的访谈及观察研究推动的。正如 Graham Marshall 所说：

在第一轮客户访问和衍生性研究的基础上，团队确定了在产品定义阶段需要重新访问的特定客户。此时，研究人员将带来一个简单的模型，该模型可以展示产品的形式、特征和功能。产品定义阶段可帮助团队在做出开发承诺之前清晰地定义和测试产品的匹配度。

我们使用模型工具包和情节提要与客户交流潜在的设计方向。我们可以通过提出具体问题来更好地了解客户需求的复杂性："你需要显示哪些信息？你需要输入多少信息？你的房间光线有多好？你使用产品的场景是储藏室还是店面，或者两者都用？你需要携带移动产品或设备多远才能完成交易？"

摩托罗拉还进行了验证，以确保将重点放在解决客户需求上。正如 Marshall 所说："在开发计划过程中，创新和设计团队需要验证收集的信息、产品方向和开发权衡的完整性，以确保随着产品开发的进展，设计仍然以客户的需求为目标。"

2. 结论

摩托罗拉通过了解客户的业务，并与客户保持密切联系，证明了可以从以客户为中心的创新解决方案中受益。简而言之，摩托罗拉已经发展为一家有针对性的商业解决方案提供商。

---

① 本节改编自"Graham Marshall.At Motorola, Design Research Becomes a Strategic Asset[J].*Design Management Journal*, 2009,4（1）:61–67"，DOI：10.1111/j.1942-5074.2009.00007.x。

12.8 创新实践：Zurich North America[①]

科技正以前所未有的速度推动着全球主要行业的变革。作为回应，企业必须对新兴趋势形成一种观点，并有意投资创新，以保持竞争力。但是，新技术常常给企业带来新的风险。为了减轻这些风险，苏黎世保险集团北美总部（Zurich North America）项目管理办公室建议使用以下三个技巧来管理创新项目。

1. 预先建立成功标准

创新是模棱两可的。项目团队和管理人员必须适应没有正确答案的创新。然而，应该就衡量项目成功与否的标准达成一致。从商业角度确定的成功标准有助于确保将重点放在影响上限和下限的结果上。由于人们对新技术的了解将会越来越多，商业成果也会不断发展，因此需要有接受风险的灵活性和容忍度。创新项目成功的出发点是公开讨论领导者对项目的期望。既定的成功标准使项目负责人可以管理短期和长期的预期。

随着团队在新领域中的发展，创新在商业与IT之间存在信任与协作的地方蓬勃发展。尽早讨论和分享明确的成功标准通常有助于保持团队中每个人观点的一致性。

2. 采用技术证明以验证解决方案满足商业需求

新技术解决方案一开始可能看起来很简单且相对便宜，因此重要的是要提出正确的问题。技术证明（Proof of Technology，PoT）可以帮助验证提议的解决方案是否能够使用预期的商业流程和数据，并满足商业需求。PoT成功的关键是适当的计划。一个适当的计划包括整合工程师和服务器在内的IT资源，并确保在PoT期间有必要的主题专家。识别和降低风险尤其重要，尤其是与数据隐私和信息安全有关的风险。应将PoT的大小调整得易于管理，同时提供足够的信息以快速做出决策。苏黎世保险集团北美总部的企业架构师Quan Choi指出："尽管计划可能要花费数月的时间，但有了正确计划的PoT，其实际运行时间可能相对较短，仅一周即可。"

Quan清楚地指出，PoT通常不会集成到实时系统中，与大规模集成相比，它不仅降低了影响，还降低了成本。但是，PoT结果还应该考虑完全集成的影响。这将更清晰地了解全面执行决定所需的额外工作和投资。

苏黎世保险集团北美总部的PMO负责人Kandace Spotts分享了PoT如何在最小化风险的同时实现准确决策的方法。"为项目团队尝试新技术指定少量资金，能够使领导者具备快速洞察技术的能力。通过PoT，我们可以最大限度地降低财务风险，因为在进行大量投资之前，我们已经确定了该解决方案是否适合我们的商业需求。"

[①] 本节由Kathleen Cavanaugh（PMP、Zurich-ZNA PMO、Sr. Portfolio Mgr）提供。苏黎世保险集团北美总部版权所有，经许可转载。

3. 使用阶段门评估进展并迅速决定下一步行动

阶段门提供了一种透明的方式来衡量工作进展和进入下一阶段的准备情况。在阶段门中，根据成功标准对结果进行评审，以便进行战略评估。停止项目并快速转移到下一创新机会的能力至关重要。阶段门也可以作为分享最佳实践和经验教训的工具。这使项目团队能够获得新技术方面的经验，同时将对组织的财务风险降至最低。

应用这三个技巧将有助于降低创新项目的风险，同时使团队专注于成功的商业成果。

12.9 创新实践：UNICEF USA[①]

之前，我们讨论过诸如苹果公司、Facebook 和 3M 之类的公司，在这些公司中，创新是由盈利能力、市场份额和股息支付驱动的。然而，创新的另一面是人道主义问题，而不是金融问题。

12.9.1 背景

UNICEF Kid Power（联合国儿童基金会儿童手环）是全球首创的可佩戴物（Wearable-for-Good），2016 年被《时代》杂志评为 25 项最佳发明之一、美国最大的教育技术项目之一，服务于高需求的小学。Kid Power 通过使用可穿戴技术将孩子的身体活动转化为现实生活的影响，独特地利用了孩子内心帮助他人的愿望。通过与 UNICEF Kid Power Band 一起活动，孩子们可以获得积分，并从合作伙伴那里获得资金，UNICEF（联合国儿童基金会）将资金用来为严重营养不良的儿童提供治疗食品。孩子们运动得越多，他们获得的积分就越多，他们所提供的帮助也就越多。

UNICCEF Kid Power 于 2014 年在美国推出，旨在激励一代美国儿童成长为健康且具有全球意识的公民，并为解决世界各地儿童的营养不良问题提供积极的帮助。从 2014 年 5 月到 2017 年 5 月，在 Kid Power 创业阶段的头三年，Kid Power 的规模从单个城市的 7 个教室试点发展到美国 49 个州 1 600 个城镇的近 7 000 个教室。通过这样做，Kid Power 吸引了成千上万的孩子，他们一共走了超过 1 000 亿步，为联合国儿童基金会赢得了足够的资金，以提供足够的治疗食品，帮助挽救了 52 000 名营养不良儿童的生命。

在 Kid Power 的启动阶段，创新计划从 7 个教室进行测试的简单计步器应用程序发展到由专有硬件、可扩展的移动应用程序和网络前端组成的全国性技术计划，并且有一个丰富的标准库。所有这些都是为那些在家里无法使用智能手机的学生设计的，并且也适用于没有电脑的教室和没有无线网络的学校。

[①] 本节由联合国儿童基金会 Kid Power 合伙创始人和联合国儿童基金会高级副总裁 Rajesh Anandan 提供。联合国儿童基金会美国分会版权所有，经许可转载。

为了从 7 个教室扩大到 7 000 个，该方案从一个由单一机构利益相关者（由市长办公室和教育部组成的城市管理部门）推动，演变为一个由数千名教育工作者组成的基层运动。在该项目期间，Kid Power 团队从纽约的 2 个人成长为由 10 名员工、10 个承包商和 3 个代理商组成的分布式团队。为了推动项目实施，项目团队实施了一个扩展的敏捷版本，该版本遵循 Scrum 方法并结合了中短期框架，使快速发展的产品开发和营销团队能够与发展较为缓慢的教育工作者和学校实施团队同步工作。

12.9.2 利益相关者

该项目（UNICEF Kid Power）启动阶段的主要利益相关者是美国高需求小学的教育者和学生。到 2017 年 5 月，Kid Power 已扩大规模，为来自 49 个州 1 600 个城镇的 7 000 名教育工作者提供服务，惠及城乡社区不同种族和民族背景的学生。

该项目的次要利益相关者是联合国儿童基金会美国分会管理团队和董事会，以及内部营销和参与团队。

12.9.3 创造创新文化

1. 培养一支有效的团队并促进创新文化

为了推动项目实施，项目团队实施了一个扩展的敏捷版本，该版本遵循 Scrum 方法并且结合了中短期框架，使快速的产品开发和营销团队能够与较为缓慢的教育推广者和学校实施团队同步工作。

为了做到这一点，所有团队都以六周为一个工作周期，以小组计划开始，该小组计划定义了所有团队在该周期内的优先级、用户故事和可交付成果。行动缓慢的团队以六个星期的周期进行工作，从而有足够的时间来争取利益相关者的参与和反馈，而速度较快的团队以两周为一个小周期进行工作（将三个这样的冲刺周期纳入六个星期的周期），从而实现了快速学习和迭代，同时确保与整个 Kid Power 团队保持一致。

在项目的某些方面，Kid Power 团队依赖于来自联合国儿童基金会美国分会（UNICEF USA）其他部门职能团队的支持。虽然 Kid Power 团队在相对较短的周期内工作，并有着严格的前期规划及较高的个人能力要求。但很多的 UNICEF USA 人员对敏捷概念并不熟悉，并且他们还在以传统瀑布式的方式工作。其他团队对敏捷的最初态度是兴奋和好奇，但是由于节奏和文化的差异所产生的压力和紧张，其他团队对敏捷的态度也逐渐变成担忧和抵制。Kid Power 团队通过为更广泛的组织创建"界面"来克服这些挑战，该界面允许其他团队的同事与 Kid Power 团队互动，而无须参加敏捷工作方式。这个界面由两个主要元素组成：

（1）每个周期计划会议都以组织成员熟悉的形式展开，发布一份创意和操作简报，并与需要为 Kid Power 活动做出贡献或依赖于其的每个外部团队共享。这使从事多个项目的外部团队成员能够按照自己的情况参加 Kid Power，同时慢慢地接触和理解敏捷，而不会为此感到有任何的负担。

（2）整个组织都可以在线访问 Scrum 董事会，并在每次冲刺计划会议后与所有员工共享。这实现了会议的高度透明，使对任何细节有需求或兴趣的同事都能快速获得答案，同时提高了敏捷面对面透明的优势。

2. 项目利益相关者管理

如前所述，采用敏捷方法要求 Kid Power 团队为组织的其他部门创建新的界面。

此外，该计划的发展要求 Kid Power 团队从管理几个机构利益相关者（例如市长办公室、市教育局）转变为管理成千上万的教育工作者。通过建立新的关键绩效指标来实现从 B2B 到 B2C 的转变，这些指标衡量了个别教师的参与度和入职率。例如，使用短信沟通的教师百分比（因为电子邮件不是时间敏感型沟通渠道，行为刺激等却是），在收到 Kid Power 课堂工具包后的 72 小时内，已经在 Kid Power Band 和账户完成注册的老师所占的百分比（这表示教师可以轻松地设置 Kid Power，一系列的组织工作和交流的变化大大改善了教师的入职体验）。

3. 社交媒体的使用

该计划从 B2B 到 B2C 的演变，需要有重点的拓展和努力的沟通，以直接接触教育者，这是通过电子邮件、社交媒体和 SMS 的结合及利用已经参与 Kid Power 的教师用户所生成的内容来实现的。通过社交渠道支持教师群体，不仅吸引了许多关注，而且使该项目的需求实现了大幅增长。

4. 协作技术的使用

该计划的成功部分是因为教师参与了该计划的各个方面，从关注小组到提供设计选择，到由热爱 Kid Power 的教师主办的直播培训班，再到招募在社交媒体上有大量粉丝的教师担任 Kid Power 代言人。

5. 商业模式

为了吸引利益相关者，Kid Power 团队将商业模式从 B2B 转变为 B2C，这种模式适用于最终用户能够直接采用产品或服务，而无须机构承诺。虽然这种方法已经被新型软件公司采用，他们使用免费增值服务来吸引早期采用者，但 Kid Power 团队已经证明，这与软件公司的方法不同，这种方法可以与实物产品一起使用，并且几乎适用于所有 B2B 行业。

6. 全球化

Kid Power 团队由在美国四个州工作过的员工，在美国、乌克兰、巴基斯坦和中国的承包商，在美国和欧洲的代理商及在中国的制造商组成。

敏捷具有严格的前期计划并且对任务和可交付成果有着清晰的定义，非常适合分布式团队执行工作。此外，所有的内部通信都被转移到聊天群（Slack），这是一个非常好的实时协作工具，所有的实时交互都默认为视频，这促进了更多的个人交互（而不是音频通话）。最后，周期计划会议在所有远程人员（这样可以确保这些计划会议的设计和结构适用于远程参与者，而不偏向于同一地点的参与者）和面对面人员（这允许团队成员建立关系和信任）之间交替进行。

7. 利益相关者支持

尽管该组织的董事会最初对 Kid Power 持谨慎态度，但最终也接受了该计划。2016 年，每位董事会成员都对 Kid Power 做出了贡献，董事会中 100%的成员为单个计划都做出了贡献尚属首次。

该组织的管理团队在保持谨慎态度的同时也接受了该计划。2017 年年初，该组织的新五年战略计划将 Kid Power 作为吸引美国家庭参与联合国儿童基金会使命的主要工具。

8. 实现战略目标

教育工作者已经将 Kid Power 视为一项高效的课堂教学计划。根据 2016 年和 2017 年对教师进行的调查，得出：95%的参加 Kid Power 的教师希望再次参加该计划；参加 Kid Power 的教师中有 95%的人会向同龄人推荐该计划。

此外，教育工作者对 Kid Power 的需求已大大增加。2015 年，Kid Power 在 60 天内收到了代表 80 000 名学生的老师的申请，每位学生的营销和招聘费用为 1.14 美元；2017 年，Kid Power 在 28 天内收到来自代表 20 多万名学生的老师的申请，营销和招聘费用为 0 美元。

12.9.4 结论

创新不仅限于私营部门。创新也可以出于人道主义目的，造福于全世界人民。

12.10 创新实践：三星公司

无论客户在产品中看到的价值如何，有些公司都将精力集中在创造新产品和寻求最好的产品上。然而三星意识到，偶尔引入一些新的创新产品与成为全球创新领导者之间存在很大的区别。正如三星所指出的，主要区别在于是否注重价值创新。

1. 背景

三星和其他公司已经采用了价值创新的方法，如第 2 章所述，这使它们能够创建有助于创新的企业文化，使其成为创新的领导者，而不是创新的复印机和追随者。三星文化的一些特征包括：在组织中自上而下，以创新为导向地进行支持和治理；所有员工都可以看到高管人员的愿景、公司的战略和战略目标；使用开放式创新实践及在内部寻求创新思想；建立战略和创新中心（包括开放式创新中心），以便更好地进行知识管理；认识到知识管理支持核心竞争力，以便存储和重用研发活动中的知识；认识到动荡环境中的全球化需要非传统系统；保持以客户为中心的产品创新；愿意接受创新冒险；组织层次的扁平化；制定以速度为中心的创新战略并执行；决策比以前更快；周期时间从几个月和几年减少到几周；低成本制造。

2. 结论

这些特征使三星得以发展出卓越的核心竞争力。三星价值驱动型文化的结果引导了产品、技术、市场营销、成本降低和全球管理方面的创新。[①]

---

① 有关三星文化和价值创新方法的其他好处，请参见 Jung 等（2016）和 Wolff 等（2006）的文献。

12.11 敏捷创新实践：ICS 公司[①]

1. 背景

我们在今天及在未来数月和数年将面临的挑战，都是由呈指数级速度改变我们社会和竞争格局的技术变革造成的。作为从事技术创新实践和管理超过 30 年的人，我已经看到技术变革的步伐，从 20 世纪 80 年代的稳定线性增长到 21 世纪初的指数级增长，再到今天的近乎垂直的变化，开源的重大突破使每周的新进展更加复杂，致使我们难以理解新产品和服务，甚至全新的市场。成功的组织为了确保它们继续存在并保持竞争力，正在改变它们的创新管理方法，将敏捷概念纳入其中。那些希望改变步伐以获得优势的人正在走得更快，实施整体的"敏捷创新总体规划"（Agile Innovation Master Plan）（由世界著名作家和创新思想领袖、创新实验室的 Langdon Morris 提出），旨在为管理创新战略、项目组合、流程、文化和基础设施提供一个全面而极为敏捷的方法。我相信，实施敏捷创新总体规划不仅是创新组织的好主意，而且可能是确保其生存的唯一途径。

2. 五个关键方针

敏捷创新总体规划中定义的五个关键方针（Morris，2017，12）来自五个简单的问题：为什么要创新？什么是创新？如何创新？谁创新？在哪里创新？回答这些简单的问题将呈现与战略、项目组合、流程、文化和基础设施相关的框架组件，而这五个组件被用于创建和实施"创新系统"。Langdon Morris 意识到了以下重要性：要持续创新，你必须区分运气和创新。要么你有一个可靠的创新系统，能带来始终如一的结果，要么你希望你的员工运气好，能想出好主意。只有这两种选择，你喜欢哪个？

既然你在读这篇文章，很可能意味着你希望你的组织有这样一个系统。但是，请务必牢记，我们正在讨论创新成功的框架，并且理解每个方针的重要性，以及方针之间如何相互交流和相互反馈。

3. 敏捷创新冲刺

敏捷创新冲刺使用复杂思维、设计思维和其他创造性的努力，在六个阶段的迭代序列中实施敏捷创新总体规划。这种方法的有趣之处在于，将采用与创新过程相同的方法来实现，从而加快了学习速度，为创新工作做准备。与敏捷软件开发相似，敏捷功能的开发冲刺产生了可用的特征和功能，从而进一步加快了实施速度，在敏捷功能实现之初就可以立即使用它们。换句话说，实施的方针越多，实施后续方针的速度就越快，同时掌握了重要的概念和方法。这样，当所有五个关键方针都完成时，你的创新计划就已经有了很高的效

[①] 本节由 ICS（Integrated Compiter Solutions, Inc.）首席数字官 Thomas Brazil 提供。ICS 版权所有，经许可转载。本部分中的图形由 Langdon Morris 提供给 Harold Kerzner 和 Thomas Brazil，本书也使用，InnovationLabs 的 Langdon Morris 版权所有。

率。图 12-2 突出了一般概念，包括理解、发散思维、收敛思维、模拟和原型、验证和自省阶段。这些阶段的作用是将每个方针的设计和实现分解成更小的部分，当完成时，这些部分在功能上可用于你的创新工作。

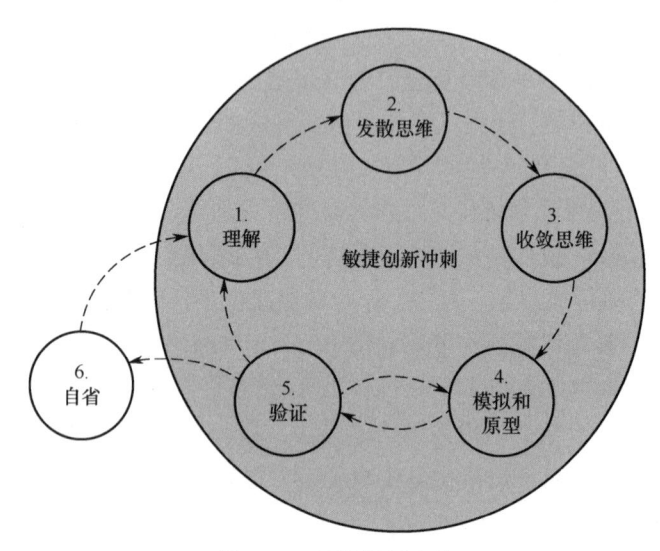

图 12-2　敏捷创新冲刺

（1）了解五个部分。

你会注意到，五个关键方针的重要性顺序与执行它们（至少是对我们而言）的理解有很大不同。其原因很简单，你必须在组织上做好创新计划取得成功的准备，一个关键的先决条件是拥有共同的创新语言，如图 12-3 所示。

理解	执行
1.战略	1.文化
2.项目组合	2.基础设施
3.流程	3.流程
4.文化	4.战略
5.基础设施	5.项目组合

图 12-3　理解的顺序和执行的顺序

现在的观点是，一旦达成谅解，执行工作首先要建立支持创新的文化，就更有可能取得成功，因为每个人都将朝着同一个方向前进。当然，学习是创新的全部，但目标是让你从中吸取教训。

在我们的实现过程中，我们花了大量时间来发现、开发和测试这个框架。通过采用这种方法，你将能够加速整个组织的学习曲线，迅速提高"精通金字塔的水平"（Morris, 2017, 320）（见图 12-4）。

第 12 章 创新实践

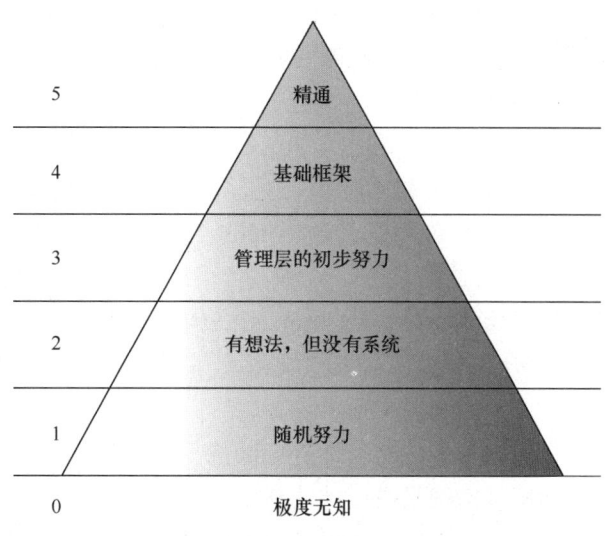

```
        5       精通
        ─────────────────
        4      基础框架
        ─────────────────
        3    管理层的初步努力
        ─────────────────
        2    有想法，但没有系统
        ─────────────────
        1      随机努力
        ─────────────────
        0      极度无知
```

图 12-4　代表努力和成熟度的金字塔

值得注意的是，我们的公司并非白手起家。在我到来之前，我们的首席执行官多年来对创新的需求和价值都缺乏足够的认识。事实上，他的努力为 ICS 公司和我们的客户都带来了一些实实在在的好处。但是，如果没有适当的系统，就无法确保结果的一致性。他们有一些基础架构及一些天才创意，但除此之外几乎没有其他东西，如支持创新的组织文化、战略和创新意图之间的联系、创新领导者和创新"冠军"，以及能够产生可重复、一致结果的严格过程。换言之，像许多有愿望但没有系统的公司一样，很容易陷入较低的成熟度水平。当我们实施自己的敏捷创新总体规划时，我们在不到一年的时间里迅速从成熟度 2 级提升到 5 级，这一切都是从理解开始的。由于理解作为敏捷创新冲刺的第一阶段的重要性，你会反复听到这个词（Morris，2017，128）。

（2）了解战略方针。

大多数成功的企业都会有支持其的战略目标，战略目标有其目的或理由，目的或理由是战略目标与创新之间的纽带（Morris，2017，25），同时不断适应社会和技术的重大变革，以及由此带来的不确定性（Morris，2018）。

无论你代表的是你的组织还是客户（或两者都是，我们的组织就是这样）进行创新，在你确定要进行哪些创新（项目组合）以实现所需的结果之前，有必要了解你进行创新的原因（战略意图）。实际上，将创新理念与至少一个（或多个）战略目标相结合是一种风险和机遇缓解策略：如果你只关注与战略意图相一致的理念，你就不会将精力浪费在时间和资源的无效支出上。

你组织的每个战略目标（或者你客户的目标，如果代表他们进行创新的话）都可能有权重，如果没有，那他们应该设置权重。换言之，一些战略目标将比其他战略目标更为重要。例如，我们的一名国防部客户在其网站上列出了四个战略目标。其中之一（优化和降低成本）在和平时期肯定比在战时（由于任务需求而较少关注成本优化）期间具有更高的优先级（或权重）。相反，如果制定了预算限制，则其权重甚至可能比正常情况更高。从这种理解可以得出合乎逻辑的明显结论：战略目标本身可以改变；每个目标的权重不一定相等；权重可以根据条件或事件动态调整。

对于在创新方法上成熟的组织来说，第一点是显而易见的，因为敏捷创新冲刺的"理解"阶段要求管理层经常重新考虑技术环境、竞争环境、市场条件和隐性（或隐藏）客户需求的变化，这些变化对于消除组织战略方向的不确定性是必要的，并且这些不确定性可能导致战略目标的变化。这是条件"分解"合乎逻辑地输出，这些条件可识别组织要解决的痛点、问题陈述及趋势和机会（Morris，2017，176）。但是，以上所有考虑因素在平衡你的创新产品组合中都具有极其重要的作用，并且它们强调了敏捷性在适应变化速度中的重要性。

尽管你的组织已经可以按照其战略目标进行调整，但还需要设计创新组合管理功能，以便任何时候对整个创新组合的因素进行评估和权重调整，以确保你的创新努力在战略目标权重发生变化时仍可直接支持当前的战略目标和权重。

（3）了解项目组合方针。

适当平衡的创新产品组合有助于组织在平衡风险的同时使其创新工作与战略目标保持一致。根据所追求的创新类型，可以在短期、中期和长期内以多种形式来平衡风险，时间就是一个例子。从根本上说，这是一种管理风险的策略，这样即使单个项目失败了，整个项目组合也能实现预期的回报（如果你没有冒足够的风险去探索潜在的世界，那你也不可能学到任何新的东西）。

本节内容将参考一些想法和项目。但是，有时可以将想法组合与项目组合分开处理，有时需要将它们一起处理。虽然进入实施阶段时，想法组合和项目组合都是重要的考虑因素，但就我们的目的而言，这部分的重要内容是理解这两者之间的区别。

有多种平衡项目组合，并将风险控制在可接受范围内的方法：根据战略目标的权重对想法或项目进行评估；根据其创新类型（如渐进性创新、商业模式创新、突破性创新、新冒险创新）对想法或项目进行评估；使用与战略意图一致的风险和（或）回报因素对想法或项目进行评估；对于与技术相关的想法或项目，按照其技术分类（如 AI、机器学习、云计算等），根据每个领域的战略重点对其进行评估；以上方法的任意组合。

敏捷创新总体规划提到的标准方法之一——风险和（或）回报评估是一种适用于任何组织的行之有效的方法。该方法涉及以下回报因素：惠及客户、收入潜力、竞争优势、加强企业数字化媒体输出、提升企业品牌形象。

与战略目标权重相似，管理层可以为期望的回报因素（或机会因素）分配权重，从价值尺度的角度衡量回报因素（或机会因素）的战略重要性，然后在引入每个想法或项目时，利益相关者[①]可以对其适合程度或规模进行调整。另一方面，可以以相同的方式管理风险因

[①] 我们的行政领导层为战略目标和与项目组合平衡相关的因素分配权重，同时我们授权创新委员会成员（均为 IAOIP 认证创新经理）对个别想法和项目进行评估，来为其分配合适的权重。

素（财务风险、技术风险、市场风险或组织识别的其他风险），由管理层确定风险因素的权重，单个想法或项目可以根据适合程度进行调整。

如图 12-5 所示，可以使用简单的表格计算累积回报因素和累积风险因素。在本例中，由管理层为每个回报因素分配固定[①]的权重，计算全部回报因素的权重，与其相应的评定结果乘积的累加，即可获得累积回报评分。

项目# 126

创新项目组合评价		想法或项目名称：妙策项目	
回报因素： 影响我们业务的主要外部战略利益是什么？	权重 (1, 2, 3, 5, 8)	评定结果 (1, 2, 3, 5, 8)	得分 (权重×评定结果)
1.惠及客户	8	5	40
2.收入潜力	5	8	40
3.竞争优势	3	2	6
4.加强企业数字化媒体输出	5	3	15
5.提升企业品牌形象	3	5	15
6.			
7.			
合计：			116 回报
风险因素 这个想法主要有什么风险？	权重 (1, 2, 3, 5, 8)	评定结果 (1, 2, 3, 5, 8)	得分 (权重×评定结果)
1.财务风险	5	5	25
2.失败风险	2	1	2
3.技术风险	5	8	40
4.分销风险	1	2	2
5.市场风险	3	5	15
6.			
7.			
合计：			84 风险

图 12-5 风险回报因素评估示例

同样，由管理层[②]为每个风险因素分配固定的权重，计算全部风险因素的权重，与其相

[①] 正如前面"了解战略方针"所述，权重不是绝对固定的，而是相对固定的，管理层有权调整因素和（或）其权重。

[②] 不能夸大由管理层分配权重的重要性，因为只有这样才能确保管理层的定期参与，促进对创新成果和战略目标直接相关的理解，同时能够增强有效创新计划所需文化的一致性。

应的评定结果乘积的累加，即可获得累积的风险评分。

将回报评分和风险评分综合起来，可用于数据可视化练习，用于在风险回报矩阵上调整想法或项目。在图 12-6 所示的矩阵中，"目标区域"反映了风险因素和回报因素的计算结果达到最佳平衡的区域（最低风险和最高回报）。

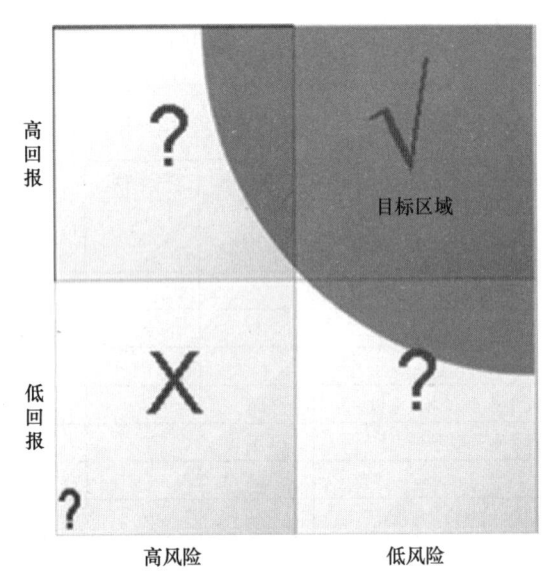

图 12-6　风险回报矩阵

通过刻度轴的应用，可以将每个赋分的想法或项目与其他想法或项目进行可视化比较，如图 12-6 中"风险回报矩阵"所示。需要注意的是，在这种方法中甚至可以使用投资阈值来辅助确定有效的项目组合的分界线。

如前面在战略方面所述，注意到战略目标及其权重可能因条件或事件而改变。如果采用这种方法，风险因素和回报因素及其权重也是如此。如果管理层改变了对特定类型风险的偏好，风险因素和回报因素的权重可能发生改变，这会对项目的评估产生影响。同样的情况也适用于想法，无论该想法所在的组合是否正在进行中，因为之前没有"过关"的想法可能在不同的评估标准下"过关"。

当评估标准更改时，必须在新条件下重新评估所有可能受到影响的想法和项目，如图 12-7 所示。同样，如果添加或删除了评估因素，则必须重新评价所有想法或项目，以确保想法或项目组合符合当前的战略目标和优先级。在这些情况下，可能放弃、推迟甚至终止进展中的项目。

4. 结论

敏捷项目组合管理是创新管理实践中最重要的方面。你可能有与战略意图一致的好想法，用于支持创新的文化基础，以及配备适当基础设施和工具用以开发和实施它们的严格过程，但是只有当你的创新成果与组织当前的战略意图一致时，才能抓住合适的机会。

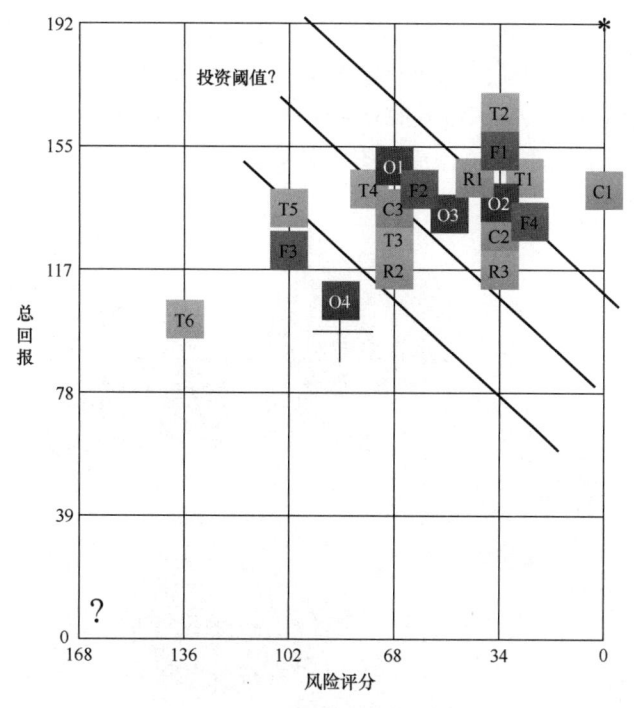

图 12-7　理想的风险回报组合

12.12　创新实践：柯马公司[①]

12.12.1　简介

柯马（COMAU）在制造灵活的自动化系统及整合产品、流程和服务方面处于全球领先地位，这些产品、流程和服务在提高效率的同时降低了总体成本。凭借跨越 15 个国家的国际网络，柯马采用最新的技术和工艺来提供先进的交钥匙系统，并始终超越客户的期望。柯马专门从事车身焊接、动力系统总成的加工和装配、机器人和维修服务及广泛的工业领域的环境服务。不断扩大和改进其产品范围，使柯马能够保证从项目设计、实施和安装，到生产启动和维护服务的所有阶段，提供定制化的协助。

柯马的创新基于制造业的数字化转型、增值制造和人机协作，这些关键支柱使柯马在引领自动化文化方面达到了新的高度。

12.12.2　柯马项目管理办公室

2007 年，为了在领导角色和项目管理之间建立更紧密的联系，并确保与公司战略之间

[①] 本节由柯马项目管理副总裁 Roberto Guida、柯马项目管理办公室经理 Mauro Giorda 和 Francesca Gaschino、柯马风险经理 Riccardo Bozzo 和柯马项目管理学院经理 Paolo Vasciminno 提供。柯马公司版权所有，经许可转载。

的一致性，柯马在公司中建立了合同和项目管理职能。随着时间的推移，为了在项目管理办公室、风险管理办公室和项目管理学院之间协调共享知识和活动的基础上实现配置，合同和项目管理职能部门的职责不断增加（见图12-8），其结构也在不断进行优化。支持柯马项目管理框架的第四个支柱是PMI标准集，该标准集被公认为是项目和项目组合管理领域的最佳实践标准。

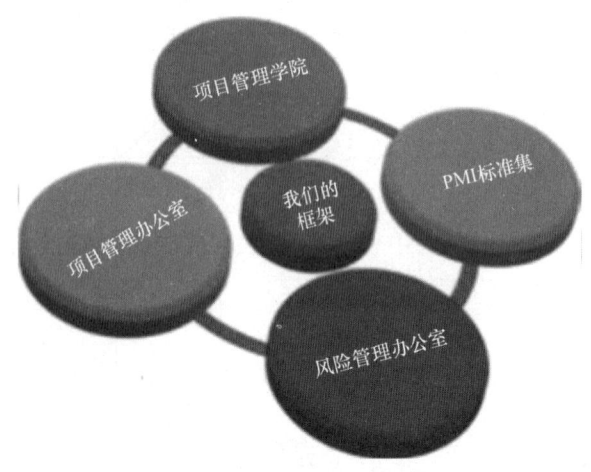

图 12-8　柯马合同和项目管理办公室

12.12.3　项目管理办公室创新支柱

近年来，柯马开始以一种新的方式思考这个行业，开发新的场景，设计创新的产品，创造简化生产流程的方法，并定义数字制造的新趋势，创造了平衡人与机器之间协作的新范式。

我们称之为"人机智造"（HUMANufacturing），这是柯马的创新愿景，"人机智造"将人类置于制造厂业务流程的中心，与工业自动化解决方案和围绕它们的新数字技术充分合作。为了达到上述愿景，需要对公司所有组织角色进行变革和创新。

因此，柯马项目管理办公室正在进行创新，将其项目管理范围从传统的工业项目组合扩展到新的项目形式，如新产品开发、数字化和工业4.0项目。

目前，通过对五大支柱（见图12-9）进行创新，项目管理办公室在公司内被定位为一个有价值的业务伙伴，它增强了其适应公司内不同形式项目的能力。

1. 精简执行流程

（1）情境分析。当前市场演变的背景突出了新的突破性影响：创新程度在柯马所有的项目中占主导地位；传统EPC项目规模不断缩小；我们的客户群体（传统汽车和新客户群体，如新汽车、通用工业、电动汽车）越来越期待新鲜的、创新的、数字化产品和解决方案的开发。

因此，柯马开始深入分析当前的项目执行环节（过程、组织和工具）和所采用的项目管理方法，以保证产品符合市场需求。

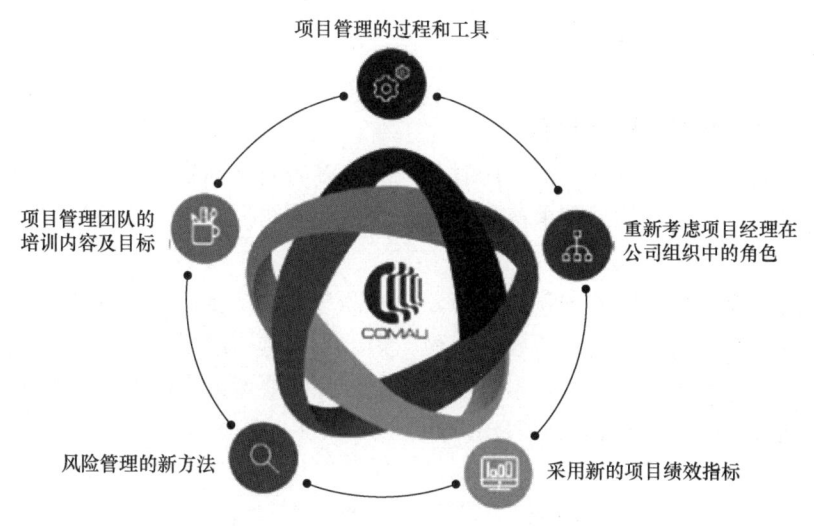

图 12-9　柯马项目管理办公室创新支柱

柯马重新设计了项目管理流程，使其能够根据每个项目的典型创新程度进行扩展，并在适用的情况下采用精益和敏捷的解决方案。

（2）指导方针。主要的指导方针如下：根据项目分类规范过程，从完善的柯马项目管理流程中，通过选择适合不同项目的活动、任务、里程碑来优化项目管理流程，从而使商业附加值最大化；赋予项目经理权力，鼓励团队协同，以此改善团队成员内部的交流和沟通、项目团队自身的职能，以及最终与客户的沟通；团队协同定位引入了工作空间的重新布局、活动规划的整合，以及平台组织；项目管理过程数字化，实现无纸化流程，更快、更人性化地应用项目管理流程，优化过程管理的时间和成本；鼓励数字化管理，开发移动应用程序的管理潜力（见图 12-10）。

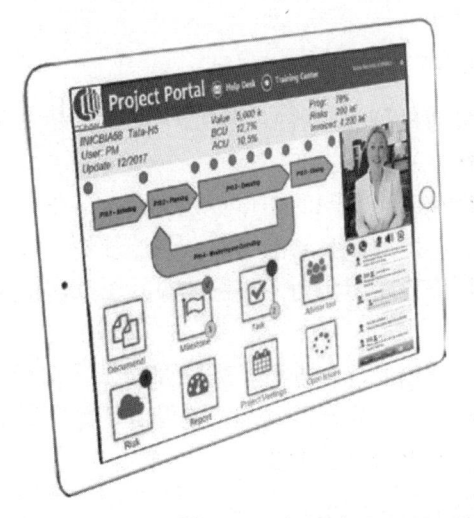

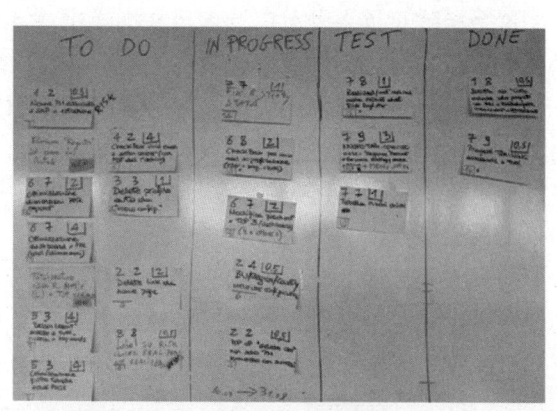

图 12-10　柯马项目管理数字化过程和新工具（如敏捷可视化管理）

通过执行指导方针中的要求，降低了执行里程碑和活动（或任务）的复杂性、减少了时间和工作量,并且通过减少"非增值"操作,最大限度地提高了当前业务场景所要求的有效性和效率。

2. 新产品开发项目管理框架

柯马的产品开发业务非常广泛,同时公司有许多需要不同技术和能力的分支机构。当涉及产品开发项目时,它们的需求截然不同,而目前公司只向业务部门提供一个应该能够满足它们所有需求的项目框架。

如何才能将企业之间的差异化需求与公司内部一致性结合起来?这个问题的答案是根据具体情况为产品开发项目设计单独的流程。为了实现这一结果,理解如何描述每个项目的特征,以获得定制流程所需的元素是很重要的。首先要考虑产品开发的复杂性和创新,评估产品复杂性程度的框架如图12-11所示。

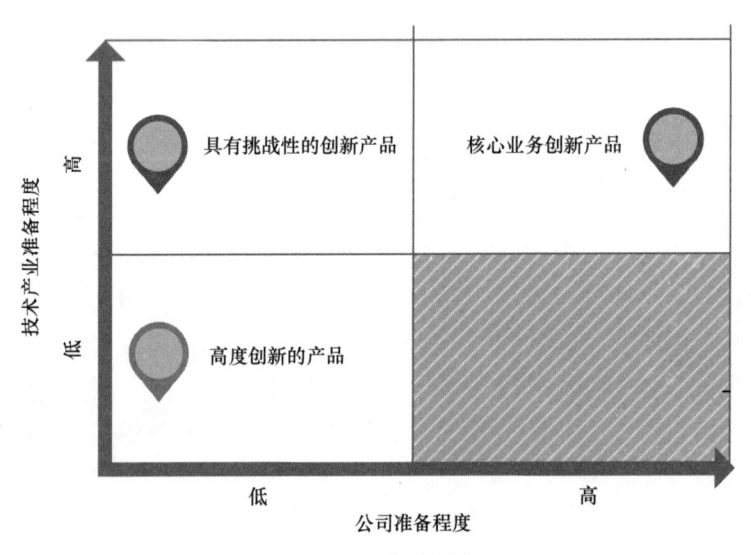

图12-11 公司矩阵

这个矩阵只是一种更广泛地用来指导用户定义项目需求的评估工具的一部分,其重点是:本领域能力、销售前景、项目风险、产品战略相关性。

根据这个评估工具得出的差异,我们可以识别和应用不同的项目管理模式。这些不同的项目管理模式是通过在公司流程中选择可用的、正确的步骤来确定的。通过这种方式,可以在确保交付最高质量产品的同时,不断减少每个开发团队为了按照公司的标准和框架必须投入的工作。

柯马鼓励使用兼具阶段门管理和敏捷项目管理原则的混合方法。敏捷管理工具和方法的使用可以缩短项目开发时间,从而降低成本,促进项目目标的实现,这得益于整个团队更加专注于所产生的价值和客户需求,而不是遵循严格的内部协议。

3. 柯马风险管理

(1)历史和成就。2006年,柯马开始认识到风险管理是成功完成项目的重要组成部分,从而以一种更具针对性的战略方法来应对风险管理。随着组织的复杂性和全球业务的增加,有必要找到更加结构化和完善的工具来管理不确定因素。因此，2010 年，作为项目管理办公室的一部分，柯马成立了风险管理办公室，如图 12-12 所示。

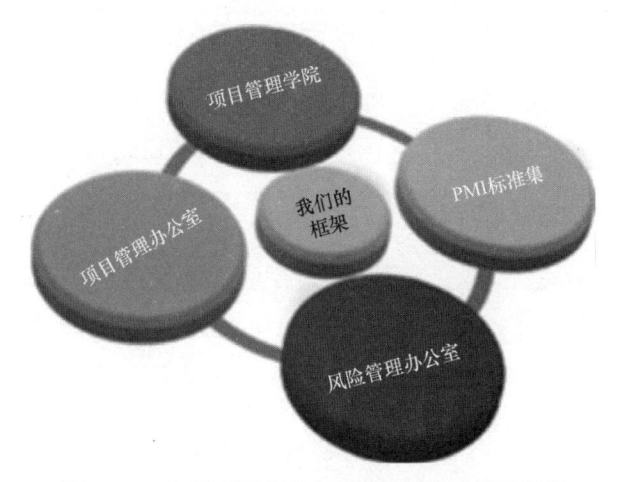

图 12-12　柯马项目管理办公室框架内的风险管理

风险管理办公室的具体职责包括定义项目和组合风险管理框架（方法、过程、工具），以及改进整个项目全生命周期的具体应用。从 2015 年开始，柯马决定采取更加成熟的措施，启动了一项具有加强全球视野的计划，该计划旨在从公司的不同层面（合同销售、项目执行和项目组合管理）加强和更好地整合风险管理实践，如图 12-13 所示。

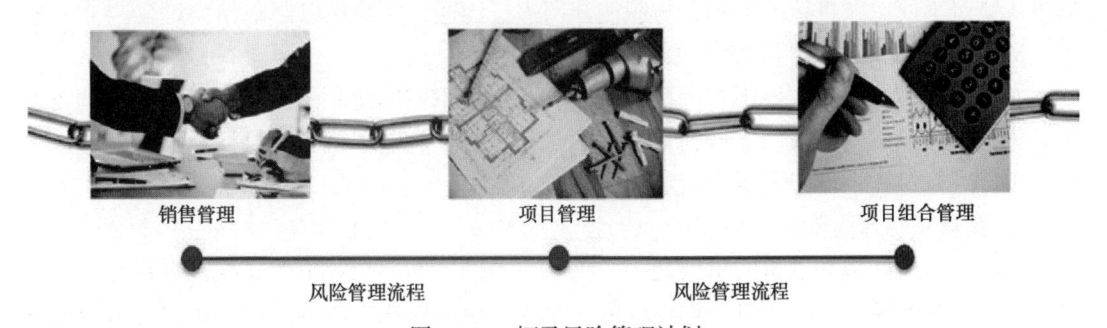

图 12-13　柯马风险管理计划

该计划的完成为柯马提供了适当的风险管理方法和工具，用于管理由 EPC 固定总价合同组成的交钥匙项目组合，每个项目组合都有高度的复杂性和固定的范围，因此采用传统的项目管理预测方法。

（2）创新项目的风险管理。数字化时代的发展要求包括柯马在内的许多公司改变商业模式。风险管理部门和公司内所有其他职能部门一样，也需要进行变革，并采用新的模式来管理被命名为创新项目的新形式项目，如图 12-14 所示。

由于创新项目（例如新产品或解决方案开发和数字化项目）的特殊性，其风险管理需要新的方法。为了满足此要求，柯马制定了第一个"概念"，以扩展和集成成熟的传统风险管理。

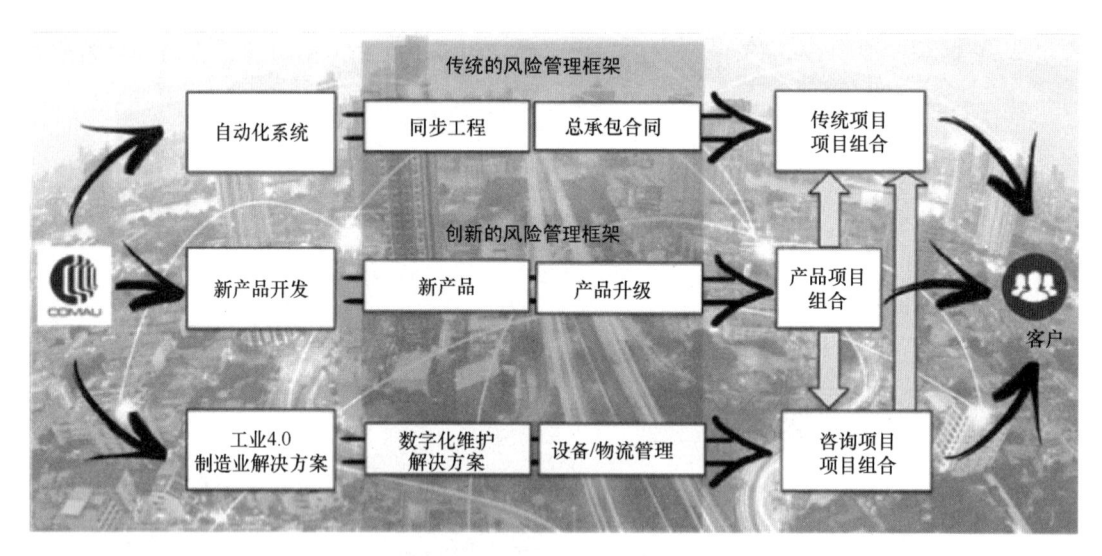

图 12-14 风险管理的新模式

这一概念基于下列准则：

a. 风险管理是将项目管理"战略思维"强化到项目执行中的主要手段。

由于新的风险管理方法着重于追求更广泛的商业价值目标，因此它可以将项目管理视角从战术过渡到战略。

目前，项目经理除要掌握项目管理流程外，还应掌握公司的商业流程，并且能够预见项目决策对不同职能目标的影响，与职能部门进行沟通，并协作以制定相关对策。

b. 新的公司职能部门和客户参与项目风险管理。

在项目风险管理范围不断扩大的情况下，与过去不同的是，许多公司内部的人员或组织（创新、营销、销售部门）成为重要的利益相关者、利益承担者和目标承担者，这些角色在项目进行过程中可能需要重新定义（敏捷方法）。

c. 衡量项目风险的新指标。

创新项目所期望和创造的价值超出了项目自身的范围。在评估创新项目风险时要考虑的项目约束并不像传统预测方法那样仅限于范围、时间、成本。因此需要制定对风险进行定性和定量分析的新指标，其中可能还包括对长期风险影响的更广泛、更具战略性的衡量。因此，如图 12-15 所示，柯马的项目风险管理新方法是基于预测和自适应组件的混合。

4. 柯马项目管理学院

（1）培养创新项目经理。柯马项目管理学院的责任是确保项目参与人员具有熟练的技术，并且做好了参与和管理项目的行为准备。出于创新的需要，项目管理学院的挑战是支持项目经理在公司内的转型——从计划性强、流动性强的人转变为愈发意识到其在公司价值创造中起战略作用的人。怎样才能实现这一目标？从本质上说，项目经理必须非常灵活，具有文化敏感性和政治驱动力，以商业价值为导向，并精通沟通和领导。

在这种新的背景下，项目管理学院与敏捷和精益的概念和方法及丰富的领导模式结合，继续努力提供有价值的国际项目管理最佳实践方法，并支持认证过程。

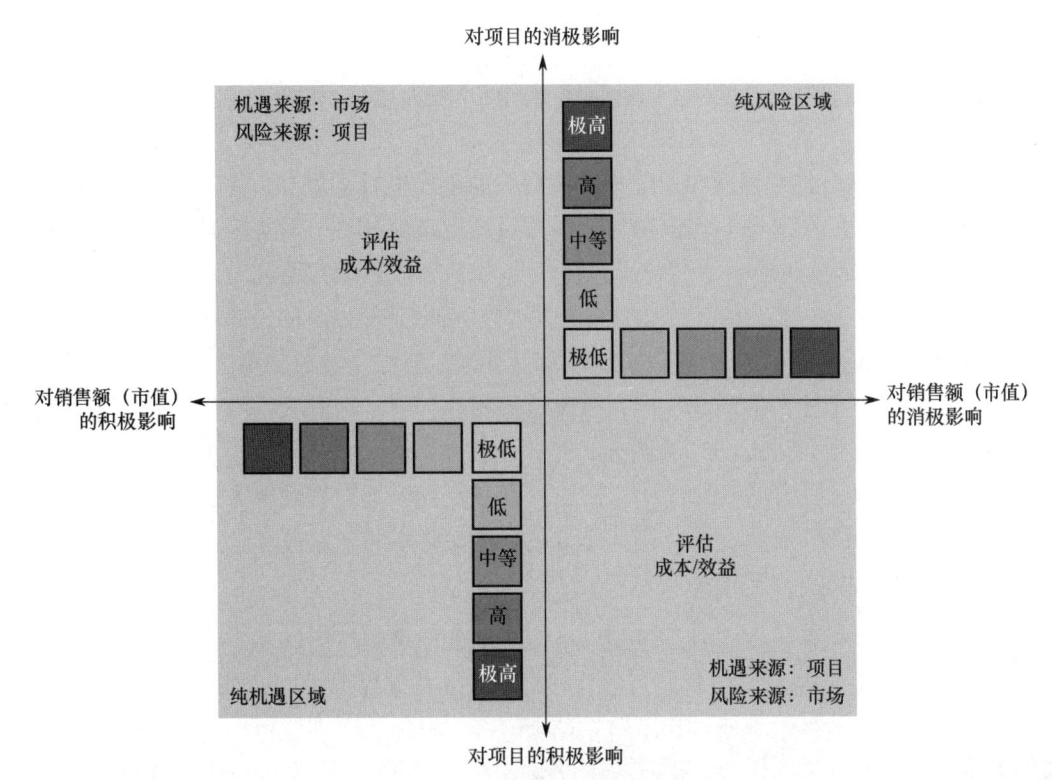

图 12-15　风险管理的新指标

在创新的大环境下，要想胜任项目经理一职，不能只关注资质认证。虽然资质认证仍然是提高兴趣、丰富知识的重要途径，但现在对项目经理的要求提高了。"新型"项目经理必须充当影响者、心理学家和政治家。项目经理不仅要自身具备这些软实力，而且要推动团队和利益相关者提升其软实力水平。

（2）项目管理学院新领域。项目管理学院开始在另外两个目标领域开展工作：项目经理的战略眼光和项目经理激励他人的能力。

在开发第一个领域的同时，柯马项目经理的角色也逐渐被重新定义，并且正成为推动创新的核心。

第二个目标通过开发用于软技能的实用工具来实现。但这是一种新颖的工具，这些工具的设计不是为了发掘项目经理的软技能，而是为项目经理提供他们可以应用的工具，以开发团队和项目利益相关者的软技能。通过这种方式，项目经理成为改变"项目参与文化"过程中的参与者（事实上，成功与项目和团队的参与程度密切相关）。

通过使用这些工具，团队成员可以：加强沟通；了解彼此的差异；分享价值观，并为"分享价值观"的定义做出贡献；分析冲突并尝试解决冲突；说出他们的情绪，倾听对方；尊重差异，欣赏差异；提高满意度；更好地理解他们在项目中的角色。

总之，我们的目标是重塑项目经理，尽管他们仍然是有价值的项目管理专业人员，但同时也是商业战略伙伴、集成经理、激励者和指导人员。为了实现这一目标，柯马项目管理学院丰富了在敏捷和精益项目管理、项目管理领导力和培训项目经理教练方面的培训目录。

12.13 创新实践：Tokio Marine and Nichido 系统[①]

近年来，利益相关者管理在系统开发项目中的重要性日益增加。由于需要在与利益相关者保持良好关系的同时顺利实施项目，对项目成败的解释往往存在分歧。另外，在项目现场，目前的看法是，成功取决于个人能力，例如每个成员的沟通能力。

一种解决方案是，东京海上日动有限公司（Tokio Marine and Nichido）系统使用的未来中心（Future Center，FC）。在实施系统开发项目时，公司经常与公司员工和 IT 供应商员工合作。然而，由于他们的立场不同，很难获得相互信任，因此我们利用未来中心来实现这一目标。根据该公司进行的一项调查，95%的受访者表示，利用未来中心可以缩短两组之间的距离。此外，随着适合未来中心的额外责任变得明显，有几种方法可以考虑，如培养团结意识、共享隐性知识，以及将其作为适合知识共享的开发过程。

1. 未来中心的定义和定位

公司将未来中心定义为"一个特别设计的空间和环境，可以想象未来，通过对话解决难题"，具体来说，它是一个让利益相关者谈论传统方式难以解决的问题，并设计有意义的解决方案的地方。其目的是通过在远离日常生活的"自由"氛围中讨论这些问题，来创造新的想法。未来中心会议将在工作时间举行。

（1）四要素。在公司未来中心的建设中，建立了空间、促进者、行政办公室和主题设置四个要素。

空间：公司有一个专用于未来中心的房间。房间里摆放着画作和音响设备。一旦参与者进入房间，他们就处于一种轻松的氛围中，这种氛围给他们一种"我来到了一个与平常不同的地方"的感觉。

促进者：该公司目前有 13 名促进者。促进者是提出问题并鼓励人们自由讨论其观点的员工。在未来中心，这个促进者扮演着重要的角色。

行政办公室：行政办公室根据员工提出的主题来设计工作室。这个设计有很大的价值，因为与常规会议不同，它的重点是挖掘隐性知识。公司把行政办公室称为主管，目前指派了两名。

主题设置：讨论的主题是系统的一部分，在这个系统中，公司内的每个组织或团队都自愿提出要解决的问题。换言之，主题不是由公司或上级决定的，而是基于每个员工的动机和自由思考。

（2）会议管理。根据主题的不同，每次会议所需的时间可能是三小时，而有些会议可能需要整整两天。会议按照签到、培训、使用设计思维进行创意分析、举例支持创意、演示、签退议程进行。

（3）会议成功的秘诀。公司认为，使会议成功的秘诀在于制定基本规则。基本规则如

[①] 本节由东京海上日动有限公司提供。版权所有，经许可转载。

下：脱掉你平时穿的"盔甲"（比如属于某个特定的群体、名誉或地位；把人仅仅当作个体来对待）、积极的行为（让我们不要否认人们的意见，无论是好是坏；让我们听听每个人的意见；让我们进一步发展他们的想法）、不要害怕犯错（任何想法都会被考虑；让我们先说出来）、每个人都参与（让我们一起做；让我们微笑着交谈）。

（4）成效。自2009年成立未来中心以来，公司稳步积累业绩。会议在2009财政年度举行了9次，但在2013财政年度举行了130次。随着成果数量的增加，未来中心的运营知识积累起来，形成了一个良性循环，使会议质量得以提高。

（5）公司问题。当每年举办130场会议时，最大的挑战是确保和培养促进者的时间。促进者是通过内部公开招聘流程确定的员工，尽管我们所有人的主要业务都是系统开发和运营工作。我们在工作负荷之间充当促进者。这是一个所谓的"内部志愿者职位"，因此，促进者的负担很大。对他们中的许多人来说，核心业务的优先级更为重要。有时，参加会议很困难。

在这种情况下，人们担心核心业务活动会阻碍未来中心的继续存在和成功。此外，由于促进者需要有独特的技能，他们的培训需要一定的学习和经验。在2009财年启动之初，员工自主自学。如今，这是一个标准的培训课程。

2. 结论

对于未来中心的使用方向，有可能扩大覆盖范围。利益相关者管理主要是与外部建立良好的关系；今后，预期目标参与者将进一步扩大，并将包括信息系统的用户和管理人员。

12.14 创新实践：GEA[①]

1. 简介

GEA是食品工业最大的工艺技术供应商之一，专注于最终用户市场中复杂生产工艺的技术和部件。2017年，GEA的总收入约为46亿欧元。食品饮料行业是一个长期增长的行业，约占70%。GEA在全球拥有近18 000名员工。

由于过去大量的并购活动，公司结构高度分散。随着2015年的战略计划"OneGEA"，公司将整合到一个新的结构中。GEA的总体愿景是"适合2020年"，目标是成为全球领先的工程集团，为加工行业提供智能解决方案，成为客户在食品行业的首选。

2. GEA的创新管理：传统挑战

对GEA来说，创新是可持续增长的主要杠杆。新的组织结构使公司能够开发和推动跨地区和职能领域的新发展。

创新管理是逐步发展的（见图12-16），首先利用所有职能部门的支持对需求分析进行

---

① 本节由德国GEA集团创新管理主管Wolfgang Deis博士和西班牙GEA分组经理、APC Dairy集团经理 Miguel Antonio Martínez carrizo 提供。GEA版权所有，经许可转载。

评估。其次是启动一系列的活动，在这些活动中，使用新的创新流程、创新平台和创新组织体系在特定的地点实施。最后，向可持续发展转型，以确保持续参与，并为公司层面的外部战略合作打开大门。

图 12-16　GEA 集团创新管理体系的分步实施

该战略项目的主要目标是建立全公司的创新管理体系，并向关键产品开发部门推广。

3. GEA 创新管理：技术层面

创新管理系统的技术层面包括创新过程、创新平台和创新组织（见图 12-17）。

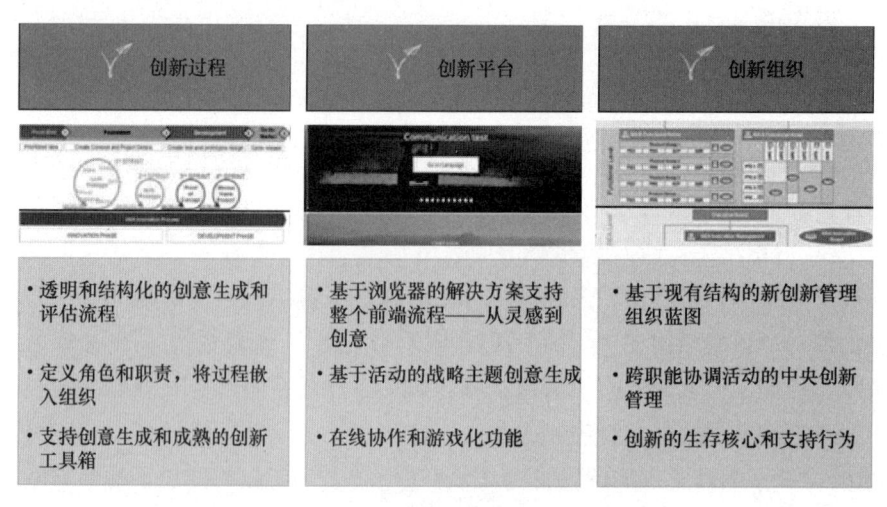

图 12-17　GEA 创新管理体系的三个技术层面

（1）创新过程。

GEA 创新过程主要包括前端、基础、开发和上市四个阶段，分为创新和开发两大集群（见图 12-18）。

第 12 章 创新实践

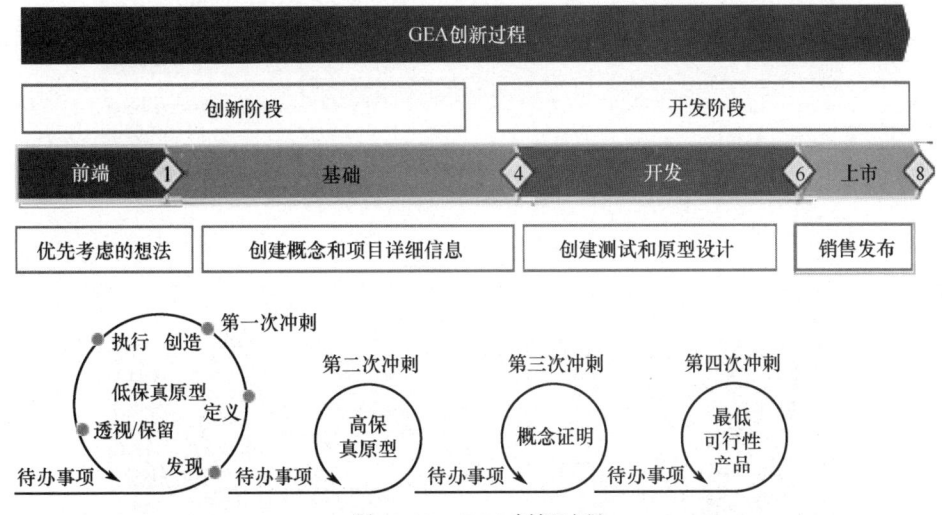

图 12-18 GEA 创新过程

a. 创新阶段。前端阶段，通过创意产生活动，寻找机会，确定主要不确定性（如市场、技术）；基础阶段，确定主要技能和下一步评估步骤，编制开发项目计划和商业论证，确定主要风险（如市场、技术），进行可行性研究。

b. 开发阶段。开发过程，创建测试和原型设计，与客户或客户产品进行可行性测试，并准备批量生产；上市阶段，销售发布、市场进入计划和移交给商业目标部门。

为了减少（预）开发时间并促进跨业务协作，除日常开发业务和成熟的解决新市场（或新技术）的想法之外，还有额外的机会来建立敏捷团队。这可以在整个创新过程中确定方向，并反馈到后期的标准产品开发中。

（2）创新平台。

为了表示创新过程，GEA 建立了一个 IT 平台（见图 12-19），它涵盖了创意活动、创意产生和前端活动的主要部分。在这个过程阶段，重点是为既定的挑战寻找合适的专家。该平台为所有 GEA 员工提供了访问权限，并使他们能够在短时间内找到正确的专业知识。此外，它还充当了一个灵感交流平台，无论是从市场角度（如新产品、新商业模式）还是从技术角度（如 3D 打印等新技术）。平台用户可以输入新的想法和灵感，并被邀请对现有的想法进行评论。强大的搜索功能还可以确保过去停止的想法（包括已输入的技术）可以通过关键字再次找到。

（3）创新组织。

要实现创新过程，需要组织部分来驱动创意的产生和执行决策。对 GEA 来说，活跃而与众不同的业务，让一个中央部门或决策委员会引起想法没有多大意义。GEA 建立了一个双重组织，如图 12-20 所示，其中主要部分是处理产品的创新（但不仅限于渐进性创新），在组织上位于 GEA 的业务领域和产品单元内。通常，在创新过程中有一个入门决策委员会，而创新经理的角色是促进决策过程。总而言之，只需要一个小团队来处理跨业务主题，建立跨业务执行选项，并确定移交的目标单元。

图 12-19　GEA IT 平台

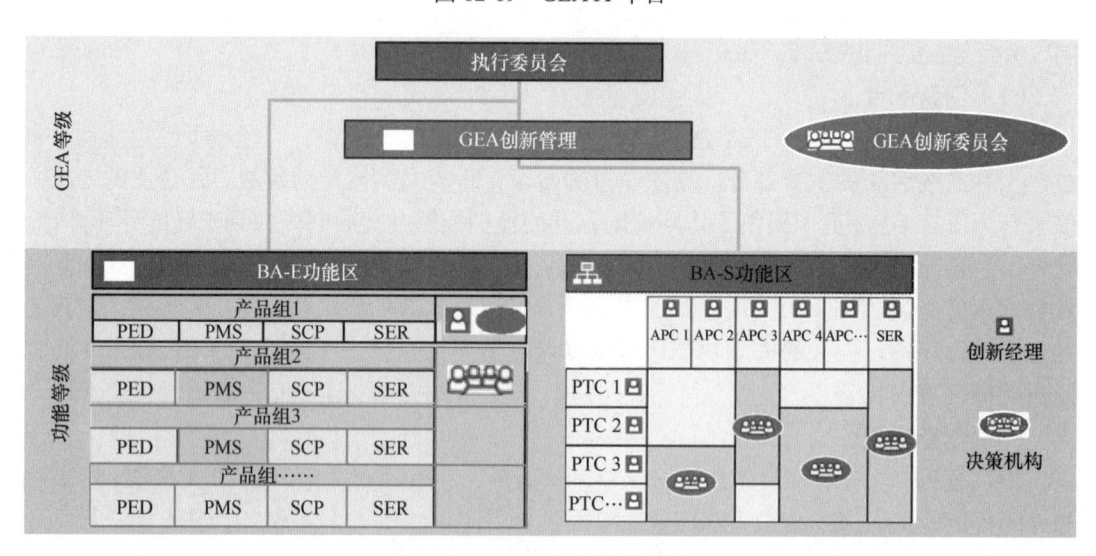

图 12-20　GEA 分散式创新组织

创新经理在创新过程中起着核心作用,在创新过程的不同阶段为创意所有者和项目经理提供支持。如果构想推动者需要联系相关人员(例如,进行市场假设或提供其网络,以寻找技术解决方案,应对创意产生过程中的挑战),则他们是"联络人"。创新经理是公司中央组织网络的一部分，可以定期交流主要挑战和发现。因此，他们必须对主要进展和成功案例有一个很好的概述，以便为其他创新经理提供这方面的信息。通过这种方法，GEA在商业领域传递新的推动力。

4. GEA 的创新管理：战略部分

为了衡量和指导 GEA 的整体创新活动，公司设立了一套关键绩效指标。由于越来越多的新创意并不能完美地反映一家公司的创新能力，因此有必要采取进一步的措施。在 GEA 集团，我们使用六个战略关键绩效指标。

（1）新产品周转率。随着全球市场的不断变化，公司的项目组合必须定期更新。这可以用新产品占总营业额的比例来衡量。

（2）开发时间。特别是在前两个阶段——"前端"和"基础"阶段，新开发项目的准备工作与开发专家的日常任务并行进行。数据评估显示，前端或基础中的一些想法需要很长时间才能成熟到足以做出决策。另外，如果决策时间太长（尤其是在早期阶段），员工的积极性会显著下降，创意成熟度或内容质量可能受到影响。快速的决策、透明的反馈，以及（如果可能的话）为创意所有者提供的个人反馈，都是由强大的创新经理和强大的创新社区促成的，这确保了快速的创意处理和高度激励的员工。

（3）分期偿还。每个组织都必须证明它为公司创造了价值。创新组织面临的挑战是，它们的可计量回报通常超过一个财政年度。一个更虚拟但更实用的度量显示了摊销价值，这很好地表明了创新管理系统的工作效率。

此外，为了获得更全面的概述，我们使用以下三个关键绩效指标。

（1）每个创新阶段的想法和项目。

这只是一个概述，显示有多少想法或项目处于各自的创新阶段（前端、基础、开发、上市）。这给人一个需要在前端产生多少想法，才能将最终产品推向市场的概念。

（2）全职研发员工。

通过各单位的控制部门，我们对从事研发工作的全职员工数量进行了概述。

（3）研发支出。

与上面的数字类似，这是一个关于在开发工作上花费了多少预算的集合。其中大部分是通过与部门相关的具体研发预算确定的。

为配合最高级别的关键绩效指标（战略），该公司还设立了六个额外的关键绩效指标，以确定创新管理运营部分的措施。运营部分的关键测量值为：

（1）潜在销售机会。

因为单靠想法数量并不能保证成功的创新，我们必须认识到渠道的销售潜力。此外，如果单纯将这些数字视为欧元（或其他任何货币）的销售潜力，就可能陷入系统性陷阱：前端或基础阶段的想法通常仍与不确定性有关。想法在技术上可能无法在实际规模上发挥作用，或者市场信息不可靠，或者根本不可用。在这些情况下，你必须计算出一个额外的不确定因素，来影响你的销售潜力。可能出现两大陷阱：对市场潜力的低估会导致一个想法的停止（这可能是一个很好的成功机会）；过高估计销售潜力会导致人们把注意力集中在高风险的想法上，而这些想法一旦做出承诺，就可能无法兑现。

一般来说，在整个创新过程中，必须确保基础数据接受挑战和评估。

挑战这些想法所提供数据的可行性的一个具体措施是，确保金融和市场专家已经看过所提供的数字。

（2）想法和项目的制定及处理时间。

在具体的创新阶段，创意的持续时间不仅包括对创意的纯粹研究，如举办成熟研讨会、问题解决、寻找解决方案、测试等，还必须考虑决策所需的时间。一旦想法所有者向流程所有者发布了一个想法，他希望尽快得到一个决定，以进一步制订解决方案。做这个决定所需的时间越长，你进一步制定这个想法的动力、耐力和毅力就越少。这也会导致质量下降，最终，这一想法可能被叫停。特别是在前端阶段，有必要不过度设计可交付成果：在这样一个早期阶段，谁真正相信完整的商业论证？一个解决办法是专注于减少不确定性的下一步，或者简单地说：风险。如果结果不如预期的话，这个想法可能在下一个阶段（如基础阶段）停止，特别是对于非常新的东西，你必须参加第一次试验。

具体措施是可定期检查，以便决策。有了 GEA 的创新平台，定期自动检查并评估决策的障碍是很容易的。其次，考虑到创意的纯工作时间，创建本地支持网络以确定如何支持创意团队（或创意发起人）来管理下一步是可行的。

（3）新专利数量。

与纯粹的创意数量类似，如果你只考虑新专利的数量，这可能不是一个严格的创新能力衡量标准。由于专利申请和区域化的成本非常高，公司必须考虑申请特定解决方案的重要性。如果申请专利的重要性毋庸置疑，那么新产生的专利总数也有一定的有效性。因此，它主要是为了在你的公司内部确定和应用如何改进流程的措施。作为其他公司的基准数字，这可能不可行，因为每个公司面临不同的知识产权战略。

（4）每个创新领域的创意数量。

这是对于每个创新集群创意的概述。有一组称为"创新领域"的创新集群，如"数字化""可持续性""产品安全"。这些创新领域总结了一系列具有共同挑战的更大范围的想法，在部署到不同领域之前，需要先完成开创性的工作。通过操作仪表板，我们可以检测出这样一个创新领域是否枯竭。

（5）提交想法与实现想法。

这些比率已经在战略仪表板中提到（每个创新阶段的创意数量）。这让我们了解到创新渠道的供给部分看起来有多健康。

（6）研发支出与预算。

这是一种高层次的衡量或比较，即与总预算相比，用于研发工作的预算占总预算的百分比。

5. GEA 的创新管理：能动部分

以上章节主要介绍了 GEA 创新管理体系的技术部分，包括流程、平台和组织，以及几个关键绩效指标和围绕这些指标制定的措施。

除了技术方面，还有进一步的成功因素来确保创新管理体系的有效性和效率。因此，GEA 已经开始创建内部网络来支持流程、想法和解决方案的发现。该网络不仅由管理人员组成，他们充当创新大使，经常扮演创新经理和决策主体的角色，还包括工程师和工作人员，他们雄心勃勃，但可能不想扮演管理角色。但他们思想开放，对新事物感兴趣，对解决方案的发现有实际操作经验，并且愿意分享新的发现。这个社区被称为 VIBE 网络，VIBE 代表重要的创新行为参与。

VIBE 由来自几乎所有责任级别、不同地点和不同单位的人组成。当开始接触专家、开始新的（公司范围内的）创意活动时，VIBE 网络总是被包括在内，以确定特定主题专家在哪里，以及如何与他们接触。我们每年两次尝试让社区与创新管理者一起，交流经验教训、新发现，并召开解决问题的会议。

6. 总结与展望

GEA 于 2016 年开始其创新管理体系的概念阶段，并于 2017 年开始启动阶段，目前正处于保持这一方法的阶段。市场发展带来的进一步重大挑战已经确定，在构思活动的早期阶段引入客户观点的概念将得到完善。经过一年 10 多次的创意活动，创新核心团队完善了创意生成框架的过程，以高命中率满足了发起人的需求。创意产生阶段可能需要 8 周来描述创意活动的真正挑战，之后，通常在 3~5 周的有限时间内，创意产生阶段就开始了。在接下来的 6~10 周内，这些想法可以成熟到决策和优先级的阶段。GEA 的结果表明，如果你不花时间对创意活动建立明确的关注点和期望，你就不会得到解决公司面临的真正挑战的创意。

在接下来的几年里，GEA 将采用开放创新的方法，包括机器制造商和工程公司 DNA 中所不具备的新技能和能力。对数字解决方案、新商业模型和新材料技术的需求，给客户带来了挑战的同时，也为增长提供了机会。

12.15 创新实践：空客防务与航天公司[①]

BDPR 是一种新的研发决策方法

在产品管理生命周期中，概念阶段对于定义任何行业的关键开发项目都是至关重要的，这些项目将为企业带来更多的利益，最重要的是，哪些项目将提高产品的竞争力。本节介绍了一个称为业务驱动的项目路线图（Business-Driven Program Roadmap, BDPR）的过程，它作为一个工具，在组合产品管理中对研究和开发项目进行优先级排序和评判。

在一个拥有复杂和扩展产品组合的大型企业中，了解需要研究的领域和促进渐进开发以提供更高的投资回报和更大的竞争力是关键。与评判一样重要的是，渐进开发项目公开进行，我们必须进一步了解它们是如何在一个项目组合中的不同产品之间相互关联的。

BDPR 的任务是确保项目组合计划和项目从商业角度拉动中期（1~5 年）和长期（6~10 年）的产品和服务组合。因此，在长期的 BDPR 中，BDPR 应与每个规划单元及其战略愿景完全一致，并确保所有规划单元的一致性。图 12-21 说明了典型的 BDPR 的关键原则。

[①] 本节由空客防务与航天公司提供。版权所有，经许可转载。

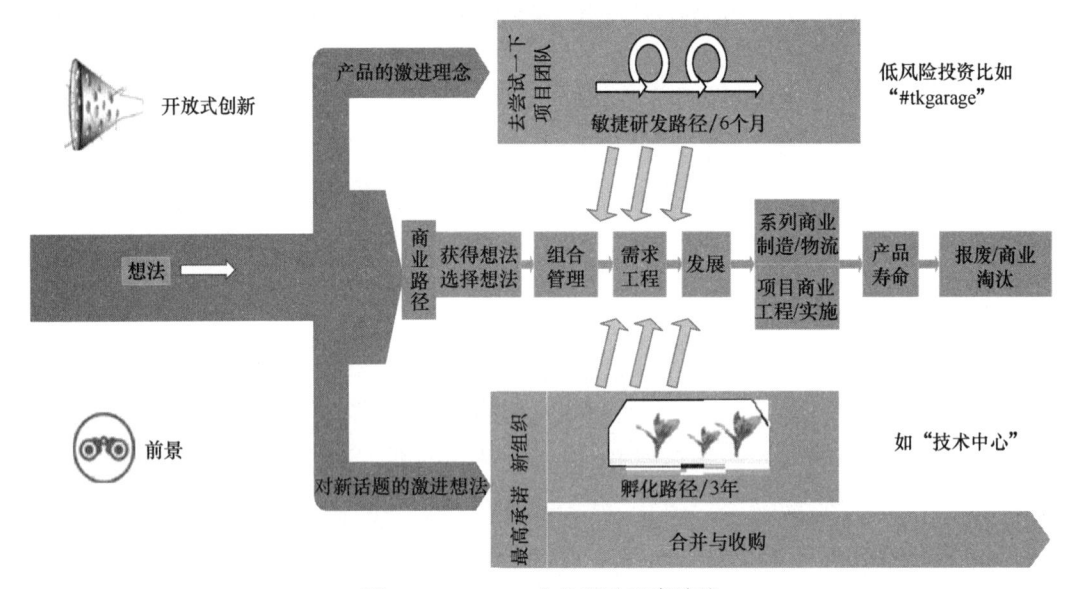

图 12-21 BDPR 业务驱动程序路线

BDPR 是关于产品和服务计划、项目渐进开发及其财务影响的年度周期治理。它是公司关键治理控制的一部分。公司治理结构是按照运营计划周期"从右到左"构建的，争取在年度第三季度内由执行委员会验证计划框架的最终结果。BDPR 年度治理周期围绕一次启动会议、一次指导委员会会议和一次指导收尾会议建立，作为执行委员会会议的一部分，具体如下：

在 BDPR 时限（五年以上和十年以上）内确定主要商业目标，从而启动 BDPR，在第一季度（Q1）以找到商业需求。这一交付成果是根据全球市场分析的结果，一方面将我们的产品与竞争对手进行比较，然后通过客户的声音来确定潜在的新产品和功能需求；另一方面，计划策略会收集客户和利益相关者的意见，并提出有关产品开发的潜在方案。

BDPR 指导委员会在第二季度（Q2）选择了关键商业项目后，将审查 BDPR 交付成果以提供战略指导，以确保并确认渐进开发项目和财务合并的优先级。

BDPR 结算，在第三季度（Q3）对关键项目进行优先级排序和评判，并最终确认 BDPR 数据包及其渐进开发项目，这将包括在研发预算中。

此外，为确保完全一致（在 BDPR 启动会议、指导委员会会议和收尾会议之前），应举行一系列有关计划和推动者职能的对接会议（工程和工业）。

关键交付成果之一是 BDPR 路线图，这是一项基于 5~10 年的协作计划，通过直观地表示公司当前位置、未来目标及如何实现这一目标。

图 12-22 所示的 BDPR 路线图是一种有效的沟通和决策方法，它将战略远景和市场（客户）需求与产品和服务的预期未来状态联系起来。它代表了业务解决方案（项目）之间的相互依赖关系，从而预见了潜在路线以优化资源分配，并最小化风险。同样，它还允许评估技术变化，并在优先考虑对实现预期未来至关重要的商机时支持程序和服务。

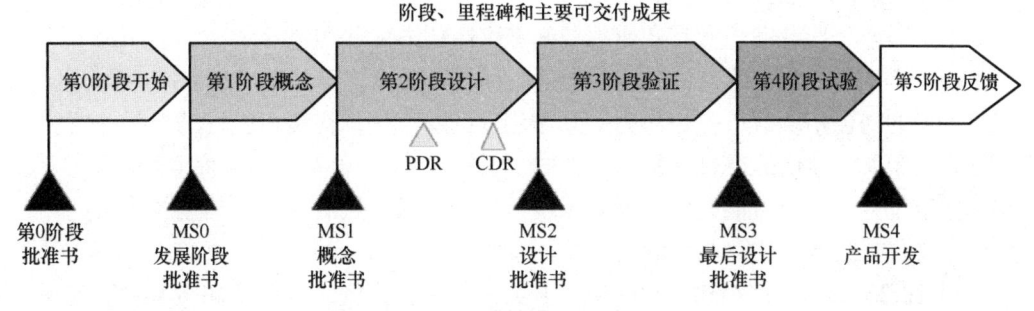

图 12-22　10 年的 BDPR 路线图示例

最后，BDPR 作为一个集成过程为公司带来了以下优势：在产品组合的基础上提高渐进产品开发的透明度，并作为公司内部渐进开发的一个事实；促进由商业需求驱动的项目的优先排序和评判；促进不同产品渐进开发的标准化，以增加研发投资的附加值；减少了科层层级，并在共享治理中提高所有利益相关者之间的一致性；程序开发需求与服务、工业和流程、方法和工具支持程序等的集成。

12.16　创新实践：蒂森克虏伯公司[①]

1. 背景

在亚特兰大市中心，坐落着佐治亚理工学院（Georgia Institute of Technology）的高科技企业创新中心，这是全球最负盛名的创意工程中心之一。佐治亚理工学院，一所以严谨的学术和开创性的研究著称的顶级工程学院，战略性地与初创企业孵化器和企业创新中心合并，其中一个就是蒂森克虏伯（ThyssenKrupp）公司。蒂森克虏伯公司是一家全球性的多元化工业公司，在德国钢铁行业拥有 200 年的历史，在电梯技术、电厂技术、汽车零部件和系统及材料服务等方面拥有现代化的产品组合。蒂森克虏伯公司（以下简称蒂森克虏伯）在佐治亚理工学院开设了一个创新中心，以在开放的创新环境进行工作。

开放式创新到底意味着什么？它对蒂森克虏伯这样的大公司有何影响？

五年前，蒂森克虏伯电梯业务部门意识到有必要成立一个创新小组，以寻找技术来进行未来的业务整合，并测试可能被认为是高风险或未被充分理解的新的创新想法。这个创新小组的优先事项是将重点放在长期项目上，这些项目从根本上讲风险更高并且更容易失败。这些项目将补充产品开发中心的力量，后者以传统的产品开发流程设计和发布产品，时间为一到两年。

该模型对公司非常有效，因为它允许每个小组设置自己的优先级并独立运行项目。短期产品开发和发布是产品开发团队的重点，而长期研究和想法测试是创新团队的重点。

德国埃森（Essen）的蒂森克虏伯总部也有组织的创新流程。技术、创新和可持续性办

[①] 本节由蒂森克虏伯北美公司技术、创新和可持续发展总监 Paul Babin 博士提供。蒂森克虏伯公司版权所有，经许可转载。

公（Technology Innovation and Sustainability，TIS）使用"前瞻性"流程来确定长期趋势和潜在的未来需求，这有助于所有商业领域确定可能的未来状态。

蒂森克虏伯增强创新能力的另一种方式是通过"鲨鱼缸"式的"创新车库"，在那里，蒂森克虏伯的初创团队成员齐心协力，学习创新的新方法，突破可能性的界限并摆脱传统思维方式。团队将他们的项目推销给潜在的"投资者"，即蒂森克虏伯商业领袖。

成功推销的下一步可能是创建最低限度可行的产品，然后将其送给创新团队进行持续的孵化和研究，或者送往商业领域的产品开发团队。

如图 12-23 所示，已经建立了一个"开放式创新"模型，类似于加州大学伯克利分校（UC Berkeley）开放式创新中心 Henry Chesbrough 博士所倡导的模型。对于传统的产品开发渠道，蒂森克虏伯允许想法在适当的时候进入和退出系统。如果蒂森克虏伯提出了一个好想法，但对公司而言并不正确，那么可以与其他开放式创新合作伙伴共享、许可、分拆、交易这个想法。

价值主张框架和市场理解 → 建模工具开发 → 结果验证 → 客户呈现 → 市场扩张

图 12-23 蒂森克虏伯的创新生态系统

传统的产品开发"渠道"使用"车库"流程进行了激进的产品构思，并采用了技术中心的方法来进行了创新。

将具有创新责任的某些团队与产品开发区分开来很重要。应该与产品开发及全球和区域 TIS 团队建立联系，但是由本地管理的团队可以为创新提供更大的灵活性。

以下两个案例研究集中于创新项目的管理方法与传统或标准产品开发过程有何不同。

案例 1：HoloLinc 是微软的 HoloLens 的应用程序，用于设计和可视化住宅楼梯升降机。该技术允许在整个过程中进行数据集成，提高了蒂森克虏伯的可访问性，大大缩短了客户与安装者之间的交货时间，这对于该市场领域的质量至关重要。该项目得到了位于西班牙希洪的研究创新中心的支持，并在美国微软的协助下到达了荷兰的工厂。这是真正的全球发展，并已在蒂森克虏伯的 TIS 赢得了创新奖。

案例 2：该示例着重于蒂森克虏伯屡获殊荣的 MULTI 电梯。MULTI 旨在用磁性和线性感应电动机代替起重电缆，从而允许将多个机舱以单个起重方式放置，不仅可以垂直移动，还可以水平移动。这释放了高层建筑中大量的建筑面积，这些高层建筑大多是空的电梯井。对于高大的建筑物，需要许多电梯井道来为居民服务，但这些井道占用了可出租的空间。对于 50 层以上的超高层建筑，其横截面主要是电梯，这是对可出租空间的巨大浪费。借助 MULTI，一个竖井中有多个升降机，因此竖井横截面大大减小了。

这个 MULTI 产品是在德国的研究和创新中心（Research and Innovation Center，RIC）启动的，利用了德国慕尼黑蒂森克虏伯超快集团的线性感应电机专业知识，该集团负责上海的高速磁悬浮列车。

成本和项目管理方法不同于传统的产品开发过程。RIC 在德国设有一个小团队，研究关键风险点的可行性。标准产品开发过程的里程碑被创新风险点所取代。一旦减轻了主要风险，便会建立实验室原型以测试在实验室条件下的可行性。从那里开始，西班牙希洪的 RIC 以 1∶3 的比例制作了关键推进和交换系统的比例模型。最后，在德国罗特威尔（Rottweil）的新电梯测试塔（世界上最高）的 RIC 上开发了一个完整模型。这是一个真正的国际团队合作。

MULTI 是否会改变电梯行业？也许。但与此同时，它无疑是公司屡获殊荣的发明和重要创新。

2. 项目管理差异

对于传统的产品开发项目，存在可重复的开发过程。蒂森克虏伯电梯使用标准的产品开发流程，其中要求明确的阶段要求、活动和入口审查要求，如图 12-24 所示。

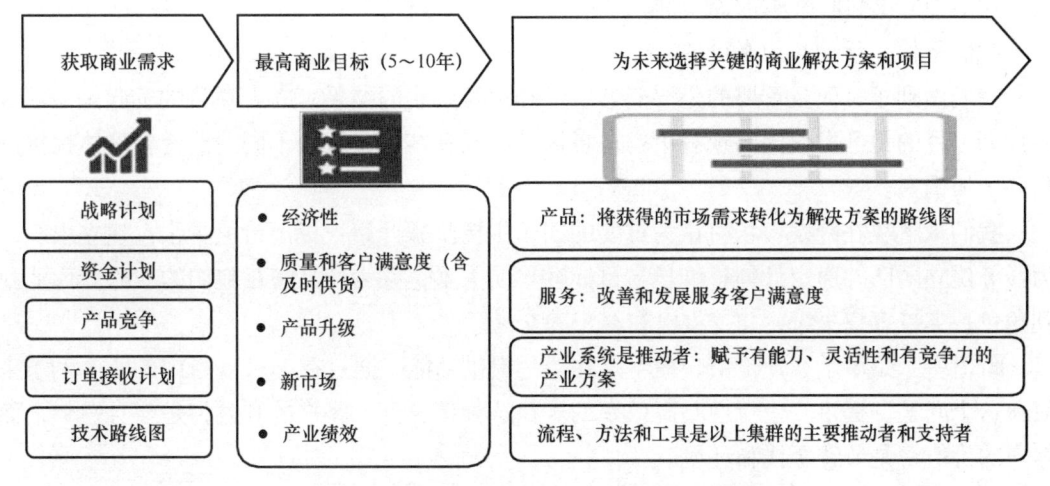

图 12-24　蒂森克虏伯电梯的标准产品开发流程

创新团队需要一个监督过程来跟踪和显示进展，决定何时停止项目，并在必要时加速产品开发，我们使用了一个适当的风险点，从那里可以衍生出后续的可行性项目，启动开发项目，或者停止对这个想法的努力。

典型的产品开发项目有一个详细的 Microsoft Project 软件进度表，其中包括每个阶段的可交付成果的标准模板和详细的时间阶段资源进度表。在任务或工作包下，仍然存在风险，因为产品研发本质上是可变的。

另外，创新项目是不同的。项目的选择缺乏系统性和线性化。项目地点更加全球化，组织内外更多地使用学生、大学、企业家等，在哪里完成？为什么要这么做？如果成功了，它会去哪里？

3. 结论

从这里到哪里？借助佐治亚理工学院研究合作伙伴关系，开放式创新，利用内部和外部合作伙伴关系，以及利用全球创新和工程能力的企业合作研究项目，将确保蒂森克虏伯继续履行并建立其品牌承诺："工程技术、明天、一起。"

12.17 创新实践：WÄRTSILÄ 能源解决方案[①]

1. Fox 项目：项目管理和创新

狐狸通常与骗子的身影联系在一起。但是它也可以是老师，提供有关如何快速找到障碍物的指导。如果跟随狐狸，你可能被要求使用或发展快速思考和适应能力。

Fox 项目是一项针对美国实时能源市场的销售计划，其明确目标是获取订单。该项目于 2015 年启动，由项目经理和跨职能团队管理。当该项目于 2017 年结束时，结果不仅是具体的销售案例、潜在客户的渠道和新产品，还包括对传统能源向可再生能源系统过渡的更有价值的见解。

2. Fox 计划：创造价值主张

我们坚信，活动必须有价值。

我们做到了，而且重要的是要能够展示和跟踪切实的结果。Fox 项目的发起是一项战略计划，目的是开发美国的现有市场；目标是寻找新客户，并向不同的消费者群体提供产品并增加销售。

我们从解决在开发市场时认为重要的四个主要步骤开始：提出价值主张；建立组织，为任务建立团队并商定计划；维护与目标客户的关系，并为产品满足他们的战略和商业找到角色；支持客户决策，并挖掘潜在客户和交易。

价值主张是展示客户价值，而不是在谈论提供功能。通过在 Fox 项目中的一个例子来简化这个问题，提供一个特性是高效率的。在这种情况下，客户的利益将是节省燃料，而客户的价值将是节省金钱和环境。

图 12-25 显示了不同步骤的概述。要在 Fox 项目中创建价值主张，我们需要了解电力市场并开发量化价值的工具。此外，我们需要了解市场机制并比较市场相似性。为了能够比较不同的市场，该团队开发了基于 Excel 的建模工具。建模的结果需要进行验证，并且需要通过拜访客户和讨论来完成。这个结果转变成一个向客户展示有价值的视角，并与他们一起对工具进行了微调，以满足特定的客户情况。这种共同创建的输入后来变成了商业论证。这个建模工具以后可以用于市场上的其他客户案例，以展示其价值，并将其扩展到美国的不同市场。

支持价值定位创建的具体工具可以是模型画布和价值主张画布（由 Alexander Osterwalder 开发）。这些是帮助业务开发人员了解客户及如何交付价值的好工具。总结销售故事的一种具体方法是"电梯间距"。这个想法是，你可以在 30 秒的电梯乘坐过程中解释你的想法，针对（目标客户）谁拥有（客户问题）我们（解决方案）提供的（关键功能），

[①] 本节由负责商业创新的经理 Eleonor Hedström 和 Fox 项目经理、销售和营销总监 Matti Rautkivi 提供。WÄRTSILÄ 公司版权所有，经许可转载。

而不是（竞争）产品（竞争优势）可以很好地说明你是否对主题足够了解。如果你无法通过简单的方式解释某些内容，则可能无法充分理解该主题。

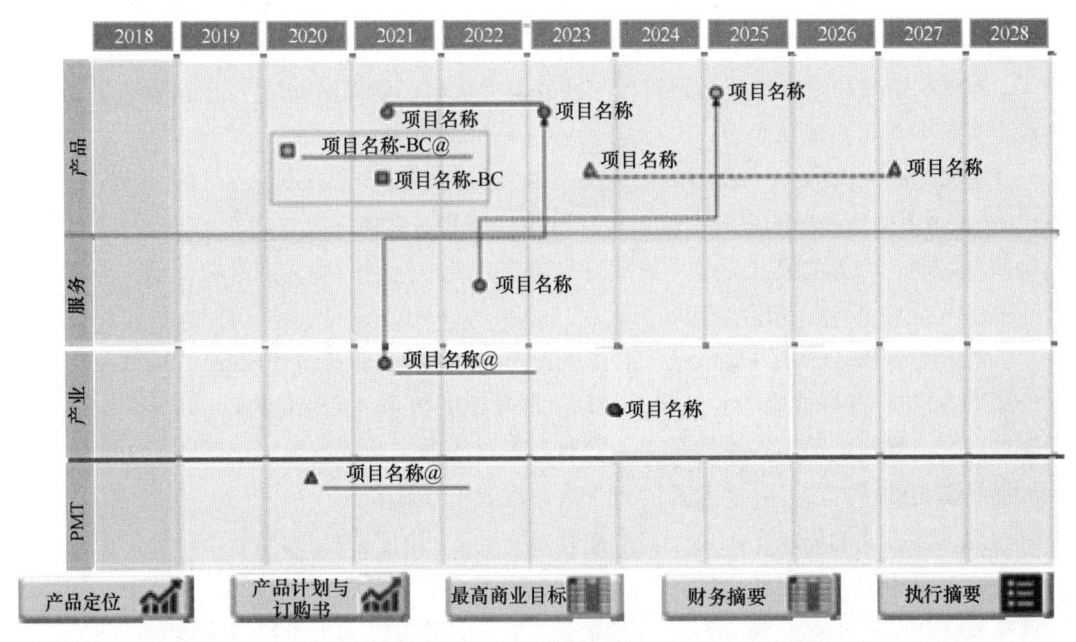

图 12-25　不同步骤的概述

3. Fox 计划：聚焦客户

在像 Fox 之类的项目中，必须建立一个正式的项目组织，但也必须建立一个矩阵组织来实施所需的行动；必须明确团队的角色，包括项目经理、销售、市场营销和产品开发。这项工作是通过面对面的会议开始的，我们看到在整个过程中召开定期的后续会议和就该倡议进行持续沟通至关重要。

对于这个大项目，需要有一个计划，但是关键是根据需求在项目中迭代计划。当今，创新中最常用的流行语之一就是敏捷。敏捷尤其适用于软件开发，它意味着将任务分为短期阶段和频繁的计划调整。Fox 计划是敏捷行动的一个很好的例子。这通过两个具体示例进行说明。通过这个过程学习的关键见解之一就是客户经历的旅程。通过建模，我们在 Fox 项目团队中发现，我们提供的产品比竞争对手提供的产品更可行，我们相信客户会很容易接受价值模型。但事实上并非如此。我们拜访了客户，尽管我们可以展示事实和数据，但是他们并不买账。

我们意识到，这背后的原因之一是客户目前的理解不支持新的研究，并且客户有自己的一套不易更改的战略和计划。背后的原因也可以在心理学中找到，在心理学中，首先拒绝不被现有知识支持的新信息是很自然的行为。有必要获得更多的洞察力和看待事实。也就是说，获得理解。这种新的理解产生了内在的接受，并转化为可以采取行动的自信。

为了解释这个价值，我们同意写一本有关转化的书，以证明其价值，叫作 *Goodbye to Deerland: Leading Your Utility through the American Energy Transition*。

很明显，煤炭不会回来了。如果你问任何一位美国能源公司的高管，他们都会告诉你，不管政治走向如何，以煤炭为基础的电力时代已经过去了，现在是投资风能和太阳能的时候了。得克萨斯州和俄克拉荷马州等保守州的电力公司正处在这一巨大转变的中心，如今，已从煤炭转向可再生能源。

正如我在 *Goodbye to Deerland: Leading Your Utility through the American Energy Transition* 一书中所描述的那样，从煤炭到风能的转变不会在一夜之间发生，但是对经济学的检验将表明，今天的公共事业不能等待和屏住呼吸。他们必须立即采取行动，否则就有可能输给竞争对手，并在市场上落后。

Goodbye to Deerland: Leading Your Utility through the American Energy Transition，是一家公用事业单位 CEO 面临人生危机及如何克服危机的故事。更重要的是，它也是电力公司转变并在瞬息万变的美国能源格局中取得成功的路线图。美国各地正在发生新的变化：为社区提供动力的新方法，开展业务的新方法，新的思维方式。

敏捷工作方式的另一个示例来自产品开发方面。我们提供的大多数产品都遵循一个阶段门模型，其中根据设定的指标对项目进行优先级排序。通过客户访问，我们发现需要进行低负载优化。开发首要先分析客户的需求并准备关键指标的瀑布模型。然后，使用这个瀑布模型用于展示产品开发案例的不同价值。对于产品开发组织而言，这是非常有价值的，因为它给出了明确的优先级，导致了创纪录的短时间上市。在大公司里，通常有几个部门，这些部门有时会有不同的优先权。但是，当我们能够为客户展示价值时，这便为合作和实现共同目标奠定了良好的基础。

为了帮助理解客户的体验和感受，我们可以做一个客户旅程地图，这是一个很好的创新工具，可以站在客户的角度去理解。这些客户旅程也是可视化客户并为公司利益相关者讲述他们的故事的一种好方法。制定与客户互动的流程和方法很重要。如果你在一家可能拥有多个职能部门的公司工作，则可能需要每个职能部门都针对同一位客户，因此同步这些活动非常重要。

4. Fox 计划：讲述故事和展望未来

这个项目的目标是建立一个潜在客户和销售组合，这个目标已经实现了。随着项目的发展，许多学习经验成为未来计划的最佳实践，例如需要明确优先次序和如何展示客户价值可以加快发展。然而，该项目最大的收获是向可再生能源的过渡。进入美国市场的转变，让我们大开眼界，也看到了其他市场的变化。传递的信息是，世界正在向 100%可再生能源过渡，不是因为它们是绿色能源，而是因为它们具有经济意义。这是一个新愿景的起点：下一代如何领导这家公司。

12.18 合作：ABC 培训软件开发项目复兴[1]

Kevin[2]是一个年轻的软件工程师，从不放弃领导项目的机会。为自动化 ABC 培训项目开发新软件需要一个工程师和一个项目经理。Kevin 认为他可以担任软件工程师和项目经理的角色，所以他接受了这个任务。他很快发现，ABC 培训团队对现有的人工流程相当满意，并且不愿意做出改变。他们似乎对使用敏捷方法来逐步自动化这个新软件的计划没有什么兴趣。

ABC 培训团队位于距离工程团队 60 多英里[3]的地方。信息技术团队也位于 60 英里之外。工程团队离 Kevin 最近，因此他每周将在设计团队现场停留一到两天，其他时间的工作，他在三英里外的另一栋楼里进行。

在接下来的几个月里，Kevin 启动了 ABC 培训项目。三个团队相互竞争的项目优先级和模糊的要求对项目构成了风险。此外，三个团队（ABC 培训、IT 和设计团队）对成功的定义有不同的看法。几个月后项目毫无进展，Kevin 的管理层让他回到了之前的项目。新的挑战是现在获得了赞助，建立一个合作的虚拟团队并报告进展。第一步是招聘高级软件工程师和高级项目经理来推动这个项目。

我（Sherry Kytonen）被聘为高级项目经理，我很高兴地接受了这一挑战。与此同时，招聘了一名技术娴熟的高级软件工程师 Joe，担任 Kevin 的技术工程职务。我们很快熟悉起来，并开始计划新的策略来实施 ABC 培训计划，同时与团队的现有成员紧密合作。

在使用传统的瀑布式方法管理项目 20 多年后，我渴望从年轻的同事那里学习敏捷方法。Kevin 乐于助人，是个好老师，这让我很容易学会敏捷方法。他已经奠定了基础，但挑战是让所有人（包括领导层）一起工作，并实施敏捷项目管理工具和方法。

我花了尽可能多的时间向 Kevin 学习，同时也了解了位于印度 60 英里之外的签约公司。Joe 和我在同一地点，他的技术知识与我的软实力相结合，将一个失败的项目变成了一个利益相关者积极参与和路线图计划周密的项目。

最初，当我要求项目负责人六个月内成功时，我被告知必须克服与内部 ABC 培训客户之间的分歧。我的下一个优先任务是认识 ABC 培训代表并听取他们的反馈。与团队分享了所学到的经验，最终 ABC 培训代表开始参加我们的每周计划会议，以验证需求并识别风险和机会。

意外是，离 East Indian holiday Diwali（东印度节日排灯节，庆祝正义战胜邪恶的光明节）只有几天了，我们所有的成员都被邀请了。这成了见到其他团队成员的绝佳机会：于千里之外，面对面地讨论我们如何共同努力，使这个项目取得协作成功。来自印度的团队不仅热情，还为我们提供了美味的印度菜和甜点作为临别礼物。然而，当我战略性地坐在 ABC 高级培训测试工程师 Mark 和 IT 软件工程专家 Taj 之间时，我感觉到了后来才知道的紧张气氛，已经存在了很多年。我问了一些关于这个项目的问题，这样我就能更加全面地

---

[1] 本节由敏捷高级项目经理 Sherry Kytonen 提供。波音公司版权所有，经许可转载。
[2] 个人姓名和背景资料已修改，以保护个人隐私。
[3] 1 英里 = 1.609 千米。

理解每个方面。庆祝结束后，我对谁是谁有了更好的认识，以及我们团队面临的一些整合挑战有了更好的认识。

在接下来的几个月中，我与新工程师 Joe、年轻的 IT 项目经理 Julie 和工程团队的高级负责人 Wes 建立了很好的关系。我和高级负责人每周进行一次回顾，还有每周例会，包括我、Joe 和 Wes。我还自愿在员工会议上每周提交一次状态报告，以确保获得赞同，并与所有三个团队（包括另一个时区的承包商）每两周举行一次会议，为在不同地点的小组提供虚拟会议（鼓励亲自开会）。我们还安排了每月一次的领导指导会议。我们共同努力，创建并维护了强大的运行节奏，并将团队共享记录在案。此外，我们每天召开一次电话会议，让团队成员提供当前状况和所需的帮助。

第一次研讨会为期三天，旨在启动新团队，让每个人都有机会为章程做出贡献并就共同的目标达成共识。该研讨会由 IT 领导层主办，并由一个中立的第三方主持。面对面的会议有助于消除一些分歧，让团队找到共同点，确定战略、风险和机会。同吃同住 3 天有助于消除误会，并奠定坚实的合作基础。

我们需要克服的其他限制是镀金的软件需求，这些需求最初是在没有内部 ABC 培训团队投入的情况下实施的，而不是实现成本节约的工具。该研讨会成为更多协调会议和研讨会（有时很早或很晚才召开）中的第一个，在此期间，发起人、承包商和团队将共同努力寻求及时的解决方案和质量，从而最终优化 ABC 培训并削减成本。根据回顾性调查结果，印度的项目经理需要报告每周状态和更新的时间表，因此我们可以减轻曾经影响甚至延迟每月冲刺发布的风险和问题。

作为项目经理，我的职责之一是协调研讨会，确保有合适的人员参加，并找到和分享关键的工作和文件。团队将轮流互访进行关键会议，虚拟会议仅在不能亲自见面的团队成员需要时才可用。此外，计划会议、冲刺和发布继续进行并变得更加强大。

在尊重每个人的意见的同时，进行合作和集思广益的创新想法成为一个关键，它为消除分歧并努力寻求更好的解决方案提供了机会。看到整个团队的合作是鼓舞人心的。我喜欢来到工作中，感受到奖励、欣赏和成就感。我们继续进行每月的冲刺和发布，并邀请 ABC 培训代表参加我们的计划会议，以验证软件更新。我们还进行了最终用户培训课程和现场演示，为我们提供了宝贵的反馈。

每次有新版本发布时，都会出现一个弹出窗口，用户就能准确地知道发生了什么更改。反馈链接被内置到工具中，被发送到由软件工程师监控的一组邮箱。在大约一年的时间里，我们团结起来，将一个失败的、名称不好的项目转变成一个最终用户认为的有用工具，并承诺随着时间的推移将节省大量资金。实际上，该项目非常受欢迎，以至于当我们要求额外的帮助时，其他的项目经理和工程师都很乐意加入我们的团队！

当我继续我的下一个项目的时候，那是一个悲伤，但值得纪念的日子。强大的运营节奏、协作的团队成员及良好的沟通，为共同价值观和战略成功标准奠定了新的基础，并得到了高级赞助商的支持。该团队正在按计划实现战略目标和目的，同时降低成本。我留下了一群杰出的人，他们克服了个人、政治和资源的限制，把挑战变成了机遇。这是最好的团队合作！

12.19 关键问题

每个公司都有自己必须考虑的一系列关键问题。这些问题可能包括主题和创新类型、员工的技术能力、竞争因素及现有产品的预期寿命。

正如在本章中所看到的,一些公司的业务部门致力于创新活动,而另一些公司希望所有的员工都支持创新。因此得出的结论是:一种方法并不适合所有创新,每家公司都必须开发一种适合自己的方法。

参考文献

[1] Jung, U. and Chung, B. D. (2016). Lessons learned from the history of Samsung's SCM innovations: Focus on the TQM perspective, *Total Quality Management* 27 (7), 751-760.

[2] Morris, Langdon. (2017). *The Agile Innovation Master Plan.* Mill valley, CA: FutureLab Press.

[3] Morris, Langdon. (2018). *The Big Shift: the 83 Most Important Changes That Everyone Should Know About, and the Big Shift That Changes Everything.* Mill Valley,CA: FutureLab Press.

[4] Wolff, M. F., Jones, T,.and Lee, D. (2006). Samsung, others adopting value innovation. *Research Technology Management* 49 (5), 5-7.

第 13 章
案例研究

13.1 迪士尼的创新项目管理技能

1. 摘要

所有的迪士尼主题乐园和乐园内的景点都可以被看作实践创新。迪士尼的成功部分归功于幻想者,他们懂得在创新环境中工作所必须具备的技能。迪士尼的文化是真正的创新文化。

2. 引言

并不是所有的项目经理都对他们的工作感到满意,他们经常认为改变行业可能令他们更有成就感。一些人妄想着要管理世界上最伟大的建筑项目,另一些人则希望设计下一代手机或移动设备。然而,可能最快乐的项目经理是为华特·迪士尼公司工作的幻想工程项目经理,尽管他们可能在其他营利性项目上获得更高的薪水。三个幻想工程项目经理(John Hench、Claude Coats 和 Martin Sklar)从华特·迪士尼公司退休了,该公司的幻想项目管理工作已经拥有 172 年的历史。但是,有多少其他行业的项目经理真正了解作为一名幻想工程项目经理需要具备哪些技能?有没有可能幻想工程项目管理的许多核心创新技能适用于其他行业,我们对此却不知道?

项目管理知识体系指南,顾名思义,只是一个指南。每个公司都有承担项目所需的独特技能,这些技能超出《PMBOK 指南》所包含的范围。尽管《PMBOK 指南》的原则仍然适用于迪士尼主题乐园创新项目,但需要的特殊技能与传统项目管理课程中教授的内容有很大不同。也许在所有幻想工程项目经理中最常见的技能是头脑风暴、解决问题、决策,以及从三维而不是两维思考。然而,我们大多数人可能并没有意识到这个事实——虽然这些技能有许多在传统的项目管理课程中没有被深入讲授,甚至根本没有讲,但它们可能是所有项目经理的必需品。

3. 华特·迪士尼幻想工程

华特·迪士尼幻想工程（又称 WDI，简称幻想）是负责建造世界上所有迪士尼主题乐园的设计与开发部门。该公司由华特·迪士尼创立，负责监督迪士尼乐园的建设，最初被称为 WED Enterprises，其首字母的意思是"Walter Elias Disney"，是该公司创始人的全名（Wright，2005，6）。

"幻想工程"一词是美国铝业在 20 世纪 40 年代引入的，用来描述幻想与工程的融合，1957 年，Union Carbide 公司在一份内部杂志上由 Richard F. Sailer 撰写的名为《头脑风暴是幻想工程》(*Brainstorming is imagination engineering*)的文章中使用了这个词。迪士尼在 1962 年首次使用这个词，并在 1967 年申请了这个词的版权。幻想工程负责设计和建造迪士尼主题乐园、度假村、游船和其他娱乐场所的各级项目开发。所有的活动都需要某种形式的创新。幻想者拥有广泛的技能和才能，因此超过 140 个不同的工作被归为幻想工程，包括插画师、建筑师、工程师、灯光设计师、展览作家、平面设计师等（Wright，2005，3）。可以说，所有的幻想者都是项目经理，WDI 的所有项目经理都是幻想者。简单地说，几乎每个人都有创新技能。大多数幻想者在位于加利福尼亚州格伦代尔的总部工作，但经常被派遣到主题乐园内的分支机构工作很长一段时间。

4. 项目可交付成果

和传统项目成果是一个硬件或软件不同，主题乐园景点的幻想工程项目成果是通过创新创造的视觉故事。整个交付成果设计成在一个受控的环境中运行，在这个环境中，交付成果的每个组件都有特定的意义，并且有助于故事的讲述。它是视觉叙事。不像传统的电影或书籍是二维的，主题乐园和伴随的人物是三维的。大多数项目经理，包括创新者，都不认为自己是讲故事的人。

主题乐园景点的意图是让人们一旦进入景点就脱离现实，让他们相信他们是生活在一个故事里，并可以与他们最喜欢的角色互动。主题乐园会让所有年龄的游客觉得他们是故事的参与者，而不是旁观者。

有些主题乐园的游乐设施只吸引你的一种感官，但迪士尼的景点吸引了多种感官，因此当人们离开景点时，会留下更大的影响，让游客"以新的方式看、听、闻、触和品"（Hench 和 van Pelt，2008，6）。一切都是为了给人一种体验。在理想的情况下，人们会相信自己是故事的一部分。当新的景点推出时，幻想者们会注意客人下车时的表情。这对于持续改进工作很重要。

我只想让你知道，当人们走过或接触到你设计的任何东西时，我希望他们离开时，脸上露出微笑。记住这一点。这是我对你作为设计师的全部要求（Walt Disney，摘自 Disney Book Group，1996，18）。

5. 约束的重要性

大多数项目管理课程强调项目有三个约束条件，即时间、成本和范围。虽然这些限制也存在于幻想工程中，但主题乐园还有三个限制通常被认为比时间、成本和范围更重要，是安全、质量和审美价值。

安全、质量和审美价值都是相互关联的制约因素。迪士尼永远不会牺牲安全。这是首要的约束。所有景点每年365天，每隔几分钟开放一次，因此必须满足最严格的建筑规范。有些游乐设施需要特殊效果，如火、烟、蒸汽和水。所有这些都需要满足安全要求。特效包括不燃烧的火焰、可以安全呼吸的雾，以及不会破坏任何东西的爆炸；另一个特效是冒泡的熔岩，实际上摸上去是凉的。

可靠性和可维护性对所有项目管理人员来说是重要的质量属性，但对幻想者来说至关重要。除火、烟、溪流和水之外，每个景点都有相当数量的活动部件。可靠性是指在不需要维护的情况下，某物能运行多长时间。可维护性要探讨如何快速修复。景点的设计考虑了部件故障和尽量减少停机时间的方法。有些人可能计划了整个假期，希望能看到特定的景点，如果这些景点长时间停工维修，乐园的游客会不高兴。

6. 头脑风暴

对于传统项目，头脑风暴可以用小时或天来衡量。头脑风暴小组的成员人数较少，可能包括市场营销人员，以确定对新产品或改进现有产品的需求，以及技术人员说明所需时间和大致成本。在通常情况下，这些创新项目经理只有在项目获得批准、加入队列中、工作说明书得到明确定义之后，才能被指派和加入。在迪士尼的幻想工程组织中，头脑风暴可以用几年来衡量，许多幻想工程人员将参与其中，包括创新项目经理。

大多数传统游乐园的景点都是由工程师和建筑师设计的。迪士尼的幻想头脑风暴是由讲故事的人完成的，他们必须在二维和三维上可视化自己的想法。头脑风暴很可能是一个幻想者最关键的技能。头脑风暴需要幻想者设身处地地为客人着想，像孩子一样思考，也像成年人一样思考，以便看到客人会看到什么。在设计景点时，你必须了解你的主要观众。这类似于市场人员在新产品开发中必须做的事情。

头脑风暴可以是结构化的，也可以是非结构化的。结构化的头脑风暴可能需要根据一部迪士尼新发行的动画或非动画电影想出一个吸引人的点子。非结构化头脑风暴通常被称为"蓝天"头脑风暴。可能需要几次会议来提出最佳的想法，因为人们需要时间进行头脑风暴。有效的头脑风暴要求我们对所有的想法都保持开放的心态。即使每个人都同意这个想法，想象者总是问："我们能把它做得更好吗？"与传统的头脑风暴不同，幻想工程部门可能需要数年的时间才能实现一个想法。

幻想头脑风暴必须集中在一个受控的主题环境中，环境的每个组成都是所讲故事的一部分。在幻想头脑风暴的过程中，必须解决和回答一些关键问题：我有多大的空间来吸引游客？游客需要多长时间来感受体验？景点是需要人们步行还是需要使用观光车？我们应该使用什么颜色？我们应该使用什么音乐？必须有哪些特殊效果和（或）幻觉？是否有吸引人的技术，或者必须创造新技术？需要什么景观和建筑？该景点之前或之后还有哪些景点？

在头脑风暴完成之前，团队必须考虑成本。不管技术如何，我们能负担得起建造它吗？这个问题必须得到解决，无论它来自结构化的还是"蓝天"头脑风暴会议。

7. 指导原则

当开发新的概念和改进现有的景点时，幻想者会受到一些关键原则的约束。通常，新的概念和景点改进是为了满足特定的需求，并使不可能的事情成为可能。许多巧妙解决问题的办法都是这样设想的，比如从加州上空飞过的观光车。幻想者们想让游客体验飞行的感觉，但不知道如何以一种高效的方式完成把人装载到骑乘工具上的任务，在那里每个人都有一个最佳的观看位置。一天，一位幻想者在他的阁楼里发现了一个安装装置，他能够设想并设计出一种能够有效模拟悬挂式滑翔的乘用车（Scribner 和 Rees，2007）。

幻想者们以吸引人的想法而闻名，并显示出，无论出于什么原因，他们的想法从未实现。可能要过几年他们才会重新考虑这些想法。这些想法经常被重新设计，并以不同的形式出现，比如怪异博物馆、穿行蜡像馆，最终成为鬼屋（Scribner 和 Rees，2007）。

最后，还有一个"蓝天推测"的原则。在这个过程中，幻想者不受限制地生成想法。许多幻想者认为这是设计过程的真正开始，并在这样一个概念下运作：如果它可以被想象，它就可以被建造（Marling，1997）。迪士尼相信每个人都能头脑风暴，每个人都想为头脑风暴过程做出贡献。没有主意就是坏主意。有效的头脑风暴会议既不评估也不批评这些想法。它们被记录下来，并可能在几年后被重新推出。

幻想者们总是在努力改进他们的工作，华特·迪士尼称之为"加法"。他坚信"只要世界上还有想象力，迪士尼乐园就永远不会完工"，这意味着永远都有创新和改进的空间（Scribner 和 Rees，2007）。幻想工程也创造了许多从未实现过的想法，尽管有些想法，如国家熊 Jamboree，确实后来以这样或那样的方式呈现。创意和景点也可以来自迪士尼公司或其他电影制片厂制作的动画片。

当所有小组成员都定义、理解和同意了基本概念时，头脑风暴就平息了。头脑风暴属于我们所有人，保持着华特·迪士尼留下的丰富遗产。团队合作确实是想象的核心。本着这种精神，尽管幻想工程是由建筑师、工程师、艺术家、辅助人员、作家、研究人员、保管员、调度人员、估计员、机械师、金融家、模型制作人、景观设计师、特效和照明设计师、音响技术员、制作人、木匠、会计师等组成的多元化集合，但我们都有幸与电影制作人分享同一个独特的名片。在这里，你只能找到幻想者（Walt Disney Imagineering，2）。

如果我能在这里找到工作，我会把办公室搬到幻想工程大楼，沉浸在疯狂和自由的思考中。

8. 幻想创新

多年来，华特·迪士尼幻想工程在骑乘系统、特效、互动技术、现场娱乐、光纤和高级音响系统等领域获得了 115 项专利。WDI 取得了如圆视觉 360°胶片技术和 FastPass 虚拟排队系统的技术进步。

幻想工程必须找到一种将科技与故事融合的方法。幻想工程可能最出名的是它开发的音频动画电子技术——一种机器人技术，被用于主题乐园的表演和景点，使迪士尼能够在三维而不仅仅是二维上制作动画。这一想法源于华特·迪士尼对他在新奥尔良购买的一种机械鸟的迷恋，最终促使了这一景点的开发——迷人的 Tiki 房间。Tiki 房间是第一个使用这种技术的，它的特色是唱歌的音频动画鸟。1964 年的世界博览会上，迪士尼研发成功的亚伯拉罕·林肯机械人首次登场，发表主题"会见林肯的伟大时刻"，结果一鸣惊人。

如今，音效动画在迪士尼的许多热门景点都极具特色，包括加勒比海盗、鬼屋、总统大厅、国家熊 Jamboree、星际旅行（冒险再续和 3D 木偶）。客人也有机会与音效动画人物互动，比如幸运恐龙、机器人瓦力、雷米（美食总动员人物）。下一波的音频动画电子技术的发展重点是完全独立的形象，或自动电子学。Otto，第一个自动电子学形象，能够看到、听到、感觉到一个人的存在，进行对话，甚至感知和反映游客的情绪。

9. 故事板

大多数传统的项目经理可能不熟悉在项目中使用故事板方法。在迪士尼幻想工程，它是创新项目的重要组成部分。幻想工程的想法开始于一张白纸上的二维视觉。故事板帮助幻想者看到整个景点。故事板是以插图或图像的形式按顺序显示的图形组织形式，目的是预先可视化景点中时空之间的关系。故事板也被用于电影、动画、运动图形和互动媒体。游客游览时，故事板提供了事件的视觉布局。故事板的制作过程，就是今天所知道的形式，是在 20 世纪 30 年代初华特·迪士尼制作公司开发的，在此之前类似的制作过程已经在华特·迪士尼和其他动画工作室使用了好几年。

故事板本质上是预先制作景点的大型漫画，以帮助幻想者将场景可视化，并在问题发生之前发现潜在问题。故事板也有助于估计整体景点的成本，节省开发时间。故事板可用来确定哪里需要对音乐进行更改以适应场景气氛。故事板通常包含指示移动的箭头或指令。当动画和特效是景点的一部分时，故事板阶段之后可能有一个叫作动画学的简化模型，以便更好地了解场景在运动和时间上的外观和感觉。简单地说，动画是一系列编辑在一起并按顺序显示的静止图像，并将简单的对话和（或）简单的声道添加到静止图像序列（通常取自故事板），以测试声音和图像是否同步。

故事板过程可能非常耗时和复杂。今天，故事板软件可以加速这个过程。

10. 模型

一旦头脑风暴完成，这个想法的模型就被创建出来了。实体模型在其他一些行业很常见，比如建筑业。简单的模型可以由纸、纸板、泡沫塑料、胶合板或金属制品制成。"模型制作者是第一个将概念变为现实的想象者。将二维设计融入三维的艺术是幻想设计过程中最重要和最有价值的步骤之一。模型使幻想者能够将概念的物理布局和尺寸，以及将出现的布景或建筑之间的关系以缩影的形式呈现出来。"（Disney Book Group，1996，72）。

随着项目的发展，展示它的模型也在完善。一旦项目团队对总体模型上的描述安排感到满意，小规模的面向细节的研究模型就开始了。这反映了项目的建筑风格和色彩。

根据详细的建筑和工程图纸创建一个更大的整体模型是模型构建过程的最后一步。"这一展览模型是该项目的复制品，因为它将被建造，具有最小的细节，包括建筑外部、景观、色彩方案、完整的游乐设施布局、车辆、布景、道具、人物和建议的照明与图形。"（Disney Book Group，1996，72）

接下来是完整景点的电脑模型，包括实际乘坐情况，是由计算机生成的，这样幻想者就可以从不同的位置看到最终产品的样子，而不必实际构建一个完整的模型。计算机模型，类似于 CAD/CAM 建模，可以三维显示所有必要的电气、管道、暖通空调、特效等布局。

11. 美学

幻想者将受控主题环境中的景点美学价值视为一种约束。与大多数项目经理所熟悉的常规约束相比，这种审美约束更像追求完美。[①]

美学是识别人物和整体主题，控制场景的环境和氛围的设计元素。这包括色彩、地形、树木、五颜六色的花朵、建筑、音乐和特殊效果。音乐能增强乘坐的气氛。景观中使用的岩石形状也很重要。尖锐的岩石可能表示危险，而圆形或光滑的岩石可能表示安全。景点中的一切都是为了强化故事。幻想者会对支持故事所需的一切进行高度细致的完美处理，而不会用太多的细节压倒观众。矛盾的细节会让参观者对故事的意义感到困惑。

特效对景点美学有主要贡献。特效是由"幻觉"创造的，这是幻想的一个子集。特效有很多不同的形式。典型的特效包括：蒸汽、烟雾、飘散的雾、涡流效应，喷发的火山、流动的熔岩，闪电和撞击、火花，水波、反射、瀑布、水流、旋转和翻滚图像，飞行、坠落、上升、移动的图像，带动画部分的移动图像，万花筒投影、液晶投影、气泡、波浪，北极光、灯光艺术、抽象光效应，闪烁的星星（当不能使用光纤时，可投影到屏幕上），在透视图中旋转的星系、彗星、旋转空间站、脉冲星、流星雨、流星和任何天文现象，火、火把、森林大火、膨胀环、鬼魂、扭曲的图像，爆炸、闪光。[②]

颜色对景点美学贡献最大。传统的项目经理依靠销售或营销人员来选择交付物的颜色。在幻想工程中，它是由幻想者完成的。色彩是一种交流方式。甚至花和景点的颜色都很关键。人们有意识地或潜意识地从某种颜色中感受情感。幻想者把颜色当作一种语言。一些颜色很吸引眼球，我们把注意力集中在它上面。"我们不仅要问颜色是如何搭配的，还要问它们在特定情况下如何让观众产生感觉。幻想者的工作是理解颜色在视觉上是如何协同工作的，以及为什么它们能让游客感觉更好。"（Hench，2008，104）。

"白色代表干净和纯洁，在许多欧洲和北美文化中，白色是与婚礼和洗礼等宗教仪式最相关的颜色。银白色代表快乐、愉悦。在建筑和室内设计中，如果大面积使用白色，可能是单调的。"（Hench，2008，135）。"我们在幻想工程中创造了一整套色彩词汇，其

---

① 有些人认为美学更关注于创造一个可控的环境而不是现实，从而控制你的想象力。
② 见 Rubin（2010）的论文，文章对插图画家使用的各种特效进行了极好的总结。除投影特效外，本文还介绍了激光特效、全息图像、浮动图像、镜像、气体放电特效和光纤。

中包括我们发现的激发人类基本本能(包括生存本能)的色彩和图案。"(Disney Book Group, 1996, 94)。

美学也会影响演员的服装,而这些都是景点的一部分。演员们所穿的服装必须能支撑景点。人们可能在穿上戏服后限制动作,这与动画不同,在动画中,角色的身份或行动没有限制。必须注意的是,全身服装中使用的颜色要保持角色的身份,而不会与景点中使用的背景色发生冲突。甚至休息室的颜色也必须符合主题环境。

幻想工程师也试图将排队设计成一次愉快的体验。当人们排队等候看景点时,美学可以把他们引入景点的主题。美学还必须考虑人们从一个景点到另一个景点所需的时间,以及景点之前和之后的内容。"为了平稳过渡,必须有主题树叶、色彩、声音、音乐和建筑的混合。即使你的脚底也能清楚地感觉到铺路的变化,并告诉你一些新的东西即将出现。"(Disney Book Group, 1996, 90)。

12. 表演的艺术

多年来,幻想工程构思了一系列零售商店、画廊和酒店,旨在创造和维持一种非常特殊的氛围,例如,迪士尼度假胜地的气氛可以称为"你好未来乐观主义",考虑度假村的 A 型框架结构、未来建筑技术、现代装饰和每隔几分钟就有一列单轨列车静静穿过大厅。这些细节结合在一起讲述了酒店的故事(Marling, 1997)。

幻想工程是讲故事的一种形式,参观迪士尼主题乐园感觉像进入了一场表演。丰富的主题、氛围和对细节的关注是迪士尼乐园的标志。故事通过细节和道具清楚地表达出来,气氛鲜明,易于辨认。根据幻想传奇人物 John Hench 的说法,"加勒比海盗"唤起了一场"欢快的海盗冒险",而迪士尼游轮则营造了一种优雅的航海氛围。就连主题乐园内的商店和餐馆也在讲故事。每个细节都是经过仔细考虑的,从菜单到菜名,再到演员服装(Hench 和 van Pelt, 2003, 29, 58)。迪士尼乐园的体验是全方位的,例如,当客人走在美国小镇大街上时,他们很可能闻到新鲜出炉的饼干味,这个小细节加强了世纪之交美国小镇的故事。

迪士尼乐园的故事通常是以视觉的方式讲述的,幻想者用他们所说的"表演艺术"来促成游客对故事的体验。John Hench(迪士尼的幻想传奇人物之一)喜欢将主题乐园的设计比作电影制作,并经常在迪士尼乐园使用电影制作技术,例如强行透视法(Hench 和 van Pelt, 2003, 13, 14, 74, 76, 96)。强行透视法是一种设计技术,设计者通过对物体(原型)的尺度进行操作,以影响观察者对物体大小的感知。在迪士尼乐园里最具戏剧性的例子之一就是灰姑娘的城堡。与真实城堡相比,城堡的建筑比例要小得多,该技术使得它看起来比实际高度高得多(Wright, 2005, 24)。

13. 认可的力量

项目经理喜欢被告知他们做得很好。这是一种激励他们继续努力的力量。然而,认可并不一定要有文字,它可以来自结果。在迪士尼的幻想工程部门,2013 年超过 13 250 万名游客进入 11 个迪士尼主题乐园,这是最大的认可。华特·迪士尼公司确实以其他方式认可了一些幻想者。迪士尼建立了一个名为"幻想传奇"的协会,其中三个最著名的幻想传奇人物是 John Hench（与迪士尼共事 65 年）、Claude Coats（与迪士尼共事 54 年）和 Martin Sklar（与迪士尼共事 53 年）。这三位幻想者所做的贡献遍布世界各地的迪士尼主题乐园。迪士尼所有幻想者的目标是希望自己成为一个幻想传奇人物。

14. 对额外技能的需要

所有的项目都有其独特的特点，可能还需要一套独特的项目管理技能，这就超出了我们使用《PMBOK 指南》讲授的范围。幻想者需要具备的额外技能可以概括为：构思故事的能力，头脑风暴的能力，能够在不同的细节阶段创建故事板和构建模型，愿意在团队环境中运用多个学科，了解主题乐园设计要求，能够意识到顾客和利益相关者的范围是从幼儿到老年人，能够通过客人的眼睛和鞋子感知景点效果的能力，理解安全、质量和审美价值作为额外竞争约束的重要性，对美学细节的热情，理解色彩的重要性及色彩与情感之间的关系，理解音乐、动画、建筑和景观设计如何支持故事。

很明显，这个列表并不包括所有技能。但这确实表明，并不是每个人都能实现成为迪士尼幻想者的愿望。但这些技能确实适用于大多数项目经理正在努力解决的项目。学习和应用这些技能可以很好地使我们所有人成为更好的创新项目经理。

15. 讨论问题

（1）幻想与创新有区别吗？
（2）你认为迪士尼的幻想设计部门如此成功并持续成功如此之久，最重要的原因是什么？
（3）为什么大多数项目经理都认识不到他们需要或能够使用作为幻想项目经理所需的技能？
（4）游乐设施和景点的根本区别是什么？
（5）传统头脑风暴和幻想头脑风暴有什么区别？
（6）传统主题乐园景点有多少项目限制？
（7）你将如何确定约束的优先顺序？
（8）为什么在幻想工程头脑风暴会议结束之前需要考虑成本？
（9）什么是音频动画？
（10）什么是故事板？如何在迪士尼项目中使用？
（11）项目美学是什么意思，它如何适用于迪士尼以外的项目？
（12）迪士尼如何确定客户对使用价值的感知？

◆ 延伸阅读

Alcorn, Steve, and David Green, *Building a Better Mouse: The Story of the Electronic Imagineers Who Designed Epcot*（Themeperks Press, 2007）.

Ghez, Didier, and Alain Littaye, translated into English by Danielle Cohn, *Disneyland Paris from Sketch to Reality*（Nouveau Millénaire Editions, 2002）.

Hench, John, with Peggy Van Pelt. *Designing Disney: Imagineering and the Art of the Show*（Disney

Editions, 2003), ISBN 0-7868-5406-5.

The Imagineers, *Walt Disney Imagineering: A Behind the Dreams Look at Making More Magic Real*（Disney Editions, 2010）.

The Imagineers, *The Imagineering Way: Ideas to Ignite Your Creativity* （Disney Editions, 2003）, ISBN 0-7868-5401-4.

The Imagineers,（as "The Disney Imagineers"）. *The Imagineering Workout: Exercises to Shape Your Creative Muscles*（Disney Editions, 2005）.

The Imagineers, *The Imagineering Field Guide to Disneyland* （Disney Edi- tions, 2008）.

The Imagineers, *The Imagineering Field Guide to Animal Kingdom at Walt Dis- ney World* （Disney Editions, 2007）.

The Imagineers, *The Imagineering Field Guide to Epcot at Walt Disney World*（Disney Editions, 2006）.

The Imagineers, *The Imagineering Field Guide to Magic Kingdom at Walt Disney World*（Disney Editions, 2005）.

Kurtti, Jeff. *Walt Disney's Legends of Imagineering and the Genesis of the Disney Theme Park* （Disney Editions, 2006）, ISBN 0-7868-5559-2.

Surrell, Jason. *The Disney Mountains: Imagineering at Its Peak* （Disney Editions, 2007）.

Surrell, Jason. *Pirates of the Caribbean: From the Magic Kingdom to the Movies*（Disney Editions, 2007）.

Surrell, Jason. *The Haunted Mansion: From the Magic Kingdom to the Movies*（Disney Editions, 2003）.

13.2 迪士尼鬼屋的创新管理[①]

1. 引言

鬼屋于 1969 年 8 月 9 日对外开放。开业一周后，超过 82 000 名游客参观了这个景点。在第一个旺季，参观景点的排队时间是 3~4 小时。最终，一大群死忠粉声称鬼屋是他们最喜欢的景点。今天，有商店和网站专门出售鬼屋及其纪念品。

2. 为什么要研究鬼屋？

有些项目可能具有更加独特的特点，这使它们比其他项目更难管理。涉及想象力和创造力的项目就属于这一类。几年前，我们相信，如果你理解项目管理的概念，你几乎可以在任何行业工作。但今天，我们认识到了这些独有特征的重要性，特别是那些与创新活动相关的特征，这些特征可能使不断变化的行业更加复杂。

迪士尼鬼屋于 1969 年对客人开放，同年项目管理协会成立。鬼屋是在没有《PMBOK 指南》或 PMP 证书持有者的情况下完成的，因为 PMP 证书直到 20 世纪 80 年代中期才出现。许多被分配到鬼屋项目的人是世界上最具创造力的人。那么，在鬼屋这样的景点中，创新项目管理是如何进行的？鬼屋项目需要哪些独有的特点？

在本章第一个迪士尼的案例研究中，我们发现了一些不同于传统项目经理的特征。现

---

① 本节由哈罗德·科兹纳于 2015 年和 2019 年完成。华特·迪士尼公司和迪士尼主题乐园的工作人员没有参与本案例研究的准备工作。

在，我们将更仔细地研究在迪士尼鬼屋中使用的项目管理。

文学作品中充斥着迪士尼鬼屋的授权和未经授权的故事。这座鬼屋被认为是迪士尼遗产的一部分，吸引了众多迪士尼历史学家的研究，创造了该景点的授权和未经授权的版本。遗憾的是，所有的版本都没有直接讨论项目管理，因此需要进行一些假设和解释。幻想工程项目管理与传统项目管理的比较及其结论，仅是作者的解释，未必代表迪士尼的结论。本案例中的资料是从研究该案例的许多文献中引用的。

3. 制约因素

所有项目都有制约因素。近50年来，我们一直要求项目经理关注时间、成本和范围这三重限制，但对于迪士尼主题乐园的项目，我们还必须包括安全、质量、审美价值及其他诸如顾客满意度等方面的限制。

直到2008年，《PMBOK指南》第4版发布，才开始讨论竞争对手的重要性；在此之前，只强调了传统三重约束的重要性。然而，早在20世纪50年代，随着迪士尼主题乐园的设计，迪士尼就明白了相互竞争因素的重要性及必须优先考虑这些因素的事实。

迪士尼最重要的制约因素仍然是游客的安全。这个约束从未消失过。在作者看来，质量和审美价值可能是安全之后的第二和第三个因素。如果必须对某些景点进行折中，那么折中似乎是在时间、成本和范围上进行的，而不是在安全性、审美价值或质量上。如今，安全性、审美价值和质量是迪士尼形象的特征。这些制约因素的重要性将在本案例中进一步讨论。

4. 生命周期阶段

当公司努力达到某种程度的项目管理成熟度时，它们通常从围绕生命周期阶段开发的企业项目管理方法开始。文献没有确定任何项目管理方法，也没有确定迪士尼主题乐园景点的任何生命周期阶段。然而，文献确实指出了许多创造吸引力的不同步骤。从这些步骤中，我们可以假设典型的生命周期阶段可能出现，如图13-1所示。本章第一个迪士尼案例研究中描述了在每个生命周期阶段执行的一些详细步骤。

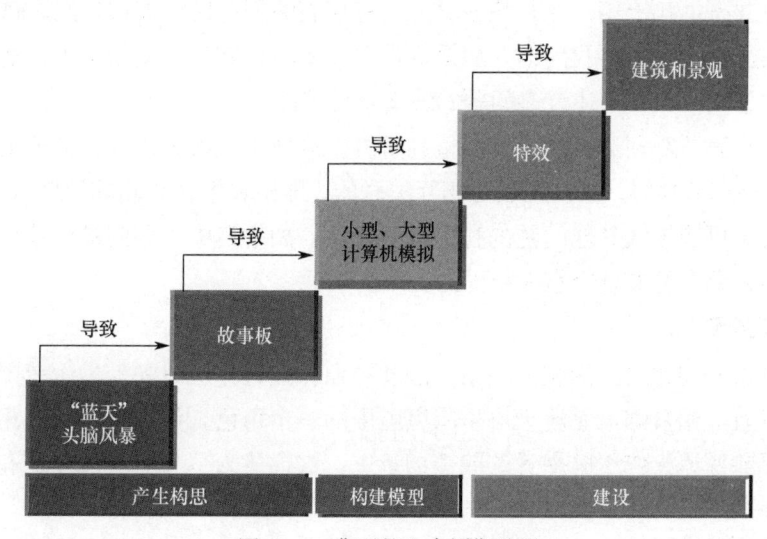

图13-1 典型的生命周期阶段

图 13-1 所示的生命周期阶段显示为连续阶段。然而，在现实中，许多阶段可以重叠。例如，特效活动可以发生在生命周期的任何或所有阶段，包括施工阶段。

5. 约束范围

大多数项目经理习惯在项目开始时有一个清晰的工作说明书。工作说明书充当范围约束。尽管工作说明书可能是高度概述的，但相关的工作分解结构和规范可以提供非常重要的细节来支持工作说明书。

良好的工作说明书基于良好的商业论证，在该案例中，项目的概念得到了理解。如果对概念没有很好的理解，那么在图 13-1 中的概念开发或想法生成阶段结束之前，工作说明书可能不会出现。

对于鬼屋这样的项目，我们必须记住，这是一个幻想工程，由于不断的改进，幻想工程的努力将在项目的整个生命周期内及以后继续下去。在项目开始时期望一个定义明确的工作说明书，并且在整个项目中保持不变，对于鬼屋这样的项目来说是极不可能的。工作说明书是一个逐步改进的文件，有时可能是在接近景点开放日时定稿的。

要理解创建工作说明书的复杂性，我们要了解在鬼屋项目的概念开发阶段必须解决的问题是什么。典型问题包括：景点是基于单个鬼故事概念还是基于多个故事？是恐怖还是幽默？鬼屋应该是什么样子的？应使用什么色彩和类型的景观？是步行还是乘车？如果是一程，我们一次可乘坐多少人？穿过景点需要多长时间？需要多少鬼特效？是否需要一个脚本来伴随一些特效？我们是否需要一位主持人来引导人们穿越幽灵般的景点？如果需要主持人，是活人还是鬼魂主持？特效需要怪异的音乐伴奏吗？是否存在用于鬼影图像的技术，或者必须创建新技术？景点的预算应为多少？

这些问题的答案在项目开始时并不容易确定，也受到当时从事该项目的工作人员及可用于特效的创新技术的影响。华特指派了一些经验丰富的员工参加这个项目。许多团队成员已经与华特共事了几十年，在其他项目上具有很高的创造性。他们带来了自己独特的想法，这些想法往往会造成自我问题。如果成员在鬼屋项目期间被重新分配，他们的替代者就会有自己的想法，那么上述许多问题的答案就可能改变。

许多问题在鬼屋顺利进行之前无法得到解答，这便于理解为该项目创造工作说明书的复杂性。正如预期的那样，这些问题是相互关联的，即使在生命周期的后期也不容易回答。一个问题的答案可能导致其他问题的答案发生变化。如果其中一些问题的答案在项目进行之前无法给出，那么可能就会有大范围的更改。

6. 范围更改

为了理解这些问题之间的相互关系，以及在项目接近完成时如何发生范围更改，请考虑帽盒幽灵特效。帽盒幽灵是迪士尼乐园鬼屋中的一个角色，但在该景点亮相后不久就被删除了。这尊雕像原先位于骑乘者的阁楼场景中，被描述为"一个穿着斗篷和戴着帽子的老幽灵，用摇摆的手靠在拐杖上，另一只手抓着一个帽盒"。

这个帽盒幽灵背后的想法是他的头从肩膀上消失，然后交替出现在帽盒里，与相邻新娘的心跳同步。据幻想者 Chris Merritt 在接受 DoomBuggies.com 网站人员采访时说，由于这种错觉离乘用车很近，这种效果从未完全成功："这个噱头纯粹是基于灯光。幽灵的头被暗色的灯光照亮了。他手持的帽盒里的一盏灯会有节奏地照亮并将头部隐藏在帽盒里，同时，通过熄灭暗色的灯光，幽灵肩膀上的实际头部也会被隐藏起来。"

帽盒幽灵被安装在鬼屋内，并在 1969 年 8 月 7 日和 8 日晚上（Surrell，2009，86）被演员（乐园员工）预演。几乎立刻，这一效果就失效了，因为景点阁楼场景中的环境光阻止了幽灵的脸完全消失，尽管它指定的聚光灯已经关闭。技术人员曾试图解决技术问题，但效果不够令人满意，几个月后帽盒幽灵就撤下来了。这只是事情能很好地改变项目的一个例子。

7. 时间限制

华特在20世纪50年代早期就想出了建造鬼屋的想法，这个想法花了将近18年才实现。为了了解项目的时间限制和复杂性，包括之前提出问题的相互关联性，我们应该看一下这个景点的简要历史。

鬼屋位于迪士尼乐园、魔幻王国（华特·迪士尼世界）和东京迪士尼乐园的鬼屋黑暗之旅。幻影庄园是鬼屋的翻版，位于巴黎迪士尼乐园。另一个涉及超自然因素的迪士尼景点最近在香港迪士尼乐园开幕，背景是一座豪宅，即神秘庄园。这座鬼屋的特色是乘坐名为"末日马车"的 Omnimover 车辆穿行游览，在此之前在队列中进行步行表演。这个景点利用了一系列技术，从几百年前的戏剧效果到现代特效和光谱音频动画。

这个景点早在迪士尼乐园就开始了，华特·迪士尼雇用了他的第一个幻想工程师。乐园的第一幅插图展示了一条主要街道、绿地、西部村庄和一个嘉年华会。迪士尼幻想传奇人物 Harper Goff 绘制了一幅黑白素描，描绘了一条弯曲的街道，从主街出发，经过一座宁静的教堂和墓地，一座破败的庄园坐落在主街尽头的小山上。

迪士尼指派幻想者 Ken Anderson 围绕 Goff 的想法创作了一个故事。计划在边疆地和冒险地之间的小过渡区建造一块以新奥尔良为主题的土地。几周后，新奥尔良广场出现在纪念品地图上，并承诺将有一个小偷市场、一个海盗蜡像馆和一个鬼屋。Anderson 研究了新奥尔良和古老的种植园，画出了一幅南北战争前的庄园图画，上面长满了杂草、枯树，还有成群的蝙蝠，木板上的门窗上有一只尖叫的猫作为风向标。

然而，华特不喜欢在他的原始乐园里建一座破旧的建筑。但当他参观了位于加州圣何塞的温彻斯特神秘屋时，就被这座巨大的豪宅所吸引，那里没有楼梯和门，只有墙壁、洞口和电梯。当决定开始全面开发鬼屋时，幻想者 Marc Davis 问华特，他是否想让房子看起来吓人。在庆祝鬼屋40周年的小组讨论中，Davis 的遗孀、迪士尼服装设计师 Alice Estes Davis 描述了他们的对话：

他（Marc）和华特谈过他准备怎样把房子外面弄好。Marc 说："你想要 Charles Addams 那样的草坪吗？"华特说不，他说："我想把草坪修剪得很漂亮。我想要漂亮的花。我希望房子粉刷得很好，打理得很好，这样人们就会知道我们打理了乐园里的东西。"那是一个干净、很好的乐园，适合全家人来玩。他还说：“我想让游客们知道鬼屋并不可怕。你可以把所有蜘蛛网或其他你想要的东西放进去，我不在乎。但外面必须时刻保持干净。"

Anderson 为鬼屋想出了几个可能的故事。其中包括：

（1）婚礼出了差错，一个鬼魂突然出现并杀死新郎。最后出现在阁楼天花板上的男人可能是新娘的丈夫。

（2）与上述故事类似，一个鬼魂出现并杀死了新郎。然后新娘自杀了，她似乎挂在阁楼上。

（3）新婚当天，新娘发现自己的丈夫是个嗜血的海盗。海盗在怒火中杀死了他的新娘，但新娘的鬼魂又回来缠着他。他无法忍受他对真爱所做的一切，所以他把自己吊死在阁楼的屋檐上。

（4）另一个故事称鬼屋为"血腥庄园"，可能涉及更多血腥场面和身体部位。人们看起来似乎是暴力。故事将以墓地里的无头骑士结束。

幻想工程师的首要原则是一个景点必须讲述一个故事。遗憾的是，没有人能确定这个故事应该是什么，或者景点是否可以用一个故事来描述。与此同时，其他的幻想者也要在没有任何故事可供参考的情况下对鬼屋产生幻想。似乎除鬼屋这一景点最终会被建成之外，迪士尼没有任何明确的工作声明。而且仍然有太多的问题没有得到回答。

1961年，迪士尼乐园的正门发放了传单，宣布1963年鬼屋开业。一年后开始施工，外墙于1963年完工。这座鬼屋实际上是一座已有建筑的复制品。尽管鬼屋的外墙已经完工，但由于迪士尼参与了1964—1965年的纽约世博会，该项目被搁置。与大多数公司改变优先级的情况类似，所有分配给鬼屋项目的资源都被重新分配给了世博会的工作。由于工作重心的变化，这座鬼屋在过去几年里一度被停滞。

1963年，受华特的启发，华特·迪士尼幻想工程前副董事长兼首席执行官 Marty Sklar 制作了一个招牌，邀请鬼魂在鬼屋里继续从事他们的职业，标志如图13-2所示。[①]这个招牌的目的是让人们了解这样一个事实：尽管这个招牌挂在空旷的大楼前很多年，但鬼屋最终还是会被建成。公众的看法是尽管这座废弃建筑仍没有故事情节，但它有了自己的生命。

这个牌子开始流行起来。一些有关迪士尼的文学作品说：

世界上最大的"积极退休"鬼魂集体不久将把这个鬼屋称为"家"，华特·迪士尼和他的"幻想者"现在正在创造1 001个诡异的幻觉。大理石半身像会说话。一分钟后"正常"的肖像会在你眼前改变。当然，普通的鬼把戏（穿过坚固的墙壁，在床单上消失）也会出现。这里将生活着著名和臭名昭著的鬼魂，试图使自己出名的鬼魂……害怕独自生活的鬼魂！

[①] 真正的标志并不像这里描述的那样刻在墓碑上。有关该标志的实际图片请参阅 Bahar（2014），第44页。

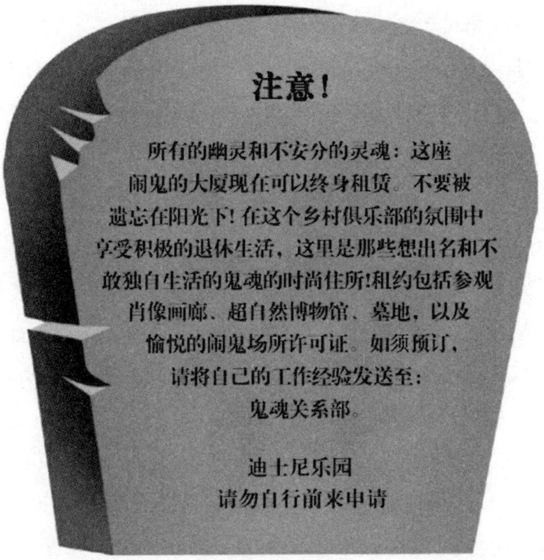

注意!

所有的幽灵和不安分的灵魂：这座闹鬼的大厦现在可以终身租赁。不要被遗忘在阳光下！在这个乡村俱乐部的氛围中享受积极的退休生活，这里是那些想出名和不敢独自生活的鬼魂的时尚住所！租约包括参观肖像画廊、超自然博物馆、墓地，以及愉悦的闹鬼场所许可证。如须预订，请将自己的工作经验发送至：

鬼魂关系部。

迪士尼乐园
请勿自行前来申请

图 13-2　邀请函

1966 年，当这个项目再次启动时，被指派了一个新的幻想者团队。这是在鬼屋项目工作的第四个幻想小组。Marc Davis 和 Claude Coats 负责骑行和背景的连贯性。特效的责任交给了同样被称为魔术师的两个幻想者——Rolly Crump 和 Yale Gracey。Rolly Crump 是一位热爱舞台魔术和幻觉的艺术家，Yale Gracey 是一位动画师、机械天才，被认为是幻想之父。华特在各种组织中都有一支人才大军，他可以从中挑选。他有一个诀窍，就是把"处于冲突中"的人放在一起，告诉他们要作为一个团队来工作，他非常清楚，即使非常有才华的团队也会存在自我问题，结果也会非常出色。

1966 年华特去世后，许多幻想者就这个项目的方向发生了冲突。幻想者 Xavier Atencio 被要求整理出一个连贯的故事。如果没有一个连贯的故事作为指导，人们担心鬼屋将只是一堆特效和幻象。即使有了 Atencio 的关注，人们仍然难以决定鬼屋是否应该是一个可怕的景点。

华特最初的梦想是吓唬人，但是以一种令人愉快的方式。这意味着不会有血液渗出、眼窝缺失、血淋淋的身体部位，也不会有可能被某些人视为无礼的腐烂尸体。决定是，动画应该集中在鬼屋的浅色或卡通风格基调上，而不是更恐怖的基调。幻想者们还认为，这座鬼屋应该充满幻想，而不是像 Ken Anderson 最初设想的那样，看起来像一个"老幽灵屋"。

鬼屋的漫长发展中充斥着反复丢弃的故事概念、对场景类型和使用效果的分歧、关于每小时吸引多少观众的矛盾，甚至景点是否应该让人害怕等基本概念也是如此。自尊心受到挫伤，脾气暴躁，最后，就像幻想者 Marc Davis 经常回忆的那样，"厨房里的厨师太多了"。(Baham，2014，xiv)。

让景点卡通化而不是吓人，让鬼屋的外面保持焕然一新，当然符合华特对景点的最初想法。但是你怎么让鬼屋看起来吓人呢？幻想工程的传奇人物 John Hench 被认为是迪士尼幻想工程部门的色彩专家。根据 John Hench（2008，116）：

我们想要建造一座雄伟的南方风格的房子，要使它看起来很旧，但不是废墟。所以，我们把它漆成冷调的灰白色，比如门廊的天花板和锻铁等阴影区域添加了冷调的蓝灰色。为了突出这种怪异、荒凉的感觉，我把外部细节的底面涂上了同样的黑色，制造出夸张的、不自然的深阴影，因为我们把阴影和隐藏或半隐藏的东西联系在一起。阴影处理增强了结构的空间性。

还有一个必须做出的重要决定：景点应该是步行游览还是乘车游览？每种方法都有利弊。通过一个概览，为整个景点创建单个故事情节会更容易。相信 Ken Anderson 在 20 世纪 50 年代提出的单一故事情节和步行观光的方法会被选中，因此幻想者们创造了一些幻象，让客人们能更积极地参与鬼魂的活动。然而，需要一个现场主持人作为导游，因此游览的速度可能很难控制，而且景点内的道具和设备始终存在被破坏或损坏的风险。

最终决定要乘车游缆。这就意味着，这趟旅程将有几个故事，而不是一个单独的步行路线。每个鬼魂都需要故事情节。导游现在可能是其中的一个欺善怕恶的幽灵。总的景点及每个单独的故事，必须是独特的，并带有某种程度的怪异。

8. 附加时间限制

对于大多数项目经理来说，时间管理指的是项目的持续时间，对于鬼屋来说，从华特最初的概念到景点对外开放的时间经过了 18 年。但对于幻想者来说，一旦决定，这将是一次乘车游览而不是步行游览，还有另外两个时间管理问题：人们需要多长时间才能看到每个场景？我们每小时能接待多少人？

作家 Bob Thomas 写了一篇文章，他采访了来自迪士尼乐园的 Carl Walker 和代表 WED 的 Dick Irvine（Thomas，1969）。[①]

Walker 说："接下来的问题是如何引导人们度过这段旅程。""起初，这可能是一次步行游览，有 30 人在导游的带领下旅行。但这很难管理，而且，人们在人群中也不会那么容易被吓到。因此，我们让三个人共乘一辆车——可以说是他们的地下室。"Irvine 说道。"这些车辆可以被设定为面向正确的方向，向后倾斜并保持移动。它们为我们提供了迪士尼乐园所需的每小时 2 300 人的载客量。"

人员流动系统被称为"末日马车"，它是迪士尼在 1964 年纽约世博会上使用的 Omnimover 系统的一个改进版。由于人们都已入座，幻想者就可以让观众精确地观看幻想者的意图。末日马车的程序是控制角度（视线）的，通过这种方式，客人可以看到布景，而看不到配套的电子动画设备。它也让客人保持一定的距离，在那里他们不能接触到任何在场景中使用的道具。和迪士尼主题乐园的其他景点一样，鬼屋现在已经成为一个可控环境。

这一概念还允许设计师能够将景点的基础设施元素，如照明和投影仪，放置在车辆的后面、上方或下方，而不必担心展示给乘客的景点幻觉。该系统由一系列在轨道上运行的车辆组成，轨道通常隐藏在地板下。车辆链以特定速度保持恒定运动，从而控制观看时间。

[①] WED 代表 Walt Elias Disney，这以前是幻想工程部的名字。

乘车时间从 5:50 到 8:20，最高时速为每小时 3 英里。[①]

该系统与其他人员流动系统区别开来的一个特点是车辆能够旋转到预定方向。除主控制杆外，每辆车还有两个连接在车轮上的控制杆。一个控制旋转，允许车辆在轨道上每一点可以面向任何方向。相对于倾斜和下降部分的轨道，另一个允许车辆倾斜。

因为整个景点都在一个可控的环境中，所以幻想者可以控制客人看到的东西。幻想者可以让人觉得其中一个鬼魂和他们一起在"末日马车"里。

9. 成本约束

鬼屋耗资 700 万美元建成。以今天的美元计算，相当于 5 000 多万美元。当鬼屋建成时，大型计算机刚刚进入市场，不存在成本控制软件，所有成本控制都是手工完成的。

有一种错误的观点认为，当项目充满了想象力和创造力时，预算一定是无限制的。当然不是这样的。迪士尼控制所有成本，每个景点的预算都是在创意（概念）阶段制定的。

项目越大，范围变化和预算增加的机会就越大。遗憾的是，文献中没有提供任何与原始预算或范围变更数量相关的信息。迪士尼主题乐园每个景点的成本通常被视为专有知识。

10. 安全约束

安全是迪士尼最关心的问题。华特希望鬼屋能让人感到恐怖，但要以一种愉快的方式。"吓得要死"一词可能导致不正当的死亡诉讼。

由于鬼屋是一个受控的环境，故地重游的游客意识到景点的可预见性。有人试图让一些演员穿上骑士的盔甲，挥舞着斧头（实际上是用橡胶制成的）。但这吓坏了一些人，并且有很多人抱怨，最终迪士尼停止了这种做法。

11. 审美约束

美学与质量并驾齐驱。所有迪士尼主题乐园景点都必须在美学上吸引游客。鬼屋也不例外。幻想者把想法变成了现实。幻想工程师，尤其是幻想者，常常被视为梦想家、发明家甚至疯狂的科学家。他们必须对细节和质量有一种执着的追求。

为确保每个道具都到位，鬼屋需要在夜间进行维护。所有的道具都是真的。一些道具，比如管风琴，在电影《海底两万里》中使用过。

即使蜘蛛网和灰尘也必须符合美学特点。蜘蛛网是由液体蜘蛛网纺纱机织成的。蜘蛛网上还必须有适量的灰尘（这实际上是一种橡胶水泥，不会引起客人过敏）。

鬼屋之旅包括：场地、门厅、伸展室、肖像走廊、图书馆、音乐室、无尽的楼梯、无尽的走廊、温室、门廊、降神会、大会堂、阁楼、墓地、地下室。

当决定拥有一座不那么可怕的鬼屋时，Yale Gracey 和 Rolly Crump 两位幻想工程师（幻想者），通过阅读鬼故事和看鬼电影来决定他们可以创造什么样的鬼魂。两人创造了无数的特效，常常让特效通宵运行。因此夜间清洁人员经常受到惊吓，并向管理层投诉，管理层反过来要求幻想工程师不要吓跑清洁人员。

---

① 迪士尼世界的"末日马车"以每小时 1.4 英里的速度行驶，每小时可以搭载 3200 名游客。在迪士尼乐园，由于跑道较短，只能接待 2618 名游客。

但这两位幻想者并没有开灯和关掉特效，而是决定将特效连接到一个动态探测器开关上。当两人早上来上班时，他们发现一把扫帚被匆忙地留在了工作室的中央。从那时起，幻想者们就得自己打扫工作室了，因为管理层告诉他们，夜间清洁人员再也不会回来了。

每个位置都由特效来支持审美的约束。这些特效包括：数字投影、计算机控制效果、音频动画、全息图（尽管未使用）、特殊照明、真正的道具。

很多特效和幻觉都是以佩珀尔幻象（Pepper's Ghost）为基础的，这种幻觉可以追溯到 19 世纪。佩珀尔幻象是一种幻觉技术，用于剧院、鬼屋、黑暗骑士和魔术。采用平板玻璃、有机玻璃或塑料薄膜和特殊的照明技术，使物体看起来消失，变得透明，或使一个物体变成另一个物体。它是以 John Henry Pepper 的名字命名的，他在 19 世纪推广了这种效果。

为了让幻觉发挥作用，需要两个房间。观众必须能够看到主房间，但不能看到隐藏的房间。分隔房间的玻璃边缘有时被巧妙设计的图案隐藏在地板上。

隐藏的房间可能是主房间的同一镜像，因此其反射图像与主房间匹配；此方法在使物体或人看起来似乎出现或消失时非常有用。这种错觉也可以用来使镜子中的一个物体或人看起来变成在镜子后面另一个物体或人（反之亦然）。隐藏的房间可以涂成黑色，里面只有浅色的物体。在这种情况下，当光线投射到房间中时，只有浅色物体反射光线，在可见房间中呈现出叠加的幽灵般的半透明图像。

在迪士尼乐园、华特·迪士尼世界、东京迪士尼乐园的鬼屋中，玻璃与观众垂直，而不是正常的角度位置，反射出观众下方和上方的人造道具，创造出三维的外观，半透明的"鬼魂"，似乎在舞厅跳舞，并在舞厅与道具互动。当动画上的灯光打开或关闭时，幻影会出现或消失。

为鬼屋制作的特效包括：幽灵主机、爆炸鬼魂、说唱雕像、有生命的家具、由滴蜡制成的人、像棺材一样的落地钟、在墓地演奏音乐的鬼魂乐队、宠物墓地、一匹看不见的幽灵马（只有马鞍和缰绳）、创作诗歌的女幽灵、跳舞的鬼魂、阴魂不散、突然变成无头的鬼魂、弹钢琴的鬼魂、从现实到超自然的肖像、印有怪物脸图案的墙纸、吊死鬼、触摸乐器就会播放音乐的地下室。

下面将更详细地讨论一些特效。

（1）幽灵主机。

可以说，幽灵主机是游客们在鬼屋见到的第一批人物之一。在整个巡演中，他始终隐身，用一种不祥的声音引导着"愚蠢的人类"。这个声音是 Paul Frees 的，他是迪士尼乐园的一位著名播音员和声乐天才［在电视连续剧《洛奇和布尔文克尔的历险记》(*The Adventures of Rocky and Bullwinkle*) 中 Pillsbury Doughboy、Ludwig von Drake 和 Boris Badenov 的声音就是他配的］，应邀提供看不见的"鬼魂主持人"的声音。Frees 欢快的讽刺性叙述常常以与死亡有关的双关语和疯狂的笑声为特色。在巡演开始时的伸展室场景中，有人透露他是在圆屋顶的屋檐上上吊自杀的。

（2）老年人。

在华特·迪士尼世界和东京鬼屋门厅的壁炉上方，都挂着一幅房子前主人的画像。这幅画像会从一个英俊的蓝眼睛黑头发的年轻人变成一个干瘪秃顶的老人，最后变成了一具腐朽的骷髅。这幅画像也可以在迪士尼乐园鬼屋不断变化的画像走廊上找到，会随着闪电从年轻人变成了骷髅。

（3）变化的肖像人物。

闪电将这些画（这些画挂在迪士尼乐园和华特·迪士尼世界鬼屋里）从和善转变为可怕。这些肖像包括：一位美丽的年轻公主斜躺在沙发上，她变成了一只猫妖；一个勇敢的骑士（在概念艺术中被称为"黑王子"）骑在马上，他们都变成了骷髅；一个英俊的年轻人腐烂成一具可怕的尸体；美丽的红发美杜莎，变成一个丑陋的蛇发女怪。

（4）伸展的肖像人物。

a. 一个秃顶的男人，留着棕色的胡子，穿着黑色的燕尾服、白色的衬衫、红色的腰带、黑色的领结。当这幅画像伸展开来时，人们发现他没有穿裤子（只有红白条纹的拳击短裤），而且是站在一个点燃的炸药桶上。在早期吸引人的剧本中，他是一位大使，名叫 Alexander Nitrokoff，一天晚上"砰"的一声来到了这座大厦。

b. Constance Hatchaway 是一位抱着玫瑰微笑的老妇人。当肖像拉长时，就会发现她坐在已故丈夫 George Hightower 的墓碑上，已故的丈夫被描绘成头部被斧头劈开的大理石半身像。Constance 年轻时的鬼魂后来出现在阁楼上。

c. 一名棕色头发的男子，双臂交叉，身穿棕色西装，头戴棕色德比帽。当画像伸展时，人们就会发现他坐在另一个男人的肩膀上，而这个男人则身陷齐腰深的流沙中。

d. 一个漂亮的黑发女郎拿着一把粉红色的阳伞。当这幅肖像伸展开来时，人们发现她正在一条磨损的钢丝绳上保持平衡，这条钢丝绳位于鳄鱼张开的嘴巴上方。

（5）棺材主人。

在温室的中心有一个大棺材，里面有一具正试图冲出去的尸体。他用虚弱老人的声音呼救，可以看到他骨瘦如柴的手试图撬开钉住的棺材盖。他是由 Xavier Atencio 配音的，也是他写了这个景点的剧本。

（6）Leota 夫人。

Leota 夫人是这次乘车的标志性人物之一。她是一种精神层面的灵魂，引导着一个超自然的通灵会，试图召唤灵魂并帮助他们突然显现。她那鬼魅般的头出现在黑暗房间中桌子上的一个水晶球里，她在里面念着咒语。乐器和家具飘浮在空中并发出声音。幻想者 Leota Toombs 的脸庞出现在水晶球表面。Leota Toombs 还扮演了出现在景点尽头的幽灵女主人，不过她和 Leota 夫人是否同一个角色还不得而知。

2002 年，Leota 夫人的墓碑首次在迪士尼世界大厦亮相。墓志铭上写着："亲爱的 Leota，所有人都爱她。在更远的地方，有一个舞会。"

Leota 夫人召唤了大厦不安的灵魂，并通过吟诵超现实咒语鼓励它们出现：

"蛇和蜘蛛，老鼠的尾巴。不管他们在哪里，都可以叫他来！"

"敲桌子，该回应了，从别处给我们发个信息！"

"去年万圣节的妖精和食尸鬼，用你的手鼓唤醒灵魂！"

"怪兽，怪兽，池塘里的蟾蜍，让音乐从远处传来吧！"

"无论你住在哪里，巫师们都要按门铃，给我们一个提示！"

（7）决斗者。

两个戴礼帽的绅士鬼魂从他们的画作中出现，互相射击。

（8）搭便车的幽灵。

搭便车的幽灵——"囚犯""骷髅"和"旅行者"——通常被认为是鬼屋的吉祥物。他们拥有最多的商品，包括别针、填充玩具、动作人偶和棒球帽。搭便车的幽灵是一个关于幽灵搭便车的都市传奇类玩笑。他们站在一个地窖里，伸出大拇指，向乘坐末日马车的客人搭车，出现在他们旁边的镜子里。"他们选择你来填补我们的空缺，他们会一直缠着你直到你回来。"鬼魂主持人说。2011 年，在华特·迪士尼世界鬼屋里，镜子的场景被更新为数字效果，使鬼魂能够与客人互动。

搭便车的幽灵通常被粉丝们称为"格斯"（囚犯）、"以斯拉"（骷髅）和"菲尼亚斯"（旅行者）。这些名字最早出现在影迷小说中，由华特·迪士尼世界鬼屋的演员组成。从那时起，这些名字变得非常出名，以至于出现在迪士尼授权的商品和媒体上。

（9）引用字符。

在迪士尼乐园、迪士尼世界和东京鬼屋（及迪士尼世界鬼屋的佣人区）的众多墓碑和墓穴上，都刻着可能出现也可能不会出现在景点里的人物名字。大多数的名字实际上是在向那些参与创造景点的幻想者致敬。

每栋大厦的外面都是用双关语命名的。在东京，他们被认为是"不安的灵魂。"

Asher T. Ashes（Ashes to ashes）（灰飞烟灭）

Bea Witch（Bewitch）（沉醉）

Clare Voince（Clairvoyance）（千里眼）

C. U. Later（See you later）（再见）

Dustin T. Dust（Dust to dust）（尘埃落定）

G. I. Missyou（Gee, I miss you）（天啊，我想你）

Hail N. Hardy（Hale and hearty）（精力充沛）

Hal Lusinashun（Hallucination）（幻觉）

Hap A. Rition（Apparition）（幻影）

Harry After（Hereafter）（此后）

Hobb Gobblin（Hobgoblin）（着魔）

L. Beback（I'll be back）（我会回来的）

Emma Spook（I am a spook）（我是个幽灵）

M. Mortal（I am mortal）or（immortal）（我是凡人）或者（永生）

M. Ready（I am ready）（我准备好了）

Trudy Departed（I truly departed）（我真的离开了）

Trudy Dew（I truly do）（我真的喜欢）

Levi Tation / Lev Itation（Levitation）（悬浮）

Love U. Trudy（Love you truly）（真心爱你）

Manny Festation（Manifestation）（表现）

Metta Fisiks（Metaphysics）（形而上学）

M. T. Tomb（Empty tomb）（空墓）

Paul Tergyst（Poltergeist）（吵闹鬼）

Pearl E. Gates（Pearly gates）（珍珠门）

Ray. N. Carnation（Reincarnation）（转世）

Rustin Peece（Rest in peace）（安息）

Rusty Gates（Rusty gates）（生锈的大门）

Theo Later（See you later）（再见）

U. R. Gone（You are gone）（你走了）

Wee G. Bord（Ouija board）（通灵板）

（10）特效与音乐。

当时的特效是开创性的。这包括一个阁楼和一个被抛弃的新娘鬼魂，一个地下室和一个公墓，一个看起来无边无尽的大厅，还有一个神秘的算命师，名叫 Leota 夫人，她在一个水晶球里呈现出没有身体的头，周围飘浮着乐器。最后，客人们看到一个"搭便车的鬼魂"和他们一起跳上了"末日马车"。

虽然场景很恐怖，但整个过程中播放欢快的音乐《冷酷的鬼魂》，让气氛轻松起来。音乐由 Buddy Baker 作曲，由 Xavier Atencio 谱词。Thurl Ravenscroft 的深沉嗓音作为四重唱的一部分在墓地播放。Ravencroft 的脸也被用在半身像上，特别是头部分离的半身像。

12. 持续改进

所有主题乐园的景点都在不断改善。根据华特·迪士尼形象师兼节目制作人 Bob Zalk 的说法（Veness，2009，24）：

重新回到一个标志性的景点并添加、改变、调整、删除元素的想法，当你到达终点线时，这是非常高的标准。我们必须兑现承诺。与新景点不同的是，重新设想一个既有的景点的历史感和传统感，整个团队都必须考虑到这一点。这是一个巨大的挑战，但也是一个令人兴奋的挑战。

13. 讨论问题

（1）传统项目和鬼屋项目的主要区别是什么？

（2）与鬼屋项目相比，创新项目的典型可交付成果是什么？

（3）为什么项目的所有约束条件不具有同等的重要性，并且重要性在项目的生命周期中会发生变化？

（4）谁定义了创新项目的约束条件？

（5）自我问题会影响创新吗？

（6）为什么在鬼屋项目开始的时候不可能具备一份明确的工作说明书？

（7）在项目启动时需要解决的问题列表中，哪三个问题对工作说明书准备最为关键？（注：这个问题可能有几个答案，重要的是所选三个答案背后的理由。）

（8）为什么鬼屋项目从构思到竣工需要18年时间？

（9）为什么迪士尼不希望鬼屋的外观看起来像传统的鬼屋？

（10）大多数迪士尼景点都讲述了一个故事。为什么为鬼屋创造一个故事如此困难？

（11）为什么有些人，比如幻想者，经常有自我问题？

（12）为什么鬼屋景点被创造成一个"受控"的旅程？

◆ 延伸阅读

Cunningham, James D. *The Legend of The Haunted Mansion* （CreateSpace, 2002）.

Wasko, Janet. （2001）. *Understanding Disney*. Cambridge, UK： Polity Press.

Wilson, C. McNair. （2012）. *Hatch! Brainstorming Secrets of a Theme Park Designer*. Colorado Springs, CO： Book Villages.

13.3 迪士尼文化对全球创新机会的影响[①]

　　PMI 在 2004 年的《PMBOK 指南》第 3 版中首次推广"企业环境因素"这一术语。这是在欧洲迪士尼开张 12 年后。想要分析企业环境因素，我们先来看看欧洲迪士尼乐园（现在称为巴黎迪士尼乐园）发现的因素，是很有趣的，尽管这些因素当时不被称为企业环境因素。企业环境因素会对商业模式的设计产生巨大影响。

1. 创建商业模型

　　对一些人来说，有一种信念，或者说是一种误解，认为华特·迪士尼公司可以简单地在外国土地上建造或复制一个现有的主题乐园。因此，他们可以使用现有的商业模式，很少需要创新。

　　在每个新的国家都有着新的挑战，必须在商业模式发展中加以解决，企业环境因素起着至关重要的作用。以下是商业模式创新过程中需要考虑的问题：东道国对美国本土的主题乐园有何反应？是否需要考虑文化因素？文化因素是否会影响游乐设施的设计、礼品店出售的产品及餐厅提供的食物类型？是否会有政治干预？如果会，干预程度如何？东道国是否有影响乐园设计和运营的法律？是否有必须考虑的宗教因素及着装规范？东道国政府

[①] 本节由哈罗德·科兹纳于 2015 年和 2019 年完成，版权所有。本案例用于项目管理课程的课堂讨论，强调企业环境因素的重要性。案例的目的并不是表明行政管理的有效或无效。华特·迪士尼公司和巴黎迪士尼乐园都没有参与本案例研究的准备工作。

是否会作为项目的财务利益相关者？其他金融利益相关者是否为东道国的银行或公司？在决定乐园如何运营方面具有最大影响力的是哪些利益相关者？迪士尼应该只关注主题乐园，还是需要关注更多的方面，例如在东道国的迪士尼度假胜地及其他便利设施？东道国的天气是否会成为一个问题？迪士尼在其他便利设施方面应承担多大风险，如建造迪士尼主题酒店、高尔夫球场、购物中心等？迪士尼应接受多少财务风险？迪士尼应专注于与合作伙伴的合资企业还是许可协议？如果主题乐园失败，迪士尼是否应该考虑迪士尼品牌的风险？这个主题乐园的财政失败是否影响在其他国家建设迪士尼主题乐园？失败或不利风险是否会导致股东的干预？如果我们在一个国家有一个成功的商业模式，同一个商业模式能否复制到另一个国家？

2. 了解企业环境因素

企业环境因素是指目前或未来存在的，可能对项目产生影响，也可能不产生影响的条件，如果有影响，在项目生命周期内随时可能发生。企业的环境因素会影响项目的管理方式，是否需要改变范围或质量，以及项目是否被视为成功。这些因素包括经济状况、当前和未来的立法、政治、工会的影响、竞争力和文化问题，也可能在项目完成后发生变化，使一个最初成功的项目变成一个失败的项目，也会对未来商业模式的设计产生影响。

项目规划通常基于历史，尤其是过去的成功经验。企业环境因素是对当前和未来的假设和预测，因此与风险管理活动直接相关。这些假设影响了创新商业模式的设计。

识别企业环境因素通常是高级管理层、项目发起人或治理委员会的责任。以上列举的这些因素在项目的商业论证中被列为企业环境因素，也可以作为有关商业环境的假设出现。企业环境因素一般是由一个人或包括专家在内的几个人共同解释的。一个人可能认为某个因素对项目有有利影响，而另一个人可能认为它是不利条件。简单地说，企业环境因素会受到项目申请者和资助者的理解和误解。除非能够迅速进行纠正和改变，否则这种影响可能是毁灭性的。即使一些最好的管理公司，如华特·迪士尼公司，也会受到企业环境因素意外变化的影响。

3. 企业环境因素与文化

在迪士尼决定向全球扩张时，最重要的企业环境因素是跨国文化的影响。向外国领土（美国境外）扩张将是一项挑战。迪士尼的主题乐园必须在文化和社会上与东道国及其周边邻国的主题乐园融为一体。

迪士尼了解美国文化，来到迪士尼乐园的外国游客也知道他们正在参观一个美国主题乐园。但是，如果美国的主题乐园在外国的土地上，人们会有什么反应呢？如果迪士尼不遵守东道国的文化和社会规范，会发生什么？美国主题乐园的管理方式需要做出多少改变？

4. 企业环境因素与竞争约束

在讨论欧洲迪士尼之前，了解竞争制约因素是很重要的。项目经理和执行人员可以采取一些行动，在一定程度上减轻不利的企业环境因素的影响。虽然我们不能消除企业环境因素，但我们可以选择减轻影响。我们所采取的行动几乎总是在对立的约束条件上进行权衡，从而可能无法满足所有约束条件。在这种情况下，必须对约束进行优先排序，以便按照权衡的顺序提供指导。权衡可能导致进度延长或成本严重超支。

虽然大多数公司关注时间、成本和范围的三重限制，但迪士尼在美国的主题乐园有六个限制：时间、成本、范围、安全、审美价值和质量。虽然在文献中没有讨论，但安全似乎是迪士尼最重要的制约因素，其次是审美价值和质量，这是可以理解的。这三个重要的限制很难进行权衡，因为它们直接关系到迪士尼的形象和声誉。所有的权衡似乎都是对时间、成本和范围进行的。

在对外扩张的同时，企业的环境因素也会对文化乃至社会行为产生制约。文化和社会方面的限制可能包括设计景点的环境，使其更符合当地建筑，提供东道国居民喜欢的食物，以及一般人可以接受的着装规范。东道国可能不希望在他们的土地上有一个主题乐园试图"美国化"客人。

当需要权衡时，所有的约束都可能是相互关联的。例如，迪士尼坚持着在迪士尼世界和迪士尼乐园建立景点的蓝图。必须对景点进行修改，使其更符合东道国的当地建筑，这可能需要创建新的蓝图，从而可能增加项目成本和延长进度。

5. 建造欧洲迪士尼的决定

1984 年，迪士尼决定在 1992 年之前在欧洲建立一个主题乐园。迪士尼希望建立一个大型的、最先进的主题乐园，这一决定最终导致"突破预算"范围。许多变化都是迪士尼首席执行官 Michael Eisner 在最后关头做出的。

历史表明，大型项目，特别是那些围绕最先进技术设计的项目，更容易出现大量成本超支。丹佛国际机场的行李处理系统和铱星计划就是两个成本超支数 10 亿美元的例子，铱星计划旨在创建一个全球无线手持移动电话系统，能够随时在世界任何地方进行通信。

根据 21 世纪初的 1 100 万名游客和世纪之交后每年 1 600 万名游客的预期，欧洲迪士尼公司进行了高度乐观的财务预测。九年前，当东京迪士尼乐园于 1983 年 4 月 15 日开放时，有 13 000 多名游客进入了这个乐园。同年，东京迪士尼乐园以 93 000 人次的单日参观人数打破了主题乐园的参观记录。不到四年，他们又以 11.15 万人次打破了单日记录。

迪士尼为东京迪士尼创造了一个低风险的商业模式。从文献来看，迪士尼认为欧洲迪士尼也可以采用同样的商业模式。然而，这一次迪士尼因为潜在的回报，所以愿意承担更大的风险。重点是创造一个迪士尼度假胜地，而不是迪士尼主题乐园。

几十年来，迪士尼一直将欧洲迪士尼主题乐园视为潜在的盈利来源，就像迪士尼在欧洲的休闲娱乐领域拥有垄断地位一样。垄断的定义是没有竞争对手，而且有很高的壁垒，特别是金融壁垒时，阻止对手进入同一个市场。

6. 选址

在欧洲大约有 1 200 个地点被考虑和希望实施欧洲迪士尼。地点包括葡萄牙、西班牙、法国、意大利和希腊。迪士尼的选择标准包括温暖的气候、良好的天气、集中的位置和有发展前景的可用土地。名单被缩小到四个地点：两个在西班牙，两个在法国。西班牙的天气比较好，但法国的人口比较密集。最后的决定是在巴黎东郊的一个新城镇 Marne-la-Vallee 建造欧洲迪士尼乐园，离巴黎市中心 20 英里。这意味着，距离欧洲迪士尼不到两小时车程的人数为 1 700 万人，4 小时车程的人数为 6 800 万人，6 小时车程的人数为 1.1 亿人，不到两小时航程的人数为 3.1 亿人。此外，来自世界各地的游客也经常到巴黎旅游。

基于这种垄断的信念，以及规模较小的、花费了 14 亿美元的东京迪士尼主题乐园的成功，迪士尼决定在欧洲建造一个规模更大、最先进的主题乐园，期望财务上获得与东京同样的成果。迪士尼需要大约 50 亿美元来建造欧洲迪士尼乐园。法国政府提供了 10 多亿美元，相信欧洲迪士尼将创造 3 万个就业机会。欧洲正处于衰退期，法国的失业率接近 14%。此外，法国预计，在每年预计的 11 万名游客中，有很大一部分来自法国以外的国家，从而为该国带来收入。

法国人愿意为获得这座主题乐园而做出让步。这块地以每亩 7 500 美元的低价提供。欧洲迪士尼乐园占地 1 945 英亩，将建在一块 4 400 英亩的中心地带上。法国将为新建道路买单，并提供水、污水、煤气、电力和其他必要的服务，如地铁和火车系统。

7. 项目融资

迪士尼为了满足法国政府的法律要求，并降低对公司的财务风险，成立了一家新公司——欧洲迪士尼公司，与日本 Oriental Land 公司拥有和经营东京迪士尼乐园并支付迪士尼特许权使用费不同，欧洲迪士尼公司将是一家上市公司。迪士尼将持有这家新公司最多 49% 的股份，至少 51% 的股份将由欧洲人持有。对迪士尼来说，这是一种新的、不同于美国迪士尼乐园和东京迪士尼乐园的商业模式。

欧洲迪士尼公司是采用项目融资模式建立的。项目融资包括建立一个合法独立的项目公司——欧洲迪士尼股份有限公司，资金的提供者从项目将来的现金流和收益中得到偿还，新公司的资产，而且只有新公司的资产被用作贷款的抵押品。债务偿还将来自欧洲迪士尼股份有限公司，而不是任何其他实体。如果从银行贷款违约，贷款者可以对欧洲迪士尼公司采取法律行动，但不能对其他华特·迪士尼公司采取法律行动。

在新的商业模式下，项目融资的一个风险是资产的使用寿命是有限的。潜在的使用寿命限制常常使贷款者难以同意长期的财务安排。有了欧洲迪士尼，乐园里的景点必须不断改进，增加新的景点。如果现金流不足，公司将不得不承担额外的债务。

项目特别是高技术项目，其融资的另一个关键问题是项目的长期性。项目要过好几年才能开始运行，从技术角度来说，这可能是一个永恒的过程。项目融资通常被认为是"对未来的押注"。如果项目失败，公司在清算后可能一文不值。

欧洲的银行看到了迪士尼乐园、迪士尼世界和东京迪士尼乐园在财务上的成功，纷纷向迪士尼提供建设贷款所需的资金。60 多家银行签订了贷款协议。迪士尼通过谈判达成了一项协议，迪士尼的总投资为 1.6 亿美元，用于资助 50 亿美元的主题乐园。即使主题乐园赔钱，迪士尼每年也会收取数亿美元的特许权使用费。按照东京迪士尼乐园的特许权使用费协议，迪士尼将获得：10% 的门票特许权使用费，5% 的食品、饮料和商品销售特许使用费，相当于收入 3%的管理费，使用迪士尼名称和角色的许可费，主题酒店总收入的 5%，利润的 49%。①迪士尼还从赞助特定游乐项目的公司获得特许权使用费。对于迪士尼 1.6 亿美元的投资，迪士尼估计第一年它们的预期利润为 2.3 亿~6 亿美元，第二年为 3 亿~10 亿美元。作为支付特许权使用费的交换，迪士尼提供了主题乐园管理方面的专业知识，并允许欧洲迪士尼使用标有迪士尼角色和迪士尼形象的商标。商业模式似乎切实可行。

一个主题乐园 50 亿美元的总价肯定会成为阻止竞争对手进入市场的障碍。迪士尼产品和服务的质量和审美价值，作为世界休闲娱乐领袖的声誉，以及独特的品牌名称，使其表面上看起来是一种垄断。迪士尼认为，游客人数的预测是正确的，即第一年有 1 100 万名游客，到世纪之交将增至每年 1 600 万名。

迪士尼的许多想法都是基于过去在迪士尼乐园（1955 年）、迪士尼世界（1970 年）和东京迪士尼乐园（1983 年）的良好业绩基础上得到的。在这三个主题乐园中，迪士尼正确地处理了它们所考虑的大多数企业环境因素及可能对项目成功产生的影响。东京迪士尼乐园由 Oriental Land 公司拥有和运营。工程造价为 14 亿美元，债务占工程造价的 80%，且在三年内还清。当然，问题是，东京迪士尼乐园考虑的这些企业环境因素和假设是否可以并适合欧洲市场。

与迪士尼乐园和迪士尼世界的位置不同，东京的天气是迪士尼面临的一个问题。当东京的人们表示他们愿意冒着严寒和大雪去欣赏主题乐园时，迪士尼确信欧洲人也会效仿。

迪士尼乐园和迪士尼世界是建立在美国迪士尼哲学的基础上的。日本人想要一个美国风格的主题乐园，像迪士尼乐园和迪士尼世界，而不是定制的日本文化。年轻的日本人想要美式食物。然而，一些日式餐厅是为喜欢传统日式饮食的成年顾客而建的。

被东京迪士尼乐园的成功蒙蔽了双眼，迪士尼相信，作为东京商业模式一部分的美国迪士尼理念可以引入欧洲，而无须任何重大改变。然而，与文化相关的企业环境因素在欧洲市场是否一样？一旦进入乐园，欧洲人会接受美国化吗？

8. 理解文化差异

也许迪士尼最大的错误是没有完全理解日本人和欧洲人（主要是法国人）之间的文化差异。这将对欧洲迪士尼乐园开园时的预期收入产生重大影响。一些关键差异如表 13-1 所示。这些差异是根据乐园开放的年份而定的。

表 13-1　日本和法国的文化差异

因　　素	日　　本	法　　国
经济	发展	衰退
人均收入	增加	减少

---

① 东京迪士尼乐园是迪士尼和日本东方乐园公司之间的授权协议，迪士尼拥有版权，但不分享利润。欧洲迪士尼更像一个合资企业，迪士尼拥有版权和一定比例的利润。这些协议将在"迪士尼全球商业模式创新的合作方"中讨论。

（续表）

因　素	日　本	法　国
休闲娱乐时间	增加	减少
假期频率	若干次时长一周的假期	8月份有一次假期，时长4~5周
开销	不会空手离开乐园，送礼物是很重要的	送礼物是没有必要的
接受美国产品	高	低
乐园规模	不重要	重要
对迪士尼人物的迷恋	很高	鄙视美国童话人物
迪士尼乐园的吸引力	高	低
迪士尼主题乐园	一种新的生活方式	被视为美国人的生活方式
对长队的容忍度	非常宽容，习惯于人群和队伍	无法容忍
接受着装守则	很高，文化的一部分是穿着制服	很低，被看作对个人自由的侵犯
精致的妆容	文化的一部分	对个人自由的侵犯
对陌生人的礼貌程度	文化的一部分	不总是这样
喜欢成为团队的一员	文化的一部分	不总是这样
服从上级	总是	有时质疑权威

有些人认为迪士尼没有仔细考虑文化差异，认为欧洲迪士尼是一个美国主题乐园，迪士尼的行为旨在保护其形象、品牌和声誉。如果指望迪士尼做出重大的文化变革，改变乐园的形象，那就大错特错了。

9. 土地开发

欧洲迪士尼最终于1992年4月开张。迪士尼首席执行官Michael Eisner在开幕式上致辞时说：

欢迎来到这个快乐的地方。从前，华特·迪士尼是一位讲故事的大师，他的灵感来自欧洲最受欢迎的故事，他用自己的天赋与世界分享。他设想了一个神奇的王国，在那里这些故事将成为现实，并称之为迪士尼乐园。现在他的梦想又回到激励他的土地上。欧洲迪士尼乐园是针对年轻人的，也针对年轻的心……希望它能成为全世界欢乐和灵感的源泉。

迪士尼希望开发其在主题乐园周边购买的商业和住宅物业，然后在保持商业用途所有权和控制权的同时，出售这些物业。从1992年开始，房地产销售预计将占到欧洲迪士尼总收入的22%，到1995年将攀升到总收入的45%。

来自土地开发的收入预计将帮助偿还欧洲迪士尼公司35亿美元的巨额债务。但当乐园开园时，欧洲正处于经济衰退时期，很明显，欧洲迪士尼严重误判了法国房地产市场，当时法国房地产市场相当低迷。1983年东京迪士尼乐园开张时，日本经济蓬勃发展，日本人将其可支配收入的很大一部分用于休闲娱乐。东京迪士尼乐园从中获益。但在欧洲，经济衰退导致人们减少休闲和娱乐活动，使得欧洲迪士尼遭受了损失。迪士尼误判了欧洲经济衰退的影响。

欧洲迪士尼公司也错误地估计了欧洲人将如何度假。迪士尼希望人们全年都能去欧洲迪士尼乐园进行一周的短途旅行。但结果恰恰相反，欧洲人更愿意把假期留到8月份，休四至五周的假。在欧洲迪士尼乐园度过一周的费用几乎与在欧洲租一个月度假屋的费用相同。欧洲迪士尼公司再次遭受收入损失。迪士尼预计劳动成本约占总收入的 13%。然而，劳动成本在 1992 年占总收入的 24%，在 1993 年上升到 40%。

10. 迪士尼的综合服务

迪士尼的综合服务是其商业模式收入的一部分，其收入来源有：主题乐园和其他景点的门票、餐饮、购物、住宿。迪士尼乐园和迪士尼世界的商业模式没有认识到通过住宿可以获得巨大利润的潜力。在迪士尼乐园和迪士尼世界，迪士尼允许其他公司在主题乐园周围建造酒店盈利。现在这被视为一个令迪士尼十分后悔的决定。在迪士尼乐园，20 000 间酒店客房中只 1 000 间客房属于迪士尼。在迪士尼世界，70 000 间酒店客房中只有 5 700 间属于迪士尼。迪士尼还通过销售邮轮度假套餐和租赁度假俱乐部获得收入。

在东京，迪士尼认为它在商业模式上又犯了一个错误，那就是没有在住宿上投入大量资金。当决定建造东京迪士尼乐园时，迪士尼担心在一个新的文化环境中投入巨资存在风险。通过对乐园周围的住宿设施进行少量投资，利润虽然少，但降低了财务风险和不确定性。结果是在住宿方面进行了少量投资。由于主题乐园不是迪士尼所有或经营的，因此风险进一步降低。迪士尼获得了预先确定的特许权使用费。

重要的是，除非酒店的入住时间延长，否则每日游园人数的增加不一定意味着利润的显著增加，而游园人数增加反过来带动高利润率的业务（如酒店、餐厅和商店）中产生收入。主题乐园的门票收入并不是高利润业务。

由于在东京的成功，迪士尼对欧洲迪士尼采取了过于乐观的态度，认为在日本运作的项目可以移植到欧洲。迪士尼不希望欧洲迪士尼或它的任何其他主题乐园只是一个主题乐园。相反，它希望欧洲迪士尼被视为一个度假胜地或度假目的地，游客将在那里停留 4~5 天或更长时间。迪士尼希望人们将迪士尼主题乐园视为家庭和成人的高质量娱乐选择。因此，欧洲迪士尼计划建设 27 洞高尔夫球场、5 800 间酒店客房（这比夏纳市的酒店客房还要多）、购物中心、公寓和度假村。迪士尼还计划在欧洲迪士尼旁边建造第二个主题乐园，以容纳米高梅（MGM）电影巡演，建设成本为 23 亿美元。甚至有人说要在 2017 年前建成第三个主题乐园。这将有助于使用大量的酒店房间。到 2017 年，根据与法国政府签订的合同，欧洲迪士尼公司必须在度假村周围完成总共 18 200 间酒店客房的建设。所有这些都假设欧洲迪士尼的发展将与迪士尼乐园、迪士尼世界和东京迪士尼乐园步调一致。迪士尼认为他们对企业环境因素有着很强的把握，并且为欧洲迪士尼设定了比美国主题乐园更高的标准。

11. 迪士尼大学

正如在美国一样，欧洲迪士尼成立了迪士尼大学，培训约 2 万名在欧洲迪士尼工作的员工和演员。培训旨在加强迪士尼文化及数十年来行之有效的迪士尼政策和程序。培训必须在开园前完成。员工被要求会说两种甚至三种语言，并被要求参加迪士尼大学举办的行为准则和如何与乐园客人交谈的培训课程。该公司强调，所有来访者都应被视为宾客而不是客户。

迪士尼还制定了与面部毛发相关的规则，如胡须和胡子（不允许）、着装规范、文身覆盖、珠宝和化妆品限定、头发不得突出或有条纹、指甲长度限制及穿着合适的内衣。法国人认为这是对他们个人自由的侵犯。

欧洲迪士尼及其他迪士尼主题乐园，后台都有着非常严格的规定。后台严禁摄影、拍摄。乐园的边缘是一排排的游乐设施和树木，用来隐藏那些不让公众看到的区域。许多大门允许演员、游行车辆等进入。当乐园大门打开时，任何可以看到的东西都被认为是迪士尼魔力的一部分。因此，从第二道门打开的那一刻起，工作人员都必须具备"表演"角色和就位。由于建筑群很大，需要巴士通过乐园后面的道路，将演员带到乐园的不同地方。

12. 反美情绪高涨

根据文献记载，华特·迪士尼公司似乎了解社会文化和经济问题，但可能没有给予足够的重视。迪士尼确实推出了一个针对儿童和政府官员的积极的公共关系计划。即使有了公共关系计划，迪士尼仍然被认为对法国文化、对个人隐私的需求和个人自由不敏感。法国工会反对着装规定。所有这些都造成了一种反美的氛围，最终导致偏离了最初的欧洲迪士尼计划。

通过调整，解决了一些与文化有关的企业环境因素。另一些则要求改变景点的设计。迪士尼希望向人们展示的许多迪士尼角色都有欧洲传统。这是必要的，因为欧洲迪士尼正在与巴黎的历史建筑和景点竞争。仅仅改变餐馆菜单以提供更多的欧洲食物是不够的。如果可能的话，景点必须展现出欧洲风情。例如，展示白雪公主和七个小矮人的景点位于巴伐利亚的一个村庄。灰姑娘住在一家法国旅馆里。"Discoveryland"以法国作家 Jules Verne 的故事情节为特色。景点中的城堡与欧洲的城堡建筑非常相似。

虽然华特·迪士尼公司在不改变自身形象和声誉的前提下，尽其所能解决与文化相关的企业环境因素，但还是未能充分解决与政治相关的因素。例如，由于许多游客在欧洲迪士尼乐园只停留一天，所以穿过小镇的交通和随之而来的噪声激怒了许多当地居民。欧洲迪士尼的当地居民主要是反对建设欧洲迪士尼的农业社区。法国政府不得不介入以缓和紧张局势。欧洲迪士尼乐园开张不久，法国农民就把欧洲迪士尼乐园作为抗议场所，把拖拉机开到入口处并堵住了它。这一抗议行动并不是针对迪士尼，而是针对美国政府的，因为美国政府一直要求削减法国的农业补贴。这次抗议在全世界范围内进行了电视转播。此外，欧洲迪士尼公司还与法国工会发生了几起纠纷，工会认为迪士尼公司在攻击工会成员的公民自由。

当围绕美国在伊拉克的战争和法国拒绝支持这场战争的紧张局势加持时，反美情绪更加高涨。前往法国的美国游客数量急剧下降，旅游业感受到了这一点，特别是在巴黎。埃菲尔铁塔顶餐厅的一名工作人员指出，西班牙和意大利游客取代了美国游客。影响旅游业的其他因素包括欧洲恶劣的天气、一系列交通罢工及亚洲暴发的严重急性呼吸系统综合征。

13. 低估文化的影响

尽管迪士尼采取了措施来解决几乎所有的文化差异，但它似乎低估了美国和欧洲文化差异的重要性。通过企业环境因素可以清楚地看到这一影响，如表 13-2 所示。

表 13-2　文化对欧洲迪士尼企业环境因素的影响

企业环境因素	预计影响	实际影响
垄断	欧洲迪士尼将成为垄断。欧洲人愿意支付高于市场的入场费。欧洲迪士尼乐园的价格高于所有其他欧洲主题乐园和美国迪士尼主题乐园的价格	很难把休闲和娱乐定义为一种垄断。不像水和电这样的必需品,这些东西往往是垄断的,大多数人可以找到其他更便宜的娱乐和休闲活动形式。欧洲迪士尼的运作更像一个寡头垄断,很少有供应商提供相似或不同的产品或替代产品
度假胜地	欧洲人将欧洲迪士尼乐园视为度假胜地,并在此逗留 4~5 天或更长时间	欧洲人把欧洲迪士尼乐园视为一天的短途旅行。这就意味着住宿不是必需的,欧洲迪士尼也不是度假胜地
含酒精饮料	迪士尼相信欧洲人会接受不允许在主题乐园里喝含酒精饮料这一事实	欧洲人想在用餐时喝葡萄酒和含酒精的饮料。禁止饮酒表明对法国文化不敏感。法国是世界上最大的葡萄酒消费国。因此,人们拒绝在主题乐园吃饭。有些人在车里装了葡萄酒冷藏器,还举办了旅行野餐派对。此外,主题乐园也不卖香烟
综合服务	欧洲人将在主题乐园待 4~5 天	欧洲人只待一天,把所有的时间都花在游乐设施上,因此剩下的购物时间很少。高昂的入场费也导致了花在购物上的钱减少。来自购物、餐饮、住宿和门票的实际收入明显低于目标水平
四口之家的费用	根据东京迪士尼乐园的数据,一个四口之家在东京迪士尼乐园的花费大约是 600 美元一天,其中不包括住宿。迪士尼认为欧洲人会支付同样的价格	欧洲人认为每天 280 美元太贵了
人均支出	欧洲迪士尼认为,该乐园的人均支出将为每人 33 美元	实际支出被修订为每人 29 美元。这比美国的迪士尼乐园和迪士尼世界要少得多,几乎比东京迪士尼乐园少 50%
用餐座位容量	根据迪士尼乐园和迪士尼世界的数据,美国人整天吃零食和快餐。欧洲人也会这么做,这就意味着欧洲迪士尼的餐厅座位容量可能复制其他主题乐园的	迪士尼预计每天会有 6 万名游客,建造了 29 家餐厅,每小时可接待 1.4 万名游客。然而,欧洲人似乎比美国人吃得更健康。大多数欧洲人喜欢在中午 12 点半吃一顿健康的午餐。许多餐馆无法同时接待这么多顾客。欧洲人不喜欢排长队
乐园的工作人员	欧洲迪士尼员工将接受其他迪士尼主题乐园制定的标准和规范	乐园的员工和客人觉得他们正在被"美国化"。在最初的九个月里,1 万名员工中有 1 000 人辞职

还有其他一些错误:在乐园的不同位置,厕所数量不足;乐园工作人员假设周五是忙碌的一天,周一是轻松的一天,事实上,情况正好相反;乐园管理层低估了会议业务的成功,不得不增加会议设施。

14. 脱离目标

尽管乐园的客容量估计是略高于 5 万人,开园当天,欧洲迪士尼公司预计可能有多达

50万名游客和9万辆汽车进入乐园，而实际上大约有50 000名游客到场，每10名游客中只有3名是法国人。游览人数令人失望。一些人认为，出席率低是因为迪士尼对法国文化不敏感。其他人认为，部分原因是当时欧洲的经济状况。随着这一年的发展，欧洲迪士尼公司将每日游客数量从60 000人减少到25 000人。迪士尼的股票暴跌，最终损失了三分之一的价值。

在运营的头两年，欧洲迪士尼的损失估计为20亿美元。欧洲迪士尼的债务负担也高达35亿美元，部分利息支出高达11%。原本计划偿还债务的22%的土地开发营业利润也未实现。酒店入住率为55%，而不是预期的68%。一些旅馆在冬季歇业。营业费用从预期收入的60%上升到了收入的69%。米高梅电影主题乐园项目被搁置。

园区建设方面的项目管理看似成功，但对企业环境因素影响的误判却十分明显。欧洲迪士尼被视为一个成功的项目管理，最好的幻想工程和创新，但实际可能是一个失败的商业论证。失败的可能原因是：未能认识到休闲和娱乐产品的竞争性；未能认识到社会文化和经济问题；对市场状况的评估错误，导致战略和财务误判；承担了35亿美元的巨大债务，难以偿还；过度开发房产和土地；未能认识到客人对价格预期的意识。

还有沟通问题。乐园高管没有回复媒体的电话，导致在媒体上声誉受损。

文章和报纸上发表了三篇关于华特·迪士尼公司的有趣文章。在一篇文章中，欧洲迪士尼被视为"一个文化切尔诺贝利"。在另一篇文章中，一位欧洲银行家表示："欧洲迪士尼是一个很好的主题乐园，它的主人是一家破产的房地产公司，两者不可分割。"一位前迪士尼高管表示，在欧洲迪士尼融资谈判期间，"我们傲慢自大。就像我们在修建泰姬陵，人们会按照我们的要求来"。

人们甚至攻击欧洲迪士尼乐园的名字。欧洲以外的人通常认为"Euro"是时尚、魅力，甚至上流社会的同义词。正如迪士尼首席执行官Michael Eisner所说：

作为美国人，我们相信迪士尼前面的"Euro"一词是迷人和令人兴奋的。对欧洲人来说，这是一个与生意、货币和商业联系在一起的术语。

将这个乐园改名为"巴黎迪士尼乐园"，不仅是因为华特的原创作品，也是因为它是世界上最浪漫、最令人兴奋的城市之一（Eisner和Schwartz, 1998, 292）。

更改名称是迪士尼为了使主题乐园非商业化。

除在1994年10月改变主题乐园的名称外，迪士尼还采取了其他措施来克服企业环境因素的影响。此前，精力充沛的游客可以在大约5小时内完成所有乘车活动，并没有足够的吸引力说服游客留宿。最终欧洲迪士尼：扩大主题乐园，如边疆世界、太空山和动物王国；增加新景点，使景点总数达到29个（如佐罗、欢乐满人间、阿拉丁、灰姑娘城堡、过山车、鹦鹉螺）；强调了许多欧洲传统的迪士尼角色；乐园门票价格下调33%；酒店客房价格降低33%；冬季提供折扣价；酒店提供更便宜的餐饮；允许餐厅供应葡萄酒和啤酒，然而法国人从未忘记迪士尼犯下的错误；提供更多来自世界各地的食物；改变营销和广告策略，包括"加利福尼亚离巴黎只有20英里""童话故事可以成真"；将每天预计的参观人数从60 000人减少到25 000人；提供每个人都能负担得起的一票通计划（不包括乐园的门票费用，这些费用仍高于美国。）。

迪士尼想让人们相信，一旦他们进入巴黎迪士尼乐园，他们就逃离了现实世界，进入梦想成真的王国。要做到这一点，迪士尼必须认识到欧洲文化与美国或日本的文化是不一样的。迪士尼无法将一些文化"美国化"。

15. 债务重组

1993年秋天，人们对迪士尼乐园的热情结束，欧洲迪士尼陷入财务困境，背负着35亿美元的债务。如果迪士尼退出欧洲迪士尼，将会有一个破产的主题乐园和一大片几乎毫无价值的房地产。这无疑会损害迪士尼在全球的形象，并可能严重阻碍迪士尼在美国以外地区建设其他主题乐园的计划。

华特·迪士尼公司为欧洲迪士尼制订了一项救援计划，最初遭到法国银行的拒绝。迪士尼反击，拟在1994年3月31日前达成协议，甚至威胁如果不进行债务重组，可能关闭欧洲迪士尼乐园。Eisner认为，法国人已经在乐园投入了大量资金，他们将被迫债务重组。到3月中旬，迪士尼对欧洲迪士尼的支持承诺已增至7.5亿美元。当银行拒绝考虑迪士尼的再融资计划时，Eisner向股东宣布，欧洲迪士尼乐园可能在3月底关闭，此消息将在3月15日的年度股东大会上宣布。

3月14日，银行纷纷妥协，担心如果欧洲迪士尼乐园关闭，将带来巨大的财务损失。一项新的协议初步达成，要求欧洲迪士尼的主要银行额外出资5亿美元。其目的是在1996年之前将乐园的高成本债务削减一半，并使欧洲迪士尼盈利，这一日期被许多分析人士认为是不现实的。

部分交易表明，迪士尼将斥资约7.5亿美元购买49%的新配股，该配股估值为11亿美元。银行同意免除未偿债务18个月的利息，并将所有本金的支付推迟三年。这些银行还将承销其余51%的配股。就迪士尼而言，除7.5亿美元外，还同意在五年内取消利润丰厚的管理费（占收入的3%）、门票销售使用费（10%）和特许权销售费（5%）。不管欧洲迪士尼是否亏损，迪士尼的管理费每年约为4.5亿美元。将逐步重新征收较少的特许权使用费。股东们对注资并不满意，尽管他们当时意识到，如果园区进入破产管理，公司进一步的扩张，可能导致形象受损。有人认为，此次债务重组只是权宜之计，经济或企业环境因素的不利变化可能需要未来的债务再融资。

沙特阿拉伯国王Fahd的侄子al-Waleed王子以5亿美元收购了欧洲迪士尼24%的股份。重组后，迪士尼在欧洲迪士尼的持股比例从49%降至39%。剩下的37%由60多家银行（大部分是法国银行）和主要来自欧洲共同体的个人股东共同持有。

债务重组包括免除债务和推迟部分本金支付，是欧洲迪士尼的救命稻草，也给了它一些财政上的喘息空间，来改变它的营销策略和吸引更多的游客。1995年，随着债务再融资和一些主题乐园的改进，欧洲迪士尼第一季度利润为3 530万美元。然而，这并不能保证欧洲迪士尼的财务难题会完全消失。

1996年，巴黎迪士尼乐园的游客人数已超过卢浮宫艺术博物馆、埃菲尔铁塔和白金汉宫。与此同时，东京迪士尼乐园也取得了令人瞩目的成功。1999年，东京迪士尼乐园有1 750万名游客，这比世界上任何其他主题乐园的游客都要多。

16. 华特·迪士尼影城

第二个主题乐园的初步计划是，投资 23 亿美元的米高梅主题乐园，原计划于 1996 年开业，但由于度假村当时的财务危机，这个计划在 1992 年年中时被取消。在度假村开始盈利后，这个计划又以多次、小规模重新启动。新的主题乐园包括电影史，以及电影、动画片和电影制作方法。新的预算是 6 亿美元。米高梅影城主题乐园更名为华特·迪士尼影城，于 2002 年 3 月 16 日开放。它致力于演艺事业，以电影、制作和幕后为主题。2013 年，该乐园接待了约 440 万名游客，成为欧洲游客人数第三、世界游客人数第二十一的游乐园，尽管它的游客人数是所有 11 个迪士尼主题乐园中最低的。

> 欢迎所有进入这个梦想工作室的人……华特·迪士尼影城致力于我们对电影和电视的永恒魅力和热爱。在这里，我们欢迎来自欧洲和世界各地的故事讲述者的艺术和艺术技巧，他们创造了奇迹。愿这个特殊的地方可以唤起我们对过去的回忆和对未来的梦想。[①]
>
> —— Michael D. Eisner，华特·迪士尼公司 CEO，2002 年 3 月 16 日

迪士尼原计划在 2017 年前在巴黎迪士尼乐园开设第三个乐园，但这一计划被推迟到 2030 年。

17. 再次债务重组

2000 年，欧洲迪士尼重组后的债务已增至 20 亿美元。随着迪士尼影城的开放，巴黎迪士尼乐园目前包括 7 家酒店、2 个会议中心、68 家餐厅和 52 家精品店。但欧洲经济却举步维艰，欧洲旅游业的放缓对欧洲迪士尼的运营和现金流产生了负面影响。公司资金紧张。"破产"再次被提起。欧洲迪士尼的财务困难迫使它专注于短期现金流，而不是扩张，如加强游乐设施和建设新的景点。

为了应对当前的现金流状况，欧洲迪士尼开始与其贷款人和迪士尼进行磋商，以获得其 2003 年的贷款契约豁免，并获得补充融资以满足欧洲迪士尼的现金需求。由于 2003 年 3 月 28 日签订的一项协议，迪士尼在 2003 年 1 月 1 日至 2003 年 9 月 30 日期间没有收取欧洲迪士尼的特许权使用费和管理费。此外，迪士尼同意欧洲迪士尼在 2004 财政年度中按年支付拖欠的特许权使用费和管理费，而不是按季度支付。

2005 年，欧洲迪士尼完成了财务重组，从而增加了资本，并进行了借款再融资。根据财务重组，迪士尼同意有条件和无条件地延迟支付某些管理费和特许权使用费，并将其转换为长期次级债务，并为流动性需求提供新的 10 年期信贷额度。

欧洲迪士尼首席财务官 Jeffrey Speed 表示，修改后的协议将提供"大量流动性"。

18. 2007—2013 年

截至 2007 年年底，巴黎迪士尼乐园的游客已超过 1 400 万人。主题乐园有 54 个景点、54 家商店和 68 家主题餐厅。2008 年，巴黎迪士尼度假村迎来了自 1992 年开业以来的第 2 亿位客人。表 13-3 显示了 2008—2013 年的游客人数。

---

① 巴黎迪士尼乐园入口处的欢迎牌匾上重现了他在公园落成典礼上的讲话。

表 13-3　2008—2013 年游客人数

年　份	巴黎迪士尼主题乐园/人	迪士尼影城/人
2008	12 688 000	2 612 000
2009	12 740 000	2 655 000
2010	10 500 000	4 500 000
2011	10 990 000	4 710 000
2012	11 500 000	4 800 000
2013	10 430 000	4 470 000
世界排名	6	21

在 2012 年 3 月巴黎迪士尼度假村成立 20 周年之际，一个跨部门代表团发布了一份研究报告，回顾了该度假村对法国经济的贡献。调查发现，尽管该度假村财政困难，但在过去 20 年里，它已经创造了"与旅游相关的 370 亿欧元收入"，平均每年为法国提供 5.5 万个工作岗位，巴黎迪士尼乐园的一个工作岗位带动了法国其他地方近三个工作岗位。[①]

2012 年，迪士尼宣布将再次为巴黎迪士尼乐园的债务进行融资，提供 16 亿美元的贷款和 1.2 亿美元的信贷安排。巴黎迪士尼乐园在运营的头 20 年里，有 12 年没有盈利。

19. 迪士尼 2013 年度报表

以下信息摘自迪士尼 2013 年度报表：

美国国内业务增加了 11 亿美元，国际业务增加了 1.12 亿美元，乐园和度假村的收入增加了 9%，即 12 亿美元，达到 140.87 亿美元。国内主题乐园收入为 113.94 亿美元，国际主题乐园收入为 26.93 亿美元。

表 13-4 显示了一些与主题乐园和度假村相关的附加信息。括号内的数字显示的是较上一财政年度的减少额。

表 13-4　2013 年度辅助数据

		国　内	国　际
乐园和度假村	入园率	4%	（2%）
	人均消费	8%	4%
旅馆	酒店入住率	79%	81%
	可用客房天数（单位：天）	10 558	2 466
	每间客房的客人支出（单位：美元）	267	309

（1）2014 年 10 月。

截至 2014 年 9 月 30 日，巴黎迪士尼乐园的收入较上年下降了 3%，损失估计在 1.1 亿~1.2 亿欧元。2013 年的损失为 7 800 万欧元。

---

① 欧洲迪士尼项目部际代表团发表报告"Economic and Social Impact of Disneyland Paris（1992–2012）"，具体内容可参阅 2012 年 3 月 14 日代表团的新闻稿。

一些迪士尼投资者希望迪士尼能"停止"对巴黎迪士尼乐园的投资,并关闭该乐园。另一个极端是一份用六种语言写的、8 000多人签名的请愿书,名为"拯救巴黎迪士尼园"。请愿书列举了主题乐园需要解决的几个问题,即场地维护保养不善、需要更好的餐饮选择,以及需要更新和升级的景点。华特·迪士尼影城也需要升级,一些人认为应该根据最新的电影增加景点,如《复仇者联盟》和《钢铁侠3》。

迪士尼明白,巴黎迪士尼乐园的生存取决于回头客,因此,决定在未来10年里向巴黎迪士尼乐园提供13亿美元(10亿欧元),用于改善主题乐园和华特·迪士尼影城。此外,迪士尼将推迟到2024年偿还债务本金。

(2)2017年2月。

迪士尼在2014年投入13亿美元现金,有一部分被用于改善和翻修。直到2015年巴黎恐怖袭击,收入才开始回升。截至2016年9月30日,巴黎迪士尼乐园约亏损2.6亿美元。

2017年2月10日,迪士尼宣布将在三年内进行第二次现金注入。这一次,迪士尼将投资16亿美元,买下巴黎迪士尼乐园的其他所有股东的股份。这笔资金还将用于改善设施、新建景点、减少债务和增加度假村的资产流动性(Martin,2017)。

(3)2019年2月。

2019年2月,迪士尼宣布另一项投资24.7亿美元的扩张计划,将于2021年开始。

20. 结论

对企业环境因素的不恰当假设可能对任何项目造成严重破坏,包括创新。企业环境因素所产生的影响并非都能得到有效的控制和管理。迪士尼在保护自己的名字、形象和声誉的同时,尽其所能地纠正企业环境因素的影响。虽然这些因素可能不会直接影响主题乐园的管理方式,尤其是在质量和美学方面,但这些因素可以而且确实直接影响人们如何定义项目的成败。

主题乐园必须持续发展,这一点很重要。他们必须增加更多的游乐设施,更新现有的景点,并在必要时改善其他美学元素。要做到这一点需要大量资金,这往往会使偿还巨额债务变得困难。

迪士尼展示了最佳"幻想工程",不仅在主题乐园景点的设计和建造上,而且在文化问题上进行必要的改变。巴黎迪士尼乐园是一个美国主题乐园。迪士尼保持了自己的品牌和形象。文化问题不可能以一种让每个人都百分百满意的方式得到解决。但如果我处在一个矛盾的位置,我希望迪士尼能站在我的立场上。

21. 问题讨论

(1)是否应将文化视为商业模式创新的一部分?

(2)迪士尼最初是否花了足够的时间和精力来了解与文化相关的企业环境因素的影响?

(3)迪士尼采取了哪些措施来解决文化问题?

(4)迪士尼应该如何保护自己不受法国工会的指责?法国工会认为,迪士尼大学培训2万名工人的内容侵犯了他们的个人权利,迪士尼应该如何为自己辩护?

(5)从东京迪士尼乐园的商业模式中吸取了哪些教训?

（6）迪士尼在欧洲迪士尼运营的头两年里，为了获得更高的入住率，该做些什么？

（7）你认为迪士尼应该在1994年因为财政问题而关闭欧洲迪士尼乐园吗？

（8）高管或项目经理是否真的能控制企业环境因素？

（9）如果行政干预会对成本产生重大影响，我们应该如何防止在最后一刻发生的范围变化？

（10）欧洲迪士尼在1993—2013年进行了三次重大债务重组。为什么有必要进行债务重组？引发债务重组的动力是什么？

（11）企业环境因素是否应该像我们监测和汇报预算和进度那样进行？

◆ 延伸阅读

Borden, Lark. Euro Disneyland: In Paris, when it drizzles, it sizzles. Gannett News Service, March 11, 1992.

Chu, Jeff, and Marne-La-Vallee Monday. Happily ever after? *Time*, March 18, 2002, http://content.time.com/time/magazine/article/0,9171,218398,00.html.

Corliss, Richard, and Marne-La-Vallee. Voila! Disney invades Europe. Will the French resist? *Time*, April 20, 1992.

"Disney Magic Spreads across the Atlantic; Popular US Theme Park Prepares for Opening of Euro Disneyland Resort near Paris in April 1992." *Nation's Restaurant News*. October 28, 1991, 3.

"Disney's $1.7 Billion French Birthday Gift." *Time*. September 19, 2012.

Disneyland Paris. Come and join Disneyland Paris! The search for recruits continues around the UK. Press release, October 29, 2009. Euro Disney S.C.A. Archived at http://corporate.disneylandparis.com/CORP/EN/Neutral/Images/ uk-2009-10-29-recruitment-england.pdf, accessed May 14, 2019.

Disneyland Paris. Disneyland Paris launches a unique "pop-up" office concept for its European recruitment drive. Press release, March 11, 2011. Euro Disney S.C.A. Archived at http://corporate.disneylandparis.com/CORP/EN/Neutral/ Images/uk-2011-03-08-recruitment-pop-up-office.pdf, accessed May 14, 2019.

Disneyland Paris. European recruitment tour: Launching the new season at Disneyland Paris. Press release, January 25, 2010. Euro Disney S.C.A. Archived at http://corporate.disneylandparis.com/CORP/EN/Neutral/Images/uk-2010-01-25-european-recruitment.pdf, accessed May 14, 2019.

Disneyland Resort Paris. Disneyland Resort Paris celebrates its 200 millionth visit. Press release, August 12, 2008. Archived at https://web.archive.org/ web/20131105162910/http://corporate.disneylandparis.com/CORP/EN/Neutral/ Images/uk-2008-08-12-visiteur-200millionieme.pdf, accessed May 14, 2019.

Euro Disney S.C.A Euro Disney S.C.A. announces net profit in fiscal year 2008. Archived at http://corporate.disneylandparis.com/CORP/EN/Neutral/Images/uk-2008-10-21-euro-disney-sca-reports-annual-results-for-fiscal-year-2008.pdf, accessed May 14, 2019.

Euro Disney S.C.A. Disneyland resort Paris launches new European advertising campaign: "Believe in Your Dreams." Press release, March 3, 2006. Euro Disney S.C.A. Archived at http://corporate.disneylandparis.

com/CORP/EN/Neutral/Images/uk-2006-03-03-disneyland-resort-paris-launches-new-european-advertising-campaign-believe-in-your-reams.pdf, accessed May 14, 2019.

Euro Disney S.C.A "Euro Disney S.C.A. reports annual results for fiscal year 2007. Press release, November 8, 2007. Euro Disney S.C.A. Archived at https://web. archive.org/web/20141024030130/http://corporate.disneylandparis.com/CORP/EN/Neutral/Images/uk-2007-11-8-euro-disney-sca-reports-annual-results-for-fiscal-year-2007.pdf, accessed May 14, 2019.

Euro Disney S.C.A. Disneyland resort Paris partners with the TGV East European Line. Press release, April 19, 2006. Euro Disney S.C.A. Archived at http://corpo-rate.disneylandparis.com/CORP/EN/Neutral/Images/uk-2006-04-19-disneyland- resort-paris-partners-with-the-tgv-est-european-line.pdf, accessed May 19, 2019.

Euro Disney S.C.A. Effective launch of share consolidation. Press release, January 11, 2005. Archived at https://web.archive.org/web/20141023222343/http://corporate.disneylandparis.com/CORP/EN/Neutral/Images/uk-2005-01-11-euro-disney-sca-reports-first-quarter-revenues-for-fiscal-year-2005.pdf, accessed May 14, 2019.

Euro Disney S.C.A Euro Disney S.C.A. reports annual results for fiscal year 2005. Press release, November 16, 2005. Archived at http://corporate.disney-landparis.com/CORP/EN/Neutral/Images/uk-2005-11-16-euro-disney-sca-reports-annual-results-for-fiscal-year-2005.pdf, accessed May 14, 2019.

Euro Disney S.C.A Euro Disney S.C.A. reports fiscal year 2009 results. Press release, November 12, 2009. Archived at https://web.archive.org/ web/20120916020800/http://corporate.disneylandparis.com/CORP/EN/Neu-tral/Images/uk-2009-11-12-euro-disney-sca-reports-annual-results-for-fiscal-year-2009.pdf,accessed May 14, 2019.

Euro Disney S.C.A Euro Disney S.C.A. reports fiscal year 2010 results. Press release, November 10, 2010. Archived at https://web.archive.org/ web/20111027032419/http://corporate.disneylandparis.com/CORP/EN/Neutral/Images/uk-2010-11-10-euro-disney-sca-reports-annual-results-for-fiscal-year-2010.pdf, accessed May 14, 2019.

Euro Disney S.C.A. Euro Disney group improves its debt profile with the 1.3 billion refinancing of the group's debt by the Walt Disney Company. Press release, September 18, 2012. Euro Disney S.C.A. Archived at http://corporate.disney-landparis.com/CORP/EN/Neutral/Images/uk-2012-09-18-debt-Press-release. pdf, accessed May 14, 2019.

"Euro Disneyland," case study. Thunderbird, The American Graduate School of International Management, TB0195, June 15, 1999. Available for download at www.academia.edu/31430890/Eurodisneyland_TB0195_PDF_ENG.

Ferguson, Anne. Maximizing the mouse. *Management Today*, September 1989, p. 60.

Graves, Nelson. Euro Disney attendance in upturn but woes persist. *Renter European Business Report*, September 4, 1992.

The Good Life France. Disneyland Paris — The main rides and attractions. March 27, 2013. www.thegoodlifefrance.com/disneyland-paris-the-main-rides- and-attractions/

Hopkins, Nic. Saudi Prince in talks with Euro Disney over rescue. *Times* （London）, September 6, 2003.

Joce, Will. Five fun facts about Disneyland Paris. Venere Travel Blog. Venere. com, January 10, 2011. www.venere.com/blog/disneyland-paris-facts-9818/.

Kleege, Stephen. Magic of Disney wins backers for Paris theme hotels. *American Banker*, March 26, 1991, p. 11.

Kraft, Scott. Disneyland Paris is staging a comeback. But long-term prospects hinge on the region's economic improvement. *Los Angeles Times*, February 4, 1996

Loveman, Gary W., Leonard A. Schlesinger, and Robert Anthony. Euro Disney: The first 100 days. Harvard Business School Case 693-013, August 1992. （Revised June 1993）.

Mathiason, Nick. The magic dims in Walt's Kingdom. *Observer*, August 10, 2003, p. 4.

McGrath, John. The lawyers who rebuilt Euro Disney. *International Financial Law Review*, August 10, May 1994, p. 10.

New York Times, "COMPANY NEWS: Euro Disney Park." February 5, 1991.

New York Times. Euro Disney adding alcohol. June 12, 1993.

O'Brien, Tim. Walt Disney Studios makes Paris debut. *Amusement Business*, March 25, 2002, p. 3.

Rawsthorn, Alice. Poisoned apple within the Magic Kingdom. *Financial Times*, November 25, 1993, p. 23.

Rawsthorn, Alice, and Michael Skapinker. Empty pockets hit imported dream. *Financial Times*, July 9, 1993, p. 23.

Taylor, Charles Foster, and Stephen Richardson. Focus on leisure—Euro Disneyland. *Estates Gazette*, April 7, 1990, p. 85.

Thompson, Kevin. Euro Disneyland: Disney's attempt at foreign corporate expansion. Yahoo Contributor Network, December 20, 2006.

Telegraph Media Group. Disneyland Paris top attractions. *The Telegraph*. Telegraph Media Group Limited, May 13, 2011.

Walt Disney Co DIS （NYSE）. Reuters.com. Stocks.us.reuters.com.

Webster, Paul. Red carpet rolled out for Euro Disney. *Guardian*, May 3, 1991, p. 27.

White, Christina. Hollywood on the Seine. *Business Week*, March 25, 2002.

Wise, Deborah. Will Euro Disneyland be able to overcome two main obstacles? *The Guardian*, March 1, 1991, p. 26.

Wrubel, Robert. Le defi Mickey Mouse. *Financial World*, October 17, 1989, p. 21.

13.4 迪士尼全球商业模式创新的合作方[①]

20世纪70年代末，迪士尼决定开始向国际市场扩张。东京迪士尼乐园将是第一个在美国以外建造的迪士尼主题乐园。虽然迪士尼了解迪士尼乐园和迪士尼世界周边的企业环

---

① 本节由哈罗德·科兹纳于2015年和2019年完成，版权所有。本案例是为项目管理课程的课堂讨论而编写的，旨在强调企业环境因素、合同谈判在项目管理中的重要性。在阅读本案例之前，应该先阅读案例研究"迪士尼文化对全球创新机会的影响"。案例的目的并不是表明行政管理的有效或无效。迪士尼公司和迪士尼主题乐园的工作人员没有参与本案例研究的准备工作。

境因素，但在东京开设主题乐园存在未知因素。首先，日本的冬季可能影响游客人数。其次，迪士尼不确定日本人是否会接受迪士尼的角色。在日本中部建一个美国主题乐园被视为一种冒险。最后，将有新的法律和财政考虑。迪士尼需要一种新的商业模式，用于建造在美国以外的主题乐园。

尽管迪士尼有几种全球化选择（商业模式），但在本案例研究中仅考虑其中的三种选择。每种选择都需要某种合同协议，每种协议都受到与企业环境因素有关的假设和相关风险的影响。首先，迪士尼要承担全资建造一个迪士尼主题乐园的费用。这样做将需要数十亿美元的支出。迪士尼将不得不与外国政府、工会和利益相关者直接合作。虽然全资建造海外乐园，迪士尼是可以做到的，但这样做的风险和成本是令人望而却步的，特别是对于在美国以外建造的第一个主题乐园。因此，剩下的两个选择是许可协议和合资企业。

1. 许可协议

许可协议是许可方和被许可方之间的合法合同。在典型的许可协议中，许可方，如迪士尼公司，授予被许可方生产和销售商品、使用品牌名称、商标或使用许可方拥有的专利权。法律通常要求被许可方必须是东道国的公司，并且愿意接受与许可方的约定。作为交换，被许可人通常服从一系列关于使用许可人财产的条件，并同意支付被称为特许权使用费的款项。

许可协议涵盖了众所周知的情况。例如，主题乐园的零售商与迪士尼达成协议，开发、生产和销售带有迪士尼人物的商品。

或者一家建筑公司从迪士尼获得专有的主题乐园设计技术，以获得竞争优势，而不是花费时间和金钱来开发自己的技术。或者贺卡公司与迪士尼达成协议，生产一系列印有迪士尼动画人物形象的贺卡。

许可协议中最重要的内容之一就是双方之间的财务安排。被许可方支付给许可方的款项通常采取保证最低支付额和销售特许权使用费的形式。特许权使用费通常为 6%～10%，这取决于所涉及的具体财产及被许可人的经验和技术水平。并不是所有的许可方都需要担保，尽管一些专家建议许可方尽可能提前获得尽可能多的补偿。在某些情况下，许可方使用担保作为续签许可协议的基础。如果被许可方达到最低销售数字或主题乐园的参观人数，则合同将被续签；否则，许可方可选择终止关系。

许可协议的另一个重要内容是确定交易的时间范围。许多许可方坚持对授权给外部制造商的产品要有严格的市场发布日期。这也适用于建造主题乐园所需的时间。毕竟，如果一家公司不能及时建造主题乐园或从不销售产品，那么授予该公司许可权并不符合许可方的最佳利益。许可协议还将包括关于合同期限、续约选项和终止条件的条款。

许可协议的另一个共同点是由哪一方保持对版权、专利或商标的控制。许多合同还包括有关领土权利的条款，或由谁管理在该国或世界各地的分销。除在协议中加入保护许可方的条款外，被许可方还可以添加自己的要求。例如，他们可以坚持要求保证许可方拥有对该财产的权利，也可以加入一些条款，禁止许可方在某些市场上与被许可方竞争许可财产。

许可协议有优点也有缺点。主要优点是许可协议可以降低迪士尼的财务风险。迪士尼完全不必为新主题乐园的建设提供任何资金支持。迪士尼将在乐园及其景点的设计、建设和管理方面提供专业知识。迪士尼可以要求所有的景点与迪士尼乐园和迪士尼世界相同。主题乐园是迪士尼乐园或迪士尼世界的复制品。

作为交换,迪士尼将根据门票、食品、饮料和商品的销售收取特许权使用费。迪士尼还收取使用迪士尼人物的特许权使用费。这包括在主题酒店的使用。迪士尼还可以收取一定比例的赞助费。不管主题乐园是盈利还是亏损,迪士尼都将获得特许权使用费。

缺点是盈利能力和未来发展机会都将受到限制。如果主题乐园是高利润的,迪士尼将只收取特许权使用费,不会分享乐园的利润。所有利润归被许可人所有。被许可方禁止迪士尼进入某些可能被视为新主题乐园竞争对手的市场。这可能限制迪士尼未来在海外市场的扩张能力。根据许可协议,迪士尼不会管理主题乐园,迪士尼可能面临质量控制缺失的问题,从而影响迪士尼的形象和声誉。因此,许可协议可以表现为许可方的风险最小化和被许可方的风险最大化。

2. 合资企业

合资企业是一种商业协议,在该协议中,双方同意在有限的时间内,通过出资共享股权的方式,开发一个新的实体和新的资产。主题乐园将由双方共同拥有。它们都可以控制企业,从而共享收入、费用和资产。

合资企业是指双方共同承担一个项目。在合资企业中,双方在项目中投入的资金、时间和精力都是平等的。虽然合资企业一般都是小项目,但大公司也使用这种方法,以使其业务多样化或在全球扩张。合资企业可以确保那些刚刚起步的企业或老牌企业的小项目取得成功。由于新项目的启动成本普遍较高,因此合资企业允许双方共同承担项目的启动成本并共享利润。

由于合资企业涉及资金,因此有必要制订战略计划。简言之,双方都必须致力于关注伙伴关系的未来,而不仅仅是眼前的回报。例如,主题乐园可能需要数年时间才能达到预期的年度游客人数。归根结底,短期和长期的成功都是重要的。为了取得这样的成功,诚信、正直和沟通在合资企业是必要的。

在合资企业中,可以有一个占主导地位的合作伙伴,同时还有公众的参与。也可能有这样的情况,即公众持股占投资的很大一部分,但创始合伙人保留了他们的身份。在这种情况下,地方政府可能以贷款或税收优惠的方式提供一些资金,以期创造就业机会。

进一步考虑在东道国领土上建立一个新的法律实体。许可方必须遵守东道国有关新合资企业股份所有权、当地劳动力的使用、遵守当地工会合同、如何进行采购和限制土地开发的法律要求。这类企业有时被称为"合资企业",包括技术合同(与专有技术、专利、商标、品牌使用协议和版权有关的权利)、技术服务和辅助供应安排。

合资企业是许可方利润和风险最大化战略,也是被许可方的风险最小化战略。合资企业并不排除迪士尼等许可方收取特许权使用费。但是,它确实要求许可方和被许可方都做出重大的财务贡献。其结果通常是一个很大的项目，超出了双方单独承担的能力。主要的缺点是，在必须做出关键决定时，许可方和被许可方可能有不同的意见。

3. 商业模式

对迪士尼来说，向国际市场扩张的决定是不可避免的。迪士尼乐园和迪士尼的商业模式需要改变，并需要考虑合资关系和伙伴关系。在每个新的主题公园开放的国家，很可能有不同的商业模式。

国际主题乐园及其商业模式作为一种开源创新的形式出现。每种商业模式都可能受到不同企业环境因素的影响，如政府要求、政治干预和文化等。

4. 东京迪士尼乐园

东京迪士尼乐园的合作伙伴是 Oriental Land 公司。迪士尼必须决定合作伙伴关系是建立在合资企业的基础上，还是建立在许可协议的基础上。由于企业不确定环境因素影响人们对主题乐园的接受程度，以及这是迪士尼在美国以外的第一个主题乐园，迪士尼选择了风险最小的许可协议策略。根据该协议，东京迪士尼乐园并非全部归迪士尼所有。根据许可协议，迪士尼将获得10%的门票收入和5%的食品、饮料和商品销售额的特许权使用费。即使东京迪士尼乐园亏损，迪士尼也会收到特许权使用费。迪士尼对主题乐园的投资确实很小，为350万美元，相当于最初建设成本的0.42%。由于迪士尼选择了风险最小的许可协议，因此迪士尼不对主题乐园周边的土地开发进行大量投资。

在1979年4月，签订了建造东京迪士尼乐园的第一份基本合同。大量日本的工程师和建筑师到加州参观迪士尼乐园，准备在东京建造新的梦幻乐园。仅仅一年后，乐园的建设就开始了，数百名媒体记者对此进行了报道，这表明人们对乐园的期望值很高。尽管在建造过程中取得了成功，但东京迪士尼乐园的最终成本几乎是预算成本的两倍，为1 800亿日元，而不是预计的1 000亿日元。尽管成本差异巨大，但开业30多年以来，东京迪士尼乐园也一直是迪士尼引以为豪的地方。

除了少数例外，东京迪士尼乐园与迪士尼乐园和迪士尼世界的魔法王国有一样的景点。它是在美国以外建造的第一个迪士尼主题乐园，于1983年4月15日开放。这个乐园是由华特·迪士尼幻想工程建造的，风格与加利福尼亚的迪士尼乐园和佛罗里达的魔法王国一样。

乐园里有七个主题区域：世界集市、四个经典迪士尼乐园（探险乐园、西部乐园、梦幻乐园和明日乐园）和两个迷你乐园（动物天地和米奇卡通镇）。这些地区的许多游戏和游乐设施都与最初的迪士尼乐园相似，因为它们都是基于美国迪士尼电影和幻想工程而来的。

梦幻乐园包括小飞侠天空之旅、白雪公主的恐怖冒险、小飞象旋转世界和更多的基于经典迪士尼电影和人物的游乐内容。乐园以广阔的开放空间而闻名，因为要容纳大量参观人群。

开园当天，共有13 200名游客到场。同年8月13日，有9.3万多人参观了该乐园。这是一个超过所有迪士尼主题乐园的单日游园量记录。3年后，东京迪士尼乐园以11.15万人次的单日游客量再次打破纪录。

5. 欧洲迪士尼乐园（巴黎迪士尼乐园）

1983年是东京迪士尼乐园投入运营的第一年，东京迪士尼乐园显然取得了成功。1984年，迪士尼决定在欧洲建造第二个国外主题乐园。迪士尼希望主题乐园在1992年开放。迪士尼希望建立一个最先进的主题乐园，这一决定最终导致了范围改变、"突破预算"的结果。许多变化都是迪士尼首席执行官Michael Eisner在最后时刻做出的改变。

利用东京迪士尼乐园第一年的业绩，欧洲迪士尼乐园建立了第一年1 100万名游客和世纪之交后每年1 600万名游客的高度乐观的财务预测。当东京迪士尼乐园于1983年4月15日开幕时，有超过1.3万名游客进入乐园。

几十年来，迪士尼一直将欧洲迪士尼主题乐园视为潜在的盈利来源，因为迪士尼将在欧洲的休闲和娱乐领域占据垄断地位。与东京迪士尼乐园不同，迪士尼选择了一家基于利润最大化战略的合资公司。迪士尼将获得：门票收入的10%，食品、饮料和商品销售费的5%，使用迪士尼名称和人物的许可费（销售收入的3%），主题酒店总收入的5%，利润的49%。迪士尼还从投资和赞助特定游乐项目的公司获得了特许权使用费。如果欧洲迪士尼和东京迪士尼一样成功，那么迪士尼每年可以获得超过10亿美元的特许权使用费和利润分成。

迪士尼决定采用合资关系的部分原因是，他们意识到在迪士尼乐园、迪士尼世界和东京迪士尼乐园犯了一个严重的错误，那就是他们没有在主题乐园周围的房地产开发上投入大量资金。为了实现利润最大化，迪士尼同意在2017年前围绕欧洲迪士尼建造18 200间酒店客房。

6. 华特·迪士尼影城

迪士尼意识到，如果你想让人们一次又一次地回到主题乐园，你必须要么在乐园里增加新的景点，要么在一个密切相关的主题上建造一个相邻的主题乐园，或者两者兼有。最初的计划是在欧洲迪士尼建立第二个主题乐园——耗资23亿美元的米高梅电影主题乐园，原计划于1996年开放，但由于当时的度假村财务危机，这个计划在1992年年中被取消。在度假村开始盈利后，这个计划以多次、小规模重新启动。新的主题乐园包括电影史，有电影、卡通及电影是如何制作的。新预算是6亿美元。米高梅电影主题乐园重新命名为华特·迪士尼影城，并与2002年3月16日开放。它致力于娱乐业，以电影、制作和幕后为主题。和欧洲迪士尼一样，第二个主题乐园是最初的合资关系的一部分，而不是许可协议形式。

2013年，迪士尼乐园接待了约440万名游客，成为欧洲第三大游乐园，也是全球第二十一大游乐园，尽管它的游客人数在所有11个迪士尼主题乐园中是最低的。

7. 东京迪士尼海洋乐园

1997年，东京迪士尼乐园认识到需要第二个主题乐园。如表13-5所示，东京迪士尼主题乐园的游客人数趋于平稳。

表 13-5　东京迪士尼乐园参观人数（1983—1997 年）

年　份	游览人数/人次	年　份	游览人数/人次
1983	9 933 000	1991	16 139 000
1984	10 013 000	1992	15 815 000
1985	10 675 000	1993	16 030 000
1986	10 665 000	1994	15 509 000
1987	11 975 000	1995	16 986 000
1988	13 382 000	1996	17 368 000
1989	14 752 000	1997	16 686 000
1990	15 876 000		

东京迪士尼乐园 75%～80%的游客是回头客。即使每年都有新的景点落成，仍有人担心人们在参观了两三次之后可能不会再回到乐园。此外，有人预计，在新的四年里，入园人数可能下降 4%。因此需要一个新的主题乐园。

迪士尼海洋乐园的概念和设计已经在迪士尼发展了 20 多年。然而，对于东京的第二个主题乐园，迪士尼最初建议新主题乐园应类似于欧洲迪士尼计划阶段的华特·迪士尼影城。迪士尼在日本的合作伙伴 Oriental Land 公司认为，日本人不会像美国人和欧洲人那样热衷于电影制作。所以，决定以大约 35 亿美元的价格建造东京迪士尼海洋乐园。这在很大程度上是基于日本人对海洋的热爱。与东京迪士尼乐园不同，新乐园的总体意图是打造一个更成人主题的乐园，包括更快、更可怕的游乐设施，以及更多为老年观众设计的表演。

东京迪士尼乐园的成功很明显地说明，如果迪士尼选择合资而不是许可协议，他们的财务状况会更好。然而，海洋乐园并不等同于迪士尼乐园。迪士尼认为，东京迪士尼乐园确实存在一些风险。Oriental Land 公司认为，东京迪士尼海洋乐园可以和东京迪士尼乐园一样成功。但拿出 35 亿美元是非常冒险的。Oriental Land 公司本希望通过成立合资公司来将风险降到最低，但最终还是就这个价值 35 亿美元的主题乐园达成了许可协议。东京迪士尼乐园的债务在开园后的三年内付清。Oriental Land 公司认为，东京迪士尼海洋乐园的债务还可以在更短时间内还清。

2013 年，东京迪士尼乐园接待游客 1721 万人次，排名跃居世界第二，超过美国加利福尼亚州迪士尼乐园，但落后于美国佛罗里达州的魔法王国。然而，如表 13-6 所示，2013 年，东京迪士尼海洋乐园吸引了 1 408 万名游客，成为世界第四游客最多的主题乐园。2013 年，迪士尼 11 个主题乐园的游客总数为 13 254.9 万人次。

表 13-6　2013 年选定主题乐园的参观人数

主题乐园	2013 年入园情况/人次	2013 年全球排名
奥兰多迪士尼世界魔法王国	18 588 000	1
东京迪士尼乐园	17 214 000	2
阿纳海姆迪士尼乐园	16 202 000	3
东京迪士尼海洋乐园	14 084 000	4

(续表)

主题乐园	2013 年入园情况/人次	2013 年全球排名
巴黎迪士尼乐园	10 430 000	6
迪士尼乐园的动物王国	10 198 000	7
迪士尼世界的好莱坞影城	10 110 000	8
香港海洋公园	7 475 000	12
香港迪士尼乐园	7 400 000	13
巴黎迪士尼影城	4 470 000	21

8. 东京迪士尼乐园的未来

自 1983 年开园以来，东京迪士尼乐园一直是最赚钱的迪士尼度假胜地。到 1994 年，超过 1.4 亿人去过东京迪士尼乐园（日本人口只有 1.276 亿人），而且人气也有所上升。仅仅两年后，它就雇用了 12 390 名员工，标志着东京迪士尼乐园成为日本最大的娱乐场所。尽管游客人数与日本其他主题乐园逐渐接近，但东京迪士尼乐园的收入超过了所有其他国家主题乐园的总和，从而极大地促进了日本经济的发展。许多人猜测，东京迪士尼乐园经济上的成功是由于时间和地点。这个主题乐园坐落在拥有 3 000 万人的大都市地区，正值经济繁荣时期，辛勤工作的市民渴望获得逃避现实的乐趣。日本东京的主要目标之一就是改善乐园，摆脱美国迪士尼的限制。最近，日本通过增加具有明显日本特色的景点，将本国特色与迪士尼乐园融合起来。灰姑娘的城堡展示了经典的迪士尼人物和故事情节，但这个故事是通过日本人的视角呈现的。坐落在世界市集上的"相遇世界"体现了日本历史的民族认同感和自豪感；与经典的迪士尼人物不同，"相遇世界"中的人物穿着传统的日本和服。Oriental Land 公司的前总裁 Masatomo Takahashi 曾被提名迪士尼传奇人物，他表示，增长和发展是主要目标之一："我们不能只是重复我们从迪士尼得到的东西。我相信我们必须为日本和美国之间的文化交流做出贡献。"

9. 香港迪士尼乐园

1988—1989 年，谈判开始将最初的迪士尼乐园带入一个新领域，即中国香港。中国香港被公认为是国际金融中心和通往中国大陆的大门。迪士尼意识到，许多东南亚的城市，如香港，可能技术方面处于领先地位，但他们对迪士尼的许多产品并不熟悉，包括米老鼠等迪士尼卡通人物的漫画。由于存在品牌知名度有限的潜在风险，营销和广告将是至关重要的。虽然品牌知名度有限，但当时的香港政府仍认识到了合资企业的巨大利益：香港迪士尼乐园每年将吸引数百万游客，创造数千个就业机会，有助于丰富生活质量，提升香港的国际形象；这个世界级的主题乐园有能力在未来 40 年内为香港带来数十亿美元的净经济效益；据估计，开园第一年的游客人数将超过 500 万人，15 年后这个数字将逐渐上升到每年 1 000 万人左右；预计开业后将直接或间接创造约 1.84 万个就业岗位，在 20 年内将增至 3.58 万人；香港迪士尼乐园一期工程建设，预计可创造约 6 000 个岗位，由政府资助的填海造地及其他基建工程将创造约 10 000 个就业机会。

乐观情况基于几个假设，包括：乐园于 2005 年开放；乐园运营第一年的游客人数估计为 520 万人次；经过 15 年的发展，乐园逐渐达到每年游客满负荷容量 1 000 万人次；香港迪士尼乐园几乎所有员工都是香港人，乐园的管理工作最初将由来自世界各地的大约 40 名迪士尼员工负责，但最终约有 35 名当地雇员将接受培训，承担这些管理职责；迪士尼将提供总体规划、项目管理专业知识、房地产开发、景点设计和其他诸如此类支持活动；关键人员将在香港和美国进行培训，美国受训人员将在现有的迪士尼主题乐园获得实际经验；在香港，该公司会为香港迪士尼乐园众多员工制定合适的培训课程。作为该过程的一部分，将建立"迪士尼大学"；香港迪士尼乐园第一年将吸引 340 万名游客，15 年后将增加到 730 万名。

香港迪士尼乐园位于大屿山竹篙湾填海区。它是位于香港迪士尼乐园度假区内的第一个主题乐园，由香港国际主题乐园有限公司拥有和管理。与巴黎迪士尼乐园不同的是，迪士尼更愿意参与乐园的管理，而不仅仅是作为投资者。作为协商合资协议的一部分，政府支付了 29 亿美元来建造这个乐园，迪士尼出资 3.14 亿美元。

（1）风险。

尽管迪士尼有经营其他主题乐园的经验，但它也考虑到了几个风险。这些由企业环境因素引起的风险包括：中国人接受美国主题乐园的意愿、中国文化、潜在的成本超支可能需要迪士尼提供额外的财务支持、天气条件、不确定的市场状况、香港还有另一个海洋主题公园于 1977 年开业（这两个乐园存在竞争客源的风险）、政治不确定性、政府作为金融合作伙伴的政策变化、影响合资企业的法律障碍、假冒伪劣产品。

乐园于 2005 年 9 月 12 日对游客开放。乐园由五个主题区组成：美国小镇大街、梦幻乐园、探险世界、明日世界和玩具总动员大本营。主题乐园的演员们说粤语、英语和普通话。指南地图以繁体和简体中文及英文、法文和日文印刷。

该乐园每天可容纳 3.4 万名游客，是所有迪士尼乐园中游客最少的。乐园第一年吸引了 520 万名游客，低于 560 万名的目标。第二年，游客人数下降了 20%，达到 400 万名，招致了当地立法者的批评。然而，乐园的游客人数在第三年略微增加了 8%，2007 年共吸引了 450 万名游客。2013 年，该乐园的游客人数增加到 740 万名，在世界乐园游客人数中排名第 13 位。

（2）中国文化中的风水。

迪士尼从巴黎迪士尼乐园开业后的负面宣传中得到了一个关于文化和企业环境因素的重要的经验教训。迪士尼被媒体抨击为对欧洲文化，特别是对法国文化不敏感。迪士尼试图在设计和建造度假区时融入中国文化、习俗和传统，包括遵守风水规则，以避免类似的文化冲突问题。风水是中国的一种玄学，基于风水选择一个建筑物或场地，使其与居住在其中的精神力量相协调。[①]根据风水的规则，建筑物和构筑物必须面向特定的方向，这取决于它们周围的环境。在土、木和火的元素之间必须有一个平衡。例如，湖泊、溪流和瀑布

---

① 韦氏在线词典"feng shui"（风水）。

必须巧妙地围绕主题乐园布置，以象征财富和好运的积累。

迪士尼聘请了一位风水师协助乐园和景点的设计，专注于能带来最大的好运。即便最微小的细节迪士尼也没有放过。一些已经实施的风水特征包括：

9月12日被认为是开业的幸运日。香港迪士尼乐园于2005年9月12日正式开幕。

在香港迪士尼乐园内，各种重要的风水元素，如木、火、土、金和水，都按照风水的规则小心地加以平衡。例如，餐厅酒吧中滚动火焰的投影增强了该位置的火元素，而其他区域禁止生火。

根据风水，香港迪士尼乐园的正门和入口位于南北方向，象征好运。在迪士尼主题乐园的东面设计了另一个景观区，以确保该区域的南北方位，也强化了该区域大型入口的功能。

香港迪士尼乐园位于大屿山竹篙湾，四周环山环海，地理位置极佳。该地区的幸运风水山包括"白虎"和"青龙"。

香港迪士尼乐园对实际入口进行了修改，以最大限度地增加效能和客流量。这将有助于乐园的成功。

迪士尼乐园内各个景点的入口也被设置为最佳入口。

香港迪士尼乐园里到处都是巨石，因为它们代表着风水中的稳定性。乐园内放置了两块巨石，每个迪士尼酒店的入口、庭院或泳池区域都有一块巨石。巨石还可以防止好运从主题乐园或酒店流出。

水景在香港迪士尼乐园的景观美化中扮演着重要的角色，因为它们对风水非常有益。湖泊、池塘和小溪遍布整个香港迪士尼乐园，以代表好运和财富，一个以迪士尼经典人物为特色的大型喷泉放置于乐园入口处，用来欢迎客人，带来好运（及拍摄照片）。

香港迪士尼酒店和迪士尼好莱坞酒店都是在精心挑选的地点建造的，水景在其附近的西南方向，以最大限度地利用风水。

香港迪士尼度假区的酒店可以看到海景和南海。这提供了良好的风水。

香港迪士尼酒店的主宴会厅面积为888平方米，因为888是一个代表财富的数字。

香港迪士尼乐园的电梯没有4号，所有建筑（包括香港迪士尼酒店）都没有4楼。

红色在中国文化中是一种非常吉祥的颜色，所以在整个乐园里，尤其是在美国小镇大街的建筑物上，经常可以看到红色。

香港迪士尼乐园的商店里没有钟表出售，因为在中文里，"送钟"听起来像"去参加葬礼"。

香港迪士尼乐园的商店里不卖绿帽子，因为在中国文化中，男人戴绿帽子意味着他的配偶背叛了他。

10. 批评

（1）过度拥挤问题。

就在盛大开幕之前，乐园误判每日最大载客量而受到了批评。这个问题在2005年9月4日的慈善预展日上变得很明显，当时有3万名当地人参观了这个乐园。这次活动的结果是一场灾难，因为客人太多了。快餐店的等待时间至少为 45 分钟，游乐设施的等待时间长达两小时。

虽然乐园的股东和香港政府向乐园施压要求限制入园人数，但乐园坚持原有做法，只同意将开放时间延长一小时，并在工作日引入更多折扣，以缓解入园人数问题。然而，该乐园表示，当地游客每次在乐园停留的时间往往超过 9 小时，这意味着上述做法无助于解决问题。

2006 年春节期间，许多游客早上持有效门票来到乐园，但由于乐园已经满员，因此被拒绝进入。心怀不满的游客试图翻过栅栏门强行进入乐园。迪士尼管理部门被迫修改了其票务政策，并将接近中国公众假期的时段指定为"特定日"，在此期间，游客只能持特定日的门票入场。

最初，这里只有 22 个景点，比其他任何一个主题乐园都要少。2009 年 7 月，与香港特区政府达成协议，将再增加 20 个景点。迪士尼将投资 4.5 亿美元进行扩建，并向主题乐园提供贷款。

(2) 指纹识别。

和其他迪士尼主题乐园一样，香港迪士尼乐园的游客在入口处要接受指纹识别扫描。游客事先不会被告知这项政策。所有超过 11 岁的游客都要进行指纹识别，人票对应。该公司声称，游客的指纹不足以识别身份。但法医专家指出，收集到的信息足以证明游客身份。

(3) 公共关系。

在媒体报道浮出水面后，迪士尼最初拒绝公布游客人数，称该乐园的游客人数可能低于预期。迪士尼最终在 2005 年 11 月 24 日宣布，在开业的头两个月里，迪士尼接待了超过 100 万名游客。

为应对本地负面宣传及提高游客人数，香港迪士尼乐园于 2005 年圣诞节前，向持有香港身份证的人提供 50 元门票优惠。此外，从 2006 年 3 月到 6 月，乐园为持香港身份证的人提供以一天门票价格参观两天的优惠。

(4) 香港海洋公园。

香港海洋公园于 1977 年开放。由于它是香港唯一的主题乐园，因此垄断了香港的娱乐主题公园。作为唯一的公园，其由政府所有，虽然它有许多过时的景点，但因为没有任何压力，所以没有增加更多的景点。但当 1999 年达成将迪士尼乐园带到香港的协议时，这听起来像对香港海洋公园的死刑判决，因为它们没有迪士尼的财务实力。

最初，海洋公园认为它可能已经失去了自己的地位。但海洋公园的优势在于，它被视为一个教育乐园，而不是一个娱乐乐园。这个公园有一个水族馆，其中有些动物，以及其他一些景点，而且门票价格也大大低于香港迪士尼乐园。

乐园没有面临关闭的风险，而是开始了重建工作。乐园内修建了一条地铁线路，被赠予一对大熊猫，使大熊猫总数达到 4 只。另外，又建了一些旅馆。政府还充当了向乐园贷款的担保人。这个公园成功地抵御了香港迪士尼乐园的冲击，外国游客想参观这两个乐园。2012 年，香港海洋公园赢得了著名的"全球最佳主题公园奖"，这是亚洲有史以来第一个被公认为是世界最佳主题公园的景点。2013 年，香港海洋公园的游客人数超过了香港迪士尼乐园。

（5）未来的全球化。

迪士尼的未来很可能集中在主题乐园周围的度假胜地上。但是为了吸引人们去主题乐园，迪士尼必须让孩子们熟悉迪士尼人物，或者对迪士尼人物着迷。在中国，迪士尼让孩子们在很小的时候就熟悉它的品牌。迪士尼在中国经营着数十所英语学校，在那里，迪士尼的角色和故事被用作教学辅助手段。

2016 年 6 月，迪士尼在中国开设了另一个主题乐园——上海迪士尼乐园，它是上海迪士尼度假区的一部分。在开业的头半年里，就有 560 万名游客参观。上海迪士尼乐园的规模是香港迪士尼乐园的三倍，耗资 55 亿美元。在未来的某个时候，上海迪士尼乐园还将增设两个主题乐园。乐园 30% 的资金来自债务，70% 来自股权。迪士尼在合资企业中持有 43% 的股份，其余 57% 由国有控股公司上海申迪集团拥有，该集团由上海市政府所有的三家公司组成。

> 欢迎来到这个快乐的地方。上海迪士尼乐园是你的乐园。从今天开始，你将发现一个充满幻想、浪漫和冒险的世界，这个世界会点燃我们所有人内心的梦想。上海迪士尼乐园是真正的迪士尼乐园，具有鲜明的中国特色。它是为每个人创造的，将永恒的人物和故事带到生活中，这个神奇的地方将成为快乐、灵感和记忆的源泉，世代相传。
>
> —— Robert A. Iger，迪士尼首席执行官，2016 年 6 月 16 日

2017 年，超过 1100 万名游客参观了该乐园，这个纪录使其成为全球第八大最受欢迎的主题乐园。其他主题乐园出席人数如表 13-7 所示。

表 13-7　2017 年主题乐园的参观人数

2017 年排行	乐园名称	入园人数/人次
1	迪士尼世界	20 450 000
2	迪士尼乐园	19 300 000
3	东京迪士尼乐园	16 600 000
5	东京迪士尼海洋乐园	15 500 000
6	迪士尼世界动物王国	10 844 000
7	迪士尼世界未来世界	12 200 000
8	上海迪士尼乐园	11 000 000
9	迪士尼世界好莱坞影城	10 776 000
12	巴黎迪士尼乐园	9 660 000
18	香港迪士尼乐园	6 100 000
22	巴黎迪士尼乐园好莱坞影城	5 200 000

预计迪士尼将继续为全球化做努力，并在未来几十年扩展到其他地区。

11. 问题讨论

（1）与迪士尼主题乐园相关的许可协议和合资企业有什么根本区别？

（2）为什么迪士尼选择与东京迪士尼签订许可协议？

（3）为什么迪士尼选择与欧洲迪士尼签订合资协议？

（4）主题乐园的规模是否与选择许可协议或合资企业有关？

（5）主题乐园和度假胜地有什么区别？

（6）如果目标是度假胜地，迪士尼应该签订许可协议还是合资企业？

（7）为什么要将华特·迪士尼影城建成欧洲迪士尼乐园的一部分？

（8）为什么要建造东京迪士尼海洋乐园？

（9）与东京迪士尼海洋乐园签订协议，迪士尼会选择许可协议还是合资企业？

（10）迪士尼认为建造香港迪士尼乐园有哪些风险？

（11）什么是风水？

◆ 延伸阅读

Disneyland web site, www.tokyodisneyresort.jp/.

Fan, Maureen. Culture shock. *The Standard*. Hong Kong. November 22, 2006.

Hong Kong Disneyland feng shui secrets and facts. The Disneyland Report. com. Site is no longer active; report is archived at https://web.archive.org/ web/20120426001021/http://www.disneylandreport.com/disneysecrets/hong_kong_disneyland_secrets/hong_kong_disneyland_feng_shui_secrets_facts. html, accessed May 14, 2019.

"Hong Kong Disneyland Posts Record-Breaking Performance in FiscalYear 2012." Hong Kong Disneyland press release, February 18, 2013. http://news-en.hongkong-disneyland.com/PressReleases/PressReleaseDetail.aspx? AssetId=d609d58f-- 0913-43d6-90a9-9d45365d58c0, accessed May 14, 2019.

China Daily, Hong Kong grows its Disneyland. September 28, 2009.

Misawa, Misuru. Disneyland Tokyo: *Licensing vs. Joint Venture*. Asia Case Research Centre, University of Hong Kong （Case HKU420, Reference no. C106-002-1）, 2006.

TEA/AECOM 2013 Global Attractions Report." Themed Entertainment Asso- ciation. 2014.

TEA/AECOM 2017 Theme Index and Museum Index. Themed Entertainment Association.

Raz, Aviad E. Domesticating Disney: Adaption in Disneyland Tokyo. *Journal of Popular Culture* 33 （4）（2000）: 77–99.

Rishou, Makiya. Disneyland in Tokyo is a 10-year hit. *Los Angeles Times*.April 12, 1994.

Wikipedia, the Free Encyclopedia; "Tokyo Disneyland."

Wikipedia, the Free Encyclopedia; "Disneyland Paris."

Wikipedia, the Free Encyclopedia; Joint Ventures.

Wikipedia, the Free Encyclopedia; Disneyland Shanghai.

Wikipedia, the Free Encyclopedia; Tokyo Disney Sea Park.

13.5 波音787梦想客机：用新的商业模式管理创新风险

1. 商业模式创新

飞机制造商采用平台创新的理念。平台是飞机的核心结构，各航空公司可以根据自己的需求定制飞机，如厨房的设计和座位类型。这种定制鼓励航空公司与制造商合作设计平台。供应链公司也参与平台设计，因为如果飞机飞行30~40年，零部件制造商可能有30~40年的零部件生产合同。

专注于平台创新的公司往往更愿意在不牺牲质量、平台设计的完整性及随之而来的基本原则的前提下，将尽可能多的工作外包给供应商。平台创新者更喜欢从事组装业务，而不是制造业务。这给新平台的设计增加了复杂性和风险，但如果做得正确，可以降低平台的成本。

2. 基于生命周期成本分析的创新

飞机制造商在设计新飞机时经常使用生命周期成本分析（Life-Cycle Cost Analysis，LCCA）的概念。LCCA是一种工具，用于在购买、拥有、使用、维护和处置产品的竞争性替代方案中确定最具成本效益的方案。LCCA为创新活动提供了选择。飞机制造商将与客户合作，寻找更具成本效益和创新性的方式，重新设计厨房，为飞行中的乘客服务，或者降低飞机维护成本。

对于一架全新的飞机，制造商将与他们的承包商合作，创造新产品，如更省油的发动机和轻质复合材料，从而降低飞机的运营成本。创新也可以发生在与供应商建立新的工作关系，在创新活动中为他们承担额外的责任。然而，所需的创新数量越多，发生意外事件的风险就越大，例如，由于未知因素而可能发生的安全问题。对于新产品开发来说，创新风险只有在产品投入使用后才会出现。

3. 安全约束

在讨论三个约束条件时，我们通常指的是时间、成本和范围。但还有其他的制约因素，当涉及人的生命时，安全成为最重要的创新制约因素。安全有多种形式。在IT项目中，安装了安全协议以确保专有数据不被破坏。食品和保健品生产商担心产品日期被篡改，进而强化对消费者的安全保护。制造商担心消费者是否以安全的方式使用他们的产品。像迪士尼这样的公司把安全作为主题公园游乐设施和景点的首要限制条件。大多数公司宁愿让项目故意失败或被取消，也不愿冒着因违反安全规定而被起诉的风险，尤其是在有生命影响的情况下。

4. 波音787梦想客机的决定

波音787"梦想客机"是一款远程、中型宽体、双引擎喷气式客机，在典型的三等座配置下可搭载242~335名乘客。这是波音公司最省油的客机，是一架采用复合材料（碳纤维、铝和钛）作机身，使用锂离子电池的电气系统先进客机。787将降低航空公司的维护成本和更换成本。预计787飞机的每个座位、每英里成本将比其他飞机低10%。787的燃油效率比波音 767 高出 20%，波音 787 正打算取代波音 767。

为了使股东价值最大化，波音公司决定将 787 飞机 70% 的工作外包出去，而不是像 737 和 747 飞机那样将 35%～50% 的工作外包出去。预计这将使开发时间从 6 年缩短到 4 年，开发成本从 100 亿美元降低到 60 亿美元。波音组装成本的降低将把巨大的财务风险分散给波音的供应商，而这些供应商现在负责更多的组装工作。这是波音商业模式的一个重大变化。

787 客机最长航程为 8 000～8 500 海里，足以覆盖洛杉矶到曼谷或纽约到香港航线。其巡航空速为 0.85 马赫，相当于典型巡航高度的 561 英里/小时。截至 2018 年 7 月，787 客机已从 71 家客户获得 1 387 架飞机的订单，交付了 716 架飞机。

航空业在设计一架新的商用飞机上花费了超过 10 年的时间，费用可能高达 300 亿美元。即使在设计和制造阶段，仍存有安全隐患。验证安全问题是否得到解决的唯一正确途径是在飞机的商业使用中。波音公司不得不七次推迟 787 的发布日期，最初的几架飞机推迟了三年交付。据报道，波音公司在 787 项目上已经花费了 320 亿美元。

波音和空客等公司在飞机投入使用后，可能最终要花费数十亿美元来解决所有的安全问题。这是消费者对他们的期望。正如文献所述，波音和空客必须解决 787 梦想客机电池的问题及 A380 的其他问题。

5. 创新问题

在波音 787 梦想客机服务的第一年，至少有四架飞机因锂离子电池而出现电气系统问题。在任何新飞机设计寿命的第一年，初期常见以下问题：2011 年 11 月 1 日，起落架未能展开；2012 年 7 月 23 日，发动机部件中发现腐蚀风险；2012 年 12 月 4 日，燃油管路接头泄漏；2012 年 12 月 4 日，发电机故障；2013 年 1 月 7 日，在一次检查时驾驶舱冒烟；2013 年 1 月 8 日，左翼缓冲罐通风口故障；2013 年 1 月 9 日，指示器虚报刹车问题；2013 年 1 月 11 日，机油泄漏；2013 年 1 月 11 日，驾驶舱宽屏上出现裂缝。

在发生多起事件后（如全日空 787 客机发生的电气火灾，在波士顿洛根国际机场维修人员发现落地的日本航空 787 客机发生过类似的火灾），美国联邦航空局下令对波音 787 梦想客机的设计和制造进行审查，这款机型在五天内发生了五起事故，主要涉及电池和电气系统问题。随后，整个波音 787 机队全面停飞，这是自 1979 年美国航空公司 191 号航班灾难后 DC10 飞机停飞以来的首次停飞（Wingfield-Hayes，2013a）。据悉，这架飞机在 10 万飞行小时内发生了两起电池热失控事件，大大超过波音公司预测的 1000 万飞行小时，而且是以危险的方式发生的（Hradecky，2013）。

2012 年 12 月，波音公司首席执行官 James McNerney 对媒体表示，这些问题并没有波音公司推出其他新机型（如波音 777）时遇到的问题严重（Spira，2012）。然而，2013 年 1 月 7 日，在波士顿洛根国际机场，日本航空（JAL）运营的一架空载 787 客机电池过热并引发火灾（Cooper，2013）。2013 年 1 月 9 日，美国联合航空公司（United Airlines）报告称，其 6 架 787 中的一架与日本航空 787 客机内同一区域的电路出现问题；随后，美国国家运输安全委员会（National Transportation Safety Board，NTSB）展开安全调查（Ostrower 和 Nicas，2013）。

2013 年 1 月 11 日，美国联邦航空局（Federal Aviation Administration，FAA）宣布全面审查

787 的关键系统，包括飞机的设计、制造和组装。美国交通部部长 Ray LaHood 表示，美国政府正在"寻找近期问题背后的根本原因"。FAA 局长 Michael Huerta 表示，迄今为止，没有任何发现"表明（787）不安全"（Topham，2013）。日本交通省也对此展开了调查（Mukai，2013）。

2013 年 1 月 16 日，全日空（ANA）航空公司的 787 客机在四国岛高松机场紧急降落，此前机组人员收到"其中一个电气舱内有烟雾"的电脑警告（Wingfield Hayes，2013b）。ANA 说驾驶舱里有一条错误信息，称是电池故障。乘客和机组人员使用紧急滑梯疏散。根据登记册，装有电池的电气舱内没有灭火系统，只有烟雾探测器（Thomson，2013）。

FAA 监管机构对 787 客机 2007 年安全审批和联邦航空局认证进行监管，如今受到了密切的关注，美国参议院一个重要委员会准备在未来几周就航空安全认证程序举行听证会。然而，FAA 的一位发言人为他们 2007 年对 787 安全认证辩护说："整个航空系统的设计是为了在最坏的情况发生时，有相应的系统来防止它干扰飞机上的其他系统。"

2013 年 2 月 12 日，《华尔街日报》报道称："航空安全调查人员正在调查波音公司 787 的锂离子电池内部被称为树突的微观结构的形成是否与近一个月前导致机队停飞的两起事故有关。"

2013 年 1 月 16 日，日本航空公司 ANA 和 JAL 都宣布，在发生多起涉及不同 787 航班的事故（包括紧急降落）后，它们自愿停飞或暂停 787 机队的航班。这两家航空公司运营着迄今为止交付的 50 架梦想客机中的 24 架（McCurry，2013）。预计停飞将使 ANA 每天损失 110 多万美元（Topham 和 Scott，2013）。

2013 年 1 月 16 日，FAA 发布了一项紧急适航性指令，命令所有美国航空公司将波音 787 停飞，直至对电气系统进行修改，以降低电池过热或起火的风险。这是自 1979 年以来，美国联邦航空局首次停飞客机。FAA 还宣布了对 787 的关键系统进行全面审查的计划。审查的重点是由锂钴氧化物（LiCoO）制成的锂离子电池的安全性。787 电池合同签订于 2005 年。当时 LiCoO 电池是唯一可用的锂航空电池类型，但从那时起，在热失控期间，提供更少反应能量、更新、更安全的电池（如 LiFePO）开始出现（Dudley，2013；DallØkken，2013）。FAA 在 2007 年批准了一款带有 9 个"特殊条件"的 787 电池（Scott 和 Saito，2013）。FAA（通过移动电源解决方案）批准的电池由 Rose Electronics 使用 Kokam 电池制造，但安装在 787 上的电池由 Yuasa 制造（Brewin，2013）。

1 月 20 日，NTSB 宣布，超电压不是波士顿事件的原因，因为电压没有超过 32 伏的电池极限，充电装置通过了测试。电池有短路和热失控的迹象。尽管如此，1 月 24 日，NTSB 宣布其尚未查明波士顿火灾的原因；FAA 将不允许美国的梦想客机再次飞行，直到问题被发现并纠正。NTSB 主席 Deborah Hersman 在当天的新闻发布会上说，NTSB 发现了这些电池多个安全系统失效的证据，并声明飞机上绝不能发生火灾（Weld 和 Mouwad，2013）。日本运输安全委员会 1 月 23 日曾表示，日本 ANA 喷气式飞机的电池最高电压达到 31 伏（低于波士顿日航 787 的 32 伏的限制），但突然电压莫名其妙地降到接近零（Mitra Thakur，2013 年）。所有电池在热失控前都有热损伤迹象（Hradecy，2013）。事故发生前，ANA 和 JAL 已经更换了几节 787 电池。截至 2013 年 1 月 29 日，JTSB 批准了 Yuasa 工厂的质量控制，而 NTSB 继续寻找波士顿电池的缺陷（Tabuchi，2013；Cooper 和 Matsuda，2013）。

业内专家对停飞的后果意见不一：空客相信波音会解决这个问题（Keene，2013），没有航空公司会"因为维修问题而从一种机型转换到另一种机型"，而其他专家则认为这个问题"代价高昂""可能需要一年以上"（Wall 和 Rothman，2013；White，2013）。

当时唯一运营梦想客机的美国航空公司是美国联合航空公司，共有 6 架梦想客机。智利民航局停飞了 LAN 航空公司的 3 架 787 客机（La Tercera，2013）。印度民航总局指示印度航空公司将其 6 架梦想客机停飞。日本交通部在美国联邦航空局发布公告后，正式并无限期地宣布了 ANA 和 JAL 航空公司的停飞（Upadhyay，2013）。欧洲航空安全局（European Aviation Safety Agency）也听从了美国联邦航空局的建议，停飞了波兰航空（LOT Polish Airlines）运营的仅有的两架欧洲 787 客机。卡塔尔航空（Qatar Airways）宣布停飞五架梦想客机。埃塞俄比亚航空（Ethiopian Airport）是最后一家宣布四架梦想客机暂时停飞的运营商。

截至 2013 年 1 月 17 日，迄今为止交付的 50 架飞机已全部停飞（Topham 和 Scott，2013）。1 月 18 日，波音公司宣布，在电池问题得到解决之前，将停止 787 飞机的交付（Topham 和 Scott，2013，Negishi 和 Kelly，2013，Madslien，2013）。2013 年 2 月 4 日，美国联邦航空局表示，将允许波音公司对 787 飞机进行试飞，以收集更多数据（2013 年公布）。

2013 年 4 月 19 日，美国联邦航空局批准了波音 787 电池的新设计。这将使拥有 50 架 787 飞机的 8 家航空公司能够开始进行维修。维修工作将包括电池的密封和排气系统（Henningan，2013）。新的设计将增加更多的保护，也将增加超过 150 磅的飞机重量。这是确保安全的必要条件。每架飞机的修理费是 465 000 美元。波音公司派出 10 个小组 300 多人进行维修，每架飞机大约需要 5 天时间。

ANA 公司运营着 17 架梦想客机，估计在两周内每架飞机损失 868 300 美元，并将与波音公司商谈损失赔偿事宜。预计其他航空公司也会寻求赔偿。

6. 最终结果

波音成功地解决了电池问题，787 的销售情况良好。截至 2018 年 7 月，波音公司有 1 387 架波音 787 订单，交付 716 架。波音 787 可能成为波音历史上最赚钱的飞机项目。

空客和波音都明白客户信任的重要性。如果客户对飞机制造商交付安全飞机的能力失去信心，飞机制造商将失去重要的业务。飞机的部件可以超过 100 000 个，仅在 A380 的机舱区域，就有 23 000 多个部件。考虑到设计和测试这些飞机至少需要 10 年时间和数十亿美元的资金，要阻止其中一些被模拟出来的初期问题是不可能的。演习不能模拟所有可能发生的情况。只有在飞机运行时，才能证明每个部件和系统的可靠性。A380 比其他任何一架飞机都要经受更多的测试。然而，尽管进行了测试，可能还需要一段时间才能解决所有问题。因为生命可能受到威胁，空客最终可能花费数十亿美元来纠正所有可能出现的潜在问题。

新飞机的设计和开发总是会有风险的。典型风险包括：创新风险，处理新技术和未经验证的技术；外包风险，期望供应商和合作伙伴承担设计和开发风险；分层外包风险，要求供应商和合作伙伴管理和整合下级供应商的工作；离岸风险，关键部件的制造远离总装厂；计算机通信风险，期望计算机通信取代面对面通信；劳动关系风险，在没有员工参与的情况下，由高管做出与外包相关的关键决策；脱离管理层的风险，高管不愿参与设计新飞机的日常活动；项目管理技能风险，项目团队缺乏关键技能，如供应链管理。

7. 经验教训

从波音 787 项目中吸取了一些经验教训：

（1）新技术的适当测试活动。就 787 而言，证明其电池所需的测试次数不够。

制造上的缺陷、测试不足及对创新电池的不了解都导致波音 787 机队停飞（Mouawad，2014）。

波音 787 项目总工程师 Mike Sinett 在众议院运输委员会航空小组委员会的听证会上说："我们提高了锂离子电池测试的技术水平。"听证会的题目为"从波音 787 事件中吸取的教训"（Reed，2013）。

（2）对供应商提供的产品进行严格的质量控制。仅根据质量选择供应商。

但无论结果如何，专家们表示，在如此多生命受到威胁的情况下，新飞机的设计和制造应完全基于合理的成本和质量问题，供应商的选择过程应透明，不受其他商业或政治问题的影响。

"好飞机的最大敌人是那些妨碍自由购买高质量飞机的人。"Aboulafia 先生说（Stewart，2013）。

但波音公司决定大幅提高从外部承包商采购零部件的比例，这些问题变得更加严重。翼梢由韩国制造，机舱照明由德国制造，货舱门由瑞典制造，逃生滑梯由新泽西制造，起落架由法国制造。这个计划适得其反。外包零件导致了三年的延误。零件不能正确组合在一起，用于桥接小零件的垫片不能正确连接。许多飞机的机尾不得不进行大范围的改装。该公司最终收购了一些供应商，以恢复其内部业务。所有新项目，尤其是像梦想客机这样雄心勃勃的项目，都面临着初期的问题，但 787 的困境仍在继续，工会指责该公司依赖外包（Rushe，2013）。

（3）FAA 的谨慎控制和正确态度。FAA 应该对飞机制造商保持一种不妥协的态度。

但梦想客机的问题不仅仅是波音的问题。这是一个教训，说明外包的局限性，以及反垄断和监管之间过于亲密的关系，这种亲密的关系近年来在汽车、食品和金融服务等各个行业引发了问题（Rushe，2013，48）。

顾问、前航空公司高管 Robert Mann 表示，波音公司以其影响力给 FAA 施加了压力，要求其迅速批准梦想客机，尽管它的设计和制造都很全新。

（4）设计新飞机的最终目标应该是增加股东价值。

当目标更加注重股东价值最大化时，尤其是在短期内，我们往往会冒不必要的风险，把一个好机会变成一场潜在的灾难。

8. 讨论问题

（1）能否将安全视为对创新项目的约束，并被认为比时间、成本和范围具有更高的优先级？

（2）787 项目的创新项目经理是否有权在创新活动中定义、测量和报告安全性？

（3）波音采用了哪种创新？

（4）波音公司犯了哪些创新错误？

13.6　澳大利亚悉尼歌剧院

悉尼歌剧院是澳大利亚新南威尔士州的一个多场地表演艺术中心。它是由丹麦建筑师 Jørn Utzon 构思并主要由其指导建造的，在经过漫长的酝酿后于 1973 年开业，这一构思始于他 1957 年的获奖设计。Joseph Cahill 领导的新南威尔士州政府于 1958 年批准开工。政府选择 Utzon 大胆的设计决定被随后的丑闻所掩盖（Tobias，2011）。歌剧院位于悉尼港的 Bennelong 角，靠近悉尼港大桥。坐落于悉尼中央商务区的东北端，三面环绕着港口（悉尼湾和农场湾），陆上紧邻皇家植物园。

它拥有多个表演场地。它是世界上最繁忙的表演艺术中心之一，每年举办 1 500 多场演出，观众约 120 万人。它为包括澳大利亚歌剧院、澳大利亚芭蕾舞团、悉尼戏剧公司和悉尼交响乐团四家常驻公司在内的许多表演艺术公司提供了场地，也为以自己名义演出提供场地。这也是澳大利亚最受欢迎的旅游景点之一，每年有超过 700 万人到访，其中 30 万人由导游带领参观。

它由隶属于新南威尔士艺术部的悉尼歌剧院信托基金会管理。2007 年 6 月 28 日，它被联合国教科文组织列为世界遗产（Braithwaite，2007）。它是 20 世纪最具特色的建筑之一，也是世界上最著名的表演艺术中心之一（Carbone，2011）。

这是一种现代表现主义设计，由一系列大型预制混凝土"壳"组成，每个"壳"由一个半径为 75.2 米的球体组成，形成结构的屋顶，设置在一个巨大的基座上。该建筑占地 1.8 公顷，长 183 米、宽 120 米。它由 588 个混凝土墩台支撑，墩台下沉至海平面以下 25 米。

尽管屋顶结构通常被称为"壳"，它们由预制混凝板支撑，而不是严格意义上的壳。壳上覆盖着一种微妙的人字纹图案，上面有 1 056 006 块光滑的白色和哑光的奶油色瑞典产瓷砖，由 Hoganas AB 公司生产，这是一家为造纸业生产石器瓷砖的工厂，不过，从远处看，壳是均匀的白色。

除外壳的瓷砖和门厅空间的玻璃幕墙外，建筑的外部主要覆盖着由塔勒纳（Tarana）开采的粉色花岗岩组成的聚合面板。重要的室内表面处理还包括脱模混凝土、新南威尔士州北部 Wauchope 提供的澳大利亚白桦胶合板和灌木黄杨胶合材。

在这两个更大的空间中，音乐厅位于贝壳的西部，琼·萨瑟兰剧院（Joan Sutherland Theatre）位于东部。选择壳体的尺度来反映内部高度要求，入口空间较低，从座位区上升到高的舞台塔。较小的场地（戏剧院、剧场和艺术厅）位于音乐厅下面的基座内。位于巨大台阶西侧的一组较小的贝壳是 Bennelong 餐厅的所在地。基座周围有大量开放的公共空间，与巨型台阶相邻的大石头铺砌的前院区域经常被用作表演空间。

1. 表演场地和设施

这里设有以下表演场地：

（1）音乐厅，共有 2 679 个座位，是悉尼交响乐团的所在地，为众多其他音乐会表演人员所使用。它包括悉尼歌剧院大型管风琴，有超过 10 000 根管子的世界上最大的机械木连杆风琴。

（2）琼·萨瑟兰剧院，有 1 507 个座位的舞台剧院，澳大利亚歌剧院（Opera Australia）和澳大利亚芭蕾舞团所在地。

（3）戏剧剧院，一个有 544 个座位的舞台剧院，由悉尼戏剧公司和其他舞蹈和戏剧表演人员使用。

（4）剧场，有 398 个座位的小剧院。

（5）艺术厅（Studio），一个灵活的空间，最大容量 400 人，视布局而定。

（6）乌松厅（The Utzon Room），一个小型多用途场地，可容纳 210 人。

（7）前院是一个灵活的露天场地，有多种配置供选择，包括利用巨大台阶作为观众座位，用于一系列社区活动和重要户外表演。前院于 2011—2014 年对游客和演出关闭，为琼·萨瑟兰剧院重建装货码头建造新的入口隧道。

其他区域（如北部和西部门厅）也偶尔用于演出。场馆也用于会议、典礼和社交活动。

这栋大楼还设有录音室、咖啡馆、餐厅、酒吧和零售店。提供导游服务，包括经常参观前厅空间，以及每天带游客参观表演者和工作人员的后台区域。

2. 建造历史

计划始于 20 世纪 40 年代末，当时新南威尔士州音乐学院院长 Eugene Goossens 为大型戏剧演出的合适场地而游说。作为此类演出的通常场地，悉尼市政厅（Sydney Town Hall）被认为不够大。到 1954 年，Goossens 成功地获得了新南威尔士州总理 Joseph Cahill 的支持，Joseph Cahill 呼吁设计一个专门的歌剧院。

1955 年 9 月 13 日，Cahill 发起了一项设计竞赛，共收到 32 个国家、233 份参赛作品。该标准规定了一个可容纳 3 000 人的大礼堂和一个可容纳 1 200 人的小礼堂，每个礼堂为不同用途而设计，包括大型歌剧、管弦乐和合唱音乐会、群众会议、讲座、芭蕾舞表演和其他演讲（UNESCO，2018，6）。1957 年，获胜者是丹麦建筑师 Jørn Utzon。据说，Utzon 的设计是由芬兰著名的建筑师 Eero Saarinen 从最后 30 个"不合格品"中拯救出来的。奖金是 5 000 英镑（Ellis，1992）。Utzon 于 1957 年访问悉尼，协助监督该项目（Pearman，2007）。他的办公室于 1963 年 2 月搬到悉尼。

2003 年，Utzon 获得了建筑最高荣誉普利兹克奖（Totaro，2008）。普利兹克奖颁奖词上写道：毫无疑问，悉尼歌剧院是他的杰作。悉尼歌剧院是 20 世纪伟大的标志性建筑之一，它举世闻名的美丽形象，不仅是一座城市的象征，也是整个国家和大陆的象征。

设计和施工。在实施这些计划时，该地点的 Fort Macquarie 电车厂于 1958 年被拆除，1959 年 3 月开始建造，分三个阶段建造：第一阶段（1959—1963 年）建造上部平台，第二阶段（1963—1967 年）建造外壳，第三阶段（1967—1973 年）室内设计和建造。

3. 第一阶段：平台

第一阶段始于 1959 年 3 月 2 日。因担心资金或舆论可能对他们不利，政府曾敦促工程尽早开展。然而，Utzon 仍然没有完成最终的设计。重大结构性问题仍未解决。到 1961 年 1 月 23 日，工程进度落后 47 周，主要原因是部分困难难以预料（恶劣的天气、没有预料到的暴风雨、没有合适的施工图就开始施工、变更原始合同文件）。平台工程终于在 1963 年 2 月完成。被迫提前开工导致了重大的后期问题，尤其是平台柱不够坚固，无法支撑屋顶结构，必须重建（Murray，2004）。

4. 第二阶段：屋顶

参赛作品的外壳最初是未定义的几何结构（Arup 和 Zunz，1969），但在设计过程的早期，"外壳"被视为由一系列预制混凝土肋支撑的抛物线组成。然而，工程师 Ove Arup 和合作伙伴们未能找到一个可接受的建造方案。使用现浇混凝土的模板成本会很贵，是由于任何一块屋顶模板都不重复，每个单独部分的预制混凝土施工成本更贵。

从 1957 年到 1963 年，设计团队对壳体的形状进行了至少 12 次迭代，试图在一个可行的解决方案完成之前找到一个经济上可接受的形状（包括带有抛物线、圆肋和椭球的方案）。壳体的设计工作是最早使用计算机进行结构分析的，以便了解壳体的复杂受力（Jones，2006）。1961 年年中，设计团队找到了解决这个问题的方法：所有的外壳都是从一个球体上创建的。这个解决方案允许不同长度的拱段在一个共同的模具中铸造，并且将一些相同长度的拱段相邻放置，以形成一个球形截面。这个解决方案究竟是由谁提出的，一直是有争议的话题。它最初被记入 Utzon 名下。Ove Arup 给悉尼歌剧院执行委员会成员 Ashwort 的信中写道："Utzon 想出了一个办法，让所有的壳在两个方向上都有相同的曲率。"（Jones，2006，199）Ove Arup 传记的作者 Peter Jones 说："建筑师和他的支持者都声称回忆起了发现解决方法的那一刻……工程师们和他们的一些同事，同样坚信，他们回忆起在伦敦市中心和 Ove 家的讨论。"

Ove Arup 和合作伙伴的现场工程师监督了壳体的施工，在完工前，壳体采用了创新的可调钢桁架"安装拱"来支撑不同的屋顶。1962 年 4 月 6 日，估计歌剧院将于 1964 年 8 月至 1965 年 3 月完工。

5. 第三阶段：内饰

内部装修始于 1963 年 2 月，Utzon 将他的整个办公室搬到悉尼。然而，1965 年政府更迭，新的 Robert Askin 政府宣布该项目由公共工程部管辖。这最终导致了 Utzon 在 1966 年辞职。

甚至到 1966 年 10 月，该项目的成本仍然只有 2 290 万美元，不到最后 1.02 亿美元成本的 1/4。然而，在这个阶段，设计的预计成本要大得多。

Utzon 辞职时，第二阶段的建设正在向完工迈进。他的职位主要由 Peter Hall 接任，他主要负责室内设计。同年被任命接替 Utzon 的还有建筑设计师 E.H.Farmer、D.S.Littlemore 和 Lionel Todd。

在 Utzon 辞职后，声学顾问 Lothar Cremer 向悉尼歌剧院执行委员会证实，Utzon 最初的声学设计只允许在主厅有 2 000 个座位，并进一步指出，如简报所述，将座位数量增加到 3 000 个，对声学将是灾难性的。据 Peter Jones 称，舞台设计师 Martin Carr 对"舞台的形状、高度和宽度、艺术家的演出设备、更衣室的位置、门和电梯的宽度及照明配电盘的位置"提出了批评。

6. Utzon 设计的重大变化

最终的结构是根据 Utzon 的原始设计进行修改的：

（1）大礼堂最初是一个多用途歌剧剧场（音乐厅），后来成为一个单独的音乐厅。小礼堂原本只供舞台演出，增加了歌剧和芭蕾的功能，被称为歌剧院，后来改名为琼·萨瑟兰剧院。因此，琼·萨瑟兰剧院不足以上演大型歌剧和芭蕾舞。还增加了剧院、电影院和图书馆。后来改为两个现场戏剧剧院和一个较小的"圆形"剧场。现在分别包括戏剧剧院、剧场和艺术厅。这些变化主要是由于最初的简报表述不细，没有充分说明如何使用歌剧院。内部的布局被改变，已经设计和安装在大厅内的舞台机械被拆除，且大部分被扔掉了。

（2）从外部看，裙楼的表层和铺装（裙楼原本不在水面下，而是要保持开放）。

（3）玻璃墙的建造（Utzon 计划使用胶合板竖框系统，但实际设计了不同的系统来处理玻璃）。

（4）Utzon 的胶合板走廊设计，以及两个主要大厅内部的声学和座椅设计，都被彻底废弃。他的音乐厅设计被否决了，因为它只有 2 000 个座位，这被认为是不够的。Utzon 聘请了声学顾问 Lothar Cremer，他的大礼堂设计后来被建模，发现效果非常好。随后的 Todd、Hall 和 Littlemore 版本的两个大礼堂都有一些声学问题，特别是对表演的音乐家来说。琼·萨瑟兰剧院的管弦乐池狭窄，对音乐家的听力产生伤害（Morgan，2006）。音乐厅有一个很高的屋顶，导致舞台上缺少早期反射声，在开幕前不久，为了解决这个问题，在舞台上添加了有机玻璃环（"声学云"），但问题仍没有解决。

7. 完工和成本

悉尼歌剧院于 1973 年正式竣工，耗资 1.02 亿美元。H. R. "Sam" Hoare 是 Hornibrook 集团项目负责人，在 1973 年提供了以下数据：第一阶段，平台由 Civil & Civic 私人有限公司完成，约 550 万美元；第二阶段，屋顶外壳由 M.R.Hornibrook（NSW）私人有限公司完成，约 1 250 万美元；第三阶段，内饰由 Hornibrook 集团完成，约 5 650 万美元；独立合同，舞台设备、舞台灯光和风琴 900 万美元；其他费用 1 650 万美元。

1957 年的原始成本估计为 350 万英镑（700 万美元）。政府最初确定的竣工日期是 1 963 年 1 月 26 日（澳大利亚国庆日）（Jones，2006）。因此，该项目延迟 10 年完成，超出预算 14 倍以上。

8. Jørn Utzon 和他的辞职

在悉尼歌剧院方案竞标之前，Jørn Utzon 在他参加的 18 场比赛中赢了 7 场，但他从未见过自己设计的建筑。Utzon 提交的悉尼歌剧院概念设计几乎得到了全世界的赞赏，并被认为是开创性的。1957 年 1 月的评估报告指出：

为这一方案提交的图纸很简单，只是示意图。然而，当我们一次又一次地研究这些图纸时，我们相信提出了一个歌剧院的概念，它能够成为世界上伟大的建筑之一。

在第一阶段，Utzon 与其他设计团队和甲方合作非常成功，但是，随着项目的进展，他们也没有充分认识到设计和施工所涉及的费用或工作。甲方和设计团队之间的紧张关系进一步加剧，尽管设计不完整，但仍被要求提前开工。在各种技术工程问题得到改进的同时，提前开工也导致了一系列持续的延误和难题。这个建筑是独一无二的，在最终计划未完成就开始工作，加剧了设计问题和费用增加问题。

1965 年 Robert Askin 当选新南威尔士州州长后，甲方、建筑师、工程师和承包商之间的关系变得越来越紧张。Askin 曾"在获得职位之前公开对该项目进行批评"（Farrelly，2008）。他的新任公共工程部长 Davis Hughes 更没有同情心。澳大利亚建筑评论家 Elizabeth Farrelly（2008）曾写道：在 Mosman 的一次选举晚宴上，Hughes 的女儿 Sue Burgoyne 夸口说她父亲很快就会解雇 Utzon。Hughes 对艺术、建筑或美学没有兴趣。他是一个骗子，也是一个庸俗的人，在议会面前被揭发，并因虚报大学学位而失去长达 19 年乡村党领袖地位。歌剧院给了 Hughes 第二次机会。对他来说，就像对 Utzon 那样，一切都是为了控制；为了本土平庸者能战胜外国天才。

分歧接踵而至。其中一个是，Utzon 认为甲方应该通过他的实践来获得设计和施工的所有方面的信息，而甲方希望有一个系统（特别是 Davis Hughes 以草图的形式绘制的系统），在这个系统中，建筑师、承包商和工程师分别直接和单独地向甲方报告。这对采购方法和成本控制产生了重大影响，Utzon 希望与选定的供应商（如胶合板内饰的 Ralph Symonds）谈判合同，新南威尔士州政府坚持招标（Murray，2004）。

Utzon 非常不愿意回应甲方悉尼歌剧院执行委员会提出的问题或批评。然而，他得到了委员会一名成员和最初的竞赛评委之一 Harry Ingham Ashworth 教授的大力支持。Utzon 不愿意在甲方想要改变设计的某些方面做出妥协。

尽管 Davis Hughes 提出了一些问题，试图把 Utzon 描绘成一个不切实际的梦想家，但 Utzon 的能力从未受到质疑。Ove Arup 表示，Utzon "可能是我在与建筑师长期合作的经历中遇到的最好的一位"，而且"如果 Utzon 被赋予权力，歌剧院可能成为世界上最重要的当代杰作"。

1965 年 10 月，Utzon 向 Hughes 提供了一份时间表，列出了他第三阶段部分工作的完成日期。此时，Utzon 正与 Ralph Symonds（一家总部位于悉尼的胶合板制造商）密切合作，并被许多人高度评价，尽管 Arup 警告说 Ralph Symonds "对胶合板设计应力的了解非常偏面"，技术建议是"基本上对我们毫无用处"。无论如何，在 Hughes 拒绝批准内饰建造用胶合板不久，Utzon 和甲方之间的关系再也无法恢复。到 1966 年 2 月，Utzon 被拖欠超过 10 万美元的费用（Farrlly，2008）。Hughes 把持资金，使 Utzon 甚至不能支付自己员工的工资。政府会议记录显示，在几次辞职威胁之后，Utzon 终于对 Davis Hughes 说："如果你不这么做，我就辞职。"Hughes 回答说："我接受你的辞职。非常感谢你。再见。"

Utzon 于 1966 年 2 月 28 日离开了这个项目。他说，Hughes 拒绝向他支付任何费用，缺乏合作，导致他辞职，后来将这种情况称为"错误之地的恶意"。1966 年 3 月，Hughes 让他在一个执行建筑师小组中担任"设计建筑师"的下属角色，对这个建筑的建设没有任何监督权，但是 Utzon 拒绝了。Utzon 离开了这个国家，再也没有回来。

他辞职后，关于谁对谁错的争论很大。《悉尼先驱晨报》(*Sydney Morning Herald*)最初报道说："世界上没有一位建筑师比 Utzon 享有更大的自由。很少有客户比新南威尔士州的人民和政府更耐心、更慷慨。人们不希望历史记载，这一合作关系是由于一方脾气暴躁而另一方态度卑劣结束的。"1966 年 3 月 17 日，《悉尼先驱晨报》报道：历届政府和歌剧院信托基金显然没有对这个项目施加任何控制或命令，这不是他的错……他的观念如此大胆，以至于他自己只能一步一步地解决问题……他对完美的坚持使他改变了他的设计。

悉尼歌剧院为一些现代建筑中极其复杂的几何结构开辟了道路。这是第一个使用计算机辅助设计复杂形状的项目之一。Utzon 和 Arup 为悉尼歌剧院开发的设计技术得到了进一步发展，目前已用于建筑设计，如 Gehry 的作品和流体建筑，以及大多数钢筋混凝土结构。该设计也是世界上第一个使用合成树脂黏结剂将预制构件黏合在一起的设计，并证明了这一概念可供将来使用。

9. 开放日

歌剧院于 1973 年 10 月 20 日由澳大利亚女王伊丽莎白二世宣布正式启用。很多人参加了开幕式。Utzon 没有被邀请参加，也没有提到他的名字。开幕式由电视转播，包括烟火和贝多芬第九交响曲的演出。

10. 讨论问题

（1）谁最初担任创新项目经理？
（2）项目采用了哪种创新方式？
（3）项目是否证明了创新文化的存在？
（4）创新项目开始时采用了哪种治理方式？
（5）当企业主缺乏治理时，有什么危险？
（6）这样的项目能否控制范围蔓延？如果可以，如何控制？
（7）是否有控制创新范围蔓延的程序？
（8）如何控制范围蔓延？
（9）解雇 Utzon（或接受他的辞职）是控制创新范围蔓延的解决方案吗？
（10）为了达到目的就可以不择手段吗？或者，今天有多少人知道这个项目是被推迟了 10 年后才完成的，是原来预算的 14 倍？

13.7 Ampore 水龙头公司：管理创新的不同观点

1. 背景

Ampore 水龙头公司（以下简称 Ampore）已发展成为世界上最大的商用和家用水龙头供应商之一，竞争很激烈。消费者会对水龙头的艺术设计和质量进行评估。每个水龙头必须至少有 25 种不同颜色。商业买家，比如建造公寓楼的建筑公司，似乎比普通消费者更关心成本，后者把水龙头视为艺术品，而不管价格如何。

Ampore 没有在广播或电视上花很多钱做广告。一些钱被分配到专业期刊的广告上。Ampore 的大部分广告和营销资金都被分配到了地区家居和花园贸易展，以及每年两次的建筑商贸易展上。一家大型建筑商可以购买 5 000 多个部件，用于一家新建的酒店或公寓综合楼的装修。错过贸易展上展示新产品的机会，很容易导致 6~12 个月的收入损失。

2. 文化

Ampore 的非合作文化对创新项目管理产生了严重影响。市场营销部和工程部永远不会互相交谈。工程部希望有设计新产品和探索新技术的自由，而市场营销部希望控制设计过程并获得最终批准权，以确保设计的产品能够销售出去。一些冲突变得如此激烈，高级管理层拒绝干预，反而让冲突扩大。一些高管错误地认为这是有意义的冲突，这会增加创新。

市场营销部和工程部之间的冲突变得如此激烈，以至于早期实施创新项目管理的尝试失败了。没有人想当项目经理。职能团队成员拒绝参加团队会议，并将大部分时间花在自己喜欢的项目上，而不是在所需的工作上。由于这些冲突，部门经理们对支持创新项目管理的兴趣也很小。当创新项目经理需要来自其他职能部门员工的支持时，这存在一个难题。

每个职能部门都有自己的创新工作预算，创新项目负责人由供资职能部门指派。每个职能部门都有自己的创新文化。市场营销部需要在色彩、设计和审美特征上进行创新。其项目主要是渐进性创新和产品改进。工程部对新技术的开发和应用及质量的提高感兴趣。工程部的关注点是激进式创新。

以往所有为项目管理，特别是创新项目制定一些标准化的尝试都遭到了抵制。每个职能部门都有自己对创新成功的定义。市场营销部将成功视为每年的销售额，而工程部将成功定义为创造一种新的设计，这种设计最终将商业化，而不管销售量多少。每个职能部门都有自己的项目表格、指南、模板和项目清单。每个职能部门都有自己的项目管理方式。Ampore 没有项目管理办公室。大多数雇员认为创新项目管理是他们的次要工作，而不是他们的主要工作。

高级管理层更关注短期盈利能力，而不是长期创新效益。因此，高级管理层没有制定任何战略目标清单，也没有提供任何优先战略需求清单。相反，他们赋予每个职能部门制定自己的战略创新目标、优先事项和预算的权力及自由。

项目管理变得如此不受欢迎，以至于采购经理拒绝将她的任何员工分配给项目团队。相反，她要求所有项目的采购人员配备请求都须经她认可，使她的员工免受外部工作要求和外部压力的影响。她声称，这将保护他们免受工程和营销之间的持续冲突。

3. 行政决定

高级管理层开始意识到，他们的竞争对手正在变得比他们的公司更具创新性。执行委员会要求必须尽快在全公司范围内再次尝试实施良好的项目管理实践。不仅新产品开发需要项目管理，专业产品和产品改善也需要项目管理。负责市场营销和工程的副总裁勉强同意尝试修补他们之间的分歧，但似乎并不相信会发生任何变化。虽然看起来很奇怪，但没有人能确定冲突的最初原因，也没有人能确定问题究竟是如何开始的。高级管理层聘请了一名外部顾问来找出问题，提供建议和解决方案，并充当调解人。顾问的过程必须从访谈开始。

4. 工程部访谈

在工程部访谈期间提出了以下意见：

"我们忙得不可开交。如果市场营销部门不在工程领域，我们就能完成工作。"

"市场营销部门不明白，除了新产品开发，我们还有更多的工作要做。"

"营销人员应该把时间花在乡村俱乐部和酒吧里。这将使我们在工程上不受干扰地完成我们的工作！"

"市场营销部希望工程部的每个人都停止他们正在做的事情，以让市场营销部的人消气。我相信大多数时候问题是市场营销人员不知道他们想要什么。这会导致一个又一个的变化。为什么我们不能在每个项目的开始就对我们想要的东西有一个很好的定义呢？"

5. 市场营销部访谈

我们的运营在很大程度上取决于贸易展览的收入。由于新产品开发需要4～6个月的时间，我们必须加紧工程设计，以确保满足我们的营销计划。为什么工程部不能理解这些贸易展览的重要性？

由于开发新产品所需的时间（4～6个月），我们有时不得不在没有很好定义所需工作范围的情况下匆忙投入项目。当一个客户在一个贸易展上给我们一个新产品的想法时，我们就急于开展该项目，以便在下一个贸易展上介绍。然后我们回到客户那里，要求更多的说明和规范。有时我们必须和客户合作几个月才能得到我们需要的信息。我知道，在工程上这是一个问题，但这也没办法。

这位顾问对这些意见费尽心思，但还是有些困惑。"为什么工程部不了解市场营销部的问题？"顾问沉思道。在后续采访中，一位工程部经理发表了以下意见：我们目前正在进行375个不同的工程项目，其中包括市场营销部需要的项目。为什么市场营销部不能理解我们的问题？

6. 讨论问题

（1）影响创新的关键问题是什么？

（2）如何解决这些问题？

（3）创新项目管理的卓越性还能实现吗？如果能，如何实现？你建议采取什么步骤？

（4）考虑到当前的非合作文化及其对创新的影响，要实现良好的甚至卓越的创新项目管理合作文化，需要多长时间？

（5）让市场部和工程部统一创新项目管理方法存在哪些障碍？

（6）如果基础研究表明营销或工程有问题，会发生什么？

（7）假设一种创新项目管理方法可以商定、能被实施，那么该方法是否应该伴随着项目优先级确定的过程，或者应该由外部的某个委员会来完成优先级的确定？

13.8 创新赞助商

1. 背景

两位高管在一家专注于渐进性创新的公司工作。每个高管都资助了一个专注于激进式创新而不是渐进性创新的宠物项目，成功的机会很小。尽管创新项目经理和团队成员一再要求取消这些项目，但作为创新赞助商的高管们还是决定继续投入资金。然后，赞助商必须找到一种方法，以避免这种失误变得人尽皆知。

2. 故事线

两位副总裁提出了宠物项目的想法，并利用他们职能部门的资金在内部资助了这些项目。即使有一个研发小组，项目也将在其职能部门内执行。这两个项目的预算都接近 200 万美元，计划时间约为一年。这些都是高风险的激进创新项目，因为它们都要求取得技术突破。但是很难保证技术上的突破。若技术上可以取得突破，两位高管估计，这两种产品的保质期都将在一年左右，他们很容易收回研发成本。

这两个项目被视为宠物项目，因为它们是应两名高级管理人员的个人要求建立的，没有真实的商业论证。如果必须经过正式的项目审批过程，这两个项目都不会得到批准。这些项目的预算与公司将获得的价值相去甚远，即使能取得技术突破，投资回报率也将低于最低水平。积极参与项目选择过程的项目管理办公室还表示，他们永远不会建议批准最终产品保质期为一年或更短的项目。简单地说，这些项目的存在是为了两位高管的自我满足感，并从他们的同事那里获得声望。

不过，两位高管都为自己的项目找到了资金，并愿意让项目在没有标准审批程序的情况下继续进行。每个高管都能从他们的团队中得到一位经验丰富的项目经理来管理他们的宠物项目。

3. 阶段门评审会

在第一次阶段门评审会上，两位项目经理都站起来建议取消他们的项目，并建议将资源分配到其他更有前途的项目上。他们都表示，所需的技术突破不能及时取得。在正常情况下，这两位项目经理都应该因为勇敢地站起来并建议取消两位高管的项目而获得奖章。这显然是为了公司的最大利益而提出的建议。

但两位高管都不愿轻易放弃。取消这两个项目对赞助这些项目的两位高管来说都有失颜面。相反，两位高管都表示，该项目将继续直到下一次评审会议，届时将做出可能取消两个项目的决定。

在第二次评审会议上，两位项目经理再次建议取消他们的项目。和以前一样，两位高管都声称，在做出决定之前，项目应该继续进行下一次评审会议。

幸运的是，必要的技术突破终于实现了，但晚了六个月。这意味着销售产品和收回研发成本的机会将是 6 个月，而不是 1 年。遗憾的是，市场知道这些产品可能在六个月内就过时了，且两种产品都没有销售。

市场营销部告知两位高管，竞争对手也在努力进行比这两个项目更先进的技术突破。两位高管都不得不想办法挽回颜面，避免"不得不承认他们在两个无用的研发项目上浪费了几百万美元"的事实。这很可能影响他们的年终奖金。

4. 讨论问题

（1）采用了什么类型的创新？

（2）有哪些创新失误？

（3）公司是否习惯于允许高管进行不遵循正常项目审批流程的宠物项目或秘密创新项目？

（4）谁升职了，谁被解雇了？换句话说，高管们是如何保全面子的？

13.9 铱星的兴衰与复苏：当创新商业模式失败时[①]

铱星计划旨在创建一个全球无线手持移动电话系统，让人们能够随时随地进行通信。摩托罗拉的高管们认为这个项目是世界第八大奇迹。但十多年后，在投资数十亿美元之后，铱星解决了一个很少有客户需要解决的问题。到底是哪里出了错？铱星项目是如何从一个领先的技术奇迹转变成一个数十亿美元的错误的？这场潜在的灾难能预防吗？

现在看起来是一个价值数十亿美元的科学项目。这里有一些根本性的问题：手机太大，服务太贵，客户还没有真正确定。

—— Chris Chaney，分析师，A.G.Edwards，1999 年

铱星项目从来没有商业论证，从来没有市场需求。建造铱星的决定不是一个理性的商业决定，更多的是一个宗教决定。值得注意的是，这件事发生在一家大公司，而且没有一个合理的决策过程来解决问题。以技术为目的的技术可能不是一个好的商业论证（Paternik，2005）。

—— Herschel Shosteck，电信顾问

铱星可能是有史以来最昂贵的太空碎片之一（Hiltzik，2000）。

——William Kidd，分析师，C.E.Unterberg, Towbin

1985 年，摩托罗拉战略电子部门总工程师 Bary Bertiger 和妻子 Karen 在巴哈马度假。Karen 试图通过移动电话打到位于 Arizona 州 Chandler 市摩托罗拉公司附近的家中，以完成一笔房地产交易，但未获成功。她问丈夫为什么不能建立一个在世界任何地方都能使用的电话系统，即使在偏远地区。

[①] 本节由哈罗德·科兹纳 2019 年完成。

此时，蜂窝技术还处于初级阶段，但预计将以惊人的速度增长。美国电话电报公司预计到 2000 年用户将达到 4 000 万个（Bird, 1985）。蜂窝技术基于塔对塔传输，如图 13-3 所示。每个塔台或"网关"地面站辐射一个有限的地理区域或单元，并且必须在卫星的服务范围内。同样，手机用户也必须靠近一个网关，通过网关将传输信号上行到卫星。然后卫星将信号下行到另一个网关，该网关将传输信号连接到地面电话系统。这种通信方式通常被称为弯管式的。发送方/接收方和网关之间的物理屏障，如山、隧道和海洋，造成了干扰问题，从而限制了对高密度社区的服务。简单地说，手机不能离开"家"。如果他们这样做了，将会有额外的"漫游"费用。更糟糕的是，每个国家都有自己的标准，当在其他国家旅行时，有些手机无法使用。

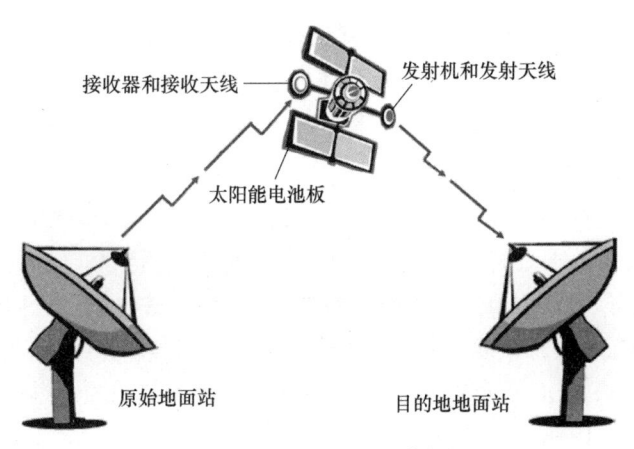

图 13-3 典型的卫星通信架构

自 20 世纪 60 年代以来，通信卫星通常是在 22 300 英里高度上运行的地球静止卫星。在这个高度上，三颗地球同步卫星和几个网关可以覆盖地球的大部分地区。但在这个高度上的卫星意味着大块头的移动电话和 1/4 秒语音延迟。例如，Comsat 公司的 Planet 1 手机的重量是 4.5 磅，有电脑机箱那么重。地球同步卫星需要大功率信号。只有一瓦特信号的小型移动电话，无法与位于这个高度的卫星一起工作。增加手机的功率输出会损害人体组织。因此，另一种选择是将卫星移近地球，这样就需要更少的能量。离地球越近，就需要越多的卫星和更多的网关。地球同步卫星距离地球是近地轨道卫星的 100 倍，如果其他部分都一样的话，它需要的功率几乎是近地轨道卫星的 1 万倍。

当 Bary Bertiger 回到摩托罗拉后，他与 Raymond Leopold 博士和 Kenneth Peterson 博士合作，看看这样一个世界性的系统是否能够开发出来，同时克服现有手机技术的全部局限性。还有一个问题是，低轨卫星将快速绕地球运行，并承受破坏性温度变化——从太阳的高温到地球冷阴影（Gerding, 1996）。低轨卫星很可能需要每五年更换一次。许多可供选择的陆地设计被讨论和抛弃。1987 年，人们开始研究在极地轨道上运行的低地球轨道卫星群，这些卫星可与地面电话系统直接通信，也可相互通信。

铱星的创新之处在于使用高度 400～450 英里的一大群低轨道卫星。由于铱星的卫星离地球较近，手机的尺寸可能要小得多，而且语音延迟也不易察觉。但仍存在重大的技术设计问题。在现有的设计中，需要大量的网关，从而大大增加了系统的成本。1988年的一天，当他们下班时，Leopold博士提出了一个关键的设计元素。整个系统将被倒置，传输将从一个卫星传送到另一个卫星，直到传输到达接收信息的人正上方的卫星。采用这种方法，只需要一个网关地球站就可以将移动电话连接到现有的地面电话系统。这被认为是一个受欢迎的解决方案，并立即在一个保安办公室的白板上以提纲的形式写下。因此就产生了一个能随时随地进行通话的全球无线手持移动电话的想法。

1. 将项目命名为"铱星"

摩托罗拉移动电话系统工程师Jim Williams来自芝加哥附近的摩托罗拉工厂，提出了"铱星"这个名字。由77颗卫星组成的卫星群让他想起了经典玻尔原子模型中环绕原子核的电子。当他查阅元素周期表来寻找哪个原子有77个电子时，他发现"铱"——一个有着漂亮环的创意性名字。幸运的是，这个系统还没有缩小到66颗卫星，否则他可能建议使用镝这个名字。

2. 获得行政支持

最初，Bertiger的同事和摩托罗拉公司高层因为"铱星"的成本问题拒绝了它。最初，"铱星"项目被认为是美国政府的完美选择。遗憾的是，项目获利丰厚的政府资助的时代即将结束，政府不太可能资助如此巨大规模的项目。然而，铱星概念背后的想法引起了摩托罗拉航天技术集团高级副总裁兼总经理Durrell Hillis的兴趣。Hillis认为，如果铱星可以作为一种商业系统开发，它是可行的。Hillis指示Bertiger和他的团队继续研究铱星概念，但要保密（Bennahum，1998）。

Hillis回忆道："我秘密地创建了一个非法项目，公司里没有人知道。"他担心，如果消息外泄，摩托罗拉竞争激烈的业务部门——所有部门都必须为争取研发资金而战，会用否定的说法扼杀这个项目。

在对商业计划进行了14个月的重写之后，Hillis和铱星团队的负责人将这个想法提交给了当时摩托罗拉董事长Robert Galvin，Robert Galvin批准继续实施该项目。Robert Galvin的后来继任者、他的儿子Christopher Galvin，认为铱星是摩托罗拉技术实力的潜在象征，并相信这将成为世界第八大奇迹。在最初的一次会议上，Robert Galvin向摩托罗拉总裁兼首席运营官John Mitchell说："如果你不给John开一张支票，我会自掏腰包的。"（Hardy，1996）对于摩托罗拉的工程师来说，这为客户铱星项目的挑战提供了相当大的动力。他们继续推进这一项目，最终于1998年11月初步投入使用，总费用超过50亿美元。

3. 开始创业

1990年6月26日，Hillis和他的团队正式向公众宣布了铱星项目的启动。摩托罗拉对此的回应并不十分满意，质疑这将是一项新技术，目标市场太小，收入模式有问题，获得在170个国家的运营许可也是个问题，而且电话的成本可能过高。摩托罗拉认为会收购将铱星视为潜在竞争对手的本地电话公司，因为铱星系统绕过了传统的固定线路。在许多国家，邮政电话和电报运营商是国有的，由于利润率高，是主要的收入来源。另一个问题是能否被联邦通信委员会（Federal Communications Commission，FCC）批准，FCC还未批准铱星项目所需频率，项目就宣布开始了。

　　Mitchell 和 Galvin 都明确表示，摩托罗拉不会单打独斗，并将以 35 亿美元的高价承担最初的财务风险。资金需要从公共市场和私人投资者那里获得。为了将摩托罗拉面临的财务风险降到最低，铱星需要设立一个项目融资公司。项目融资需建立一个合法独立的项目公司，资金提供者从项目将来的现金流和收益中得到偿还，并将该项目公司（仅该项目公司）的资产用作贷款抵押。债务偿还将只来自项目公司，而不是任何其他实体。项目融资的一个风险是项目资产的使用寿命可能有限。项目寿命限制常常使贷款人难以同意长期的财务支持。

　　项目融资的另一个关键问题，特别是对高科技项目而言，是项目通常持续时间长。距离项目服务开始需要近八年的时间，而在技术方面，八年是漫长的。铱星项目无疑是一个"对未来的押注"。如果项目失败，公司在清算后可能一文不值。

　　1991 年，摩托罗拉成立了铱星有限责任公司。1991 年 12 月，铱星公司提拔 Leo Mondale 为铱星国际副总裁。为该项目提供资金仍然是一个关键问题。Mondale 决定，与其只有一个网关，还不如有多达 12 个区域网关接入本地的地面电话线。这将使铱星成为一个真正的全球项目，而不是一个以美国为中心，旨在从国有电话公司手中夺取市场份额的项目。这也将使在 170 个国家开展业务更容易获得监管部门的批准。投资者将为拥有自己的区域门户支付 4 000 万美元。正如 Flower（1993）所述：投资者的动机很清楚，他们是在冒险，希望在全球垄断中分得一杯羹。他们每个人不仅拥有公司的一部分，还将拥有铱星网关，并在各自的国内市场担任当地的经销商。对他们来说，这是一场值得一玩的游戏。

　　出售区域门户会产生政治影响。如果将来美国政府禁止将替换零件运送到某些网关，会怎么样？如果实施制裁怎么办？如果铱星在国际外交中因其创造的大量就业机会而成为一种政治工具，会怎样呢？

　　除了经济激励，网关所有者还获得了董事会席位。正如《连线》记者 David Bennahum（1996）描述的：每年 4 次，来自 17 个国家的 28 名铱星董事会成员聚在一起协调整体商业决策。他们在莫斯科、伦敦、京都、里约热内卢和罗马之间穿梭，在助理和翻译的陪同下，在世界各地见面。董事会会议就像微型联合国，用俄文、日文、中文和英文进行同声传译。

　　持股最多的合作伙伴是摩托罗拉。摩托罗拉最初以 4 亿美元的出资获得了铱星董事会 28 个席位中的 6 个，持股比例为 25%。此外，摩托罗拉向铱星提供了 7.5 亿美元的贷款担保，铱星持有另外 3.5 亿美元期权贷款。

　　铱星同意与摩托罗拉签订 66 亿美元的长期合同，其中包括 34 亿美元的卫星设计和发射的固定价格合同，以及 29 亿美元的运营和维护合同。铱星还让摩托罗拉接触到开发卫星技术，为后者提供建造卫星通信系统的重要专业知识，以及大量的知识产权。

4. 铱星系统

　　铱星系统是一个基于卫星的无线个人通信网络，为地球上任何地方的几乎任何目的地提供一套强大的语音功能。

　　铱星系统包括三个主要部分——卫星网络、地面网络和铱星用户，包括电话和寻呼机。

铱星网络的设计使得语音和数据几乎可以在世界任何地方漫游。声音和数据呼叫从一颗卫星转接另一颗卫星,直到到达铱星用户单元(手机)上方的卫星,信号再转接回地球。

5. 陆基和天基网络

铱星由 66 颗运行中的卫星和 11 颗备用卫星组成,在一个由 6 个极面组成的卫星星群中运行。每颗卫星有 11 颗任务卫星作为电话网络的节点。其余 11 颗卫星作为备用卫星在轨运行,随时可以替代任何无法使用的卫星。这个卫星群确保地球上的每个区域在任何时候都至少有一颗卫星覆盖。

这些卫星位于海拔 485 英里的近极轨道上。它们以每小时 16 832 英里的速度,每 100 分钟绕地球一圈。卫星的重量是 1 500 磅。每颗卫星长约 40 英尺(约 12 米)、宽约 12 英尺(约 3.7 米)。此外,每颗卫星有 48 个点波束,每个波束直径 30 英里。

每颗卫星与另外四颗卫星交叉连接;两颗卫星在同一轨道平面上,两颗在相邻平面上。地面网络由系统控制部分和用于连接地面电话系统的网关组成。系统控制部分是铱星系统的中心管理组件。它为卫星群提供全球业务支持和控制服务,将卫星跟踪数据传送到网关,并执行消息服务的终止控制功能。系统控制部分由三个主要部分组成:四个遥测跟踪和控制站点、运行支持网络、卫星网络运行中心。系统控制部分、卫星和网关之间的主要连接是通过整个卫星群的 k 波段馈线链路和交叉链路实现的。

网关是地面基础设施,为网络运行提供电话服务、消息传递和网络操作支持。网关的主要特点是对移动用户的支持和管理,以及铱星网络与地面电话系统的互联。网关还为网络元素和链接提供网络管理功能。

6. 项目启动:开发商业论证

铱星项目要想取得商业成功,不仅仅是技术上的成功,也必须有一个既定的客户群。由科尔尼管理咨询公司(A.T.Kearney)、博思艾伦咨询公司(Booz Allen & Hamilton)和盖洛普咨询公司(Gallup)进行的独立研究表明,有 3 400 万人对移动卫星服务有明显的需求,预计到 2002 年,这一数字将增至 4 200 万人。在这 4 200 万个用户中,铱星公司预计将有 420 万个卫星用户、1 550 万个卫星和全球地面漫游用户、2 230 万个地面漫游用户。

做生意首要是确保你永远不会失去联系。铱星将通过必要的通信工具为企业提供这一独特的解决方案。只要一个电话、一个号码,可以随时随地使用,全球旅行者、采矿业、农村、海运业、政府、救灾和社区援助团体是目标市场,他们会欣然接受。

此外,在铱星概念出现的同时,电信市场似乎还有另一个潜在的有利可图的机会。当移动电话或移动电话的用户跨越国际边界时,他们很快发现,由于缺乏共同标准,一些手机无法使用。摩托罗拉认为这是创造一个全球标准的机会,允许手机在世界任何地方使用。

设定每个客户每月的合理使用率,铱星的盈亏平衡市场预计在全球 40 万~60 万个客户。铱星服务的启动日期为 1998 年,铱星希望在一年内收回所有投资。到 2002 年,铱星预计拥有 500 万个用户。铱星的最初目标市场是纵向市场,即有维护需求和远程通信需求的行业、政府和全球机构。工业和公共部门的客户也有需求。工业用户通常在蜂窝网络覆盖范围以外的偏远地区，预计他们将使用手持铱星服务来补充或取代现有的无线电或卫星通信终端。铱星的纵向市场包括：航空、施工、救灾或紧急情况、林业、政府、休闲旅游、海运、媒体和娱乐、军事、采矿、石油和天然气、公共事业。

铱星利用自己的营销资源，在筛选了 20 多万人、采访了来自 42 个国家的 2.3 万人、调查了 3 000 多家公司之后，似乎已经找到了一个有吸引力的细分市场。

铱星还需要区域战略伙伴，战略伙伴参与投资目的和分担风险，而且在其区域内提供服务。战略区域合作伙伴或网关运营公司在其区域内拥有专属权利，并有义务推销铱星服务。网关还将负责终端用户销售、铱星服务的激活和停用、账户维护和计费。

铱星需要每个国家为使用铱星系统授予全部许可证，需要确定占商业计划大部分的"优先"国家。

由于铱星网络涉及的国家很多，铱星需要建立全球客户服务中心，以提供所有语言的支持服务。无论铱星用户位于何处，他都可以使用其母语访问客户服务代表。客户服务中心的战略定位是全天候提供支持。

7. "隐藏的"商业论证

摩托罗拉决定大举投资铱星项目，可能是被一个次要或隐藏的商业论证驱动。多年来，摩托罗拉获得了先行者的美誉。通过铱星项目，摩托罗拉有望在通过近地轨道卫星提供全球电话服务方面取得先行优势。此外，即使铱星项目永远无法提供服务，摩托罗拉仍将积累宝贵的知识产权，这将使摩托罗拉可能成为未来数年卫星通信的主要参与者。也许 Robert 和 Christopher Galvin 也希望他们的名字作为卫星通信的先驱名留史册。

8. 风险管理

好的商业论证必须识别项目风险。为了简单起见，铱星项目的初始风险可分为以下几类。

（1）技术风险。

虽然摩托罗拉为铱星项目提供了一些技术，但仍需要开发额外的技术，特别是卫星通信技术。开发过程预计需要数年时间，最终将产生大量专利。

铱星运营副总裁 Mark Gercenstein 解释了系统的技术复杂性（Grams 和 Zerbib，1998，24）：超过 26 个完全不可能的事情必须先以正确的顺序发生（在我们开始运营之前），比如获得资金、进入市场、全球同步、每个运营国家相同的频段。

虽然新技术的开发仍存在一定风险，但摩托罗拉是一家以高科技、敢作敢为著称的公司。摩托罗拉的工程师们相信他们能在技术上创造奇迹。摩托罗拉还以其在新创意和新产品方面的先行者（首先进入市场）而闻名，没有理由相信这不会发生在铱星项目上。铱星在诞生之初没有竞争对手。

由于项目进度持续了十多年，因此存在技术过时的风险。这就要求对未来十年的技术做出某些假设。如果环境稳定，开发新产品相对容易。但在一个既动荡又充满活力的高科技环境中，很难确定 10 年后顾客会如何看待和评价产品。

（2）开发风险。

卫星通信技术一旦开发出来，就必须制造、测试和安装在卫星和地面设备中。即使技术已经存在或将要存在，但仍存在从工程到制造再到实施的过渡或开发风险，这将带来未预期（或未预见）的额外问题。

（3）金融风险。

铱星项目的成本肯定会以数十亿美元来衡量。这将包括技术开发和实施、卫星制造和发射、地面支持设施建设、销售和监督的费用。从华尔街的信贷和股票市场筹集资金需要好几年的时间。投资者不太可能仅仅为了一个想法或一个愿景就拿出所需的数亿美元。在信贷和股票市场启动之前，需要开发技术，可能还需要发射几颗卫星。

私人投资者是有可能的，但初始资金的最大来源必须来自铱星财团的成员。虽然成员之间分担财务风险似乎是适当的，但毫无疑问，银行贷款和信贷额度是必要的。由于铱星项目基本上是一个构想，银行要求为贷款提供某种形式的抵押或担保。摩托罗拉作为最大的股东（同时也拥有"最雄厚的资金"），将需要为初始贷款提供担保。

（4）营销风险。

营销风险当然是铱星成员所面临的最大风险。再一个，风险由其成员共同承担，每个成员都要在其地理区域内注册客户。

每个联盟成员都必须积极地为客户注册一个尚不存在的产品，没有原型可以呈现给客户，对设备的限制尚不清楚，从客户注册到系统拟投入使用之间，技术可能发生重大的变化。当时看到铱星需求的公司可能在10年后看不到同样的需求。

激励合作伙伴立即开始营销将是极其困难的，因为营销产品是不存在的。还有一种担心是非常现实的，即联盟成员的动机更多的是技术，而不是一定规模的客户群。

风险是相互关联的。金融风险高度依赖于营销风险。如果没有足够的客户群，筹集资金可能有很大困难。

9. 集体信仰

尽管文献没有明确指出，但在铱星项目的工作人员中，很可能存在一种集体信念。集体信念是一种强烈的，也许是盲目的、想要实现的愿望，这种愿望可以渗透到整个团队、项目发起人，甚至最高管理层。集体信念可以使一个理性的组织以非理性的方式行动。

当一个集体信仰存在时，将基于对集体信仰的支持来选择人员。无信仰者被迫支持集体信仰，团队成员不得质疑结果。随着集体信念的增长，支持者和不支持者都被伤害。集体信仰的压力可能超过结果的实际情况。

项目越大，企业面临的财务风险越大，集体信念就越高。在铱星项目上，大家的共同信念源自摩托罗拉首席执行官 Galvin。因此，谁有可能成为愿意取消铱星项目的人？由于最有可能的人选应该是比 Galvin 更高的人，监督应该由董事会甚至整个铱星公司董事会的人来完成。遗憾的是，整个铱星董事会也是集体信念的一部分，他们推卸了对铱星项目的监督责任。最终，公司没有人愿意取消铱星项目。

大型项目会导致成本超支和进度延误。根据 David Davis（1985，100-101）的说法，一旦项目启动，就很难做出取消该项目的决定。在投入数百万美元后放弃一个项目是困难的，这往往会妨碍客观的审查和重新计算费用。因此，在理想情况下，一个不参与项目开发的独立管理团队应该重新计算项目成本，如果可能的话，进行全面审查，如果数据不能满足审查和成本重计，公司应该放弃该项目。许多糟糕的项目进入了运营阶段，这证明了它们的支持者经常对这个决定犹豫不决。

高级管理人员需要创造一个奖励诚信和勇气的环境，并为项目经理提供更多的决策机会。公司必须有一种鼓励项目成功的氛围，但高管们必须允许项目失败。

项目时间越长，不支持者和项目发起人就越有必要确保商业计划有"退出坡道"，以便在投入和消耗大量资源之前终止项目。遗憾的是，当一个集体信念存在时，"退出坡道"被有意地从项目和商业计划中省略了。

10. 铱星的初期

到 1992 年，铱星项目吸引了通用电气（General Electric）、洛克希德（Lockheed）和雷神（Raytheon）等实力雄厚的公司。一些公司希望参与到卫星技术革命中来，而另一些公司担心落后于技术前沿。无论如何，铱星正在寻找战略合作伙伴，但进展缓慢。

铱星计划于 1992 年 8 月提交给联邦通信委员会，要求建立一个由 66 颗卫星组成的卫星群，预计到 1998 年投入使用，比原先提议的更强大，项目的成本保持在先前估计的 33.7 亿美元。但铱星项目，虽然是基于对现有客户的高预期，但现在正吸引其他公司争夺联邦通信委员会批准类似的卫星系统，包括 Loral 公司、TRW 股份有限公司和 General Motors 公司旗下的 Hughes 飞机公司。至少有 9 家公司争夺卫星通信可能带来的数十亿美元的潜在收入。

即使竞争加剧，摩托罗拉仍在与合作伙伴签约。摩托罗拉将为铱星寻找必要的资金，内部截止日期定为 1992 年 12 月 15 日。巴西政府和泰国曼谷的联合通信公司（United Communications Co.）签署了收购该项目 5%股权的意向书，现在每股的价值约为 8 000 万美元。协议条款意味着铱星集团将以大约 50%的股权和 50%的贷款为该项目融资。

当 12 月 15 日的最后期限到来时，摩托罗拉在资金合作伙伴的签约问题上保持了相对的沉默，这加剧了人们对其陷入困境的猜测。摩托罗拉承认，这一过程非常耗时，因为有些投资者在进行投资之前需要政府批准。摩托罗拉预计将在某个时候，也许是在 1993 年上半年，宣布是否准备好采取下一步行动，即从投资者那里获得足够的现金，获得贷款，以及订购卫星和公用设备。

随着竞争的加剧，对潜在客户群规模的乐观情绪也随之增加。

摩托罗拉副董事长 John F. Mitchell 说："我们谈论的是一项产生数十亿美元收入的业务。""做一个简单的收入推断，"TRW 航天电子集团总经理 Edward J. Nowacki 补充道［该集团位于加利福尼亚州的雷东多海滩（Redondo Beach），计划开发一个 13 亿美元的 12 颗卫星系统，名为 Odyssey］，"你可以得出结论，即使世界上只有极小一部分人能够负担得起我们的服务，他们也能获得成功。"Mitchell 先生说，如果在 2000 年预期的 1 亿个手机用户中，只有 1%～1.5%的人以每分钟 3 美元的价格成为固定用户，铱星将实现收支平衡。他怎么知道的？他不愿分享的"市场营销研究"。TRW 的 Nowacki 先生说，Odyssey 的双向语音通信服务将覆盖全球，价格"仅略高于"手机。"有了 200 万个用户，我们的投资就能获得可观的回报。"执行副总裁 Anthony Navarra 说："Loral Qualcomm 卫星服务公司的目标是通过让电话公司的合作伙伴使用和运行其系统的地面站，从而成为'友好'的卫星。""到 2000 年，世界上将会有 1 500 万个未得到服务的手机用户。"（Keller，1993，B1）。

然而，尽管摩托罗拉和其他竞争对手试图用"夸大的市场预测"和公众希望更快、更清晰通话的愿望，来证明自己的投资是合理的，但金融市场分析师并没有那么仁慈。首先，市场分析人士质疑，除每分钟 3~7 美元的通话费外，愿意为卫星手机支付 3 000 美元或更高价格的客户群规模有多大。其次，该系统需要视距传输，这意味着该系统不能在建筑物或汽车中工作。如果一个商人在曼谷参加会议，需要给他的公司打电话，他必须离开大楼，举起他价值 3 000 美元手机上的天线，把天线指向天空，然后打电话。再次，由于大气阻力，低空飞行的卫星每隔 5~7 年会坠入地球大气层，需要更换。这极有可能导致高资本成本。最后，一些行业分析师认为，该公司的启动成本将接近 60 亿~100 亿美元，而不是铱星公司估计的 33.7 亿美元。此外，基于陆地的移动电话业务正在更多的国家推广，从而对铱星造成另一个竞争威胁。

原商业论证需要定期重新评估。但由于强烈的集体信念和仍存在的支持者，无论代价如何，对错过机会的担忧成了人们关注的焦点。摩托罗拉相当肯定，21 个投资者中有 18 个已经加入，它希望在 1996 年开始发射测试卫星，并在 1998 年开始商业服务。但是批评者认为铱星可能在它真正开始工作的时候就已经过时了。

最终，铱星公司吸引了 19 个战略合作伙伴的资金支持，分别是美国国际集团附属公司、中国长城工业公司、非洲铱星公司（总部设在开普敦）、加拿大铱星公司、印度铱星电信私人有限公司、意大利铱星公司、摩托罗拉、中东铱星公司、南美铱星公司、赫鲁尼契夫国家航天研制中心、韩国移动通信公司、洛克希德·马丁公司、日本铱星公司、太平洋电线电缆有限公司、雷神公司、STET 公司、Sprint 公司、泰国卫星通信有限公司、Verbacom 公司。

17 个战略合作伙伴也参与了网关运营，创建了运营公司。

如前所述，铱星董事会由 28 名电信高管组成。除一名董事会成员外，其他所有成员均为财团成员。鉴于董事会成员在铱星项目中的既得利益（财务利益），董事会很难有效履行其监督义务。

1993 年 8 月，洛克希德公司宣布将 7 亿美元收入用于卫星建设。洛克希德将建造卫星结构、太阳能电池板、推进系统，以及其他部件和工程支持。摩托罗拉和雷神公司将制造卫星的通信设备和天线。

1994 年 4 月，McDonnell Douglas 公司从铱星公司获得 4 亿美元的合同，为铱星公司发射 40 颗卫星。其他发射服务合同将给予俄罗斯赫鲁尼契夫国家航天研制中心和中国长城工业公司，这两个公司都是该财团的成员。与俄罗斯和中国的合同给美国供应商带来了巨大压力，美国供应商被要求降低成本。

与此同时，铱星公司的竞争对手之一，由 Loral 公司领导的 48 颗卫星移动电话系统——环球之星系统宣布，它打算在其服务的地区每分钟收费 65 美分。铱星公司的批评者认为铱星公司的产品价格太高，无法吸引大量的手机用户（Cole，1994，A4）。

11. 债务融资

1994年9月，铱星公司说，它已通过额外筹集7.335亿美元，完成了股权融资。这使得通过股权融资向铱星投入的总资本达到15.7亿美元。股权融资的完成使铱星公司得以进行债务融资，以建设全球无线卫星网络。

1995年9月，铱星宣布将通过投资银行高盛集团公司发行3亿美元10年期高级贴现票据，穆迪评级为Caa、标准普尔评级为CCC+。在投资者得出回报不值得冒这个风险的结论后，这些债券被认为是高风险、高收益的"垃圾"债券。

评级机构指出，低评级的原因是复杂技术尚未得到验证，而且该系统的很大一部分硬件将位于太空。但还有其他一些严重的问题：铱星项目的最终成本将远远高于预期，而且铱星不太可能收回这一成本；铱星在投入使用前还需要花费几年的时间；数量可观的卫星电话潜在客户可能不会选择铱星系统；自铱星概念首次提出以来，竞争对手的数量有所增加；如果铱星公司拖欠债务，投资者可以对铱星公司的资产提出索赔，但投资者将如何处置超过66颗等待重返大气层时解体的太空卫星呢？

铱星被设定为"项目融资"，在这种情况下，如果发生违约，只能扣押铱星的资产。有了项目融资，财团的投资者将不会因股票和债券市场产生的任何债务而受到损害，并且可以简单地退出铱星。投资于股票和信贷市场的人都很了解这些与项目融资相关的风险。

此次债券发行的主承销商Goldman Sachs公司认为，要想成功完成债券发行，就需要有像摩托罗拉这样财力雄厚的投资者提供担保。Goldman Sachs提到铱星公司的竞争对手之一环球之星公司最近4亿美元的债券，该公司得到了合伙人Loral公司的担保。

由于投资者的担忧，铱星撤回了3亿美元的债券发行计划。即使有了贷款担保，环球之星公司最终还是撤回了4亿美元的发行。投资者既想持有铱星的股权，又想获得20%的回报。此外，铱星将需要回到最初的17人财团，并进行内部融资。

1996年2月，铱星公司从17个成员的财团和私人投资者那里又筹集了3.15亿美元。1996年8月，铱星公司与62家银行获得了7.5亿美元信贷额度，这些银行是由大通证券公司（大通曼哈顿公司的一个子公司）和巴克莱银行下属的投资银行部共同安排的。因为这项信贷额度得到了摩托罗拉的财务担保和其AAA信用评级的支持，信贷认购了最初目标的两倍多。由于摩托罗拉的担保，贷款利率略高于5.5%的国际商业贷款基准利率，明显低于最终撤回的3亿美元债券发行利率。

尽管取得了初步的成功，铱星仍然面临着财政困难。到1996年年底，铱星计划从投资者那里筹集超过26.5亿美元的资金。据估计，全球将有300多家银行参与其中，这将是有史以来规模最大的私人债券发行。铱星认为，这次债券发行活动可能不会那么困难，因为铱星服务的推出日期越来越近。

12. M-Star项目

1996年10月，摩托罗拉宣布正在进行一个名为M-Star的新项目，这将是一个价值61亿美元的低轨道卫星网络，面向国际社会进行全球语音、视频和高速数据传输。该项目独立于铱星公司，预计在联邦通信委员会批准后需要四年才能完成。据摩托罗拉卫星通信集团公司副总裁兼总经理 Bary Bertiger 称："与铱星不同，摩托罗拉没有计划将 M-Star 作为一个独立的实体分离出去。我们不会自己出资，但我们的合作伙伴会比铱星公司少。"（Hardy，1996，B4）

M-Star 项目在投资界引起了一些质疑。铱星公司雇用了 2 000 人，但 M-Star 只有 80 人。铱星项目为摩托罗拉创造了近 1 100 项专利，而这些知识产权最有可能被转让给 M-Star。此外，摩托罗拉与铱星公司签订了三份全球通信系统建设和运营合同，从 1993 年开始的 10 年期间向摩托罗拉支付大约 65 亿美元。M-Star 是以铱星为代价开发的吗？M-Star 能取代铱星吗？如果摩托罗拉撤回支持，转而支持自己的内部竞争体系，那么铱星现有的 17 个财团成员会怎么样？

13. 新任首席执行官

1996 年，铱星开始组建一个非常强大的高层管理团队，聘请 Edward Staiano 博士担任首席执行官和副董事长。在 1996 年加入铱星之前，Staiano 在摩托罗拉工作了 23 年，在此期间，他以冷酷无情而著称。在他为摩托罗拉工作的最后 11 年里，Staiano 领导公司的通用系统部门达到了创纪录的增长水平。1995 年，该部门的销售额约占摩托罗拉 270 亿美元总销售额的 40%。在离开摩托罗拉转投铱星公司的过程中，Staiano 放弃了与摩托罗拉签订的每年 130 万美元的合同，获得了 50 万美元的底薪和 75 万份 5 年期铱星股票期权。Staiano 评论道（Hardy，1996，B8）：我在摩托罗拉的 40%~50% 的时间都花在铱星上……如果我能实现铱星的梦想，我将会赚一大笔钱。

14. 摩托罗拉（和铱星）的项目管理

摩托罗拉充分认识到，在如此大规模的工作中，良好的项目管理是必要的。仅仅是卫星的建造、发射和定位，就需要来自美国、爱尔兰、意大利、加拿大、中国、印度和德国的大约 6 000 名工程师的共同努力。以下是摩托罗拉和铱星项目管理实践的部分内容。

（1）选择合作伙伴。摩托罗拉必须找到高素质的合作伙伴，他们愿意直面所有问题，并愿意与团队合作，在问题出现后尽快找到解决方案。团队合作和公开交流是至关重要的。

（2）现有技术与新技术的对比。摩托罗拉希望尽可能多地使用现有技术，而不是完全"另起炉灶"。考虑到铱星项目需要 1 500 万行代码，这一点至关重要。摩托罗拉估计，只需要从头开始准备大约 200 万行代码。剩下的部分将来自现有项目中经过实践测试的软件。

（3）能力成熟度模型（Capability Maturity Model，CMM）的使用。每个战略合作伙伴都采用卡内基·梅隆大学软件工程研究所开发的 CMM 来选择和评估。在很多情况下，摩托罗拉会为一些战略合作伙伴提供 CMM 速成课程。在 1995 年，摩托罗拉已经达到了 CMM 5 级中的第 3 级，并计划在 1996 年达到第 4 级。

（4）工作分解结构。分解为主要系统、子系统和产品。

（5）调度系统。P3 软件（Primavera Project Planner）是用于计划、跟踪进度和快速发现调度问题的主要工具。Primavera 上的 1 级计划是高管简报的概要计划，2 级是更详细的日程安排，3 级计划是针对直属经理的，4 级计划是针对产品团队的。

（6）权衡。为权衡范围、成本、进度和风险，建立了范围变更控制流程。为合作伙伴和承包商提供了相当大的产品开发灵活性。决策权下放，承包商有权做出决策。受承包商决定影响的产品团队将得到通知并提供反馈。

到 1996 年，47 个主要里程碑中有 23 个在预算内按时或提前完成。这与 1994 年 Standish 集团的报告相矛盾，该报告指出，只有不到 9% 的大型软件项目能够在预算范围内按时完成。

15. 卫星发射

1997 年 1 月第二周的一个星期五上午 11 时 28 分，一枚装有全球定位系统（Global Positioning System，GPS）的 Delta 2 号火箭在发射时爆炸，碎片散落在 Cape Canaveral 发射台上。本次发射计划原定于 1996 年第三季度，却推迟到现在，肯定会对铱星的计划产生影响，同时由 McDonnell-Douglas 公司和美国空军代表组成的行业委员会确定了爆炸的原因。由于各种技术原因，其他发射已经被推迟。

1997 年 5 月，经过 6 次失败的尝试，第一批 5 颗铱星卫星发射升空。铱星公司仍然相信，1998 年 9 月开始服务的目标仍然是可以实现的，但是由于早期的失败，时间表上的所有休息时间都已经取消了。

这时，摩托罗拉已经积累了大量关于如何大规模生产卫星的知识。如 Bennahum（1998）所述：铱星卫星群是建立在一条装配线上的，风险和成本逐渐降低，一遍又一遍地做某件事，直到它不再是一门艺术，而是一个过程。在这项事业的高峰期，生产线没有花 18～36 个月的时间来制造一颗卫星，而是每四天半就生产出一个成品，把它装在一个集装箱里，放在一辆空载卡车的平板上，然后运到加利福尼亚或亚利桑那州，在那里，一架波音 747 把它带到中国太原地区的发射台，或者哈萨克斯坦的拜科努尔（Baikonur）大草原。

16. 首次公开发行

铱星公司每月花费 1 亿美元。铱星公司向美国证券交易委员会提交了一份初步文件，以每股 19～21 美元的价格首次公开发行 1 000 万股股票。由于上市推迟，首次公开募股被推迟了。

1997 年 6 月，在第一批五颗卫星进入轨道后，铱星公司申请首次公开发行 1 200 万股股票，每股价格为 20 美元。这将包括大约三个月的运营费用，包括卫星购买和发射费用。大部分资金将流向摩托罗拉。

17. 签约客户

铱星概念的实现已触手可及。剩下要做的就是像预测的那样，注册 50 万～60 万个用户使用这项服务。铱星公司拨出 1.8 亿美元用于营销活动，包括广告、公共关系和全球范围内的直邮活动。广告宣传活动的一部分为翻译成 13 种语言的直邮广告，电视和航空公司、机场展位和互联网网页上的广告。

如何营销铱星是一个挑战，人们肯定会讨厌手机。铱星公司营销传播执行总监 John

Windolph 说："这是一个巨大的挑战！它会吓到人。它就像一个砖块大小的设备，天线像一根结实的面包棒。如果我们有一个以我们产品为特色的活动，我们会失败。"这个决定聚焦于人们对失去联系的恐惧。于是营销活动开始了。但是铱星公司仍然不清楚谁会加入这个系统。一个收入 70 万美元的高管可能购买这部笨重的手机，让他的助手把手机放在公文包里，由公司报销使用手机的费用，每分钟支付 3~7 美元的通话费，这也是一项业务开支。但全球有 60 万名高管需要这项服务吗？

还有其他几个关键问题需要解决。我们如何隐藏或淡化手机 3 400 美元的购买价格和每分钟 7 美元的使用成本？我们如何避免评价以较低成本提供类似服务的竞争对手？我们在大约 180 个国家有营业执照，在所有国家都做广告吗？我们在《石油和天然气日报》上刊登广告吗？我们在女性杂志上做广告吗？我们使用整页还是双页印刷？

铱星公司不得不严重依赖其"网关"合作伙伴的营销和销售支持。铱星本身不可能接触到所有的潜在客户。网关合作伙伴是否提供所需的营销和销售支持？网关合作伙伴是否知道如何销售铱星系统及其相关产品？

这些问题的答案很快就出现了（Cauley，1999，A1）：短短几周内，就有 100 多万份销售咨询涌入了铱星的销售办公室。一些铱星的内部人士说，这些销售咨询被转发给了铱星的合作伙伴——许多人很快就消失了。由于没有营销渠道，很少有销售人员到位。大多数全球合作伙伴无法跟进这些咨询。堆积如山的热门销售技巧很快就失去了作用。

18. 铱星的快速上升

1998 年 11 月 1 日，铱星系统正式启动。这个历时 11 年的项目最终启动，仅仅晚了一个多月，这确实是一个了不起的壮举：

经过 11 年的努力，我们很自豪地宣布，我们已经开始营业。铱星公司将通过首款全球通信服务，开辟商业、救灾和人道主义援助的新领域。铱星产品的潜在用途是无限的。周游全球，希望与家庭和办公室保持联系的商务人士、在偏远地区运营的行业都会发现铱星可以满足他们的通信需求。

1998 年 11 月 2 日，铱星开始提供服务。随着铱星系统最终启动和运行，大多数金融分析师对铱星股票给"买入"建议，预计五年内年收入将达到 60 亿~70 亿美元。1999 年 1 月 25 日，铱星公司首席执行官 Ed Staiano 参加了一次新闻电话会议，讨论了该公司 1998 年第四季度的收益：1998 年第四季度，铱星公司创造了历史，成为第一家真正的全球移动电话公司。如今，一个无线网络（铱星网络）已经覆盖了整个地球。

进入 1999 年以来，我们采取了积极的战略，让我们的系统上拥有了大量客户，并迅速将铱星从技术事件转变为收入来源。我们认为这样做的前景非常好。我们的系统运行水平超出了预期。

预计的现金流为正，融资现在已经到位。客户的兴趣仍然很高，许多潜在的大客户现在已经评估了我们的服务并给予很高的评价。在所有因素对我们有利的情况下，我们可以出售服务，而这正是我们集中精力进行大量努力之处。

首席财务官 Roy Grant 也参加了电话会议：

上周，铱星通过成功的 750 万股公开募股筹集了约 2.5 亿美元。该产品具有三个主要优点：为我们的资产负债表提供了 2.5 亿美元的现金，使我们的公众持股量增加到大约 2 000 万股，释放了对摩托罗拉 3.5 亿美元担保中的 3 亿美元的限制。这些限制条件是我们的银行机构在我们 8 亿美元的担保信贷额度中施加的特定担保。

有了这 2.5 亿美元，再加上摩托罗拉提供的 3.5 亿美元额外担保，这意味着我们拥有大约 6 亿美元的资金，超出了实现现金流收支平衡所需的资金。这给公司提供了一个重要的应急储备资金。

1998 年 12 月，为了使旅行者了解其产品和服务，铱星公司同意以约 6 500 万美元的价格从美国电话电报公司和罗杰斯移动通信公司（Rogers Cantel）收购 Claircom 公司。Claircom 公司为美国飞机提供机上电话系统，并为国际航空公司提供设备。对 Claircom 的收购将对铱星公司的营销起到推动作用。

现有文献有关于大型、长期技术项目存在问题的表述。如 Bennahum（1998）所述："该系统无法让你完成许多有线用户想要做的事情。"Heather Hudson 教授警告说，他在旧金山大学（University of San Francisco）负责电信项目，并研究无线通信业务。20 世纪 90 年代的技术变化如此之快，很难跟上。铱星是基于 20 世纪 80 年代全球蜂窝系统设计的。从那时起，互联网蓬勃发展，移动电话变得更加普及。漫游的机会比 1989 年设想的要多得多。因此，在旅途中需要寻找手机替代品的商人数量减少了。

此外，在 20 世纪 90 年代后期，一些行业观察家认为，摩托罗拉不考虑成本来确保铱星公司成功，其动机更多的是维护其声誉。在 1994 年至 1997 年间，摩托罗拉的销售增长减缓，净收入下降，利润率下降。此外，该公司曾经历过几次商业危机，包括未能预见到手机行业向数字手机的转变，导致 1998 年摩托罗拉股价下跌超过 50%。

19. 铱星快速下降

铱星项目上升花了十多年，而下降仅花了几个月。在三月份的第一周，即一月份的电话会议近五周之后，铱星的财务困境开始浮出水面。铱星预期到 1998 年年底将有 20 万个用户，并以每月 4 万个用户的速度增加。铱星的债券契约规定，到 3 月底，其目标用户为 2.7 万个。如果达不到这么小的目标，投资者的信心可能急剧下降。铱星只有 1 万个用户。10 年前的市场已经不是今天的市场了。同样，10 年前铱星的竞争对手很少。

铱星指出，用户数量不足的主要原因是电话短缺、某些技术故障、软件问题，最重要的是缺乏完善的销售渠道。铱星发现，它必须培训销售人员，而铱星本身必须销售产品，而不是靠经销商。投资者似乎对销售问题并不满意，这个问题在几年前就应该解决，而不是在进入商业服务后的四个月。

铱星的广告活动被称为"呼唤地球"，并承诺可以随时随地进行交流。这并非完全正确，因为该系统无法在建筑物甚至汽车内运行。此外，铱星公司低估了用户在登录之前检查和测试系统所需的时间。在某些情况下，这将是六个月。

许多人将铱星的迅速衰落归咎于营销和销售（Surowieckipp，1999）：没错，铱星公司犯下了太多的营销和销售错误，以至于它的教训可以成为一本关于如何不销售产品的教科书的基础。它的手机起价为 3 000 美元，有砖头大小，不能像承诺的那样使用。当铱星开展了一项耗资 1.8 亿美元的广告活动时，商店里买不到这种产品。铱星的价格为每通电话 3.00～7.50 美元，简直是天价。

铱星的商业计划存在缺陷。自 1998 年 11 月 2 日开始提供服务以来，考虑到测试该产品所需的时间，到 1999 年 3 月，不太可能有 2.7 万个用户。最初的商业计划要求财团在服务开始之前就销售产品。但是仅仅靠小册子来销售这项服务几乎是不可能的。用户希望订购前触摸、使用和测试手机。

铱星宣布，由于用户和收入均低于预期，铱星正在与其贷款人进行谈判，以更改一项价值 8 亿美元的担保信贷协议的条款。表 13-8 中显示了信贷协议的约定。

表 13-8　信贷协议条款

日　　期	累计现金收入/百万美元	累计应计收入/百万美元	卫星电话号码用户/个	系统用户数量*/个
1999 年 3 月 3 日	4	30	27 000	52 000
1999 年 6 月 30 日	50	150	88 000	213 000
1999 年 9 月 30 日	220	470	173 000	454 000

*系统用户总数包括铱星电话、传真和寻呼服务的用户。

该股票交易价格曾高达每股近 73 美元，现在大约为每股 20 美元。而且，在又一次挫折中，首席财务官 Roy T. Grant 辞职了。

（1）1999 年 4 月。

铱星首席执行官 Ed Staiano 在 4 月 22 日的董事会上辞职。消息人士认为，Staiano 辞职是因为董事会否决了他的计划，即要求更多资金来发展铱星自己的营销和分销团队，而不是依赖于其战略合作伙伴。消息人士还表示，另一个问题是，Staiano 削减了铱星系统的基本成本，但无法让摩托罗拉削减与铱星利润丰厚的 5 亿美元服务合同。有人认为 Staiano 希望将摩托罗拉的服务合同减少多达 50%。

铱星非洲公司首席执行官 John Richardson 被任命为临时首席执行官。Richardson 的专长是企业重组。截至 3 月底，铱星表示其净亏损为 5.054 亿美元，合每股亏损 3.45 美元。该股跌至每股 15.62 美元。在商业推广五个月后，铱星仅吸引了 10 294 个用户。

Richardson 的首要任务之一是修改铱星的营销策略。铱星公司不确定自己从事什么业务。据 Richardson 说（Hawn，1999，60-62）：关于这个产品是什么及它该应用到哪里的观点在一次又一次会议上不断变化。今天，我们谈论的是手机应用，第二天就成了卫星产品。当我们在 11 月发布产品时，我不确定我们是否清楚自己想要成为什么。

（2）1999 年 5 月。

铱星公司正式宣布，预计不会达到 8 亿美元贷款协议规定的目标。贷款机构同意铱星公司延期两个月。该公司股价跌至每股 10.44 美元，部分原因是摩托罗拉宣布可能退出这家陷入困境的合资企业。

华尔街开始谈论破产的可能性。但是铱星表示，它正在修改商业计划，并希望在月底前为其融资开辟一条新的道路。关于铱星的一份监管文件披露，不确定它是否有足够的现金来完成协议，以承诺的 6 500 万美元现金和债务收购电话服务供应商 Claircom 公司。

铱星收到了延期偿还债务的通知，因为贷款机构知道，从项目计划到经营业务的转变并非易事。银行和债权人愿意延期的另一个原因是破产不是一个可行的选择。股权合伙人拥有所有的地面站、分销渠道和监管许可。如果银行和债权人迫使铱星公司破产，他们最终可能拥有一个无法与地面或网关通信的卫星群。

（3）1999 年 6 月。

铱星公司在已经获得两个月延期的基础上又获得了 30 天的延期。铱星被要求在 6 月 30 日之前支付 9 000 万美元的债券。铱星公司开始解雇其 550 名员工中的 15%，包括两名高级管理人员。股票现在跌到了每股 6 美元，债券售价为每股 19 美分。

我们把所有困难的事情都做得很好，比如建立网络，而把所有简单的事情最后都做得很差（Hawn, 1999, 60-62）。

—— 铱星首席执行官 John Richardson

铱星的主要错误是过早地推出了一款尚未准备好的产品。人们对这个项目的技术重要性如此着迷，以至于忽视了致命的营销陷阱。事实证明，铱星的国际架构几乎无法管理：董事会的 28 名成员讲多种语言，将会议变成小型联合国会议，并配有耳机，将会议记录翻译成五种语言（Cauley, 1999, A1）。

—— 铱星首席执行官 John Richardson

我们是一个关于如何不推出产品的经典 MBA 案例研究。首先，我们创造了一项了不起的技术成就。然后我们寻求如何赚钱。

—— 铱星首席执行官 John Richardson

铱星正在尽一切可能避免破产，但需要时间。一些工业客户需要 6~9 个月的时间来试用新产品，但是如果铱星公司在 6 个月内就要倒闭的话，他们就不愿意订购。此外，铱星的竞争对手正在大幅降低价格，给铱星带来进一步的压力。Richardson 随后将铱星的一些产品和服务降价 65%。

（4）1999 年 7 月。

银行和投资者同意给予铱星第三次延期至 8 月 11 日，以履行其财务承诺。所有人似乎都明白，重组的范围比最初设想的要广得多。

铱星最大的投资者和总承包商摩托罗拉承认，除非能达成重组协议，否则作为破产程序的一部分，该项目可能不得不被终止和清算。摩托罗拉还表示，如果发生破产，摩托罗拉将继续维持卫星网络，但只在一定期限。

铱星要求财团投资者和承包商拿出更多资金。但对许多财团成员来说，继续投资看起来像在浪费钱。一些合作伙伴明确表示，他们将放弃铱星，也不提供额外资金。这可能对某些地方的服务产生深远影响。因此，所有合作伙伴都必须参与重组。华尔街分析师预计，

（5）1999年8月。

8月12日，铱星公司申请破产保护，这就像一把匕首刺进了这家公司的心脏。几年前，这家公司还预计在运营的第一年就能实现财务收支平衡。这是迄今为止20家最大的破产申请之一。该股票的交易价格曾跌至每股3美元，于1999年8月13日在纳斯达克股票交易所停牌。铱星的通话费用已降至每分钟1.40~3美元，手机的价格则降至每部1 500美元。

铱星几乎没有希望。商业计划和技术计划都有缺陷。铱星公司的商业计划似乎来自电影《梦幻成真》(*Field of Dreams*)，在这部电影中，一个爱荷华州的玉米农场主被迫在玉米田中间建造一个棒球场。他脑海中神秘的声音说："建造它，他们就会来。"在电影中，他做到了，他们来了。虽然这是一部好莱坞电影的好情节，却是一个糟糕的商业计划。

> 如果你建造铱星，人们可能来。但是更有可能的是，如果你制造一些更便宜的东西，人们会先来。
>
> —— Herschel Shosteck，电信顾问，1992年

该技术计划旨在打造电信的圣杯。遗憾的是，在花费数十亿美元之后，对该技术的需求随时间而改变。设计该系统的工程师（其中许多人以前曾在军事项目上工作）缺乏对"支付能力"一词的理解，也不了解向不止一个客户（国防部）推销系统的必要性。

卫星系统总是远远落后于技术曲线。铱星公司完全缺乏跟上互联网时代的能力（Paterik，2005，D5）。

—— 哥伦比亚大学研究所远程信息高级研究员 Bruce Egan

（6）1999年9月。

Leo Mondale 辞去了铱星公司的首席财务官一职。分析人士认为，Mondale 辞职是因为重组不可能成功。一位分析师表示："如果他们（铱星）接近重组计划，他们就不会引进一个全新的团队。"

20. 铱星"流感"

铱星的破产对整个行业产生了类似流感的影响。铱星全球主要竞争对手之一的 ICO 全球通信公司，也在铱星申请破产保护两周后申请了破产保护。ICO 未能从已经延期两次的公开募股中筹集到5亿美元。另一个竞争对手——环球之星卫星通信系统，财务状况仍然良好（Hardy，1999，216–217）。

> 他们（铱星）把每个人的期望都定得太高了。
>
> —— 环球之星首席运营官 Anthony Navarro

21. 寻找白衣骑士

铱星迫切需要一个合格的竞标者来充当白衣骑士的角色。由联邦破产法庭确定某人是合格的投标人。合格的投标人必须提交一份可退回的现金保证金或由知名银行签发的信用证，金额应等于 1 000 万美元或竞购铱星所有权的 10%。

根据破产法庭的文件，铱星每月收入 150 万美元。1999 年 12 月 9 日，摩托罗拉同意向铱星注资 2 000 万美元。铱星急需一位"白衣骑士"，否则它可能在 2000 年 2 月 15 日前用完资金。每月的运营成本为 1 000 万美元，每隔几年卫星补给的成本高达 3 亿美元，由于资产的特殊性，是否有人能利用铱星的资产成功开展业务都是个问题。

手机企业家 Craig McCaw 计划进行短期现金注入，同时他考虑进行更大规模的投资来拯救铱星。他还带领着一群投资者，这些投资者承诺提供 12 亿美元，以拯救申请破产保护的 ICO 卫星系统（WSJ, 2000, 1）。

据说有几个白衣骑士出现了，但是 Craig McCaw 的团队被认为是唯一可信的候选人。尽管 McCaw 提出的重组计划尚未完全披露，但预计摩托罗拉将是参与的少数股东之一。根据重组计划，摩托罗拉将把铱星系统每月的运营和维护费从 4 500 万美元降低到 880 万美元（Thurm, 2000a, 1）。

22. 失败的定义（1999 年 10 月）

铱星网络是一个工程奇迹。摩托罗拉永不言败的态度创造了技术奇迹，并克服了美国航空航天局级别的技术问题。铱星克服了全球政治问题、国际监管混乱问题及七大洲的一系列地缘政治问题。实际上，铱星系统被摩托罗拉的 Galvin 称为世界第八大奇迹。

但是破产是否表明摩托罗拉失败了？绝对不！摩托罗拉从铱星合同中获得了 36.5 亿美元。假设这些合同的利润为 7.5 亿美元，摩托罗拉在铱星公司的净亏损约为 12.5 亿美元。简单地说，摩托罗拉花了 12.5 亿美元在这个项目上，如果他们希望自己开发这项技术的话，可能要花 50 亿美元。铱星公司为摩托罗拉提供了 1 000 多项建造卫星通信系统的专利。铱星使摩托罗拉得以在全球卫星行业中占据领先地位。摩托罗拉还签约成为建造 288 颗卫星的"空中互联网"的总承包商，该项目被称为 Teledesic 项目。Teledesic 项目的支持者包括波音公司、微软董事长比尔·盖茨和手机大亨 Craig McCaw。Teledesic 项目的价格为 150 亿美元，用于传输数据、视频和语音。铱星在未来几十年里提升了摩托罗拉的声誉。

摩托罗拉表示，除非有其他财团成员注资，否则它无意向困境中的铱星提供额外资金。该财团的几名成员表示，他们将不提供任何额外资金，并正在考虑清算其在铱星公司的资产（Thurm, 2000b, 1）。

2000 年 3 月，即使打了很大的折扣，McCaw 还是撤回了对铱星的救助，声称他的努力将用于拯救 ICO 卫星系统。实际上，这等同于签署了铱星的死亡证明。

McCaw 不愿意拯救铱星的原因之一可能是一些铱星原始投资者的不满，他们在重组过程中完全被排除在外，从而可能失去全部投资。

23. 卫星脱轨计划

随着 McCaw 撤资，铱星公司被美国法院通知破产，其未能在法院指定的期限内找到合格的买家。铱星公司将在 2000 年 3 月 17 日晚上 11:59 后终止其商业服务，并将开始清算其资产。

在铱星宣布这一消息之后，摩托罗拉立即发布了以下新闻稿：在脱离轨道计划最终确定期间，摩托罗拉将在一段有限的时间内维护铱星系统。在此期间，我们还将继续与偏远地区的用户合作，以获得替代通信。然而，在此期间有限的铱星服务能否继续，将取决于作为独立运营公司的各个网关公司是否保持开放。为了支持那些直接从摩托罗拉购买铱星服务的客户，摩托罗拉建立了一个一周七天、一天 24 小时开放的客户支持呼叫中心和网站。为客户提供的信息中包括备选卫星通信服务的清单。

这个脱轨计划可能需要两年才能完成，耗资 5 000 万 ~ 7 000 万美元。这将包括所有 66 颗卫星和在太空中作为备用或退役故障的其他 22 颗卫星。铱星很有可能一次让四颗卫星脱离轨道，方法是启动推进器将它们抛入大气层，使它们在大气层中燃烧。

24. 铱星获救 2 500 万美元

2000 年 11 月，由航空公司高管领导的一组投资者获得了破产法院的批准，成立了铱星卫星公司，并购买了铱星公司的剩余资产。收购价为 2 500 万美元，一美元资产售价不足一便士。

作为拟出售的一部分，摩托罗拉将系统运维移交给波音公司。尽管摩托罗拉将在新系统中保留 2%的股份，但摩托罗拉将不再有运营、维护或停用该卫星群的义务。

几乎在宣布消息后不久，美国国防部下属的国防信息系统局与铱星卫星公司签订了一份价值 7 200 万美元的合同（Satellite Today，2000，1）：

铱星不仅将增加我们现有的能力，还将为纯军事系统提供商业替代方案。这可以实现真正的军民两用，使我们在技术上更接近前沿，并为未来提供真正的替代方案。

—— 美国国防部负责收购的首席副部长 Dave Oliver

铱星已从灭绝的边缘获救。作为协议的一部分，新成立的公司收购了原铱星公司及其子公司的所有资产，其中包括卫星群、地面网络、铱星房地产及铱星最初开发的知识产权。由于新公司大大降低了成本，因此能够基于铱星产品和服务的目标市场开发出可行的商业模式（Paterik，2005）。

每个人都认为铱星卫星坠毁并被烧毁了，但它们都还在那里。

—— WCC 首席执行官 Weldon Knape

（1）2005 年 4 月。

一款新的铱星手机售价为 1 495 美元，大小相当于一部家用无线电话。旧的、尺寸大的型号起价 699 美元，或者顾客可以以每周 75 美元的价格租一部。服务费用为每分钟 1 ~

1.60 美元（Paterik，2005）。

（2）2006 年 2 月。

2006 年 2 月 6 日，铱星宣布 2005 年是有史以来最好的一年。该公司拥有 14.2 万个用户，比 2004 年增长了 24%，2005 年的收入比 2004 年增长了 55%。铱星的首席执行官 Carmen Lloyd 表示："铱星拥有非常强大的财务基础，其商业模式是自筹资金。"[①]

截至 2006 年，铱星的销售额为 2.12 亿美元，利润为 5 400 万美元。铱星拥有 18 万个用户，并且预计每年将以 14%~20%的速度增长。铱星已经改变了商业模式，首先关注销售和营销，其次才是宣传。这使公司可以接触新客户和新市场（Jana，2007）。

25. 股东诉讼

摩托罗拉从中获得的好处，是以铱星及其投资者为代价的，这并没有被忽视。至少有 20 家投资集团对摩托罗拉和铱星提起诉讼，理由如下：摩托罗拉榨取铱星公司的利润，并利用合作伙伴的资金资助自己进军卫星通信技术；通过使用铱星，摩托罗拉确保了自己的声誉不会因为项目的失败而受损；通过首次公开募股筹集的大部分资金都流向了摩托罗拉，用于设计大部分卫星和地面站的硬件和软件；铱星用其 14.5 亿美元债券的收益，利率从 10.875%到 14%，主要用于支付摩托罗拉的卫星费用；被告虚报了可达到的用户数量和收入数字；被告未透露技术问题的严重性；被告没有披露手机延迟交付的情况；被告违反了其与债权人之间的契约；被告延迟披露信息，提供了误导性信息，并人为抬高了铱星公司的股价；被告利用人为抬高的价格出售了自己的大量股份，以获取数百万美元的个人利润。

26. 破产法院裁决

2007 年 9 月 4 日，将近 10 个月后，曼哈顿的破产法庭做出了有利于摩托罗拉的判决，激怒了那些本希望从摩托罗拉获得 37 亿美元赔偿的债权人。法官裁定，尽管金融专家现在知道铱星是一个没有希望的单向现金流、有缺陷的技术项目和注定失败的商业模式，所以资本市场对铱星获取巨额利润的期望是"极其错误的"，但当铱星在资本市场成功地筹集了相当可观的债务和股本的关键时期，它是"有偿付能力的"。即使坏消息开始出现，铱星的投资者和承销商仍然认为铱星有潜力成为一个有活力的企业。

法院裁决后的第二天，报纸报道称，现在私人控股的"铱星有限责任公司"（Iridium LLC）正准备通过私募股权发行筹集约 5 亿美元，然后在未来一两年内进行首次公开募股。

27. 结语 2011

当铱星公司破产时，它被认为是一个技术杰作，却是一个商业败笔。尽管许多人愿意放弃铱星，但它仍然存在，而且做得相当不错。继 2007 年法院裁决后，铱星公司宣布了第二代铱星计划，名为铱星下一代。铱星下一代的卫星发射将于 2015 年开始，并于 2017 年完成。最初的铱星在 1997—1998 年发射，预期寿命为 5~7 年，现在预计到 2014—2020 年将全面投入使用。

铱星公司能够从美国政府获得新合同，并吸引新用户。铱星还成立了一个投资者联盟，

[①] 铱星公司 2006 年 2 月 6 日新闻公报。

提供资金支持。2010 年 6 月 2 日，铱星公司宣布将与 Thales Alenia 航天公司签订价值 29 亿美元的卫星采购合同。与此同时，Space X 公司获得了一份价值 4.92 亿美元的合同，用于从加州 Vandenberg 空军基地发射这些卫星。

2010 年，铱星公司的股价最高为 11.13 美元，最低为 6.27 美元，市值为 6.56 亿美元，每股收益为 0.09 美元。但是，在铱星保持增长的同时，必须考虑新的风险：

（1）空间中有太多卫星，并且铱星卫星有可能与另一颗卫星相撞（铱星确实曾与俄罗斯卫星相撞）。有人说这是一项明确的、可接受的风险。

（2）存在大量的旋转碎片击中铱星卫星的风险。

（3）可能需要额外的备用卫星，也许不是每个卫星都会有备用卫星。通常，移动的卫星最多运行两周时间，并且会消耗大量燃料，从而缩短了卫星的预期寿命。

（4）最初的铱星卫星是在装配线上生产的。在 1997—1998 年的高峰时期，铱星每 4.3 天生产一颗卫星，而单颗卫星的研制通常为 21 天。铱星公司还能够将每颗卫星的建造成本控制在 500 万美元左右。这样的水平将不得不再次复制，甚至提升。

（5）有人认为，铱星的生存是基于它从美国政府获得的大量合同。如果政府减少对铱星的支持，甚至退出铱星，金融风险可能大大增加。

28. 结语 2019

2018 年 10 月 29 日，狮航 JT 610 航班从雅加达起飞后不久坠毁，机上 189 人全部遇难（Tangel 和 Wall，2018）。不到 6 个月后，即 2019 年 3 月 10 日，一架埃塞俄比亚航空公司的飞机在起飞时坠毁，机上 157 人丧生（Korte，2019）。两架飞机均为波音 737 MAX 8 喷气式飞机。

从飞机失事中获取黑匣子数据可能需要几个月的时间。但是在埃塞俄比亚航空公司坠机事故发生的一周内，美国联邦航空局就收到了铱星旗下 Aireon 有限责任公司的原始数据（Wall，2019）：Aireon 使用放置在卫星上的装备，收集了飞机的速度、航向、高度和位置等数据。它每八秒或更短的时间更新一次。空中交通管制服务商越来越多地使用这些数据来跟踪从停机坪到停机坪的飞机——只有随着复杂卫星网络的发展，才有可能实现这一功能。

这种可能性可以追溯到大约十年前，那时铱星公司正在开发新卫星群的概念，并认识到其卫星有过剩的能力。首席执行官 Matt Desch 和另一位高级管理人员 Don Thoma 决定将重点放在空中交通管制上，因此，与加拿大空管导航服务商 Nav Canada 合作，将 Aireon 公司分离出来，成为一家飞机追踪公司，使用的是搭载 Aireon 飞行追踪器（铱星下一代卫星）。Thoma 离开铱星公司去运营 Aireon 公司（Wall，2019）。

美国、加拿大和其他国家的政府开始处理 Aireon 提供的数据，很明显，两次坠机事故都暴露出严重的安全问题。在宣布飞机可以安全飞行的第二天，FAA 与其他国家一起停飞 737 MAX。

截至 2018 年年底，铱星的有效载荷和其他数据服务拥有 112.1 万个付费用户：我们的核心业务从未如此强大，商业物联网的势头继续推动创新和新应用，从而推动了新的商业伙伴关系和用户增长。作为上市公司，我们实现了七年来最高的收入增长和最佳的息税折旧及摊销前利润增长。随着铱星下一代升级的完成，我们的财务转型正在顺利进行。完成了一段密集的资本投资时期，我们正把注意力转向公司新的增长阶段，这将带来新的收入来源和息税折旧及摊销前利润增长，支持大量自由现金流，这可使股东受益。

该公司仍然处于技术突破的前沿，证明对铱星的需求仍然存在。

29. 讨论问题

（1）铱星是什么类型的创新项目？
（2）创新项目是否有赞助商？
（3）项目是否需要技术突破？
（4）铱星是否存在有效的商业论证？
（5）项目是与其客户共同创建的吗？
（6）所谓的商业论证是否发生了变化？
（7）为什么铱星是有限责任公司？
（8）铱星公司了解风险吗？
（9）铱星公司如何适应快节奏的技术环境？

参考文献

[1] Arup, O. and Zunz, G. J.（1969）. Sydney Opera House. *Structural Engineer* vol. 47, no. 10（October）.

[2] Baham, J.（2014）. *The Unauthorized Story of Walt Disney's Haunted Mansion*（2nd ed.）. Theme Park Press.

[3] Bennahum, David S.（1998）. The United Nations of Iridium, *Wired*, 6（10）, 194. www.wired.com/1998/10/iridium-2/, accessed May 10, 2019.

[4] Bird, J. Cellular technology in telephones. *Data Processing*, 27（8）, October 1985, 37.

[5] Braithwaite, D.（2007）. Opera House wins top status. *The Sydney Morning Herald*. June 28.

[6] Brewin, B.（2013）. A 2006 battery fire destroyed Boeing 787 supplier's facility. NextGov. January 22. www.nextgov.com/emerging-tech/2013/01/2006-battery-fire-destroyed-boeing-787- suppliers-facility/60809/.

[7] Carbone, N.（2011）. "World Landmarks Go Dark In Honor of Earth Hour." *Time*. March 26.

[8] Cauley, L.（1999）. Losses in space—Iridium's downfall: The marketing took a back seat to science.*Wall Street Journal*（Eastern edition）, August 18, A1.

[9] Cole, J.（1994）. McDonnell Douglas said to get contract to launch 40 satellites for Iridium plan.*Wall Street Journal*（Eastern edition）, New York, April 12, A4.

[10] Cooper, A.（2013）. Fire aboard empty 787 Dreamliner prompts investigation. CNN. January 8. https://edition.cnn.com/2013/01/07/travel/dreamliner-fire/index.html.

[11] Cooper, C., and Matsuda, K.（2013）. GS Yuasa shares surge as Japan ends company inspections.*BusinessWeek*. January 28.

[12] Dalløkken, Per Erlien（2013）. Herer Dreamliner-problemet（in Norwegian）. Teknisk Ukeblad.Energy storage technologies—Lithium. Securaplane. January 17.

[13] Davis, D. （1985）. New projects: Beware of false economics. *Harvard Business Review*, March– April, 100–101.

[14] Denning, S. （2013）. What went wrong at Boeing? *Forbes*, January 21.

[15] Disney Book Group （1996）. *Walt Disney Imagineering: A Behind the Dreams Look at Making the Magic Real* （1996）. Foreword by Michael D. Eisner. New York: Hyperion Books.

[16] Drew, C., Tabuchi, H., and Mouawad, J. （2013）. Boeing 787 battery was a concern before failure.*The New York Times*. January 29.

[17] Dudley, B. （2013）. Lithium-ion batteries pack a lot of energy—and challenges. *The Seattle Times*.January 17.

[18] Eisner, Michael, and Tony Schwartz. （1998）. *Work in Progress: Risking Failure, Surviving Success*. New York: Hyperion.

[19] Ellis, E. （1992）. Interview with Utzon in the *Sydney Morning Herald Good Weekend,* 31 October 31, Ericellis.com.

[20] Farrelly, E. （2008）. High noon at Bennelong Point. *Canberra Times*, Canberratimes.com.au December 1. www.smh.com.au/national/high-noon-at-bennelong-point-20081201-gdt4vl.html, accessed May 30, 2019.

[21] Flower, J. （1993）. Iridium. *Wired*, 1 （5）, November.

[22] Freed, Joshua. （2013）, FAA approves test flights for Boeing 787. *Seattle Times*. February 7. www.seattletimes.com/seattle-news/faa-approves-test-flights-for-boeing-787/, accessed May 29, 2019.

[23] Gerding, B. （1996）. Personal communications via satellite: An overview. *Telecommunications*30（2） （February）: 35, 77.

[24] Grams, P. and Zerbib, P. （1998）. Caring for customers in a global marketplace. *Satellite Communications* （October）: 24.

[25] Hardy, Q. （1996）. Motorola is plotting new satellite project—M-Star would be faster than the Iridium System, pitched to global firms. *Wall Street Journal* （Eastern edition）, New York, October 14, B4.

[26] Hardy, Q. （1995）. Iridium pulls $300 million bond offer; analysts cite concerns about projects. *Wall Street Journal* （Eastern edition）, New York, September 22, 1995, p. A5

[27] Hardy, Q. （1996）. How a wife's question led Motorola to chase a global cell-phone plan. *Wall Street Journal* （Eastern edition）, New York, December 16, P. A1.

[28] Hardy, Q. （1996）. Staiano is leaving Motorola to lead firm's Iridium global satellite project. *Wall Street Journal* （Eastern edition）, New York, December 10, B8.

[29] Hardy, Q. （1999）. Surviving Iridium. *Forbes,* September 6, 216–217.

[30] Hawn, C. （1999）. High Wireless Act. *Forbes*, June 14, 60–62.

[31] Hench, J. （2008）. *Designing Disney: Imagineering and the Art of the Show*. New York: Disney Editions.

[32] Hench, J., and P. van Pelt. （2003）. *Designing Disney: Imagineering and the Art of the Show*. New York: Disney Editions.

[33] Henningan, W. J. （2013）. FAA approves fix for Boeing 787 battery. *Los Angeles Times*, April 19. www.latimes.com/business/la-xpm-2013-apr-19-la-fi-0420-faa-boeing-dreamliner-20130420-story.html, accessed May 29, 2019.

[34] Hiltzik, Michael A. (2000). McCaw drops Iridium bailout; 50,000 face service loss Monday. *Los Angeles Times*, March 4.

[35] Hradecky, S. (2013). Accident: ANA B787 near Takamatsu on Jan 16th, 2013, battery problem and burning smell on board. *Aviation Herald.* January 16. http://avherald.com/ h? article=45c377c5&opt=0.

[36] Jana, R. (2007). Companies known for inventive tech were dubbed the Next Big Thing and then disappeared. Now they're back and growing. *Business Week*, Innovation, April 10.

[37] Jones, P., and O. Arup. (2006). *Masterbuilder of the Twentieth Century*. New Haven, CT: Yale University Press.

[38] Keene, T. (2013). Airbus CEO "confident" Boeing will find fix for 787. Bloomberg, January 17. www.bloomberg.com/video/airbus-ceo-confident-boeing-will-find-fix-for-787-b1zkhggg TB6DE6nv47gJNQ.html.

[39] Keller, J. (1993). Telecommunications: Phone space race has fortune at stake. *Wall Street Journal* (Eastern edition), New York, January 18, B1.

[40] Korte, G. (2019). 8 Americans among 157 dead after Ethiopian Airlines flight crashes after takeoff. *USA Today.* March 10. www.wsj.com/articles/aerospace-upstart-changes-how-planes-are- tracked-11552590711.

[41] La Tercera. (2013). LAN suspende de forma temporal la operación de flota Boeing 787 Dreamliner. *La Tercera.* January 16. www.latercera.com/noticia/negocios/2013/01/655-504140- 9-lan-suspende-de-forma-temporal-la-operacion-de-flota-boeing-787-dreamliner.shtml, accessed May 30, 2019.

[42] Madslien, J. (2013). Boeing 787 Dreamliner: The impact of safety concerns. BBC News. January 17. www.bbc.com/news/business-21041265, accessed May 30, 2019.

[43] Marling, K. (1997). *Designing Disney's Theme Parks: The Architecture of Reassurance.* Paris—New York: Flammarion.

[44] Martin, H. (2017). Disney to invest big money on a struggling Euro Disney. *Los Angeles Times.* February 10. www.latimes.com/business/la-fi-euro-disney-20170210-story.html, accessed May 10, 2019. McCurry, J. (2013). 787 emergency landing: Japan grounds entire Boeing Dreamliner fleet. *The Guardian.* Retrieved January 16. https://www.theguardian.com/business/2013/jan/16/787- emergency-landing-grounds-787.

[45] Mitra-Thakur, S. (2013). Japan says 787 battery was not overcharged. *Engineering & Technology.* January 23.

[46] Morgan, J. (2006). The phantoms that threaten the opera house. *Sydney Morning Herald.* November 11. www.smh.com.au/national/the-phantoms-that-threaten-the-opera-house-20061111- gdot1e.html.

[47] Mouawad, J. (2014). Report on Boeing 787 Dreamliner battery flaws finds lapses at multiple points. *The New York Times*, December 1.

[48] Mukai, A. (2013). Japan to investigate Boeing 787 fuel leak as FAA reviews. Bloomberg. January 15. Murray, P. (2004). *The Saga of the Sydney Opera House*. London: Spon Press.

[49] Negishi, M., and Kelly, T. (2013). Japanese airlines ground Dreamliners after emergency landing. Reuters. January 16, 2013. www.reuters.com/article/us-boeing-ana/japanese-airlines-ground-dreamliners-after-emergency-landing-idUSBRE90F01820130116, accessed May 29, 2019.

[50] New South Wales Government, Department of Commerce, NSW.gov.au Accessed 1 December 2008. Ostrower, J., and Nicas, J. (2013). Fresh jet glitches bedevil Boeing. *Wall Street Journal.* January 9, www.wsj.com/articles/SB10001424127887323482504578229800636659218.

[51] Paterik, S. （2005）. Iridium alive and well. *The Arizona Republic*, April 27, D5.

[52] Pearman, H. （2007）. Millennium Masterwork: Jorn Utzon's Sydney Opera House. Hugh Pear- man. Gabion.

[53] Reed, T. （2013）. Boeing and FAA: What we learned from 787 problems. June 12. www.thestreet. com/story/11948417/1/boeing-and-faa-what-we-learned-from-787-problems.html, accessed May 29, 2019.

[54] Reuters （2013）. "European safety agency to ground 787 in line with FAA." Reuters. January 16. www.reuters.com/article/boeing-787-easa/european-safety-agency-to-ground-787-in-line-with-faa-idUSL6N0AM0E020130117.

[55] Rubin, Judith（2010）. Disney Imagineering: Bill Novey and the business of theme park special effects. Blooloop.com.https://blooloop.com/features/disney-imagineering-bill-novey-and-the-business-of-theme-park-special-effects/, accessed April 30, 2019.

[56] Rushe, D. （2013）. Why Boeing's 787 Dreamliner was a nightmare waiting to happen. *The Guardian,* January 18.

[57] Satellite Today. （2000）. DoD awards $72 million to revamp Iridium. *Satellite Today*. Potomac: December 7, 3 （227）, 1.

[58] Scott. A., and Saito, M. （2013）. FAA approval of Boeing 787 battery under scrutiny. NBCNews. com （January 23）. www.nbcnews.com/business/business-news/faa-approval-boeing-787- battery-under-scrutiny-flna1 C8087461, accessed May 29, 2019.

[59] Scribner, G., and Rees, J. （Directors）. （2007）. *Disneyland: Secrets, Stories, and Magic* （DVD）.Walt Disney Video.

[60] Spira, J. （2012）. Boeing: Problems with 787 Dreamliner "normal." *Frequent Business Traveler*. December 16. www.frequentbusinesstraveler.com/2012/12/boeing-problems-with-787-dreamliner- normal/.

[61] Stewart, J. B. （2013）. Japan's role in making batteries for Boeing, The New York Times, 25th Jan 2013. Surowieckipp, J. （1999）. The latest satellite startup lifts off. Will it too explode? *Fortune*, October 25, 237–254 https://money.cnn.com/magazines/fortune/fortune_archive/1999/10/25/267789/index.htm, accessed May 30, 2019.

[62] Surrell, J. （2009）. *The Haunted Mansion: From the Magic Kingdom to the Movies* （2nd ed.）; New York: Disney Editions.

[63] Tabuchi, H. （2013）. No quality problems found at battery maker for 787. *The New York Times.*January 28.

[64] Tangel, A., and Wall, R. （2018）. Lion Air crash puts Boeing's popular 737 Max in spotlight. *Wall Street Journal.* October 29. www.wsj.com/articles/lion-air-crash-puts-boeings-popular-737-max-in-spotlight-15408 52117? mod=article_inline&mod=article_inline.

[65] Thomas, B. （1969）. Dave McIntyre's front row. *San Diego Evening Tribune*, August 19.

[66] Thomson I. （2013）. Boeing 787 fleet grounded indefinitely as investigators stumped. *The Register.*January 25.

[67] Thurm, S. （2000a）. Iridium set to get $75 million from investors led by McCaw. *Wall Street Jour- nal,* February 10, p.1

[68] Thurm, S. （2000b）. "Motorola Inc., McCaw shift Iridium tactics. *Wall Street Journal*, February 18.

Topham, G. (2013). Boeing 787 Dreamliner to be investigated by US authorities. *The Guardian*. www.theguardian.com/business/2013/jan/11/boeing-787-dreamliner-us-investigation, accessed May 29, 2019.

[69] Topham, J. and Scott, A. (2013). Boeing Dreamliners grounded worldwide on battery checks. Reuters. January 17. www.reuters.com/article/us-boeing-dreamliner/boeing-dreamliners-grounded-worldwide-on-battery-checks-idUSBRE90F1N820130117, accessed May 29, 2019.

[70] Totaro, P. (2008). Joern Utzon dead. *The Sydney Morning Herald*. November 30. www.smh.com.au/world/joern-utzon-dead-20081130-gdt4tv.html, accessed May 30, 2019.

[71] United Nations Educational, Scientific, and Cultural Organization (UNESCO). (2018). *Joan Sutherland Theatre: Technical and Production Information. Sydney Opera House*. www.sydneyoperahouse.com/content/dam/pdfs/venues/Joan-Sutherland-Theatre/Joan-Sutherland-Technical-Specification.pdf.

[72] Upadhyay, A. (2013). DGCA directs Air India to ground all six Boeing Dreamliners on safety concerns. *Economic Times*. January 17. https://economictimes.indiatimes.com/indus- try/transportation/airlines-/-aviation/dgca-directs-air-india-to-ground-all-six-boeing-dreamliners-on-safety-concerns/articleshow/18056887.cms, accessed May 30, 2019.

[73] Veness, S. (2009). *The Hidden Magic of Walt Disney World*. Avon, MA: Adams Media.

[74] Wall, R. (2019). The aerospace newcomer whose data helped make the difference in grounding the 737 Max. *Wall Street Journal*. March 14. www.wsj.com/articles/aerospace-upstart-changes- how-planes-are-tracked-11552590711, accessed May 29, 2019.

[75] Wall, R., and Rothman, A. (2013). Airbus says A350 design is "lower risk" than troubled 787. Bloomberg. January 17. www.bloomberg.com/news/articles/2013-01-17/airbus-says-a350- design-lower-risk-than-troubled-boeing-787, accessed May 29, 2019.

[76] *Wall Street Journal* (2000). Craig McCaw plans an infusion to support cash-hungry Iridium. February 7, 2000. www.wsj.com/articles/SB949876087664660171, accessed May 30, 2019. Weld, M., and Mouwad J. (2013). Protracted fire inquiry keeping 787 on Ground. *New York Times*. January 25.

[77] White, M. C. (2013). "Is the Dreamliner becoming a financial nightmare for Boeing? *Time*, January 17.

[78] Wingfield-Hayes, R. (2013a). Dreamliner: Boeing 787 planes grounded on safety fears. BBC News. January 17. www.bbc.com/news/business-21054089, accessed May 29, 2019.

[79] Wingfield-Hayes, R. (2013b). Top Japan airlines ground Boeing 787s after emergency. BBC News. January 16. www.bbc.com/news/business-21038128.

[80] Wright, Alex. (2005). *The Imagineering Field Guide to Magic Kingdom at Walt Disney World*. New York: Disney Editions.

反侵权盗版声明

电子工业出版社依法对本作品享有专有出版权。任何未经权利人书面许可，复制、销售或通过信息网络传播本作品的行为；歪曲、篡改、剽窃本作品的行为，均违反《中华人民共和国著作权法》，其行为人应承担相应的民事责任和行政责任，构成犯罪的，将被依法追究刑事责任。

为了维护市场秩序，保护权利人的合法权益，我社将依法查处和打击侵权盗版的单位和个人。欢迎社会各界人士积极举报侵权盗版行为，本社将奖励举报有功人员，并保证举报人的信息不被泄露。

举报电话：（010）88254396；（010）88258888
传　　真：（010）88254397
E-mail：　dbqq@phei.com.cn
通信地址：北京市万寿路173信箱
　　　　　电子工业出版社总编办公室
邮　　编：100036